高等医学院校改革创新整合教材

（供临床医学专业高年级学生用）

基础医学综合

杨保胜　主编

科学出版社
北　京

内 容 简 介

本教材以国家医师资格考试委员会审定颁布的《医师资格考试大纲》为依据，将传统的生物化学、生理学、免疫学、医学微生物学、病理学、药理学6门课程的内容进行合理取舍、有机整合，重组优化课程体系。将基础医学知识纵横、有机地结合起来。提炼基础理论与基本知识点，对一些相似的知识点进行比对、归纳总结，重点介绍容易混淆的考点。强化基础与临床紧密结合，在叙述理论的同时注重引入临床病例分析作为延伸，进一步解释与人类疾病密切相关的基础医学过程。本教材是学生参加国家医师资格考试（临床类别）分阶段考试中第一阶段考试需参考的重要的基础医学整合课教材，根据作者多年来对西医综合的基础医学部分的潜心研究结果编写而成，可帮助学生迅速明确考点、抓住重点、掌握难点。它不仅为学习后续课程和解决实际问题提供了基础医学知识，还有助于培养学生的思维能力、分析解决问题的能力。

本教材可供临床医学专业本科高年级学生使用，也可供参加执业医师考试的人员参考。

图书在版编目(CIP)数据

基础医学综合/杨保胜主编. —北京：科学出版社，2017.8
高等医学院校改革创新整合教材
ISBN 978-7-03-053572-6

Ⅰ.①基… Ⅱ.①杨… Ⅲ.①基础医学-医学院校-教材 Ⅳ.①R3

中国版本图书馆CIP数据核字（2017）第131969号

责任编辑：席 慧 韩书云 / 责任校对：杜子昂 王 瑞
责任印制：赵 博 / 封面设计：迷底书装

科学出版社出版
北京东黄城根北街16号
邮政编码：100717
http://www.sciencep.com

北京华宇信诺印刷有限公司印刷
科学出版社发行 各地新华书店经销
*
2017年8月第一版 开本：880×1230 1/16
2025年1月第七次印刷 印张：27 1/2
字数：886 000

定价：98.00元

（如有印装质量问题，我社负责调换）

《基础医学综合》编委会

主　　编　杨保胜

副 主 编　王　俐　李东亮　周玲生　杜华贞　谢永生

编　　委　(按姓氏汉语拼音排序)

常晓宾　陈永伟　程小飞　程远芳　崔　力
董献红　付小敏　郭　珺　郭美霞　郝振华
洪　薇　胡雨薇　贾　杰　金白洁　孔文娟
李曼丽　李日辉　李晓娟　李照熙　刘长金
刘巨源　马丽娟　穆延磊　任衍开　任莹利
申惠君　盛海燕　王　宝　王　斌　王　伟
王彩霞　王亚娟　闫雪莉　杨　迪　杨宇杰
姚亚坤　游永鹤　张乐晶　赵晓会　周崇坦
周艳琳

前　言

本书是高等医学院校基础医学课程改革教材，是在积极践行和创新医学教育理念、落实“培养高素质的应用型人才”培养方案的情况下编写而成。本书根据精简、实用的原则，以国家医师资格考试委员会审定颁布的《医师资格考试大纲》为依据，将传统的生物化学、生理学、免疫学、医学微生物学、病理学、药理学 6 门课程的内容进行合理取舍、有机整合，使之互相渗透、融为一体。

按照“简明精炼、易教好学、注重实践、特色鲜明、新颖实用、质量一流”的总体要求，本书内容力求适教、适学、够用、适用，密切联系执业医师考试和研究生入学考试的实际，重组优化课程体系，不是将基础医学课程进行简单的压缩和删减，而是以“结构-功能-疾病”为主线，着重于基础医学的本质、特征和发展规律，打破学科间的界限，将基础医学知识纵横、有机地结合起来，提炼知识点和技能点，以期符合预期培养目标对基础医学的要求，使学生树立将基础医学研究和临床治疗连接起来的一种新的思维方式，即**转化医学**（translational medicine）。转化医学是将生物医学基础研究成果有效转化为可在精准医疗实践中应用的理论、技术、方法和药物的途径。

本书集成和升华精品（资源共享）课程建设及教学改革研究的新成果，基于混合式（案例、基于网络课程）教学模式，具有以下几个主要特点：①基础与临床紧密结合。在大学一二年级已经学过这 6 门课程的基础上，以学科整合为基础，精选基础理论与基本知识，在叙述理论的同时注重引入临床病例分析作为延伸，进一步解释与人类疾病密切相关的基础医学过程。②纸质与数字化资源（学生可凭学号登录新乡医学院三全学院线上教学平台）紧密结合。数字化资源包括教学幻灯片、教学微视频、自测与答案、动画、临床聚焦、典型案例、研究进展及深入学习等。③充分体现对学生独立获取知识和信息能力的培养，增加相应课程网站和链接来扩充学生的知识面。

授课教师可填写书后“教学课件索取单”获取教学课件。本书相关数字化资源也可登录科学出版社“中科云教育”平台 www.coursegate.cn 获取。

本书是临床医学专业高年级学生一门必修的重要的医学基础整合课，它不仅为学习后续课程和解决实际问题提供了必不可少的医学基础知识和方法，也可以培养学生的思维能力、分析解决问题的能力和实践能力。

本书在新乡医学院三全学院领导和教务部的大力支持下，由基础医学院和药学院的老师精诚协作、共同努力完成；编写中采纳了不少读者的宝贵意见，引用和借鉴了国内外许多教材的资料，在此一并表示衷心感谢。编写整合性教材是一项新的尝试，鉴于编者学术水平有限和时间倥偬，疏漏之处在所难免，衷心期待读者给予坦诚的批评和指正。

杨保胜

2017 年 6 月

目　录

绪论　基础医学综合概述

健康是人全面发展的基础，医学的任务是维护与促进人类健康。医疗行为作为人类特有的一种行为，是随着人类的发展而产生并发展的，因此，医学有着十分悠久的历史。古代的医生，既是僧侣，又是炼金术士，伟大的医学之父希波克拉底（Hippocrates）的医术，也不能算是科学。直到后来有人冒死偷尸做了解剖，才慢慢让医学走上了科学的道路。自然科学的飞速发展，使人类治病救人的愿望变得越来越科学，科学技术向医学渗透，产生了杰出的医学成就。此外，医学在向纵深发展的同时，也在不断地横向交叉或延伸，出现了医理、医文、医工交叉的多个学科群。这也表明医学的发展经历着由综合到分析，再由分析到综合的发展过程，这也是医学发展的规律。

第一节　基础医学的研究内容

一、基础医学的概念及研究对象与任务

基础医学（preclinical medicine）是指与临床医学和预防医学实践有关的医学基础理论诸学科的总称。基础医学是研究机体（人体、模式生物及病原生物等有机体）的正常结构和功能，各种因素对机体的影响和疾病的发生发展与转归规律的学科群，是研究人的生命和疾病现象的本质及其规律的自然科学。其所研究的关于人体的健康与疾病的本质及其规律被其他所有应用医学所遵循。基础医学课程是相对于内科学、外科学等具有代表性的临床医学课程而言的。基础医学也称为**基础医学科学**（basic medicine science，BMS），属于基础学科，是现代医学的基础。

基础医学的研究对象是人类各类疾病、致病因素及正常生命活动的调控机制，即研究人类的发生和发育，有机体的结构和组成、功能和代谢，人类疾病发生的原因和病变，药物作用的机制等。主要研究生物机体的细胞、生物分子和生化组分等微观物质与内外致病因素发生作用、反应、转归和结果的规律。在人类认识自身的科学领域中，基础医学是最重要的学科之一。

基础医学的主要任务是研究正常或疾病过程中的机体功能、代谢和形态结构改变的特征，探索和揭示生理和病理（疾病）状态下机体的生命活动规律，阐明疾病的病因、发生发展和转归的过程，对生命活动现象及疾病发生发展的规律加以控制和利用，为预防、诊断和治疗疾病提供必要的理论基础和实验研究依据，为人类健康服务。

二、基础医学的研究范围与分科

基础医学属基础学科，是现代医学的基础。从医学的体系结构、学科划分及高等医学教育中的课程设置看，基础医学的分科是一个不断演变的过程，随着科学的发展逐步形成了多个分支学科。

1. 我国现行的学科分类体系　我国现行的学科分类体系共划分了 12 个学科门类，即哲学、经济学、法学、教育学、文学、历史学、理学、工学、农学、医学、军事学、管理学。

医学作为一个学科门类，包括了基础医学、临床医学（包括内科学、儿科学、外科学、妇产科学等 18 个二级学科）、口腔医学、公共卫生与预防医学、中医学、中西医结合医学、药学、中药学共 8

个一级学科。基础医学与临床医学是医学门类下两个不同的一级学科。我国普通高等学校本科专业目录中的医学类包括基础医学、临床医学、预防医学、麻醉学、医学影像学、医学检验、口腔医学、法医学、护理学、药学、药物制剂、中医学、中药学、针灸推拿学、蒙医学、藏医学 16 个专业。我国国家级精品课程将医学分为以下 7 个二级学科：基础医学类、预防医学类、临床医学与医学技术类、口腔医学类、法医学类、护理学类、药学类。

我国现行学科分类的基础医学包括人体解剖与组织胚胎学、免疫学、病原生物学、病理学与病理生理学、法医学、放射医学、航空航天与航海医学共 7 个二级学科，而最后两个二级学科课程属于特种医学。

理学是一个学科门类，也是医学及医学相关专业重要的学习内容。理学包括数学、物理学、化学、生物学等 12 个一级学科。除数学、物理学、化学外，生物学一级学科中的生理学、神经生物学、微生物学、遗传学、细胞生物学、生物化学与分子生物学及发育生物学等二级学科都是临床医学专业的重要课程。

了解这些学科分类的方法便于学生了解正在学习的知识体系，也有利于满足将来实际工作的需要。

2. 基础医学的研究范围 基础医学有广义和狭义之分，狭义的基础医学属于医学门类下的一级学科，共包括上述的 7 个二级学科，临床医学专业一般只学其中 5 门课程（人体解剖与组织胚胎学、免疫学、病原生物学、病理学与病理生理学、法医学等）。广义的基础医学作为临床医学的基础课程，还包含了理学的一部分学科，主要是数学、物理学、化学和生物学下的一些二级学科（包括生理学、神经生物学、微生物学、遗传学、细胞生物学、生物化学与分子生物学）及药理学课程（为一级学科药学下的二级学科）。国家级精品课程将医学分为 7 个二级学科，其中基础医学类包括的课程既有狭义基础医学的人体解剖学、组织学与胚胎学、医学免疫学、医学微生物学、医学寄生虫学、病理学、病理生理学，也包括生物学类的生理学、神经生物学、生物化学、医学遗传学，还包括药学类的药理学。这些学科之间有着广泛和密切的联系，共同构成临床医学的基础课程。同时，基础医学也是研究人体和生命奥秘的重要组成部分。

按照基础医学课程的特点，其大体上可以分为形态学科和功能学科两类。人体解剖学、组织学与胚胎学、病理学等属于形态学科；生理学、病理生理学、免疫学、药理学、生物化学和分子生物学等属于功能学科；病原生物学（包括医学微生物学和医学寄生虫学）、细胞生物学和遗传学，既是形态学科，也是功能学科。

基础医学始于解剖学，随着科学技术的发展，发展了组织学与胚胎学、病原生物学、免疫学、病理学、生理学、病理生理学、生物化学与分子生物学、细胞生物学、医学遗传学等多门学科，社会科学的发展又促成了法医学的诞生，药物治疗促成了药理学的发展，形成了广义的基础医学骨干课程体系。该体系既包括人体解剖学、组织学与胚胎学、生理学、细胞生物学等生物医学方面的入门课程，也涵盖了药理学、病理生理学、病理学等基础和临床过渡课程。

3. 基础医学的分科 主要包括按器官和系统进行教学的基础医学学科，如人体解剖学、组织学与胚胎学、生理学、病理学、病理生理学和药理学等。基础医学的分科还包括病原生物学、生物化学与分子生物学等学科。

（1）**人体解剖学**（human anatomy）为一门古老的学科，是基础医学的主干课程，它是研究正常人体形态结构、位置毗邻和生长发育特征及其基本功能的科学。人体解剖学课程包括系统解剖学和局部解剖学。此外，随着人类的进步和科学的发展及根据临床的需要，又逐渐形成了若干独具特色的分支学科，如神经解剖学、断层解剖学、放射解剖学、运动解剖学、功能解剖学、成长解剖学和临床应用解剖学等。随着现代科学技术的进步，各学科交叉渗透、密切联系，研究方法和手段持续更新发展，人体解剖学研究也远远超出大体解剖学范围，向超微解剖和数字解剖发展，这些发展使人们对人体形态结构的知识得到了极度完善和补充，对人的生命现象有了更深入的认识。

（2）**组织学与胚胎学**（histology and embryology）是一门形态学科，包括**组织学**（histology）和**胚胎学**（embryology）两门学科，它们既密切相关又各具独立性，在我国的医学教学中习惯将其合为一门课程，简称为组织胚胎学。在医学教学中，组织学和胚胎学的研究对象是人体。

组织学是研究人体和动物微细结构及其相关功能的一门学科；在机体中，一些形态结构类似、功能相关的细胞和细胞间质组合在一起，构成人体四大组织，即上皮组织、结缔组织、肌肉组织和神经组织，几种组织按一定规律组成器官和系统。研究组织、器官和系统的形态结构及其相关功能的联系是组织学的主要内容。

胚胎学是研究人体和动物个体发生、生长及其发育规律的一门学科。胚胎的发生、发育表现为一个连续发育过程，始于受精卵，受精卵在母体内不断增殖和分化，最初形成三个胚层，并在此基础上分化形成各种组织和一系列器官系统，再经过生长发育，最终形成胎儿直至分娩。因此，受精、胚胎早期发生及器官系统发育的研究是人体胚胎学的主要内容。

（3）**生理学**（physiology）是生物学的一个分支学科，人体生理学是研究正常人体生命活动规律的科学。其任务是研究人体及其细胞、组织、器官等组成部分所表现的各种生命现象的活动规律和生理功能，阐明其产生机制，以及机体内、外环境变化对这些活动的影响，如呼吸、心跳、血液循环、生殖和行为表现等。生理学为进一步学习其他基础医学和临床医学课程，在临床医疗和护理实践工作中有效地防治各种疾病，促进人类健康长寿提供必要的理论基础。

生理学的知识来源于生活实践、实验研究的实践和临床研究的实践。生理学的知识大部分是从动物实验中获得的，这是研究人体生理学所不可缺少的手段，但是在应用实验动物所获得的结论时，应当充分考虑人和动物之间的差别，千万不可简单地将其结论机械地套用到人体上。

（4）**病理学**（pathology）是研究疾病本质的学科。它研究疾病为什么发生（病因）、怎样发生（发病机制）、会出现哪些变化（代谢、功能和形态方面）及怎样转归。病理学的任务是为临床医学提供诊断、治疗和预防疾病的理论基础；参与临床疾病的诊断，与临床共同对新疗法进行评价及发现和认识新的疾病。病理学与病理生理学是互相配合的学科。在教学内容上，前者较侧重疾病的形态变化（病变），后者更侧重功能、代谢方面的变化。

病理学的研究非常注重实验研究，主要研究方法有尸体解剖（autopsy，简称尸检）、活体组织检查、动物实验、组织培养与细胞培养、病理学观察等。

（5）**病理生理学**（pathophysiology，pathologic physiology）是一门研究疾病发生、发展规律和机制的学科。在医学教学中，病理生埋学的教学内容和研究范畴与国外的**临床生理学**（clinical physiology）或**疾病生理学**（physiology of disease）相近。

病理生理学研究患病机体的功能、代谢的变化和机制，从而探讨疾病的本质，为疾病的防治提供理论根据。因此，它是一门理论性较强的学科，需要应用正常人体中形态、功能、代谢方面的各种有关知识加以综合、分析，再通过科学思维应用到患病机体，从而正确地认识疾病中出现的各种变化，故它和许多基础医学学科有关，病理生理学是基础课程中围绕疾病进行探讨的学科之一，并且是沟通基础学科与临床学科的桥梁学科。

（6）**药理学**（pharmacology）是一门为临床合理用药和防病治病提供基本理论的基础学科，是研究药物的学科之一。药理学主要研究药物与机体（主要是人体，也包括各种病原体）相互作用的规律和作用原理。它一方面阐明药物对机体的作用及作用机制（药物效应动力学，简称药效学）；另一方面研究药物在体内的过程，即机体如何对药物进行处理及药物在体内的动态变化规律（药物代谢动力学，简称药动学）。所谓**药物**（drug），是指用以诊断及防治疾病的物质，在理论上，凡能影响机体器官生理功能和（或）细胞代谢活动的化学物质都属于药物范畴，如乙醇等，也包括避孕药。药理学与主要研究药物本身的药学学科如生药学、药物化学和药剂学等学科有明显的区别。

药理学的主要任务是阐明药物的作用机制、改善药物质量、提高药物疗效、开发新药、发现药物新用途，并为探索细胞生理、生化及病理过程提供实验资料。近年来，随着医学逐渐发展而设立的**临床药理学**（clinical pharmacology），是以临床患者为研究对象和服务对象的应用科学，其任务是将药理学基本理论转化为临床用药技术，即将药理效应转化为临床实际效应，是基础药理学的后继部分。

目前所开发的新药品种很多，新药来源包括天然产物、半合成及全合成化学物质。过去选药主要依靠实践经验，现在可根据有效药物的植物分类学寻找新品种进行筛选，或从有效药物化学结构与药理活性关系推断，定向合成系列产品，然后进行药理筛选。近年来，对于机体内在抗病物质（蛋白质成分），利用 DNA 基因重组技术，即将 DNA 的特异基因区段分离，并植入能够迅速生长的细菌或酵母菌，获取大量所需的蛋白质药物。今后，药理学将针对疾病产生的根本原因，发展病因特异性药物治疗，更加有效地治疗疾病。

（7）**病原生物学**（pathogen biology）是研究病原生物（包括病原微生物和寄生虫）的形态、结构、生命活动规律、致病机制及其与机体相互作用关系的一门学科，是基础医学中的一门重要学科。由经典的**医学微生物学**（midical microbiology）与**人体寄生虫学**（parasitology）两门课程整合而成。

医学微生物学是研究与医学有关的微生物，主要是病原微生物（包括病毒、细菌、真菌、立克次体和衣原体等）的形态、结构、生命活动规律、与机体相互关系（传染致病机制、免疫学基本原理）、诊断技术和特异的防治措施等的一门学科。为学习临床各科的感染性疾病、传染病、超敏反应性疾病和肿瘤等奠定重要的理论基础，以达到控制和消灭传染性疾病和微生物免疫性疾病、保障人类身心健康的目的。生命活动的基本规律大多数是在研究微生物的过程中首先被阐明的。例如，肺炎链球菌（原称肺炎球菌）的转化试验，论证了 DNA 是生物的基础遗传物质；而 DNA 双螺旋结构的确定、遗传密码的揭露及中心法则的建立，从指导思想到实验方法都与微生物学有密切的关系。21 世纪是统一生物学的世纪，微生物作为深入研究生命本质的重要材料，仍将发挥难以替代的作用。当代医学微生物学发展的趋势是，一方面向纵深发展，从细胞水平进入分子水平；另一方面又同其他生命类型研究及生态系统研究结合，探讨微生物相互之间及其与其他生物之间的相互作用，促进宏观研究领域的拓宽。

人体寄生虫学是研究寄生虫（包括原虫、蠕虫、医学节肢动物）的形态、结构、生命活动和生存繁殖规律（生活史）及致病机制，阐明寄生虫与人体及外界环境因素相互关系的学科。认识寄生虫病的发生与流行、控制与消灭的基础理论和原则，从而为防治寄生虫病提供科学依据。对病原生物的基础研究，为疾病预防控制提供科技支撑，为相关产业的发展提供创新性基础。

（8）**生物化学**（biochemistry）是研究生物体内化学分子与化学反应的基础生命科学，从分子水平探讨生命现象的本质。早期的生物化学主要运用化学、物理学和数学的理论和技术来研究生命现象，随着研究的发展，融入生理学、免疫学、细胞生物学和遗传学等的理论和技术，加之近年来生物信息学的介入，使之与众多学科有着更广泛的联系和交叉。生物化学主要研究生物体的分子结构与功能、物质代谢和能量代谢的规律与调节、遗传信息传递的分子基础与调控规律等。生物化学是生命科学、医学等学科的专业基础课程，为生物医学各专业课程提供坚实的理论基础。若以不同的生物为对象，生物化学可分为动物生物化学、植物生物化学、微生物生物化学、昆虫生物化学等；若以生物体的不同组织或过程为研究对象，生物化学则可分为肌肉生物化学、神经生物化学和免疫生物化学等；因研究的物质不同，生物化学又可分为蛋白质化学、核酸化学、酶学等分支。

（9）**分子生物学**（molecular biology）源于生物化学，是集有关生物学科（生物化学、生物物理学、遗传学、细胞生物学、有机化学、微生物学、物理化学及技术科学等）的所有研究成果，经过相互杂交、相互渗透而成长起来的一门边缘学科。通常将研究核酸、蛋白质等生物大分子的结构、功能及基因结构、表达与调控内容的学科，称为分子生物学。分子生物学的新意是认识到生物体的基本性质，可以用其大分子的结构来解释，它的最终目标是了解生物学现象的分子基础。大量医学重大前沿课题的解决，如脑的奥秘、生育的控制、肿瘤的防治、免疫反应、脏器移植、新药研制、心血管疾病、艾滋病的防治，以及提高人类素质、延年益寿等，都离不开分子生物学的研究。例如，对早老性痴呆症的基因定位的成功就是一重大突破。疾病基因和功能基因的研究将成为今后研究的重点。医学分子生物学主要解决两方面的问题：一是在理论方面，阐明疾病和亚健康状态发生和发展的分子机制。对这种机制的解释将不是以单一分子、单一结构、单一通路、单一疾病的方式，而是多层次知识的系统整合。二是发展新型分子生物学技术，为疾病的诊断、治疗和预防提供崭新的、可行的、符合人类经济和社会发展需要的手段。

人民卫生出版社出版的临床医学专业5年制本科教材，将生物化学和分子生物学两门课程整合为生物化学与分子生物学课程。

（10）**免疫学**（immunology）是研究人体免疫现象的原理和应用的一门基础和应用基础学科，是研究免疫器官、免疫细胞及免疫分子的结构及其免疫生物学功能的学科。其研究的主要内容是机体的免疫系统及其功能、机体对抗原的免疫应答及调节、免疫学新技术、免疫性疾病的发病机制及防治方法。免疫学发展迅速，已成为医学的前沿学科。目前免疫学的研究正以机体、细胞水平向分子、基因水平发展，并逐步形成了许多独立的分支学科，如免疫生物学、免疫化学、肿瘤免疫学和移植免疫学等。

（11）**细胞生物学**（cell biology）是从细胞、亚细胞和分子3个水平研究细胞生命活动的学科。细胞生物学在3个不同水平上把细胞的结构和功能结合起来，以动态观点来探索细胞的各种生命活动，深入了解生物体的生长、发育、分化、繁殖、运动、遗传、变异、衰老和死亡等基本生命现象。细胞生物学是现代四大前沿生命学科之一，在医学科学中占有重要地位。例如，肿瘤细胞的生物学特性及其发生的机制便是细胞生物学的重要研究课题；缺血性心脏病和脑血管病可能是由动脉内皮细胞的变化而引起的动脉粥样硬化所致；人体衰老时细胞与生物大分子的基础等都是细胞生物学要深入探索的问题。细胞生物学和医学关系很密切的内容是由淋巴细胞杂交瘤技术获得的单克隆抗体在临床诊断和治疗上得到越来越广泛的应用。

（12）**医学遗传学**（medical genetics）是研究人类健康与疾病遗传变异的一门学科，是遗传理论与医学理论相结合的学科。它从细胞和分子水平探索遗传病的发病机制，从个体水平探索遗传病的诊断、治疗方法，从家族或群体水平探索预防遗传病的策略。此外，它还研究药物反应、免疫反应、肿瘤发生等的遗传基础。医学遗传学是遗传学与医学结合而产生的一门边缘学科。有1/5～1/4的人患有某种遗传病或与遗传有关的疾病。有些严重危害人类健康的常见病已证明与遗传因素有关，如肿瘤、糖尿病、动脉粥样硬化、冠心病、原发性高血压、精神分裂症和肿瘤等，过去有些不明原因的疾病，现已证明为遗传病。在揭示遗传病发生机制的同时，已有数百种遗传病能够得到产前诊断，并通过遗传咨询降低遗传病在群体中的发生率，提高了人群的整体遗传素质。医学遗传学也将为治疗疾病带来方法上的突破。例如，利用基因工程技术可以生产人类治疗疾病所必需的生长激素、胰岛素等药物。医学遗传学还将在司法鉴定如亲子鉴定、犯罪鉴定中起着无可替代的作用。

基础医学是医学与理学，乃至工学的纽带，是自然科学在医学的着陆地，是医学作为一门自然科学的根本体现，也是医学发展和进步的动力。各学科之间既有明显的区别，又存在内容的交叉重叠。为了使基础医学各学科的相关知识能够更加密切地相互联系，我们将上述课程的内容进行整合，编写成为本书。

三、基础医学综合课程与临床执业医师考试

临床执业医师考试基础医学综合大类包括生理学、生物化学、病理学、药理学、医学微生物学、医学免疫学共6个科目，在临床执业医师笔试考试中约占13.33%。

临床执业医师综合笔试全部采用选择题纸笔考试形式。传统问答式考试评分方法缺乏科学、统一的标准，主观性和随意性较大，考查范围有限，选择题摒除了这些缺陷，是考试公平、公正、标准化的重要体现。临床执业医师综合笔试采用A型题（最佳选择题）和B型题（标准配伍题），共有A1、A2、B1、A3、A4 5种题型。

A1型题（单句型最佳选择题）：每道试题由1个题干和5个供选择的备选答案组成。题干以叙述式单句出现，备选答案中只有1个是最佳选项，称为正确答案，其余4个均为干扰答案。干扰答案或是完全不正确，或是部分正确。

A2型题（病例摘要型最佳选择题）：试题结构是由1个简要病例作为题干和5个供选择的备选答案组成，备选答案中只有1个是最佳选项。

B1 型题（标准配伍题）：试题开始是 5 个备选答案，备选答案后提出至少两道试题，要求应试者为每一道试题选择一个与其关系密切的答案。在一组试题中，每个备选答案可以选用一次，也可以选用数次，也可以一次不选用。

A3 型题（病例组型最佳选择题）：试题结构是开始叙述一个以患者为中心的临床情景，然后提出 2～3 个相关问题，每个问题均与开始的临床情景有关，但测试要点不同，且问题之间相互独立。

A4 型题（病例串型最佳选择题）：开始叙述一个以单一患者或家庭为中心的临床情景，然后提出 2～6 个相关问题。当病情逐渐展开时，可以逐步增加新的信息。有时陈述了一些次要的或有前提的假设信息，这些信息与病例中叙述的具体患者并不一定有联系。提供信息的顺序对回答问题是非常重要的。每个问题均与开始的临床情景有关，又与随后的改变有关。回答这样的试题一定要以试题提供的信息为基础。

（杨宇杰　王　俐）

第二节　基础医学与其他学科的关系

医学科学研究是为防治疾病服务的。基础医学主要研究人体健康向疾病转化的规律；临床医学以研究疾病向健康的逆转，恢复健康的过程为主要内容；预防医学研究则以防止健康向疾病转化为主要内容。基础医学在本质上属于基础科学，临床医学和预防医学在本质上属于应用科学。

基础医学的研究发展迅速，为应用医学研究提供了新理论、新观点、新技术和新方法。它不仅指导应用医学的研究工作，也在应用医学研究过程中得到检验，从而推动应用医学的发展。反过来临床医学等应用医学充分利用基础医学的最新成果，不断地揭示各种疑难病症的机制和本质，从而提高了诊断和治疗的水平，并向基础医学研究不断地提供新课题、新材料和新经验等，带动基础医学向前发展。基础医学与应用医学等其他医学的关系日益密切。

基础医学是临床医学的基石，临床医学是基础医学的实践和应用，临床医学是医学科学中研究疾病诊断、治疗和预防的各专业学科的总称。根据患者的临床表现，从整体出发综合认识疾病的病因、发病机制和病理过程，进而确定诊断、进行治疗，这是临床医学的任务。临床医学是一门实践性很强的应用科学，重点是诊断和治疗疾病。一个好的医生既需要坚实的基础医学知识和正确的逻辑思维，又需要丰富的实践经验。一个好的外科医生，可能是著名的解剖学教授，一个血液科医生同时也可能是病理学家，这是屡见不鲜的。一个好的临床医学学术带头人，常常就是一个优秀的基础医学研究者。临床医学中发现的问题（如严重急性呼吸综合征、艾滋病等）常常是基础医学研究的思路和命题，没有基础医学支撑的临床医学谈不上是科学，这足以让人们理解基础医学与临床医学的亲密关系。

（杨宇杰　刘巨源）

第三节　基础医学的现状与未来

一、基础医学研究的发展趋势

1. 学科界限越来越模糊　越来越多学科的研究内容相互交叉重叠，大多数基础医学学科研究深入到一定层次，均趋向于基因功能的验证，集中在分子水平解释复杂的细胞内信号转导和细胞行使功能的过程。

2. 各学科知识的相互渗透及技术的相互借鉴　例如，免疫学技术、分子生物学技术已经渗透到基础医学的各个学科。

3. 从微观到宏观　20 世纪以来，人们的研究是从宏观到微观，逐渐地深入分子水平，现在又开始从微观到宏观，从分子到细胞，再到组织，最后到整体。

4. 人群的研究将被更多地融入实验室的研究手段　过去按流行病学的方法做人群的研究。现在对人群的研究则更密切地结合表型，融入实验室的研究手段。

5. 生物治疗的研究前景广阔　如抗体技术、疫苗、免疫调节、靶向治疗、干细胞及组织工程，这些研究是非常有发展前景的。

6. 对复杂疾病病因和机制的认识要靠系统生物学来解决　系统生物学将可能改变人们对疾病的认识，影响治疗的传统思维。

7. 更加注意研究成果的转化　目前大量的基础研究还停留在发表论文和提高认识阶段，今后应该特别注意研究成果的转化。

二、基础医学研究面临的挑战

1. 慢性复杂性疾病的研究　因慢性复杂性疾病是医学研究的最主要的对象，现有的研究思路和手段正在面临着挑战。这种挑战从根本上说，是由生命的复杂性造成的。

2. 生命复杂的网络系统及其调节系统　生命如果按无限细分的办法，最终研究的都是细胞中一整套网络每一个时间点上的局部。细胞通过接受外界信息行使功能；可以是分泌蛋白，也可以是细胞分裂，还可以是肌肉收缩等各种各样的功能。在分子水平研究生命本质，其实就是认识一条条的细胞信号转导途径和最终执行功能的过程。目前的研究证明这套网络是非常复杂的。因为细胞要代偿、要适应各种环境，就要有大量的备份选择、大量的重复。这一原本就很复杂的网络，还存在相对应的一整套复杂的、多层面的调节系统。

3. 生命复杂的整体性和系统性　细胞内分子通路大量的重复和备份，决定了一种蛋白质不止执行一种功能；多种蛋白质可能行使同一种功能；不同组合的蛋白质，可能产生不同的功能；在细胞水平上，不同性别、发育分化的不同时间，使用不同的分子通路；在不同的组织、细胞类型中，使用不同的分子通路；同一时间、同一种类型细胞在不同环境下，使用不同的分子通路。因此，细胞内的分子表现是一个时空依赖的过程，而目前的研究，仅局限于点的观察，尤其是实验室的那些体外研究的结果，明显有“断章取义”的缺陷。有研究证明，在整体水平上，绝大多数表型是多基因组合的结果，环境对人的影响也是多因素组合的结果，环境与基因的作用相互依存，单一的验证并不足以说明全貌。所以，生命本身的复杂性决定了疾病的复杂性；现行的主要研究方式还难以解释生命现象或疾病发生发展的全部原因。另外，即使这种体外的研究有局限性，人们也还远没有穷尽对局部问题的认识，“断章取义”有必要继续下去，还需要长期积累！

4. 病原感染性疾病仍是对人类健康危害较大的一类疾病　当今，在医学微生物方面不断发现一些新的病原物。例如，20 世纪 60 年代发现蛭弧菌，70 年代发现呼吸道病原菌嗜肺军团菌，80 年代初发现幽门螺杆菌与慢性胃炎和溃疡病有关，医学病毒的研究发现，有 20 个科的病毒与目前还没找到很好治疗方法的人的疾病有关，其中多数为有包膜单股 RNA 病毒。艾滋病病毒的发现，震惊了全世界，目前还没找到治疗艾滋病的很好的方法。

始于 2002 年底，主要发生在我国和东南亚地区的“传染性非典型肺炎”，是一种传染性很强的呼吸系统疾病。世界卫生组织将其命名为**严重急性呼吸综合征**（severe acute respiratory syndrome，SARS）。经过全球科研人员的通力合作，世界卫生组织公布其致病的病原体是新型冠状病毒。基因测序明确证实，该病毒具有冠状病毒的典型特征，但有别于以往经过测序的所有冠状病毒。基因组序列不能确定这种病原体是否来自动物。根据基因组结构分类，SARS 冠状病毒属于单链正义 RNA 病毒。目前，对 SARS 冠状病毒的来源、入侵、复制、传播，以及它引起的机体损伤中的许多问题还在进一步研究探索之中。人们对病毒的分子本质有了更深入的了解，为以核酸分子生物学技术为主的新的治疗方法开辟了全新的途径。病毒基因结构与功能研究的成果，使病毒的诊断抗原已发展为重组抗原、合成肽抗原，提高了诊断的特异性与敏感性。

当今，寄生虫病仍是对人类健康危害较大的一类疾病，特别是在热带、亚热带地区的发展中国家。在 6 类热带疾病中，除麻风外，疟疾、血吸虫病、丝虫病、锥虫病及利什曼原虫病皆为寄生虫病。其中疟疾居首位，有 3 亿多人受威胁，1 亿人为现症患者。当前，各学科的理论和技术的引进促使寄生虫研究向多方向发展，将进一步阐明寄生虫临床与预防医学中的许多现象和问题，从本质上认识寄生虫的致病机制和防治原则，在诊断和治疗上有所突破，有可能从生态系统的水平找到更符合人类利益和更有效地控制寄生虫病流行的途径。

当前，人类正面临着环境污染、自然资源被破坏、粮食匮乏、能源枯竭及人口爆炸五大社会问题的挑战。人类将解决这些问题的希望，均寄托在生命科学及基础医学的成就上。这些重大社会问题涉及生命科学的众多分支学科，而且与基础医学科学也密不可分，其中最主要的如生态学的深入研究，对这五大社会问题的解决将发挥不可估量的作用。而对基础医学的基本理论和基本知识的了解和掌握，为这些与医学紧密联系的重大问题的探索和解决提供了必备的基础和前提。

（杨宇杰　杨保胜）

第一章　生物化学

第一节　蛋白质的结构与功能

一、蛋白质的元素组成

蛋白质既是生物体重要的组成成分及生命活动的物质基础，也是生物体中含量很丰富的生物大分子。各种蛋白质的元素组成类似，即C、H、O、N；各种蛋白质的含氮量十分接近，平均为16%，因此可根据含氮量来推算蛋白质的大致含量。

二、氨基酸与多肽

（一）氨基酸的结构与分类

氨基酸是组成人体蛋白质的基本单位，用酸、碱或蛋白酶处理蛋白质后，将会水解产生游离的氨基酸。蛋白质种类繁多，但组成人体的蛋白质水解生成的氨基酸种类基本相同，有20种，这些由蛋白质水解产生的氨基酸称为天然氨基酸。

1. 氨基酸的结构　20种天然氨基酸的化学结构各有不同，但却具有共同的特点。每一种氨基酸都有一个羧基和一个氨基连接于α-碳原子上，这些氨基酸因此被称为α-氨基酸。此外，α-碳原子上还连有一个氢原子和一个R基，各种氨基酸的不同就在于其R基不同。甘氨酸的R基也是氢原子，除此之外，其余氨基酸的α-碳原子所连接的4个基团各不相同，此种α-碳原子称为不对称碳原子，这些氨基酸也因此具有D型和L型两种旋光异构体。除甘氨酸外，其余天然氨基酸均属于L-α-氨基酸。

2. 氨基酸的分类　根据侧链的结构和理化性质不同，将20种氨基酸分为5类，即非极性脂肪族氨基酸、极性中性氨基酸、芳香族氨基酸、酸性氨基酸和碱性氨基酸。

侧链含烃链的氨基酸属于非极性脂肪族氨基酸，这类氨基酸在水中的溶解度较小，包括甘氨酸、丙氨酸、缬氨酸、亮氨酸、异亮氨酸和脯氨酸。极性中性氨基酸指的是侧链有极性但不带电荷的氨基酸，包括丝氨酸、半胱氨酸、甲硫氨酸、天冬酰胺、谷氨酰胺和苏氨酸。侧链含有苯环的氨基酸属于芳香族氨基酸，有苯丙氨酸、色氨酸和酪氨酸。酸性氨基酸包括天冬氨酸和谷氨酸，它们的侧链含有羧基，在水中解离出H^+，带负电荷。碱性氨基酸有三种，即精氨酸、赖氨酸和组氨酸，它们的侧链分别含有胍基、氨基和咪唑基，在水中能够与H^+结合，从而带上正电荷。

（二）氨基酸的理化性质

1. 两性解离与等电点　氨基酸分子中既含有氨基，可以在酸性溶液中结合 H^+带正电荷，又含有羧基，能够在碱性溶液中解离出H^+而带负电荷。因此，氨基酸分子是一种两性电解质。当氨基酸处于某一 pH 溶液时，进行酸性解离和碱性解离的程度和趋势相等，所带正、负电荷相等，呈兼性离子，此时溶液的pH称为该氨基酸的等电点。氨基酸的等电点与所处溶液的酸碱度决定了氨基酸如何解离、最终带何种性质的电荷及带电荷的数量。

2. 紫外吸收　某些氨基酸（色氨酸、酪氨酸、苯丙氨酸）含有共轭双键，具有吸收紫外线的作用，吸收峰为 280nm，其中，色氨酸吸收紫外线的能力最强。这些芳香族氨基酸在大多数蛋白质中都存在，因此，可以利用紫外分光光度法测定蛋白质溶液在 280nm 处的吸光值，从而计算溶液中蛋白质的含量。

3. 茚三酮反应 在加热及弱碱性条件下，氨基酸能够与水合茚三酮发生反应，水合茚三酮被还原，其还原物可与氨基酸受热分解产生的氨结合，再与另一分子的茚三酮缩合，最终生成蓝紫色的化合物，这种化合物在 570nm 波长处有最大吸收峰，利用该性质可以测定氨基酸的含量。

（三）肽键和肽链

一个氨基酸分子的 α-氨基与另一氨基酸分子的 α-羧基脱水缩合，即二肽，也是最简单的肽。两个氨基酸之间形成的酰胺键（—CO—NH—）称为肽键。二肽还可以再与另一氨基酸分子发生反应，生成三肽，反应继续进行，由此生成四肽、五肽……由小于 10 个氨基酸脱水缩合形成的化合物称为寡肽，更多的氨基酸分子通过肽键脱水缩合形成的化合物则称为多肽。

氨基酸以肽键相互连接形成的长链即多肽链，每一条多肽链均一端有一个游离的 α-氨基，另一端有一个游离的 α-羧基，这两个末端分别称为氨基端（N 端）和羧基端（C 端）。书写多肽链时，从氨基端开始至羧基端结束。构成肽链的氨基酸分子，由于脱水缩合而基团不完整，多肽链中基团不完整的氨基酸分子称为氨基酸残基。

三、蛋白质的分子结构

蛋白质的基本组成单位是氨基酸，许多氨基酸通过肽键连接形成多肽链，蛋白质即由一条或多条肽链组成。每种蛋白质一般都有其特定的生理功能，特定的生理功能与其结构基础密切相关。氨基酸的种类、排列顺序、组成百分比及多肽链的空间排布都属于蛋白质的结构基础。一般将蛋白质的分子结构分为 4 个层次：一级、二级、三级和（或）四级结构。一级结构是基本结构，二级、三级和四级结构均属高级结构，只有两条或两条以上多肽链形成的蛋白质才具有四级结构。

（一）蛋白质的一级结构

蛋白质的一级结构是其基本结构，是指蛋白质分子多肽链中，从氨基端到羧基端的氨基酸排列顺序。肽键是蛋白质一级结构中的主要化学键。此外，蛋白质一级结构还包含了分子中所有二硫键的位置。蛋白质的一级结构是高级结构与特定生理功能的基础，虽然它不是决定蛋白质空间构象的唯一因素，但一级结构的改变势必会影响蛋白质的空间结构与生物学功能。

（二）蛋白质的二级结构

多肽链中，N（氨基氮）、C_α（α-碳原子）和 C_0（羰基碳）3 个原子按顺序重复排列，这些原子被称为主链骨架原子。在蛋白质分子中，某段肽链主链骨架原子的排列与相对位置关系即蛋白质的二级结构，即该段肽链的局部结构。在二级结构中，并不涉及氨基酸残基侧链的构象。常见的蛋白质二级结构形式有 α-螺旋、β-折叠、β-转角和无规卷曲，维持二级结构的主要化学键是氢键。

1. 肽单元 研究发现，参与形成肽键的 C、O、N、H 4 个原子与相邻的两个 α-碳原子位于一个刚性平面内，这样就构成了一个肽单元。而肽键的键长介于单键与双键之间，具有部分双键的性质，不能自由旋转。在相邻两个肽单元平面间，只有 C_α 与 C_0、C_α 与 N 之间的单键可以自由旋转，而它们的旋转角度决定了这两个肽平面之间的相对位置。

2. α-螺旋 α-螺旋是蛋白质二级结构的主要形式之一。多肽链的主链骨架原子围绕中心轴盘绕形成规律的螺旋上升构象。α-螺旋多为右手螺旋，即螺旋走向为顺时针方向。螺旋一圈包含 3.6 个氨基酸残基，螺距为 0.54nm。α-螺旋主要依靠氢键维持，第一个肽单元氨基的氢与第四个肽单元羰基的氧形成氢键，方向与螺旋长轴基本平行，虽然氢键这种次级键较弱，但由于肽链主链上所有肽键都参与形成氢键，因此 α-螺旋比较稳定。

肽链中氨基酸侧链 R 基均排布于 α-螺旋的外侧，因而侧链 R 基的大小、形状和所带电荷的性质都

会影响到 α-螺旋的形成。同性电荷、占位较大的 R 基集中的区域，不易形成 α-螺旋。

3. β-折叠 β-折叠也是蛋白质二级结构的主要形式之一，其结构形式与 α-螺旋截然不同，β-折叠长度一般较短，由一条肽链的不同肽段或是多条肽链的肽段构成锯齿状的结构。

β-折叠中的肽链较为伸展，相邻肽平面间角度较大，折叠成锯齿状，氨基酸残基的侧链 R 基团位于锯齿的上下方。维持 β-折叠的化学键仍为氢键，由肽链内或两条肽链间氨基的氢和羰基的氧形成，方向与长轴垂直。由两段肽段构成的 β-折叠，若两个肽段从 N 端到 C 端的方向相同，则为同向平行，两个平行肽段之间的距离为 0.65nm；如果两段肽段方向相反，则为反向平行的 β-折叠，此时两个平行肽段间距为 0.7nm。β-折叠形式多样，同向或反向平行可交替出现。

4. β-转角 β-转角多位于球状蛋白质分子表面，肽链骨架以 180° 回折形成 β-转角，回折的部分由 4 个氨基酸残基构成，第一个氨基酸残基羰基的氧与第四个氨基酸残基氨基的氢形成氢键，维持 β-转角的稳定性，β-转角的第二个氨基酸残基多为脯氨酸，甘氨酸在 β-转角中也较为常见。

5. 无规卷曲 无规卷曲是指肽段在空间上的不规则排布，虽然肽链结构松散、无规律可循，但仍是有序稳定的结构。球状蛋白质中常含有许多无规卷曲。

（三）蛋白质的三级结构

蛋白质的三级结构指整条肽链中全部的氨基酸残基的相对空间位置，包括肽链中所有原子的三维空间排布，主要依靠氢键、疏水键、离子键、范德瓦耳斯力等非共价键维持稳定。三级结构具有明显的折叠层次，多为紧密的球状或椭球状实体，亲水侧链位于分子表面，疏水侧链位于分子内部。由一条多肽链组成的蛋白质必须具有三级结构，才能够表现出生物学功能。

蛋白质分子质量较大时，常可折叠形成多个结构较为紧密且稳定的区域，称为结构域，能够各自行使功能。结构域属于三级结构层次上独立的功能区。蛋白质必须具有正确的天然构象才可能有生物学功能，在折叠形成正确的构象时，一级结构是决定性因素，除此之外，还需要有分子伴侣的帮助，这些分子伴侣蛋白质能够辅助正在合成的蛋白质折叠形成正确的空间构象。

（四）蛋白质的四级结构

由两条或两条以上多肽链组成，并且每条肽链都有完整的三级结构，这样的蛋白质才具有四级结构，其中具有完整三级结构的每一条多肽链称为蛋白质的一个亚基。四级结构指的是各亚基之间的空间排布及接触部位的布局和相互作用，参与形成四级结构的化学键有氢键、离子键、疏水键等非共价键。具有四级结构的蛋白质的亚基可以相同，也可以不同，每个亚基单独存在时，都不具有生物活性，只有形成寡聚体，具备完整的四级结构，才具有生物学功能。

四、蛋白质结构与功能的关系

（一）蛋白质一级结构与功能的关系

在研究核糖核酸酶 A 时发现，当用尿素和 β-巯基乙醇处理天然核糖核酸酶 A 溶液时，该酶的空间结构被破坏，酶活性也因此丧失，然而，这样的处理并没有破坏核糖核酸酶 A 的氨基酸序列，其一级结构依然存在。当用一定的方法除去尿素和 β-巯基乙醇后，多肽链依据其特定的氨基酸序列，重新盘曲折叠形成天然的正确构象，进而恢复酶活性。由此可见，蛋白质一级结构是空间结构的基础。

研究证明，一级结构相似的蛋白质或者多肽，其空间结构相似，生理功能也相似。一级结构不同的蛋白质，形成的空间构象也不同，其生物学功能也不同。蛋白质的氨基酸序列可提供生物进化信息。由同一基因进化形成的一类同源蛋白质，它们的一级结构类似，其空间构象和功能类似的概率也较大。可以据此对不同种系之间同源蛋白质的一级结构进行比较，它们的一级结构越相似，其空间构象与生物学功能越相近，说明物种间的亲缘关系越近。

一级结构是空间结构和功能的基础，蛋白质的一级结构若发生改变，则引起空间结构和生物学功能的改变，严重时会导致相关疾病的产生。先天性缺陷型糖尿病就是因为胰岛素β链第24位或者第25位的苯丙氨酸被异亮氨酸代替，胰岛素的氨基酸序列改变，这样的胰岛素不具有生物学活性。而镰状细胞贫血症也是由于血红蛋白中一个氨基酸的改变，即正常的血红蛋白β亚基第六位的谷氨酸被缬氨酸所取代，这种改变的结果是血红蛋白容易聚集黏着，红细胞形状变为镰刀状，非常容易破碎，运氧能力大大降低，造成贫血。这种蛋白质分子发生改变而导致的疾病，称为“分子病”。当然，并不是氨基酸序列中任何氨基酸的变异都会导致严重的疾病，只有关键作用位点的氨基酸残基发生改变，才会产生相应的分子病。

（二）蛋白质空间结构与功能的关系

体内蛋白质的功能多种多样，形态结构也各不相同，而特定的生理功能必须要有正确的空间结构与之相适应，蛋白质的空间结构是其生理功能的基础。例如，有许多α-螺旋的角蛋白，其伸缩性和韧性比较好；蚕丝蛋白之所以具有柔软和伸展的特性，与其丝心蛋白中含有大量的β-折叠结构密切相关；胶原蛋白由三条肽链组成，形成三股螺旋，因而具有强大的弹性和韧性。

前面所讲的核糖核酸酶A变性与复性的例子，在说明一级结构决定空间结构的同时，也证明了只有具备正确的高级结构才能发挥相应的生物学功能。而一旦高级结构受到破坏，尽管一级结构仍然存在，也将丧失其生理功能。

血红蛋白与肌红蛋白结构相似，都含有血红素辅基，能够可逆地与氧结合，因而具有储存和运输氧的能力。肌红蛋白由一条多肽链组成，只具有三级结构，血红素位于其“疏水口袋”中，可以与一个氧分子结合。血红蛋白由4条多肽链组成，包括两个α亚基和两个β亚基，是具有四级结构的蛋白质，每个亚基都有一个“疏水口袋”，其中的血红素能与一分子氧结合，因此一分子血红蛋白可以与四分子氧结合。当血红蛋白中的第一个亚基与氧结合后，能够促进其他三个亚基与氧的结合，称为正协同效应。协同效应是指在寡聚体蛋白质中，一个亚基与配体的结合，能够影响其他亚基与配体的结合，起促进作用的为正协同效应，起抑制作用的为负协同效应。研究发现，血红蛋白之所以具有正协同效应，是因为随着氧分子的结合，亚基间的高级结构也发生变化，亚基间的结合变得松弛，从而促进了其他亚基与氧的结合。肌红蛋白只有一条多肽链，因而不具有协同效应。由此可见，蛋白质高级结构的改变能够影响其功能，蛋白质的功能依赖其特定的空间构象。

蛋白质构象发生改变，虽然一级结构不变，但仍能影响其功能，甚至会引起疾病的发生，称为构象病，如亨廷顿舞蹈病、人纹状体脊髓变性病、阿尔茨海默病、动物的疯牛病等。

五、蛋白质的理化性质

（一）蛋白质的两性电离

在蛋白质分子中，多肽链两端游离的氨基和羧基可以进行解离，除此之外，氨基酸残基中的某些侧链基团，在一定pH溶液中，也能进行酸性解离或碱性解离，因而，蛋白质具有两性解离的性质。当蛋白质处于某一pH溶液环境时，其解离成正、负离子的程度和趋势相等，呈兼性离子，所带正、负电荷相等，这一溶液pH即该蛋白质的等电点。

（二）蛋白质的变性

蛋白质在某些理化因素的作用下，有序的空间结构遭到破坏而变得无序，理化性质也发生改变，生物学活性丧失，这一过程称为蛋白质变性。常见的变性因素有高温、高压、强酸、强碱、重金属离子和一些生物碱等。变性不涉及氨基酸序列的改变，只是破坏了二硫键和非共价键。变性后的蛋白质黏度增加，易于沉淀，易被蛋白酶水解。而某些变性程度较轻的蛋白质，当变性因素被除去后，又可以恢复其原有的空间结构和功能，此为蛋白质复性。

（三）蛋白质的沉淀

蛋白质沉淀是指蛋白质分子缠绕聚集从溶液中析出的现象。蛋白质沉淀的方法有重金属沉淀法、生物碱法、盐析法、有机溶剂法等。蛋白质变性后更容易发生沉淀，但也不是绝对的，沉淀的蛋白质也不一定变性，上述方法中，盐析法通常不会引起蛋白质变性，因而也是分离天然蛋白质的常用方法。

（四）蛋白质的胶体性质

蛋白质是生物大分子，分子直径为 1～100nm，属于胶体颗粒的范围，因此，蛋白质溶液具有胶体性质，蛋白质中亲水基团与水分子形成的水化膜及蛋白质颗粒表面所带的同种电荷是维持蛋白质溶液稳定的两个因素。

（五）蛋白质的紫外吸收作用

蛋白质中含有酪氨酸、色氨酸及苯丙氨酸，这些氨基酸残基中的共轭双键能吸收紫外线，因此，蛋白质具有紫外吸收的性质，最大吸收峰为 280nm。

（六）蛋白质的呈色反应

1. 茚三酮反应　蛋白质水解后生成氨基酸，氨基酸可发生茚三酮反应。

2. 双缩脲反应　在稀碱溶液中，蛋白质与硫酸铜共热，将呈现紫红色，这称为蛋白质的双缩脲反应，发生反应的主要是肽键，因此氨基酸不具有该呈色反应。

3. 酚试剂反应　蛋白质中的酪氨酸和色氨酸在碱性条件下，能够与某些酚试剂发生反应生成蓝色物质。

（孔文娟）

第二节　核酸的结构与功能

核酸是以核苷酸为基本组成单位的生物信息大分子，具有复杂的结构及重要的生物学功能。核酸分为脱氧核糖核酸（DNA）和核糖核酸（RNA）两类。真核动物及人类的 DNA 存在于细胞核和线粒体内，其携带遗传信息，并通过复制将遗传信息传递给下一代。真核生物的 RNA 存在于细胞质、细胞核及线粒体内，绝大多数生物中，RNA 是 DNA 的转录产物，参与遗传信息的复制及表达。在某些病毒中，RNA 也可作为遗传信息的载体。

一、核酸的基本组成单位——核苷酸

1. 核酸的元素组成　组成核酸的基本元素是 **C、H、O、N、P（9%～10%）**。

2. 核酸的组成成分　核酸在核酸酶的作用下水解成核苷酸，核苷酸水解后产生**核苷**（nucleoside）和磷酸。核苷再进一步水解，可产生**戊糖**（pentose）和**碱基**（base）。

（1）碱基：核酸的基本组成单位是**核苷酸**（nucleotide）。组成 DNA 的核苷酸是**脱氧核糖核苷酸**（deoxyribonucleotide），组成 RNA 的核苷酸是**核糖核苷酸**（ribonucleotide）。

核酸分子中的碱基是含氮的杂环化合物，有**嘧啶**（pyrimidine）和**嘌呤**（purine）两类。核酸中嘌呤碱主要是**腺嘌呤**（adenine，A）和**鸟嘌呤**（guanine，G），嘧啶碱主要是**胞嘧啶**（cytosine，C）、**胸腺嘧啶**（thymine，T）和**尿嘧啶**（uracil，U）。DNA 和 RNA 中均含有腺嘌呤、鸟嘌呤和胞嘧啶，尿嘧啶主要存在于 RNA 中，而胸腺嘧啶主要存在于 DNA 中。核酸中除了这 5 类基本的碱基外，还有一些含量较少的碱基，称为稀有碱基，它们绝大多数是这 5 类碱基的衍生物，即在碱基的某些原子上添加或取代某些基团或原子，如 7-甲基鸟嘌呤、5-羟甲基胞嘧啶等。

（2）戊糖：核酸中有两种戊糖，DNA 中为 **D-2-脱氧核糖**（D-2-deoxyribose），RNA 中则为 **D-核糖**（D-ribose）。在核苷酸中，为了与碱基中的碳原子编号相区别，核糖或脱氧核糖中的碳原子标以 C-1′、C-2′等。脱氧核糖与核糖两者的差别只在于，脱氧核糖中与 2′位碳原子连接的不是羟基而是氢，这一差别使 DNA 的化学稳定性比 RNA 好。

3. 核苷 核苷是核苷酸水解的中间产物。碱基和核糖（脱氧核糖）通过糖苷键连接形成核苷（脱氧核苷）。

4. 核苷酸 核苷酸是核酸的基本组成单位。核苷或脱氧核苷中戊糖 C-5′的羟基与磷酸通过磷酸酯键结合构成核苷酸或脱氧核苷酸。根据连接的磷酸数目不同，核苷酸分为核苷一磷酸（NMP）、核苷二磷酸（NDP）和核苷三磷酸（NTP），其中核苷二磷酸和核苷三磷酸含有高能磷酸键“～”，其水解时可释放大量的能量。体内重要的核苷酸如下：

AMP	CMP	GMP	UMP	TMP
ADP	CDP	GDP	UDP	TDP
ATP	CTP	GTP	UTP	TTP

在不同核苷酸符号的前面加个“d”用来代表相应的脱氧核苷酸。组成 RNA 和 DNA 的原料分别是 4 种核苷三磷酸（NTP，其中 N 代表 A、G、C、U）和 4 种脱氧核苷三磷酸（dNTP，其中 N 代表 A、G、C、T）。

在体内，核苷酸除构成核酸大分子外，还参与多种物质代谢的调控及多种蛋白质功能的调节。例如，在能量代谢中作为重要底物或中间产物的是 ATP 和 UTP；在细胞信号转导过程中作为激素第二信使的**环腺苷酸**（cyclic AMP，cAMP）和**环鸟苷酸**（cyclic GMP，cGMP）具有重要的调控作用。

5. 核酸的一级结构 在核酸分子中，核苷酸与核苷酸分子之间通过 3′,5′-磷酸二酯键相连形成多聚核苷酸链。交替的磷酸和戊糖构成核苷酸链的骨架。多聚核苷酸链一端是游离的磷酸基团，称为 5′端，另一端是游离的羟基，称为 3′端。多聚核苷酸链具有方向性，即 5′→3′。核酸的一级结构是指 DNA 或 RNA 分子中自 5′端至 3′端脱氧核苷酸或核苷酸的排列顺序。由于核苷酸之间的差异在于碱基的不同，因此核酸的一级结构也称碱基序列。

二、DNA 的结构与功能

（一）DNA 的一级结构

DNA 的一级结构是指 DNA 分子中自 5′端至 3′端脱氧核苷酸的排列顺序。

（二）DNA 的空间结构

DNA 的空间结构是指构成 DNA 分子的所有原子在三维空间的相对位置关系。DNA 的空间结构可分为二级结构和高级结构。

1953 年，J. Watson 和 F. Crick 在 *Nature* 杂志上发表文章，提出了 DNA 的二级结构形式——著名的 DNA 双螺旋结构模型，并对模型的生物学意义做出了科学的解释和预测。这项杰出的成就是生命科学发展史上一个重要的里程碑！DNA 的二级结构是双螺旋结构。

（1）DNA 双螺旋结构的研究背景：20 世纪中期，美国生物化学家 E. Charaff 等采用层析和紫外分光光度技术等分析了 DNA 分子的化学组成，提出了关于 DNA 分子中 4 种碱基的 Charaff 规则：①DNA 的碱基组成有种属差异，没有个体差异，即不同生物种属的 DNA 碱基组成不同，但同一个体不同器官、不同组织的 DNA 具有相同的碱基组成。②生物体内的碱基组成不受年龄、生长状况、环境条件的影响。③腺嘌呤和胸腺嘧啶的数量相等，鸟嘌呤和胞嘧啶的数量相等，即 A=T、G=C，这一规则暗示了 DNA 分子中碱基 A 与 T、G 与 C 可能以互补配对方式存在。

1952 年，R. Franklin 获得了高质量的 X 射线衍射图谱，分析结果提示 DNA 是螺旋状分子。J. Watson

和 F. Crick 综合前人的研究结果，提出了 DNA 二级结构的双螺旋结构模型，并将该模型发表在 1953 年的 *Nature* 杂志上。

（2）DNA 双螺旋模型结构的特点：①DNA 分子由两条反向平行的脱氧核苷酸链围绕同一轴心相互盘旋，形成右手双螺旋。两条链的空间走向呈反向平行。一条链的方向为 5′→3′，而另一条链的方向为 3′→5′。②脱氧核糖和磷酸基团通过 3′,5′-磷酸二酯键连接形成的亲水性骨架位于双螺旋结构的外侧，疏水的碱基位于双螺旋内侧。碱基环平面与螺旋轴垂直，糖环平面与螺旋轴平行。③碱基互补配对。两条脱氧核苷酸链之间通过碱基互补配对以氢键相连。A 和 T 之间形成两个氢键，G 和 C 之间形成三个氢键。④螺旋参数。双螺旋直径为 2nm，每螺旋一周包含 10 个碱基对，螺距（即螺旋旋转一圈的高度）为 3.4nm。⑤螺旋表面。双螺旋表面有两条螺旋型沟漕，一条较深较宽，称为大沟（宽 1.2nm，深 0.85nm）；一条较浅较窄，称为小沟（宽 0.6nm，深 0.75nm）。这些沟状结构可能和蛋白质与 DNA 等识别有关。

（3）DNA 双螺旋结构稳定的维系：相邻的两个碱基对平面在螺旋盘旋的过程中会彼此重叠而产生具有疏水性的**碱基堆积力**（base stacking interaction），维系双螺旋结构的稳定。因此，其纵向稳定依靠碱基堆积力，而横向稳定则依靠互补链之间碱基对形成的氢键。

（三）DNA 的高级结构——超螺旋结构

DNA 双螺旋链再盘绕即形成超螺旋结构。盘绕方向与双螺旋方向相同的称为正超螺旋，相反的则为负超螺旋。

1. 原核生物 DNA 大多为环状超螺旋结构　绝大多数原核生物 DNA 为环状双螺旋分子，以负超螺旋的形式存在，平均每 200 个碱基就有一个超螺旋形成。另外，有些病毒 DNA，某些噬菌体 DNA，细菌染色体与细菌中质粒 DNA，真核细胞中的线粒体 DNA、叶绿体 DNA 等均为环状。

2. 真核生物 DNA 的超螺旋结构　DNA 在真核生物细胞核内组装成高度有序和致密的结构。真核生物染色体由 DNA 和 5 种组蛋白（H_1、H_2A、H_2B、H_3、H_4）构成，其基本单位是**核小体**（nucleosome）。H_2A、H_2B、H_3、H_4 各两分子共同构成八聚体的核心组蛋白，长度约 150bp 的 DNA 分子在核心组蛋白八聚体上缠绕 1.75 圈形成核小体的核心颗粒，核心颗粒再由 DNA（约 60bp）和 H_1 构成的连接区连接起来形成串珠状的染色质细丝。再经多次折叠盘绕，DNA 被压缩了 8000～10 000 倍形成染色体。

（四）DNA 的功能

DNA 的基本功能是以基因的形式荷载遗传信息，并作为基因复制和转录的模板。它是生命遗传的物质基础，也是整个生命活动的信息基础。基因从结构上定义，是指 DNA 分子中的特定区段，其中的核苷酸排列顺序决定了基因的功能。

三、RNA 的结构与功能

RNA 分子一般以单链形式存在，但是可以通过链内的碱基配对形成局部的双螺旋二级结构和空间的高级结构。现介绍生物体内几种主要 RNA 的结构特点与功能。

（一）信使 RNA

生物体内**信使 RNA**（messenger RNA，mRNA）含量较少，占总 RNA 的 2%～5%，其种类却最多，约 10^5 种之多。在真核生物中，最初转录生成的 RNA 分子含有内含子和外显子，且分子大小不一，称为核内不均一 RNA（hnRNA）。hnRNA 经剪接编辑加工成为成熟的 mRNA，mRNA 是细胞内合成蛋白质的模板。

真核生物 mRNA 的结构特点如下。

1. 真核生物成熟 mRNA 中的 5′端有 m^7GpppN 的帽子结构　帽子结构可以保护 mRNA 不被核酸外切酶水解，并能与帽结合蛋白结合识别核糖体并与之结合，与翻译起始有关，还有助于 mRNA 从细胞核向细胞质的转运。

2. 3′端有 polyA 尾巴 其长度为 20～250 个腺苷酸，3′-多聚 A 尾和 5′-帽结构共同负责将 mRNA 从细胞核向细胞质转运、维持 mRNA 的稳定及翻译起始的调控。少数成熟 mRNA 没有 polyA 尾巴，如组蛋白 mRNA，它们的半衰期通常较短。

3. 成熟 mRNA 由氨基酸编码区和非编码区构成 从 mRNA 分子 5′端起的第一个 AUG 开始，每 3 个核苷酸为一组，决定肽链上的一个氨基酸，称为**密码子**（codon）。起始密码子和终止密码子之间的核苷酸序列称为**可读框**（open reading frame，ORF），其决定了多肽链的氨基酸序列。在 mRNA 的可读框两侧，为**非翻译区**（untranslated region，UTR），即 5′-UTR 和 3′-UTR。

（二）转运 RNA

转运 RNA（transfer RNA，tRNA）的主要功能是在蛋白质合成过程中按照 mRNA 指定的顺序将特定的氨基酸转送到核糖体进行肽链的合成。细胞内 tRNA 的种类较多，约占细胞总 RNA 的 15%，具有较好的稳定性，大部分 tRNA 都具有以下共同特征。

1. tRNA 分子质量较小 通常由 74～95 个核苷酸组成。

2. tRNA 中含有多种稀有碱基 包括双氢尿嘧啶（DHU）、甲基化的碱基（mA、mG）等。

3. RNA 分子的 5′端总是磷酸化 多为 pG；3′端常为 CCA，且 3′端的 A 与氨基酸以酯键相连生成氨酰 tRNA，因此 tRNA 为氨基酸的运载体，且不同的 tRNA 结合不同的氨基酸。

4. tRNA 的二级结构模型呈三叶草形 其有 3 个环，即 DHU 环、反密码环、TψC 环，以及一个氨基酸接纳茎，此外，在反密码环和 TψC 环之间往往还存在一个额外环，由 3～18 个核苷酸组成，是 tRNA 分类的标志。反密码环由 7～9 个核苷酸组成，居中的三个核苷酸构成一个反密码子。tRNA 的反密码子可以通过碱基互补识别 mRNA 上的密码子，从而使之携带的氨基酸正确进入合成多肽链的位置。

5. tRNA 的三级结构均呈倒“L”形 维持 tRNA 三级结构稳定的是核苷酸之间的氢键。

（三）核糖体 RNA

核糖体 RNA（ribosomal RNA，rRNA）是细胞内含量最多的 RNA，占细胞总 RNA 的 80%左右。rRNA 与核糖体蛋白结合组成**核糖体**（ribosome），为蛋白质的合成提供场所。核糖体由大小不同的两个亚基组成。原核生物核糖体的沉降系数为 70S，是由 50S 和 30S 两个大、小亚基组成的。其中 30S 小亚基含 16S 的 rRNA 和 21 种蛋白质，50S 大亚基含 23S 和 5S 两种 rRNA 及 34 种蛋白质。真核生物核糖体的沉降系数为 80S，是由 60S 和 40S 两个大、小亚基组成。40S 的小亚基含 18S rRNA 及 33 种蛋白质，60S 大亚基则由 28S、5.8S 和 5S 3 种 rRNA 及 49 种蛋白质组成。核糖体中的 rRNA 和蛋白质共同为肽链合成所需的 mRNA、tRNA 及多种蛋白质因子提供相互结合的位点和相互作用的空间环境。

（四）细胞内其他 RNA

除上述三种 RNA 外，细胞的不同部位还存在许多其他种类的小分子 RNA，如具有催化活性的催化性小 RNA，参与 mRNA 前体 hnRNA 中内含子剪接的核内小 RNA，通过结合 mRNA 抑制翻译过程或导致 mRNA 降解的微小 RNA，这些小分子 RNA 主要参与转录后基因的表达调控。

四、核酸的理化性质

（一）核酸的一般理化性质

核酸是生物大分子，具有大分子的一般特性。DNA 及 RNA 都是线性大分子，其溶液的黏度极大。核酸是多元酸，呈较强的酸性。核酸分子中的嘌呤和嘧啶环中含有共轭双键，因此，碱基、核苷、核苷酸及核酸对紫外线有较强的吸收，且最大吸收峰在 260nm 附近，这一特性常用作核酸的定性和定量分析。

（二）核酸的变性、复性与杂交

1. 核酸的变性 在某些理化因素（高温、高压、低盐、强酸、强碱等）作用下，DNA 双链解开变成单链的现象称为 DNA 变性（DNA denaturation）。DNA 变性的本质是双链间氢键的断裂。在 DNA 解链的过程中，双螺旋不断被解开，更多含有共轭双键的碱基暴露出来，使 DNA 溶液在波长 260nm 处的光吸收增强，称为增色效应。

连续加热 DNA 的过程中以温度作为横坐标、A_{260}（260nm 的吸光度）值作为纵坐标作图，所得的曲线称为解链曲线。解链过程中，紫外吸光度的变化达到最大变化值的一半时所对应的温度（50%的 DNA 双螺旋解链）称为 DNA 的解链温度（T_m）。G+C 含量越多，解链温度就越高。

2. 核酸的复性与杂交 变性条件缓慢地除去后，两条解离的互补链可重新配对，恢复原来的双螺旋结构，这一现象称为 **DNA 复性**（DNA renaturation）。热变性的 DNA 分子经缓慢冷却后重新复性的过程称为**退火**（annealing）。DNA 复性时，其溶液 A_{260} 降低的现象称为减色效应。

不同来源的单链核酸（DNA 或 RNA）放在同一溶液中，只要两种核酸单链之间存在一定程度的碱基配对关系，在适宜的条件下就可形成杂化双链，这一过程称为核酸**分子杂交**（hybridization）。杂交可发生在 DNA 与 DNA、RNA 与 RNA 和 DNA 与 RNA 之间。分子杂交是核酸研究与检测的一种重要技术，利用这一技术可以确定 DNA 片段在基因组中的定位、鉴定核酸分子间的序列相似性、检测靶基因在待测样品中是否存在等，在遗传性疾病的诊断、肿瘤病因学、基因工程等方面具有重要的作用。常用的杂交方法有 DNA 印迹法（Southern blotting）、RNA 印迹法（Northern blotting）和原位杂交（*in situ* hybridization）等。

（张乐晶）

第三节 酶

一、酶的概念

酶（enzyme）通常是指由活细胞产生的、对其底物具有高度特异性和高度催化效能的蛋白质。

酶作为最主要的催化剂，其研究历史已有 150 多年。根据化学本质不同将其分为酶（蛋白质）、核酶（核糖核酸）及脱氧核酶（脱氧核糖核酸）。本节主要以本质为蛋白质的酶作为研究对象。

二、酶的结构与功能

（一）酶的分子组成

依据酶的分子组成不同，可将酶分为单纯酶和结合酶两类。仅含有蛋白质的酶称为单纯酶，它的催化活性仅由酶蛋白的结构所决定，如脲酶、淀粉酶、脂酶及核糖核酸酶等。由蛋白质部分和非蛋白质部分组成的酶称为结合酶。其中蛋白质部分称为酶蛋白，其决定了反应的特异性；非蛋白质部分称为辅（助）因子，其决定了反应的性质和类型。酶蛋白与辅助因子结合形成的复合物称为全酶，结合酶只有全酶才具有催化活性。

酶的辅（助）因子可以是金属离子，也可以是小分子有机化合物。常见的金属离子有 K^+、Na^+、Mg^{2+}、Zn^{2+}等。金属离子的作用：①作为酶活性中心的催化基团参与催化反应，传递电子。②作为连接酶和底物的桥梁，便于酶对底物发挥作用。③稳定酶的构象。④中和阴离子，减少静电斥力。

根据辅（助）因子与酶蛋白结合的紧密程度，可将辅（助）因子分为辅酶和辅基。辅酶与酶蛋白结合疏松，可用透析或超滤的方法除去。辅酶结构中通常含有 B 族维生素的衍生物或铁卟啉物质等小分子有机化合物，它们的作用是参与酶的催化过程，并在反应中传递电子、质子或化学基团。例如，辅酶 I

（NAD^+，烟酰胺腺嘌呤二核苷酸）为传递氢原子和电子的辅酶，参与氧化还原反应。辅基与酶蛋白结合紧密，不能通过透析或超滤的方法将其除去，如黄素腺嘌呤二核苷酸（FAD）、黄素腺嘌呤单核苷酸（FMN）。体内酶的种类很多，但辅酶（基）的种类较少，通常一种酶蛋白只能与一种辅酶（基）结合，成为一种特异的酶，但一种辅酶（基）往往能与不同的酶蛋白结合构成多种不同催化功能的酶。

在过去的 50 年中已经发现 13 种维生素是人类所必需的，这些维生素是体内许多酶的辅酶成分。因此，维生素具有较高的营养作用，也是维持正常细胞功能所必需的。

（二）酶的活性中心

酶分子中与酶活性密切相关的化学基团称为必需基团。常见的必需基团有咪唑基、羟基、巯基、羧基等。这些必需基团在空间结构上彼此靠近，形成具有特定空间结构的区域，能与底物特异结合并将底物转变为产物，这一区域称为酶的**活性中心**（active center）或活性部位（active site）。

依据功能不同，可将酶活性中心内的必需基团分为结合基团和催化基团。结合基团的作用是识别并与底物结合，形成酶-底物复合物，决定反应的特异性或专一性。催化基团的作用是催化化学键的断裂和再生成，促使底物转变为产物。酶活性中心外的必需基团虽然不直接参与催化作用，但其是维持酶活性中心的空间构象和作为调节剂的结合部位所必需的。

三、酶促反应的特点

酶与一般催化剂的共同点：酶作为生物催化剂，与一般的催化剂一样，在化学反应前后没有质和量的变化，只能催化热力学允许的化学反应，只能加速可逆反应的进程，而不改变反应的平衡点。但因为酶的化学本质为蛋白质，所以又具有不同于一般催化剂的特点。

1. 酶促反应具有极高的效率 活化能是指酶促反应中底物分子由基态转变为过渡态的活化分子所需要的能量。酶与一般催化剂相比，能更有效地降低反应的活化能，因而具有极高的催化效率。酶的催化效率通常比非催化反应高 10^8～10^{20} 倍，比一般催化剂高 10^5～10^{13} 倍。

2. 酶促反应具有高度的特异性 一种酶只作用于一种或一类化合物或一定的化学键，催化特定类型的反应并生成一定的产物，称为酶的特异性或**专一性**（specificity）。受酶催化的化合物称为该酶的底物或**作用物**（substrate）。

依据酶对底物选择的严格程度，酶的特异性可分为以下几种类型。

（1）绝对专一性：只能作用于特定结构的底物，进行一种专一的反应，生成一种特定结构的产物。例如，脲酶仅能催化尿素水解生成 CO_2 和 NH_3。

（2）相对专一性：作用于一类化合物或一种化学键。例如，脂肪酶不仅水解脂肪，也能水解简单的酯。

（3）立体异构特异性：作用于立体异构体中的一种。例如，L-乳酸脱氢酶的底物只能是 L 型乳酸，而不能是 D 型乳酸。

3. 酶活性与酶量具有可调节性 酶是生物体的组成成分，和体内其他物质一样，不断在体内进行新陈代谢，机体许多酶活性及酶含量受体内代谢物或激素的调节，包括对酶活性和酶含量的调节。

4. 酶具有不稳定性 酶的化学本质是蛋白质。在某些理化因素（如高温、紫外线、剧烈震荡、强酸、强碱等）的作用下，蛋白质的空间构象会发生改变而变性，导致酶失去催化活性。因此，酶促反应需要在常温、常压和接近中性的条件下进行。

四、酶的作用机制

（一）酶比一般催化剂能更有效地降低反应的活化能

酶和一般催化剂一样，加速反应的作用都是通过降低反应的活化能实现的，但酶比一般催化剂能更有效地降低反应的活化能。

（二）酶底物复合物的形成

酶催化某一化学反应时，首先，底物与酶的活性中心结合生成不稳定的酶-底物复合物（ES），此复合物再进行分解而释放出酶，同时生成一种或数种产物，这一过程称为中间产物学说。此过程表示为

$$E+S \longrightarrow ES \longrightarrow E+P$$

式中，E 是酶；S 是底物；ES 是中间产物；P 是反应产物。

1. 诱导契合作用使酶与底物密切结合　酶与底物相互接近时，其结构相互诱导、相互变形、相互适应，进而相互结合，这种酶与底物相互诱导结合的过程称为酶-底物结合的诱导契合假说。诱导契合作用使酶与底物密切结合，并释放出能量。

2. 邻近效应与定向排列使诸底物正确定位于酶的活性中心　酶在反应中将诸底物结合到酶的活性中心，使它们相互接近并形成有利于反应的正确定向关系。这种邻近效应与定向排列实际上是将分子间的反应变成类似于分子内的反应，从而提高反应速率。

3. 表面效应使底物分子去溶剂化　酶的活性中心多是酶分子内部的“疏水口袋”，酶反应在此疏水环境中进行，排除周围大量水分子对酶和底物分子中功能基团的干扰性吸引和排斥，防止水化膜的形成，有利于底物与酶分子的密切接触和结合，这种现象称为表面效应。

4. 多元催化作用　酶是两性电解质，即酶活性中心上有些基团是质子供体（酸），有些是质子受体（碱），也就是说既可起亲核催化作用，又可起亲电催化作用。可见酶具有多元催化作用，这大大提高了催化效率。

五、酶促反应动力学

酶促反应动力学是研究酶促反应速率及其影响因素的科学。这些因素主要包括底物浓度、酶浓度、温度、pH、抑制剂和激活剂等。在研究某一因素对酶促反应速率的影响时，应保持反应中其他因素不变，而只改变要研究的因素。

（一）底物浓度对酶促反应速率的影响

酶促反应中，在其他因素不变的情况下，底物浓度对酶促反应速率影响的作用呈矩形双曲线关系。在底物浓度很低时，反应速率随底物浓度的增加而加快，两者成正比，表现为一级反应。随着底物浓度的升高，反应速率不再成正比加快，反应速率增加的幅度不断下降，呈混合级反应。继续增加底物浓度，反应速率不再增加，表现为 0 级反应。此时，无论底物浓度增加多大，反应速率也不再增加，说明酶已被底物所饱和。反应体系达最大反应速率。

1. 米-曼式方程式　解释酶促反应中底物浓度和反应速率关系最合理的学说是中间产物学说。依据中间产物学说，1913 年，Michaelis 和 Menten 经过大量实验提出反应速率与底物浓度关系的数学方程式，即米-曼氏方程式，简称**米氏方程**（Michaelis equation），即

$$v=V_{max}[S]/(K_m+[S])$$

式中，V_{max} 是该酶促反应的最大反应速率；[S]是底物浓度；K_m 是米氏常数；v 是在某一底物浓度时相应的反应速率。

2. K_m 与 V_{max} 的意义

（1）K_m：K_m 等于酶促反应速率为最大反应速率一半时的底物浓度。意义：①K_m 是酶的特征性常数之一；②K_m 可近似表示酶对底物的亲和力，且 K_m 值越大，表示酶对底物的亲和力越小，而 K_m 值越小，表示酶对底物的亲和力越大；③同一酶对于不同底物有不同的 K_m 值。

（2）V_{max}：是酶完全被底物饱和时的反应速率，与酶浓度成正比。

3. 酶的转换数 当酶被底物饱和时（即 V_{max}），单位时间内每个酶分子（或活性中心）催化底物转变为产物的分子数为酶的转换数。

（二）酶浓度对酶促反应速率的影响

在一定的温度和 pH 条件下，当底物浓度大大超过酶浓度时，随着酶浓度的增加，酶促反应速率成正比增加。

（三）温度对酶促反应速率的影响

温度对酶促反应速率具有双重影响，即温度升高，酶促反应速率加快。由于酶的本质是蛋白质，温度升高，可引起酶的变性，从而使反应速率降低。酶促反应速率最快时反应体系的温度称为酶促反应的**最适温度**（optimum temperature）。

从动物组织提取的酶，其最适温度多为 35～40℃；温度升高到 60℃以上时，大多数酶开始变性；80℃以上，多数酶的变性不可逆。酶的活性虽然随温度的下降而降低，但低温一般不使酶变性。温度回升后，酶又恢复活性。临床上低温麻醉就是利用酶的这一特性以减慢组织细胞代谢速度，提高机体对氧和营养物质缺乏的耐受性，有利于进行手术治疗。

酶的最适温度不是酶的特征性常数，因其与反应所需时间有关，不是一个固定值。酶可以在短时间内耐受较高的温度；相反，延长反应时间，最适温度便降低。

（四）pH 对酶促反应速率的影响

酶促反应所处溶液介质的 pH 可影响酶分子，特别是活性中心上必需基团的解离程度和催化基团中质子供体或质子受体离子化状态，也可影响底物和辅酶的解离程度，从而影响酶与底物的结合。只有在特定的 pH 条件下，酶、底物和辅酶的解离程度最适宜于它们互相结合，并发生催化作用，使酶促反应速率达最大值，此时反应体系的 pH 称为**酶的最适 pH**（optimum pH）。动物体内多数酶的最适 pH 接近中性，但也有例外。例如，胃蛋白酶的最适 pH 约为 1.8，肝精氨酸酶的最适 pH 约为 9.8。

（五）抑制剂对酶促反应速率的影响

凡能使酶的催化活性下降而不引起酶蛋白变性的物质均称为酶的**抑制剂**（inhibitor，I）。根据抑制剂和酶结合的紧密程度不同，酶的抑制作用分为不可逆性抑制和可逆性抑制。其中可逆性抑制又分为竞争性抑制、非竞争性抑制和反竞争性抑制。

1. 不可逆性抑制 一些抑制剂通常以共价键与酶活性中心的必需基团相结合，使酶失活，抑制剂无法用透析、超滤等方法去除以恢复活性，这种抑制作用称为不可逆性抑制。例如，有机磷农药敌敌畏、敌百虫等为不可逆性抑制剂，此抑制剂可与胆碱酯酶活性中心丝氨酸残基上的羟基结合生成磷酰化的羟基酶，使酶失活。胆碱酯酶的失活导致乙酰胆碱堆积，使胆碱能神经兴奋增强而出现一系列中毒表现，如恶心、呕吐、多汗、肌肉震颤、瞳孔缩小、惊厥等。临床上可用解磷定、氯解磷定等药物解毒，这些药物能与磷酰化羟基酶的磷酰基结合使酶游离出来恢复活性。

另外，还有一些不可逆性抑制剂与酶分子的巯基结合，使酶失活。例如，某些重金属离子（Hg^{2+}、Ag^{2+}、Pb^{2+}）及 As^{3+}（如含砷化合物路易斯毒气、砒霜等）能与巯基酶分子上的硫共价结合而使酶活性受到抑制。临床上常用二巯基丙醇（BAL）等含巯基的化合物作为解毒剂使酶恢复活性。

2. 可逆性抑制 抑制剂通常以非共价键与酶或酶-底物复合物可逆性结合，使酶的活性降低或丧失，抑制剂可用透析、超滤等方法除去，这种抑制作用称为可逆性抑制。根据抑制剂的结构特点及与酶结合的部位，可将可逆性抑制分为竞争性抑制、非竞争性抑制和反竞争性抑制。

（1）竞争性抑制：抑制剂与底物的结构相似，能与底物竞争酶的活性中心，从而阻碍酶-底物复合物的形成，使酶的活性降低。这种抑制作用称为竞争性抑制作用。其特点为：I 与 S 结构类似，竞争酶的活性中心；抑制程度取决于抑制剂与酶的相对亲和力及底物浓度；动力学特点为 V_{max} 不变，表观 K_m 增大。

例如，丙二酸和琥珀酸的结构相似，因此丙二酸能与琥珀酸竞争性地结合在琥珀酸脱氢酶的活性中心上，从而影响琥珀酸与该酶的结合，但是该酶不能催化丙二酸发生反应（生成产物）。因此，丙二酸对琥珀酸脱氢酶的抑制属于竞争性抑制作用。

很多药物都是酶的竞争性抑制剂。例如，磺胺药与对氨基苯甲酸具有类似的结构，而对氨基苯甲酸、二氢蝶呤及谷氨酸是某些细菌合成二氢叶酸的原料，后者能转变为四氢叶酸，它是细菌合成核酸不可缺少的辅酶。由于磺胺药是二氢叶酸合成酶的竞争性抑制剂，可与对氨基苯甲酸竞争结合于酶的活性中心，进而减少菌体内四氢叶酸的合成，使核酸合成障碍，导致细菌死亡。

（2）非竞争性抑制：某些抑制剂与酶活性中心外的结合部位结合，不影响酶与底物的结合，酶与底物的结合也不影响酶与抑制剂的结合，底物与抑制剂之间无竞争关系，但酶-底物-抑制剂复合物（ESI）不能进一步释放出产物。这种抑制作用称为非竞争性抑制作用。非竞争性抑制作用的强弱取决于抑制剂的浓度，不能用增加底物浓度来减弱或消除抑制；动力学特点为 V_{max} 降低，表观 K_m 不变。

（3）反竞争性抑制：抑制剂仅与酶和底物形成的中间产物（ES）结合，使中间产物 ES 的量下降。这样，既减少了从中间产物转化为产物的量，同时也减少了从中间产物解离出游离酶和底物的量。这种抑制作用称为反竞争性抑制作用。其特点为：抑制剂只与酶-底物复合物结合；抑制程度取决于抑制剂的浓度及底物的浓度；动力学特点为 V_{max} 降低，表观 K_m 降低。

（六）激活剂对酶促反应速率的影响

凡能使酶从无活性变成有活性或使酶活性提高的物质，均称为**激活剂**（activator），其中大部分是离子或简单的有机化合物。例如，Mg^{2+} 是多种激酶和合成酶的激活剂，动物唾液中的 α-淀粉酶则受 Cl^- 的激活。

六、酶的调节

机体为满足自身对内、外环境的适应，以及对物质和能量的需求，需要对体内的各种代谢进行调节，而对各种代谢途径的调节主要是通过对代谢途径中关键酶的调节来实现的。调节的方式有以下两种：一是酶活性的调节，称快速调节，通过适当的调节，有些酶可在有活性和无活性，或者高活性和低活性两种状态之间转变。酶活性的调节又分为变构调节、共价修饰调节和酶原激活。二是酶含量的调节，包括酶合成的调节、酶降解的调节，属缓慢调节。

（一）酶活性的调节

1. 变构调节　一些代谢物与酶分子活性中心外的基团可逆地非共价结合，使酶构象改变，从而改变酶的催化活性，此种调节方式称为**变构调节**（allosteric regulation）。变构调节是快速调节的一种方式。其中导致变构效应的代谢物称为变构效应剂；受变构调节的酶称为变构酶；酶分子上结合变构效应剂的部位称为变构部位或调节部位。

变构酶常有多个亚基，变构部位与活性中心可位于同一亚基，也可分别位于不同的亚基。通常变构酶分子上有两个以上的底物结合位点。当底物与一个亚基的活性中心结合后，通过构象的改变，可增强其他亚基的活性中心与底物的结合，称为**正协同效应**（positive cooperative effect）。但有时，当效应剂与一个亚基的活性中心结合后，可降低其他亚基的活性中心与底物的结合，称为**负协同效应**（negative cooperative effect）。凡使酶活性增强的效应剂均称为变构激活剂；凡使酶活性减弱的效应剂均称为变构抑制剂。

2. 共价修饰调节　有些酶蛋白肽链上的一些基团可在其他酶的作用下，与某些化学基团通过共价键结合，又可在另一种酶的作用下，去除已结合的化学基团，使该酶活性发生改变，这种调节称为**共价修饰调节**（covalent modification regulation），这类酶称为**修饰酶**（modification enzyme）。在共价修饰过程中，酶通常呈现无活性（或低活性）与有活性（或高活性）两种形式的互变。酶的共价修饰主要包括磷酸化与脱磷酸化、乙酰化与脱乙酰化、甲基化与脱甲基化、腺苷化与脱腺苷化等，其中以磷酸化修饰最为常见。

3. 酶原的激活 有些酶在细胞内合成或初分泌时，没有催化活性，这种无活性状态酶的前体称为**酶原**（zymogen）。酶原向活性酶转化的过程称为酶原的激活。酶原激活实际上是酶的活性中心形成或暴露的过程。例如，胰蛋白酶原进入小肠后，受肠激酶或胰蛋白酶本身的激活，第6位赖氨酸与第7位异亮氨酸残基之间的肽键被切断，水解掉一个六肽，酶分子空间构象发生改变，从而形成酶的活性中心，由此胰蛋白酶原转变为有活性的胰蛋白酶。

酶原激活的生理意义在于避免细胞内产生的蛋白酶对细胞进行自身消化，并可使酶在特定的部位和环境中发挥作用，保证体内代谢的正常进行。有的酶原可以视为酶的储存形式（如凝血酶），机体需要时，酶原适时地转变成有活性的酶，发挥其催化作用。

（二）酶含量的调节

1. 酶蛋白合成的诱导与阻遏 某些底物、产物、激素、药物等可影响酶的生物合成，促进酶生物合成的物质称为诱导剂（inducer），减少酶生物合成的物质称为辅阻遏剂（corepressor）。酶的诱导与阻遏作用对代谢的调节缓慢而长效。

2. 酶降解的调控 酶的构象受到破坏时便被细胞内的蛋白水解酶识别，极易降解成氨基酸。许多因素影响酶的降解，酶的N端被置换、磷酸化、突变、氧化、酶变性等因素均可能成为酶被降解的标记，易受蛋白水解酶的攻击。

七、同工酶

同工酶（isoenzyme）是指催化的化学反应相同，但酶蛋白的分子结构、理化性质乃至免疫学性质不同的一组酶。这类酶存在于生物的同一种属，或同一个体的不同组织，或同一组织的不同细胞中。

例如，乳酸脱氢酶是四聚体酶，其亚基有两型：骨骼肌型（M 型）和心肌型（H 型）。两型亚基以不同比例组成5种同工酶，即LDH_1（HHHH）、LDH_2（HHHM）、LDH_3（HHMM）、LDH_4（HMMM）、LDH_5（MMMM）。它们具有不同的电泳速度，对同一底物表现出不同的K_m值。单个亚基无酶的催化活性。心肌、肾以LDH_1为主，肝、骨骼肌以LDH_5为主。临床检验方面，通过观测患者血清中LDH同工酶电泳图谱的改变，辅助诊断哪些器官组织发生病变，这远较单纯测定血清 LDH 总活性的方法灵敏。例如，心肌受损患者血清LDH_1含量上升，肝细胞受损者血清LDH_5含量升高。

八、核酶

具有催化活性的RNA称为核酶，又称为催化性RNA。人工合成的一些具有催化活性的DNA分子称为**脱氧核酶**（deoxyribozyme）。抗体酶又称为**催化性抗体**（catalytic antibody），是一类具有催化活性的免疫球蛋白；是抗体的高度选择性和酶的高效催化效力巧妙结合的产物。抗体酶在医学中可应用于戒毒和肿瘤治疗。

九、酶与医学的关系

（一）酶与疾病的发生

许多疾病与酶的质和量的异常相关。现已发现的140多种先天性代谢缺陷中，多数由酶的先天性或遗传性缺损所致。例如，酪氨酸酶缺乏引起白化病。另外，许多疾病可引起酶含量或活性的异常。例如，急性胰腺炎时，胰蛋白酶原在胰腺中被激活，造成胰腺组织被水解破坏。

（二）酶与疾病的诊断

体内酶的质和量不易被检测，通常人们通过检测酶的活性来进行疾病的诊断。酶活性是指酶催化化学反应的能力。酶活性单位是衡量酶活性大小的尺度，是指在规定条件下，单位时间内生成一定量产物或消耗一定量底物所需要的酶量。例如，前列腺癌患者血清酸性磷酸酶活性升高；肝功能不良时凝血酶缺乏；胆汁反流诱导肝碱性磷酸酶合成增多；淀粉酶（淀粉酶分子质量为 67kDa）是通过肾排泄，当肾功能出现异常时，淀粉酶在体内积聚。

（三）酶与疾病的治疗

有些酶可作为助消化药物。例如，消化腺分泌功能下降导致的消化不良，可服用胰蛋白酶、胃蛋白酶、胰脂肪酶等。有些酶可用于清洁伤口和抗炎。例如，在清理化脓伤口的清洁液中加入溶菌酶、胰蛋白酶、木瓜蛋白酶等，可加强伤口的净化、抗炎及防止浆膜粘连等。有些酶具有溶解血栓的疗效。例如，临床上常用尿激酶、链激酶及纤溶酶等进行溶栓，治疗心脑血管栓塞等疾病。

（张乐晶）

第四节　维　生　素

维生素（vitamin）是机体维持正常功能所必需的，但体内不能合成或合成量很少，必须由食物供给的一类低分子质量有机化合物。维生素既不是机体组织的组成成分，也不能为机体提供能量，但是在调节人体物质代谢及维持正常生理功能方面发挥着极其重要的作用，是人体必需营养素。机体对维生素的需要量甚微，但是维生素的缺乏可以引起相应的维生素缺乏症，有些维生素摄入过多可发生中毒。按照溶解性不同，维生素可以分为水溶性维生素和脂溶性维生素两大类。

一、水溶性维生素

水溶性维生素包括 B 族维生素、维生素 C 及硫辛酸，此类维生素在体内主要构成酶的辅助因子。水溶性维生素易溶于水，故易随尿液排出，体内不易储存，需经常从食物中摄取，供给不足往往会导致缺乏症。

（一）维生素 B_1

维生素 B_1 又名硫胺素，主要存在于豆类、种子的外皮、酵母菌、胚芽及瘦肉中。硫胺素可在机体的肝和脑组织中经硫胺素焦磷酸激酶催化生成焦磷酸硫胺素（TPP）。TPP 是体内维生素 B_1 的活性形式，约占体内维生素 B_1 总量的 80%。

（1）生理功能：①维生素 B_1 在神经传导中起一定作用。②TPP 是 α-酮酸氧化脱羧酶多酶复合体的辅酶，参与线粒体内丙酮酸、α-酮戊二酸及支链氨基酸的氧化脱羧反应。③TPP 还是胞质中戊糖磷酸途径中转酮酶的辅酶，参与转糖醛基反应。

（2）缺乏：机体缺乏时，神经组织能量供给不足，导致多发性慢性末梢性神经炎，表现为食欲减退、皮肤麻木、四肢乏力、肌肉萎缩，严重者可发生心力衰竭和神经系统损伤等症状。

（二）维生素 B_2

维生素 B_2 又称核黄素，动物肝、豆类、肉类、奶及奶制品中维生素 B_2 的含量丰富。在生物体内，维生素 B_2 以黄素单核苷酸（FMN）和黄素腺嘌呤二核苷酸（FAD）的活性形式存在。

（1）生理功能：FMN 和 FAD 是体内多种氧化还原酶（黄素蛋白）的辅酶，一般与酶蛋白结合紧密，不易分开，主要起递氢作用。

（2）缺乏：可引起唇炎、口角炎、眼睑炎、阴囊炎、畏光等。

（三）维生素 PP

维生素 PP 包括烟酸和烟酰胺，又称为尼克酸和尼克酰胺，广泛存在于自然界中。食物中的维生素 PP 均以烟酰胺腺嘌呤二核苷酸（NAD^+）或烟酰胺腺嘌呤二核苷酸磷酸（$NADP^+$）形式存在，它们在小肠被水解为维生素 PP 并被吸收。

（1）生理功能：NAD^+和 $NADP^+$是体内多种不需氧脱氢酶的辅酶，起到传递氢的作用。

（2）缺乏：缺乏可引起癞皮病，表现为皮炎、腹泻和痴呆。

（四）泛酸

泛酸又名遍多酸、维生素 B_5，广泛存在于动植物组织中。泛酸在肠道内被吸收后，经磷酸化并与半胱氨酸反应可生成 4-磷酸泛酰巯乙胺，后者是辅酶 A（CoA）和酰基载体蛋白（ACP）的组成成分。

（1）生理功能：CoA 和 ACP 参与酰基转移反应，广泛参与糖、脂类、蛋白质的代谢及肝的生物转化。

（2）缺乏：泛酸缺乏症很少见，泛酸缺乏早期易疲劳，可引发胃肠功能障碍等疾病，严重时最显著的特征是出现肢神经痛综合征。临床上 CoA 对厌食、乏力等症状有明显的疗效，故被广泛用作多种疾病的辅助药物。

（五）维生素 B_6

维生素 B_6包括吡哆醇、吡哆醛和吡多胺，其活化形式是磷酸吡哆醛和磷酸吡哆胺，两者可相互转化。维生素 B_6广泛存在于动植物食品中。

（1）生理功能：①磷酸吡哆醛是体内多种酶的辅酶；②磷酸吡哆醛有拮抗类固醇激素的作用。

（2）缺乏：人类未发现缺乏维生素 B_6的典型病例，但维生素 B_6与其他水溶性维生素不同，过量服用时可引起中毒。

（六）生物素

生物素又名维生素 H、维生素 B_7或辅酶 R 等，动物肝、肾、蛋类、酵母菌、牛奶、花生、鱼类及啤酒中含量较多。生物素是体内多种羧化酶的辅基。

（1）生理功能：参与羧化反应，主要参与体内 CO_2的固定作用；参与细胞信号转导和基因表达；还可使组蛋白生物素化，进而影响细胞周期、转录和 DNA 损伤修复等。

（2）缺乏：生物素来源广泛，人体肠道细菌也可合成，很少缺乏。但是，新鲜鸡蛋清中有一种抗生物素蛋白，生物素与之结合后不能被吸收。此外，长期使用抗生素可抑制肠道细菌生长，也可造成生物素缺乏，表现为恶心、食欲减退、疲乏、皮炎和脱屑性红皮病等。

（七）叶酸

叶酸又名蝶酰谷氨酸。动物肝、酵母菌、绿叶蔬菜和水果中叶酸含量丰富，肠道细菌也可合成。四氢叶酸（FH_4）是叶酸的活性形式。

（1）生理功能：四氢叶酸是机体一碳单位转移酶的辅酶，是一碳单位的载体，一碳单位在体内参与嘌呤、胸腺核苷酸等多种物质的合成。

（2）缺乏：食物中叶酸含量丰富，肠道细菌也可合成，一般较少缺乏。孕妇和哺乳期女性应适当给予补充。叶酸缺乏时，DNA 合成受到抑制，骨髓幼红细胞合成 DNA 不足，细胞分裂速度降低，细胞体积增大，可造成巨幼红细胞性贫血。

（八）维生素 B_{12}

维生素 B_{12}又名钴胺素，其结构中含有一个金属钴离子，是唯一含金属元素的维生素，甲基钴胺素及 5′-脱氧腺苷钴胺素是其活性形式。

（1）生理功能：维生素 B_{12} 是 N^5-CH_3-FH_4 转甲基酶的辅酶，能催化同型半胱氨酸甲基化生成甲硫氨酸。

（2）缺乏：维生素 B_{12} 广泛存在于动物性食品中，正常膳食者很少发生缺乏症，偶见于严重吸收障碍患者和长期素食者。维生素 B_{12} 缺乏时，N^5-CH_3-FH_4 上的甲基无法进行转移，不仅引起甲硫氨酸合成受阻，还能影响四氢叶酸的再生，使组织中游离的四氢叶酸含量减少，一碳单位代谢受阻，影响嘌呤、嘧啶的合成，最终导致核酸合成障碍，影响细胞分裂，结果产生巨幼红细胞性贫血，即恶性贫血。另外，维生素 B_{12} 缺乏还可以引起神经疾患。

（九）维生素 C

维生素 C 又称 L-抗坏血酸，广泛存在于新鲜蔬菜及水果中，人类、其他灵长类、豚鼠等动物体内不能合成维生素 C，必须由食物供给。

1. 生理功能

（1）维生素 C 是体内某些羟化酶的辅助因子：①参与胶原蛋白翻译后修饰过程中脯氨酸和赖氨酸残基的羟化，促使胶原蛋白的合成。②参与胆汁酸及肾上腺皮质激素合成过程中胆固醇的羟化。③参与芳香族氨基酸的代谢。④参与合成肉碱。

（2）维生素 C 作为抗氧化剂直接参与机体氧化还原反应：①保护巯基，使巯基酶的—SH 维持还原状态。②使红细胞中的高铁血红蛋白（MHb）还原为血红蛋白（Hb），恢复其运输氧的能力。③使 Fe^{3+} 还原为 Fe^{2+}，以利于食物中铁的吸收。④影响组织细胞内活性氧敏感的信号转导系统，以调节基因表达和细胞功能，促进细胞分化。⑤促进免疫球蛋白合成，增强机体免疫力。

2. 缺乏

（1）维生素 C 是胶原蛋白形成过程中所必需的物质，有助于保持细胞间质的完整，严重缺乏时可引起坏血病。

（2）维生素 C 缺乏可直接影响胆固醇的转化，导致体内胆固醇增加。

二、脂溶性维生素

脂溶性维生素包括维生素 A、维生素 D、维生素 E、维生素 K。其共同特点为：①均为非极性疏水的异戊二烯的衍生物。②不溶于水，溶于脂肪及有机溶剂。③在食物中与脂类共存，并随脂类一同吸收。④吸收的脂溶性维生素在血液中与脂蛋白及某些特殊结合蛋白特异结合而运输。

1. 维生素 A 维生素 A 又称抗干眼病维生素、**视黄醇**（retinol）。维生素 A 是一种具脂环的不饱和一元醇，通常以**视黄醇酯**（retinol ester）的形式存在。视黄醇、视黄醛和视黄酸是维生素 A 的活性形式。动物性食品如肉类、肝、鱼肝油、蛋黄和乳制品中维生素 A 含量丰富，植物中无维生素 A，但是植物中含有被称为维生素 A 原的多种胡萝卜素。

（1）生理功能：①视黄酸对胚胎发育和基因表达具有调节作用，尤其在精子生成、孕酮前体形成和胚胎发育等过程中具有十分重要的调控作用。②维生素 A 和胡萝卜素是有效的抗氧化剂，能够有效地捕获活性氧，起到清除自由基和防止脂质过氧化的作用。③视黄醛和视蛋白的结合维持了正常的视觉功能，当维生素 A 缺乏时，11-顺视黄醛得不到足够的补充，视紫红质合成减少，对弱光的敏感性降低，暗适应能力下降，严重者发生“夜盲症”。④维生素 A 及其衍生物可抑制肿瘤生长，维生素 A 与其代谢中间产物全反式维甲醇（ATRA）能诱导肿瘤细胞分化、凋亡，增加癌细胞对化疗药物的敏感性。

（2）缺乏：维生素 A 缺乏会导致从明处到暗处的暗适应时间延长，严重者发生“夜盲症”。维生素 A 缺乏还可以引起眼结膜分泌细胞的丢失和角化，以及糖蛋白分泌的减少，这些均可导致角膜干燥，出现**干眼病**（xerophthalmia）。长期持续数月或数年过量摄入维生素 A 会出现维生素 A 中毒，中毒症状包括骨痛、严重头痛、鳞状皮炎、恶心、腹泻及肝、脾大等。

2. 维生素 D 维生素 D 是类固醇的衍生物，天然的维生素 D 有维生素 D_2（**麦角钙化醇**，ergocalciferol）和维生素 D_3（**胆钙化醇**，cholecalciferol）两种形式。人体皮肤储存着维生素 D_3 原，经紫外线照射转变为维生素 D_3，植物中含有麦角固醇，在紫外线照射下转变为维生素 D_2。

维生素 D 的活化形式是 1,25-二羟维生素 D_3 [1,25-$(OH)_2$-D_3]。1,25-$(OH)_2$-D_3 经血液运输至靶细胞，发挥提高钙、磷浓度的生理效应，有利于新骨的生成与钙化。

（1）生理功能：①调节体内钙、磷平衡是 1,25-$(OH)_2$-D_3 的重要作用，1,25-$(OH)_2$-D_3 可以促进小肠对钙、磷的吸收，提高血钙、血磷浓度，促进新骨的生成和钙化。②影响细胞的分化，肾外组织细胞能将 25-OH-D_3 羟化为 1,25-$(OH)_2$-D_3。皮肤、大肠、乳腺、前列腺、骨骼肌、心脏、脑、胰岛 B 细胞、单核细胞，以及活化的 T 淋巴细胞和 B 淋巴细胞等都存在维生素 D 的受体，1,25-$(OH)_2$-D_3 能够调节这些组织细胞的分化。

（2）缺乏：维生素 D 缺乏或转化发生障碍时，成人可患软骨病，儿童可出现佝偻病，老年人易骨质疏松，还可引起自身免疫性疾病。

3. 维生素 E 包括**生育酚**（tocopherol）和**生育三烯酚**（tocotrienol），每类又分为 α、β、γ 和 δ 4 种。α-生育酚分布最广、活性最高。

（1）生理功能：①与动物的生殖功能有关，动物缺乏维生素 E 时，其生殖器官会受损导致不育，人类尚未发现因缺乏维生素 E 而导致的不孕症，但是临床上常用维生素 E 治疗先兆流产及习惯性流产。②抗氧化作用，维生素 E 是体内最重要的抗氧化剂，具有保护生物膜结构与功能的作用。③促进血红素合成，维生素 E 能提高血红素合成的调节酶 δ-氨基-γ-酮戊酸（ALA）合酶和 ALA 脱水酶的活性，促进血红素合成。④调节基因的表达。

（2）缺乏：一般不易缺乏，严重的脂类吸收障碍和严重肝损伤可引起维生素 E 缺乏，主要表现为红细胞数量减少、溶血性贫血、毛发脱落、精子缺乏等。

4. 维生素 K 维生素 K 使凝血时间延长，故维生素 K 又称凝血维生素。维生素 K 是 2-甲基-1,4-萘醌的衍生物，在自然界中主要以维生素 K_1（植物）和维生素 K_2（动物）两种形式存在。

（1）生理功能：①维生素 K 是部分凝血因子合成所必需的辅酶，维持体内第Ⅱ、Ⅶ、Ⅸ、Ⅹ凝血因子的正常水平，促进凝血。②对骨代谢具有重要作用，骨钙蛋白和骨基质 Gla（γ-氨基谷氨酸）蛋白均是维生素 K 依赖蛋白。

（2）缺乏：维生素 K 缺乏的主要症状是容易出血。

（程远芳）

第五节 聚 糖

细胞中的糖类可以分为单糖、多糖和糖复合物，其中糖复合物又可以分为糖蛋白、蛋白聚糖、糖脂等。糖复合物中的糖部分称为聚糖。糖蛋白和蛋白聚糖都由共价连接的蛋白质和聚糖两部分组成，只是糖蛋白中的蛋白质质量百分比大于蛋白聚糖，而蛋白聚糖中聚糖所占质量达一半以上，甚至高达 95%。糖脂由聚糖和脂类组成。

一、糖蛋白分子中的聚糖及其合成

糖蛋白（glycoprotein）是一种或者多种糖以共价键形式连接到肽链上的蛋白质，含糖量因蛋白质而异。糖蛋白中聚糖含有的单糖有 7 种，即葡萄糖、半乳糖、甘露糖、岩藻糖、*N*-乙酰半乳糖胺、*N*-乙酰葡糖胺和 *N*-乙酰神经氨酸。

按照聚糖与蛋白质的连接方式，可以将糖蛋白中的聚糖分为 N-连接型聚糖和 O-连接型聚糖，相应的将糖蛋白分为 N-连接型糖蛋白和 O-连接型糖蛋白。

1. N-连接型糖蛋白 N-连接型糖蛋白的糖基化位点是Asn-X-Ser/Thr，聚糖中的*N*-乙酰葡糖胺与蛋白多肽链中天冬酰胺残基上的酰胺氮以共价键链接，而形成N-连接型糖蛋白。聚糖与蛋白质肽链连接需特定的氨基酸序列，即糖基化位点是Asn-X-Ser/Thr。

2. N-连接型聚糖 依据聚糖的结构，N-连接型聚糖有高甘露糖型、复杂型和杂合型之分，这3型N-连接型聚糖均含有一个由两个N-GlcNAc及3个Man形成的五糖核心。

3. N-连接型聚糖的合成 N-连接型聚糖在粗面内质网和高尔基体合成。以长萜醇为载体，先合成含有14个糖基的长萜醇焦磷酸聚糖结构，然后转移到肽链的糖基化位点，在内质网和高尔基体加工而成。

4. O-连接型和O-连接型糖蛋白 O-连接型聚糖中的*N*-乙酰半乳糖胺与多肽链的丝氨酸或苏氨酸残基的羟基以共价键相连而形成O-连接型糖蛋白。O-连接型聚糖的合成在内质网开始到高尔基体完成。

二、蛋白聚糖中的糖胺聚糖

蛋白聚糖（proteoglycan）是一条或多条糖胺聚糖与核心蛋白以共价键相连形成的复合糖类，由糖胺聚糖和核心蛋白组成，是含有己糖醛酸和己糖胺的重复二糖单位。

1. 糖胺聚糖 **糖胺聚糖**（glycosaminoglycan）也称为黏多糖、氨基多糖和酸性多糖等。体内重要的糖胺聚糖有5种，即透明质酸、肝素、硫酸皮肤素、硫酸软骨素和硫酸角质素。

2. 核心蛋白 **核心蛋白**（core protein）为与糖胺聚糖链共价结合的蛋白质。按照核心蛋白和糖链成分的差别可将蛋白聚糖分为3类：大分子聚糖型胞外基质蛋白聚糖、小分子富含亮氨酸胞外基质蛋白聚糖和跨膜胞内蛋白聚糖。

3. 蛋白聚糖的合成 蛋白聚糖在合成时，先在内质网上合成核心蛋白多肽链，同时在高尔基体内进行糖链的延长或加工，糖链的形成是由单糖逐个连接形成的。

4. 蛋白聚糖的功能 蛋白聚糖是细胞外基质的主要成分，参与细胞的黏附、迁移、增殖和分化。此外，还具有特殊功能。例如，肝素是重要的抗凝血剂，硫酸软骨素可维持软骨的机械性能等。

三、糖脂

糖脂（glycolipid）是糖与脂类通过半缩醛羟基以糖苷键相连形成的化合物。根据脂质部分不同，糖脂可以分为鞘糖脂、甘油糖脂和类固醇衍生糖脂。鞘糖脂、甘油糖脂是细胞膜脂的主要成分，具有重要的生理功能。

1. 鞘糖脂 **鞘糖脂**（sphingolipid）是神经酰胺被糖基化的糖苷化合物，根据分子中是否含有唾液酸或硫酸基可分为中性鞘糖脂和酸性鞘糖脂。

2. 甘油糖脂 **甘油糖脂**（glyceroglycolipid）是髓磷脂的重要组成部分，也称糖基甘油酯，由二酰甘油分子3位上的羟基与糖基连接而成。

四、聚糖的生理功能

聚糖结构由于其单糖种类、化学键连接方式及分支结构的差异，形成形式各异的空间结构，可能蕴含大量的生物信息。

（1）聚糖组分是糖蛋白行使功能所必需的。与细胞识别、细胞黏附、细胞信号转导等过程有关。

（2）结构多样性的聚糖蕴含生物信息。聚糖这种多样性的结构是其携带信息的基础，同时这种多样性结构受基因编码的糖基转移酶和糖苷酶的调控。

（王亚娟）

第六节 糖 代 谢

糖是人体重要的能源物质，同时也是构成人体组织结构的重要组成成分。其化学本质是多羟基醛或多羟基酮及其衍生物或多聚物。其最主要的生理功能是为机体提供生命活动所需要的能量，人体50%～70%的能量由糖供应，1mol 葡萄糖经过彻底氧化分解可以释放出 2840kJ 的能量。葡萄糖在体内可以转变成多种非糖物质，也可以提供合成体内其他物质的原料，某些非糖物质也可转变成葡萄糖。

食物中的糖类主要是植物淀粉、纤维素和动物糖原，机体可消化吸收的糖类有多糖（植物淀粉、动物糖原）及蔗糖、麦芽糖、异麦芽糖和乳糖等寡糖或单糖，消化的部位主要在小肠，少量在口腔。这些糖首先在口腔被唾液中的淀粉酶初步水解，进而在小肠被胰液中的淀粉酶进一步水解生成麦芽糖、异麦芽糖和临界糊精，最终被小肠黏膜刷状缘的麦芽糖酶、乳糖酶和蔗糖酶水解为葡萄糖、果糖和半乳糖，其中主要为葡萄糖。这些单糖可被小肠黏膜细胞吸收，此吸收过程是一个主动耗能的过程，由特定载体完成，同时伴有 Na^+转运。除上述糖类以外，由于人体内无 β-糖苷酶，食物中的纤维素无法被人体分解利用，但其具有刺激肠蠕动等作用，对身体健康也是必不可少的。

糖代谢主要是指葡萄糖在体内发生的一系列复杂的化学反应。葡萄糖经吸收入血后随血液循环运送到身体各个组织，再由不同的葡萄糖运载体转运入细胞内进行代谢。在不同类型的细胞中，葡萄糖的代谢途径也有所不同，其代谢方式很大程度上受机体的供氧情况影响。在供氧充足时，葡萄糖主要进行有氧氧化，彻底氧化生成二氧化碳和水，并释放出大量能量；在供氧不足时，葡萄糖进行无氧酵解生成乳酸；此外，葡萄糖还可以进入戊糖磷酸途径，生成核糖和 $NADPH+H^+$，不同的代谢途径发挥不同的生理功能。葡萄糖的代谢还与血糖浓度相关，当血糖浓度高时，葡萄糖合成糖原储存在肝或肌组织中；当血糖浓度低时，肝糖原或肌糖原分解补充血糖或为肌肉组织供能；此外，其他的非糖物质也可经糖异生途径补充血糖。

一、糖的分解代谢

（一）糖酵解的基本途径、关键酶和生理意义

1. 基本途径 在机体缺氧或者不能利用氧的情况下，葡萄糖或者糖原经一系列的反应分解生成乳酸的过程称为葡萄糖的无氧氧化，也称**糖酵解**（glycolysis）。糖酵解在细胞质中完成，整个过程分为两个阶段：第一阶段是丙酮酸的生成，第二阶段是乳酸的生成。

1）**第一阶段：丙酮酸的生成（10 步反应）**

（1）**葡萄糖磷酸化为 6-磷酸葡萄糖**：该过程是在己糖激酶（肝内为葡萄糖激酶）的催化作用下完成的，由 ATP 提供能量和磷酸基团，催化该反应的己糖激酶是糖酵解反应的关键酶，该步反应不可逆。

（2）**6-磷酸葡萄糖在磷酸己糖异构酶的催化下生成 6-磷酸果糖**：反应可逆。

（3）**6-磷酸果糖转变生成 1,6-二磷酸果糖**：该过程是在 6-磷酸果糖激酶-1 的催化作用下完成的，由 ATP 提供能量和磷酸基团，并有 Mg^{2+}的参与，反应不可逆，催化该反应的 6-磷酸果糖激酶-1 是糖酵解反应的关键酶，其活性的高低直接影响到糖酵解的反应速率和方向。

（4）**1,6-二磷酸果糖裂解为 2 分子的磷酸丙糖**：该反应是在醛缩酶的催化作用下发生裂解，生成 1 分子的磷酸二羟丙酮和 1 分子的 3-磷酸甘油醛。

（5）**磷酸二羟丙酮和 3-磷酸甘油醛互为同分异构体并且可以相互转化**：这个过程可以在磷酸丙糖异构酶的催化作用下完成，由于 3-磷酸甘油醛参与后续的反应不断被消耗，磷酸二羟丙酮可以迅速转变成 3-磷酸甘油醛，因此相当于 1 分子 1,6-二磷酸果糖生成了 2 分子的 3-磷酸甘油醛。

至此，以上 5 步反应为糖酵解的耗能反应，1 分子葡萄糖共消耗 2 分子的 ATP。

（6）**3-磷酸甘油醛氧化为 1,3-二磷酸甘油酸**：反应在 3-磷酸甘油醛脱氢酶的催化作用下完成，脱下来的 2H 由 NAD^+接受生成 $NADH+H^+$，并且生成 1 个含有高能磷酸键的 1,3-二磷酸甘油酸。

（7）**1,3-二磷酸甘油酸转变生成 3-磷酸甘油酸：**反应在磷酸甘油酸激酶的催化作用下完成，同时将高能键转移给 ADP 生成 ATP，这种 ADP 的磷酸化与底物氧化相偶联的过程称为底物水平磷酸化（substrate level phosphorylation）。这是糖酵解反应中首次生成 ATP 的反应。

（8）**3-磷酸甘油酸转变生成 2-磷酸甘油酸：**反应在磷酸甘油酸变位酶的催化作用下完成，反应可逆。

（9）**2-磷酸甘油酸转变生成磷酸烯醇丙酮酸：**反应在烯醇化酶的催化作用下完成，生成高能磷酸化合物磷酸烯醇丙酮酸，反应可逆。

（10）**磷酸烯醇丙酮酸转变生成丙酮酸：**反应在丙酮酸激酶的催化作用下完成，同时将高能键转移给 ADP 生成 ATP，这是糖酵解反应中的第二次底物水平磷酸化，催化该反应的丙酮酸激酶是糖酵解反应中的关键酶，反应不可逆。

至此，6～10 步反应是糖酵解的产能反应，共生成 4 分子 ATP，产能方式为底物水平磷酸化。前 5 步反应消耗 2 分子 ATP，故净生成 2 分子 ATP。

2）**第二阶段：乳酸的生成** 在机体相对缺氧或者不能利用氧的情况下，丙酮酸在乳酸脱氢酶的催化下生成乳酸，由前面第 6 步反应生成的 $NADH+H^+$提供氢原子，丙酮酸为受氢体，反应可逆。

2. 糖酵解反应过程中的关键酶 己糖激酶、6-磷酸果糖激酶-1、丙酮酸激酶。这三种酶的活性可以受变构或化学修饰调节，其活性高低决定着反应的方向和速度，其中以 6-磷酸果糖激酶-1 的活性最为关键。

3. 糖酵解的调节 在糖酵解反应中，有三步是不可逆的，催化这三步反应的酶是糖酵解途径的 3 个调节点，它们分别受到变构和（或）共价修饰调节。6-磷酸果糖激酶-1 的变构激活剂为 AMP、ADP、1,6-二磷酸果糖、2,6-二磷酸果糖，变构抑制剂是柠檬酸、ATP（高浓度）；丙酮酸激酶是糖酵解中的第二个重要的调节点，受变构调节和共价修饰调节，别构激活剂是 1,6-二磷酸果糖，变构抑制剂是 ATP、丙氨酸；己糖激酶受到反馈抑制调节，6-磷酸葡萄糖可反馈抑制己糖激酶，但肝葡萄糖激酶不受其抑制，长链脂肪酰 CoA 可变构抑制肝葡萄糖激酶，胰岛素可以诱导葡萄糖激酶基因的转录，促进该酶的合成。

4. 糖酵解的主要生理意义 迅速提供能量，这对骨骼肌尤其重要。另外，糖酵解还能够为机体的某些组织细胞提供能量。例如，红细胞没有线粒体，只能通过糖酵解供能；神经、白细胞、骨髓等即使在有氧的情况下，也常由糖酵解提供部分能量。

（二）糖有氧氧化的基本途径、关键酶和生理意义

1. 基本途径 在机体缺氧或者不能利用氧的情况下，糖酵解产生的丙酮酸加氢生成乳酸；在氧供应充足的情况下，丙酮酸氧化脱羧生成乙酰 CoA，后者进入三羧酸循环彻底氧化分解生成 CO_2 和 H_2O，并释放出能量。同时糖酵解过程中产生的 $NADH+H^+$进入线粒体，经氧化磷酸化生成 H_2O，并生成 ATP。葡萄糖在氧供应充足的情况下彻底氧化分解产生 CO_2 和 H_2O，并产生能量的过程称为**有氧氧化**（aerobic oxidation）。

葡萄糖的有氧氧化在胞液和线粒体中进行，可分为三个阶段：第一阶段，葡萄糖或糖原经糖酵解生成丙酮酸；第二阶段，丙酮酸进入线粒体氧化脱羧生成乙酰 CoA；第三阶段，乙酰 CoA 进入三羧酸循环及氧化磷酸化生成 ATP。

1）**第一阶段：丙酮酸的生成** 反应过程同糖的无氧氧化，同时生成的 $NADH+H^+$进入线粒体经氧化磷酸化生成 H_2O，并产生 ATP。

2）**第二阶段：丙酮酸氧化脱羧** 在氧供应充足的情况下，丙酮酸进入线粒体，在丙酮酸脱氢酶复合体的催化作用下脱氢、脱羧生成乙酰 CoA，催化这个反应的酶是糖有氧氧化的关键酶，反应不可逆。

3）**第三阶段：三羧酸循环（8 步反应）** **三羧酸循环**（tricarboxylic acid cycle，TCA cycle，TCA 循环）是指乙酰 CoA 和草酰乙酸缩合生成柠檬酸，经过一系列的脱氢、脱羧反应，再次生成草酰乙酸的过程，这个反应从生成含有三个羧基的柠檬酸开始，故称三羧酸循环，又称**柠檬酸循环**（citric acid cycle）。

（1）**柠檬酸的生成：**乙酰 CoA 和草酰乙酸在柠檬酸合酶的催化作用下生成柠檬酸，催化该反应的酶是三羧酸循环中的关键酶，反应不可逆。

（2）**异柠檬酸的生成**：柠檬酸在顺乌头酸酶的催化作用下生成异柠檬酸。

（3）**α-酮戊二酸的生成**：异柠檬酸在异柠檬酸脱氢酶的催化作用下脱氢、脱羧生成α-酮戊二酸，脱下来的H由NAD^+接受，催化这个反应的酶是三羧酸循环中的第二个关键酶。

（4）**琥珀酰CoA的生成**：α-酮戊二酸在α-酮戊二酸脱氢酶复合体的催化作用下脱氢、脱羧生成琥珀酰CoA（此为高能硫脂化合物），脱下来的H由NAD^+接受，催化这个反应的酶是三羧酸循环中的第三个关键酶。

（5）**琥珀酸的生成**：琥珀酰CoA在琥珀酰CoA合成酶的催化作用下，高能硫酯键断裂生成琥珀酸，同时将能量转移给GDP生成GTP，GTP又可将能量转移给ADP生成ATP，这是三羧酸循环中唯一的一次底物水平磷酸化。

（6）**延胡索酸的生成**：琥珀酸在琥珀酸脱氢酶的催化作用下脱氢生成延胡索酸，脱下来的H由FAD接受。

（7）**苹果酸的生成**：延胡索酸在延胡索酸酶的催化作用下生成苹果酸。

（8）**草酰乙酸的生成**：苹果酸在苹果酸脱氢酶的催化作用下脱氢生成草酰乙酸，脱下来的H由NAD^+接受。

2. 三羧酸循环的反应特点 一次底物水平磷酸化可生成1分子的ATP；二次脱羧反应生成2分子的CO_2；3个关键酶催化3个不可逆反应，所以整个循环是单反应方向；4次脱氢反应生成3分子的$NADH+H^+$和1分子的$FADH_2$，1分子的$NADH+H^+$进入呼吸链氧化可生成2.5分子ATP，1分子$FADH_2$进入呼吸链氧化可生成1.5分子的ATP。

3. 三羧酸循环中的关键酶 柠檬酸合酶、异柠檬酸脱氢酶、α-酮戊二酸脱氢酶复合体。

4. 三羧酸循环的生理意义 ①是糖、脂、蛋白质彻底氧化分解的最终途径。②是糖、脂、蛋白质代谢联系的枢纽。③三羧酸循环中的中间产物可以为其他物质合成提供前体。④三羧酸循环可以为氧化磷酸化提供还原当量。

三羧酸循环中间产物起催化剂的作用，本身无量的变化，不可能通过三羧酸循环直接从乙酰CoA合成草酰乙酸或三羧酸循环中其他产物，同样中间产物也不能直接在三羧酸循环中被氧化为CO_2及H_2O。

从表面上看，三羧酸循环运转必不可少的草酰乙酸在三羧酸循环中是不被消耗的，可被反复利用。实际上机体内各种物质代谢之间是彼此联系、相互配合的，三羧酸循环中的某些中间代谢产物能够转变合成其他物质，借以沟通糖和其他物质代谢之间的联系。

机体糖供应不足时，可能引起三羧酸循环运转障碍，这时苹果酸、草酰乙酸可脱羧生成丙酮酸，再进一步生成乙酰CoA进入三羧酸循环氧化分解。

所以，草酰乙酸必须不断被更新补充。草酰乙酸的来源如下：①柠檬酸可在柠檬酸裂解酶的催化作用下生成草酰乙酸。②苹果酸在苹果酸脱氢酶的催化作用下生成草酰乙酸。③丙酮酸在丙酮酸羧化酶的催化作用下生成草酰乙酸。④天冬氨酸在谷草转氨酶的催化作用下生成草酰乙酸。

5. 有氧氧化的调节 有氧氧化的三个阶段，第一阶段的调节已如前述，主要介绍丙酮酸脱氢酶复合体的调节及三羧酸循环的调节。丙酮酸脱氢酶复合体可以通过变构效应和共价修饰方式进行调节，该酶的变构抑制剂有乙酰CoA、NADH、ATP，变构激活剂有AMP、ADP、NAD^+，当乙酰CoA/CoA-SH（或$NADH/NAD^+$）升高时，其活性受到抑制；三羧酸循环的速率和流量受多种因素的调节，在三羧酸循环中有三个不可逆反应，催化这三个反应的酶是三羧酸循环过程的调节点，受ATP、ADP的影响，细胞内ATP/ADP或ATP/AMP升高，三种酶均受到抑制，反之被激活。产物堆积会引起抑制，循环中后续反应中间产物可别构抑制前面反应中的酶等。另外，氧化磷酸化的速率对三羧酸循环的运转也起着非常重要的作用。

6. 有氧氧化过程中的关键酶 己糖激酶、6-磷酸果糖激酶-1、丙酮酸激酶、丙酮酸脱氢酶复合体、柠檬酸合酶、异柠檬酸脱氢酶、α-酮戊二酸脱氢酶复合体。

7. 有氧氧化的生理意义 主要就是供能，它不仅产能效率高，由于产生的能量是逐步释放的，因此能量的利用率也高。1分子$NADH+H^+$进入呼吸链后可生成2.5分子的ATP，1分子$FADH_2$进入呼吸链后可生成 1.5 分子的 ATP。1 分子葡萄糖经过彻底的氧化分解可以产生 32（30）分子的 ATP（表 1-1）。

表 1-1 葡萄糖有氧氧化生成的 ATP

反应阶段	反应	递氢体	ATP 数
第一阶段	葡萄糖 ⟶ 6-磷酸葡萄糖		–1
	6-磷酸葡萄糖 ⟶ 1,6-二磷酸果糖		–1
	3-磷酸甘油醛 × 2 ⟶ 1,3-二磷酸甘油酸 × 2	$NADH+H^+$	△2.5 × 2 或 1.5 × 2
	1,3-二磷酸甘油酸 × 2 ⟶ 3-磷酸甘油酸 × 2		1 × 2
	磷酸烯醇丙酮酸 × 2 ⟶ 丙酮酸 × 2		1 × 2
第二阶段	丙酮酸 × 2 ⟶ 乙酰辅酶 A × 2	$NADH+H^+$	2.5 × 2
第三阶段	异柠檬酸 × 2 ⟶ α-酮戊二酸 × 2	$NADH+H^+$	2.5 × 2
	α-酮戊二酸 × 2 ⟶ 琥珀酰辅酶 A × 2	$NADH+H^+$	2.5 × 2
	琥珀酰辅酶 A × 2 ⟶ 琥珀酸 × 2		1 × 2
	琥珀酸 × 2 ⟶ 延胡索酸 × 2	$FADH_2$	1.5 × 2
	苹果酸 × 2 ⟶ 草酰乙酸 × 2	$NADH+H^+$	2.5 × 2
合计	1 分子葡萄糖最终氧化分解获得		32（或 30）ATP

注：△根据 $NADH+H^+$进入线粒体的方式不同计算

二、戊糖磷酸途径

（一）戊糖磷酸途径的关键酶和中间产物

戊糖磷酸途径（pentose phosphate pathway）又称戊糖磷酸旁路，是指从糖酵解的 6-磷酸葡萄糖开始形成旁路，经过氧化和基团转移两个阶段生成 6-磷酸果糖和 3-磷酸甘油醛再进入糖酵解反应的过程。

戊糖磷酸途径在胞液中进行，反应分为两个阶段，即氧化阶段和基团转移阶段，不产生 ATP，主要生成 5-磷酸核糖和 NADPH，这是两个非常重要的中间产物。**关键酶**是 6-磷酸葡萄糖脱氢酶。

1. 戊糖磷酸的生成 1 分子的 6-磷酸葡萄糖在一系列酶的催化作用下生成 5-磷酸核糖，同时生成 NADPH、CO_2。生成的 5-磷酸核糖可用于核苷酸的合成，NADPH 可参与体内的代谢，为体内还原反应供氢。反应过程中的两次脱氢都是由 $NADP^+$接受，生成 $NADPH+H^+$，一次脱羧生成 CO_2。

2. 基团转移反应 在转酮醇酶、转醛醇酶的催化作用下，五碳糖最终经过基团转移生成 6-磷酸果糖和 3-磷酸甘油醛，后两者进入糖酵解途径进一步反应，因此戊糖磷酸途径也称戊糖磷酸旁路。

戊糖磷酸途径的特点：①脱氢反应以 $NADP^+$为氢受体，生成 $NADPH+H^+$。②反应过程进行了一系列酮基和醛基转移反应，经过了 3～7 碳糖的演变过程。③反应中生成了重要的中间代谢物——5-磷酸核糖。④1 分子 6-磷酸葡萄糖经过反应，只能发生一次脱羧和二次脱氢反应，生成 1 分子 CO_2 和 2 分子 $NADPH+H^+$。

戊糖磷酸途径的关键酶主要受 $NADPH/NADP^+$的调节，比值升高，酶活性被抑制；比值降低，酶被激活。NADPH 对该酶有强烈的抑制作用。

（二）戊糖磷酸途径的生理意义

（1）**5 -磷酸核糖为核苷酸的生物合成提供核糖。**

（2）**NADPH 为体内的多种代谢反应提供氢：**①参与体内的多种生物合成反应，如脂酸的合成。

②参与羟化反应，也与生物转化有关。③NADPH 可维持谷胱甘肽的还原性。还原型谷胱甘肽是体内重要的抗氧化剂，可以保护一些含—SH 的蛋白质或酶免受氧化剂尤其是过氧化物的损害。在红细胞中，还原型谷胱甘肽具有更重要的作用，它可以保护红细胞膜蛋白的完整性。

三、糖原的合成与分解

糖原（glycogen）是动物体内糖的储存形式，在体内储存的部位主要是肝和肌组织，肝糖原和肌糖原的生理功能不同，肝糖原是血糖的重要来源，肌糖原主要为肌肉收缩提供能量。

糖原中的葡萄糖以 α-1,4-糖苷键相连形成长链，约 10 个葡萄糖单元处形成分支，分支处葡萄糖以 α-1,6-糖苷键相连，分支增加，糖原溶解度增加，每条链都终止于一个非还原端，非还原端增多，有利于其被酶分解。

（一）糖原的合成

（1）**6-磷酸葡萄糖的生成：**葡萄糖在己糖激酶的催化作用下磷酸化生成 6-磷酸葡萄糖。

（2）**1-磷酸葡萄糖的生成：**6-磷酸葡萄糖在磷酸葡萄糖变位酶的催化作用下转变为 1-磷酸葡萄糖。

（3）**尿苷二磷酸葡萄糖的生成：**1-磷酸葡萄糖在尿苷二磷酸葡萄糖焦磷酸化酶的催化作用下与尿苷三磷酸反应生成尿苷二磷酸葡萄糖。

（4）**糖原的合成：**在糖原合酶的催化作用下，尿苷二磷酸葡萄糖的葡萄糖基转移到细胞内原有的糖原引物上，然后以 α-1,4-糖苷键相连，使其增加一个葡萄糖单位。糖原引物是指细胞内原有的小分子糖原，糖原引物作为受体接受尿苷二磷酸葡萄糖的葡萄糖基。

以上反应不断反复进行，使得葡萄糖链不断延长，但糖原合酶只催化糖链延长，不形成分支，当延长至 12～18 个葡萄糖基时，由分支酶将分支末端 6～7 个葡萄糖残基的糖链转移至邻近的葡萄糖链上，以 α-1,6-糖苷键相连形成新的分支，在糖原合酶和分支酶的共同作用下合成糖原。

整个反应过程是耗能反应，反应中的关键酶是糖原合酶。

（二）糖原的分解

糖原的分解是指糖原分解为葡萄糖的过程，它不是糖原合成的逆过程，肝糖原和肌糖原在分解的起始阶段是相同的，不同的是生成 6-磷酸葡萄糖之后，肝糖原继续水解为葡萄糖补充血糖，而肌糖原则进入糖酵解途径为肌肉收缩提供能量。

（1）**1-磷酸葡萄糖的生成：**糖原分解的第一步是从糖原的非还原端开始，在磷酸化酶的催化下，糖原的非还原端开始（逐个）分解（以 α-1,4-糖苷键相连的）葡萄糖基并磷酸化，生成 1-磷酸葡萄糖，此过程不可逆。

磷酸化酶只水解 α-1,4-糖苷键，对 α-1,6-糖苷键没有水解作用，所以只能分解糖原的主链，不能分解支链。当糖原分解距离分支处约剩 4 个葡萄糖基时，由脱支酶将其中的 3 个葡萄糖基转移到另一个分支末梢部位，仍以 α-1,4-糖苷键相连，磷酸化酶继续发挥作用。剩下 1 个以 α-1,6-糖苷键连接的葡萄糖基由脱支酶直接水解为游离的葡萄糖。在磷酸化酶和脱支酶的共同作用下，糖原分支不断缩短，分支不断减少。

（2）**6-磷酸葡萄糖的生成：**1-磷酸葡萄糖在磷酸葡萄糖变位酶的催化作用下生成 6-磷酸葡萄糖。

（3）**6-磷酸葡萄糖水解为游离的葡萄糖：**肝及肾中 6-磷酸葡萄糖在葡萄糖-6-磷酸酶的催化作用下水解为游离的葡萄糖，由于骨骼肌中没有此酶，骨骼肌中 6-磷酸葡萄糖直接进入糖酵解途径为骨骼肌收缩供能。

（三）糖原合成和分解的意义

糖原是葡萄糖的储能形式，进食后，体内血糖浓度升高，此时多余的糖在肝、肾等部位合成糖原，以储存能量，避免血糖浓度过高。当机体糖供应不足时，肝糖原分解为葡萄糖以补充血糖，对维持血糖浓度稳定具有重要意义。

（四）糖原合成与分解的调节

糖原磷酸化酶有糖原磷酸化酶 a 和糖原磷酸化酶 b 两种形式；当它的第 14 位丝氨酸被磷酸化时，原来活性很低的糖原磷酸化酶 b 就转变为活性强的糖原磷酸化酶 a。6-磷酸葡萄糖可激活糖原合成酶，加快糖原合成，同时抑制糖原磷酸化酶以抑制糖原分解，ATP 和葡萄糖也是糖原磷酸化酶抑制剂，高浓度 AMP 可激活无活性的糖原磷酸化酶 b 使之产生活性，加速糖原分解。Ca^{2+}可激活磷酸化酶激酶进而激活磷酸化酶，促进糖原分解。

体内肾上腺素和胰高血糖素可通过 cAMP 连锁酶促反应逐级放大，形成一个调节糖原合成与分解的调控系统。

四、糖异生

糖异生（gluconeogenesis）是指非糖物质转变生成葡萄糖的过程，糖异生的原料主要有乳酸、生糖氨基酸、甘油等。

（一）糖异生的主要途径

糖异生的主要途径见图 1-1。

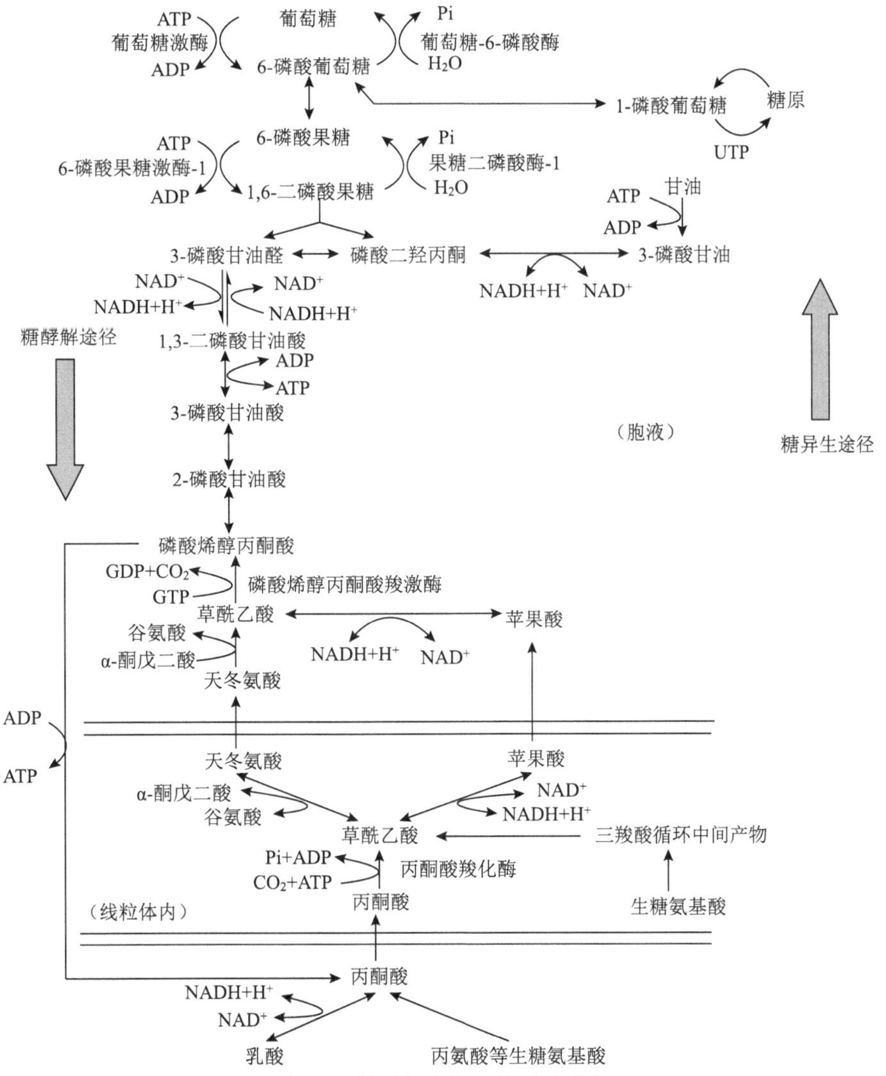

图 1-1 糖酵解途径和糖异生途径

（1）**丙酮酸生成磷酸烯醇丙酮酸**：由丙酮酸羧化酶及磷酸烯醇丙酮酸羧激酶催化，丙酮酸羧化酶仅存在于线粒体，所以胞液中的丙酮酸需进入线粒体被羧化生成草酰乙酸，磷酸烯醇丙酮酸羧激酶在胞液和线粒体都存在，因而草酰乙酸转变为磷酸烯醇丙酮酸既可以在胞液内进行，也能在线粒体内进行。如果在胞液中进行，草酰乙酸需在线粒体中通过转氨基作用生成苹果酸或天冬氨酸转运出线粒体，到胞液再转变生成草酰乙酸参与第二步反应。

（2）**1,6-二磷酸果糖转变生成6-磷酸果糖**：反应由果糖二磷酸酶-1催化。

（3）**6-磷酸葡萄糖转变生成葡萄糖**：反应由葡萄糖-6-磷酸酶催化。

上述反应中，作用物的互变反应分别由不同的酶来进行催化其单向反应，这种催化循环底物互变的反应称为底物循环。当催化互变反应的酶活性相当时，就不能将代谢向前推进，其结果就是仅仅消耗ATP，因而又称无效循环。

（二）糖异生的生理意义

1. 糖异生的主要生理意义 保证在饥饿情况下，血糖浓度的相对恒定。

2. 糖异生与乳酸的作用关系密切 在剧烈运动时，肌肉糖酵解生成大量乳酸，后者经血液运到肝可再合成肝糖原和葡萄糖，因而使不能直接产生葡萄糖的肌糖原间接变成血糖，并且有利于回收乳酸分子中的能量，更新肌糖原，防止乳酸酸中毒的发生。

3. 肾糖异生增强有利于维持酸碱平衡 长期禁食后肾的糖异生作用可以明显增加，发生这一变化的原因可能是饥饿造成的代谢性酸中毒，体液pH降低可以促进肾小管中磷酸烯醇丙酮酸羧激酶的合成，使肾糖异生作用增加，当肾中α-酮戊二酸经草酰乙酸而加速成糖后，可因α-酮戊二酸的减少而促进谷氨酰胺脱氨成谷氨酸及谷氨酸的脱氨，肾小管细胞将 NH_3 分泌入管腔中，与原尿中的 H^+ 结合，降低原尿 H^+ 的浓度，有利于排氢保钠作用的进行，对于防止酸中毒有重要作用。

糖异生的关键酶主要有以下4个酶：丙酮酸羧化酶、磷酸烯醇丙酮酸羧激酶、果糖二磷酸酶-1和葡萄糖-6-磷酸酶。

（三）糖异生的调节

糖异生途径与糖酵解途径是方向相反的两条代谢途径，这种协调主要依赖于这两条途径中的两个底物循环进行调节。

第一个底物循环是在6-磷酸果糖与1,6-二磷酸果糖之间进行。

胰高血糖素降低2,6-二磷酸果糖在肝中的浓度而促进1,6-二磷酸果糖转变为6-磷酸果糖，这种由胰高血糖素引起的2,6-二磷酸果糖下降的结果是6-磷酸果糖激酶-1活性下降，果糖二磷酸酶-1活性升高，1,6-二磷酸果糖转变为6-磷酸果糖增多，有利于糖异生。

第二个循环是在磷酸烯醇丙酮酸和丙酮酸之间进行。

乙酰CoA决定了丙酮酸的代谢方向，脂肪酸氧化分解产生大量的乙酰CoA可以抑制丙酮酸脱氢酶复合体，抑制糖的利用；同时又可激活丙酮酸羧化酶，加速丙酮酸生成草酰乙酸，使糖异生作用增强。

此外，乙酰CoA与草酰乙酸缩合生成柠檬酸由线粒体内透出而进入胞液中，可以抑制6-磷酸果糖激酶-1，使果糖二磷酸酶-1活性升高，促进糖异生。

五、血糖及其调节

血液中的糖主要是葡萄糖，称为**血糖**（blood sugar）。血糖的含量是反映体内糖代谢状况的一项重要指标。正常情况下，血糖含量有一定的波动范围，正常人空腹静脉血含葡萄糖3.89～6.11mmol/L，当血糖的浓度高于8.89～10.00mmol/L时，超过肾小管重吸收的能力，就可出现糖尿现象，通常将8.89～10.00mmol/L的血糖浓度称为肾糖阈，即尿中出现糖时血糖的最低界限。

在正常生理情况下进食后，由于大量葡萄糖被吸收入血，血糖升高，但一般在2h后又可恢复到正常范围，在轻度饥饿初期，血糖可以稍低于正常，但在短期内，即使不进食，血糖也可恢复并维持在正常水平，这是由于血糖有许多来源和去路，这些来源和去路在神经和激素的调节下，使血糖处于动态平衡状态。

（一）血糖的来源与去路

1. 血糖的来源 ①食物中糖的消化吸收，这是血糖最主要的来源；②肝糖原分解；③糖异生作用。

2. 血糖的去路 ①氧化分解，这是血糖最主要的去路；②合成糖原储存起来；③转变成其他非糖物质；④转变成其他的糖类。

（二）血糖的调节

正常生理情况下，血糖在神经、激素和器官的共同调节作用下保持相对恒定。

1. 器官的调节 肝是调节血糖最重要的器官。

2. 激素的调节 调节血糖的激素有升高血糖的激素和降低血糖的激素。升高血糖的激素有胰高血糖素、糖皮质激素、肾上腺素；降低血糖的激素有胰岛素（表 1-2）。

表 1-2 调节血糖的激素

激素	生化作用
降低血糖的激素	
胰岛素	（1）促进肌细胞、脂肪细胞摄取葡萄糖
	（2）促进糖原合成，抑制糖原分解
	（3）促进糖的氧化
	（4）抑制糖异生
	（5）促进糖转变为脂肪，抑制脂肪分解
升高血糖的激素	
胰高血糖素	（1）抑制肝糖原合成，促进肝糖原分解
	（2）促进脂肪动员，减少糖的利用
	（3）促进糖异生
糖皮质激素	（1）抑制肝外组织摄取利用葡萄糖
	（2）促进肌肉蛋白质分解，加速糖异生
肾上腺素	（1）促进肝糖原分解和肌糖原酵解
	（2）促进糖异生

（三）血糖水平恒定的意义

保证重要组织、器官的能量供应，特别是某些依赖葡萄糖供能的组织、器官。脑组织不能利用脂酸，正常情况下主要依赖葡萄糖供能；红细胞没有线粒体，完全通过糖酵解供能；骨髓及神经组织代谢活跃，经常利用葡萄糖供能。

（四）糖代谢障碍

1. 高血糖及糖尿病 空腹血糖浓度高于 7.22～7.78mmol/L 时称为高血糖，超过肾糖阈时出现糖尿。生理情况下有时也会出现高血糖和糖尿。例如，情绪激动时交感神经兴奋，使肾上腺素分泌增加，肝糖原分解，血糖浓度上升而出现糖尿，称为情感性糖尿；一次食入大量的糖，血糖急剧升高而出现糖尿，称为饮食性糖尿。临床上静脉点滴葡萄糖速度过快，每小时每千克体重超过 0.4～0.5g 时，也会引起糖尿。

持续性高血糖和糖尿，特别是空腹血糖和糖耐量曲线高于正常范围，主要见于糖尿病，某些慢性肾炎、肾病综合征等引起肾对糖的重吸收障碍而出现糖尿，但血糖及糖耐量曲线均正常。

2. 低血糖 空腹血糖浓度低于 3.33～3.89mmol/L 时称为低血糖。

低血糖影响脑的正常功能，因为脑细胞中含糖原极少，脑细胞所需要的能量主要来自葡萄糖的氧化，当血糖含量降低时，就会影响脑细胞的机能活性，因而出现头晕、倦怠无力、心悸、手颤、出冷汗，严重时出现昏迷，称为低血糖休克。如不及时救治，有可能导致死亡。

出现低血糖的病因有：①胰性（胰岛 B 细胞机能亢进、胰岛 A 细胞机能低下等）；②肝性（肝癌、糖原病等）；③内分泌异常（垂体机能低下、肾上腺皮质机能低下等）；④肿瘤（胃癌等）；⑤饥饿或不能进食等。

3. 糖耐量试验 临床上常用糖耐量试验来诊断患者有无糖代谢异常，常用口服的糖耐量试验，被试者清晨空腹静脉采血测定血糖浓度，然后一次服用 100g 葡萄糖，服糖后的 0.5h、1h、2h（必要时可在 3h）各测血糖一次，以测定血糖的时间为横坐标（空腹时为 0h）、血糖浓度为纵坐标，绘制糖耐量曲线，正常人服用葡萄糖后 0.5～1h 达到高峰，然后逐渐降低，一般在 2h 左右恢复正常值，糖尿病患者空腹血糖高于正常值，服糖后血糖浓度急剧升高，2h 后仍可高于正常值。

（王亚娟）

第七节 脂质代谢

脂质是体内一类有机大分子物质，种类繁多，结构复杂，生理功能各异，其共同理化性质是不溶于水而溶于有机溶剂。

一、脂质的分类及功能

脂质（lipid）又称脂类，是人体的重要营养素，包括**脂肪**（fat）和类脂。

（一）脂肪

脂肪即甘油三酯（TG），也称三酰甘油（TAG），由 1 分子甘油和 3 分子脂肪酸通过酯键结合而成。人体内脂肪酸种类很多，生成甘油三酯时可有不同的组合方式，因此，甘油三酯具有多种形式。储能供能是脂肪最主要的生理功能，1g 脂肪在体内完全氧化可释放 38kJ（9.08kcal）能量，当机体需要时，储存在脂肪组织中的脂肪可进行脂肪动员分解供能。同时脂肪还可以保护内脏，防止散热，保持体温，促进脂溶性维生素吸收。

（二）类脂

类脂包括**磷脂**（phospholipid）、**糖脂**（glycolipid）和**胆固醇及其酯**（cholesterol and cholesterol ester）三大类。磷脂是含有磷酸的脂类，分为**甘油磷脂**（glycerophosphatide）和**鞘磷脂**（sphingomyelin）。糖脂是含有糖基的脂类。胆固醇及其酯是体内最丰富的固醇类化合物。类脂是维持生物膜正常结构和功能的重要成分。胆固醇可转变成胆汁酸、类固醇激素、维生素 D_3 等具有重要生物学功能的固醇化合物。

脂肪酸（fatty acid，FA）：是构成脂质分子的重要成分之一。脂肪酸是脂肪烃的羧酸，脂肪酸的结构通式为 CH_3-（CH_2）$_n$-COOH。脂肪酸按碳链长度，分成短链（2～4C）、中链（6～10C）和长链（12～26C）脂肪酸，组成人体的脂肪酸通常含有偶数个碳原子，碳链长度一般为 14～20C；脂肪酸按是否含有双键，分为饱和和不饱和脂肪酸，含有一个双键的不饱和脂肪酸为单不饱和脂肪酸，含有两个或以上双键的为多不饱和脂肪酸。常见的饱和脂肪酸有 18 个碳的硬脂酸 $CH_3(CH_2)_{16}COOH$ 和 16 个碳的

软脂酸 $CH_3(CH_2)_{14}COOH$。脂肪酸按营养价值，分为**必需脂肪酸**（essential fatty acid）和非必需脂肪酸。人体不能合成，机体又不可缺少，必须由食物提供的脂肪酸，称为必需脂肪酸，包括亚油酸、亚麻酸和花生四烯酸。

二、脂质的消化和吸收

脂质的消化主要在小肠上段，通过小肠蠕动，胆汁中的胆汁酸盐乳化食物中的脂质，使不溶于水的脂质分散成水包油的小胶体颗粒，提高溶解度，增加了酶与脂质的接触面积，有利于脂质的消化和吸收。在形成的水油界面上，分泌入小肠的胰液中的酶类对食物中的脂质进行消化，这些酶包括**胰脂酶**（pancreatic lipase）、**辅脂酶**（colipase）、**胆固醇酯酶**（cholesterol esterase）和**磷脂酶** A_2（phospholipase A_2，PLA_2）。

食物中的脂质经胰液中酶类（包括胰脂肪酶、辅脂酶、胆固醇酯酶和磷脂酶 A_2）的消化，生成甘油一酯、脂肪酸、胆固醇及溶血磷脂等并与胆汁酸盐乳化成**混合微团**（mixed micelle），被肠黏膜细胞吸收。

脂质的吸收主要在十二指肠下段和空肠上段。中、短链脂肪酸构成的甘油三酯，经胆汁酸盐乳化后，直接吸收入小肠黏膜细胞，继而在脂肪酶作用下水解成脂肪酸和甘油，经门静脉进入血液。长链脂肪酸、2-甘油一酯、胆固醇及溶血磷脂等，随微团吸收入小肠黏膜细胞，经重新酯化，生成相应的甘油三酯、胆固醇酯及少量胆固醇、磷脂，与细胞内合成的**载脂蛋白**（apolipoprotein）构成**乳糜微粒**（chylomicron，CM），通过淋巴最终进入血液，被其他细胞所利用。食物中脂质的吸收与糖的吸收不同，大部分脂质通过淋巴直接进入体循环，而不通过肝。因此，食物中的脂质主要被肝外组织利用，肝利用的外源脂质很少。

三、甘油三酯的分解代谢

（一）脂肪动员

脂肪动员是甘油三酯分解代谢的第一步。**脂肪动员**（fat mobilization）是指储存在脂肪细胞内的甘油三酯在一系列脂肪酶的作用下逐步水解，释放出游离脂肪酸（FFA）及甘油，供其他组织细胞氧化利用的过程。

在这一系列水解过程中，催化甘油三酯水解生成甘油二酯的甘油三酯脂肪酶，因其活性受许多激素的调节，称为**激素敏感性脂酶**（hormone sensitive lipase，HSL），是脂肪动员的限速酶。

胰高血糖素、肾上腺素和去甲肾上腺素这些可以促进脂肪动员的激素称为**脂解激素**（lipolytic hormone）。胰岛素和前列腺素 E_2 等与上述激素作用相反，可抑制脂肪动员，称为**抗脂解激素**（antilipolytic hormone）。

（二）脂肪酸的 β-氧化过程

除脑组织外，机体大多数组织均能氧化利用脂肪酸，其中以肝、心肌、骨骼肌最活跃。在氧供应充足的情况下，脂肪酸可彻底氧化分解，释放大量能量，供机体多数组织利用。脂肪酸的氧化形式很多，人体内以 β-氧化最为常见，且 β-氧化是脂肪酸分解的核心过程。

脂肪酸的 β-氧化过程包括以下 4 个阶段。

1. 脂肪酸的活化 脂肪酸经**脂酰 CoA 合成酶**（acyl CoA synthetase）催化，生成其活化产物脂酰 CoA。此过程需要 ATP、CoA-SH、Mg^{2+}的参与，消耗 2 个高能磷酸键。

活化后生成的脂酰 CoA 极性增强，易溶于水；分子中有高能键，性质活泼；是酶的特异底物，与酶的亲和力大，因此更容易参与后续反应。催化此过程的脂酰 CoA 合成酶分布在内质网、线粒体外膜上，因此脂肪酸的活化在胞质中进行。

2. 脂酰 CoA 进入线粒体 脂肪酸的活化在胞质中进行，而催化脂肪酸 β-氧化的酶系在线粒体基质中，因此活化的脂酰 CoA 必须进入线粒体基质才能进行后续的氧化分解。而长链脂酰 CoA 不能自由通过线粒体内膜，需要载体**肉碱**（carnitine）将其携带转运进入线粒体基质。

线粒体外膜上的**肉碱脂酰转移酶Ⅰ**（carnitine acyl transferase Ⅰ）催化长链脂酰 CoA 和肉碱，生成辅酶 A 和脂酰肉碱，脂酰肉碱在线粒体内膜上的肉碱-脂酰肉碱转位酶（carnitine acylcarnitine translocase）作用下，通过内膜进入线粒体基质。位于线粒体内膜的肉碱脂酰转移酶Ⅱ又使脂酰肉碱转化成肉碱和脂酰 CoA。由此脂酰 CoA 顺利进入线粒体基质，进行脂肪酸 β-氧化，肉碱则移出线粒体内膜重新发挥其载体功能。

脂酰 CoA 经肉碱转运进入线粒体是脂肪酸 β-氧化的限速步骤，肉碱脂酰转移酶Ⅰ是脂肪酸 β-氧化的限速酶。

3. 脂酰 CoA 的 β-氧化 脂酰 CoA 在线粒体基质中，在 β-氧化酶系的催化下，经脱氢、加水、再脱氢和硫解 4 步反应，生成 1 分子乙酰 CoA 和 1 分子少 2 个碳的新的脂酰 CoA。

（1）**脱氢**（dehydrogenation）反应：在脂酰 CoA 脱氢酶的催化下，脂酰 CoA 在 α 和 β 碳原子上各脱去 1 个氢原子，脱去的 2 个氢由 FAD 接受生成 $FADH_2$，生成反 Δ^2-烯脂酰 CoA。

（2）**加水**（hydration）反应：反 Δ^2-烯脂酰 CoA 由 Δ^2-烯脂酰 CoA 水化酶催化，加上 1 个水分子，生成 L（+）β-羟脂酰 CoA。

（3）再脱氢反应：在 L（+）β-羟脂酰 CoA 脱氢酶的催化下，L（+）β-羟脂酰 CoA 脱氢生成 β-酮脂酰 CoA，脱下的 2H 由 NAD 接受生成 $NADH+H^+$。

（4）**硫解**（thiolysis）反应：由 β-酮脂酰 CoA 硫解酶催化，β-酮脂酰 CoA 在 α 和 β 碳原子之间断链，结合 1 分子辅酶 A，生成 1 分子乙酰 CoA 和 1 个少 2 个碳原子的脂酰 CoA。

经上述 4 步反应，脂酰 CoA 的碳链减少 2 个碳原子，生成 1 分子乙酰 CoA 和 1 分子少 2 个碳的新的脂酰 CoA。重复上面的 4 步反应，经过多次循环，最终完成脂肪酸的 β-氧化。人体内大多数脂肪酸通过 β-氧化最终全部生成乙酰 CoA。

4. 乙酰 CoA 的彻底氧化 上述生成的乙酰 CoA 可进入三羧酸循环彻底氧化分解，脂肪酸完全氧化可生成大量 ATP，供机体所需，以 16 个碳原子的软脂酸为例，其 β-氧化的总反应为

$$CH_3(CH_2)_{14}COSCoA+7NAD^++7FAD+CoA\text{-}SH+7H_2O \longrightarrow 8CH_3COSCoA+7FADH_2+7NADH+7H^+$$

1 分子软脂酸彻底氧化需要进行 7 次 β-氧化，生成 8 分子乙酰 CoA、7 分子 $FADH_2$ 和 7 分子 $NADH+H^+$。生成的 7 分子 $FADH_2$ 经呼吸链氧化可提供 $7\times1.5=10.5$ 分子 ATP，7 分子 $NADH+H^+$ 提供 $7\times2.5=17.5$ 分子 ATP，8 分子乙酰 CoA 完全氧化提供 $8\times10=80$ 分子 ATP，因此 1 分子软脂酸彻底氧化共生成 108 分子 ATP，而软脂酸在活化过程中消耗 2 分子 ATP，所以 1 分子软脂酸完全氧化可净生成 106 分子 ATP，释放的这些能量能够被人体有效利用。

脂肪酸 β-氧化是体内脂肪酸分解的主要途径，脂肪酸 β-氧化过程中生成的乙酰 CoA 是一种十分重要的中间化合物，乙酰 CoA 除能进入三羧酸循环氧化供能外，还是许多重要化合物合成的原料，如酮体、胆固醇和类固醇化合物等。

（三）酮体的生成与利用

酮体（acetone body）是脂肪酸在肝中氧化分解的中间产物，包括**乙酰乙酸**（acetoacetic acid）（约占 30%）、**β-羟丁酸**（β-hydroxybutyric acid）（约占 70%）和少量的**丙酮**（acetone）。酮体经血液运输至肝外组织氧化利用，是肝向肝外组织输出能量的一种方式。

1. 酮体的生成过程 酮体是在肝细胞线粒体中生成的，其生成原料是脂肪酸 β-氧化产生的乙酰 CoA。

（1）在乙酰乙酰 CoA 硫解酶作用下，2 分子乙酰 CoA 脱去 1 分子 CoA，缩合为乙酰乙酰 CoA。

（2）在羟甲基戊二酸单酰 CoA 合酶（hydroxy methyl glutaryl CoA，HMG-CoA synthase）催化下，乙酰乙酰 CoA 再与 1 分子乙酰 CoA 缩合，再脱去 1 分子 CoA，生成 HMG-CoA。该反应是酮体生成的限速步骤。羟甲基戊二酸单酰 CoA 合酶是酮体生成过程的关键酶。

（3）HMG-CoA 裂解酶催化 HMG-CoA 生成乙酰乙酸和乙酰 CoA。

乙酰乙酸在 β-羟丁酸脱氢酶催化下，由 $NADH+H^+$供氢，加氢还原生成 β-羟丁酸，少量的乙酰乙酸可脱羧生成丙酮。

2. 酮体的利用过程 由于肝中缺乏利用酮体的酶系，酮体生成后透过肝线粒体膜和细胞膜进入血液，随血液运输到肝外组织，被彻底氧化利用。

骨骼肌、心肌和肾中有**琥珀酰 CoA 转硫酶**（succinyl CoA thiophorase），在琥珀酰 CoA 存在时，此酶催化乙酰乙酸活化生成乙酰乙酰 CoA。

心肌、肾和脑中还有乙酰乙酰 CoA 硫激酶，此酶催化乙酰化乙酸活化成乙酰乙酰 CoA。

经上述两种酶催化生成的乙酰乙酰 CoA，在乙酰乙酰 CoA 硫解酶作用下，由 1 分子 CoA-SH 参与，分解成 2 分子乙酰 CoA，生成的乙酰 CoA 主要进入三羧酸循环氧化分解。

β-羟丁酸在 β-羟丁酸脱氢酶催化下，脱氢生成乙酰乙酸，再经上述反应被转化利用。正常情况下，人体内丙酮生成量很少，一部分可随尿排出，另一部分还可直接从肺呼出。

3. 酮体生成的生理意义 酮体是肝输出能源的一种形式。因酮体分子小，溶于水，在血液中转运不需要载体，可通过血脑屏障，是肌肉尤其是脑组织的重要能源物质。脑组织虽然不能氧化利用脂肪酸，但可以有效地利用酮体供能，所以在长期饥饿或糖供应不足时，酮体可以为心脏、脑等重要器官提供能量。

正常人体血液中酮体含量极少，为 0.03～0.5mmol/L（0.3～5mg/dL）。但在某些生理情况（饥饿、禁食）或病理情况下（如糖尿病），糖的来源或氧化供能发生障碍时，脂肪动员增强，脂肪酸成为人体的主要供能物质，此时酮体生成增加。若肝中合成酮体的量超过肝外组织利用酮体的能力，二者之间失去平衡，血中酮体浓度就会过高，导致**酮血症**（acetonemia）和（或）**酮尿症**（acetonuria）。由于乙酰乙酸和 β-羟丁酸都是酸性物质，因此酮体在体内大量堆积会引起酮症酸中毒。

四、甘油三酯的合成代谢

（一）甘油三酯的合成场所

肝、脂肪组织和小肠黏膜是合成甘油三酯的主要场所，但不同的组织细胞中甘油三酯的合成途径各有特点。

1. 肝 合成甘油三酯能力最强，但肝细胞不能储存甘油三酯，因此肝内质网合成的甘油三酯和磷脂、胆固醇、载脂蛋白一起形成极低密度脂蛋白（VLDL），分泌入血，转运至肝外。营养不良、中毒，以及必需脂肪酸、胆碱或载脂蛋白等缺乏可引起肝细胞极低密度脂蛋白合成受阻，会影响甘油三酯转运出肝，导致甘油三酯在肝中蓄积，引起脂肪肝。

2. 脂肪组织 能大量储存甘油三酯，合成能力较弱，主要以葡萄糖为原料，也可利用乳糜微粒或 VLDL 中的脂肪酸合成甘油三酯。

3. 小肠黏膜 利用甘油三酯消化产物，重新合成甘油三酯。合成的这些甘油三酯参与乳糜微粒的组成。

（二）甘油三酯的合成途径

甘油和脂肪酸为合成甘油三酯的基本原料，经甘油一酯途径和甘油二酯途径合成甘油三酯，其中甘油和脂肪酸主要来自于葡萄糖代谢。

1. 甘油一酯途径 小肠黏膜细胞以甘油一酯为起始物，与脂酰 CoA 共同在脂酰 CoA 转移酶作用下，酯化生成甘油三酯。

2. 甘油二酯途径 肝和脂肪组织以糖酵解途径中生成的 3-磷酸甘油为起始物，在脂酰 CoA 转移酶作用下，与 2 分子脂酰 CoA 反应生成 1,2-甘油二酯，再与 1 分子脂酰 CoA 酯化生成甘油三酯。

（三）脂肪酸的合成代谢

机体内的脂肪酸大部分来源于食物，这些外源性脂肪酸在体内经加工改造被机体利用。机体也可以利用糖和蛋白质代谢的中间物质转变为脂肪酸，称为内源性脂肪酸，进而合成甘油三酯，储存能量。

人体内合成脂肪酸的主要器官是肝，另外脂肪组织、小肠、肾、哺乳期乳腺也可以合成脂肪酸，合成脂肪酸的直接原料是乙酰 CoA，合成时消耗 ATP、HCO_3^-、NADPH、Mn^{2+}，首先在胞质中生成 16 个碳的软脂酸，再经过加工，生成机体内各种脂肪酸。软脂酸的生成过程如下。

（1）乙酰 CoA 的转移：用于软脂酸合成的乙酰 CoA 主要由葡萄糖分解供应，乙酰 CoA 的生成发生在线粒体中，而脂肪酸的合成部位是胞质，因此乙酰 CoA 必须由线粒体转运至胞质。但是乙酰 CoA 不能自由通过线粒体膜，需要通过柠檬酸-丙酮酸循环（citrate pyruvate cycle）来完成乙酰 CoA 由线粒体到胞质的转运。

（2）丙二酸单酰 CoA 的生成：乙酰 CoA 在乙酰 CoA 羧化酶（acetyl CoA carboxylase）催化下，转变成丙二酸单酰 CoA。此反应为脂肪酸合成过程中的限速步骤。乙酰 CoA 羧化酶存在于胞质中，是脂肪酸合成的关键酶（限速酶），其辅基为生物素，在反应过程中起到携带和转移羧基的作用，Mn^{2+} 是其激活剂。

（3）软脂酸的生成：软脂酸的合成实际上是一个重复循环的过程，由 1 分子乙酰 CoA 与 7 分子丙二酸单酰 CoA 经 7 次缩合、还原、脱水、再还原反应，每次循环使碳链延长 2 个碳原子，共经过 7 次循环反应，最终生成含 16 个碳的软脂酸。

总反应式为

$$CH_3COSCoA+7HOOCH_2COSCoA+14NADPH+14H^++7ATP\longrightarrow$$
$$CH_3(CH_2)_{14}COOH+7CO_2+7H_2O+8CoA\text{-}SH+14NADP^++7ADP+7Pi$$

脂肪酸合成过程不是 β-氧化的逆过程，它们反应的组织、细胞定位、转移载体、酰基载体、限速酶、激活剂、抑制剂、供氢体和受氢体及反应底物与产物均不相同。

五、磷脂代谢

磷脂是一类含有磷酸的脂类，由甘油或鞘氨醇、脂肪酸、磷酸、含氮化合物组成。机体中主要含有两大类磷脂，由甘油构成的磷脂称为**甘油磷脂**（glycerophosphatide）；由鞘氨醇构成的磷脂，称为**鞘磷脂**（sphingolipid）。其结构特点是：具有由磷酸相连的取代基团（胆碱、乙醇胺、丝氨酸、肌醇、甘油、磷脂酰甘油等）构成的**亲水头**（hydrophilic head）和由脂肪酸链构成的**疏水尾**（hydrophobic tail）。在生物膜中磷脂的亲水头位于膜表面，而疏水尾位于膜内侧。

磷脂是机体重要的结构成分和信号分子。磷脂是构成生物膜的重要成分，甘油磷脂中的磷脂酰胆碱、磷脂酰乙醇胺、磷脂酰丝氨酸及鞘磷脂中的神经鞘磷脂在各种细胞膜中含量较高。磷脂酰肌醇也是第二信使的前体，磷脂酰肌醇磷酸化生成磷脂酰肌醇-4,5-二磷酸，在激素等刺激下可分解为甘油二酯和三磷酸肌醇（IP_3），在细胞信号转导中发挥作用。

（一）甘油磷脂的结构

甘油磷脂（phosphoglycerides）由甘油、脂肪酸、磷酸、含氮化合物组成，基本结构是由磷脂酸和与磷酸相连的取代基团（—X）结合生成的。

甘油磷脂由于取代基团（—X）不同又可分为许多类。甘油磷脂是机体含量最多的一类磷脂，它除了构成生物膜外，还是胆汁和膜表面活性物质等的成分之一，并参与细胞膜对蛋白质的识别和信号转导。磷脂酰胆碱（也称卵磷脂）存在于细胞膜中，磷脂酰乙醇胺（心磷脂）主要存在于线粒体膜中。

（二）甘油磷脂的合成

1. 合成部位 甘油磷脂的合成可以在全身各组织内质网上进行，其中肝、肾、小肠等组织最活跃。

2. 合成原料 合成甘油磷脂的原料包括脂肪酸、甘油、磷酸盐、胆碱、丝氨酸、肌醇、ATP、CTP 等。

3. 合成过程 磷脂酸和取代基团在合成之前，两者之一须先被 CTP 活化，胆碱与乙醇胺可生成 CDP-胆碱和 CDP-乙醇胺，磷脂酸可生成 CDP-甘油二酯。因此甘油磷脂的合成有两条途径，即甘油二酯合成途径和 CDP-甘油二酯合成途径。

（1）甘油二酯合成途径：磷脂酰胆碱（卵磷脂）和磷脂酰乙醇胺（脑磷脂）通过甘油二酯合成途径合成。此途径首先从胆碱与乙醇胺活化生成 CDP-胆碱和 CDP-乙醇胺开始，胆碱与乙醇胺分别在 ATP 参与下生成磷酸胆碱和磷酸乙醇胺，然后分别与 CTP 作用，生成 CDP-胆碱和 CDP-乙醇胺。CDP-胆碱和 CDP-乙醇胺分别与甘油二酯缩合，生成磷脂酰胆碱（PC）和磷脂酰乙醇胺（PE）。此外，磷脂酰胆碱还可由磷脂酰乙醇胺从 *S*-腺苷甲硫氨酸获得甲基生成。

（2）CDP-甘油二酯合成途径：磷脂酰肌醇、磷脂酰丝氨酸、二磷脂酰甘油（心磷脂）通过 CDP-甘油二酯合成途径合成。肌醇、丝氨酸和磷脂酰甘油分别与 CDP-甘油二酯缩合，生成相应的甘油磷脂。

（三）甘油磷脂的分解

在生物体内存在一些可以水解甘油磷脂的磷脂酶类（phospholipase，PLA），其中主要的有磷脂酶 A_1、磷脂酶 A_2、磷脂酶 B_1、磷脂酶 B_2、磷脂酶 C 和磷脂酶 D，它们特异地作用于磷脂分子内部的各个酯键，将甘油磷脂水解生成不同的产物。

六、胆固醇代谢

胆固醇是体内最丰富的固醇类化合物，它既是生物膜的构成成分，又是类固醇激素、胆汁酸及维生素 D 的前体物质。因此对于大多数组织来说，保证胆固醇的供给、维持其代谢平衡是十分重要的。

胆固醇广泛存在于全身各组织中，其中约 1/4 分布在脑及神经组织中，占脑组织总质量的 2%左右。肝、肾及小肠等内脏及皮肤、脂肪组织也含较多的胆固醇，每 100g 组织中含 200～500mg 胆固醇，其中以肝为最多，而肌肉组织含量较低，肾上腺、卵巢等组织中胆固醇含量可高达 1%～5%。

（一）胆固醇的结构

胆固醇属于固醇类化合物，其基本结构为环戊烷多氢菲。胆固醇是动物体内含量最丰富的固醇类化合物。

（二）胆固醇的合成

1. 合成部位 除成年动物脑组织及成熟红细胞外，几乎全身各组织均可合成胆固醇，其中肝为合成的主要场所（70%～80%），其次是小肠（10%）。胆固醇合成酶系存在于胞质及光面内质网。

2. 合成原料 乙酰 CoA 和 NADPH 是胆固醇合成的基本原料，乙酰 CoA 主要由葡萄糖、脂肪酸及某些氨基酸代谢而产生。另外，还需要 ATP 供能和 NADPH 供氢。合成 1 分子胆固醇需消耗 18 分子乙酰 CoA、36 分子 ATP 和 16 分子 NADPH。

3. 合成基本过程 胆固醇合成由以 HMG-CoA 还原酶为关键酶的一系列酶促反应完成，此过程比较复杂，有近 30 步反应，整个过程可分为 3 个阶段。

（1）**甲羟戊酸**（mevalonic acid，MVA）的合成：在胞质中，2 分子乙酰 CoA 经硫解酶作用，脱去 1 分子辅酶 A，生成乙酰乙酰 CoA。其产物再与 1 分子乙酰 CoA 缩合生成羟甲基戊二酸单酰 CoA（HMG-CoA）。此过程与酮体生成机制相同，但细胞内定位不同，此过程在胞液中进行，而酮体生成在肝细胞线粒体内进行。HMG-CoA 在 HMG-CoA 还原酶（HMG-CoA reductase）催化下，消耗 2 分子 $NADPH+H^+$，生成甲羟戊酸（MVA）。此过程是不可逆的，HMG-CoA 还原酶为胆固醇合成的关键酶。

（2）鲨烯的合成：甲羟戊酸（MVA）在一系列酶的作用下，经磷酸化、脱羧、脱羟基、再缩合生成 15 碳化合物，2 分子 15 碳化合物再缩合、还原成 30 碳的多烯烃化合物——鲨烯。

（3）胆固醇的合成：含 30 碳的鲨烯，经内质网环化酶和加氧酶催化生成羊毛固醇，后者再经氧化还原等多步反应，最后失去了 3 个甲基，合成 27 碳的胆固醇。

（三）胆固醇的转化

胆固醇在体内不能被彻底氧化分解，也不能作为能源物质供能，但是胆固醇可对其环戊烷多氢菲的侧链进行氧化、还原或者降解，转变为其他化合物，从而进一步参与体内代谢。

1. 转化为胆汁酸 胆固醇在肝细胞中转化成胆汁酸，是胆固醇代谢的主要去路。胆汁酸随胆汁经胆管排入十二指肠，最终排出，每日排出量约占胆固醇合成量的 40%。在小肠下段，大部分胆汁酸通过肝循环重吸收入肝，构成胆汁的肝肠循环，小部分经肠道细菌作用后排出体外。

2. 转化为类固醇激素 胆固醇可转化为多种激素，如在肾上腺皮质转变成肾上腺皮质激素，在肾上腺皮质球状带细胞合成醛固酮，在肾上腺皮质束状带细胞合成皮质醇，在肾上腺皮质网状带细胞合成雄激素。胆固醇在性腺可以转变为性激素，包括雄激素和雌激素。

3. 转化为维生素 D_3 在人体皮肤，胆固醇可被氧化为 7-脱氢胆固醇，后者经紫外线照射转变为维生素 D_3，可促进钙的吸收。

七、血脂及血脂代谢

（一）血脂

血浆中含有的脂质统称为血脂，包括甘油三酯、磷脂、胆固醇及胆固醇酯和**游离脂肪酸**（free fatty acid，FFA）。血脂在脂类的运输和代谢中起着重要作用。血脂的来源有外源性和内源性，外源性血脂是指从食物中摄取的脂质经消化吸收进入血液中，内源性血脂是指由肝、脂肪细胞及其他组织合成后释放入血的脂质。血脂只占体重的 0.04%，其含量受到膳食、年龄、性别、职业及代谢等的影响，波动范围很大。通过对空腹血脂的测量，可以了解患者的脂类代谢情况。

（二）血浆脂蛋白

由于脂质不溶于水，它们是以脂蛋白的形式存在并运输的。

1. 血浆脂蛋白的分类 血液中的脂蛋白不是单一的分子形式，其脂类和蛋白质的组成有很大的差异，因此血液中的脂蛋白存在多种形式。根据它们各自的特性采用不同的分类方法，可将它们进行多种分类，一般采用电泳分类法和超速离心法进行血浆脂蛋白的分类。

（1）电泳分类法：根据不同脂蛋白的质量及表面所带电荷不同，在一定外加电场作用下，电泳迁移率不同，可将血浆脂蛋白分为 4 类：α-脂蛋白、前 β-脂蛋白、β-脂蛋白和乳糜微粒。

（2）超速离心法：依据不同脂蛋白中蛋白质脂类成分所占比例不同，因而分子密度不同（甘油三酯含量多者分子密度低，蛋白质含量多者分子密度高），在一定离心力作用下，分子沉降速度或漂浮率不同，将脂蛋白分为 4 类，即**乳糜微粒**（chylomicron，CM）、**极低密度脂蛋白**（very low density lipoprotein，VLDL）、**低密度脂蛋白**（low density lipoprotein，LDL）和**高密度脂蛋白**（high density lipoprotein，HDL）。

2. 血浆脂蛋白的组成 血浆脂蛋白由**载脂蛋白**（apoprotein，Apo）和脂质组成。

（1）载脂蛋白：指血浆脂蛋白中的蛋白质部分，载脂蛋白在肝和小肠黏膜细胞中合成。迄今从人血浆脂蛋白中分离出 20 多种载脂蛋白，主要分为 A～E 5 类，每一类脂蛋白又可分为不同的亚类，如 Apo B 分为 B_{100} 和 B_{48}；Apo C 分为 CⅠ～CⅢ等。载脂蛋白在分子结构上具有一定特点，往往含有较多的双性 α-螺旋结构，呈两种极性，分子的一侧极性较高，可与水溶剂及磷脂或胆固醇极性区结合，构成脂蛋白的亲水区，分子的另一侧极性较低，可与非极性的脂类结合，构成脂蛋白的疏水核心区。

载脂蛋白的主要功能是运载脂质并稳定血浆脂蛋白结构。有些脂蛋白参与脂蛋白受体的识别，如 Apo AⅠ能识别 HDL 受体，Apo B_{100}、Apo E 能识别 LDL 受体。除此以外，载脂蛋白还可调节脂蛋白代谢关键酶的活性：Apo AⅠ能激活卵磷脂-胆固醇脂酰转移酶（LCAT），Apo CⅡ能激活**脂蛋白脂肪酶**（lipoprotein lipase，LPL），Apo AⅣ能辅助激活 LPL，Apo CⅢ能抑制 LPL，Apo AⅡ

能激活肝脂肪酶（HL）。

（2）血浆脂蛋白中的脂质：除载脂蛋白外，各类脂蛋白均含有甘油三酯、磷脂、胆固醇及其酯。但组成比例有很大差异，其中甘油三酯在乳糜微粒中含量最高，达其化学组成的90%左右。磷脂含量以HDL为最高，达40%以上。胆固醇及其酯以LDL中为最多，几乎占其含量的50%。VLDL中甘油三酯含量也很高，达60%。

（3）血浆脂蛋白的结构特点：脂蛋白具有微团结构，疏水性较强的甘油三酯、胆固醇酯等位于内核，具极性及非极性基团的载脂蛋白、磷脂、游离胆固醇，以单分子层借其非极性疏水基团与内部疏水链相联系，极性亲水基团向外，以增加脂蛋白外层的亲水性，并起稳定脂蛋白结构的作用，非极性疏水基团向内，呈球状，使脂蛋白具有较强的水溶性，有利于其在血液中运输。

（三）血浆脂蛋白的代谢

1. 乳糜微粒 乳糜微粒在小肠黏膜细胞中生成，食物中的脂质在细胞滑面内质网经再酯化与粗面内质网上合成的载脂蛋白构成新生的乳糜微粒（包括甘油三酯、胆固醇酯和磷脂及 Apo B-48），经高尔基复合体分泌到细胞外，经淋巴循环最终进入血液。

新生乳糜微粒入血后，接受来自HDL的Apo C和Apo E，同时失去部分Apo A，成为成熟乳糜微粒。成熟乳糜微粒上的Apo CⅡ可激活脂蛋白脂肪酶（LPL）而催化乳糜微粒中甘油三酯水解为甘油和脂肪酸。该酶存在于脂肪、心肌和骨骼肌组织的毛细血管内皮细胞外表面。脂肪酸可被上述组织摄取而利用，甘油则进入肝进行糖异生。经LPL的作用，乳糜微粒中的甘油三酯大部分被水解利用，同时Apo A、Apo C、胆固醇和磷脂转移至HDL上，CM逐步变小，形成以胆固醇酯为主的乳糜微粒**残余颗粒**（remnant）。肝细胞膜上的Apo E受体可识别CM残余颗粒，将其吞噬入肝细胞，与细胞溶酶体融合；而载脂蛋白被水解为氨基酸，胆固醇酯被分解为胆固醇和脂肪酸，被肝利用或分解，完成最终代谢。

CM代谢的主要功能就是将外源性甘油三酯转运至脂肪、心肌和骨骼肌等肝外组织而利用，将食物中外源性胆固醇转运至肝。

2. 极低密度脂蛋白 VLDL主要在肝内生成，VLDL的主要成分为肝细胞自身合成的Apo B_{100}及Apo E与三酰甘油、磷脂和胆固醇组装而成。小肠黏膜细胞也可生成少量VLDL。

VLDL分泌入血后，接受来自HDL的Apo C和Apo E，Apo CⅡ激活LPL，催化甘油三酯水解，产物被肝外组织摄取利用。同时VLDL与HDL之间进行物质交换，一方面，VLDL表面的Apo C、磷脂、胆固醇等转移至HDL；另一方面，HDL的胆固醇酯转移至VLDL。如此VLDL中的TG不断减少，而CE逐渐增加，Apo B_{100}和Apo E相对增加，颗粒变小，密度增加，变为中间密度脂蛋白（IDL）。IDL有两条去路：一是可通过肝细胞膜上的Apo E受体被吞噬利用，二是进一步被水解生成LDL。

VLDL是体内转运内源性甘油三酯的主要方式。

3. 低密度脂蛋白 LDL由VLDL转变而来，LDL中的主要脂类是胆固醇及其酯，载脂蛋白是Apo B_{100}。

LDL在血中可被肝及肝外组织细胞表面的Apo B_{100}受体识别，经该受体介导，吞入细胞，与溶酶体融合，胆固醇酯被水解为胆固醇及脂肪酸。此胆固醇除可参与细胞生物膜的形成之外，还对细胞内胆固醇的代谢具重要的调节作用：①通过抑制**HMG-CoA还原酶**（HMG-CoA reductase）活性，减少细胞内胆固醇的合成；②激活**脂酰CoA胆固醇酯酰转移酶**（acyl CoA cholesterol acyltransferase，ACAT）使胆固醇酯化成胆固醇酯而贮存；③抑制LDL受体蛋白基因的转录，减少LDL受体蛋白的合成，从而降低细胞对LDL的摄取。

LDL代谢的功能是将肝脏合成的内源性胆固醇运至肝外组织，保证组织细胞对胆固醇的需求。

4. 高密度脂蛋白 HDL在肝和小肠中生成。HDL中的载脂蛋白含量很多，包括Apo A、Apo C～Apo E等，脂类以磷脂为主。

HDL分泌入血后，新生的HDL为HDL_3，一方面，可作为载脂蛋白供体将Apo C和Apo E等转移至新生的CM和VLDL上，同时在CM和VLDL代谢过程中再将载脂蛋白转运至HDL上，不断与

CM 和 VLDL 进行载脂蛋白的交换。另一方面，HDL 可摄取血液中肝外细胞释放的游离胆固醇，经卵磷脂胆固醇酯酰转移酶（LCAT）的催化，生成胆固醇酯。此酶在肝中合成，分泌入血后发挥活性，可被 HDL 中 ApoA Ⅰ激活，生成的胆固醇酯一部分可转移至 VLDL。经上述过程，HDL 转变为 HDL_2。HDL_2 最终被肝摄取而降解。

HDL 的主要功能是将肝外细胞释放的胆固醇转运到肝，防止胆固醇在血中聚积，预防动脉粥样硬化，血液中 HDL_2 的浓度与冠状动脉粥样硬化呈负相关。

（四）血浆脂蛋白代谢异常

1. 高脂蛋白血症　血脂高于正常范围的上限称为**高脂蛋白血症**（hyperlipoproteinemia），也称高脂血症。临床上一般以成人空腹 12～14h，血液中甘油三酯浓度高于 2.26mmol/L（200mg/dL），总胆固醇浓度高于 6.21mmol/L（240mg/dL），儿童总胆固醇浓度高于 4.14mmol/L（160mg/dL）作为高脂蛋白血症的标准。

高脂蛋白血症按病因分为原发性和继发性。原发性病因不明，可能与脂蛋白代谢的酶、受体或载脂蛋白先天缺陷有关，如脂蛋白脂肪酶（LPL）基因缺陷、LDL 受体缺陷等，多为遗传性疾病；继发性常继发于其他疾病，如糖尿病、肝病、肾病或甲状腺功能减退、降低等。

2. 动脉粥样硬化　动脉粥样硬化（atherosclerosis，AS）是一类动脉壁的退行性病理性变化，是心脑血管疾病的病理基础。动脉粥样硬化的发病过程与血浆脂蛋白代谢密切相关。

若血浆中胆固醇过多，大量脂质沉积于动脉血管壁内皮下基质，不但损伤动脉血管壁内皮细胞，而且易被平滑肌、巨噬细胞等吞噬形成泡沫细胞，继而形成动脉管腔狭窄，使通过动脉的血流减少，导致相应的临床症状。

血浆 HDL 浓度与动脉粥样硬化的发生呈负相关，HDL 既能清除周围组织中的胆固醇，也能与 LDL 争夺血管壁平滑肌细胞膜上的受体，抑制细胞摄取 LDL，发挥保护血管内膜的作用。而 LDL 能够增加血管内胆固醇含量，LDL 水平升高往往导致动脉粥样硬化发病率的升高。

（胡雨薇　李照熙）

第八节　生物氧化

一、生物氧化概述

（一）生物氧化的概念

生物氧化是指有机分子糖、脂、蛋白质等物质在生物体内氧化分解，产生 CO_2、H_2O 并释放能量形成 ATP 的过程。

（二）生物氧化的特点

（1）在正常生理条件下，有机分子经一系列酶促反应，逐步氧化释放能量。

（2）在氧化过程中所产生的能量一部分储存于一些特殊的化合物中，主要储存于 ATP 中；另一部分以热能形式散发维持体温。

二、氧化呼吸链

（一）氧化呼吸链的概念

在线粒体内膜上存在一系列按一定顺序排列的具有电子传递功能的酶和辅酶，通过连锁的氧化还原反应将代谢物脱下的成对氢原子（$NADH+H^+$和 $FADH_2$）最终传递给氧生成水，这一系列酶和辅酶所形成的一条连续的传递链，称为**氧化呼吸链**（oxidative respiratory chain）。

其中传递氢的酶或辅酶称为递氢体，传递电子的酶或辅酶称为递电子体。无论是递氢体还是递电子体，对呼吸链的总体效应而言，都起着传递电子的作用，因此氧化呼吸链也称为**电子传递链**（electron transfer chain）。

（二）氧化呼吸链的组成及作用

用超声波破碎线粒体后，用胆酸及脱氧胆酸等物质反复处理线粒体内膜，可以将呼吸链分离得到4种具有传递电子功能的酶复合体及两种可移动的电子传递体。这些酶复合体及电子传递体分别为复合体Ⅰ～复合体Ⅳ及泛醌（CoQ）和细胞色素c（Cyt c）。

1. 复合体Ⅰ　又称NADH-Q还原酶；辅基为FMN、Fe-S、CoQ。

电子传递过程：NADH→FMN→Fe-S→CoQ。

质子的泵出：复合体Ⅰ具有质子泵功能，每传递2个电子就可以将4个H^+从线粒体内膜基质侧泵到胞质侧。

2. 泛醌　又称辅酶Q，是一种脂溶性辅酶。呼吸链中是一个和蛋白质结合疏松的辅酶，可与膜结合或游离，在各复合体间募集穿梭并传递还原当量和电子。

功能：泛醌不但可接受NADH脱氢酶的氢，还接受线粒体其他黄素酶类脱下的电子和氢，在电子传递链中居于中心位置。

3. 复合体Ⅱ　又称琥珀酸-Q还原酶，是镶嵌在线粒体内膜内的酶蛋白，辅基为FAD、Fe-S及Cyt b_{562}。

电子传递过程：琥珀酸→FAD→几种Fe-S→CoQ。

质子的泵出：复合体Ⅱ没有质子泵功能。

4. 复合体Ⅲ　又称辅酶Q-细胞色素c还原酶；辅基为血红素b_{562}、血红素b_{566}、血红素c_1和Fe-S。

电子传递过程：$CoQH_2$→（Cyt b_L→Cyt b_H）→Fe-S →Cyt c_1→Cyt c。

质子的泵出：复合体Ⅲ具有质子泵功能，每传递2个电子就可以将4个H^+从线粒体内膜基质侧泵到胞质侧。

5. 细胞色素c　球形蛋白，是唯一能溶于水的细胞色素。

功能：在复合体Ⅲ和复合体Ⅳ间传递电子。

6. 复合体Ⅳ　又称细胞色素c氧化酶；辅酶为Cyt a、Cyt a_3、Cu_A、Cu_B。

电子传递过程：Cyt c→Cyt aa_3→O_2。

质子的泵出：每传递2个电子就可使2个H^+跨线粒体内膜向胞质侧转移。

（三）氧化呼吸链的类型

线粒体内膜上参与氧化磷酸化的呼吸链有两条，分别为NADH氧化呼吸链及$FADH_2$氧化呼吸链，其排列顺序如下。

1. NADH氧化呼吸链　NADH→复合体Ⅰ→CoQ→复合体Ⅲ→Cyt c→复合体Ⅳ→O_2。

2. $FADH_2$氧化呼吸链　琥珀酸→复合体Ⅱ→CoQ→复合体Ⅲ→Cyt c→复合体Ⅳ→O_2。

（四）线粒体外NADH的氧化

在真核生物细胞中，由于NADH不能自由穿过线粒体内膜，因此线粒体外所生成的NADH必须经一定的转运机制（即穿梭机制）进入线粒体，才能经呼吸链进行氧化磷酸化。体内主要有两种穿梭机制。

1. α-磷酸甘油穿梭　该穿梭机制主要存在于脑和骨骼肌中。在线粒体外，α-磷酸甘油脱氢酶在NADH提供还原当量的作用下，催化磷酸二羟丙酮还原成α-磷酸甘油。后者进入线粒体后，在线粒体内的α-磷酸甘油脱氢酶的催化下重新生成磷酸二羟丙酮，并生成一分子的$FADH_2$。磷酸二羟丙酮出线粒体后可继续利用上述过程。NADH经过此穿梭途径变成$FADH_2$，进入电子传递链中参与能量代谢。

2. 苹果酸-天冬氨酸穿梭 该穿梭机制主要存在于肝和心肌中。在线粒体外，苹果酸脱氢酶在NADH提供还原当量的同时，催化草酰乙酸还原成苹果酸。后者在线粒体内膜上转位酶的作用下穿过线粒体内膜，进入线粒体，在线粒体内苹果酸脱氢酶的催化下重新生成草酰乙酸，并生成一分子的NADH。所生成的NADH可通过电子传递链参与能量的代谢。线粒体内的草酰乙酸不能自由穿过线粒体内膜回胞液，但其可在谷草转氨酶的催化下与谷氨酸反应转变成天冬氨酸，谷氨酸转出氨基以后转变成α-酮戊二酸，α-酮戊二酸与天冬氨酸都可以在线粒体内膜上转位酶的作用下穿过线粒体内膜，重新回到胞液中。在胞液中，α-酮戊二酸与天冬氨酸又可在谷草转氨酶的作用下反应生成谷氨酸和草酰乙酸。草酰乙酸又可参与苹果酸-天冬氨酸穿梭作用。

三、氧化磷酸化

（一）氧化磷酸化的概念

1. 底物水平磷酸化 **底物水平磷酸化**（substrate level phosphorylation）是指与脱氢反应偶联，底物分子在体内代谢过程中，在脱氢或脱水过程中分子内部能量重新排布，生成含高能键的化合物，该高能键使ADP（GDP）磷酸化生成ATP（GTP）的过程。不经电子传递。

2. 氧化磷酸化 **氧化磷酸化**（oxidative phosphorylation）指在呼吸链电子传递过程中偶联ADP磷酸化，生成ATP，又称为偶联磷酸化。

（二）氧化磷酸化的偶联部位

氧化磷酸化的偶联部位有三个，分别如下。

复合体Ⅰ：NADH与CoQ之间。

复合体Ⅲ：CoQ与Cyt c之间。

复合体Ⅳ：Cyt aa_3与O_2之间。

（三）氧化磷酸化的偶联机制

1961年，英国科学家P. Mitchell提出了化学渗透假说，从而阐明了氧化磷酸化的偶联机制。即电子经呼吸链传递时，可将质子（H^+）从线粒体内膜的基质侧泵到内膜胞质侧，由于质子不能自由穿过线粒体内膜返回基质侧，从而产生膜内外质子电化学梯度储存能量。当质子顺浓度梯度回流时驱动ADP与Pi生成ATP。

（四）ATP合酶

ATP合酶是由多个亚基组成的复合体，是生物体内能量代谢的关键酶。该酶存在于线粒体内膜上，可以催化ADP磷酸化生成ATP。该酶主要由F_0和F_1组成。F_0镶嵌在线粒体内膜中，起质子通道的作用；F_1在线粒体的基质侧形成颗粒状的突起，其作用是催化ADP磷酸化生成ATP。

（五）氧化磷酸化的影响因素

氧化磷酸化是机体合成能量载体 ATP 的最主要途径，因此机体根据能量需求调节氧化磷酸化速率，从而调节ATP的生成量。

1. ADP/ATP的影响 机体活动时，ATP分解，ADP/ATP升高，氧化磷酸化的速率加快；静息时，ATP分解减少，ADP/ATP降低，氧化磷酸化的速率减慢；氧化磷酸化是机体合成能量载体ATP的最主要的途径，因此机体根据能量需求调节氧化磷酸化速率，从而调节ATP的生成量，以适应机体对能量的需求。

2. 氧化磷酸化抑制剂 正常情况下，电子的传递与磷酸化是紧密偶联的。但有些化合物可以影响电子的传递或者干扰磷酸化反应，其结果均会导致氧化磷酸化不能正常进行。按照氧化磷酸化的作用，其可被分为以下三类。

（1）呼吸链抑制剂：这类抑制剂可以阻断呼吸链中某部位的电子传递而使氧化受阻。呼吸链抑制剂主要包括：①**粉蝶霉素** A（piericidin A）、**鱼藤酮**（rotenone）及**异戊巴比妥**（amobarbital）等，可与复合体Ⅰ中的铁硫蛋白结合，从而阻断电子传递到泛醌；②萎锈灵，可抑制复合体Ⅱ的活性，从而阻断电子从 $FADH_2$ 传递给 CoQ；③**抗霉素** A（antimycin A）阻断 Cyt b_H 传递电子给泛醌（Q_N）；④粘噻唑菌醇，作用于 Q_P 位点，两者都为复合体Ⅲ的抑制剂；⑤CN^-、N_3^-紧密结合氧化型 Cyt a_3，阻断电子由 Cyt a 到 CuB-Cyt a_3 传递；⑥CO 与还原型 Cyt a_3 结合，阻断电子传递给 O_2，此类抑制剂可使细胞内呼吸停止，从而迅速引起死亡。

（2）解偶联剂：**解偶联剂**（uncoupler）可使氧化与磷酸化的偶联相互分离，基本作用机制是破坏电子传递过程中所建立起来的跨内膜质子电化学梯度，从而使电化学梯度储存的能量以热能的形式释放，导致 ATP 的生成受到抑制，如**解偶联蛋白**（uncoupling $protein_1$，UCP_1）、**二硝基苯酚**（dinitrophenol，DNP）。

（3）ATP 合酶抑制剂：这类抑制剂对电子传递和 ADP 磷酸化均有抑制作用。例如，**寡霉素**（oligomycin）可结合 ATP 合酶的 F_0 单位，**二环己基碳二亚胺**（dicyclohexyl carbodiimide，DCCP）可共价结合 F_0 的 c 亚基谷氨酸残基，二者均可阻断质子从 F_0 质子半通道回流，抑制 ATP 合酶活性。由于线粒体内膜两侧质子电化学梯度升高，呼吸链质子泵的功能受到影响，进而抑制电子传递。

3. 甲状腺激素 甲状腺激素可激活许多组织细胞膜上的 Na^+/K^+ ATP 酶的活性，使 ATP 加速分解为 ADP 和 Pi，导致进入线粒体的 ADP 增多，进而使 ATP/ADP 下降，从而加速了氧化磷酸化的速度。由于 ATP 的分解与合成都增加，导致了机体耗氧量和产热量增加，基础代谢率升高。

4. 线粒体 DNA 突变 线粒体 DNA 为裸露的环形双螺旋结构，缺乏蛋白质的保护与损伤修复系统，容易受到本身氧化磷酸化过程中产生的氧自由基损伤而发生突变。线粒体 DNA 含编码氧化呼吸链 4 种复合体中 13 条多肽链的基因、线粒体蛋白合成所需的 22 个 tRNA 基因及 2 个 rRNA 基因。因此，线粒体 DNA 的突变可影响氧化磷酸化的功能，导致 ATP 生成减少而致病。

（六）ATP 的循环、储存和利用

1. ATP 循环与高能磷酸键 生物氧化过程中所释放的能量有 40%左右都是以化学能的形式储存到一些特殊有机磷酸化合物中，形成磷酸酯键。这些磷酸酯键水解时产生较多的能量，一般大于 21kJ/mol，这种磷酸酯键称为高能磷酸键，常用符号“～P”表示。含有高能磷酸键的有机化合物称为高能磷酸化合物。ATP 分子中含有两个高能磷酸键，其中末端磷酸键在水解过程中所释放的能量用于代谢反应，同时 ATP 转变成 ADP。ADP 获得能量以后又可以被磷酸化转变成 ATP。ATP 与 ADP 之间相互转变形成循环过程，体现了体内能量的储存与利用的关系。这些反应过程都需要酶的参与，并在体内无休止地进行循环。体内合成 ATP 的主要形式就是氧化磷酸化，即 ADP 利用电子传递过程所释放的能量磷酸化形成 ATP。

2. ATP 的利用 ATP 是生命活动的能量载体，体内能量的转换、储存及利用是以 ATP 为中心的。ADP 接受物质氧化所释放的能量磷酸化形成 ATP，ATP 水解形成 ADP 及 Pi 并释放能量满足机体需要。ATP 也可将高能磷酸键转移给 UDP、CDP 及 GDP，形成相应的 UTP、CTP 及 GTP。UTP 可用于糖原的合成，CTP 可用于磷脂的合成，GTP 可用于蛋白质的合成。

3. ATP 的储存 ATP 所具有的能量除用于机体的各种生理活动以外，还可以将高能磷酸键转移给肌酸而生成**磷酸肌酸**（creatine phosphate，CP），该反应由**肌酸磷酸激酶**（creatine phosphokinase，CPK）催化。磷酸肌酸是机体能量的储存形式，起储存 ATP 的作用，主要存在于脑和肌肉组织中，骨骼肌中的含量多于平滑肌，脑组织中含量也较多，肝、肾等其他组织中含量很少。

四、其他氧化与抗氧化体系

线粒体氧化体系是高等生物的主要氧化体系。此外，还有微粒体、过氧化物酶体及细胞其他部位的氧化体系，这些氧化体系（不包括线粒体氧化体系）参与呼吸链以外的氧化作用，这些氧化体系（不

包括线粒体氧化体系）由其他末端氧化酶完成底物脱氢到 H_2O 的生成过程，不伴随磷酸化，不生成ATP，主要与体内代谢物、药物和毒物的生物转化有关，但各自发挥着不同的生理作用。

（一）活性氧类

活性氧类（reactive oxygen species，ROS）是生物有氧代谢过程中的一种副产品，包括氧阴离子（O_2^-）、过氧化物（如 H_2O_2）和含氧自由基（·OH）等。物质在细胞线粒体、胞液、过氧化物酶体代谢过程中可产生活性氧类，细菌感染、组织缺氧等病理情况，以及辐射、服用药物、吸入烟雾等外源因素可导致细胞产生活性氧。这些活性氧分子的化学性质非常活泼，氧化性很强，可以氧化脂质、蛋白质、核酸等大分子物质，使大分子物质结构遭到破坏，导致其功能丧失，进而引发疾病和衰老。生物进化使机体形成了有效的抗氧化体系来及时清理这些活性氧类，防止其在体内累积造成有害影响。

（二）抗氧化体系

正常机体存在着各种抗氧化酶、小分子抗氧化剂等，形成了重要的防御体系，以对抗活性氧的损害。

1. 超氧化物歧化酶（superoxide dismutase，SOD） 该酶可以催化其中1分子 O_2^- 氧化生成 O_2，另1分子 O_2^- 还原生成 H_2O_2，2分子 O_2^- 产生了2个不同的产物（$2O_2^- + 2H^+ \longrightarrow H_2O_2 + O_2$）。

2. 过氧化氢酶（catalase） 又称触酶，其辅基含4个血红素。该酶可催化 H_2O_2 分解为 H_2O 和 O_2（$2H_2O_2 \longrightarrow 2H_2O + O_2$）。

3. 谷胱甘肽过氧化物酶（glutathione peroxidase，GPx） 可去除细胞生长和代谢产生的 H_2O_2 和过氧化物（R-O-OH），是体内防止活性氧类损伤主要的酶。

体内还存在着其他的小分子自由基清除剂，包括维生素E、维生素C、泛醌及β-胡萝卜素等，它们与体内存在的抗氧化酶共同组成了人体的抗氧化体系。

（三）微粒体细胞色素P450单加氧酶

细胞色素P450单加氧酶（cytochrome P450 monooxygenase），又称**混合功能氧化酶**（mixed-function oxidase）或**羟化酶**（hydroxylase）。该酶催化氧分子中的一个氧原子加到底物分子上（羟化），另一个氧原子被氢（来自于 $NADPH+H^+$）还原成水（$RH + NADPH + H^+ + O_2 \longrightarrow ROH + NADP^+ + H_2O$）。其参与类固醇激素、胆色素及胆汁酸等物质的生成及药物、毒物的生物转化过程。

（陈永伟）

第九节 氨基酸代谢

一、蛋白质的生理功能和营养价值

（一）体内蛋白质的功能

1. 蛋白质是生命的物质基础 蛋白质参与构成各种细胞组织结构，可维持细胞组织的生长、更新及修补。

2. 蛋白质参与体内多种重要的生理活动 如参与催化作用的酶，参与物质转运的载体等。

3. 蛋白质可作为能源物质氧化供能 每克蛋白质在体内彻底氧化分解可释放17.19kJ（4.1kcal）的能量，人体每日由蛋白质提供的能量占获得总能量的18%左右。

（二）氮平衡

氮平衡（nitrogen balance）是指每日氮的摄入量（食物中的蛋白质）与排出量（粪便和尿液中的含氮化合物）之间的关系。体内蛋白质代谢状况可用氮平衡描述。蛋白质的平均含氮量为16%。食物中的含氮物质绝大部分为蛋白质，其他含氮的非蛋白质物质非常少。因此，可通过测定食物中所含氮的量来估算出其所含的蛋白质的量。蛋白质在体内分解代谢所产生的含氮物质主要通过尿液和粪便排出，因此可通过测定摄入食物中的含氮量及尿液和粪便中的含氮量来反映人体内蛋白质代谢的概况。

1. 氮总平衡 摄入氮 = 排出氮（正常成人）。

2. 氮正平衡 摄入氮 > 排出氮（儿童、孕妇、恢复期患者）。

3. 氮负平衡 摄入氮 < 排出氮（饥饿、严重烧伤、出血、消耗性疾病患者）。

根据氮平衡实验计算，成人每天在不进食的情况下可分解最低约 20g 的蛋白质，由于食物中蛋白质与人体组织中蛋白质存在差异，不可能全部被利用，因此成人每天需最低摄入 30～50g 蛋白质。我国营养学会推荐成人每日蛋白质需要量为 80g。

（三）营养必需氨基酸

1. 概念 营养必需氨基酸是指体内需要而又不能自身合成，必须由食物供给的氨基酸。其共有 8 种：赖氨酸、色氨酸、缬氨酸、亮氨酸、异亮氨酸、苏氨酸、甲硫氨酸及苯丙氨酸。其余 12 种氨基酸可以在体内合成，称为营养非必需氨基酸。

2. 蛋白质的营养价值 蛋白质的营养价值是指食物蛋白质在体内的利用率。其取决于食物中必需氨基酸的数量、种类、量质比。例如，动物性蛋白质中所含的氨基酸种类和比例与人体需要相近，因此其营养价值较高。

3. 蛋白质的互补作用 蛋白质的互补作用是指营养价值较低的蛋白质混合食用，其必需氨基酸可以互相补充而提高营养价值。例如，豆类蛋白质所含赖氨酸较多而色氨酸含量较少，谷类中的蛋白质所含赖氨酸较少而色氨酸含量较多，因此两种物质可混合使用，以提高其营养价值。

二、蛋白质的消化、吸收和腐败

（一）蛋白质的消化

外源性蛋白质在胃及肠道中消化成氨基酸和寡肽后被吸收，这样既可以把大分子物质转变成小分子物质便于吸收，也消除了种属特异性和抗原性，从而防止过敏、毒性反应。

在胃中，蛋白质的消化主要由胃蛋白酶催化，胃黏膜主细胞分泌的胃蛋白酶原是人体胃液中仅有的蛋白质水解酶的酶原。正常胃液中（pH 1～1.5），该酶原经 H^+激活，生成胃蛋白酶，胃蛋白酶也能激活胃蛋白酶原转变成胃蛋白酶，称为自身激活作用。胃蛋白酶的最适 pH 为 1.5～2.5，酸性的胃液可使蛋白质变性，利于蛋白质的水解。胃蛋白酶对蛋白质肽键的作用特异性较差，主要水解由芳香族氨基酸、蛋氨酸和亮氨酸所形成的肽键，产物主要为多肽及少量氨基酸。胃蛋白酶还具有凝乳作用，可使乳汁中的酪蛋白（casein）与 Ca^{2+}形成乳凝块，胃停留时间延长，利于消化。

小肠是蛋白质消化的主要场所。小肠中所含的蛋白酶主要有肠激酶、氨基肽酶和二肽酶。在小肠中，除了由小肠黏膜细胞所分泌的消化液之外，还有胰腺分泌的胰液。胰液中所含的蛋白酶类包括胰蛋白酶原、糜蛋白酶原、弹性蛋白酶原及羧基肽酶 A 和羧基肽酶 B。消化液中的酶类都是以酶原形式存在的，这样可以避免遭到自身组织的破坏。酶原分泌到肠腔后即转变成有活性的蛋白水解酶。其中，胰酶是消化蛋白质的主要酶，最适 pH 为 7.0 左右，包括内肽酶和外肽酶。

（二）蛋白质的吸收

蛋白质的消化吸收部位主要是小肠，其消化产物氨基酸、寡肽及二肽可直接被吸收，也可以通过耗能的主动转运被吸收。

（三）蛋白质的腐败

未被消化的蛋白质及未被吸收的氨基酸在大肠下部受大肠杆菌的分解，此分解作用称为**腐败作用**（putrefaction）。腐败作用的产物大多有害，如胺类（脱羧基作用）、氨（脱氨基作用）、苯酚、吲哚等。

在正常情况下，这些有害物质大部分会随着粪便排出，只有一小部分会被吸收而经肝代谢转变成无毒的物质，所以在正常生理情况下不会出现中毒现象。另外，蛋白质的腐败作用也可产生少量的脂肪酸及维生素等可被机体利用的物质。

三、氨基酸的一般代谢

（一）氨基酸代谢库

1. 外源性氨基酸 外源性氨基酸是指食物蛋白质经消化吸收的氨基酸。

2. 内源性氨基酸 体内蛋白质降解所得到的氨基酸称为内源性氨基酸。除了从食物中消化吸收所获得的氨基酸以外，体内的异常蛋白质和短寿蛋白质等也可以降解，这部分蛋白质占到体内总蛋白质的1%～2%，这部分氨基酸中的70%～80%又重新被利用去合成新的蛋白质。

内源性氨基酸与外源性氨基酸混在一起分布于体内各处参与代谢，共同构成氨基酸**代谢库**（metabolic pool）。

（二）脱氨基作用

脱氨基作用是指氨基酸脱去α-氨基生成相应α-酮酸的过程。体内的氨基酸脱氨基方式主要包括转氨基作用、氧化脱氨基作用和联合脱氨基作用等。

1. 转氨基作用 转氨基作用是指在**转氨酶**（transaminase）作用下，某一氨基酸脱去α-氨基生成相应的α-酮酸，而另一种α-酮酸得到此氨基生成相应的氨基酸的过程。大多数氨基酸可参与转氨基作用，但赖氨酸、苏氨酸、脯氨酸、羟脯氨酸除外。转氨酶的专一性强，不同氨基酸与α-酮酸之间的转氨基作用只能由专一的转氨酶催化。在各种转氨酶中，以L-谷氨酸和α-酮酸的转氨酶最为重要。例如，肝中活性最高的谷丙转氨酶（GPT）又称丙氨酸转氨酶（ALT），在心肌和肝中活性都高的谷草转氨酶（GOT）又称天冬氨酸转氨酶（AST）。转氨酶的辅酶为磷酸吡哆醛和磷酸吡哆胺，起着传递氨基的作用。

转氨基作用不仅是体内多数氨基酸脱氨基的重要方式，也是机体合成非必需氨基酸的重要途径。但是，通过该种方式脱氨不能产生游离的氨。

2. 氧化脱氨基作用 氧化脱氨基作用是指在酶的催化下，氨基酸在氧化脱氢的同时脱去氨基的过程。L-谷氨酸脱氢酶在氧化脱氨基作用中起主要作用。该酶在肝、肾、脑组织中活性较强，是一种以NAD^+或$NADP^+$为辅酶的不需氧脱氢酶。该酶特异性较强，可催化L-谷氨酸脱氨生成相应的α-酮戊二酸和NH_3。

3. 联合脱氨基作用 联合脱氨基作用是体内主要的脱氨基方式，主要有以下两种反应途径。

（1）由L-谷氨酸脱氢酶和转氨酶联合催化的联合脱氨基作用：在肝、肾等组织中，可先在转氨酶催化下，将某种氨基酸的α-氨基转移到α-酮戊二酸上生成谷氨酸，谷氨酸在L-谷氨酸脱氢酶作用下将谷氨酸氧化脱氨生成α-酮戊二酸，而α-酮戊二酸再继续参加转氨基作用。联合脱氨反应是可逆的，因此也可称为联合加氨。

（2）**嘌呤核苷酸循环**（purine nucleotide cycle）：骨骼肌和心肌中L-谷氨酸脱氢酶的活性很低，因而不能通过上述的联合脱氨基作用脱氨。但是，可以通过嘌呤核苷酸循环脱去氨基。

在嘌呤核苷酸循环中，一种氨基酸经过两次转氨基作用可将α-氨基转移至草酰乙酸生成天冬氨酸。天冬氨酸又可与次黄嘌呤核苷酸反应生成腺苷酸代琥珀酸，腺苷酸代琥珀酸通过裂解释放出延胡索酸并生成一分子腺嘌呤核苷酸（AMP）。AMP在腺苷酸脱氨酶的作用下脱去氨基生成次黄嘌呤核苷酸（IMP），最终完成氨基酸的脱氨基作用。IMP可再参加下一轮循环，延胡索酸可经三羧酸循环转变成草酰乙酸，草酰乙酸可进一步参加转氨基作用。

4. 通过氨基酸氧化酶脱氨基 在肝、肾组织中还存在着一种L-氨基酸氧化酶，其辅基为FMN或FAD。该酶可将氨基酸氧化成α-亚氨基酸并生成$FMNH_2$或$FADH_2$，α-亚氨基酸再加水分解成相应的

α-酮酸，并释放铵离子，分子氧可直接将 $FMNH_2$ 或 $FADH_2$ 氧化并生成 H_2O_2，H_2O_2 被过氧化氢酶裂解成氧和水。

四、氨基酸碳链骨架可进行转换或分解

氨基酸经联合脱氨或其他方式脱氨所生成的 α-酮酸有以下去路。

1. 生成非必需氨基酸　α-酮酸经联合脱氨基作用可生成相应的氨基酸，这些 α-酮酸来自于糖代谢或三羧酸循环，如丙酮酸。但和必需氨基酸相对应的 α-酮酸不能在体内合成，所以必需氨基酸依赖于食物供应。

2. 氧化生成 CO_2 和水并释放能量　α-酮酸通过一定的反应途径先转变成丙酮酸、乙酰 CoA 或三羧酸循环的中间产物，再经过三羧酸循环彻底氧化分解。三羧酸循环将氨基酸代谢与糖、脂代谢紧密联系起来。

3. α-酮酸可转变成糖及脂类化合物　凡能生成丙酮酸或三羧酸循环中间产物的氨基酸均为生糖氨基酸；凡能生成乙酰 CoA 或乙酰乙酸的氨基酸均为生酮氨基酸；凡能生成丙酮酸或三羧酸循环中间产物，同时能生成乙酰 CoA 或乙酰乙酸者为生糖兼生酮氨基酸。亮氨酸和赖氨酸为生酮氨基酸，赖氨酸、异亮氨酸、色氨酸、苯丙氨酸和酪氨酸为生糖兼生酮氨基酸，其余氨基酸均为生糖氨基酸。

五、氨的代谢

体内代谢产生的氨和消化道吸收的氨进入血液，形成血氨。氨是机体正常代谢的产物，具有毒性。在正常生理情况下，血氨水平维持在 47～65μmol/L，为避免氨中毒，机体能及时将氨转变成无毒或毒性小的物质，经血液运输至肝合成尿素通过肾而排泄。

（一）氨的来源

1. 氨基酸脱氨作用和胺类分解均可产生氨　氨基酸经过联合脱氨作用产生的氨是组织中氨的主要来源。氨基酸经脱羧基反应生成胺，再经单胺氧化酶或二胺氧化酶作用生成游离氨和相应的醛，是组织中氨的次要来源，膳食中蛋白质过多时，这一部分氨的生成量也增多。

2. 肾小管上皮细胞泌氨　血液中的谷氨酰胺流经肾时，可被肾小管上皮细胞中的**谷氨酰胺酶**（glutaminase）水解生成谷氨酸和氨。生成的氨有两条去路：分泌到肾小管管腔与尿中 H^+ 结合生成 NH_4^+，以铵盐形式随尿液排出体外；或者被重吸收入血成为血氨。氨容易透过生物膜，而 NH_4^+ 不易透过生物膜。所以肾产氨的去路取决于血液与原尿的相对 pH。血液的 pH 是恒定的，因此实际上取决于原尿的 pH。原尿偏酸时，排入原尿中的 NH_3 与 H^+ 结合成为 NH_4^+，随尿排出体外。若原尿的 pH 较高，则 NH_3 易被重吸收入血。因此，临床上血氨升高的患者使用利尿剂时不宜使用碱性利尿剂。

3. 肠道细菌腐败作用产生氨　这是血氨的主要来源。在正常情况下，肝合成的尿素有 15%经肠黏膜分泌入肠腔。肠道细菌有尿素酶，可将尿素水解成为 CO_2 和 NH_3，这一部分氨约占肠道产氨总量的 90%（成人每日约为 4g）。肠道中的氨可被吸收入血，其中 3/4 在结肠被吸收，其余部分在空肠和回肠被吸收。氨入血后可经门脉入肝，重新合成尿素。这个过程称为尿素的肝肠循环。

（二）氨的转运

1. 通过丙氨酸-葡萄糖循环转运　肌肉组织中以丙酮酸作为转移氨基的受体，丙酮酸接受氨基生成丙氨酸并经血液运输到肝。在肝中，丙氨酸经转氨基作用生成丙酮酸，丙酮酸可经糖异生作用生成葡萄糖，葡萄糖由血液运输到肌肉组织中，分解代谢再产生丙酮酸，后者再接受氨基生成丙氨酸。这一循环途径称为**丙氨酸-葡萄糖循环**（alanine-glucose cycle）。通过此途径，肌肉氨基酸的氨基运输到肝，再与 NH_3 合成尿素。

饥饿时，机体通过此循环将肌肉组织中氨基酸分解生成的氨，与葡萄糖的不完全分解产物丙酮酸结合，以无毒性的丙氨酸形式转运到肝作为糖异生的原料。肝生成的葡萄糖可被肌肉或其他外周组织利用。

2. 通过谷氨酰胺转运 氨与谷氨酸在**谷氨酰胺合成酶**（glutamine synthetase）的催化下生成**谷氨酰胺**（glutamine），并由血液运输至肝或肾，再经**谷氨酰胺酶**（glutaminase）水解成谷氨酸和氨。谷氨酰胺主要从脑、肌肉等组织向肝或肾运氨。

（三）氨的去路

氨是有毒的物质，人体必须及时将氨转变成无毒或毒性小的物质，然后排出体外。氨的主要去路是在肝合成尿素，随尿排出；一部分氨可以合成谷氨酰胺和天冬酰胺，也可以合成其他非必需氨基酸；少量的氨可直接经尿排出体外。尿中排氨有利于排酸。

（四）尿素的合成

1. 鸟氨酸循环 根据动物实验，人们很早就确定了肝是尿素合成的主要器官，肾是尿素排泄的主要器官。1932 年，Krebs 等利用大鼠肝切片做体外实验，发现在供能的条件下，可由 CO_2 和氨合成尿素。若在反应体系中加入少量的精氨酸、鸟氨酸或瓜氨酸可加速尿素的合成，而这几种氨基酸的含量并不减少。为此，Krebs 等提出了**鸟氨酸循环**（ornithine cycle）学说。其后由 Ratner 和 Cohen 详细论述了其各步反应。鸟氨酸循环可概括为：尿素中的两个氮原子分别由氨和天冬氨酸提供，而碳原子来自 HCO_3^-，5 步酶促反应，2 步在线粒体中，3 步在胞液中进行。其详细过程如下。

（1）氨基甲酰磷酸的合成：**氨基甲酰磷酸**（carbamyl phosphate）是在 Mg^{2+}、ATP 及 ***N*-乙酰谷氨酸**（*N*-acetyl glutamic acid，AGA）存在的情况下，由**氨基甲酰磷酸合成酶Ⅰ**（carbamyl phosphate synthetaseⅠ，CPS-Ⅰ）催化 NH_3 和 HCO_3^-在肝细胞线粒体中合成。此反应是不可逆的，消耗 2 分子 ATP。CPS-Ⅰ是一种变构酶，AGA 是此酶的变构激活剂。

（2）瓜氨酸的生成：**鸟氨酸氨基甲酰转移酶**（ornithine transcarbamoylase）存在于肝细胞线粒体中，通常与 CPS-Ⅰ形成复合物催化氨基甲酰磷酸将甲酰基转移给鸟氨酸生成瓜氨酸（citrulline）（注意：鸟氨酸、瓜氨酸均为非标准 α-氨基酸，不出现在蛋白质中）。此反应在线粒体内进行，而鸟氨酸在胞液中生成，所以必须通过一特异的穿梭系统进入线粒体内。

（3）精氨酸代琥珀酸的合成：瓜氨酸穿过线粒体膜进入胞质中，在胞质中由精氨酸代琥珀酸合成酶（argininosuccinate synthetase）催化瓜氨酸与天冬氨酸缩合生成精氨酸代琥珀酸，获得尿素分子中的第二个氮原子。此反应由 ATP 供能。

（4）精氨酸的生成：**精氨酸代琥珀酸裂解酶**（argininosuccinase）催化精氨酸代琥珀酸裂解成精氨酸（arginine）和延胡索酸。上述反应中生成的延胡索酸可经三羧酸循环的中间步骤生成草酰乙酸，再经谷草转氨酶催化转氨作用重新生成天冬氨酸。由此，通过延胡索酸和天冬氨酸，使三羧酸循环与尿素循环联系了起来。

（5）尿素的生成：尿素循环的最后一步反应是由**精氨酸酶**（arginase）催化精氨酸水解生成尿素和鸟氨酸，鸟氨酸再进入线粒体参与另一轮循环。

尿素合成是一个耗能的过程，合成 1 分子尿素需要消耗 4 个高能磷酸键（3 个 ATP 水解生成 2 个 ADP、2 个 Pi、1 个 AMP 和 1 个 PPi）。由 L-谷氨酸脱氢酶催化的脱氨基作用中和延胡索酸，经草酰乙酸再生成天冬氨酸反应中均有 NADH 的生成。这些 NADH 经线粒体再氧化可生成 6 个 ATP。

2. 尿素循环的调节 CPS-Ⅰ是线粒体内变构酶，其变构激活剂 AGA 由 *N*-乙酰谷氨酸合成酶催化生成，并由特异水解酶水解。肝生成尿素的速度与 AGA 浓度相关。当氨基酸分解旺盛时，由转氨基作用引起谷氨酸浓度升高，增加 AGA 的合成，从而激活 CPS-Ⅰ，加速氨基甲酰磷酸的合成，推动尿素循环。精氨酸是 AGA 合成酶的激活剂，因此，临床上可利用精氨酸治疗高氨血症。

（五）高氨血症和氨中毒

正常生理情况下，血氨处于较低水平。尿素循环是维持血氨低浓度的关键。当肝功能严重损伤时，尿素循环发生障碍，血氨浓度升高，称为高氨血症。氨中毒机制尚不清楚。一般认为，氨进入脑组织，可与α-酮戊二酸结合生成谷氨酸，氨也可以与脑中的谷氨酸进一步结合生成谷氨酰胺，前者使α-酮戊二酸减少，导致三羧酸循环减弱，脑组织中ATP生成减少。此外，谷氨酸、谷氨酰胺增多，渗透压增大，可引起脑水肿。

六、个别氨基酸代谢

（一）脱羧基作用

部分氨基酸可在**氨基酸脱羧酶**（decarboxylase）催化下进行**脱羧基作用**（decarboxylation），生成相应的胺，脱羧酶的辅酶为磷酸吡哆醛。从量上讲，脱羧基作用不是体内氨基酸分解的主要方式，但可生成有重要生理功能的胺。下面列举几种氨基酸脱羧产生的重要胺类物质。

1. γ-氨基丁酸（γ-aminobutyric acid，GABA）　GABA由谷氨酸脱羧基生成，催化此反应的酶是谷氨酸脱羧酶。此酶在脑、肾组织中活性很高，所以脑中GABA含量较高。GABA是一种仅见于中枢神经系统的抑制性神经递质，对中枢神经元有普遍性抑制作用。GABA在脊髓作用于突触前神经末梢，减少兴奋性递质的释放，从而引起突触前抑制，在脑则引起突触后抑制。

2. 组胺（histamine）　组胺由组氨酸脱羧生成。组胺主要由肥大细胞产生并储存，在乳腺、肺、肝、肌肉及胃黏膜中含量较高。组胺是一种强烈的血管舒张剂，并能增加毛细血管的通透性，可引起血压下降和局部水肿。组胺的释放与过敏反应症状密切相关。组胺可刺激胃蛋白酶和胃酸的分泌，所以常用它做胃分泌功能的研究。

3. 5-羟色胺（5-hydroxytryptamine，5-HT）　色氨酸首先由**色氨酸羟化酶**（tryptophan hydroxylase）催化生成**5-羟色氨酸**（5-hydroxy tryptophan），再经脱羧酶作用生成5-羟色胺。5-羟色胺在神经组织中有重要的功能，目前已肯定中枢神经系统有5-羟色胺能神经元。5-羟色胺可使大部分交感神经节前神经元兴奋，而使副交感节前神经元抑制。其他组织如小肠、血小板、乳腺细胞中也有5-羟色胺，具有强烈的血管收缩作用。

4. 牛磺酸（taurine）　体内牛磺酸主要由半胱氨酸脱羧生成。半胱氨酸先氧化生成磺酸丙氨酸，再由磺酸丙氨酸脱羧酶催化脱去羧基，生成牛磺酸。牛磺酸是结合胆汁酸的重要组成成分。

5. 多胺（polyamine）　鸟氨酸在鸟氨酸脱羧酶催化下可生成**腐胺**（putrescine），***S*-腺苷蛋氨酸**（*S*-adenosyl methionine，SAM）在SAM脱羧酶的催化下脱羧生成*S*-腺苷-3-甲硫基丙胺。在**精脒合成酶**（spermidine synthetase）的催化下将*S*-腺苷-3-甲硫基丙胺的丙基移到腐胺分子上合成**精脒**（spermidine），再在**精胺合成酶**（spermine synthetase）的催化下，将另一分子*S*-腺苷-3-甲硫基丙胺的丙胺基转移到精脒分子上，最终合成了**精胺**（spermine）。腐胺、精脒和精胺总称为多胺或**聚胺**（polyamine）。

多胺存在于精液及细胞核糖体中，是调节细胞生长的重要物质，多胺分子带有较多的正电荷，能与带负电荷的DNA及RNA结合，稳定其结构，促进核酸及蛋白质合成的某些环节。在生长旺盛的组织如胚胎、再生肝及癌组织中，多胺含量升高。因此，可利用血或尿中多胺含量作为肿瘤诊断的辅助指标。

（二）一碳单位代谢

某些氨基酸在代谢过程中能生成含一个碳原子的基团，经过转移参与代谢过程。这些含一个碳原子的基团称为**一碳单位**（C_1 unit或one carbon unit）。有关一碳单位生成和转移的代谢称为一碳单位代谢。

体内的一碳单位有甲基（—CH_3，methyl）、甲烯基（—CH_2，methylene）、甲炔基（—CH=，methenyl）、甲酰基（—CHO，formyl）及亚氨甲基（—CH=NH，formimino）等。它们可分别来自甘氨酸、组氨酸、丝氨酸、色氨酸、蛋氨酸等。

1. 一碳单位代谢的运载体　一碳单位不能游离存在，通常与**四氢叶酸**（tetrahydrofolic acid，FH_4）

结合而转运或参加生物代谢，FH_4是一碳单位代谢的运载体。

FH_4由**叶酸**（folic acid）衍生而来。叶酸需经两次还原方可转变为活性辅酶形式——FH_4。两次还原均由**二氢叶酸还原酶**（dihydrofolate reductase）催化。一碳单位共价连接于FH_4分子的N^5位、N^{10}位或N^5和N^{10}位上。

2. 一碳单位的功能

（1）一碳单位是合成嘌呤和嘧啶的原料：在核酸生物合成中有重要作用。例如，$N^5—N^{10}—CH═FH_4$直接提供甲基用于脱氧核苷酸dUMP向dTMP的转化。$N^{10}—CHO—FH_4$和$N^5N^{10}═CH—FH_4$分别参与嘌呤碱中C2、C8原子的生成。

（2）SAM提供甲基，可参与体内多种物质合成：如肾上腺素、胆碱、胆酸等。

一碳单位代谢将氨基酸与核苷酸代谢及一些重要物质的生物合成联系起来。一碳单位代谢障碍可造成某些病理情况，如巨幼红细胞贫血等。磺胺药及某些抗癌药（氨甲蝶呤等）正是分别通过干扰细菌及肿瘤细胞的叶酸、四氢叶酸合成，进而影响核酸合成而发挥药理作用的。

（三）含硫氨基酸代谢

含硫氨基酸有蛋氨酸、半胱氨酸和胱氨酸三种，蛋氨酸可转变为半胱氨酸和胱氨酸，后两者也可以互变，但两者都不能转变成蛋氨酸，所以蛋氨酸是必需氨基酸。

1. 蛋氨酸代谢

（1）转甲基作用与蛋氨酸循环：蛋氨酸中含有S-甲基，可参与多种转甲基的反应生成多种含甲基的生理活性物质。在腺苷转移酶催化下，蛋氨酸与ATP反应生成SAM。SAM中的甲基是高度活化的，称为活性甲基，SAM称为活性蛋氨酸。

SAM可在不同**甲基转移酶**（methyl transferase）的催化下，将甲基转移给各种甲基接受体而形成许多甲基化合物。例如，肾上腺素、胆碱、甜菜碱、肉毒碱、肌酸等都是从SAM中获得甲基的。SAM是体内最主要的甲基供体。

SAM转出甲基后形成***S*-腺苷同型半胱氨酸**（*S*-adenosyl homocystine，SAH），SAH水解释出腺苷变为**同型半胱氨酸**（homocystine，hCys）。同型半胱氨酸可以接受N^5-甲基四氢叶酸提供的甲基再生成蛋氨酸，形成一个循环过程，称为**蛋氨酸循环**（methionine cycle）。此循环的生理意义在于蛋氨酸分子中的甲基可间接通过N^5-CH_3FH_4由其他非必需氨基酸提供，以防蛋氨酸的大量消耗。N^5-CH_3FH_4同型半胱氨酸甲基转移酶的辅酶是维生素B_{12}。维生素B_{12}缺乏会引起蛋氨酸循环受阻，同时也影响四氢叶酸的再生，使组织中游离的四氢叶酸含量减少，导致核酸合成障碍，影响细胞分裂。临床上可以见到维生素B_{12}缺乏引起的巨幼红细胞性贫血。

（2）肌酸的合成：**肌酸**（creatine）和**磷酸肌酸**（creatine phosphate）在能量储存及利用中起重要作用。二者互变使体内ATP供应具有后备潜力。肌酸在肝和肾中合成，广泛分布于骨骼肌、心肌、大脑等组织中。肌酸以甘氨酸为骨架，由精氨酸提供脒基，由SAM供给甲基，在脒基转移酶和甲基转移酶的催化下合成。在**肌酸激酶**（creatine phosphokinase，CPK）催化下将ATP中Pi转移到肌酸分子中形成磷酸肌酸（CP）而储存。

2. 半胱氨酸和胱氨酸代谢

（1）半胱氨酸和胱氨酸的互变：半胱氨酸含巯基（—SH），胱氨酸含有二硫键（—S—S—），二者可通过氧化还原而互变。胱氨酸不参与蛋白质的合成，蛋白质中的胱氨酸由半胱氨酸残基氧化脱氢生成。在蛋白质分子中，两个半胱氨酸残基间所形成的二硫键对维持蛋白质分子构象起重要作用。而蛋白质分子中半胱氨酸的巯基是许多蛋白质或酶的活性基团。

（2）半胱氨酸可转变为牛磺酸：半胱氨酸先氧化为磺基丙氨酸，再由磺基丙氨酸脱羧酶催化脱去羧基生成牛磺酸。

（3）活性硫酸根代谢：含硫氨基酸经分解代谢可生成H_2S，H_2S氧化成为硫酸。半胱氨酸巯基也可先氧化生成亚磺基，然后再生成硫酸。生成的硫酸一部分以无机盐形式从尿中排出，一部分经活化生成 3′-磷酸腺苷-5′-磷酸硫酸（3′-phosphoadenosine-5′-phosphosulfate，PAPS），即活性硫酸根。

（4）谷胱甘肽的合成：**谷胱甘肽**（glutathione，γ-glutamyl cysteingl glycine，GSH）是一种含 γ-酰胺键的三肽，由谷氨酸、半胱氨酸及甘氨酸组成。GSH 通过 **γ-谷氨酰基循环**（γ-glutamyl cycle）合成，因为由 Meister 提出，又称为 Meister 循环。γ-谷氨酰基循环有双重作用，一是 GSH 的再合成，二是通过 GSH 的合成与分解将外源氨基酸主动转运到细胞内。

GSH 的合成由 **γ-谷氨酰半胱氨酸合成酶**（γ-glutamylcysteine synthetase）和 GSH 合成酶（GSH synthetase）催化，由 ATP 水解供能。GSH 的分解由 **γ-谷氨酰转肽酶**（γ-glutamyl transpeptidase）、**γ-谷氨酰环转移酶**（γ-glutamyl cyclotransferase）和 **5-氧脯氨酸酶**（5-oxoprolinase）及一个细胞**内肽酶**（protease）所催化。

GSH 在人体解毒、氨基酸转运及代谢中均有重要作用。GSH 的活性基团是其半胱氨酸残基上的巯基，GSH 有氧化型和还原型两种形式，可以互变。

其中，谷胱甘肽过氧化物酶催化氧化反应，谷胱甘肽还原酶催化还原反应，辅酶为 NADPH，细胞中 GSH 与 GSSG（氧化型谷胱甘肽）的比例为 100∶1。GSH 可保护某些蛋白质及酶分子的巯基不被氧化，从而维持其生物活性。例如，红细胞中含有较多 GSH，对保护红细胞膜完整性，以及促使高铁血红蛋白还原为血红蛋白均有重要作用。此外，体内产生的过氧化物及自由基，也可通过含硒的 GSH 过氧化酶而被清除。

（四）芳香族氨基酸代谢

芳香族氨基酸包括苯丙氨酸、酪氨酸和色氨酸，苯丙氨酸和酪氨酸结构相似，在体内苯丙氨酸可转变成酪氨酶，所以合并在一起讨论。

1. 苯丙氨酸和酪氨酸代谢

（1）苯丙氨酸在体内一般先转变为酪氨酸：苯丙氨酸由**苯丙氨酸羟化酶**（phenylalanine hydroxylase）催化引入羟基生成酪氨酸，其辅酶为四氢生物蝶呤。反应生成的二氢生物蝶呤，由二氢叶酸还原酶催化，借助 $NADPH+H^+$还原为四氢生物蝶呤。苯丙氨酸羟化酶所催化的反应不可逆，体内酪氨酸不能转变为苯丙氨酸。

（2）儿茶酚胺与黑色素的合成：酪氨酸经酪氨酸羟化酶（tyrosine hydroxylase）催化生成 **3,4-二羟苯丙氨酸**（3,4-dihydroxyphenylalanine，L-DOPA）（又称多巴）。此酶也是以四氢生物蝶呤为辅酶的加单氧酶，多巴经多巴脱羧酶催化生成**多巴胺**（dopamine）。多巴胺在**多巴胺 β-氧化酶**（dopamine β-oxidase）催化下使 β 碳原子羟化，生成**去甲肾上腺素**（norepinephrine）。而后由 SAM 提供甲基使去甲肾上腺素甲基化生成**肾上腺素**（epinephrine）。多巴胺、去甲肾上腺素、肾上腺素统称为**儿茶酚胺**（catecholamine）。酪氨酸羟化酶是儿茶酚胺合成的限速酶，受终产物的反馈调节。

在黑色素细胞中，酪氨酸在酪氨酸酶催化下羟化生成多巴，多巴再经氧化生成多巴醌而进入合成黑色素的途径。所形成的多巴醌进一步环化和脱羧生成吲哚醌。黑色素就是吲哚醌的聚合物。人体若缺乏酪氨酸酶，黑色素合成障碍，皮肤、毛发等发白，称为**白化病**（albinism）。

（3）酪氨酸是生糖兼生酮氨基酸：酪氨酸经转氨基作用生成对羟基苯丙酮酸，进一步分解则生成乙酰乙酸和延胡索酸，所以是生糖兼生酮氨基酸。

（4）代谢障碍：已知在苯丙氨酸和酪氨酸代谢中，有许多代谢性疾患。其中最重要的是**苯丙酮尿症**（phenylketonuria，PKU），由缺乏苯丙氨酸羟化酶所致。苯丙氨酸不能正常地转变为酪氨酸，体内苯丙氨酸蓄积，并由转氨基作用生成苯丙酮酸（一部分还原为苯乙酸）并从尿液中排出。苯丙酮酸的堆积对中枢神经系统有毒性，故本病伴发智力发育障碍。早期发现时可通过控制饮食中苯丙氨酸含量控制病情，有利于智力发育。

另一代谢疾患为**尿黑酸尿症**（alkaptonuria）。酪氨酸在分解代谢中生成中间产物尿黑酸，如尿黑酸氧化酶缺乏，则尿黑酸裂环降解受阻，大量尿黑酸排入尿中，经空气氧化为相应的对醌，后者可聚合为黑色素。此种代谢性疾患一般无严重后果。

此外，**巴金森病**（Parkinson's disease）是由脑生成多巴胺的功能退化所致的一种严重的神经系统疾病。临床常用L-多巴治疗，L-多巴本身不能通过血脑屏障，无直接疗效，但在相应组织中脱羧可生成多巴胺起到治疗作用。目前，采用大脑中移植肾上腺髓质，借此生成多巴胺以弥补脑中多巴胺不足，取得了较好疗效。

2. 色氨酸代谢 色氨酸是必需氨基酸。大多数蛋白质中含量均较少，机体对其摄取少，分解也少。除参加蛋白质合成外，还可经氧化脱羧生成5-羟色胺。并可降解产生生糖、生酮成分，此过程中产生一碳单位及烟酸等。

1）色氨酸的分解 首先在**色氨酸-2,3-加双氧酶**（tryptophan-2,3-dioxygenase）作用下将吡咯环打开，生成***N*-甲酰犬尿氨酸**（*N*-formylkynurenine）。此酶的辅基为铁卟啉，维生素C有保护辅基中Fe^{2+}不被氧化的作用，也可以说维生素C是此酶的激活剂。在**甲酰化酶**（formamidase）的作用下，甲酰犬尿氨酸脱甲酰基生成甲酸和犬尿氨酸，甲酸可参加一碳单位代谢。而犬尿氨酸则有以下三个不同代谢方向。

（1）犬尿氨酸主要由**犬尿氨酸羟化酶**（kynurenine-3-monoxygenase）催化生成**3-羟犬尿氨酸**（3-hydroxykynurenine），而后由**犬尿氨酸酶**（kynureninase）（以PLP为辅酶）催化水解裂出丙氨酸，并生成了**3-羟邻氨苯甲酸**（3-hydroxyanthranilate），丙氨酸可经转氨生成丙酮酸，而3-羟邻苯甲酸经氧化裂环、脱羧等反应生成α-酮乙酸，进而生成乙酰乙酸。因此，色氨酸为生糖兼生酮氨基酸。

（2）少量犬尿氨酸经转氨作用并缩合生成犬尿酸。

（3）少量裂解出丙氨酸后生成邻氨苯甲酸。

2）烟酸的生成 色氨酸分解代谢中的3-羟邻氨苯甲酸经**3-羟邻氨苯丙酸-3,4-加双氧酶**（3-hydroxyanthranilate-3,4-dioxygenase）催化裂环，可生成烟酸，是构成$NAD(P)^+$的关键成分。这是体内合成维生素的一个特例。

（五）支链氨基酸代谢

支链氨基酸（branched-amino acid，BCAA）包括亮氨酸、异亮氨酸和缬氨酸，三者均为必需氨基酸，分解代谢主要在肌肉组织中进行。它们分属于三类，亮氨酸为生酮氨基酸，缬氨酸为生糖氨基酸，异亮氨酸为生糖兼生酮氨基酸。

三种支链氨基酸分解代谢过程均较复杂，一般可分为两个阶段。第一阶段，三种氨基酸前三步反应性质相同，产物类似，均为CoA的衍生物，可称为共同反应阶段。第二阶段则反应各异，经若干步反应，亮氨酸产生乙酰CoA及乙酰乙酰CoA，缬氨酸产生琥珀酸单酰CoA，异亮氨酸产生乙酰CoA及琥珀酸单酰CoA分别进入生糖或生酮的代谢过程。

（陈永伟）

第十节 核苷酸代谢

核苷酸是核酸的基本单位，主要构成DNA和RNA。人体内的核苷酸主要由机体细胞自身合成，因此，与氨基酸不同，核苷酸不属于营养必需物质。

一、嘌呤核苷酸的合成代谢和分解代谢

（一）嘌呤核苷酸的合成代谢

体内嘌呤核苷酸的合成有两条途径：一是利用磷酸核糖、氨基酸一碳单位和二氧化碳等物质为原料，经一系列酶促反应，合成嘌呤核苷酸的过程，称为从头合成；二是利用体内游离的嘌呤或嘌呤核苷，经过简单的反应过程，合成嘌呤核苷酸，称为补救合成。

1. 从头合成　嘌呤核苷酸的从头合成在胞质中进行，原料包括磷酸核糖、天冬氨酸、谷氨酰胺、甘氨酸、一碳单位和 CO_2。

2. 补救合成　嘌呤核苷酸的补救合成是以嘌呤碱基、磷酸核糖焦磷酸（PRPP）为原料，在磷酸核糖转移酶（APRT）和次黄嘌呤-鸟嘌呤磷酸核糖转移酶（HGPRT）的催化下合成嘌呤核苷酸；或者在腺苷激酶催化下，使腺嘌呤核苷磷酸转化为腺嘌呤核苷酸。

（二）嘌呤核苷酸的分解代谢

人体内嘌呤核苷酸的分解代谢终产物是尿酸。首先，细胞中的核苷酸在核苷酸酶的作用下水解为核苷，核苷经核苷磷酸化酶作用，磷酸解为自由的碱基和核糖-1-磷酸。嘌呤碱既可以参加核苷酸的补救合成，也可以进一步分解代谢为尿酸，排出体外。AMP 生成次黄嘌呤，次黄嘌呤在黄嘌呤氧化酶的作用下氧化成黄嘌呤，最后生成尿酸。GMP 生成鸟嘌呤，后者转变为黄嘌呤，最后也生成尿酸。嘌呤脱氧核苷酸也经过相同途径进行分解代谢。体内嘌呤核苷酸的分解代谢主要在肝、小肠及肾中进行，黄嘌呤氧化酶在这些组织中活性较强。

二、嘧啶核苷酸的合成代谢和分解代谢

（一）嘧啶核苷酸的合成代谢

与嘌呤核苷酸一样，嘧啶核苷酸的体内合成也有两条途径，即从头合成与补救合成。

1. 从头合成　嘧啶核苷酸的从头合成比嘌呤核苷酸简单，嘧啶核苷酸中的嘧啶碱合成的原料来自谷氨酰胺、天冬氨酸和 CO_2。与嘌呤核苷酸的从头合成不同，嘧啶核苷酸的合成是先合成嘧啶环，然后再与磷酸核糖相连。

2. 补救合成　嘧啶核苷酸的补救合成途径与嘌呤核苷酸类似，嘧啶磷酸核糖转移酶是嘧啶核苷酸补救合成的主要酶。

（二）嘧啶核苷酸的分解代谢

嘧啶核苷酸首先经核苷酸酶及核苷磷酸化酶的催化，除去磷酸和核糖，产生嘧啶碱后再进一步分解。嘧啶碱的分解代谢主要在肝中进行。胞嘧啶脱氨基转变成尿嘧啶，尿嘧啶还原为二氢尿嘧啶，且水解开环，最终生成 NH_3、CO_2 及 β-丙氨酸。胸腺嘧啶分解成 β-氨基异丁酸，并随尿排出或者进一步分解。

三、核苷酸代谢的调节

（一）核苷酸合成途径的主要调节酶

嘌呤核苷酸从头合成的主要关键酶是磷酸核糖焦磷酸合成酶（PRPP）和磷酸核糖酰胺转移酶，受代谢产物的反馈调节。嘧啶核苷酸从头合成的调节酶主要有氨基甲酰磷酸合成酶Ⅱ和天冬氨酸氨甲酰转移酶，受代谢产物的反馈调节。

（二）抗核苷酸代谢物的作用机制

某些药物是嘌呤、嘧啶、叶酸和氨基酸等的类似物，它们可作为核苷酸的抗代谢物，通过竞争性抑制等方式干扰或阻断核苷酸的正常合成代谢，由此阻断核酸合成中的原料供给，因而可抑制细胞增殖，临床上常用作抗肿瘤药物。主要的抗核苷酸代谢物有 6-巯基嘌呤（6-MP）、5-氟尿嘧啶（5-FU）、氨基蝶呤、甲氨蝶呤（MAX）和氮杂丝氨酸等。

（程远芳）

第十一节 物质代谢的联系与调节

一、物质代谢的特点

1. 体内各种物质代谢过程相互联系形成一个整体 体内糖、脂、蛋白质、维生素、无机物、水等各种物质代谢需彼此相互协调，才能保证细胞乃至机体的正常功能。

2. 机体各种物质代谢不断受到精细调节 机体各种物质代谢有条不紊地进行，才能适应内外环境的变化，顺利完成各种生命活动。这就需要机体对各种物质的代谢速度、方向及强度进行精细的调节。

3. 各组织器官物质代谢各具特色 机体不同的组织、器官各具不同的特定功能，由此对不同组织、器官的代谢有不同的需求。因而在不同的组织、器官细胞内形成了特定的酶谱，使得不同的组织、器官各具特定的代谢特点。

4. 体内各种代谢物具有共同的代谢池 机体的主要营养物质既能够从食物中摄取，大多数也能在体内合成。无论外源性还是内源性营养物质，在体内则不再区分，而是形成共同的代谢池，依据体内的营养状况及需要，共同进入各种代谢途径完成各自代谢过程。

5. ATP 是机体储存能量和消耗能量的共同形式 机体各种生命活动及生命物质的合成都需要能量供给。人体能量的直接供应者，来源于营养物质分解释放的化学能转化成的 ATP。ATP 将物质代谢与其他生命活动相联系。

6. NADPH 提供合成代谢所需的还原当量 体内许多生物合成需进行还原反应，这些还原反应主要由戊糖磷酸途径提供 NADPH，反应才能顺利进行。

二、物质代谢的相互联系

（一）能量代谢上的相互联系

三大营养物质可以在体内进行氧化供能，它们虽然在体内的物质代谢途径各不相同，但它们具有共同的中间产物乙酰 CoA，进入共同的代谢途径三羧酸循环和氧化磷酸化，释放出的能量均以 ATP 的形式储存。

从能量供应角度来看，三大营养物质可以相互补充，并相互制约。一般情况下，机体优先利用葡萄糖氧化供能，其次是脂类和蛋白质，供能以糖及脂为主，并尽量节约蛋白质的消耗，任一供能物质分解代谢占优势，均会制约和节约其他物质的消耗。

（二）糖、脂、蛋白质和核酸代谢之间的联系

糖、脂、蛋白质和核酸通过共同的中间代谢物、三羧酸循环、生物氧化等彼此相互联系并且相互转变。一种物质代谢障碍可引起其他物质代谢的紊乱。

1. 葡萄糖与脂肪酸之间的转变 当摄入的葡萄糖超过能量消耗时，一部分会合成糖原储存起来，另一部分会氧化分解生成乙酰 CoA，进而合成脂肪。脂肪分解的脂肪酸不能转变成葡萄糖，这是由于脂肪酸生成的乙酰 CoA 不能逆行生成丙酮酸。虽然脂肪的甘油部分可以通过糖异生途径生成葡萄糖，但相对于大量脂肪酸生成的乙酰 CoA 来说，其量极少。此外，糖代谢状况也会影响脂肪的分解。例如，当饥饿、糖供应不足或糖代谢障碍时，尽管脂肪大量动员，并在肝中生成大量酮体，但由于糖供应不足致使草酰乙酸相对不足，无法使酮体进入三羧酸循环彻底氧化，使得血中酮体含量升高，造成高酮血症。

2. 葡萄糖与氨基酸之间的转变 20 种标准氨基酸除了生酮氨基酸（亮氨酸和赖氨酸）外，都可以通过脱氨基作用生成相应的 α-酮酸，再通过生成糖异生途径中的代谢物，经糖异生途径生成葡萄糖。糖代谢中的中间产物也可以通过氨基化生成非必需氨基酸。

3. 氨基酸与脂质之间的转变 体内的氨基酸可以分解生成乙酰 CoA，进而合成脂肪酸，也可以

合成胆固醇。氨基酸还可以作为合成磷脂的原料，所以氨基酸可以合成多种脂质，但脂质中仅脂肪的甘油部分可经糖异生途径异生成糖，再转变生成某些非必需氨基酸，但量很少。

4. 氨基酸、戊糖磷酸和核苷酸的联系　嘌呤碱和嘧啶碱从头合成时的原料是一些氨基酸及一碳单位，而一碳单位也是一些氨基酸在分解过程中产生的。核苷酸的另一成分——戊糖磷酸是由葡萄糖经戊糖磷酸途径提供的。所以葡萄糖和一些氨基酸可在体内转变为核酸的组成成分。

三、肝外重要组织、器官物质代谢的特点及联系

1. 心肌　心肌组织由于含有多种硫激酶，因此优先利用脂肪酸氧化供能，其次是葡萄糖、酮体等。另外，心肌细胞富含 LDH1、肌红蛋白、细胞色素及线粒体，故心肌细胞分解营养物质功能以有氧氧化为主。

2. 脑　大脑组织主要利用葡萄糖供能，不能利用脂肪酸，当葡萄糖供能不足时，利用酮体供能。

3. 骨骼肌　骨骼肌主要氧化脂肪酸，剧烈运动后会产生大量乳酸。不同类型的骨骼肌产能方式不同，红肌耗能多，富含肌红蛋白和细胞色素体系，具有较强的氧化磷酸化能力；白肌耗能少，主要靠糖酵解供能。

4. 红细胞　成熟的红细胞没有线粒体，不能进行营养物质的有氧氧化，其能量主要来自于葡萄糖酵解。

5. 脂肪组织　脂肪组织是储存和释放能量的场所，机体将从膳食中摄取的能量储存于脂肪组织，其中膳食脂肪主要以乳糜微粒的形式运输到脂肪组织储存。膳食糖类主要运输到肝转化为脂肪，以极低密度脂蛋白的形式运送到脂肪组织储存。饥饿时，脂解激素分泌增加，此时主要分解储存于脂肪组织的脂肪供能。

6. 肾　肾能进行糖异生，一般情况下，肾糖异生的量只有肝糖异生的 10%左右，长期饥饿（5～6 周）情况下，肾糖异生可达每天 40g，几乎与肝糖异生的量相等。

四、物质代谢调节的主要方式

代谢调节普遍存在于生物界，是生物的重要特征。单细胞生物主要通过细胞内代谢物浓度的变化，对酶的活性及含量进行调节，称为原始调节或细胞水平的调节。高等生物存在三级水平的调节，即细胞水平调节、激素水平调节和以中枢神经系统为主导的整体水平调节。

（一）细胞水平调节

细胞水平调节主要通过调节关键酶的活性来实现，关键酶活性的调节包括快速调节和迟缓调节。其中快速调节主要通过改变酶分子的结构来实现酶活性的调节，作用速度快，仅数秒或数分钟就可以实现，改变的是单个酶分子的催化能力，包含变构调节和化学修饰调节两种方式；迟缓调节主要通过改变酶含量来实现酶活性的调节，作用速度慢，需数小时甚至几天的时间才能实现，对酶的合成与降解速度进行调节。两种调节各有作用，相辅相成。

（二）激素水平调节

激素与靶细胞受体特异结合，将代谢信号转化为细胞内一系列信号转导级联过程，最终表现出激素的生物学效应。激素可分为膜受体激素及胞内受体激素。前者为蛋白质、多肽及儿茶酚胺类激素，具亲水性，需结合膜受体才能将信号跨膜传递入细胞内。后者为疏水性激素，可透过细胞膜与胞内受体（大多在核内）结合，形成二聚体，作为转录因子与 DNA 上的特定激素反应元件（HRE）结合，以调控该元件调控的特定基因的表达。

（三）整体水平调节

整体水平调节是指神经系统通过调节激素释放，调控不同组织、器官的各种代谢，从而实现机体

整体的代谢协调和平衡，以适应饱食、空腹、饥饿、营养过剩、应激等状态，维持整体代谢平衡。

1. 饱食状态下 机体三大营养物质代谢与膳食组成有关，混合膳食，体内胰岛素水平中度升高；高糖膳食，体内胰岛素水平明显升高，胰高血糖素降低；高蛋白膳食，体内胰岛素水平中度升高，胰高血糖素水平升高；高脂膳食，胰岛素水平降低，胰高血糖素水平升高。

2. 空腹时 体内胰岛素水平降低，胰高血糖素水平升高，机体物质代谢的主要特征是糖原分解、糖异生和中度脂肪动员。

3. 饥饿时 机体主要通过氧化分解脂肪供能。

4. 应激 是指人体受到一些异乎寻常的刺激所做出一系列反应的“紧张状态”。应激时机体血糖升高，脂肪动员和蛋白质分解加强。

5. 肥胖 是较长时间的能量摄入大于消耗导致的，是多种重大慢性疾病的危险因素。源于物质和能量代谢的失衡，一旦形成反过来加重代谢紊乱。

（王亚娟）

第十二节 肝的生物化学

肝是人体内最大的腺体与实质性器官。肝细胞的形态结构与化学组成独特，决定了肝生物化学功能的多样性。肝不仅成为糖、脂肪、蛋白质、维生素和激素等多种物质代谢的中枢，同时还具有生物转化、分泌和排泄等重要生理功能。

一、肝在物质代谢中的主要作用

（一）肝是维持血糖水平相对稳定的重要器官

肝内通过进行糖异生、糖原的合成与分解、糖酵解、糖的有氧氧化等代谢，维持相对稳定的血糖水平，以应对饱食、空腹和饥饿等不同生理状态，保障机体对各组织尤其是大脑和红细胞的能量供应。

（二）肝在脂类代谢中处于中心地位

胆汁为肝所分泌，其中的胆汁酸盐具有促进脂类消化吸收的作用。肝内合成胆固醇的量占全身总合成量的80%以上，在调节机体代谢平衡上起中心作用。肝还是合成酮体的唯一器官，肝通过脂肪酸β-氧化产生酮体，以供肝外组织氧化供能。肝内合成的极低密度脂蛋白（VLDL）和初生态高密度脂蛋白（HDL），成为胆固醇和血浆三酯酰甘油的重要运输形式。因此，在脂类的消化、吸收、分解、合成及运输等过程中，肝均发挥重要作用。

（三）肝内蛋白质合成及分解代谢十分活跃

肝是合成、分泌及清除血清蛋白质的重要器官，是体内氨基酸（支链氨基酸除外）分解和转变的重要部位。肝还是重要的解毒器官，一方面可以将有毒的氨通过鸟氨酸循环合成尿素，另一方面可以对胺类物质通过生物转化作用进行解毒。

（四）肝参与多种维生素的代谢

胆汁酸盐可以协助吸收脂溶性维生素。维生素A、维生素K、维生素E及维生素B_{12}等都可以在肝内储存。肝还参与维生素的转化，如催化维生素D在C25位羟基化，而且能够合成维生素D结合蛋白。

（五）肝参与多种激素的灭活

许多激素在调节作用发挥之后，要进行转化、降解和灭活，这一灭活过程主要在肝内进行。

二、肝的生物转化作用

（一）生物转化的概念和意义

许多存在于人体内的非营养物质，对人体有一定的毒性作用和生物学效应。在排出这些物质之前，机体需让其进行氧化、还原、水解和结合反应，从而使这些物质的极性增强，水溶性提高，能够通过胆汁或尿液排出，这一过程称为生物转化作用。

按来源分，这些需要进行生物转化作用的物质可分为两类：一类是胺类、胆红素等对机体有毒性的物质，以及神经递质、激素等有待灭活的生物活性物质，这些称为内源性物质；另一类是外源性物质，包括色素、药物、污染物、毒物、食品添加剂等及肠道产生的腐败物质。

对体内的非营养物质进行代谢转化，使有毒物质的毒性降低甚至丧失毒性，或者使其生物学活性降低、灭活，从而使这些物质的水溶性和极性增加，从胆汁或者尿液中排出，这是生物转化作用的重要生理意义。需要说明的是，生物转化作用并不等同于解毒作用，有些非营养物质经过生物转化后，毒性反而升高或者溶解度降低，这体现了生物转化作用还有致毒的特点。

（二）生物转化的反应类型及酶系

氧化、还原、水解与结合 4 种反应是生物转化的主要方式。其中，氧化、还原和水解反应称为第一相反应，第一相反应可以使许多非营养物质从无活性物质转变为生物活性物质，水溶性增加，易于排出体外。但有些物质仍需进一步与其他物质如葡糖醛酸、硫酸等具有更强极性的物质结合，使溶解度进一步增强，方可排出体外，这些结合反应就属于第二相反应。

两相反应构成的生物转化过程需要多种酶类的催化方能完成。在第一相反应中有氧化酶类（单加氧酶系、胺氧化酶、脱氢酶类）、还原酶类（硝基还原酶、偶氮还原酶）及水解酶类。在第二相反应中存在葡糖醛酸基转移酶、硫酸基转移酶、谷胱甘肽 *S*-转移酶、乙酰基转移酶、酰基转移酶及甲基转移酶等多种酶类。

（三）影响生物转化作用的因素

遗传、年龄、性别、营养状况、疾病及异源诱导物等多种因素均对肝的生物转化作用产生影响。

遗传差异可造成个体之间生物转化酶类合成量或分子结构的不同，从而对生物转化酶的活性产生显著影响。

生物转化酶具有一个发育过程。新生儿由于肝生物转化酶系尚未发育完善，因而转化能力不够，发生毒素及药物中毒的概率较高。尚未发现老年人生物转化能力有所下降，不过老年人肾的廓清速率和肝血流量都有所下降，由此导致老年人对血浆药物的清除率下降。这就是临床上对新生儿及老年人用药量低甚至慎用或禁用某些药物的原因。

生物转化作用存在明显的性别差异。例如，男性对氨基比林的转化能力不如女性；在对乙醇的代谢处理能力上，女性也高于男性，这是由于女性体内的醇脱氢酶活性较男性高。妇女在妊娠时，会提高清除抗癫痫药的能力，而在妊娠晚期，妇女的生物转化能力则会普遍下降。

营养状况也会对生物转化作用产生影响。饥饿一周，就会影响肝谷胱甘肽 *S*-转移酶的作用，其催化的生物转化水平下降。大量饮酒，过多的乙醇在体内代谢，会影响肝内葡糖醛酸结合转化反应。增加蛋白质的摄入能够使肝细胞生物转化酶类的活性增加，从而提高生物转化的效率。

生物转化作用受疾病尤其是严重肝病的影响明显。肝实质受损导致合成生物转化酶类的能力下降。肝功能低下时，对许多包括药物或毒物在内的异源物质的摄取和灭活速度下降，使用药物治疗时，治疗剂量和毒性剂量之间的差距缩小，可能造成肝的进一步损害，所以对肝病患者用药时要非常谨慎。

很多异源物质能够诱导一些参与生物转化作用酶类的合成，从而对生物转化作用产生影响，不仅加速其自身的代谢转化，也能对其他异源物质的生物转化产生影响。由于不同物质在体内常由同一酶系催化进行转化，所以在同时服用多种药物时，药物之间可能出现对同一转化酶系的竞争性抑制作用，从而改变某些药物的药理作用强度。另外，食物中也经常会含有一些非营养物质，这些物质能够抑制或者诱导某些参与生物转化的酶类。

三、胆汁酸代谢

肝细胞分泌的胆汁呈黄褐色或金黄色，味苦，储存于胆囊。正常成年人每天分泌的胆汁平均为300～700mL。胆汁酸盐是胆汁中的主要固体成分，含量约占总固体成分的50%。胆汁中还含有磷脂、黏蛋白、脂肪、胆固醇及多种酶类（淀粉酶、脂肪酶、磷酸酶及磷脂酶等）。其中，胆汁酸盐和部分酶与消化吸收有关，其余成分大多为排泄物。

（一）胆汁酸化学

胆汁中存在一大类烷酸，总称为胆汁酸，因常以钠盐或钾盐的形式存在，又称为胆汁酸盐，简称为胆盐。胆汁酸按结构可分为游离胆汁酸和结合胆汁酸，按来源可分为初级胆汁酸和次级胆汁酸。

胆酸、鹅脱氧胆酸为游离胆汁酸，它们与甘氨酸或牛磺酸结合所生成的产物称为结合胆汁酸，如甘氨胆酸、甘氨鹅脱氧胆酸、牛黄胆酸及牛磺鹅脱氧胆酸。初级胆汁酸以胆固醇为原料，在肝细胞中合成，胆酸、鹅脱氧胆酸及它们与甘氨酸或牛黄酸的结合产物都属于初级胆汁酸。次级胆汁酸由初级胆汁酸转化生成，初级胆汁酸进入肠道后，在肠道细菌的作用下，第7位α-羟基脱氧即生成次级胆汁酸，石胆酸和脱氧胆酸及它们与甘氨酸或牛磺酸的结合产物都属于次级胆汁酸。

胆汁酸具有亲水和疏水两个侧面的立体构型，使其具有较强的界面活性，是一种很强的乳化剂，从而能够促进脂类的消化吸收。胆汁酸的另一生理功能是维持胆汁中胆固醇的溶解状态以抑制胆固醇的析出。

（二）胆汁酸的代谢过程

初级胆汁酸以胆固醇为原料，在肝细胞的细胞质和微粒体中合成，这是由于合成胆汁酸的酶类大多存在于微粒体和胞液当中，胆固醇在肝中合成初级胆汁酸是其在体内代谢的主要去路。该合成过程较为复杂，包括胆固醇的羟化，固醇核的还原、羟化、侧链缩短和加辅酶A等多个反应，需要多种酶催化合成，限速酶为胆固醇7α-羟化酶。

次级胆汁酸合成的原料为初级胆汁酸，初级胆汁酸随胆汁流入肠道，在小肠下段和大肠中，受到肠道细菌的作用，发生去结合反应和7α-脱氧作用，生成次级胆汁酸。例如，胆酸生成脱氧胆酸，鹅脱氧胆酸生成石胆酸。

各种胆汁酸进入肠道以后，肠道可重吸收约95%的胆汁酸，未被肠道重吸收的胆汁酸将在肠道细菌的作用下，生成多种衍生物最终随粪便排出。

肠道重吸收的胆汁酸经门静脉重新流入肝内，游离胆汁酸再转变成结合胆汁酸，新生成的结合胆汁酸和重吸收的胆汁酸一起再进入肠道中，这一不断循环的过程称为胆汁酸的肝肠循环。肝肠循环使得有限的胆汁酸循环利用，从而保障了机体对胆汁酸的生理需求。

（三）胆汁酸代谢的调节

胆汁酸合成中，限速酶为胆固醇7α-羟化酶，它受产物胆汁酸的反馈抑制。例如，减少肠道对胆汁酸的重吸收，则肝内胆汁酸的生成就会增加，从而使得血清胆固醇降低。当饮食中胆固醇偏高时，会诱导胆固醇7α-羟化酶的合成，促进胆汁酸的合成。皮质激素、维生素C、生长激素均能增加胆固醇7α-羟化酶的活性。而甲状腺激素则通过激活固醇核侧链氧化的酶系来促进胆汁酸的合成，因此，甲状腺功能低下者，血清胆固醇含量偏高。总之，胆固醇7α-羟化酶受多种因素的共同调节，维持胆汁酸代谢的平衡。

四、胆色素的代谢与黄疸

胆色素包括胆绿素、胆红素、胆素原和胆素，是体内铁卟啉类化合物的主要分解代谢产物，其中胆红素是胆色素的代谢中心，是胆汁中的主要色素。胆红素的代谢异常会引起临床上诸多与胆红素代谢相关疾病的发生。

（一）游离胆红素和结合胆红素的性质

血红蛋白、肌红蛋白、细胞色素及过氧化物酶等都是体内的铁卟啉类化合物。衰老的红细胞被破坏所释放的血红蛋白是胆红素的主要来源，占 70%以上。血红蛋白分解产生血红素和珠蛋白，其中珠蛋白进一步分解为可再利用的氨基酸，而血红素则在单核-巨噬细胞微粒体中生成胆红素。

1. 游离胆红素　单核-巨噬细胞微粒体中存在血红素加氧酶，在该酶的催化下，血红素可转变为水溶性的胆绿素，胞质内含有大量的活性很强的胆绿素还原酶，可迅速将胆绿素还原生成胆红素，胆绿素作为胆红素生成过程中的中间产物，一般不会在体内积累。

胆红素分子中虽然含有亚氨基、丙酸基及羟基或酮基等亲水基团，但这些基团能够形成 6 个分子内的氢键，导致胆红素分子亲脂疏水，可以自由透过细胞膜进入血液中。

胆红素是有毒物质，过多的胆红素会对神经系统造成不可逆的损害。然而胆红素具有较强的抗氧化功能，所以适量的胆红素在清除超氧化物和自由基上体现了对人体有益的一面。

血液中的胆红素主要以胆红素-清蛋白的复合体形式进行运输，这样提高了胆红素的水溶性，使得血浆对胆红素的运输能力增强，同时又限制了胆红素自由透过细胞膜，避免它对组织细胞产生毒性作用，起到暂时的解毒作用。

2. 结合胆红素　胆红素可以自由双向透过肝血窦肝细胞膜表面，从而迅速被肝细胞所吸收。进入肝细胞胞质以后，胆红素与 Y 蛋白或 Z 蛋白等配体蛋白结合，转运至肝细胞滑面内质网。

胆红素在滑面内质网结合葡糖醛酸，该结合反应由葡糖醛酸基转移酶催化，产物除双葡糖醛酸胆红素外，还有少量的单葡糖醛酸胆红素和硫黄胆红素，统称为结合胆红素，这些水溶性的结合胆红素将被分泌进入胆汁中。

与游离胆红素相比，结合胆红素水溶性较大，脂溶性较小，不易透过细胞膜，毒性较小，可以迅速直接与重氮试剂发生反应。

（二）胆色素的代谢与黄疸

结合胆红素随胆汁排入肠道，在肠道细菌作用下，葡糖醛酸基被脱去，生成胆素原。无色的胆素原在肠道下段被空气氧化成为胆素，随粪便排出体外。

肠道中生成的胆素原，少量可被肠黏膜细胞重吸收，通过门静脉入肝，其中的大部分再随胆汁进入肠道，这就是胆素原的肝肠循环。

正常人的胆红素生成与排泄维持在相对稳定的水平，而当胆红素生成过多，或肝对胆红素的处理能力下降时，都会引起血浆中胆红素水平升高，称为高胆红素血症。胆红素是橙黄色物质，过多时会扩散入组织，使组织黄染，这一体征就是黄疸。

根据病因不同，可将黄疸分为溶血性黄疸、肝细胞性黄疸和阻塞性黄疸。溶血性黄疸是由于红细胞的大量破坏，造成胆红素生成过多，超过了肝的处理能力。肝细胞性黄疸是由肝功能受损，对胆红素的摄取、转化和排泄能力降低所致。而各种原因引起的胆管系统阻塞，胆汁排泄障碍则是阻塞性黄疸的病因。通过对血、尿、粪胆色素的实验室检查可以区分不同类型的黄疸。

（孔文娟）

第十三节　血液的生物化学

正常人体的血液总量约占体重的 8%，血液由液态的血浆和悬浮在其中的红细胞、白细胞和血小板等血细胞组成。血浆占全血容积的55%～60%。离体的血液不加抗凝剂，血液凝固后，析出的淡黄色透明液体称为血清。离体的血液加入抗凝剂，静置或离心后，淡黄色的上清液称为血浆。血浆和血清的主要区别是血清不含有纤维蛋白原。

一、血液的化学成分

生理条件下，血液中各种化学成分的含量相对稳定。正常人体血液的含水量为77%～81%，比重为1.05～1.06，pH为7.4±0.05。

血液中的可溶性固体分为有机物和无机物，无机物以电解质为主，阳离子主要有Na^+、K^+、Ca^{2+}、Mg^{2+}，阴离子主要有Cl^-、HCO_3^-、HPO_4^{2-}，这些离子在维持酸碱平衡、血浆晶体渗透压、神经肌肉的正常兴奋性等方面起重要作用。血液中的有机物包括蛋白质、非蛋白含氮物、糖类、脂类及其他有机物和维生素。

其中非蛋白含氮化合物主要有尿素、尿酸、肌酸、肌酐、氨基酸、多肽、胆红素、氨等，这些物质总称为非蛋白含氮化合物，这些化合物中所含的氮则称为**非蛋白氮**（non-protein-nitrogen，NPN）。正常成人血中非蛋白氮含量为14.28～24.99mmol/L。尿素是非蛋白氮化合物中含量最多的一种物质，正常人**血尿素氮**（blood urea nitrogen，BUN）含量占血中NPN总量的1/3～1/2。

除此之外，血液中还含有O_2、CO_2等少量气体。

二、血浆蛋白质

（一）血浆蛋白质的分类

血浆蛋白质是指血浆含有的蛋白质，是血浆中主要的固体成分。人体血浆蛋白质总浓度为60～80g/L。

电泳法是根据不同脂蛋白所带表面电荷不同，在一定外加电场作用下，电泳迁移率不同，对血浆蛋白质进行分类的方法之一。以硝酸纤维素薄膜为支持物，以pH 8.6的巴比妥溶液为缓冲液进行电泳，可将血浆蛋白质从正极到负极分为：清蛋白（白蛋白）、α_1-球蛋白、α_2-球蛋白、β-球蛋白和γ-球蛋白。

超速离心法依据不同脂蛋白中蛋白质、脂类成分所占比例不同，因而分子密度不同将其分离，为乳糜微粒、极低密度脂蛋白、低密度脂蛋白和高密度脂蛋白。

血浆蛋白质多种多样，各种血浆蛋白有其独特的功能，除按分离方法分类外，目前也采用功能分类法进行分类。

（二）血浆蛋白质的特征

血浆蛋白质具有以下共同特征。

1. 血浆蛋白质绝大部分由肝合成 除γ-球蛋白由浆细胞合成，内皮细胞合成少量血浆蛋白质外，血浆蛋白质绝大部分由肝合成。

2. 血浆蛋白质为分泌型蛋白质 血浆蛋白质在与内质网结合的**多核糖体**（polyribosome）上合成，分泌入血浆前经历了剪切信号肽、糖基化、磷酸化等翻译后修饰加工过程，成为成熟蛋白质。

3. 血浆蛋白质几乎都是糖蛋白 含有N-连接或O-连接的寡糖链。仅白蛋白、视黄醇结合蛋白和C反应蛋白等少数血浆蛋白质不含糖。糖链可参与血浆蛋白质分子三级结构的形成，具有多种功能。

4. 各种血浆蛋白质都具有其特征性的循环半衰期 例如，正常成人血浆白蛋白的半衰期在20天左右。

5. 许多血浆蛋白质有多态性（polymorphism） 多态性指在同种属人群中，有两种以上发生频率不低于1%的表现型。最典型的是ABO血型物质。此外，α_1抗胰蛋白酶、结合珠蛋白、铁转运蛋白、血浆铜蓝蛋白等都显示多态性。研究血浆蛋白质的多态性对遗传学及临床医学均有重要意义。

6. 急性炎症或组织损伤 急性炎症或组织损伤时，某些血浆蛋白质水平升高。这些血浆蛋白质被称为急性期蛋白质（acute phase protein）。其包括 C 反应蛋白（CRP）、α_1 抗胰蛋白酶、α_2 酸性糖蛋白及纤维蛋白原等。急性期蛋白在人体炎症反应中发挥一定作用。

（三）血浆蛋白质的功能

血浆蛋白质的主要功能可归纳为以下几个方面。

1. 维持血浆胶体渗透压 因其含量多而分子小，血浆胶体渗透压的 75%～80%由它维持。

2. 调节血浆 pH，维持酸碱平衡 血浆蛋白质的等电点大部分在 pH 4～6，血浆蛋白质多以负离子形式存在，以血浆蛋白质盐与相应的血浆蛋白质形成缓冲对。

3. 运输 血浆蛋白质中许多组分具有运输功能，可输送营养物质、代谢物、激素、药物及金属离子等。

4. 凝血和抗凝血作用 各种凝血因子及抗凝血因子在减少出血、防止循环阻塞中发挥重要作用。

5. 免疫作用 血浆中的某些蛋白质可以抵御感染，主要靠抗体和补体系统发挥作用。

三、红细胞的代谢

红细胞是血液中最主要的细胞，是在骨髓中由造血干细胞定向分化生成，在成熟过程中，红细胞发生一系列形态及代谢的改变。成熟红细胞无细胞核，也无细胞器，葡萄糖是其主要能源物质。

（一）成熟红细胞的代谢

1. 糖代谢 正常成人血循环中的红细胞每天消耗约 30g 葡萄糖，其中 90%～95%经糖酵解及 2,3-二磷酸甘油酸支路被利用。1 分子葡萄糖经酵解可产生 2 分子 ATP。红细胞中生成的 ATP 主要用于维持红细胞膜上的离子泵（Na^+-K^+-ATP 酶、Ca^{2+}-ATP 酶）正常运转；维持红细胞膜上脂质交换；少量用于谷胱甘肽、NAD^+的合成，启动糖酵解过程。经 2,3-二磷酸甘油酸支路生成的 2,3-二磷酸甘油酸（2,3-BPG），主要用于调节血红蛋白运氧功能，可降低血红蛋白与氧的亲和力。红细胞内 5%～10%的葡萄糖通过戊糖磷酸途径被利用，为红细胞提供还原当量 $NADPH+H^+$，NADPH 在红细胞氧化还原系统中发挥重要作用，具有保护膜蛋白、血红蛋白及酶蛋白的巯基不被氧化，还原高铁血红蛋白等多种功能。

2. 脂代谢 成熟红细胞不能从头合成脂肪酸，通过主动掺入和被动交换不断地与血浆进行脂质交换，以维持其正常的脂类组成、结构和功能。

（二）血红素的合成过程

成熟红细胞中，**血红蛋白**（hemoglobin，Hb）占红细胞内蛋白质总量的 95%，是血液运输 O_2 和 CO_2 的最重要物质，血红蛋白是由 4 个亚基组成的四聚体，每一亚基由 1 分子珠蛋白（globin）与 1 分子血红素（heme）结合而成。血红素合成的主要部位是骨髓的幼红细胞及网织红细胞。

血红素合成的基本原料是甘氨酸、琥珀酰辅酶 A 及 Fe^{2+}。合成的起始和终末过程均在线粒体中进行，而中间阶段在胞液中进行。合成过程分为如下 4 个步骤。

1. δ-氨基-γ-酮戊酸（δ-aminolevulinic acid，ALA）的生成 在线粒体中，首先由甘氨酸和琥珀酰辅酶 A 在 ALA 合酶的催化下缩合生成 ALA。ALA 合酶的辅酶为磷酸吡哆醛。此酶为血红素合成的限速酶，受血红素的反馈抑制。

2. 胆色素原的生成 线粒体生成的 ALA 进入胞液中，在 ALA 脱水酶的催化下，2 分子 ALA 脱水缩合成 1 分子胆色素原。

3. 尿卟啉原和粪卟啉原的生成 在胞液中，4 分子胆色素原脱氨缩合生成 1 分子尿卟啉原Ⅲ。尿卟啉原Ⅲ进一步经尿卟啉原Ⅲ脱羧酶催化，使其 4 个乙酸基（A）脱羧变为甲基（M），从而生成粪卟啉原Ⅲ。

4. 血红素的生成 胞液中生成的粪卟啉原Ⅲ再进入线粒体中，在粪卟啉原氧化脱羧酶作用下，生成原卟啉原Ⅸ。再经原卟啉原Ⅸ氧化酶催化脱氢，生成原卟啉Ⅸ。最后在亚铁螯合酶（ferrochelatase）催化下和 Fe^{2+}结合生成血红素。

血红素的合成受多种因素的调节，其中主要是调节 ALA 的生成。ALA 合成酶是限速酶，其活性受到以下因素的影响：血红素对 ALA 合酶有反馈抑制作用；红细胞生成素可诱导 ALA 合酶的合成，进而促进血红素的合成；某些固醇类激素是血红素合成的促进剂；杀虫剂、致癌物及药物可诱导 ALA 合酶的合成。

（胡雨薇　李照熙）

第十四节　基因及基因组的结构与功能

生物体内的遗传信息传递遵循中心法则：①DNA 以半保留复制的方式将亲代细胞的遗传物质高度忠实地传递给子代。②以 DNA 为模板转录生成的 mRNA 作为信使，其核苷酸序列构成的密码子在合成蛋白质时被翻译为肽链中氨基酸的排列顺序。③细胞内所有蛋白质一级结构的信息全部来源于 DNA 序列。

（1）**基因**（gene）是编码蛋白质或 RNA 等具有特定功能产物的、负载遗传信息的基本单位。除了某些以 RNA 为基因组的 RNA 病毒外，基因通常是指染色体或基因组的一段 DNA 序列。基因包括编码序列（外显子）、调控序列和间隔序列（内含子）。基因可分为两类：①**结构基因**（structural gene），编码非调控因子的任何蛋白质和 RNA 的基因。②**调控基因**（regulatory gene），编码调节其他基因表达的蛋白质或 RNA 的基因。人类基因组约有 3.0×10^9bp，含 2 万～3 万个基因。

（2）**基因组**（genome）是一个生物体内所有遗传信息的总和。人类基因组包含了细胞核染色体 DNA（常染色体和性染色体）及线粒体 DNA 所携带的所有遗传物质。

一、真核基因的结构与功能

基因的功能：①利用碱基的不同排列荷载遗传信息。②通过复制将遗传信息稳定、忠实地遗传给子代细胞，在这一过程中为适应环境变化，可能会发生基因突变。③作为**基因表达**（gene expression）的模板，使其所携带的遗传信息通过各种 RNA 和蛋白质在细胞内有序合成而表现出来。

与基因功能相关的结构：①**编码区序列**（coding region sequence），在细胞内表达为蛋白质或功能 RNA 的 DNA 序列。②**非编码序列**（non-coding sequence），基因表达需要的**调控区**（regulatory region）序列，包括**启动子**（promoter）、**增强子**（enhancer）等。

单个基因的组成称为**基因组构**（gene organization），广义上是指生物体内一个完整基因的组织排列方式。

（一）真核基因的基本结构

真核基因结构不连续，为**断裂基因**（split gene）。其是由若干内含子和外显子构成的不连续镶嵌结构的结构基因。

外显子（exon）为在基因序列中，出现在成熟 mRNA 分子上的序列。**内含子**（intron）为外显子之间与 mRNA 剪接过程中被删除部分相对应的间隔序列。

- 断裂基因
  - 基因区域
    - 外显子
    - 内含子
  - 调控序列（旁侧序列）
    - 启动子
    - 终止子
    - 增强子

1. 外显子-内含子结构　①外显子，是指在结构基因中能够被转录，并能指导蛋白质生物合成的编码序列。②内含子，是指插入在结构基因内部能够被转录，但不能指导蛋白质生物合成的非编码序列；在内含子的5′端多以GT开始，3′端多以AG结束，是普遍存在于真核细胞基因中RNA剪接的识别信号，称为GT-AG法则。

2. 调控序列　在结构基因的两侧有不被转录的序列，也称为**旁侧序列**（flanking sequence），它们对基因的表达调控起重要作用，主要有：①启动子，由TATA盒及其上游的CAAT盒和（或）GC盒组成。TATA盒（TATA box）是在转录起始位点上游–35～–25bp区段，以TATA为核心的序列，为RNA聚合酶及其他蛋白质因子的结合位点；CAAT盒（CAAT box）是–80～–70bp区含有GCCAAT的序列；GC盒（GC box）是–110～–80bp区含有GGGCGG的序列；CAAT盒和GC盒为转录因子的结合位点，控制转录的起始频率。②**终止子**（terminator），存在于基因末端具有转录终止功能的特定顺序。转录后形成发夹结构，使RNA聚合酶从模板上脱离，终止转录。③**增强子**（enhancer），是一个与转录有关的短DNA序列（位于旁侧序列或内含子内），可特异性地与转录因子结合，使启动子发动转录的能力大大增强。

真核生物绝大部分编码蛋白质的基因都有内含子。编码rRNA和一些tRNA的基因也都有内含子。内含子的数量和大小决定了真核基因的大小。不同种属中，外显子序列通常比较保守，而内含子序列则变异较大。外显子与内含子接头处有一段高度保守的序列，这一共有序列是真核基因中RNA剪接的识别信号。

基因的5′端称为上游，3′端称为下游。基因序列中开始RNA链合成的第一个核苷酸所对应的碱基记为+1，此碱基上游的序列记为负数，下游的序列记为正数。

（二）基因编码区编码多肽链和特定的RNA分子

基因编码区中的DNA碱基序列决定特定的成熟RNA分子的序列，即DNA的一级结构决定着其转录产物RNA分子的一级结构。

基因的编码序列决定其编码产物的序列和功能。编码序列中一个碱基的改变或突变，可能使基因功能发生重要的变化。相同的DNA序列因起始位点的变化或不同的剪接方式而编码不同的蛋白质多肽链。

（三）调控序列参与真核基因表达调控

基因的调控区是位于基因转录区前后，对基因表达起调控作用的区域，因其是紧邻的DNA序列，又称旁侧序列。其包括启动子、上游调控元件、增强子、加尾信号、细胞信号反应元件等。

1. 启动子提供转录起始信号　启动子是DNA分子上能够介导RNA聚合酶结合并形成转录起始复合体的序列。多数启动子位于真核细胞基因转录起点的上游，启动子本身通常不被转录。少数启动子（如编码tRNA基因的启动子）位于转录起始点的下游，这些DNA序列可以被转录。真核生物有三类启动子，分别对应于细胞内存在的三种不同的RNA聚合酶和相关蛋白质。

2. 增强子增强邻近基因的转录　增强子是增加真核基因启动子工作效率的顺式作用元件，是真核基因中最重要的调控序列，决定着每一个基因在细胞内的表达水平。

增强子能够在相对于启动子的任何方向和位置（上游或者下游）上发挥这种增强作用，大部分位于上游。增强子序列距离所调控基因距离近者有几十个碱基对，远的可达几千个碱基对。通常数个增强子序列形成一簇。有时增强子序列也可位于内含子之中。不同的增强子序列结合不同的调节蛋白。

3. 沉默子（silencer）　是负调节元件，抑制基因转录的特定DNA序列，当其结合一些反式作用因子时对基因的转录起阻遏作用，使基因沉默。

二、真核基因组的结构与功能

（一）真核基因组具有独特的结构

结构特点：①基因的编码序列所占比例远小于非编码序列。②高等真核生物基因组含有大量的重复序列。③真核基因组中存在多基因家族和假基因。④大多基因具有可变剪接，80%的可变剪接会使蛋白质的序列发生改变。⑤基因组 DNA 与蛋白质结合形成染色体，储存于细胞核内，除配子细胞外，体细胞的基因组为二倍体。

（二）真核基因组中存在大量重复序列

重复序列有 3 类：**高度重复序列**（highly repetitive sequence）、**中度重复序列**（moderately repetitive sequence）和**单拷贝序列**（single copy sequence）（或低度重复序列）。

1. 高度重复序列 重复频率可达 10^6 以上，不编码蛋白质或 RNA。

（1）分类：①**反向重复序列**（inverted repeat sequence），两个相同顺序的互补拷贝在同一 DNA 链上反向排列而成，重复单位长度约为 300bp，多数散在于基因组中，总长度约占人基因组的 5%。②**卫星 DNA**（satellite DNA），主要存在于染色体的着丝粒区域，重复单位一般由 2～10bp 组成，成串排列，在人基因组中占 5%～6%。

（2）功能：①参与复制水平的调节。存在于 DNA 复制起点区的附近，是一些蛋白质（包括酶）的结合位点。②参与基因表达的调控。可以转录到核内不均一 RNA 分子中，有些反向重复序列可以形成发夹结构，有助于稳定 RNA 分子。

（3）参与染色体配对：例如，卫星 DNA 成簇地分布在染色体着丝粒附近，可能与染色体减数分裂时染色体配对有关。

2. 中度重复序列 重复数十至数千次，大多数与单拷贝基因间隔排列。

（1）分类：①短分散重复片段，平均长度为 300～500bp，与长度约为 1000bp 的单拷贝序列间隔排列。拷贝数可达数十万。例如，Alu 家族：重复达 30 万～50 万次，每个成员的长度约为 300bp。每个单位长度中一个限制性内切酶 Alu 的切点（AG↓CT），将其切成长 130bp 和 170bp 的两段。Kpn Ⅰ家族：是仅次于 Alu 家族的第二大家族，重复序列中含有限制性内切酶 Kpn Ⅰ的位点。呈散在分布，拷贝数为 3000～4800 个。Hinf 家族：以 319bp 长度的串联重复存在于人基因组中；重复序列中含有限制性内切酶 Hinf Ⅰ的位点。②长分散重复片段，平均长度为 3500～5000bp，与长度约为 13 000bp 的单拷贝序列间隔排列。

（2）功能：rRNA 基因重复序列属于中度重复序列，各重复单位中的 rRNA 基因都是相同的。rRNA 基因集中成簇存在，这样的区域称为 rDNA 区。人类的 rRNA 基因位于 13、14、15、21 和 22 号染色体的核仁组织区，每个核仁组织区平均含有 50 个 rRNA 基因的重复单位。5S rRNA 基因似乎全部位于 1 号染色体，每个单倍体基因组约有 1000 个 5S rRNA 基因。

3. 单拷贝序列 在单倍体基因组中只出现一次或数次，大多数为蛋白质编码的基因。

（三）真核基因组中存在大量的多基因家族与假基因

多基因家族（multigene family）是指由某一祖先基因经过重复和变异所产生的一组结构相似、功能相关的基因。

基因家族成簇地分布在某一条染色体上，同时发挥作用，合成某些蛋白质，如组蛋白基因家族。基因家族的不同成员成簇地分布于不同染色体上，编码一组功能上紧密相关的蛋白质，如球蛋白基因家族。

超家族基因（superfamily gene）是 DNA 序列相似，但功能不一定相关的若干个单拷贝基因或若干组基因家族的总称。

假基因（pseudogene）是基因组中存在的一段与正常基因非常相似但不能表达的 DNA 序列。用 ψ 来表示。

（四）线粒体 DNA 结构有别于染色体 DNA

线粒体 DNA（mitochondrial DNA，mtDNA）是核外遗传物质，能独立编码线粒体中的一些蛋白质。

mtDNA 的结构为环状分子，与原核生物的 DNA 类似，结构特点也与原核生物相似。

线粒体基因组编码 37 个基因，包括 13 个编码呼吸链多酶体系的一些多肽的基因、22 个编码 mt-tRNA 的基因、2 个编码 mt-rRNA（16S 和 12S）的基因。

（五）人基因组中有两万多个基因

不同生物体基因组的比较：基因组大小和基因数量在生物进化中可能并不具有特别重要的意义，人类的基因较其他生物体可能更为“有效”，其发挥功能的方式与其他生物不同。

（六）人的基因在染色体上的分布特征

基因在染色体上并不是均匀分布。基因密度最大的是 19 号染色体，密度最小的是 13 号和 Y 染色体。

染色体上存在着无基因的“沙漠区”，即在 500kb 区域内，没有任何基因的编码序列。

（程远芳）

第十五节　DNA 的生物合成

遗传信息的传递，是生命延续的根本保证，也是生物性状代代相传的基本途径。DNA 是遗传信息的载体。遗传信息的传递包括 DNA 的生物合成（复制）、RNA 的生物合成（转录）、蛋白质的生物合成（翻译）。这些过程受到严密的调控。

基因是编码生物活性产物的 DNA 功能片段，这些产物主要是蛋白质和各种 RNA。通过基因转录和翻译，由 DNA 决定蛋白质的一级结构，进而形成高级结构，发挥蛋白质的功能。DNA 通过复制将基因信息代代相传。20 世纪 80 年代以后，在某些致癌 RNA 病毒中发现遗传信息也可存在于 RNA 分子中，由 RNA 通过**逆转录**（reverse transcription）的方式将遗传信息传递给 DNA。

一、DNA 生物合成的概念

DNA 的生物合成主要包括 DNA 复制与逆转录。DNA 复制是以母链 DNA 为模板合成子链 DNA 的过程。逆转录是以 RNA 为模板合成 DNA 互补链，再以此 DNA 链为模板合成第二条 DNA 链的过程。

二、DNA 复制的特征和一般过程

DNA 作为遗传物质的基本特点就是在细胞分裂前进行准确地**自我复制**（self replication），使 DNA 的量成倍增加，这是细胞分裂的物质基础。

（一）DNA 复制的特征

DNA 复制时，DNA 从复制起始点向两个方向解链，形成两个延伸方向相反的复制叉，称为双向复制。在原核生物中，复制完成时，复制叉相遇并汇合连接。复制时，母链 DNA 解开为两股单链，各自作为模板，按碱基互补配对规律合成与模板互补的子链。因此，子代细胞的 DNA，一股单链从亲代完整地接收过来，另一股单链则完全重新合成，这种复制方式称为半保留复制。DNA 的半保留复制方式，使子代细胞得到和亲代相一致的遗传物质，使复制具有高保真性（high fidelity）。

DNA 复制时，复制叉上的两股母链也是走向相反，子链沿着母链模板复制，只能从 5′→3′方向延伸。在同一复制叉上只有一个解链方向。顺着解链方向生成的子链，复制是连续进行的，此链称为**领头链**（leading strand）。另一股链因为复制的方向与解链方向相反，不能顺着解链方向连续延长，必须待模板链解开至足够长度，然后从 5′→3′方向复制子链，此链称为**随从链**（lagging strand）。复制中不连续合成的片段被命名为**冈崎片段**（Okazaki fragment）。由于领头链的合成是连续进行的，而随从链的合成是不连续进行的，所以从总体上看 DNA 的复制是半不连续复制。

（二）DNA 复制起始点

基因组是某一生物个体拥有的全部遗传物质。当细胞增殖时，需复制完整的遗传物质。复制是从 DNA 分子上的特定部位开始的，这一部位称为**复制起始点**（origin of replication），常用 ori 或 o 表示。细胞中的 DNA 复制一经开始就会连续复制下去，直至完成细胞中全部基因组 DNA 的复制。从一个 DNA 复制起始点起始的 DNA 复制区域称为复制子。在原核细胞中，每个 DNA 分子只有一个复制起始点，因而只有一个复制子；真核细胞含有多个染色体，每个染色体又有多个复制起始点，属于多复制子的复制。

（三）DNA 复制需要的酶类

复制是在酶催化下的核苷酸聚合过程，需要多种生物分子共同参与。主要的酶与蛋白质因子有 DNA 聚合酶、解链酶、拓扑异构酶、单链 DNA 结合蛋白、引物酶、DNA 连接酶等。

1. DNA 聚合酶（DNA-pol） 原核生物的 DNA 聚合酶有 3 种：DNA-pol Ⅰ、DNA-pol Ⅱ和 DNA-pol Ⅲ。这三种聚合酶都有 5′→3′延长脱氧核苷酸链的聚合活性及 3′→5′核酸外切酶活性。DNA-pol Ⅲ是由 10 种亚基组成的不对称异源二聚体。DNA-pol Ⅲ的比活性远高于 DNA-pol Ⅰ，因此 DNA-pol Ⅲ是原核生物复制延长中起主要催化作用的酶。DNA-pol Ⅰ的主要作用是填补空隙和校读复制中的错误。DNA-pol Ⅱ的作用与 DNA 损伤修复有关，在 DNA-pol Ⅰ和 DNA-pol Ⅲ缺失时起应急作用。

真核细胞 DNA 聚合酶已发现有 15 种之多，常见的有 5 种：DNA-pol α、DNA-pol β、DNA-pol γ、DNA-pol δ、DNA-pol ε。此 5 种 DNA-pol 均有 5′→3′聚合活性。DNA-pol γ、DNA-pol δ、DNA-pol ε 同时具有 3′→5′核酸外切酶活性。在 DNA 复制延长中起催化作用的是 DNA-pol δ，相当于原核生物的 DNA-pol Ⅲ。DNA-pol α 催化子链延长的长度有限，但它具有合成 RNA 链的功能，因此认为它具有引物酶的活性。DNA-pol β 的复制保真性低，它被认为与 DNA 修复有关，可能参与应急修复。DNA-pol γ 在线粒体 DNA 的复制中起作用。DNA-pol ε 与原核生物的 DNA-pol Ⅰ相似，在 DNA 复制过程中起校读、修复和填补缺口的作用。

2. 解链酶 DNA 开始复制时首先在起始点处解开双链，该反应是在**解链酶**（helicase）的催化下进行的。解链酶需要 ATP 分解提供能量，打开 DNA 双链之间的氢键。

3. 拓扑异构酶 “拓扑”指物体或图像作弹性位移而保持其原有的性质。DNA 复制从起始点开始向一个方向复制时，局部的 DNA 双链打开，在复制叉向前移动时，造成其前方 DNA 分子产生正超螺旋，拓扑异构酶（topoisomerase）可松弛超螺旋，有利于复制叉的前进及 DNA 的合成。DNA 复制完成后，拓扑异构酶又可将 DNA 分子引入超螺旋，促使 DNA 缠绕、折叠、压缩以形成染色质。DNA 拓扑异构酶有Ⅰ型和Ⅱ型，它们广泛存在于原核生物和真核生物中。

4. 单链 DNA 结合蛋白 **单链** DNA **结合蛋白**（single strand binding protein，SSB）与解开的单链 DNA 可逆结合，使打开的 DNA 单链模板稳定，不会再度螺旋化，且避免核酸内切酶水解单链 DNA。

5. 引物酶 **引物酶**（primase）是一种特殊的 RNA 聚合酶，可催化短片段 RNA 的合成。其在 DNA 复制的起始处按照碱基互补配对原则，以 NTP 为原料合成短片段的 RNA 作为引物。

6. DNA 连接酶 DNA **连接酶**（DNA ligase）的作用是催化相邻的 DNA 片段以 3,5-磷酸二酯键相连接，从而把两段相邻的 DNA 链连接成一条完整的单链。在 DNA 复制过程中，2 个相邻的冈崎片段之间存在一个单链缺口。DNA 连接酶催化 DNA 链 3′-OH 端和另一 DNA 链的 5′-P 端，生成磷酸二酯键，从而把两段相邻的 DNA 链连成完整的链。此催化作用是耗能反应，真核生物中需要消耗 ATP，原核生物中则需要消耗 NAD^+。

（四）DNA 复制的过程

就单个复制子的复制过程，原核与真核生物相似。而真核生物复制终止的详细过程与原核生物有较大差别。DNA复制的全部过程可以人为地分成三个阶段：第一阶段为DNA复制的起始阶段，这个阶段包括起始点的辨认结合、复制方向及引发体的形成；第二阶段为DNA链的延长，包括领头链及随从链的形成；第三阶段为DNA复制的终止阶段，包括切除RNA引物后填补空缺及连接冈崎片段。

1. 复制起始　DNA复制起始阶段包括DNA复制起点双链解开，RNA引物的合成，DNA聚合酶将第一个脱氧核苷酸加入引物RNA的3′-OH端。

DNA复制起始点有结构上的特殊性。例如，大肠杆菌染色体DNA复制起始点oriC由245个核苷酸组成，是一系列有规律排列的重复序列，其中有3组串联重复序列和2对反向重复序列，该部位含有大量的AT碱基，在解链酶及辅助蛋白的作用下，最初的局部解链就发生在此部位。

2. 引物合成　复制过程需要**引物**（primer），引物是由引物酶催化合成的短链RNA分子。引物长度为十数个至数十个核苷酸。引物合成的方向也是5′→3′端。

3. 复制的延长过程　复制的延长是指在DNA-polⅢ催化下，dNTP分子中的dNMP逐个加入至引物的或延长子链的3′-OH上，形成磷酸二酯键。领头链连续复制，领头链的子链沿着5′→3′方向可以连续地延长。而随从链不连续复制，以冈崎片段延长，因此在同一个复制叉上，领头链的合成优先于随从链。在原核生物中，DNA复制叉处DNA-polⅢ在同一时间分别催化合成DNA领头链和随从链。这是因为随从链模板可以反向折叠或环绕DNA-polⅢ全酶，这样领头链和随从链的延长点都处在DNA-polⅢ核心酶的催化位点上以同一速度移动，从而使随从链的合成可以和领头链的合成在同一方向上进行，并且解链方向就是酶前进的方向。

4. 复制的终止过程　包括切除引物、填补空缺、连接切口过程。

随从链上的冈崎片段，其引物RNA片段被去除，由后复制的冈崎片段延长以填补引物空隙。最后相邻的冈崎片段由连接酶催化连接成完整的DNA子链。DNA复制完成后，靠拓扑异构酶将DNA分子引入超螺旋结构。

真核生物染色体两端DNA子链上最后复制的RNA引物，去除后留下空隙，剩下的DNA单链母链如果不填补成双链，就会被核内DNase酶解。然而，染色体在正常生理状况下复制，是可以保持其应有长度的。研究发现，存在于染色体线性DNA分子末端的结构——端粒，在维持DNA复制的完整性和染色体的稳定性上起着重要作用。

三、逆转录

1970年，Temin等在致癌RNA病毒中发现了一种特殊的DNA聚合酶，该酶以RNA为模板，根据碱基配对原则，按照RNA的核苷酸顺序（其中U与A配对）合成DNA。这一过程与一般遗传信息的传递方向相反，故称为逆转录或反转录。催化此过程的DNA聚合酶称为**逆转录酶**（reverse transcriptase）。后来发现逆转录酶不仅普遍存在于RNA病毒中，也存在于哺乳动物的胚胎细胞和正在分裂的淋巴细胞中。

（一）逆转录与依赖RNA的DNA聚合酶

RNA病毒的基因组是RNA，其复制方式是逆转录。逆转录的信息流向（RNA→DNA）与转录过程（DNA→RNA）相反。逆转录过程由依赖RNA的DNA聚合酶催化完成。其作用需Zn^{2+}作为辅助因子。逆转录酶有三种活性：RNA依赖的DNA聚合酶活性、RNase H活性和DNA依赖的DNA聚合酶活性。

1. RNA依赖的DNA聚合酶活性　以RNA为模板，催化dNTP聚合成DNA的过程。此酶需要RNA为引物，多为色氨酸的tRNA，在引物tRNA 3′端以5′→3′方向合成DNA。逆转录酶中不具有3′→5′外切酶活性，因此没有校正功能，所以由逆转录酶催化合成的DNA出错率比较高。

2. RNase H活性　由逆转录酶催化合成的cDNA与模板RNA形成的杂交分子，将由RNase H从RNA 5′端水解掉RNA分子。

3. DNA 依赖的 DNA 聚合酶活性 以逆转录合成的第一条 DNA 单链为模板，以 dNTP 为底物，再合成第二条 DNA 分子。

除此之外，有些逆转录酶还有 DNA 内切酶活性，这可能与病毒基因整合到宿主细胞染色体 DNA 中有关。

（二）逆转录过程

（1）逆转录酶以病毒基因组 RNA 为模板，催化 dNTP 聚合生成 DNA 互补链，产物是 RNA/DNA 杂化双链。

（2）杂化双链中的 RNA 被逆转录酶中 RNase 活性组分水解，被感染细胞内的 RNase H 也可水解 RNA 链。

（3）RNA 分解后剩下的单链 DNA 再用作模板，由逆转录酶催化合成第二条 DNA 互补链。

（三）逆转录的发现发展了中心法则

逆转录现象和逆转录酶的发现，发展了中心法则。原来认为 DNA 的功能兼有遗传信息的传代和表达，因此 DNA 处于生命活动的中心位置。逆转录现象说明，至少在某些生物，RNA 同样兼有遗传信息传代与表达的功能。

四、DNA 的损伤与修复

基因突变是由遗传物质结构改变引起的遗传信息的改变。突变具体指个别 dNMP 残基以至片段 DNA 在构成、复制或表型功能的异常变化，也称为 DNA 损伤。

（一）基因突变与 DNA 多态性、疾病病因

生物进化过程中基因突变不断发生。因而，突变是进化、分化的分子基础。有些突变没有可察觉的表型改变，就形成了 DNA 的多态性。多态性一词用来描述个体之间的基因型差别现象。法医学上的个体识别、亲子鉴定，以及临床上器官移植的配型、个体对某些疾病的易感性，都可以用 DNA 多态性分析区别。

突变是某些疾病发病的基础。例如，血友病是凝血因子基因突变引起的，地中海贫血是血红蛋白基因突变引起的等。某些有遗传倾向的疾病，包括高血压病、糖尿病、溃疡病、肿瘤等，可以肯定的是和生活环境有关，但也有证据表明某些基因发生了变异，涉及的基因不是少数几个，而是众多基因与生活环境因素共同作用的结果。

（二）诱发突变

环境导致基因突变的因素，主要有物理和化学因素。物理因素主要是指紫外线和各种辐射。**紫外线**（ultra violet，UV）可引起 DNA 链上相邻的两个嘧啶碱基发生共价结合，生成嘧啶二聚体。

化学诱变剂大多数是致癌物，常见的化学诱变剂有苯并芘、二甲苯并蒽、二甲硝基胺、*N*-甲基-4-氨基偶氮苯和烷化剂等。

（三）DNA 突变的类型

1. 点突变（point mutation） 指 DNA 上单一碱基的变异。嘌呤替代嘌呤（A 与 G 之间的相互替代）、嘧啶替代嘧啶（C 与 T 之间的替代）称为**转换**（transition）；嘌呤变嘧啶或嘧啶变嘌呤则称为**颠换**（transversion）。

2. 缺失（deletion） 指 DNA 链上一个或一段核苷酸的消失。

3. 插入（insertion） 指一个或一段核苷酸插入 DNA 链中。在编码蛋白质的序列中如缺失及插入的核苷酸数不是 3 的整倍数，则发生**读框移动**（reading frame shift），使其后所译读的氨基酸序列全部

混乱，称为**移码突变**（frame shift mutation）。

4. 倒位或转位（transposition） 指 DNA 链重组使其中一段核苷酸链方向倒置，或从一处迁移到另一处。

5. 双链断裂 对于单倍体细胞，一个双链断裂就是致死性事件。

突变或诱变对生物可能产生 4 种后果：①致死性；②丧失某些功能；③改变**基因型**（genotype）而不改变**表现型**（phenotype）；④发生了有利于物种生存的结果，使生物进化。

（四）DNA 损伤的修复

DNA 修复（DNA repairing）是细胞对 DNA 受损伤后的一种反应，这种反应可能使 DNA 结构恢复原样，恢复执行它原来的功能。DNA 修复方式主要有直接修复、切除修复、重组修复和 SOS 修复等。

1. 直接修复 这是较简单的修复方式，一般都能将 DNA 修复到原样。

（1）光修复：是最早发现的 DNA 修复方式。修复是由细菌中的 DNA **光解酶**（photolyase）完成的，此酶能特异性识别紫外线造成的核酸链上相邻嘧啶共价结合的二聚体，并与其结合，这步反应不需要光；结合后如受 300～600nm 波长的光照射，则此酶就被激活，将二聚体分解为两个正常的嘧啶单体，然后酶从 DNA 链上释放，DNA 恢复正常结构。后来发现类似的修复酶广泛存在于动植物中，人体细胞中也有发现。

（2）单链断裂的重接：DNA 单链断裂是常见的损伤，其中一部分可仅由 DNA **连接酶**（ligase）参与而完全修复。此酶在各类生物各种细胞中都普遍存在，修复反应容易进行。但双链断裂几乎不能修复。

（3）碱基的直接插入：DNA 链上嘌呤的脱落造成无嘌呤位点，能被 DNA 嘌呤**插入酶**（insertase）识别结合，在 K^+存在的条件下，催化游离嘌呤或脱氧嘌呤核苷插入生成糖苷键，且催化插入的碱基有高度专一性、与另一条链上的碱基严格配对，使 DNA 完全恢复。

（4）烷基的转移：在细胞中发现有一种 O^6-甲基鸟嘌呤-DNA 甲基转移酶，能直接将 DNA 链鸟嘌呤 O^6 位上的甲基移到蛋白质的半胱氨酸残基上而修复损伤的 DNA。这个酶的修复能力并不很强，但在低剂量烷化剂作用下能诱导出此酶的修复活性。

2. 切除修复 是修复 DNA 损伤最为普遍的方式，也是细胞内最重要和有效的修复系统。对多种 DNA 损伤包括碱基脱落形成的无碱基位点、嘧啶二聚体、碱基烷基化、单链断裂等都能起修复作用。其过程包括去除损伤的 DNA，填补空隙和连接。损伤部位的去除，原核生物和真核生物需要不同的酶系统，高等生物切除修复切割的单链 DNA 片段长度为 24～32 个核苷酸，切除损伤 DNA 片段后产生的缺口由 DNA 聚合酶和连接酶催化填补。切除修复不但能够修复整个基因组中的损伤，而且能拯救因转录模板链损伤而暂停转录的 RNA 聚合酶。这种修复方式普遍存在于各种生物细胞中，也是人体细胞主要的 DNA 修复机制。

3. 重组修复 DNA 双链断裂损伤且损伤面太大又不能及时修复的 DNA 也可以进行复制。但由错误的模板复制的子链带有错误序列甚至缺口，这种损伤需以重组方式修复。在 DNA 复制过程中，重组蛋白 RecA 的核酸酶活性将另一股健康母链与缺口部分进行交换，以填补缺口。健康母链是指同一细胞内已完成复制的链，或来自亲代的一股 DNA 链。损伤链移到已完成复制的链上，如果损伤只发生在双链 DNA 中的一股单链上，则下一轮的复制中，损伤链就只占 DNA 的 1/4，经不断复制，损伤链的比例就越来越低。重组修复不能完全去除损伤，损伤的 DNA 片段仍然保留在亲代 DNA 链上，只是重组修复后合成的 DNA 分子是不带有损伤的，但经多次复制后，损伤就被“冲淡”了，在子代细胞中只有一个细胞是带有损伤 DNA 的。

4. SOS 修复 “SOS”是国际上通用的紧急呼救信号。SOS 修复是指 DNA 受到严重损伤、细胞处于危急状态时所诱导的一种 DNA 修复方式。SOS 修复系统包括了切除、重组修复系统。修复结果只是能维持基因组的完整性，提高细胞的生成率，但留下的错误较多，故又称为**错误倾向修复**（error prone repair），使细胞有较高的突变率。

（王　斌）

第十六节　RNA 的生物合成

转录（transcription）是生物体以 DNA 为模板合成 RNA 的过程。对于基因组来说，只有少部分基因发生转录。**结构基因**（structural gene）是指 DNA 分子上能转录出 RNA 的 DNA 区段。

DNA 双链中按碱基配对规律能指引转录生成 RNA 的一股单链，称为**模板链**（template strand）。相对的另一股单链是**编码链**（coding strand）。转录的模板具有不对称性，即**不对称转录**（asymmetric transcription）。不对称转录有两方面含义：其一是在 DNA 分子双链上，一股链用作模板指引转录，另一股链不转录；其二是模板链并非总是在同一单链上。

一、RNA 聚合酶

真核和原核细胞内都存在 RNA 聚合酶，迄今发现的 RNA 聚合酶有以下特点：①以 DNA 为模板；②都以 4 种三磷酸核苷（ATP、GTP、UTP 和 CTP）为原料；③都遵循碱基配对规律，即 A=U，T=A，C=G，合成与模板 DNA 序列互补的 RNA 链；④RNA 链按延长方向是 5′→3′连续合成；⑤需要 Mg^{2+} 或 Mn^{2+}；⑥并不需要引物，RNA 聚合酶能直接启动 RNA 链的延长。由于 RNA 聚合酶缺乏 3′→5′外切酶活性，因此没有校正功能。

（一）原核生物 RNA 聚合酶

RNA 聚合酶也称依赖 DNA 的 RNA 聚合酶，其催化的聚合反应机制与 DNA-pol 催化的 DNA 合成相似，在核苷酸 3′-OH 上延长 RNA 链，形成 3,5-磷酸二酯键。

大肠杆菌 RNA 聚合酶研究得比较透彻，这是一个分子质量达 480kDa，由 5 个亚基（$\alpha_2\beta\beta'\sigma$）组成的寡聚体蛋白质。$\alpha_2\beta\beta'$称**核心酶**（core enzyme），σ 亚基加上核心酶称为全酶。α 亚基与转录基因的类型和种类有关；β 亚基是酶和核苷酸底物结合的部位，在转录全过程起催化功能；β′亚基是酶与 DNA 模板结合的主要成分；由 $\alpha_2\beta\beta'$四个亚基所组成的核心酶在转录延长中催化核苷酸间磷酸二酯键的形成。

（二）真核生物 RNA 聚合酶

真核生物的 RNA 聚合酶比原核生物的 RNA 聚合酶复杂，主要有三种，分别称为 RNA 聚合酶Ⅰ、RNA 聚合酶Ⅱ和 RNA 聚合酶Ⅲ。RNA 聚合酶Ⅰ的活性最显著，它位于核仁中，负责转录编码 rRNA 的基因。RNA 聚合酶Ⅱ位于核质中，负责核内不匀一 RNA（hnRNA）的合成，而 hnRNA 是 mRNA 的前体。RNA 聚合酶Ⅲ负责合成 tRNA 和许多小的核内 RNA。鹅膏蕈碱是真核生物 RNA 聚合酶特异性抑制剂，三种真核生物 RNA 聚合酶对鹅膏蕈碱的反应不同。

二、模板与酶的辨认结合

原核生物 RNA 聚合酶不需要引物，和启动子结合后能直接启动 RNA 合成。**启动子**（promoter）是在转录起始上游 RNA 聚合酶特异性识别和结合的 DNA 序列，也是控制转录的关键部位。原核生物以 σ 亚基辨认启动子，在其他亚基相互配合下，RNA 聚合酶全酶结合到 DNA 的启动子上而开始转录。采用 RNA-pol 保护法，对原核生物的 100 多个启动子的序列进行研究。在 RNA 转录起始点上游大约 −10bp 和−35bp 处有两个保守的序列，−10 区的一致性序列为 TATAAT，这是 Pribnow 首先发现的，故称为 Pribnow 盒，是 RNA 聚合酶的结合部位。–35 区的一致性序列为 TTGACG，已被证实与转录起始的辨认有关，是 RNA 聚合酶中的 σ 亚基识别并结合的位置，–35 区的重要性还在于在很大程度上决定了启动子的强度。RNA-pol 在–35 区辨认并稳定转录起始点，然后酶向下游移动，到达 Pribnow 盒，酶已跨入了转录起始点，形成相对稳定的酶-DNA 复合物，转录起始。

真核生物的启动子有其特殊性，真核生物有三种 RNA 聚合酶，每一种都有自己的启动子类型。真核生物的启动子由转录因子而不是 RNA 聚合酶所识别，多种转录因子和 RNA 聚合酶在起点上形成转录起始复合物而促进转录。RNA 聚合酶Ⅱ的启动子核苷酸序列在–25 区有 TATA 框，又称为 Hogness 框或 Goldberg-Hogness 框。Hogness 框基本上都由 A═T 碱基对所组成，仅少数启动子中含有一个 G≡C 对。离体转录实验表明，TATA 框的功能与 RNA 聚合酶的定位有关，其决定了转录起点的选择。在–75 区有 CAAT 框，其一致的序列为 GGTCAATCT。有实验表明 CAAT 框与转录起始频率有关。例如，缺失 CAAT 框，兔子的 β 珠蛋白基因转录效率只有原来的 12%。

除启动子外，真核生物还有一个称为增强子的序列，它能极大地增强启动子的活性，它的位置往往不固定，可存在于启动子上游或下游，对启动子来说它们正向排列和反向排列均有效，对异源的基因也起到增强作用。

三、转录过程

转录是以 DNA 单链为模板，NTP 为原料，在依赖 DNA 的 RNA 聚合酶催化下合成 RNA 链的过程。原核生物的转录过程分为起始、延长、终止连续的三个过程。真核生物的转录过程，除延长过程相似外，起始、终止都与原核生物有较大的不同。

（一）原核生物的转录过程

转录全过程均需 RNA 聚合酶催化，原核生物转录起始过程需核心酶（$\alpha_2\beta\beta'$）加上 σ 亚基形成全酶参与，延长过程仅需要核心酶的催化。

1. 转录起始 起始需解决两个问题：RNA 聚合酶如何准确地结合在转录模板的起始区域？DNA 双链解开，如何使一条链作为转录的模板？在原核生物中，转录的起始由 RNA 聚合酶与 DNA 模板的启动子结合。当 RNA 聚合酶的 σ 亚基识别启动子，全酶就与启动子的–35 区序列结合形成一个封闭式转录起始复合体。由于全酶分子较大，其另一端可到–10 区的序列，此时酶与模板的结合松弛，整个酶分子向–10 序列转移并与之牢固结合。在此处发生局部 DNA 12～17bp 的解链，形成全酶和启动子的开放的启动子复合物。在开放的启动子复合物中起始位点和延长位点被相应的核苷酸前体充满，转录起始不需要引物，在 RNA 聚合酶 β 亚基催化下，两个与模板配对的相邻核苷酸形成 RNA 的第一个磷酸二酯键{转录起始复合物[RNA-pol（$\alpha_2\beta\beta'$）-DNA-pppGpN-OH 3′]}。二酯键生成后，σ 因子从全酶解离下来，靠核心酶在 DNA 链上向下游滑动，转录进入延长阶段，而脱落的 σ 亚基与另一个核心酶结合成全酶反复利用。

2. 转录延长 σ 亚基脱落，核心酶变构，与模板结合松弛，沿着 DNA 模板前移；在核心酶作用下，NTP 不断聚合，RNA 链不断延长。延长过程中，酶-DNA-RNA 形成转录空泡；转录延长与翻译同时进行。转录延长时，DNA 局部双链解开，产物 RNA 与 DNA 形成杂化双链，此时酶-DNA-RNA 形成的转录复合物称为转录空泡（transcription bubble）。

转录速度是每秒 30～50 个核苷酸，但并不是以恒定速度进行的。在电镜下观察转录现象，可以看到同一 DNA 模板上，有长短不一的新合成的 RNA 链散开成羽毛状图形，这说明在同一基因上可有很多的 RNA 聚合酶在同时催化转录，生成相应的 RNA 链，而且较长的 RNA 链上已看到核糖体附着，形成多聚核糖体。在原核生物中，由于没有核膜的阻隔，转录过程未完全终止即已开始进行翻译。

3. 转录终止 原核生物 RNA 转录终止信号有两种情况：一种是不依赖于蛋白质因子而实现的终止作用；另一种是依赖蛋白质辅因子才能实现的终止作用，这种蛋白质辅因子称为释放因子，通常又称 ρ 因子。

（1）依赖 ρ 因子的转录终止：ρ 因子终止转录的作用是与 RNA 转录产物相结合，结合后 ρ 因子与 RNA 聚合酶都可发生构象变化，从而使 RNA 聚合酶停顿，ρ 因子的解螺旋酶活性使 DNA-RNA 的杂化双链解链，新合成的 RNA 从 RNA 聚合酶和模板上释放下来，转录终止。

（2）不依赖 ρ 因子的转录终止：不依赖 ρ 因子的终止序列中富含 G≡C 碱基对，其下游有 6～8 个 A，其转录生成的 RNA 可形成鼓槌状的茎环或又称发夹的二级结构，这样的二级结构可能与 RNA 聚合酶某种特定的空间结构相嵌合，阻碍了 RNA 聚合酶进一步发挥作用。

（二）真核生物的转录过程

1. 转录起始 真核生物的转录过程比原核复杂，在转录起始和延长过程中都有相关蛋白质的参与。

真核生物转录起始需要启动子、RNA 聚合酶和转录因子的参与。基因转录起始点上游存在 DNA 序列，包括启动子、启动子上游元件或近端调控元件和增强子等远隔序列，这些序列统称为顺式作用元件。能直接、间接辨认或结合上游转录起始区段 DNA 序列的蛋白质统称为反式作用因子。反式作用因子中，直接或间接结合 RNA 聚合酶的，则称为通用或基本转录因子。

根据这些转录因子的作用特点可将其大致分为两类：第一类为基本转录因子，它们与 RNA 聚合酶Ⅱ共同组成转录起始复合物，转录才能在正确的位置上开始。第二类转录因子为组织细胞特异性转录因子或者称可诱导性转录因子，这些转录因子是在特异的组织细胞或是受到一些类固醇激素、生长因子或其他刺激后，开始表达某些特异蛋白质分子时，才需要的一类转录因子。

2. 转录延长 转录延长的聚合反应，在原核生物和真核生物之间没有太大差别，只是起催化作用的 RNA 聚合酶不同，且在真核生物因有核膜相隔，没有转录和翻译同步进行的现象。真核生物基因组 DNA 在双螺旋结构的基础上，与多种组蛋白组成核小体高级结构，RNA-pol 前移处处遇到核小体，因此在转录延长中，可以观察到核小体解聚和移位现象。

3. 转录终止 真核生物的转录终止和转录后修饰密切相关，由于 RNA 转录后很快就进行了加工，因此很难确定初转录物的 3′端。病毒 SV40 的终止位点经过研究发现，很像大肠杆菌的不依赖 ρ 因子的终止子，转录后的 RNA 可形成一个发夹结构，3′端带有一连串的 U。爪蟾 5S RNA 的 3′端有 4 个 U，它们前后的序列为富含 G≡C 碱基对的序列，这是所有真核生物 RNA 聚合酶Ⅲ转录的终止信号。这种序列特征高度保守，从酵母菌到人都很相似，任何改变这种序列特征的突变都将导致转录终止位置的改变。

四、mRNA 的转录后加工

原核生物中转录生成的 mRNA 为多顺反子，即几个结构基因利用共同的启动子和共同终止信号经转录生成一条 mRNA，所以此 mRNA 分子编码几种不同的蛋白质。原核生物中没有核膜，所以转录与翻译是连续进行的，往往转录还未完成，翻译就已经开始了，因此原核生物中转录生成的 mRNA 没有特殊的转录后加工修饰过程。真核生物转录生成的 mRNA 为单顺反子，即一个 mRNA 分子只为一种蛋白质分子编码。真核生物 mRNA 的加工修饰，主要包括对 5′端和 3′端的修饰及对中间部分进行剪接。

1. 首、尾的修饰 成熟的真核生物 mRNA，其结构的 5′端都有一个 m_7G-PPNmN 结构，该结构被称为甲基鸟苷的帽子。从真核生物帽子结构形成的复杂可以看出，生物进化程度越高，其帽子结构越复杂。真核生物 mRNA 5′端帽子结构的重要性在于它是 mRNA 翻译起始必要的结构，为核糖体对 mRNA 的识别提供了信号，这种帽子结构还可能增加 mRNA 的稳定性，保护 mRNA 免遭 5′外切核酸酶的攻击。大多数的真核 mRNA 都有 3′端的多聚尾巴（polyA），多聚尾巴大约为 200bp。多聚尾巴由 polyA 聚合酶催化，该酶能识别 mRNA 的游离 3′-OH 端，并加上约 200 个 A 残基。多聚尾巴在维持 mRNA 作为翻译模板的活性，增加 mRNA 的稳定性上有重要作用。

2. 断裂基因、外显子和内含子 原核生物的结构基因是连续编码序列，而真核生物基因往往是断裂基因，即真核生物的基因由若干编码区和相互间隔开又连续镶嵌而成，去除非编码区再连接后，可翻译出连续氨基酸组成的完整蛋白质，因此称为断裂基因。在断裂基因中，编码的序列称为外显子，外显子的序列存在于成熟的 mRNA 序列中；而不编码的核苷酸序列称为内含子，其序列不存在于成熟的 mRNA 中，内含子在 mRNA 的加工处理过程中被剪接除去。

3. mRNA 的剪接（mRNA splicing）　真核生物的结构基因转录时，内含子和外显子一同被转录，形成 hnRNA，hnRNA 需要经过剪接加工，以除去内含子序列，并将外显子序列连接为成熟的 mRNA 分子。除去 hnRNA 上的内含子，把外显子连接为成熟的 mRNA，称为剪接。在转录时，外显子及内含子均转录到 hnRNA 中。在细胞核中 hnRNA 进行剪接作用，首先在核酸内切酶作用下剪切掉内含子；然后在连接酶作用下，将外显子各部分连接起来，而变为成熟的 mRNA，这就是剪接作用。

4. mRNA 编辑（mRNA editing）　mRNA 编辑是指在 mRNA 的编码区发生碱基的插入、缺失或核苷酸的替换，进而改变遗传信息的过程。mRNA 编辑的结果不但扩大了遗传信息，而且使生物更好地适应生存环境。有些基因的主要转录产物必须经过编辑才能有效地起始转录。

五、tRNA 和 rRNA 的转录后加工

原核和真核生物刚转录生成的 tRNA 前体一般无生物活性，需要 5′端核苷酸序列切除、3′端 UU 切除、切除内含子、3′端加上 CCA、碱基修饰（包括甲基化、还原反应、脱氨反应等）后成为成熟的 tRNA。

真核生物 rRNA 基因依赖 RNA 聚合酶 Ⅰ 在核仁中转录合成 rRNA 前体，并剪切加工形成 18S rRNA、5.8S rRNA 和 28S rRNA，进一步组装成核糖体大小亚单位。

六、核酶

核酶（ribozyme）是一类具有催化功能的 RNA，也称 RNA 催化剂。核酶是 1982 年 Cech 等研究原生动物四膜虫 rRNA 时，首次发现 rRNA 基因转录产物的内含子剪切和外显子拼接过程可在无任何蛋白质存在的情况下发生，证明了 RNA 具有催化功能。为区别于传统的蛋白质催化剂，Cech 给这种具有催化活性的 RNA 定名为核酶。

核酶的发现是对传统酶学的挑战，即 RNA 分子也有酶的催化活性；揭示内含子自我剪接的奥秘，促进对 RNA 的研究；对中心法则做了重要补充，为生命的起源和分子进化提供了新的依据。

（李日辉）

第十七节　蛋白质的生物合成

翻译的过程也就是蛋白质分子生物合成的过程，实质上是将 mRNA 分子中的 4 种核苷酸序列编码的遗传信息，译为蛋白质一级结构中 20 种氨基酸排列顺序的过程。蛋白质生物合成的场所是核糖体，需要 20 种氨基酸为原料，反应所需能量由 ATP、GTP 提供；在此过程中需要 200 多种生物大分子参加，其中包括 rRNA、mRNA、tRNA 及多种蛋白质因子。

一、蛋白质的生物合成体系

（一）合成原料

自然界由 mRNA 编码的氨基酸共有 20 种，只有这些氨基酸能够作为蛋白质生物合成的直接原料。某些蛋白质分子还含有羟脯氨酸、羟赖氨酸、γ-羧基谷氨酸等，这些特殊氨基酸是在肽链合成后的加

工修饰过程中形成的。

（二）mRNA 是合成蛋白质的直接模板

遗传信息储存在 DNA 分子中，DNA 通过转录生成 mRNA 后，mRNA 作为模板指导蛋白质多肽链的合成，从而将 DNA 分子中的遗传信息传递到蛋白质多肽链的序列上。

原核细胞中每种 mRNA 分子常带有多个功能相关蛋白质的编码信息，以一种多顺反子的形式排列，在翻译过程中可同时合成几种蛋白质，而真核细胞中，每种 mRNA 一般只带有一种蛋白质编码信息，是单顺反子的形式。mRNA 以它分子中的核苷酸排列顺序携带从 DNA 传递来的遗传信息，作为蛋白质生物合成的直接模板，决定蛋白质分子中的氨基酸排列顺序。

可读框指从 mRNA 5′端起始密码子到 3′端终止密码子之间的核苷酸序列。mRNA 分子上以 5′→3′方向，从 AUG 开始每三个连续的核苷酸组成一个密码子，mRNA 中的 4 种碱基可以组成 64 种密码子。这些密码不仅代表了 20 种氨基酸，还决定了翻译过程的起始与终止位置。每种氨基酸至少有一种密码子，最多的有 6 种密码子。

（三）遗传密码

蛋白质中氨基酸序列的遗传密码编码在核酸分子上，其基本单位是按 5′→3′方向编码、不重叠、无标点的三联体密码子。密码子通常是指核苷酸三联体确定氨基酸的对应关系，即在 mRNA 的阅读框架区内，从 5′→3′方向，每 3 个相邻的核苷酸（碱基）为一组，代表一种氨基酸（或其他信息），这种三联体形式的核苷酸序列称为密码子，又称为三联体密码。

1. 密码子的方向性 mRNA 中遗传密码的排列有一定的方向性，即沿 5′→3′方向排列。起始密码子位于 mRNA 链的 5′端，终止密码子位于 3′端，翻译时从起始密码子开始，沿 5′→3′方向进行，直到终止密码子为止，指导多肽链由 N 端向 C 端延伸。

2. 密码子的连续性 连续性是指两个相邻的密码子之间没有任何特殊的符号加以间隔。从起始密码子 AUG 开始，三个碱基代表一个氨基酸，读码时每个碱基只读一次，不能重叠阅读，从而构成一个从起始密码子直至终止密码子的连续不断的阅读框架。若插入或删除一个或多个核苷酸，就会使这以后的读码发生错位，称为**移码突变**（frame-shift mutation）。

3. 密码子的简并性 一种氨基酸有几个密码子，或者几个密码子代表一种氨基酸的现象称为密码子的简并性。对应于同一种氨基酸的不同密码子称为同义密码子。简并性主要是由于密码子的第三个碱基发生摆动现象形成的，也就是说密码子的专一性主要由前两个碱基决定，即使第三个碱基发生突变也能翻译出正确的氨基酸，这对于保证物种的稳定性有一定意义。

4. 密码子的通用性 生命世界从低等到高等，都使用一套密码，密码子在物种进化过程中高度保守，遗传密码表在生物界是通用的。

5. 密码子的摆动性 tRNA 上的反密码子与 mRNA 上的密码子配对识别时，密码子第一位、第二位碱基配对是严格的，第三位碱基不遵循碱基互补配对规律，密码子的这一性质称为摆动性。按照 Crick 于 1966 年提出的变偶假说，反密码子的第一位碱基与密码子第三位碱基的配对可以在一定范围内摆动。例如，U 可以与 A 和 G 配对，G 可以与 U 和 C 配对，I 可以与 U、A、C 配对，但是 A 和 C 只能与 U 和 G 配对。

实验证实，在原核生物和高等真核生物中同一组密码子的使用频率是不相同的。高频密码子多出现在那些表达量高的蛋白质基因中，如核糖体蛋白质基因、RecA 蛋白质基因等。这种使用频率与细胞内一组 tRNA 中的不同 tRNA 含量有关。

（四）tRNA 转运氨基酸

tRNA 是小分子 RNA，分子中富含稀有碱基和修饰碱基，3′端均含有 CCA 序列，氨基酸分子通过共价键结合到 tRNA 氨基酸臂的 3′羟基端。tRNA 分子中有反密码子环，此环上的三个反密码子的作用是与 mRNA 分子中的密码子靠碱基配对原则形成氢键，达到相互识别的目的。

每种氨基酸都有 2～6 种各自特异的 tRNA，它们之间的特异性是靠氨基酰 tRNA 合成酶来识别的。携带相同氨基酸而反密码子不同的一组 tRNA 称为同功 tRNA，每种氨基酸都只有一种氨酰 tRNA 合成酶。因此细胞内有 20 种氨酰 tRNA 合成酶。

（五）核糖体是蛋白质合成的工厂

任何生物的核糖体都是由大、小两个亚基组成的，每种亚基都是由多种蛋白质和 RNA 组成的。核糖体作为蛋白质的合成场所具有以下几种功能位点。

1. mRNA 结合位点　位于 30S 小亚基头部，此处有几种蛋白质构成一个结构域，负责与 mRNA 的结合，特别是 16S rRNA 3′端与 mRNA AUG 之前的一段序列互补是这种结合必不可少的。

2. P 位点　是结合肽酰基 tRNA 的肽酰位或给位。它大部分位于小亚基，小部分位于大亚基，它是结合起始 tRNA 并向 A 位点给出氨基酸的位置。

3. A 位点　叫作氨酰 tRNA 位或受位。它大部分位于大亚基，小部分位于小亚基，它是结合一个新进入的氨酰 tRNA 的位置。

4. E 位点　排除卸载 tRNA 的位点，主要是大亚基成分。真核生物没有 E 位。

5. 转肽酶活性部位　位于 P 位点和 A 位点的连接处，催化肽键的形成。

此外，核糖体上还存在结合参与蛋白质合成的**起始因子**（initiation factor，IF）、**延长因子**（elongation factor，EF）和终止因子或**释放因子**（release factor，RF）的位点。

二、蛋白质的生物合成过程

蛋白质生物合成可分为 5 个阶段，即氨基酸的活化、多肽链合成的起始、多肽链的延长、多肽链的终止和释放、蛋白质合成后的加工修饰。

（一）氨基酸的活化

氨酰 tRNA 的合成分为两个步骤：第一步，在氨酰 tRNA 合成酶催化下，利用 ATP 供能，在氨基酸羧基上进行活化，形成氨酰 AMP；第二步，氨酰 tRNA 合成酶通过形成酯键，将氨酰基转移到 tRNA 的氨基酸臂（即 3′端 CCA-OH）上。对应于 20 种氨基酸的每一种氨基酸，大多数细胞都只含有一种与之对应的氨酰 tRNA 合成酶，每一种氨酰 tRNA 合成酶既能够识别相应的氨基酸，又能识别与此氨基酸相对应的一个或多个 tRNA 分子。因此，把氨酰 tRNA 合成酶和与之对应的 tRNA 分子叫作“第二遗传密码”。

（二）合成过程

1. 多肽链合成的起始　核糖体大小亚基、mRNA、起始氨酰 tRNA 和起始因子共同参与肽链合成的起始。

1）原核生物翻译起始复合物形成的过程

（1）mRNA 在小亚基定位结合：原核生物中每一个 mRNA 都具有其核糖体结合位点，它是位于 AUG 上游 8～13 个核苷酸处的一个短片段，称为 **SD 序列**（Shine-Dalgarno sequence）。这段序列正好与 30S 小亚基中的 16S rRNA 3′端一部分序列互补，因此 SD 序列也称为核糖体结合序列，这种互补就意味着核糖体能选择 mRNA 上 AUG 的正确位置来起始肽链的合成，该结合反应由 IF3 介导，另外 IF1 促进 IF3 与小亚基的结合，故先形成 IF3-30S 亚基-mRNA 三元复合物。

（2）起始氨酰 tRNA 的结合：在 IF2 作用下，甲酰甲硫氨酰起始 tRNA 与 mRNA 分子中的 AUG 相结合，即密码子与反密码子配对，同时 IF3 从三元复合物中脱落，形成 30S 前起始复合物，即 IF2-30S 亚基-mRNA-fMet-$tRNA^{fmet}$ 复合物，此步需要 GTP 和 Mg^{2+} 参与。

（3）核糖体大亚基的结合：核糖体 50S 大亚基与上述的 30S 前起始复合物结合，同时 IF2 脱落，形成 70S 起始复合物，即 30S 亚基-mRNA-50S 亚基-mRNA-fMet-$tRNA^{fmet}$复合物。此时 fMet-$tRNA^{fmet}$占据着 50S 亚基的肽酰位。而 A 位点则空着有待于对应 mRNA 中第二个密码子的相应氨酰 tRNA 进入，翻译进入延长阶段。

2)*真核细胞蛋白质合成的起始* 真核细胞蛋白质合成起始复合物的形成中需要更多的起始因子参与，因此起始过程也更复杂。

（1）需要特异的起始 tRNA，即 $tRNA^{fmet}$，并且不需要 N 端甲酰化。已发现的**真核起始因子**（eukaryote initiation factor，eIF）有近 10 种。

（2）起始复合物形成在 mRNA 5′端 AUG 上游的帽子结构（除某些病毒 mRNA 外）。

（3）ATP 水解为 ADP 供给 mRNA 结合所需要的能量。真核细胞起始复合物的形成过程是：翻译起始也是从由 eIF-3 结合在 40S 小亚基上而促进 80S 核糖体解离出 60S 大亚基开始，同时 eIF-2 在辅 eIF-2 作用下，与 Met-$tRNA^{met}$及 GTP 结合，再通过 eIF-3 及 eIF-4C 的作用，先结合到 40S 小亚基，然后再与 mRNA 结合。

真核生物的翻译起始复合物的形成：mRNA 结合到 40S 小亚基时，除了 eIF-3 参加外，还需要 eIF-1、eIF-4A 及 eIF-4B，并由 ATP 水解为 ADP 及 Pi 来供能，通过帽结合因子与 mRNA 的帽结合而转移到小亚基上。但是在 mRNA 5′端并未发现能与小亚基 18S RNA 配对的 SD 序列。目前认为通过帽结合后，mRNA 在小亚基上向下游移动而进行扫描，可使 mRNA 上的起始密码子 AUG 在 Met-$tRNA^{fmet}$的反密码子位置固定下来，进行翻译起始。

2. 多肽链的延长 多肽链的延长是进位、转肽、移位三个步骤的重复，在多肽链上每增加一个氨基酸都需要经过进位、转肽和移位三个步骤。

（1）进位：密码子所特定的氨酰 tRNA 结合到核蛋白体的 A 位点。氨酰 tRNA 在进位前需要有三种延长因子的作用，即**热不稳定的 EF**（unstable temperature EF，EF-Tu）、**热稳定的 EF**（stable temperature EF，EF-Ts）和依赖 GTP 的转位因子。EF-Tu 首先与 GTP 结合，然后再与氨酰 tRNA 结合成三元复合物，这样的三元复合物才能进入 A 位点。此时 GTP 水解成 GDP，EF-Tu 和 GDP 与结合在 A 位点上的氨酰 tRNA 分离。

（2）转肽：肽键的形成，在 70S 起始复合物形成过程中，核糖核蛋白体的 P 位点上已结合了起始型甲酰甲硫氨酸-tRNA，当进位后，P 位点和 A 位点上各结合了一个氨酰 tRNA，两个氨基酸之间在核糖体转肽酶作用下，P 位点上的氨基酸提供 α-COOH，与 A 位点上氨基酸的 α-NH_2形成肽键，从而使 P 位点上的氨基酸连接到 A 位点氨基酸的氨基上，这就是转肽。转肽后，在 A 位点上形成了一个二肽酰 tRNA。

（3）**移位**（translocation）：转肽作用发生后，氨基酸都位于 A 位点，P 位点上无负荷氨基酸的 tRNA 就此脱落，核蛋白体沿着 mRNA 向 3′端方向移动一组密码子，使得原来结合二肽酰 tRNA 的 A 位点转变成了 P 位点，而 A 位点空出，可以接受下一个新的氨酰 tRNA 进入，移位过程需要 EF-2、GTP 和 Mg^{2+}的参加。

肽链上每增加一个氨基酸残基，即重复上述进位、转肽、移位的步骤，直至所需的长度，实验证明 mRNA 上的信息阅读是从 5′端向 3′端进行的，而肽链的延伸是从 N 端到 C 端。所以多肽链合成的方向是 N 端到 C 端。

3. 翻译的终止及多肽链的释放 无论原核生物还是真核生物都有三种终止密码子：UAG、UAA 和 UGA。没有一个 tRNA 能够与终止密码子作用，而是靠特殊的蛋白质因子促成终止作用。这类蛋白质因子叫作释放因子，原核生物有三种释放因子：RF1、RF2、RF3。RF1 识别 UAA 和 UAG，RF2 识别 UAA 和 UGA。RF3 的作用还不明确。真核生物中只有一种释放因子 eRF，它可以识别三种终止密码子。

不管原核生物还是真核生物，释放因子都作用于 A 位点，使转肽酶活性变为水解酶活性，将肽链从结合在核糖体上的 tRNA 的 CCA 端上水解下来，然后 mRNA 与核糖体分离，最后一个 tRNA 脱落，核糖体在 IF3 作用下，解离出大、小亚基。解离后的大、小亚基又重新参加新的肽链的合成，循环往复，所以多肽链在核糖体上的合成过程又称**核糖体循环**（ribosome cycle）。

4. 多核糖体循环　上述只是单个核糖体的翻译过程，事实上在细胞内一条 mRNA 链上结合着多个核糖体，甚至可多到几百个。蛋白质开始合成时，第一个核糖体在 mRNA 的起始部位结合，引入第一个甲硫氨酸，然后核糖体向 mRNA 的 3′端移动一定距离后，第二个核糖体又在 mRNA 的起始部位结合，向前移动一定的距离后，在起始部位又结合第三个核糖体，依次下去，直至终止。两个核糖体之间有一定的长度间隔，每个核糖体都独立完成一条多肽链的合成，所以这种多核糖体可以在一条 mRNA 链上同时合成多条相同的多肽链，这就大大提高了翻译的效率。

多聚核糖体的核糖体个数，与模板 mRNA 的长度有关。例如，血红蛋白的多肽链 mRNA 编码区有 450 个核苷酸组成，长约 150nm。上面串联有 5～6 个核糖体形成多核糖体。而肌凝蛋白的重链 mRNA 由 5400 个核苷酸组成，它由 60 多个核糖体构成多核糖体完成多肽链的合成。

（三）蛋白质合成后的加工修饰

对于大多数蛋白质来说，多肽链翻译后还要进行下列不同方式的加工修饰才具有生理功能。

1. 氨基端和羧基端的修饰　在原核生物中几乎所有蛋白质都是从 *N*-甲酰甲硫氨酸开始，真核生物从甲硫氨酸开始。甲酰基经酶水解而除去，甲硫氨酸或者氨基端的一些氨基酸残基常由氨肽酶催化而水解除去，包括除去信号肽序列。

2. 共价修饰　许多的蛋白质可以进行不同类型化学基团的共价修饰，修饰后可以表现为激活状态，也可以表现为失活状态。

（1）磷酸化：磷酸化多发生在多肽链丝氨酸、苏氨酸的羟基上，偶尔也发生在酪氨酸残基上，这种磷酸化的过程受细胞内一种蛋白激酶催化，磷酸化后的蛋白质可以增加或降低它们的活性。

（2）糖基化：质膜蛋白质和许多分泌性蛋白质都具有糖链，这些寡糖链结合在丝氨酸或苏氨酸的羟基上，也可以与天冬酰胺连接，这些寡糖链是在内质网或高尔基体中加入的。

（3）羟基化：胶原蛋白前 α 链上的脯氨酸和赖氨酸残基在内质网中受羟化酶、分子氧和维生素 C 作用产生羟脯氨酸和羟赖氨酸，如果此过程发生障碍，胶原纤维不能进行交联，极大地降低了它的张力强度。

（4）二硫键的形成：mRNA 上没有胱氨酸的密码子，多肽链中的二硫键是在肽链合成后，通过两个半胱氨酸的巯基氧化而形成的，二硫键的形成对于许多酶和蛋白质的活性是必需的。

3. 亚基的聚合　有许多蛋白质是由两个以上亚基构成的，这就需这些多肽链通过非共价键聚合成多聚体才能表现生物活性。成人血红蛋白由两条 α 链、两条 β 链及四分子血红素所组成，α 链在多聚核糖体合成后自行释下，并与尚未从多聚核糖体上释下的 β 链相连，然后一并从多聚核糖体上脱下来，变成 α、β 二聚体。此二聚体再与线粒体内生成的两个血红素结合，最后形成一个由 4 条肽链和 4 个血红素构成的有功能的血红蛋白分子。

4. 水解断链　一般真核细胞中一个基因对应一个 mRNA，一个 mRNA 对应一条多肽链，但也有少数的情况，即多肽链经水解后产生几种不同的蛋白质或多肽。例如，哺乳动物的**阿黑皮素原**（proopiomelanocortin，POMC）初翻译产物为 265 个氨基酸，它在脑下垂体前叶细胞中，POMC 被初切割成为 N 端片段和 C 端片段的 β-促脂解激素。然后 N 端片段又被切割成较小的 N 端片段和 9 肽的促肾上腺皮质激素（ACTH）。而在脑下垂体中叶细胞中，β-促脂解激素再次被切割形成 β-内啡肽；ACTH 也被切割形成 13 肽的**促黑激素**（α-melanotropin）。

（四）蛋白质生物合成的抑制剂

影响蛋白质生物合成的物质非常多，它们可以作用于 DNA 复制和 RNA 转录，对蛋白质的生物合成起间接作用，本节主要讨论抑制蛋白质生物合成翻译过程的阻断剂。

1. 抗生素类阻断剂　许多抗生素都是以直接抑制细菌细胞内蛋白质合成而对人体副作用最小为目的而设计的，它们可作用于蛋白质合成的各个环节，包括抑制起始因子、延长因子及核糖体的作用等。

（1）链霉素、卡那霉素、新霉素等：这类抗生素属于苷基类。它们主要抑制革兰式阴性细菌蛋白质合成的三个阶段：①抑制起始复合物的形成，使氨酰 tRNA 从复合物中脱落；②在肽链延伸阶段，使氨酰 tRNA 与 mRNA 错配；③在终止阶段，阻碍终止因子与核糖体结合，使已合成的多肽链无法释放，还抑制 70S 核糖体的解离。

（2）四环素和土霉素：①作用于细菌内 30S 小亚基，抑制起始复合物的形成；②抑制氨酰 tRNA 进入核糖体的 A 位，阻滞肽链的延伸；③影响终止因子与核糖体的结合，使已合成的多肽链不能脱离核糖体。四环素类抗生素除对菌体 70S 核糖体有抑制作用外，对人体细胞的 80S 核糖体也有抑制作用，但对 70S 核糖体的敏感性更高，故对细菌蛋白质合成抑制作用更强。

（3）氯霉素：属于广谱抗生素。①氯霉素与核糖体上的 A 位点紧密结合，因此阻碍氨酰 tRNA 进入 A 位点；②抑制转肽酶活性，使肽链延伸受到影响，菌体蛋白质不能合成，因此有较强的抑菌作用。

（4）嘌呤霉素：结构与酪氨酰 tRNA 相似，从而取代一些氨酰 tRNA 进入核糖体的 A 位点，当延长中的肽链转入此异常 A 位点时，容易脱落，终止肽链合成。由于嘌呤霉素对原核和真核生物的翻译过程均有干扰作用，故难于用作抗菌药物，有人试用于肿瘤治疗。

（5）白喉霉素：由白喉杆菌所产生的白喉霉素是真核细胞蛋白质合成的抑制剂。白喉霉素实际上是寄生于白喉杆菌体内的溶源性噬菌体 β 基因编码的，由白喉杆菌转运分泌出来，进入组织细胞内，它对真核生物的 EF-2 起共价修饰作用，生成 EF-2 腺苷二磷酸核糖衍生物，从而使 EF-2 失活，它的催化效率很高，只需微量就能有效地抑制细胞整个蛋白质合成，而导致细胞死亡。

2. 干扰素对病毒蛋白合成的抑制 **干扰素**（interferon）是病毒感染后，感染病毒的细胞合成和分泌的一种小分子蛋白质。从白细胞中得到 α-干扰素，从成纤维细胞中得到 β-干扰素，在免疫细胞中得到 γ-干扰素。干扰素结合到未感染病毒的细胞膜上，诱导这些细胞产生寡核苷酸合成酶、核酸内切酶和蛋白激酶。在细胞未被感染时，不合成这三种酶，一旦被病毒感染，有干扰素或双链 RNA 存在时，这些酶被激活，并以不同的方式阻断病毒蛋白质的合成。干扰素和 dsRNA 激活蛋白激酶，一种方式是蛋白激酶使蛋白质合成的起始因子磷酸化，使它失活；另一种方式是 mRNA 的降解，干扰素和 dsRNA 激活 2,5-腺嘌呤寡核苷酸合成酶的合成，2,5-腺嘌呤寡核苷酸激活核酸内切酶，核酸内切酶水解 mRNA。

由于干扰素具有很强的抗病毒作用，因此在医学上有重大的实用价值，但组织中含量很少，难于从生物组织中大量分离干扰素。现在应用基因工程合成干扰素已难以满足研究与临床应用的需要。

（李日辉）

第十八节 基因表达调控

基因表达（gene expression）是指在各种调节机制控制下，从基因激活开始，经历转录、翻译等过程产生具有生物学功能的蛋白质分子，从而赋予细胞一定的功能或表型，或使生物体获得一定的遗传性状。另外，编码 rRNA 和 tRNA 的基因，转录生成 rRNA 和 tRNA，无翻译过程，广义上说也属基因表达。简单地说，基因表达就是指基因转录和翻译的过程。

基因表达调控（gene expression regulation）是细胞或生物体在接受环境信号刺激时或适应环境变化的过程中，在基因表达水平上做出应答的分子机制。

基因表达调控的意义：①使生物体能适应生存环境的变化，维持生长和增殖；②维持细胞分化与个体发育。

一、基因表达调控的规律

（一）基因表达调控是转录和翻译的过程

所有生物的基因表达调控都具有严格的规律性，即表现为时间特异性和空间特异性：**①时间**

特异性（temporal specificity）是按生物体的功能需要，某一特定基因的表达随时间、环境而变化，严格按照一定的时间顺序发生，又称**阶段特异性**（stage specificity）。②**空间特异性**（spatial specificity）是指同一基因在不同的组织或器官中表达不同，不仅基因表达的种类不同，表达水平也不同，即基因表达的空间特异性，或称细胞特异性或组织特异性。

（二）基因表达方式存在多样性

不同种类的生物遗传背景不同，同种生物不同个体生活环境不完全相同，不同的基因功能和性质也不相同。因此，不同的基因对生物体内、外环境信号刺激的反应性不同。基因表达调控就是为了适应环境，满足机体生长、发育对不同蛋白质分子的需求。生物体内基因表达调控，按照对内、外环境的反应性不同分为基本基因表达、诱导与阻遏表达。

1. 基本基因表达　有些基因的产物对于生物体的整个生命过程都是必不可少的，这类基因在生物体的几乎所有细胞中持续表达，这些基因称为**管家基因**（housekeeping gene）。无论表达水平高低，管家基因较少受环境因素影响，而是在个体各个生长阶段的大多数或几乎全部组织中持续表达，或变化很小。为区别于其他基因，这类基因表达被视为**基本基因表达**（constitutive gene expression），又称组成性基因表达，如三羧酸循环酶编码基因的表达和多细胞生物膜蛋白编码基因的表达。

2. 诱导与阻遏表达　有些基因的表达状况极易受外环境变化的影响，随环境变化，基因表达水平可升高或降低，分阻遏和诱导两类。

在特定环境刺激下，相应基因被激活，基因表达产物增加，这种基因称为可诱导基因。可诱导基因在特定环境中表现出开放性或增强性的表达，称为诱导，如 DNA 修复酶基因的表达。

随环境变化，有些基因的表达可被抑制，这类基因称为可阻遏基因。可阻遏基因表现出关闭性或抑制性的表达称为阻遏。例如，培养细菌时，当培养基中色氨酸供给充分时，细菌自身参与合成色氨酸的酶编码基因阻遏，使细菌能够充分利用资源。

3. 生物体不同基因表达受到协调调节　在一定机制控制下，功能上相关的一组基因，无论其为何种表达方式，均需协调一致、共同表达，即**协同表达**（coordinate expression）。这种调节称为**协同调节**（coordinate regulation）。基因的协调表达体现在多细胞生物体的成长发育全过程。

（三）基因表达受顺式作用元件和反式作用因子的共同调节

基因表达调控呈现多层次性和复杂性。无论原核生物还是真核生物，基因表达调控体现在基因表达的全过程，在 RNA 转录过程和蛋白质翻译过程都存在控制其表达的机制。首先，遗传信息以基因的形式储存于 DNA 分子中，基因拷贝数越多，其表达产物也会越多，因此基因组部分 DNA 的扩增可影响其基因表达；其次，遗传信息经转录由 DNA 传向 RNA 过程的许多环节，是基因表达调控最重要、最复杂的一个层次；最后，蛋白质的生物合成是基因表达的最后一步，影响蛋白质合成的因素同样也能调节基因表达。尽管基因表达调控可发生在遗传信息传递过程的任何环节，但发生在转录水平，尤其是转录起始水平的调节，对基因表达起着至关重要的作用，即转录起始是基因表达的基本控制点。

二、影响基因表达的基本要素

影响基因表达的基本要素包括：①生物个体或细胞所处的内、外环境；②基因的结构、性质和特异 DNA 序列；③细胞内的转录调节蛋白；④RNA 聚合酶的活性。

三、原核基因表达调控

1. 原核生物基因组结构特点　原核生物基因组是具有超螺旋结构的闭合环状 DNA 分子，其结构有以下特点：①基因组中重复序列很少；②编码蛋白质的结构基因为连续编码，并且多为单拷贝，但是编码 rRNA 的基因是多拷贝基因；③结构基因在基因组中所占比例远远大于真核基因组；④许多结构基因在基因组中以操纵子为单位排列；⑤原核生物细胞结构简单，其基因组的转录和翻译可以在同一空间内完成，并且时间上差异不大。

2. 原核基因转录调节的特点 σ因子决定 RNA 聚合酶识别特异性，大肠杆菌的 RNA 聚合酶由σ亚基和核心酶组成，在转录起始阶段，核心酶参与转录延长，σ亚基识别和结合在 DNA 模板上的特异启动序列，不同的σ因子决定特异基因的转录激活，决定 mRNA、rRNA 和 tRNA 基因的转录。

3. 操纵子模型的普遍性 操纵子模型在原核基因表达调控中具有普遍性，原核生物绝大多数基因按功能相关性成簇地串联、密集于染色体上，共同组成一个转录单位——操纵子，如乳糖操纵子、阿拉伯糖操纵子及色氨酸操纵子等。因此，原核生物大多数基因表达调控是通过操纵子机制实现的。

一个操纵子只含有一个启动序列及数个可转录的编码基因，在同一启动序列控制下，可转录出多顺反子 mRNA。原核基因的协调表达就是通过调控单个启动基因的活性来完成的。

4. 阻遏蛋白与阻遏机制的普遍性 在很多原核操纵子系统，特异地阻遏蛋白是调控原核启动序列活动的重要因素。当阻遏蛋白与操纵序列结合或解聚时，就会发生特异基因的阻遏或去阻遏。原核基因调控普遍涉及特异阻遏蛋白参与的开、关机制。

四、原核基因转录起始的调节-操纵子调控模式

原核生物大多数基因的表达调控是通过操纵子机制实现的，操纵子由结构基因和调控序列组成，结构基因通常包括数个功能上有关联的基因，成串排列，共同构成编码区。这些结构基因共用一个启动子和一个转录终止信号序列，转录合成为一条 mRNA 长链，编码几种不同的蛋白质。

乳糖操纵子（lac operon）是最早发现的原核生物转录调控模式，下面以大肠杆菌的乳糖操纵子为例介绍原核生物的操纵子调控模式。*E. coli* 乳糖操纵子由 Z、Y、A 三个结构基因组成，分别编码β-半乳糖苷酶、通透酶、乙酰基转移酶。此外，还有一个**操纵序列**（operator，O）、一个**启动子**（promoter，P）及一个**调节基因**（regulatory gene，I）。调节基因具有独立的启动子（PI），编码一个阻遏蛋白，后者与 O 序列结合，使操纵阻遏而处于关闭状态。在启动子 P 上游还有一个**分解物基因激活蛋白**（catabolite gene activator protein，CAP）结合位点，由 P 序列、O 序列和 CAP 结合位点共同构成乳糖操纵子的调控区，三个酶的编码基因由同一调控区调节，实现基因产物的协调表达。

乳糖操纵子的调节包括负性调节、正性调节和协同调节。

（1）阻遏蛋白的负性调节：在没有乳糖存在的情况下，乳糖操纵子处于阻遏状态。此时，调节基因在 PI 序列作用下表达的 Lac 阻遏蛋白就可以与操纵基因结合，抑制转录启动。所以没有乳糖存在的情况下，乳糖操纵子的这些结构基因是不被转录的。阻遏蛋白的这种阻遏作用并不是绝对的，偶有阻遏蛋白与 O 序列解聚，细胞中可能会有微量的β-半乳糖苷酶、通透酶生成。

当有乳糖存在时，乳糖操纵子即可被诱导，乳糖可以在β-半乳糖苷酶的作用下水解为半乳糖，半乳糖可以与阻遏蛋白结合，当半乳糖与阻遏蛋白结合后，阻遏蛋白的构象就发生改变，这样阻遏蛋白就不能够再与操纵基因进行结合了，操纵基因就处于开放状态。RNA 聚合酶就可以结合到启动序列上，并能顺利通过操纵区将 Z、Y、A 这三个基因转录，表达出相应的能够利用乳糖的酶类。这种由阻遏物关闭操纵子，由诱导物开放操纵子的调控方式，属于可诱导的负调控。

（2）CAP 的正性调节：CAP 是同二聚体，在其分子内有 DNA 结合区及 cAMP 结合位点。当培养基中缺乏葡萄糖时，cAMP 浓度升高，cAMP 与 CAP 结合，这时 CAP 结合在乳糖操纵子启动序列附近的 CAP 位点，可刺激 RNA 转录活性，使之提高 50 倍；当葡萄糖存在时，cAMP 浓度降低，cAMP 与 CAP 结合受阻，因此乳糖操纵子表达下降。

（3）协同调节：Lac 阻遏蛋白的负性调节与 CAP 正性调节两种机制协同作用。Lac 阻遏蛋白封闭转录时，CAP 对该系统不能发挥作用；但是如果没有 CAP 的存在来加强转录活性，即使阻遏蛋白从操纵序列上解聚，操纵子仍无转录活性。两种调控机制相辅相成、相互协调、相互制约。

五、原核基因转录终止的调节

依据是否需要蛋白质因子的参与，原核生物的转录终止分为：依赖 ρ 因子的转录终止和非依赖 ρ 因子的转录终止。

六、原核基因翻译水平的调节

翻译一般在起始和终止阶段受到调节，尤其是起始阶段。翻译起始主要靠调节分子来调节，调节分子可直接或间接决定翻译起始位点是否能为核糖体所利用。调节分子可以是蛋白质，也可以是 RNA。

调节蛋白对翻译起始的调控：无论是单顺反子还是多顺反子 mRNA，调节蛋白都能够结合 mRNA 的靶位点（起始密码子），阻止与核糖体的结合，阻止核糖体识别翻译起始区，从而阻断翻译。调节蛋白一般作用于自身的 mRNA，抑制自身的合成，因而这种调节方式称为**自我控制**（autogenous control）。

七、真核基因表达调控

与原核生物相比，真核生物的基因组结构复杂得多，其主要特点如下：①真核基因组结构庞大，其编码基因所占比例很少，比如人的基因组有 3 万余个基因，其中编码基因占 2%左右。②真核基因转录产物为单顺反子，即一个编码基因转录生成一个 mRNA 分子，经翻译生成一条多肽链。③真核基因组含有大量的重复序列。④真核生物的结构基因是不连续的，内含子在转录后经一定规律的剪接机制从转录本中去除，形成成熟的 mRNA。

（一）真核生物的 RNA 聚合酶

真核细胞内含有 3 种 RNA 聚合酶，分别负责三种主要 RNA 的转录。

（二）染色质结构直接影响基因转录

染色质在转录的活化和非活化状态下，将出现某些结构及性质的改变：①转录活化的染色质对核酸酶极为敏感；②出现 DNA 拓扑结构变化；③DNA 碱基的甲基化修饰降低；④组蛋白发生改变。

（三）正性调节占主导

真核 RNA 聚合酶对启动子的亲和力很低，基本上不能依赖自身起始转录，需要依赖多种激活蛋白的正性调节作用才能与启动子结合并启动转录。

（四）转录与翻译分隔进行

真核基因转录在胞核，翻译在胞质进行。因为有核膜的相隔，所以真核基因不存在转录与翻译同步进行的情况，具有更多的调控方式和机会。

（五）转录后加工修饰

真核基因结构特点较复杂，其转录后的剪接及修饰等过程也比原核生物的要复杂。

（六）基因组中的顺式作用元件是转录起始的关键调节部位

顺式作用元件（*cis*-acting element）指作用于自身分子、对基因的转录具有调节功能的 DNA 序列。这些序列能被转录调节因子及 RNA 聚合酶识别和结合，调节基因的表达。根据顺式作用元件在基因中的位置、转录激活作用的性质及发挥作用的方式，可将真核基因的这些功能元件分为启动子、增强子和沉默子等。

1. 启动子（promoter）　真核启动子由至少一个转录起始点及一个以上的转录调控元件组成，位于结构基因上游 100～200bp 处，是 RNA 聚合酶识别、结合并启动转录的调控序列，又称为促进子或启动基因。

2. 增强子（enhancer） 指远离转录起始点，决定基因表达的时空特异性，增强启动子转录活性的 DNA 序列。增强子的作用特征：①增强子与被调控基因处于同一条链上；②有 100～200bp 长，由多个独立的特殊序列组成；③增强子有组织或细胞特异性；④其作用不受序列方向与距离的限制；⑤需要启动子才能发挥作用。

3. 沉默子（silencer） 沉默子是某些基因的负性调节元件，当其结合特异蛋白因子时，对基因转录起阻遏作用。沉默子的作用可不受序列方向的影响，也能远距离发挥作用，并可对异源基因的表达起作用。

（七）反式作用因子

反式作用因子为真核基因的调节蛋白，能直接、间接辨认和结合顺式作用元件。其包括转录因子、上游因子、可诱导因子等。一般指转录因子（TF），又称转录调节因子。

绝大多数真核转录因子由其编码基因表达后，通过与另一基因的顺式作用元件相互作用，调节其转录，称反式作用（因子）。有些蛋白质因子可特异识别、结合自身基因的调节序列，调节自身基因的表达，称顺式作用（因子）。转录因子包括基本转录因子和特异转录因子。

1. 基本转录因子 是 RNA-pol 结合启动子所必需的一组蛋白因子，决定三种 RNA 转录的类别。三类聚合酶相应的基本转录因子分别为 TFⅠ、TFⅡ、TFⅢ，每类中又有多种。

2. 特异转录因子 为个别基因转录所必需，决定该基因表达的时空特异性。此类特异因子有的起转录激活作用，有的起转录抑制作用，前者称为转录激活因子，后者称为转录抑制因子。

（程远芳）

第十九节 细胞信号转导

高等生物所处的环境无时无刻不在发生变化，机体功能上的协调统一要求有一个完善的细胞间相互识别、相互反应和相互作用的机制，这一机制可以称作**细胞通信**（cell communication）。在这一系统中，细胞或者识别与之相接触的细胞，或者识别周围环境中存在的各种信号（来自于周围或远距离的细胞），并将其转变为细胞内各种分子功能上的变化，从而改变细胞内的某些代谢过程，影响细胞的生长速度，甚至诱导细胞的死亡。这种针对外源性信号所发生的各种分子活性的变化，以及将这种变化依次传递至效应分子，以改变细胞功能的过程称为**信号转导**（signal transduction）。其最终目的是使机体在整体上对外界环境的变化发生最为适宜的反应。阐明细胞信号转导的机制就意味着认清细胞在整个生命过程中的增殖、分化、代谢及死亡等诸方面的表现和调控方式，进而理解机体生长、发育和代谢的调控机制。近年来，随着分子生物学技术手段的改进，人们对细胞内信号转导机制的认识也日益深入。现已知道，细胞内存在着多种信号转导方式和途径，各种方式和途径间又有多个层次的交叉调控，是一个十分复杂的网络系统。科学家相信，将来他们会绘制出一个类似于代谢网络图的细胞信号转导的网络图，不过这个网络图可能较代谢图更为复杂。

一、细胞通信方式

单细胞生物仅与环境交换信息，高等生物则根据自然需求进化出一套精细的调控通信系统，以保持所有细胞行为的协调统一。细胞间主要以三种方式进行联络：细胞间隙连接、膜表面分子接触通信、化学通信。

（一）细胞间隙连接

细胞**间隙连接**（gap junction）是一种细胞间的直接通信方式。两个相邻的细胞间存在着一种特殊的由蛋白质构成的结构——**连接子**（connexon）。连接子两端分别嵌入两个相邻的细胞，形成一个亲水性孔道。这种孔道允许两个细胞间自由交换分子质量为 1500Da 以下的水溶性分子。这种直接交换的意义在于，相邻的细胞可以共享小分子物质，因此可以快速和可逆地促进相邻细胞对外界信号的协同反应。

（二）膜表面分子接触通信

每个细胞都有众多的分子分布于膜的外表面。这些分子或为蛋白质，或为糖蛋白。这些表面分子作为细胞的触角，可以与相邻细胞的膜表面分子特异性地相互识别和相互作用，以达到功能上的相互协调。这种细胞通信方式称为膜表面分子接触通信。膜表面分子接触通信也属于细胞间的直接通信，最为典型的例子是 T 淋巴细胞与 B 淋巴细胞的相互作用。

（三）化学通信

细胞可以分泌一些化学物质——蛋白质或小分子有机化合物至细胞外，这些化学物质作为**化学信号**（chemical signaling）作用于其他的细胞（靶细胞），调节其功能，这种通信方式称为化学通信。化学通信是间接的细胞通信，即细胞间的相互联系不再需要它们之间的直接接触，而是以化学信号为介质来介导。

细胞信号转导是通过多种分子相互作用的一系列有序反应，将来自细胞外的信息传递到细胞内各种效应分子的过程。通过这一过程，细胞可接受细胞间的接触刺激信号或所处微环境中的各种化学和物理信号，并将其转变为细胞内各种分子数量、分布或活性的变化，从而改变细胞内的某些代谢过程，或改变生长速度，或改变细胞迁移等生物学行为。

二、胞外信号与受体

（一）胞外信号

细胞可以广泛接受各种外源信号，但能被细胞感知的最主要的外源信号是化学信号，如激素、神经递质、细胞因子等。细胞外化学信号有可溶型和膜结合型两种形式。

可溶型信号分子作为游离分子在细胞间传递。根据其溶解性可分为两类：脂溶性化学信号，如细胞因子、趋化因子等；水溶性化学信号，如类固醇激素、甲状腺激素等。根据其在体内的作用距离，可分为内分泌信号、旁分泌信号和神经递质三大类。有些旁分泌信号还作用于发出信号的细胞自身，称为自分泌。

膜结合型信号分子需要细胞间接触才能传递信号。每个细胞都有众多的分子分布于膜的外表面。这些分子或为蛋白质，或为糖蛋白，或为蛋白聚糖。相邻细胞可通过膜表面分子的特异性识别和相互作用而传递信号。

（二）受体

细胞通过**受体**（receptor）将信号转导至细胞内。受体通常是细胞膜上或细胞内能识别外源化学信号并与之结合的蛋白质分子或糖脂分子。根据受体在细胞内的定位，可分为细胞内受体和细胞表面受体。受体具有高度专一性、高度亲和力、可饱和性、可逆性和特定的作用模式等作用特点。

三、信号转导分子

细胞外的信号经过受体转换进入细胞内，通过细胞内的一些蛋白质分子和小分子活性物质进行传递，这些能够传递信号的分子称为**信号转导分子**（signal transducer）。依据作用特点，信号转导分子主要有三大类：小分子第二信使、酶、调节蛋白。

（一）小分子第二信使

可改变靶细胞中已存在的酶或非酶蛋白活性的胞内小分子，引起细胞对外界信号的反应。包括环腺苷酸（cAMP）、环鸟苷酸（cGMP）、甘油二酯（DAG）、三磷酸肌醇（IP_3）、磷脂酰肌醇-3,4,5-三磷酸（PIP_3）、Ca^{2+}、NO、CO、H_2S 等，可以作为外源信息在细胞内的信号转导分子。

细胞内小分子第二信使具有以下特点：①在完整细胞中，其浓度或分布可在细胞外信号的作用下发生迅速改变。②该分子类似物可模拟细胞外信号的作用。③阻断该分子的变化可阻断细胞对外源信号的反应。④作为别构效应剂在细胞内有特定的靶蛋白分子。

（二）蛋白激酶和蛋白磷酸酶

蛋白激酶（protein kinase，PK）与**蛋白磷酸酶**（protein phosphatase，PP）催化蛋白质的可逆性磷酸化修饰，对下游分子的活性进行调节，是细胞信号转导通路的重要开关机制。蛋白质分子的磷酸化主要发生在含有丝氨酸、苏氨酸、酪氨酸的氨基酸残基上，因此蛋白激酶可分为蛋白丝/苏氨酸激酶和蛋白酪氨酸激酶两大类。蛋白激酶种类繁多，在信号转导过程中发挥不可替代的作用。有些膜受体本身即属于蛋白激酶，如表皮生长因子（EGF）；有些则作为细胞内信号转导分子传递信号，如作为 cAMP、cGMP、Ca^{2+}、DAG 等细胞内第二信使的靶分子。

（三）调节蛋白

信号转导通路中有许多信号转导分子是没有酶活性的蛋白质，它们通过分子间的相互作用被激活或激活下游分子。这些信号转导分子主要包括 G 蛋白、衔接蛋白和支架蛋白。

鸟苷酸结合蛋白（guanine nucleotide binding protein，G protein）简称 G 蛋白，也称 GTP 结合蛋白。G 蛋白主要有两大类：介导七跨膜受体信号转导的异源三聚体 G 蛋白和低分子质量 G 蛋白。G 蛋白的共同特点是结合的核苷酸为 GTP 时处于活化形式，作用于下游分子使相应信号途径开放。这些 G 蛋白自身具有 GTP 酶活性，可将结合的 GTP 水解为 GDP，回到非活化状态，使信号途径关闭。

信号转导通路中的一些环节是由多种分子聚集形成的**信号转导复合物**（signaling complex）来完成信号传递的。信号转导复合物的形成是一个动态过程，针对不同外源信号，通过不同的蛋白质连接，可聚集形成不同成分的复合物。**衔接蛋白**（adaptor protein）是信号转导通路中不同信号转导分子之间的接头，通过连接上游信号转导分子和下游转导分子而形成信号转导复合物。大部分衔接蛋白含有 2 个或 2 个以上的蛋白质相互作用结合位点。**支架蛋白**（scaffolding protein）一般是分子质量较大的蛋白质，可同时结合同一信号转导通路中的多个转导分子。支架蛋白结合相关的信号转导分子，使之容纳于一个隔离而稳定的信号转导通路内，避免与其他信号转导通路发生交叉反应，以维持信号转导通路的特异性；同时，它也增加了调控的复杂性和多样性。

四、膜受体介导的信号转导机制

（一）离子通道型受体及其信号转导

离子通道型受体是一类自身为离子通道的受体。这种离子通道与受电位控制的离子通道及受化学修饰调控的离子通道不同，它们的开放或关闭直接受配体的控制，其配体主要为神经递质。乙酰胆碱受体是离子通道受体的典型代表。离子通道受体信号转导的最终作用是导致了细胞膜电位的改变，可以认为，离子通道受体是通过将化学信号转变成为电信号而影响细胞功能的。离子通道型受体可以是阳离子通道，如乙酰胆碱、谷氨酸和五羟色胺的受体，也可以是阴离子通道，如甘氨酸和 γ-氨基丁酸的受体。

（二）G 蛋白偶联受体及其信号转导

G 蛋白偶联受体包括多种神经递质、肽类激素和趋化因子的受体，在味觉、视觉和嗅觉中接受外源理化因素的受体也属 G 蛋白偶联受体。这类受体在结构上均为单体蛋白，氨基端位于细胞外表面，羧基端在胞膜内侧。完整的肽链要反复跨膜 7 次，因此也称为七跨膜受体。由于肽链反复跨膜，在膜外侧和膜内侧形成了几个环状结构，它们分别负责与配体（化学、物理信号）的结合和细胞内的信号传递。其胞质部分可以与一种 GTP 结合蛋白（简称 G 蛋白）相互作用，这种 G 蛋白是该信号传递途径中的第一个信号传递分子，这也是这类受体被称为 G 蛋白偶联受体的原因。

G 蛋白偶联受体的信号传递过程包括：①配体与受体结合；②受体活化 G 蛋白；③G 蛋白激活或抑制细胞中的效应分子；④效应分子改变细胞内信使的含量与分布；⑤细胞内信使作用于相应的靶分子，从而改变细胞的代谢过程及基因表达等功能。

（三）单次跨膜受体及其信号转导

多种生长因子和细胞因子的受体为一类结构上为单次跨膜的糖蛋白。与七跨膜受体（G 蛋白偶联受体）相对应，将其称为单次跨膜受体，即它们的跨膜区仅为单向一次性的，而不像七跨膜受体那样有反复的跨膜区段。单次跨膜受体所介导的信号传递和转换过程与 G 蛋白偶联受体的信号转导有很大差别。单次跨膜受体介导的信号转导过程主要是蛋白质分子的相互作用，并有蛋白酪氨酸激酶的广泛参与。

五、胞内受体介导的信号转导机制

已知通过胞内受体发挥作用的化学信号有糖皮质激素、盐皮质激素、雄激素、孕激素、雌激素、甲状腺素、维甲酸、1,2,5-$(OH)_2$ 维生素 D_3 等。位于细胞内的受体多为转录因子，其活性受信号分子配体的调节。当胞内受体与相应配体结合后，可进入细胞核内，与 DNA 上相应的顺式作用元件结合，主要是与增强子或沉默子结合，在转录水平调节基因表达。胞内受体通常为 400～1000 个氨基酸残基组成的单体蛋白质，由 4 个区域构成。高度可变区位于 N 端，具有转录激活功能；DNA 结合区位于受体分子的中部，含两个锌指模体与 DNA 结合；铰链区有核定位信号引导受体进入细胞核；激素结合区位于 C 端。

在没有激素作用时，受体与抑制蛋白（热激蛋白）形成复合物，因此阻止了受体向细胞核的移动及其与 DNA 的结合。当激素与受体结合时，受体构象发生变化，导致抑制蛋白与其解聚；暴露出受体的核内转移部位及 DNA 结合部位，激素-受体复合物向核内转移，并结合在特异基因的激素反应元件上，诱导相应的基因表达，引起细胞功能改变。

（王　斌）

第二十节　常用的分子生物学技术

一、分子杂交与印迹技术

（一）核酸分子杂交

核酸分子杂交（nucleic acid hybridization）利用的是 DNA 复性技术，如果把不同 DNA 单链分子放在同一溶液中，或把 DNA 与 RNA 放在一起，只要在 DNA 或 RNA 的单链分子之间有一定的碱基配对关系，就可以在不同的分子之间形成**杂化双链**（heteroduplex）。

1. 印迹技术　利用各种物理方法使琼脂糖凝胶中的生物大分子（如 DNA、RNA、蛋白质等）转移到硝酸纤维素滤膜（NC 膜）等各种膜上，使之成为固相化分子。这一技术类似于用吸墨纸吸收纸张上的墨迹，因此称为“blotting”，译为印迹技术。

2. 探针技术　用放射性核素、生物素或荧光染料标记其末端或全链已知序列的多聚核苷酸链称为“探针”。探针可以与固定在 NC 膜上的核苷酸序列结合，利用放射自显影或其他检测技术，判断是否有同源的核酸分子存在，称为探针技术。

（二）印迹技术的类别及应用

1. DNA 印迹法（Southern blotting） 是研究 DNA 图谱的基本技术，在遗传诊断、DNA 图谱分析及 PCR 产物分析等方面有重要价值。Southern 印迹杂交的基本方法是将 DNA 标本用限制性内切酶消化后，经琼脂糖凝胶电泳分离各酶切片段，然后经碱变性、Tris 缓冲液中和、高盐下通过毛细管虹吸作用或电转移等方法将 DNA 从凝胶中转印至 NC 膜上，烘干固定后即可用于杂交。凝胶中 DNA 片段的相对位置在 DNA 片段转移到滤膜的过程中保持不变。附着在滤膜上的 DNA 与 ^{32}P 标记的探针杂交，利用放射自显影确定探针互补的每条 DNA 带的位置，从而可以确定在众多酶解产物中含某一特定序列的 DNA 片段的位置和大小。用于基因组 DNA、重组质粒和噬菌体的分析。

2. RNA 印迹法（Northern blotting） 是一种将 RNA 从琼脂糖凝胶中转印到 NC 膜上的方法。DNA 印迹法由 Southern 于 1975 年创建，称为 Southern 印迹法。RNA 印迹法正好与 DNA 相对应，故被趣称为 Northern 印迹杂交，与此原理相似的蛋白质印迹法则被称为 Western blotting。Northern 印迹杂交的 RNA 转印与 Southern 印迹杂交的 DNA 转印方法类似，只是电泳上样前要用甲基氧化汞、乙二醛或甲醛使 RNA 变性，而非 NaOH，避免 RNA 2′-羟基基团水解。RNA 变性后有利于在转印过程中与 NC 膜结合，它同样可在高盐中进行转印，但在烘烤前与膜结合得并不牢固，所以在转印后不能用低盐缓冲液洗膜，否则 RNA 会被洗脱。在胶中不能加溴化乙锭（EB），因为它会影响 RNA 与 NC 膜的结合，为测定片段大小，可在同一块胶上加标记物一同电泳，之后将标记物泳道的凝胶切下，上 EB 染色，并于紫外灯下放一根尺子照相，记下标记物片段位置。样品胶则进行 Northern 转印，其过程与 Southern 印迹法相同。所有操作均应避免 RNase 的污染。可用于 RNA 的定性定量分析。

3. 蛋白质印迹（Western blotting） 与 Southern 或 Northern 杂交方法类似，不同的是 Western blotting 采用的是聚丙烯酰胺凝胶电泳（PAGE），被检测物是蛋白质，“探针”是抗体，“显色”用标记的二抗。经过 PAGE 分离的蛋白质样品，转移到固相载体（如 NC 膜）上，固相载体以非共价键形式吸附蛋白质，且能保持电泳分离的多肽类型及其生物学活性不变。以固相载体上的蛋白质或多肽作为抗原，与对应的抗体起免疫反应，再与酶或同位素标记的第二抗体起反应，经过底物显色或放射自显影以检测电泳分离的特异性目的基因表达的蛋白质成分。该技术也广泛应用于检测蛋白质水平的表达。

二、PCR 技术的原理与应用

（一）聚合酶链反应

聚合酶链反应（polymerase chain reaction，PCR）又称无细胞分子克隆或特异性 DNA 序列，是体外引物定向酶促扩增技术。聚合酶链反应是体外酶促合成特异 DNA 片段的一种方法，由高温变性、低温退火（复性）及适温延伸等几步反应组成一个周期，循环进行，使目的 DNA 得以迅速扩增，具有特异性强、灵敏度高、操作简便、省时等特点。它不仅可用于基因分离、克隆和核酸序列分析等基础研究，还可用于疾病的诊断等。

PCR 技术的基本原理类似于 DNA 的天然复制过程，其特异性依赖于与靶序列两端互补的寡核苷酸引物。PCR 由变性、退火、延伸三个基本反应步骤构成：①模板 DNA 的变性。模板 DNA 经加热至 94℃一定时间后，使模板 DNA 双链或经 PCR 扩增形成的双链 DNA 解离，使之成为单链，以便它与引物结合，为下轮反应作准备。②模板 DNA 与引物的退火（复性）。模板 DNA 经加热变性成单链后，降低温度（一般降至较 T_m 低 5℃），引物与模板 DNA 单链的互补序列配对结合。③引物的延伸。温度在 72℃时，DNA 模板-引物结合物在 *Taq* DNA 聚合酶的作用下，以 dNTP 为反应原料，以靶序列为模板，按碱基配对与半保留复制原理，合成一条新的与模板 DNA 链互补的半保留复制链，重复循环变性、退火、延伸三过程，就可获得更多的“半保留复制链”，而且这种新链又可成为下次循环的模板。每完成一个循环需 2～4min，2～3h 就能将待扩目的基因扩增放大几百万倍。

（二）PCR技术的主要应用

1. 目的基因的克隆　利用特异性引物以cDNA或基因组DNA为模板获得已知目的基因片段，或通过逆转录反应，直接以组织细胞的mRNA为模板获得目的片段；利用简并引物从cDNA文库或基因组文库中获得相似的基因片段。

2. 基因体外突变　利用PCR技术可以随意设计引物在体外对目的基因片段进行嵌和、缺失、点突变等改造。

3. DNA和RNA的微量分析　PCR技术高度敏感，对模板DNA的需要量很低，为DNA和RNA微量分析的最好方法。

4. DNA序列测定　将PCR技术引入DNA序列测定，使测序工作大为简化，同时提高了测序的速度；使待测DNA片段既能够克隆到特定的载体后进行序列测定，也能够直接测定。

5. 基因突变分析　PCR与其他技术结合，能大大提高基因突变检测的敏感性。

（三）几种重要的PCR衍生技术

1. 逆转录PCR技术　逆转录PCR（reverse transcription PCR，RT-PCR）是将RNA的逆转录反应与PCR反应联合应用的一种技术。RT-PCR是目前从组织或细胞中获得目的基因及对已知序列RNA进行定性及半定量分析的最有效方法。

2. 原位PCR技术　原位PCR（*in situ* PCR）技术是在组织切片或细胞涂片上的单个细胞内进行的PCR反应，之后用特异性探针进行原位杂交，如此可检出待测DNA或RNA是否在该组织或细胞中存在。原位PCR技术弥补了PCR技术及原位杂交技术的不足，不失为将目的基因扩增与定位相结合的一种最佳方法。

3. 实时PCR技术　实时PCR（real-time PCR）技术是动态监测反应过程中的产物量，以消除产物堆积对定量分析的干扰，也称为定量PCR。

三、基因文库

基因文库（gene library）是指一个包含了某一生物体全部DNA序列的克隆群体。其包括**基因组DNA文库**（genomic DNA library）、**cDNA文库**（cDNA library）。

1. 基因组DNA文库　基因组DNA文库是指生物的基因组DNA的信息（包括所有的编码区和非编码区）以DNA片段形式贮存的克隆群体。用于构建基因组文库的载体主要有λ噬菌体、黏粒和酵母人工染色体等。

2. cDNA文库　cDNA文库是指包含某一组织细胞在一定的条件下所表达的全部mRNA经逆转录合成的cDNA序列的克隆群体，其以cDNA片段的形式贮存着该组织细胞的基因表达信息。

四、生物芯片技术

1. 基因芯片（gene chip）　是将许多特定的DNA片段有规律紧密地排列并固定于单位面积的支持物上，然后与待测的有荧光标记的样品进行杂交，杂交后用荧光检测系统对芯片进行扫描，通过计算机系统对每一位点的荧光信号进行检测、比较和分析，并迅速得出定性和定量的结果。该技术也被称为**DNA微阵列**（DNA microarray）。

2. 蛋白质芯片（protein chip）　是将高度密集排列的蛋白质分子作为探针点阵固定于固相支持物上，当其与待测蛋白质样品反应时，即可捕获样品中的靶蛋白，再经检测系统对该靶蛋白进行定性及定量分析的一种技术。蛋白质芯片的作用原理是蛋白质分子间的亲和反应。

五、生物大分子相互作用研究技术

生物大分子之间可相互作用并形成各种复合物，所有重要的生命活动，如DNA复制、RNA转录、蛋白质的合成与分泌、信号转导与代谢等，都由这些复合物所完成。

（一）蛋白质相互作用研究技术

1. 标签融合蛋白沉淀 标签融合蛋白结合实验是一个基于亲和色谱原理、分析蛋白质体外直接相互作用的方法。该实验主要用于证明两种蛋白分子之间是否存在直接物理结合，可分析两种分子结合的具体结构部位，也可筛选细胞内与融合蛋白相结合的未知分子。

2. 酵母双杂交技术的基本原理和用途

（1）酵母双杂交技术的基本原理：**酵母双杂交系统**（yeast two-hybrid system）的建立是基于对真核生物调控转录起始过程的认识。细胞起始基因转录需要有反式转录激活因子的参与。反式转录激活因子如酵母转录因子 GAL4 在结构上是组件式的（modular），往往由两个或两个以上结构上可以分开、功能上相互独立的**结构域**（domain）构成，其中有 DNA **结合功能域**（DNA binding domain，DNA-BD）和**转录激活结构域**（activation domain，DNA-AD）。这两个结构域将它们分开时仍分别具有功能，但不能激活转录，只有当被分开的两者通过适当的途径在空间上较为接近时，才能重新呈现完整的 GAL4 转录因子活性，并可激活**上游激活序列**（upstream activating sequence，UAS）的下游启动子，使启动子下游基因得到转录。

（2）酵母双杂交技术的用途：证明两种已知基因序列的蛋白质可以相互作用的生物信息学推测；分析已知存在相互作用的两种蛋白质分子相互作用的功能结构域或关键氨基酸残基；将拟研究的蛋白质编码基因与 BD 基因融合成为“诱饵”表达质粒，可以筛选 AD 基因融合的“猎物”基因表达文库，筛选未知的相互作用蛋白质。

（二）DNA-蛋白质相互作用分子分析技术

1. 电泳迁移率变动分析 **电泳迁移率变动分析**（electrophoretic mobility shift assay，EMSA）又称**凝胶阻滞实验**，是体外利用电泳迁移率的变化来分析 DNA 与蛋白质相互作用的一种特殊的凝胶电泳技术。通常用 ^{32}P 标记 DNA 分子，而不标记蛋白质。电泳结束后，用放射自显影显现具放射性标记的 DNA 条带位置。如果细胞蛋白质提取物中不存在与放射性标记的 DNA 探针结合的蛋白质，那么所有放射性标记都将出现在凝胶的底部；反之，将会形成 DNA-蛋白质复合物，由于受到凝胶阻滞，放射性标记的 DNA 条带就会出现在凝胶的不同部位。

2. 染色质免疫沉淀法 真核生物的基因组 DNA 以染色质的形式存在。所以，研究蛋白质与 DNA 在染色质环境下的相互作用是为了阐明真核生物基因表达机制的基本途径。**染色质免疫沉淀法**（chromatin immunoprecipitation assay，CHIP）是目前唯一研究体内 DNA 与蛋白质相互作用的方法。其基本原理是在活细胞状态下固定蛋白质-DNA 复合物，并将其随机切断成一定长度范围内的染色质小片段，之后通过免疫学方法沉淀此复合体，特异性地富集目的蛋白结合的 DNA 片段，通过对目的片段的纯化与检测，从而获得蛋白质与 DNA 相互作用的信息。

（陈永伟）

第二十一节 重组 DNA 技术

一、重组 DNA 技术的概述

（一）重组 DNA 技术的相关概念

DNA 重组（DNA recombination）是指不同 DNA 分子断裂和连接而产生 DNA 片段的交换且重新组合形成新 DNA 分子的过程。

重组 DNA 技术（recombination DNA technology）是指于体外将两个或两个以上 DNA 分子重新组合且在适当细胞中增殖形成新 DNA 分子的过程。

自然界不同物种或个体之间的 DNA 重组和基因转移经常发生，DNA 重组是基因突变和物种演变、生物进化的基础。自然界 DNA 重组和基因转移主要有以下几种：同源重组、位点特异的重组、转座重组、接合作用、转化作用、转导作用等。发生在同源序列间的重组称为**同源重组**（homologous recombination），又称基本重组，是最基本的 DNA 重组方式。**位点特异的重组**（site specific recombination）是由整合酶催化，在两个 DNA 序列的特异位点间发生的整合。某些基因可以从一个位置移动到另一个位置，称为**转座重组**（transpositional recombination）。

原核细胞可通过接合、转化和转导作用进行基因转移或重组。当细胞与细胞或细菌通过菌毛相互接触时，质粒 DNA 从一个细胞（细菌）转移至另一个细胞（细菌）的 DNA 转移称为**接合作用**（conjugation）。通过自动获取或人为地供给外源 DNA，使细胞或培养的受体细胞获得新的遗传表型，称为**转化作用**（transformation）。当病毒从被感染的（供体）细胞释放出来、再次感染另一（供体）细胞时，发生在供体细胞与受体细胞之间的 DNA 转移及基因重组称为**转导作用**（transduction）。

克隆（cloning）是指来自同一始祖的相同副本或拷贝的集合。获取同一拷贝的过程称为克隆化，即无性繁殖。重组 DNA 技术，又称**分子克隆**（molecular cloning），即应用酶学的方法，在体外将各种来源的遗传物质与载体 DNA 接合成具有自我复制能力的 DNA 分子，通过转化或转染宿主细胞，筛选出含有目的基因的转化子细胞，再进行扩增提取，获得大量同一 DNA 分子的过程。将重组 DNA 分子导入合适受体细胞中，使其扩增和繁殖，以获得大量同一拷贝的 DNA 分子。

（二）基因工程的基本原理

基因工程的基本流程包括：目的基因的获取、克隆载体的选择和构建、外源基因与载体的连接、重组 DNA 分子导入受体细胞、重组体的筛选、克隆基因的表达。

实现上述过程依赖于一些重要的酶发挥作用，如限制性核酸内切酶及连接酶等。分子生物学研究中发现的许多核酸酶类都可用作基因工程的工具。限制性核酸内切酶是识别 DNA 的特异序列，并在识别位点或其周围切割双链 DNA 的一类内切酶。其中能识别特定的回文序列并切割 DNA 双链的Ⅱ类限制性核酸内切酶在 DNA 重组技术中被广泛应用。DNA 连接酶催化 DNA 中相邻的 5′磷酸基和 3′羟基之间形成磷酸二酯键，使 DNA 切口封合或使两个 DNA 分子或片段连接。

1. 目的基因的获取——分　获得特定的基因，这些特定基因称为目的基因。分离目的基因的方法有化学合成法、从基因组 DNA 文库和 cDNA 文库中获取目的 DNA、PCR 法等。基因组 DNA 文库是指含有某种生物体全部基因片段的重组 DNA 克隆群体。以 mRNA 为模板经逆转录酶催化合成与 RNA 序列互补的 DNA（称为 cDNA），可以从组织细胞提取 mRNA 构建 cDNA 文库，完整的 cDNA 文库可以获得特定基因的 cDNA 克隆。

2. 克隆载体的选择和构建——选　基因克隆的目的主要有：①获得目的基因；②获得目的 DNA 片段所编码的蛋白质。目的不同，载体的选择也不同。载体是为携带外源目的基因，实现外源目的基因在受体细胞内进行无性繁殖或表达有意义的蛋白质所采用的一些 DNA 分子。

常用的载体有质粒、噬菌体、病毒和酵母人工染色体等。载体应具备的基本特点：①能携带外源 DNA 片段进入受体细胞，在受体细胞内能自主复制，并带动外源 DNA 片段一起复制；②有适宜的限制性内切酶酶切位点，以供插入外源 DNA；③有两个以上供选择的遗传标记，如抗药基因、酶基因等，以便对阳性重组子进行筛选；④载体必须是安全的，不应含对受体细胞有害的基因，且在受体细胞内拷贝数要高；⑤对于表达型载体，还应配备与受体细胞适宜的启动子、增强子等调控元件。

3. 外源基因与载体的连接——接　将目的基因或序列插入载体，主要靠 DNA 连接酶。有黏性末端连接、平端连接、黏-平末端连接、同聚物加尾连接、人工接头连接等方式。

4. 重组 DNA 分子导入受体细胞——转　目的基因与载体在体外重组后要导入受体细胞才能进行扩增和表达。宿主细胞应为安全宿主菌、限制酶 DNA/蛋白质降解系统缺陷株和（或）重组酶缺陷、处于感受态。选择合适的受体细胞后，可采取一些适当方法处理受体细胞，使其处于最容易接受重组体的状态，称为感受态细胞。导入方式有转化、转染、感染。

5. 重组体的筛选——筛 是从大量细胞克隆中，得到含有目的基因的阳性重组子细胞或菌落的过程。根据载体体系、宿主细胞特性及外源基因在受体细胞的表达情况不同，可采取相应的筛选方法，如借助载体上的遗传标志进行筛选、序列特异性筛选、亲和筛选。

6. 克隆基因的表达——表 克隆基因在原核或真核表达体系中进行表达，获得所需蛋白质。

二、基因工程与医学

1. 疾病基因的发现与克隆 根据基因定位克隆基因并研究其性质，进而认识疾病的分子机制。因此，一个疾病相关基因的发现不但可以导致新的遗传病的发现，而且对遗传病的诊断和治疗都是极有价值的。

2. 生物制药 应用基因工程技术生产有应用价值的药物是目前医药发展的一个重要方向，在基因功能、基因克隆的基础上，构建适当的表达体系，表达出有药用价值的蛋白质、多肽；再经过严格的动物实验、临床试验和药物审查，研制出新药。应用基因工程技术生产药物有两个不同的途径：一是应用基因工程技术改造传统的制药工业。例如，用 DNA 重组技术改造制药所需要的菌种或创建的菌种，以提高抗生素、维生素、氨基酸产量等。二是用克隆的基因表达生产有用的肽类和蛋白质药物或疫苗。

3. 基因诊断 是利用分子生物学及分子遗传的技术和原理，在 DNA 水平分析、鉴定遗传病所涉及的基因置换、缺失或插入等突变，又称 DNA 诊断。基本过程为分离、扩增待测的 DNA 片段，区分或鉴定 DNA 的异常。

4. 基因治疗 基因治疗是向有功能缺陷的细胞补充相应功能的基因，以纠正或补偿其基因的缺陷，从而达到治疗的目的。

（胡雨薇）

第二十二节 癌基因与抑癌基因

癌基因（oncogene）是指人类或其他动物细胞及致癌病毒正常存在的一类基因。其编码产物常作为正调控信号，促进细胞增殖及生长。它的突变与异常表达或表达产物的异常可导致细胞恶性转化（癌变）。

抑癌基因也称**抗癌基因**（anti-oncogene）、**肿瘤抑制基因**（tumor suppressor gene），是一类可抑制细胞生长并有潜在抑癌作用的基因。当其受阻抑、失活、丢失，或其表达产物丧失功能可导致细胞恶性转化；反之，若导入或激活它则可抑制细胞的恶性转化。

一、癌基因的发现

早在 20 世纪初，Rockefeller 研究所的 Rous 医生将鸡肉瘤组织匀浆后的无细胞滤液皮下注射于正常鸡，发现可以引起肿瘤。可惜当时对病毒还缺乏认识，直到 50 年代才重新发现原来致瘤的因素是病毒，并以 Rous 医生的名字命名为**罗氏肉瘤病毒**（Rous sarcoma virus，RSV）。1975 年，Bishop 从 RSV 中分离到第一个病毒癌基因 *src*。

1976 年，Stehelin 以实验证明正常鸡成纤维细胞基因组中存在病毒癌基因 *src* 的同源序列。此后陆续发现许多禽类和鼠类病毒基因组中也有类似情况，即宿主细胞基因组中含有病毒癌基因的同源序列，称为**细胞癌基因**（c-oncogene，c-onc）。

病毒癌基因对病毒本身无关紧要，却可使宿主细胞转化，引起肿瘤，而细胞癌基因对细胞的生长、分化和功能活动却是至关紧要的。正常的细胞癌基因并不致癌，只是当它们异常表达或其表达产物异常时才会导致细胞的恶性转化，迄今发现的细胞癌基因都是一些有十分重要功能的管家基因，而且是高度保守的。例如，人与小鼠的 *K-ras* 基因产物 K-Ras 的氨基酸序列相差仅为 1%，人与大鼠的 *H-ras* 基因产物 H-Ras 的氨基酸序列完全相同。

逆转录病毒属于 RNA 肿瘤病毒，在 DNA 肿瘤病毒的基因组也存在着能使宿主细胞转化的基因，如腺病毒的 *E1A*、*E1B* 基因，多瘤病毒的大 *T*、中 *T* 基因，人乳头瘤病毒的 *E*6、*E*7 基因，以及 DV40 中的大 *T* 基因。它们为病毒复制所必需，同时又有使宿主细胞转化的作用，故沿用原名，不另以癌基因命名。

二、细胞癌基因的激活

细胞癌基因的激活是指原本不致癌的 c-onc 在特定的情况下转变成致癌性的，主要有以下几种激活方式。

1. 插入激活 例如，逆转录病毒 MoSV 感染鼠类成纤维细胞后，病毒基因组的长末端重复序列（long terminal repeat，LTR）整合到细胞癌基因 *c-mos* 邻近处，使 *c-mos* 处于 LTR 的强启动子和增强子作用之下而被激活，导致成纤维细胞转化为肉瘤细胞；禽类白细胞增生病毒（avian leukocytosis virus，ALV）的 E 成分整合到鸡细胞基因组 *c-myc* 附近，可使 *c-myc* 激活。因此，在基因治疗中使用逆转录病毒载体时必须考虑细胞癌基因的插入激活问题。

2. 突变激活 *ras* 基因的表达产物 Ras 是一种小分子 G 蛋白，在信号转导中起重要作用。正常 Ras 的作用因其自身的 GTP 酶活性而受到严格控制，而突变了的 Ras 的 GTP 酶活性下降或丧失，失去了原有控制，致使增殖信号持续作用，细胞发生恶性转化。

不同的癌基因有不同的激活方式，一种癌基因也可有几种激活方式。例如，*c-myc* 的激活就有基因扩增和基因重排两种方式，很少见 *c-myc* 的突变；而 *ras* 的激活方式则主要是突变，1985 年 Slamon 检测了 20 种 54 例人类肿瘤中的 15 种癌基因，发现所有肿瘤都不止一种癌基因发生改变。细胞转化实验证明，各种癌基因之间存在协同作用。例如，单独 *v-myc* 或 *EJ-ras* 都不能使大鼠胚胎成纤维细胞转化，但是若将二者共转染 PEF 细胞，8 天后 80%的细胞发生变化，那么为什么单独 *EJ-ras* 又可使 *Rat-1* 细胞转化呢？原因是该细胞并非正常，而是已经永生化了的细胞，如果先用化学诱癌物或射线使正常大鼠原代成纤维细胞永生化，然后再用 *EJ-ras* 转染，则可使之转化。因此 Weingerg 按转染细胞表型的变化将癌基因分为两类：一类是核内作用的能使细胞永生化的癌基因，如 *myc*、*fos* 等；另一类是引起细胞恶性表型变化的定位于质膜和胞质的癌基因，如 *ras*、*erbB*、*src* 等。事实表明，肿瘤的发生是多步骤、多因素的，不同的癌基因作用于肿瘤发生的不同阶段。

三、抑癌基因

抑癌基因又称肿瘤抑制基因，它的发现较癌基因晚，迄今克隆到的抑癌基因的数目也较少，这并不意味着客观存在的抑癌基因就一定比癌基因少，只是由于技术上的原因，要想分离、鉴定、确认一个抑癌基因比较困难。

早在 20 世纪 60 年代，就有人将癌细胞与同种正常双倍体成纤维细胞融合，所获杂种细胞的后代只要保留某些正常亲本染色体就可表现为正常表型。然而，随着染色体的丢失又可重新出现恶变细胞。这一现象表明，正常染色体内可能存在某些抑制肿瘤发生的基因，它们的丢失、突变或失去功能，可使潜在的致癌因素如激活的癌基因发挥作用而致癌。

抑癌基因的概念是在研究**视网膜母细胞瘤**（retinoblastoma，RB）的遗传损害时提出来的。RB 有家族性和散发性两种类型，其发病机制不同。前者有先天的隐性遗传损害，其种系基因是有缺陷的，患 RB 的频率可高达 80%～90%，且往往是双侧；后者两次体细胞突变发生在同一个细胞，概率很小，患病也是单侧。Kundson 早在 1971 年就提出 RB 发病的“两次击中学说”。现代分子遗传学分析手段的发展充分支持这一学说。1986 年 Draper 统计，RB 携带者发生第二原发癌的概率比一般人群要高数百倍。

关于抑癌基因如何起作用所知甚少，总体上对生长起着控制作用，是一类生长控制基因或负调控基因，若功能丧失则失去负调控，细胞只能接受正调控信号，抑癌基因产物的功能多种多样。

（王 斌）

第二十三节 基因诊断和基因治疗

一、基因诊断

（一）基因诊断的基本概念

人类的很多种疾病都可以从基因方面找到病因，基因诊断也因此应运而生。随着分子生物学的发展，能够定性、定量地对生物体的 DNA 序列及其产物进行分析，这些都属于**分子诊断**（molecular diagnosis）的范畴。而当诊断方法针对 DNA 或者 RNA 分子时，这样的分子诊断就称为基因诊断。总之，利用分子遗传学和现代生物学的技术与方法，通过检测相关基因结构及表达水平上的变化，来对某些疾病做出诊断的方法就是**基因诊断**（gene diagnosis）。基因诊断具有针对性强、特异性高、灵敏度高和适用范围广等特点。

（二）基因诊断常用技术

1. 核酸分子杂交技术 核酸分子杂交技术是利用核酸变性和复性的原理，通过基因探针，对 DNA 或 RNA 进行定性或定量分析。

DNA 印迹法通常能够显示 50bp～20kb 的 DNA 分子片段，从而获得待检基因插入或缺失的片段大小等信息，据此来诊断基因缺陷。DNA 印迹法还可以将正常和突变的基因型区分开来。该方法虽然结果可靠，但由于操作较为烦琐，并且要使用放射性核素标记，增大了其临床应用的难度。与 DNA 印迹法相类似的方法还有 RNA 印迹法，该技术分析的样品为 RNA，主要用来对某一组织或细胞中已知的特异 mRNA 的表达水平进行检测，还可以对不同组织或细胞中同一基因的表达情况进行对比。该方法特异性较强、假阳性率低，结果较为可靠。

对点突变进行检测时，等位基因特异性寡核苷酸分子杂交是一种较为有效的技术。该方法应用到正常和突变的两种寡核苷酸探针，分别进行标记，再与待检的 DNA 样品或其 PCR 扩增产物进行杂交，根据杂交信号检测出相应基因型。显然，正常 DNA 样品只能与正常的探针杂交，而突变纯合子只能与突变的探针杂交，如果样品与两种探针都产生了杂交信号，说明待检样品为突变杂合子。

反向点杂交（reverse dot blot，RDB）是在等位基因特异性寡核苷酸分子杂交的基础上进行改造，使之能够同时检测多种突变，大大地提高了基因诊断效率。具体方法为将原来杂交体系中固定在膜上的待检样品或扩增产物改为液相，将正常和各种突变序列的分子探针固定在杂交膜上进行杂交，该方法一次检测能够筛查多种突变。

2. 聚合酶链反应 设计并合成序列上跨越突变断裂点的一组引物，以待测 DNA 样品作为模板进行 PCR 扩增，扩增产物进行琼脂糖凝胶电泳鉴定其片段大小，以此判断是否有缺失或插入突变。这种方法也叫作**裂口 PCR**（gap PCR），该方法灵敏简便，适用于临床诊断。

3. DNA 序列分析 将患者的相关基因分离出来，通过其测定碱基序列，发现变异之处，这是最为确切、最为直接的基因诊断方法。

（三）基因诊断的应用

1. 诊断疾病和预测风险 与细胞学和生化检查相比，基因诊断准确度高，用时较少。基因诊断可以为确诊单基因遗传病提供依据，还可以对传染病病原体进行检测，产前诊断和遗传病筛查也是其重要应用。基因诊断还可以进行症状前检测，预测发病风险。

2. 疗效评价和用药指导 PCR等技术可以检测用药后的残留病灶,以此作为评价某些疾病的治疗效果、复发可能的依据。通过测定不同人体的基因多态性，发现某些药物敏感基因，为实现个体化用药提供技术支撑。

3. DNA指纹鉴定 人类的某些DNA序列具有高度的个体特异性,就像人的指纹一样。所以DNA指纹技术可以应用于法医学上的个体识别、亲子鉴定、排查嫌疑人等方面。

二、基因治疗

（一）基因治疗的基本概念

基因治疗是选取具有治疗价值的基因，将其装配于合适的载体中，导入人体细胞，以纠正或置换致病基因，使得正常基因在人体细胞中进行表达。这种治疗方法针对的是异常基因本身，改变人的遗传物质（主要是基因表达产物蛋白质），以达到治疗疾病的目的。

几乎所有的基因，只要具有治疗作用，理论上都可用于基因治疗。广义来讲，只要是应用分子生物学原理和技术，在核酸水平上进行的疾病治疗都可归属于基因治疗的范畴。基因治疗不仅在单基因遗传病上得以应用，在心脑血管疾病、神经系统疾病、恶性肿瘤及代谢性疾病方面都得到了应用。

由于基因治疗必须向人体细胞直接导入治疗基因，这在技术上难度很大，同时，在安全性和有效性方面要求也甚为严格。目前基因治疗的基本策略主要有缺陷基因原位修复、基因增补和基因沉默或失活。

（二）基因治疗的基本程序

1. 治疗基因的选择 从理论上讲，细胞内的基因都可作为治疗基因。在实际操作中，要清楚引起某种疾病的相关基因，从而根据“缺什么补什么，多什么去什么”的原则，选择具有治疗作用的目的基因。

2. 治疗载体的选择 治疗基因要想进入细胞，必须由适当的载体携带。选择治疗载体时，需要考虑载体携带外源基因片段的大小、对机体的毒性、所携带启动子的转染效率等因素。

目前使用的有病毒载体和非病毒载体两类。质粒载体、逆转录病毒载体、腺病毒载体和单纯疱疹病毒载体等都是常用的载体。逆转录病毒具有宿主细胞范围广、整合效率高、基因转移效率高等诸多优点，是目前基因治疗中最常用的治疗载体。

3. 靶细胞的选择 体细胞是目前基因治疗中所针对的靶细胞，可以是正常的免疫功能细胞，也可以是病变组织的细胞。种类繁多的体细胞当中，由于条件的限制，只有造血干细胞、淋巴细胞、内皮细胞、上皮细胞、肿瘤细胞和肌细胞等能够成功应用于基因治疗。其中最有前途的靶细胞之一是造血干细胞，这种细胞位于骨髓当中，具有很高的自我更新能力，而且能进一步分化为其他血细胞，基因组 DNA 也能保持稳定。皮肤成纤维细胞具有易采集、能于体外扩增培养、易移植等优点，也是基因治疗中有前途的靶细胞之一。

4. 治疗基因的导入 基因导入的方法有生物学方法，也有物理及化学等非生物学方法。物理方法有直接注射法、基因枪法和电穿孔法；化学方法有脂质体转染法、磷酸钙共沉淀法和 DEAE-葡聚糖法；生物学方法主要是通过病毒感染细胞来实现基因导入，该方法基因转移效率高，然而存在安全问题。

5. 治疗基因表达的检测 无论采用何种方法将治疗基因导入靶细胞,都需要对治疗基因的表达进行检测，只有治疗基因进行了正确的表达，基因治疗才有可能达到预期效果。常用的检测治疗基因表达状态的方法有 PCR、RNA 印迹法、蛋白质印迹法及酶联免疫吸附测定（ELISA）等。可以用 DNA 印迹法分析导入基因是否整合到基因组及其整合的部位。

（孔文娟）

第二十四节 基因组学、转录组学与蛋白质组学

一、基因组学

基因组（genome）是指一个细胞（或病毒）携带的全部遗传信息，它代表了一种生物所具有的全部遗传信息。对于真核生物体，基因组是指一套完整单倍体（染色体）及线粒体或叶绿体的全部 DNA 序列，既包含编码序列，也包含大量的非编码序列。

基因组学（genomics）是指阐明整个基因组的结构、结构与功能关系及基因之间相互作用的科学。其主要内容包括结构基因组学、功能基因组学和比较基因组学。

（一）结构基因组学

结构基因组学主要通过人类基因组作图（序列作图、遗传作图、转录作图及物理作图等）和大规模 DNA 测序等，以揭示人类基因组的全部 DNA 序列及组成。其主要任务是基因组作图和大规模测序。

1. 遗传作图和物理作图绘制人类基因组草图

（1）遗传作图即绘制连锁图：此为确定连锁的遗传标志位点在一条染色体上的排列顺序及它们之间的相对遗传距离。

（2）物理作图即描绘杂交图：于遗传作图基础上制作的更为详细的人类基因组图谱，主要有荧光原位杂交图、限制性酶切图、克隆相连重叠群图。

2. BAC 克隆系、鸟枪法等完成大规模 DNA 测序

（1）BAC 克隆系构建：BAC 是一种荷载 DNA 大片段的克隆系统，用于人类、动物和植物的基因组文库构建。

（2）鸟枪法测序：将整个基因组打成大小不同的 DNA 片段，构建 BAC 文库，对文库进行随机测序，最后运用生物信息学的方法将测序片段拼接为全基因组序列。

（3）高通量测序：应用毛细管电泳法实现了序列分析的“分析反应”和“读片过程”的自动化，使单次测定通量从几百 bp 提高到几万 bp，此为高通量测序。

3. 生物信息学预测基因组结构和功能 通过生物信息学可预测及分析基因组的结构和功能。

（二）功能基因组学

（1）**全基因组扫描鉴定 DNA 序列**：对已测定基因组序列进行“注释”，包括鉴定及描述推测的编码序列、非编码序列及其功能。

（2）**通过 BLAST 等程序搜索同源基因。**

（3）**通过实验设计验证基因功能**：通过设计一系列实验验证基因的功能。

（4）**通过转录组和蛋白质组描述基因表达模式。**

二、转录组学

转录组学（transcriptomics）是指在整体水平上研究细胞编码基因转录情况及转录调控规律的科学。

转录组学研究全部 mRNA 的表达与功能。转录组学主要阐明生物体或细胞在特定的生理或病理情况下表达的所有种类的 mRNA 及其功能。主要研究技术有微阵列、基因表达序列分析、大规模平行信号测序系统等。RNA 组学研究非编码 RNA 的集合。

三、蛋白质组学

蛋白质组学（proteomics）以细胞、组织或机体在特定时间和空间上表达的所有蛋白质即**蛋白质组**（proteome）为研究对象，并分析细胞内动态变化的蛋白质组成、表达水平及修饰状态，以了解蛋白质

之间的相互作用与联系，且在整体水平上研究蛋白质的调控活动规律，故又称为**全景式蛋白质表达谱**（global protein expression profile）分析。其主要研究内容如下。

（1）蛋白质组学研究细胞内所有蛋白质组成及活动规律，主要包括蛋白质鉴定、翻译后修饰、蛋白质功能确定。

（2）采用二维电泳和质谱技术研究蛋白质组学。

（3）通过蛋白质相互作用认识蛋白质功能。

（张乐晶）

第二十五节　基因结构与功能分析

人类多种疾病都与基因的结构或功能异常有关，所以要阐明疾病发生的分子机制并进行有效的诊断与防治，均需首先揭示基因的结构与功能。

一、DNA 序列测定

Sanger 双脱氧测序法和化学降解法是两种常规的 DNA 测序方法。

（一）Sanger 双脱氧测序法

此法用 4 种 2′,3′-双脱氧核苷酸（ddNTP）代替部分脱氧核苷酸（dNTP）作为底物进行 DNA 合成反应，从而获得在不同部位终止反应的大小不同的 DNA 链，经高分辨率（可分辨一个核苷酸的差别）变性聚丙烯酰胺凝胶电泳，以分离长短不一的核酸片段，根据片段 3′端的双脱氧碱基，便可依次阅读合成片段的碱基排列顺序。

（二）化学降解法

将一个 DNA 片段的 5′端磷酸基做放射性标记（如核素），再分别采用不同的化学方法修饰和裂解特定碱基，从而产生一系列长度不一而 5′端被标记的 DNA 片段，这些以特定碱基结尾的片段群通过凝胶电泳分离，再经放射线自显影，确定各片段末端碱基，从而得出目的 DNA 的碱基序列。

目前，常用的 DNA 测序方法有基于 Sanger 双脱氧测序法的四色荧光法和单色荧光法全自动激光荧光 DNA 测序、焦磷酸测序（一种基于发光法测定焦磷酸的测序技术）、循环芯片测序和单分子测序技术等。

二、基因转录起点及其启动子的分析

（一）用 cDNA 克隆直接测序法鉴定基因转录起始点

以 mRNA 为模板，经逆转录合成 cDNA 第一链，再利用逆转录酶的末端转移酶活性，于 cDNA 第一链的末端加上 polyC 尾，并以此引导合成 cDNA 第二链。将双链 cDNA 克隆于适宜载体上，通过对克隆 cDNA 的 5′端进行测序分析即可确定基因转录起始点（TSS）序列。该方法较简单，尤其适于对特定基因 TSS 的分析，但可导致 5′端部分缺失，从而影响对 TSS 的序列测定。

此外，基因转录起始点分析还可用快速扩增技术，扩增 cDNA 5′端鉴定 TSS；用数据库搜索 TSS 等。

（二）启动子结构分析技术

（1）利用 PCR 结合测序技术分析启动子结构。

（2）用核酸-蛋白质相互作用技术分析启动子结构，该技术有足迹法、电泳迁移率变动分析和染色质免疫沉淀技术等。

（3）用启动子数据库和启动子预测算法定义启动子。

（三）基因编码序列分析技术

可以用 cDNA 文库法、RNA 剪接分析法、数据库数据对比分析等技术分析或确定基因编码序列。

（四）基因拷贝数分析技术

分析某种基因的种类及拷贝数，实质上是对基因进行定性和定量分析，常用的技术主要有 DNA 印迹法、实时 PCR 技术等。

三、基因表达产物分析技术

（一）通过检测 RNA 转录水平分析基因表达

依据分析方法的原理和功能特性，将基因转录水平分析分为封闭性和开放性系统研究方法。封闭性系统研究方法（如 DNA 芯片、RNA 印迹法、实时 PCR 等）仅限于已知基因的应用。开放性系统研究方法（如双向基因表达指纹图谱、差异显示 PCR、分子索引法、随机引物 PCR 指纹分析等）可用于发现和分析未知基因。

（二）通过检测蛋白质/多肽翻译水平分析基因表达

例如，蛋白质印迹技术可检测蛋白质/多肽。酶联免疫吸附测定分析蛋白质/多肽。免疫组化试验原位检测组织/细胞表达的蛋白质/多肽。流式细胞术分析表达特异蛋白质的阳性细胞。蛋白质芯片和双向电泳高通量分析蛋白质/多肽表达水平。

（三）基因的生物学功能鉴定技术

1. 应用基因功能获得策略鉴定基因功能 基因功能获得策略是将目的基因直接导入某一细胞或个体中，使其获得新的或更高水平的表达，通过细胞或个体生物性状的改变研究基因功能。常用的方法有转基因技术、基因敲入技术等。

2. 应用基因功能失活策略鉴定基因功能 基因功能失活策略是使细胞或个体的某一基因功能部分或全部失活后，通过观察细胞生物学行为或个体遗传性状表型的变化来鉴定基因的功能。常用的方法有基因敲除、基因沉默等。

3. 应用随机突变筛选策略鉴定基因功能 随机突变筛选策略的第一步为通过物理诱变、化学诱变或生物技术方法产生大量的基因组 DNA 突变。乙基亚硝基脲（ENU）是一种化学诱变剂，其通过对基因组 DNA 碱基的烷基化修饰，诱导 DNA 在复制过程中发生错配而产生突变。它主要诱发单碱基发生突变，造成单个基因突变。ENU 致突变效率非常高。

（李日辉）

第二十六节 疾病相关基因鉴定与基因功能研究

疾病相关基因是医学分子生物学最重要的领域，几乎所有的疾病都与基因结构变异或表达异常有关，都是遗传因素和环境因素相互作用的结果。机体疾病相关基因分为两类：一类为致病基因，即一种疾病的表型和一个基因型呈直接对应的因果关系，即该基因结构或表达的异常是导致该疾病发生的直接原因；另一类为疾病易感基因，环境因素和遗传因素均起一定作用，表现为两个以上基因“微效作用”的叠加，或者多基因间的相互作用，而单一基因变异仅增加对疾病的易感性。

一、鉴定疾病相关基因的原则

1. 鉴定疾病相关基因的关键是确定疾病表型和基因间的实质联系　先确定遗传因素在疾病中的重要作用，进而确定存在于人类基因组中决定疾病表型的基因，并确定该基因在基因组中的位点及该位点和基因组其他位点的关系。

2. 鉴定克隆疾病相关基因需要多学科多途径的综合策略　通过对不同疾病家系的连锁分析，大致将该疾病的基因定位于某个染色体上，再寻找基因结构的异常，进而确定基因 DNA 序列碱基突变及其导致的蛋白质结构或表达异常的分子机制，最后克隆疾病基因。

3. 确定候选基因是多种克隆疾病相关基因方法的交汇　首先确定与疾病相关的候选基因区域，然后进行大量重复、逐个排除，确定候选基因，最终筛检患者中该基因的突变及这种突变与疾病的联系。

二、疾病相关基因克隆的策略和方法

（一）不依赖染色体定位的疾病相关基因克隆策略

1. 从已知蛋白质的功能和结构出发克隆疾病基因　功能克隆（functional cloning）采用从蛋白质到 DNA 的研究路线，针对一些对影响疾病的功能蛋白具有一定了解的疾病。其包括：①依据蛋白质的氨基酸序列信息鉴定克隆疾病相关基因；②用蛋白质的特异性抗体鉴定疾病基因。

2. 从疾病的表型差异出发发现疾病相关基因　表型克隆（phenotype cloning）在对疾病表型和基因结构或基因表达的特征联系已经有所认识的基础上进行分离鉴定疾病相关基因。依据 DNA 或 mRNA 的改变与疾病表型的关系，可有以下几种策略。

（1）依据疾病的表型，比较患者基因组 DNA 与正常人基因组 DNA 的差异，直接对产生变异的 DNA 片段进行克隆，不需要基因染色体位置或基因产物的其他信息。

（2）针对已知基因，若高度怀疑某种疾病是因某个特殊的已知基因所致，可通过比较患者和正常对照之间该基因表达的差异来确定该基因是否为该疾病相关基因。

（3）针对未知基因，通过比较疾病和正常组织中所有 mRNA 的表达种类和含量间的差异，而克隆疾病相关基因。这种差异或源于基因结构改变，或源于表达调控机制的改变。

3. 采用动物模型鉴定克隆疾病相关基因　人类的部分疾病，已经有相应的动物模型。若动物某种表型的突变基因定位于染色体的某一部位，具有相似人类疾病表型的基因也很有可能存在于人染色体的同源部位。

（二）定位克隆是鉴定疾病相关基因的经典方法

定位克隆（positional cloning）是指仅根据疾病基因在染色体上的大体位置，鉴定克隆疾病相关基因。

1. 基因定位的方法　基因定位（gene location）是基因分离及克隆的基础，可以确定基因在染色体上的位置及基因在染色体上的排列顺序和距离。有多种方法可以进行基因定位，不同的方法还可以联合使用并相互补充。①体细胞杂交法通过融合细胞的筛查定位基因；②染色体原位杂交是在细胞水平定位基因的常用方法；③染色体异常有时可提供疾病基因定位的替代方法；④连锁分析是定位疾病未知基因的常用方法。

2. 定位克隆的基本程序　包括三大步骤：①尽可能缩小染色体上的候选区域；②构建目的区域的物理图谱；③疾病相关基因的确定。

3. 假肥大型肌营养不良基因的克隆　是定位克隆的成功例证。

（三）确定常见病的基因需要全基因组关联分析和全外显子测序

基因定位克隆中，常用一些分子遗传标记进行**全基因组关联研究**（genome-wide association study，

GWAS），如此很大程度上提高了基因克隆效率。**全外显子测序**（whole exon sequencing）技术可对全基因组外显子区域 DNA 富集并进行高通量测序。

（四）生物信息数据库贮藏丰富的疾病相关基因信息

伴随着人类基因组计划的完成和多种模式基因组测序的成功、生物信息学的发展、计算机软件的开发利用和互联网的普及，人们将已获得的序列与数据库中的核苷酸序列及蛋白质序列进行同源性比较，或对数据库中的不同物种间的序列比较分析、连接、预测新的全长基因等，再通过实验证实，从组织细胞中克隆该基因，这就是所谓的电子克隆。电子克隆可以充分利用网络资源，大大提高克隆基因的速率和效率。

三、疾病相关基因的功能研究

1. 基因比对及功能诠释 常用的两大双序列比对工具是 BLAST 和 FASTA，分别由美国国立生物技术信息中心（NCBI）和欧洲生物信息学研究所（EBI）开发和维护。

2. 利用工程细胞研究基因功能 ①应用基因重组技术建立基因高表达工程细胞系；②基因沉默技术抑制特异基因的表达。

3. 研究生物大分子间的相互作用可确定基因功能 对难以阐明基因所表达蛋白质功能的，可通过研究该蛋白质与已知功能蛋白质之间的相互作用，来加强对该蛋白质功能的了解。

4. 利用基因修饰动物整体研究基因功能 通过整体研究才能真实反映某基因在体内的真正作用，如常用的转基因动物和基因敲除等。

（程远芳）

第二章 生 理 学

第一节 细胞的基本功能

一、细胞膜的物质转运功能

细胞膜是分隔细胞内液与外液的具有半透膜性质的特殊屏障。其结构是在脂质双分子层的基本骨架中镶嵌了一些特殊的功能蛋白，除少数脂溶性物质可顺浓度差进出细胞外，大多数物质如各种离子、营养成分、生物信号分子、细胞的代谢产物，甚至药物要进、出细胞只能通过细胞膜特殊的物质转运功能才能实现。概括起来，物质通过细胞膜转运的方式主要有以下 4 种。

（一）单纯扩散

单纯扩散是指脂溶性的小分子物质以简单物理扩散的方式从细胞膜的高浓度一侧向低浓度一侧移动的过程。例如，O_2、N_2、CO_2、乙醇、尿素及甾体类激素或药物能通过单纯扩散的方式进行跨膜转运。物质扩散速率，即单位时间内物质的扩散量，取决于该物质在膜两侧的浓度差和细胞膜对该物质的通透性。浓度差越大，细胞膜对物质的通透性越高，扩散速率就越大。单纯扩散不需要膜蛋白帮助，细胞膜不额外消耗代谢能量，属于物质的被动跨膜转运。

综合来讲，单纯扩散的特点是：①不需要膜上特殊蛋白质的帮助；②推动物质转运的力量是物质在细胞膜两侧的浓度梯度，不需要细胞膜额外提供能量；③物质转运的方向是从高浓度向低浓度；④转运的结果是物质浓度在细胞膜的两侧达到平衡。

（二）易化扩散

易化扩散是指非脂溶性或脂溶性很小的物质在细胞膜上特殊蛋白质的“帮助”下，从细胞膜的高浓度一侧向低浓度一侧移动的过程。根据膜上蛋白质在物质转运过程中所起的作用不同，可将易化扩散分为以下两种形式。

1. 经载体介导的易化扩散 是指水溶性的小分子物质借助于细胞膜上载体蛋白的帮助顺浓度梯度的跨膜转运过程。载体又称为转运体，是镶嵌在细胞膜上的一类具有特殊转运功能的蛋白质，其有与被转运物特异结合的位点。当载体蛋白与被转运的物质在其高浓度一侧结合后，通过立体构象的改变，将物质转运至低浓度一侧，并将其释放出去。葡萄糖和氨基酸等物质的跨膜转运就需要借助于膜上相应载体蛋白的帮助才能实现。这种经载体的易化扩散具有以下特点。

（1）高度结构特异性：高度结构特异性是指载体蛋白分子的立体构象决定其只能特异识别、结合与转运某种物质。例如，葡萄糖转运体只能识别、结合与转运天然的能被机体利用的右旋葡萄糖，而不能转运非天然的左旋葡萄糖。

（2）饱和现象：饱和现象是指由于细胞膜上某种载体的数量，以及该载体所具有的与被转运物结合的位点数目有限，因此在一定范围内，随着被转运物浓度的增加，载体转运物质的速率相应增加，但当浓度增加到一定程度，载体对物质的转运量已达到饱和状态后，转运物质的速率不能再继续增加。

（3）竞争性抑制：竞争性抑制是指某种载体可以与有相似化学结构的两种物质结合，这两种物质就会表现竞争性地与载体结合转运。其中哪一种物质浓度增加，其转运量都会增加，而另外一种物质的转运量就会减少。例如，葡萄糖转运体既可转运右旋葡萄糖，也能转运右旋半乳糖，右旋半乳糖的存在会减少右旋葡萄糖的转运量。

2. 经通道介导的易化扩散 经通道介导的易化扩散是指带电离子在细胞膜上通道蛋白质的“帮助”下顺电化学梯度进行的跨膜转运过程。能够转运某种离子的通道称为××离子通道。当某种离子通道开放时，细胞膜对该离子就具有了通透性，这种离子可顺电化学梯度经通道很快通过细胞膜。离子通道具有以下特征。

（1）离子的选择性：离子的选择性是指每种通道只允许某一种或几种离子通过，而其他离子则不易或完全不能通过。根据通道对离子的选择性不同，可分为钠通道、钙通道、钾通道、氯通道等。

（2）转运速度快：通道对物质的转运速率比载体快得多，可达每秒 10^6～10^8 个离子，因此由通道开放而介导的带电离子跨膜扩散对于细胞快速的生物电活动具有重要作用。

（3）门控特性：在通道的立体构象中往往具有一个或两个控制通道开、关的“闸门”结构。只有当某种离子通道闸门开放时，细胞膜才具备了对特定离子的通透性。根据控制通道闸门开放或关闭因素的不同，可将离子通道分为三种类型：①电压门控通道，这是由膜电位（细胞膜内、外两侧的电位差）改变控制其闸门开放和关闭的一类通道；②化学门控通道或配体门控通道，这是由化学信号如激素、神经递质、G 蛋白等控制其闸门开放和关闭的一类通道；③机械门控通道，这是由机械刺激控制其闸门开放和关闭的一类通道。

机体内不同的离子通道都有其专一的阻断剂。钠通道阻断剂是河豚毒，钾通道阻断剂是四乙胺，钙通道阻断剂是维拉帕米（异搏定）。

上述两种物质转运方式都不需要细胞耗能，故属于被动转运。

（三）主动转运

主动转运是指在细胞膜上特殊蛋白质的“帮助”下，通过耗能的过程，使物质分子或离子逆着电化学梯度所进行的跨膜转运过程。根据在物质转运过程中是否需要 ATP 直接供能，可将其分为原发性主动转运和继发性主动转运。

1. 原发性主动转运 原发性主动转运是指细胞膜上具有 ATP 酶活性的特殊蛋白质——**离子泵**直接水解 ATP 获得能量，帮助一种或一种以上的物质逆着各自的电化学梯度进行跨膜转运的过程。常见的离子泵有普遍存在于所有细胞膜上的钠-钾泵，存在于内质网膜上的钙泵，以及存在于胃腺壁细胞膜上的氢泵。

钠-钾泵，简称钠泵，因其具有 ATP 酶的活性，又称 Na^+-K^+依赖式 ATP 酶。钠泵每水解 1 分子 ATP 可逆着浓度梯度将 3 个 Na^+移出胞外，2 个 K^+移入胞内。

钠泵的活动，使 Na^+、K^+在细胞内、外不均衡分布，细胞内 K^+的浓度为细胞外液中的 30 倍左右，而细胞外液中 Na^+的浓度为胞质中的 12 倍左右。当细胞内 Na^+浓度升高或细胞外 K^+浓度升高时，都可激活钠泵转运 Na^+、K^+，从而维持 Na^+、K^+在细胞内、外不均衡分布的特点。

钠泵活动具有以下重要的生理意义：①建立和维持 Na^+、K^+在细胞内、外的浓度梯度，是细胞生物电产生的重要条件之一；②细胞内高 K^+浓度是细胞内许多代谢反应所必需的；③其维持细胞内低 Na^+能阻止细胞外过多水分进入细胞，从而维持细胞内液的正常渗透压和细胞容积的相对稳定；④其保持细胞外高 Na^+所贮存的势能可为其他物质如葡萄糖、氨基酸逆着浓度梯度进行继发性主动转运提供动力；⑤具有生电作用，这是因为钠泵在转运 Na^+、K^+过程中所造成的正电荷向细胞内、外转移的数量是不对等的，由此会造成一定程度膜电位的变化。

一些治疗心脏病的药物如哇巴因、洋地黄就是与心肌细胞膜上钠泵的特定部位结合，阻止钠泵的功能，从而减小细胞内、外 Na^+的浓度梯度，与此相关的 Na^+-Ca^{2+}交换量也随之减少，使细胞内的 Ca^{2+}浓度增加，从而产生强心作用。

2. 继发性主动转运 继发性主动转运是指驱动力不直接来自 ATP 分解供能，而是来自原发性主动转运建立的某离子浓度梯度所具有的势能，在载体“帮助”下而进行的逆浓度梯度的跨膜转运过程。

体内最普遍的继发性主动转运是借助于钠泵的工作所建立的细胞内、外 Na^+浓度梯度实现的，表现有以下特点：①以钠泵原发性主动转运为基础，首先建立起细胞内、外 Na^+的浓度梯度；② Na^+与另外一种或一种以上的物质转运偶联进行，当 Na^+顺浓度梯度扩散时，其释放的势能使另一些物质如葡萄糖、氨基酸，或一些离子如 Ca^{2+}、H^+、Cl^-等逆浓度梯度的转运；③ATP 只是间接为这些物质逆浓度梯度的转运供能，因而对这些物质的转运过程而言是继发性主动转运。葡萄糖、氨基酸在小肠黏膜及肾小管黏膜处的吸收属于继发性主动转运。

根据这些物质的转运方向与 Na^+顺浓度梯度的转运方向是否一致，可将继发性主动转运分为同向转运和逆向转运。如果某种物质的转运方向与 Na^+顺浓度梯度的转运方向一致，则称为**同向转运**；如果彼此方向相反，则称为**逆向转运**或**交换**。

逆向转运：Na^+-Ca^{2+}交换和 Na^+-H^+交换是普遍存在于很多细胞的重要生理过程，完成这一过程的膜蛋白称为 Na^+-Ca^{2+}交换体或 Na^+-H^+交换体。这些蛋白质可利用 Na^+的浓度梯度提供的势能将细胞内的 Ca^{2+}或 H^+排出细胞。Na^+-H^+交换有助于维持细胞内正常的 pH，Na^+-Ca^{2+}交换有助于维持细胞内 Ca^{2+}浓度的恒定。

（四）入胞和出胞

一些大分子或固态物质及液态物质团块只能通过细胞膜复杂的结构和功能改变来实现跨膜转运。

入胞是细胞外某些大分子或物质团块如细菌、细胞碎片、液体等通过细胞膜所形成的囊泡进入细胞的过程。

出胞是细胞内合成的一些物质如激素、酶类、神经递质等排出细胞的过程。

细胞膜的跨膜物质转运方式总结见表 2-1。

表 2-1　细胞膜的跨膜转运方式总结

跨膜转运方式	被转运的物质	跨膜转运特点
单纯扩散	O_2 等脂溶性小分子物质	属被动转运，扩散量受浓度差和膜通透性的影响
易化扩散		
载体介导	葡萄糖、氨基酸	属被动转运，载体有结构特异性、饱和及竞争抑制现象
通道介导	带电离子	属被动转运，通道有选择性，受闸门控制
主动转运		
原发性	带电离子	由生物泵（钠泵）直接分解 ATP 供能，逆电化学梯度转运，维持膜内、外钠离子、钾离子不均衡分布
继发性	葡萄糖、氨基酸、带电离子	借助原发性主动转运产生的物质势能，由转运体或交换体逆浓度差或电位差转运
入胞和出胞	大分子或团块物质	要消耗 ATP，属主动转运

二、细胞的兴奋性和生物电现象

（一）静息电位和动作电位及其产生机制

可兴奋细胞的生物电现象主要有两种表现形式：一种是在安静时所具有的静息电位；另一种是受到刺激时产生的动作电位。

1. 静息电位　静息电位是指在安静状态下，存在于细胞膜内、外两侧的电位差，其特点为外正内负（膜内电位低于膜外）。习惯上以膜外电位作为参考（零电位），以膜内的电位值来代表膜电位。静息电位负值越大，表明膜内、外电位差越大，反之亦然。不同细胞静息电位值有所差别，神经细胞为−70mV，骨骼肌细胞为−90mV，平滑肌细胞为−55mV，红细胞为−10mV。

生理学上，通常把静息状态下膜电位所保持的外正内负的状态称为**极化**；以此为基础，膜电位负值增大的过程称为**超极化**；膜电位负值减小的过程称为**去极化**或**除极化**；去极化超过零电位以上的部分称为**超射**；发生超射时膜两侧电位极性反转称为**反极化**；细胞先发生去极化后又向原来的极化状态恢复的过程称为**复极化**。

静息电位产生的机制：静息电位是静息时带电离子跨膜扩散形成的。产生离子跨膜扩散的条件有二：①钠泵活动造成带电离子在膜内、外两侧的不均衡分布，细胞内液 K^+浓度高，细胞外液 Na^+ 浓度高，如此，它们都存在向对方扩散的趋势；②带电离子能否向对方扩散及扩散的多少取决于细胞膜的通透性。静息时细胞膜对 K^+具有较大通透性（细胞膜上存在的非门控的钾漏通道持续开放），对 Na^+ 通透性只是对 K^+通透性的 1%～2%。

因而，K^+ 在化学驱动力（浓度差驱动力）的作用下向细胞外扩散，而细胞内与之保持电平衡带负电荷的蛋白质大分子不能随之移出细胞，于是导致膜内正电荷减少，而膜外正电荷增多，这就形成了以外正内负为特征的膜电位。膜电位所产生的电位差驱动力会阻止 K^+继续外流，最后当两个方向的力量达到平衡时的膜电位就是静息电位。因为静息电位主要是由 K^+的外流所致，所以静息电位值非常接近于 K^+的平衡电位（EK）。

实际上，静息电位实测值一般较 K^+ 平衡电位的理论值（即用 Nernst 公式计算得到的值）略小，其原因在于，安静状态下细胞膜除了对 K^+具有较大的通透性外，对 Na^+也有一定的通透性，少量 Na^+ 的内流，对静息状态时的膜电位也有一定的影响。

根据 Nernst 公式不难理解，如果细胞外 K^+ 浓度发生改变，静息电位值也会相应改变。具体来说，如果发生细胞外高钾，细胞内、外 K^+ 浓度差减小，外流的 K^+ 减少，静息电位的负值也减小，将对细胞的兴奋性产生影响。

2. 动作电位 动作电位是指可兴奋细胞（神经细胞、肌细胞和某些腺细胞）受到刺激而兴奋时，细胞膜在原来静息电位的基础上发生的一次迅速而短暂的、可向周围扩布的电位波动。

动作电位的变化：安静状态下，神经纤维和肌细胞的静息电位水平为–90～–70mV。当它们受到一次有效刺激（阈刺激或阈上刺激）时，膜内原来存在的负电位将迅速消失，并进一步变成正电位，即膜内电位由原来的–90～–70mV 变为+20～+40mV 的水平，即由原来的内负外正变为内正外负，如此，构成了动作电位的上升支。其中，膜电位在零电位以上的部分，称为**超射**。但是，膜内电位并不能停留在正电位状态，而是很快出现动作电位的复极相，重新回到静息电位水平，形成动作电位的下降支。在神经纤维，完成一次动作电位一般需要 0.5～2.0ms，这使它在描记的图形上表现为一次短促而尖锐的脉冲样变化，称为**峰电位**。

动作电位的产生机制：动作电位的产生是细胞受到一次有效刺激而呈现的一种兴奋的标志，是由细胞外 Na^+ 大量内流形成的。Na^+实现大量内流的条件有三：①钠泵活动造成细胞外液 Na^+ 浓度较高，Na^+ 有向细胞膜内扩散的趋势；②与细胞膜受到一次有效刺激时，细胞膜对 Na^+ 通透性突然增大（即 Na^+ 通道大量开放）；③安静时存在于膜内较大的负电位，对 Na^+ 产生的向内吸引力（电场力）。在上述条件下，Na^+ 迅速大量内流，以致膜内负电位因正电荷的增加而迅速消失，即当动作电位上升支到达零电位水平时，吸引 Na^+内流的电场力消失。而驱动 Na^+ 向内扩散的浓度差（浓差力）几乎没有减小，继续促使 Na^+ 内流，结果，膜电位产生翻转，由安静时的外正内负变成内正外负，进而形成一种阻止 Na^+ 内流的新的电场力。最终，这个阻止 Na^+ 内流的电场力和驱动 Na^+ 向内扩散的浓差力达到平衡，形成动作电位的整个上升支。这时膜两侧的电位差称为 Na^+平衡电位，膜对 Na^+ 的净通量为零。

动作电位复极相的产生，是因为细胞膜上 Na^+ 通道开放的时间很短，它很快就进入失活状态，从而使膜对 Na^+ 的通透性变小。与此同时，细胞膜上电压门控 K^+ 通道开放，于是膜内 K^+ 在浓度差和电位差的驱动下又向膜外扩散，使膜内电位由正向负变化，直至重新恢复到原来的静息电位水平。在动作电位发生过程中虽然既有 Na^+ 内流又有 K^+ 外流，但每次造成的膜两侧钠、钾浓度差的改变很小，只相当于原来浓度差大小的八万分之一。而且，这样微小的浓度改变也会激活细胞膜上的钠泵，通过钠泵的活动而始终维持着原始的膜两侧 Na^+、K^+的不均衡分布，从而保持可兴奋细胞的正常电兴奋性。

动作电位的特点有：①“全或无”现象。单一神经纤维或肌细胞动作电位的一个重要特点就是其受到的刺激若达不到阈值，就不会产生动作电位。刺激一旦达到阈值，一定会爆发动作电位。而且产生的动作电位的大小和形状不会因刺激的强弱和传导距离的远近而发生变化。②具有不应期。由于绝对不应期的存在，细胞在单位时间内能够接受刺激产生的动作电位的数目是有限的，不会发生电位的融合。

（二）兴奋性和兴奋的引起

1. 兴奋性　是指机体或组织细胞对内、外环境变化的刺激产生反应的能力，对可兴奋细胞来说就是指其受刺激后产生动作电位的能力。细胞具有兴奋性是其接受刺激产生兴奋的基础，如果细胞没有兴奋性，任何强大的刺激都不可能引起细胞的兴奋。细胞在发生一次兴奋后，由于通道功能状态的变化，会导致其兴奋性出现有规律的变化，经历以下几个不同的时期。

（1）绝对不应期：绝对不应期是在细胞兴奋发生的当时及兴奋后最初的一段时间内完全没有兴奋性的时期。对于骨骼肌细胞或神经细胞而言，此期的钠通道完全处在失活状态，因此无论再施加多强的刺激也不能使细胞再次产生新的兴奋。由于这一时期几乎覆盖了整个动作电位的峰电位，因此动作电位的峰电位不会发生叠加。

（2）相对不应期：相对不应期是在绝对不应期之后的一段时期，此时细胞的兴奋性有所恢复，但较正常时兴奋性低。原因是这一时期的部分钠通道已经恢复到可以再次激活的备用状态，如果所给的第二次刺激强度足够大，可以再次引起细胞的兴奋。

（3）超常期：超常期是相对不应期后，细胞经历的兴奋性略高于正常水平的时期。此期更多的钠通道已经恢复到备用状态，并且在时间上与动作电位的去极化后电位相重叠，膜电位更接近阈电位，因而此期内细胞更容易接受第二次刺激发生兴奋。

（4）低常期：低常期在时间上与动作电位的超极化后电位相重叠，虽然此时钠通道都已恢复到备用状态，但由于膜电位的水平比静息电位水平更远离阈电位，因而此期内细胞不容易接受第二次刺激发生兴奋。

2. 兴奋的引起　刺激要引起组织细胞发生兴奋，必须具备以下三个条件，即一定的刺激强度、一定的持续时间和一定的强度-时间变化率。任何刺激要引起组织兴奋，上述刺激的三个参数必须达到某一临界值，即**阈值**。这种刚能引起组织发生兴奋的最小刺激称为**阈刺激**，小于阈值的刺激称为**阈下刺激**，大于阈值的刺激称为阈上刺激。在刺激的三要素中，如果固定刺激的持续时间和强度-时间变化率，那么，引起组织发生兴奋的最小刺激强度称为**阈强度**（阈值）。引起兴奋的阈强度大小是衡量组织兴奋性高低的指标。

阈电位和动作电位的引起：刺激能否引起组织兴奋，取决于刺激能否使该组织细胞的静息电位去极化达到某一临界值。一旦去极化达到这一临界值，该细胞膜上的电压门控钠通道大量激活，膜对 Na^+ 通透性突然增大，Na^+大量内流，结果造成膜的进一步去极化，而膜的进一步去极化又导致更多的 Na^+ 通道开放，有更多的 Na^+ 内流，这种 Na^+通道开放与 Na^+内流之间的正反馈式的相互促进作用（或称为再生性循环），使膜迅速自动地去极化，直至接近 Na^+平衡电位水平，这个过程才停止，从而形成了动作电位的上升支。这种能使细胞膜去极化达到爆发动作电位的临界膜电位数值，称为阈电位。一般可兴奋细胞的阈电位要比它们静息电位的绝对值小 10～20mV。从电位变化的角度来看，所谓阈强度，是指能使膜的静息电位升高到阈电位而爆发动作电位的最小值刺激强度。等于阈强度的刺激称为阈刺激，低于阈强度的刺激称为阈下刺激。由此不难理解，给可兴奋细胞施加阈下刺激，只能引起低于阈电位的**局部去极化**（即**局部兴奋**），而不能爆发动作电位。当刺激强度达到阈强度时，就会引起动作电位的发生，且一旦动作电位被阈强度的刺激触发发生了，其以后的过程就与刺激大小无关了。

（三）兴奋在同一细胞上传导的机制和特点

动作电位在同一细胞的传导和跨细胞间的传导机制不同，前者完全是一种电的传导过程，而后者是电-化学-电的传递过程（见本章第九节突触传递基本过程）。

1. 动作电位在同一细胞的传导机制 动作电位一旦发生，可以沿着细胞膜不衰减地传播至整个细胞膜，使整个细胞膜各个部位都经历一次与被刺激部位同样的跨膜离子移动过程，实现兴奋的传播，这是动作电位的一个重要特征。

动作电位能沿着细胞膜不衰减地传导的关键是因为在已经兴奋的部位和未兴奋部位之间形成了**局部电流**。例如，给一条枪乌贼的无髓鞘神经纤维的某一小段施加一个阈刺激使之爆发动作电位，这时该处膜两侧电位出现暂时性倒转，由静息时的外正内负变为内正外负，但与其邻接的两侧神经段的膜仍处于安静时外正内负的极化状态；由于膜两侧的溶液都是导电的，于是在已兴奋的神经段和与它相邻的未兴奋的神经段之间，将由于电位差的存在而产生局部电流。局部电流的流动方向是细胞内从兴奋部位流向未兴奋部位，穿出细胞膜，再从未兴奋部位流向兴奋部位。局部电流使得前方一定距离内的细胞膜去极化达到阈电位，引起钠通道大量开放，进而产生新的动作电位。如此，动作电位便通过局部电流沿细胞膜向远处传导。

在有髓鞘神经纤维上动作电位传导的方式与无髓神经纤维一样，只是由于髓鞘的主要成分脂质具有绝缘性，局部电流只能在髓鞘中断的部位，即相邻的郎飞结之间产生，并引发动作电位。将动作电位在有髓神经纤维的一个个郎飞结之间产生的传导方式称为**跳跃式传导**，其传导速度比无髓神经纤维快得多。并且与无髓神经纤维比较，动作电位在有髓神经纤维传导同样的距离所需要转运的离子更少，所消耗的能量也相对更少，因而更加节能。

2. 动作电位在同一细胞的传导特点 ①双向性：在神经纤维上任何一点施加有效刺激而发生兴奋时，动作电位会沿神经纤维向两端同时传导。②绝缘性：一条神经干上包含有许多神经纤维，在各条纤维上传导的冲动互不干扰。③安全性：对单一细胞来说，兴奋的部位和未兴奋部位之间形成的局部电流强度常可超过引起邻近膜兴奋所必需阈强度的数倍，因而以局部电流为基础的传导过程是相当安全的，一般不会出现传导阻滞。④不衰减性：动作电位在同一细胞上传导时，其幅度和波形不会因传导距离的增加而改变，这种兴奋扩布方式称为不衰减性扩布。⑤相对不疲劳性：兴奋在神经纤维上传导与经典化学突触传递相比较，可较长时间进行，表现有不易发生疲劳的特征。⑥神经纤维结构和功能的完整性：实现兴奋在神经纤维上的正常传导功能，要求神经纤维的结构和功能两方面都是完整的。

三、骨骼肌的收缩功能

（一）骨骼肌神经-肌接头处的兴奋传递

1. 传递过程 动作电位在骨骼肌神经-肌接头处的传递是以化学递质乙酰胆碱（ACh）作为中介进行的，具体过程如下。

（1）当动作电位到达运动神经末梢时，接头前膜发生去极化，进而使接头前膜电压门控的 Ca^{2+}通道开放。大量 Ca^{2+}顺浓度梯度由胞外进入神经末梢内。

（2）进入神经末梢中的 Ca^{2+}触发含有神经递质的囊泡向接头前膜方向移动，并与之融合，通过出胞作用将囊泡中储存的 ACh 以量子式释放到接头间隙中。

（3）ACh 在接头间隙扩散至终板，与终板膜上的 ACh 受体阳离子通道结合致通道开放，允许 Na^+和 K^+顺着电化学梯度扩散，但以 Na^+内流以主。结果终板膜去极化，产生所谓终板电位。

（4）终板电位属于局部电位，可以电紧张扩布的方式使临近正常的肌细胞膜去极化到阈电位水平，从而爆发肌细胞膜动作电位。由于终板膜处没有动作电位产生所必需的电压门控的钠通道，因此动作电位不能在终板膜处产生。

（5）ACh 发挥作用后很快被终板膜上的胆碱酯酶水解，使终板电位及时终止，以保证下次神经冲动到达神经末梢时引起相同的效应。

可见，骨骼肌神经-肌接头处的传递是一种电-化学-电的传递过程。在正常情况下，骨骼肌神经-肌接头处的传递是一对一的，即运动神经纤维每有一次神经冲动到达末梢，都能可靠地使其支配的肌细胞兴奋一次，诱发一次收缩。

2. 传递特点　①单向传递：因为骨骼肌神经-肌接头处的传递是化学传递，接头前膜释放递质，在终板膜上有与该递质结合的受体，所以信息传递的方向只能由前膜传向后膜，而不能反传。②时间延搁：兴奋通过骨骼肌神经-肌接头处（接头间隙宽 20～30nm）需要的时间是 0.3～0.5ms，比兴奋在同一细胞上传导同样距离需要的时间要长得多。③易受药物和内环境理化因素改变的影响：神经-肌接头间隙处于细胞外液，细胞外液的 pH、温度、各种离子浓度的变化及细菌毒素、某些药物等均对该处的化学传递过程产生影响。

3. 影响因素　神经-肌接头处的传递是化学传递，所以，凡能影响递质释放、递质与受体结合及递质灭活的因素，都会影响其兴奋传递过程。①影响递质释放的因素：细胞外液 Ca^{2+}浓度降低或 Mg^{2+}浓度升高，可减少 ACh 的释放量；肉毒梭菌毒素能选择性阻滞神经末梢释放 ACh；而黑寡妇蜘蛛毒素则能促进接头前膜释放 ACh，最终导致递质耗竭，两者都可引起接头传递阻滞。②影响递质与受体结合的因素：筒箭毒碱和 α-银环蛇毒与 ACh 竞争终板膜上的 N 型 ACh 门控通道的结合位点，从而导致接头传递受阻，使骨骼肌松弛。③影响递质灭活的因素：有机磷农药和新斯的明等胆碱酯酶抑制剂能使胆碱酯酶失活，使 ACh 不能及时被水解，造成 ACh 在接头间隙大量堆积，并持续作用于终板膜通道蛋白质分子，导致肌肉颤动等一系列中毒症状。

（二）骨骼肌的兴奋-收缩偶联

在整体情况下，骨骼肌的收缩活动都是在支配它们的运动神经的控制之下完成的。如上所述，神经冲动经神经-肌接头传递至骨骼肌细胞的标志是肌细胞膜动作电位的产生，然后才出现肌细胞的收缩。显然，在肌细胞电兴奋与其后的机械收缩活动之间必然有一个中间过程将两者联系起来，这就是兴奋-收缩偶联。兴奋-收缩偶联包括三个基本过程：①肌膜上的动作电位通过局部电流沿肌膜传向肌细胞深处；②三联管结构处的信息传递；③肌质网内储存的 Ca^{2+}大量释放入胞质中，使胞质内的 Ca^{2+}浓度升高。

兴奋-收缩偶联的结构基础是三联管，偶联因子是 Ca^{2+}。

（周崇坦）

第二节　血　　液

一、血液的组成与特性

（一）内环境与稳态

人体内的液体总称为体液。正常成年人的体液量约为机体总质量的 60%。体液按存在的部位，可分为细胞外液和细胞内液。细胞外液包括组织液、血浆，还有少量的脑脊液、淋巴液等，它是细胞直接接触和生存的液体环境，因此被称为机体的内环境。稳态是指人体通过神经和体液调节，使内环境的理化性质如温度、酸碱度、渗透压及各种离子成分和营养物质水平保持相对稳定的状态。

（二）血量、血液的组成、血细胞比容

1. 血量　机体血液的总量称为血量，是血细胞和血浆量的总和。人体正常血量为 70～80mL/kg，其中血浆量为 40～50mL/kg。幼儿机体的含水量较多，血量约为 90mL/kg。

2. 血液的组成　血液由血浆和悬浮于其中的血细胞构成。血浆的基本成分主要包括水、电解质、低分子有机化合物及少量气体。由于血浆中的水和电解质可透过毛细血管壁与组织液进行物质交换，因此血浆中电解质含量与组织液基本相同。血浆的另一种成分为血浆蛋白，是血浆中多种蛋白质的总称。血细胞可分为红细胞、白细胞和血小板三类，红细胞的数量最多，约为血细胞总数的 99%，白细胞最少。

3. 血细胞比容　血细胞在血液中所占的容积百分比，称为**血细胞比容**。正常成年男性的血细胞

比容为 40%～50%，成年女性为 37%～48%，新生儿约为 55%。血液中白细胞和血小板数量较少，仅占总容积的 0.15%～1%，因此血细胞比容可反映血液中红细胞的相对浓度。

4. 全血、血浆、血清的概念 全血是指包括血细胞和血浆的全部液体。**血浆**是指正常血液中除血细胞以外的液体成分，是血液经过抗凝并以 3000r/min 的速度离心 30min 后分离得到的浅黄色液体。**血清**是指血液凝固后 12h 血凝块发生回缩所释放的淡黄色液体。与血浆相比，血清缺少了纤维蛋白原和少量凝血因子，增添了凝血时由内皮细胞和血小板释放的少量化学物质。

（三）血液的理化特性

1. 血液的比重 正常人全血比重为 1.050～1.060，全血比重与血液中红细胞数量呈正相关。血浆比重为 1.025～1.030，与血浆蛋白质含量呈正相关。红细胞比重为 1.090～1.092，与红细胞内血红蛋白含量呈正相关。可根据血浆和红细胞的比重差异，进行红细胞比容、红细胞沉降率的测定，以及红细胞与血浆的分离。

2. 血液的黏度 血液的黏度是血液流动时分子间相互摩擦造成的，全血的相对黏度为 4～5，血浆为 1.6～2.4。温度恒定时，全血的黏度取决于红细胞的比容，血浆的黏度取决于血浆蛋白的含量。血液黏度越高，血流阻力越大，越易造成血栓。

3. 血浆渗透压 生理情况下，血浆渗透压约为 300mmol/L（770kPa）。血浆渗透压由血浆中两部分溶质构成，由溶解于其中的晶体物质所形成的渗透压称为**晶体渗透压**，它的 80%来自 Na^+和 Cl^-。由于晶体物质能够通过毛细血管壁与组织液进行物质交换，因此血浆与组织液的晶体渗透压基本相等。血浆晶体渗透压对维持细胞内外的水平衡起极其重要的作用。由血浆蛋白质形成的渗透压称为**胶体渗透压**，因为蛋白质分子数量少，所以产生的渗透压较小，仅为 3.3kPa。血浆蛋白质中白蛋白分子质量小，含量最高，因此是形成血浆胶体渗透压的主要物质，血浆蛋白质不易透过毛细血管壁，所以血浆胶体渗透压在调节血管内、外水平衡和维持正常的血浆容量中起重要的作用。

4. 血浆的 pH 正常血浆的 pH 为 7.35～7.45，正常情况下，血浆 pH 保持相对恒定状态，这依赖于血浆中的缓冲物质、肺和肾的正常功能。血浆中的缓冲物质包括 $NaHCO_3/H_2CO_3$、蛋白质钠盐/蛋白质和 Na_2HPO_4/NaH_2PO_4，最重要的缓冲对是 $NaHCO_3/H_2CO_3$。当血浆 pH 小于 7.35 时称为酸中毒，大于 7.45 时称为碱中毒。

二、血细胞及其功能

（一）红细胞生理

1. 红细胞的数量、形态和功能 红细胞是血液中数量最多的细胞。成年男性红细胞数量正常值为（4.0～5.5）$\times 10^{12}$/L，成年女性为（3.5～5.0）$\times 10^{12}$/L。人类正常成熟红细胞呈双凹圆碟状，直径为 7～8μm，无核。红细胞的主要功能是运输氧和二氧化碳，这种功能是通过细胞内的血红蛋白实现的。血红蛋白一旦逸出到血浆，便丧失运输气体的功能。此外，红细胞内有多种缓冲对，对血液中的酸碱物质具有一定的缓冲作用。

2. 红细胞的生理特性 红细胞具有悬浮稳定性、渗透脆性和可塑变形性，红细胞的这些特性与其双凹圆碟形相关。①**悬浮稳定性**：生理状态下，红细胞能相对稳定地悬浮于血浆中的特性，称为**悬浮稳定性**（suspension stability）。这一特性是因为血液不断流动，红细胞不易下沉；红细胞呈双凹圆碟形，与血浆间产生的摩擦较大；加之红细胞膜带负电荷，细胞之间的相互排斥等。临床上常以第一小时末下沉的距离来表示红细胞沉降的速度，称为红细胞沉降率，简称**血沉**。正常成年男性的红细胞沉降率为 0～15mm/h，成年女性为 0～20mm/h。某些疾病如活动性结核、风湿热等可使血沉加快。血沉的快慢主要取决于红细胞的叠连，红细胞的叠连主要取决于血浆，而不取决于红细胞本身。血浆中白蛋白、卵磷脂增多可使红细胞血沉减慢，而球蛋白和纤维蛋白原增多使红细胞血沉加快。②**渗透脆性**：红细胞在低渗盐溶液中发生膨胀破裂的特性，称为渗透脆性。渗透脆性大表明红细胞对低渗盐溶液的抵抗力低，脆性小则抵抗力高。生理情况下，初成熟的红细胞对低渗溶液抵抗力高，即脆性小；而衰老红细胞的抵抗力低，即脆性大。0.85% NaCl 溶液的渗透压与血浆渗透压相等，称为等渗溶液；如果形成该溶液的电解质分子不能通过细胞质膜，该溶液也称等张溶液。所以 0.85% NaCl 溶液既是等渗溶液，又是等张溶液。红细胞在 0.85% NaCl 溶液中可保持正常的形态、大小和机能。正常人的红细胞在 0.42%NaCl 溶液中部分溶血；在 0.35%NaCl 溶液中，全部红细胞发生溶血。③**可塑变形性**：红细胞在全身血管中流动时，常要发生变形才能挤过口径比它小的毛细血管和血窦孔隙，在通过后又可恢复原状，红细胞的这种变形称为可塑性变形。可塑性变形主要是由于红细胞的双凹圆碟形使其表面积与体积的比值较大，易发生变形。遗传性球形细胞增多症患者，其红细胞变形能力降低。此外，红细胞内的黏度加大，红细胞膜的弹性降低，红细胞的变形能力也降低。

3. 造血原料及其辅助因子 正常红细胞生成需要的最基本的原料是铁和蛋白质。铁的来源有两种：一种为衰老的红细胞在体内破坏，由血红蛋白分解释放出的“内源性铁”被再利用；另一种为从食物中摄取的“外源性铁”。红细胞的发育与成熟过程中还需要叶酸及维生素 B_{12} 作为合成 DNA 的辅助因子，维生素 B_{12} 吸收障碍，可引起巨幼红细胞性贫血。此外，红细胞的生成还需要氨基酸、维生素 B_6、维生素 B_2、维生素 C、维生素 E 和多种微量元素等。

（二）白细胞生理

1. 白细胞的总数和分类计数 正常成年人的白细胞总数是（4.0～10.0）$\times 10^9$/L，即 4000～10 000/μL。生理状态下，血液中白细胞数目变动范围较大，每微升少于 4000 时，称为白细胞减少；每微升超过 10 000 时，称为白细胞增多。机体发生炎症时常伴有白细胞增多的现象。

白细胞分为粒细胞、单核细胞和淋巴细胞三类。临床上，在显微镜下对三类细胞的百分比进行计数，称为白细胞分类计数。正常成年人中性粒细胞占 50%～70%，嗜酸性粒细胞占 0.5%～5%，嗜碱性粒细胞占 0～1%，单核细胞占 3%～8%，淋巴细胞占 20%～40%。

2. 白细胞的生理特性及功能 各类白细胞均可参与机体的防御功能。白细胞通过变形、游走、趋化、吞噬和分泌等特性来实现其防御功能。除淋巴细胞外，所有白细胞都可通过变形运动穿过血管壁，这一过程称为白细胞渗出。白细胞具有趋向某些化学物质运动的特性，称为趋化性。能吸引白细胞发生定向运动的化学物质，称为趋化因子。白细胞顺趋化因子的浓度梯度游走到炎症部位，将细菌等异物吞噬，进而将其消化、杀灭。白细胞分泌的白介素、干扰素等多种细胞因子可通过自分泌、旁分泌参与炎症和免疫反应的调控。

中性粒细胞的变形、游走能力及吞噬能力都很强，是体内主要的吞噬细胞，可吞噬病原微生物，特别是急性化脓性细菌，起到了抵御感染的重要作用。当中性粒细胞数目减少至 1000/μL 时，机体抵抗力明显下降。

嗜酸性粒细胞的主要作用是限制嗜碱性粒细胞和肥大细胞在 I 型超敏反应及对蠕虫的免疫反应中的作用。成熟的嗜碱性粒细胞留在血液中，炎症发生时受趋化因子的诱导迁移到组织。血液中的嗜碱性粒细胞可释放组胺、白三烯和嗜酸性粒细胞趋化因子 A 等活性物质。肝素具有抗凝血作用，利于保持血管通畅；组胺和白三烯可引起荨麻疹、哮喘等 I 型超敏反应；趋化因子 A 可吸引嗜酸性粒细胞聚集在炎症部位来限制嗜碱性粒细胞在超敏反应中的作用。

血液中的单核细胞为未成熟细胞，迁移入组织后发育为巨噬细胞。巨噬细胞具有吞噬和杀菌作用，对肿瘤和病毒感染细胞具有强大的杀伤力。

淋巴细胞在免疫应答反应过程中起核心作用。淋巴细胞有 T 淋巴细胞、B 淋巴细胞和自然杀伤细胞三大类。T 淋巴细胞主要参与细胞免疫，B 淋巴细胞主要参与体液免疫，自然杀伤细胞是机体天然免疫的重要执行者。

（三）血小板生理

1. 血小板的数量 正常成年人血液中血小板数目为（100～300）$\times 10^9$/L。当血小板数量超过 1000 ×

10^9/L 时，称为血小板过多，易发生血栓；血小板数量低于 50×10^9/L 时，称为血小板减少。

2. 血小板的生理特性及其功能　血小板有 5 种生理特性：①**黏附**，血小板与非血小板表面的黏着称为**血小板黏附**。当血管损伤后血管内皮下胶原纤维暴露，可引起血小板黏附于胶原纤维上。②**释放**，血小板受刺激后，将其储存在致密体、α-颗粒或溶酶体内的物质排出的现象，称为血小板释放。致密体释放 ADP、ATP、5-HT 和 Ca^{2+}；α-颗粒释放 β-血小板球蛋白、PF_4、PF_5 和纤维蛋白原等。③**聚集**，血小板与血小板之间的相互黏着，称为血小板聚集。聚集分为两个时相：第一时相由受损组织细胞释放 ADP 引起，发生快，但可逆，即可解聚；第二相发生较缓，不可逆，由血小板自身释放的 ADP 引起。④**收缩**，血小板可依赖类似肌肉的收缩蛋白产生收缩。血小板的收缩机能使得血凝块更牢固地封闭血管，有利于止血。⑤**吸附**，血小板表面可吸附血浆中多种凝血因子，有利于血液凝固和生理性止血。

血小板有三种生理功能：①**形成血小板血栓**。血管损伤后，血管内皮下胶原纤维暴露，血小板迅速黏附于损伤部位，聚集成团，形成血小板止血栓，达到初步止血的目的。②**促进血液凝固**。血小板黏附于血管损伤部位，激活后释放的 5-HT 等可促进血管进一步收缩；血小板膜结合多种凝血因子，同时血小板还可释放少量的凝血因子，可加速凝血过程；加之凝块中血小板的收缩，坚实的血凝块可牢固地封闭血管的破口。③**维持血管内皮的完整性**。血小板可黏附并融合到血管内皮，修复内皮细胞，因此有助于维持血管壁的完整性。此外，血小板还可以释放血小板源生长因子和血管内皮生长因子，促进血管内皮细胞、平滑肌细胞和成纤维细胞的增殖，也有利于受损血管的修复。

三、血液凝固、抗凝和纤溶

（一）血液凝固的基本步骤

血液由流动的液体状态变为不能流动的凝胶状态的过程称为血液凝固。其本质就是血浆中的可溶性纤维蛋白原转变为不溶性的纤维蛋白的过程。血液凝固是一系列复杂的多种凝血因子参与的酶促反应过程。

在凝血过程中，凝血因子依次被激活，使纤维蛋白原最终转变为纤维蛋白。这一过程可分为凝血酶原酶复合物的形成、凝血酶的形成和纤维蛋白的形成三个阶段，即

第一步　　凝血酶原酶复合物
　　　　　　　　↓
第二步　　凝血酶原 ——→ 凝血酶
　　　　　　　　↓
第三步　　纤维蛋白原 ——→ 纤维蛋白

1. 凝血酶原酶复合物的形成　根据凝血酶原酶复合物形成的启动方式和参与的凝血因子不同，可将凝血过程分为内源性凝血途径和外源性凝血途径两种。

（1）内源性凝血途径：内源性凝血途径是指参与凝血的因子全部来自血液，通常是血液与带负电荷的异物（玻璃、白陶土等）表面接触而引发的，该过程由 FⅫ启动。当血管受损，血液与带负电荷的异物接触，FⅫ被激活为 FⅫa。FⅫa 再激活 FⅪ成为 FⅪa，FⅪa 活化 FⅨa，FⅨa 在 Ca^{2+}的作用下与 FⅧa 在活化的血小板膜表面结合成复合物进一步激活 FⅩ转化为 FⅩa，从而启动凝血途径。在此过程中，FⅧa 可使 FⅨa 激活 FⅩ为 FⅩa 的速度提高 20 万倍，因此 FⅧ缺乏可导致内源性凝血途径障碍，轻微损伤便可出血不止，临床上称为甲（A）型血友病。外科手术中常用温热盐水纱布压迫止血，主要是因为纱布是异物，可激活 FⅫ和血小板，加之适当加温可促进酶促反应加快凝血而达到止血目的。

（2）外源性凝血途径：由来自血液之外的组织因子暴露于血液而启动的凝血过程，称为外源性凝血途径。当组织细胞损伤破裂释放出的 FⅢ进入血液后，在 Ca^{2+}作用下与 FⅦa 形成 FⅦa-组织因子复合物，进而激活 FⅩ为 FⅩa，启动凝血过程。

2. 凝血酶的形成 在凝血酶原酶复合物的作用下，无活性的凝血酶原（FⅡ）被激活为有活性的凝血酶（FⅡa）。

3. 纤维蛋白的形成 凝血酶形成以后，迅速催化纤维蛋白原（FⅠ）分解为纤维蛋白单体（FⅠa），同时，凝血酶也能激活FXⅢ转化为FXⅢa。FXⅢa在Ca^{2+}作用下使纤维蛋白单体相互聚合，形成不溶于水的纤维蛋白多聚体，多聚体交联成网，形成血凝块，完成凝血。

血液凝固是凝血因子相继酶解激活的过程，每步均有放大效应，因此整个凝血过程呈现巨大的放大效应。且此过程存在多处正反馈，一旦启动便会迅速进行，以保证在短时期内达到止血效果。

（二）主要抗凝物质的作用，纤维蛋白溶解系统及其功能

1. 主要抗凝物质的作用 正常情况下，血管内循环流动的血液不会发生凝固，即使血管受损，凝血也只发生在受损部位而不延及未损伤部位，这是因为正常血管内皮可产生屏障作用阻挡凝血因子和血小板与内皮下成分接触，从而避免凝血过程启动。此外，机体内存在多种生理性抗凝物质来抑制凝血途径。最重要的抑制物是抗凝血酶，它由肝和血管内皮细胞产生，通过与凝血酶和FⅨa、FXa、FⅪa等分子活性中心结合抑制其活性，从而起到抗凝作用。最重要的抗凝血酶是抗凝血酶Ⅲ。肝素是一种由嗜酸性粒细胞和肥大细胞产生的酸性黏多糖，主要通过增强抗凝血酶的活性而发挥强大的抗凝作用。

2. 纤维蛋白溶解系统及其功能 组织损伤后所形成的止血栓在完成止血后将逐渐溶解，以保证血管通畅，也有利于受损组织的再生和修复。止血栓的溶解主要依赖于纤维蛋白溶解系统（简称纤溶系统）。纤溶系统包括纤维蛋白溶解酶原、纤溶酶、纤溶酶原激活物与纤溶抑制物。纤维蛋白被分解液化的过程称为纤维蛋白溶解（简称纤溶），纤溶可分为纤溶酶原的激活与纤维蛋白（或纤维蛋白原）的降解两个基本阶段。

（1）纤溶酶原的激活：纤溶酶原主要由肝产生，正常情况下以无活性的酶原形式存在于血浆中，在激活物的作用下，才被激活成有活性的纤溶酶。纤溶酶原激活物主要有血管内皮细胞产生的组织型纤溶酶原激活物（t-PA）及肾小管和集合管产生的尿激酶型纤溶酶原激活物。纤维蛋白的存在可使激活作用较低的t-PA对纤维酶原的激活效应增加1000倍。此外，FⅫa、激肽释放酶也可激活纤溶酶原，当血液与异物表面接触而激活FⅫ时，启动内源性凝血系统的同时也通过FⅫa激活激肽释放酶而激活纤溶系统，使凝血与纤溶互相配合，保持平衡。

（2）纤维蛋白与纤维蛋白原的降解：纤维蛋白和纤维蛋白原是纤溶酶最敏感的底物，可在纤溶酶的作用下被分解为可溶性的小肽，称为纤维蛋白降解物。降解产物通常不再凝固，部分小肽还具有抗凝血作用。另外，特异性较低的纤溶酶对FⅡ、FⅤ、FⅧ、FX、FⅫ等凝血因子也有一定的降解作用。纤溶亢进时可因纤维蛋白降解物的抗凝作用和凝血因子的大量降解而产生出血倾向。

（3）纤溶抑制物：纤溶系统的活性可被体内多种物质抑制，主要有血管内皮细胞产生的纤溶酶原激活抑制物-1（PAI-1）和肝产生的α_2-抗纤溶酶（α_2-AP）。PAI-1通过与t-PA和尿激酶结合而使之灭活；α_2-AP通过与纤溶酶结合成复合物而迅速抑制纤溶酶的活性。

在正常安静情况下，由于血管内皮细胞分泌的PAI-1比t-PA量高10倍，加之α_2-AP对纤溶酶的灭活作用，因此血液中的纤溶活性很低。当血管壁上有纤维蛋白形成时，血管内皮分泌t-PA增多的同时，纤维蛋白与t-PA、纤溶酶原结合，既避免了PAI-1对t-PA的灭活，又有利于t-PA对纤溶酶原的激活，同时还可以避免血液中的α_2-AP对纤溶酶的灭活。这就保证了血栓形成部位的适度纤溶，维持了凝血和纤溶之间的动态平衡。

四、血型

（一）血型与红细胞凝集反应

1. 血型 通常是指红细胞膜上特异性抗原的类型。因此，血型也是指红细胞血型。目前已有30

个不同的红细胞血型系统被发现，其中与临床关系最为密切的是 ABO 血型系统和 Rh 血型系统。

2. 红细胞凝集 若将两个血型不相容的人的血液滴加在玻片上混合，出现红细胞凝集成簇的现象称为**红细胞凝集**。红细胞凝集常伴有溶血，输血时发生凝集反应可堵塞毛细血管，溶血又可损伤肾小管，同时伴有过敏反应，严重时危及生命。

红细胞凝集的本质是抗原抗体反应。红细胞膜上的特异性抗原在凝集反应中称为凝集原；能与红细胞膜上的抗原特异性结合的抗体称为凝集素。ABO 血型系统的抗体属于 IgM，每个抗体上有 2～10 个抗原结合位点，在抗原抗体反应中，抗体可在多个带有相应抗原的红细胞间形成桥梁，使红细胞聚集成簇。由于 IgM 分子质量较大，不易透过胎盘。

（二）ABO 血型系统和 Rh 血型系统

1. ABO 血型系统 在 ABO 血型系统中，红细胞膜上含有两种抗原，即 A 抗原和 B 抗原。根据红细胞膜上抗原的种类可将血液分为 4 种 ABO 型：红细胞膜上只含 A 抗原者为 A 型；只含 B 抗原者为 B 型；A、B 两种抗原皆有者为 AB 型；A 和 B 两种抗原皆无者为 O 型。人类血清中含有与 A、B 抗原相对的两种抗体，即 A 抗体和 B 抗体。机体中不含有与其本身红细胞抗原对抗的血型抗体（表 2-2）。也就是说在 A 型血的血清中只含有 B 抗体；B 型血的血清中只含有 A 抗体；AB 型血的血清中既无 A 抗体也无 B 抗体；而 O 型血的血清中则既有 A 抗体，也有 B 抗体。

表 2-2 ABO 血型系统中的抗原和抗体

血型	红细胞膜上的抗原	血清中的抗体	凝集实验	
			A 型血清	B 型血清
A 型	A	B 抗体	–	+
B 型	B	A 抗体	+	–
AB 型	A 和 B	无	+	+
O 型	无	A 抗体和 B 抗体	–	–

注：“+”表示有凝集反应；“–”表示无凝集反应

另外，A 型存在 A_1 和 A_2 两种亚型，因此输血时应注意到 A 亚型的存在。

2. Rh 血型系统 Rh 血型系统是红细胞血型中最复杂的一个系统。Rh 抗原最早是在恒河猴红细胞上被发现的。现已发现与临床关系密切的 5 种 Rh 抗原为 C、c、D、E、e。其中抗原性最强的为 D。医学上通常将红细胞上含 D 抗原者称为 Rh 阳性；缺乏 D 抗原者称为 Rh 阴性。在中国，汉族及其他大部分民族，Rh 阳性者约为 99%，Rh 阴性者约为 1%；某些少数民族中 Rh 阴性者可达 15%。

与 ABO 血型系统不同，人的血清中没有抗 Rh 的天然抗体，Rh 阴性者只有在接受 Rh 抗原刺激后，才会通过体液免疫产生 Rh 抗体。因此，Rh 阴性者第一次接受 Rh 阳性者的血液输血后一般不产生凝集反应，但再输入 Rh 阳性血液时即可发生抗原-抗体反应，输入的 Rh 阳性红细胞将会凝集而发生溶血。因此临床上给患者重复输血时，应做交叉配血试验。

此外，Rh 抗体主要是分子质量较小的 IgG，能透过胎盘。当 Rh 阴性的女性怀有 Rh 阳性的胎儿时，胎儿的红细胞可进入母体，使母体产生免疫性抗体。当母亲再次怀有 Rh 阳性的胎儿时，这种抗体可以通过胎盘进入胎儿血液，使胎儿的红细胞发生凝集溶血，造成新生儿溶血性贫血，严重时可致胎儿死亡。

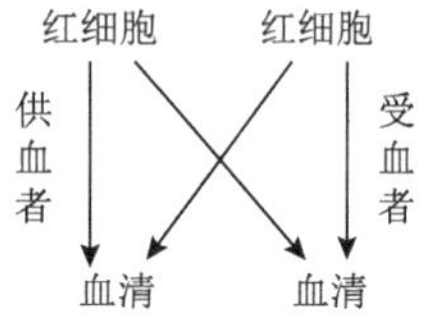

图 2-1 交叉配血示意图

（三）输血原则

输血时必须遵守输血原则。输血一般采用同型输血，输血前必须做交叉配血试验（图 2-1）。如果交叉配血的主、次两侧均不出现凝集反应，即为配血相合，可以进行输血；如果主侧（供血者红细胞与受血者血清）出现凝集，决不可进行输血；如果主侧不发生凝集而次侧（受血者红细胞与供血者血清）发生凝集反应，应急情况下可少量缓慢输血，且要密切观察，如有输血反应，应立即停止输血。

（金白洁　周崇坦）

第三节　血 液 循 环

一、心脏的泵血功能

（一）心动周期

1. 概念　心房或心室每收缩和舒张一次构成一个机械活动周期，称为心动周期。在一个心动周期中，心房和心室的机械活动都可分为收缩期和舒张期。由于心室在心脏泵血过程中起主要作用，故心动周期通常是指心室的活动周期。

心动周期的时间与心率成反比。安静状态下，正常成年人平均心率为 75 次/min，心动周期则为 0.8s。在一个心动周期中，左、右心房活动同步进行，左、右心室活动同步进行。其中心房先收缩，历时约 0.1s，然后进入心房舒张期，历时约 0.7s。在心房收缩结束后，心室开始收缩，历时 0.3s，接着心室开始舒张，历时 0.5s。在心室舒张的前 0.4s 内，心房也处于舒张状态，这一时期称为全心舒张期。

当心率加快时，心动周期缩短，收缩期和舒张期都相应缩短，但舒张期缩短更明显，这对心脏的持久活动不利，容易导致心力衰竭的发生。

2. 心脏的泵血过程　左、右心室的泵血活动过程基本相似。现以左心室为例说明在一个心动周期中心脏的泵血过程和机制。

（1）心室收缩期：①等容收缩期，心室开始收缩，室内压迅速升高，当室内压升高到超过房内压时，房室瓣即关闭。此时室内压仍低于主动脉压，动脉瓣未开放，心室暂时成为一个密闭的腔，心室内容积不变。这一期室内压急剧升高。②快速射血期，随着心室肌收缩，室内压进一步升高，当室内压超过主动脉压时，动脉瓣开放，血液快速、大量射入主动脉，心室容积减小，室内压继续升高并在射血期末达到峰值。③减慢射血期，快速射血期后，心室内血液减少，心室肌收缩强度减弱，射血速度逐渐减慢。在这一期，室内压已低于主动脉压，但是心室内的血液因具有较高的动能，依其惯性作用仍能逆压力梯度继续流入主动脉。

（2）心室舒张期：①等容舒张期，心室开始舒张，室内压急剧下降，主动脉内的血液向心室方向反流，推动动脉瓣关闭。但此时室内压仍高于房内压，故房室瓣还处于关闭状态，心室又成为一个封闭的腔，心室容积不变，室内压快速下降。②快速充盈期，随着心室的继续舒张，室内压进一步下降，当室内压下降到低于房内压时，房室瓣开放。在心室的负压“抽吸”作用下，大静脉、心房内的血液快速流入心室，心室容积增大。③减慢充盈期，随着心室血液的不断充盈，心室与心房和静脉之间的压力梯度逐渐减小，血液充盈心室的速度减慢，称减慢充盈期。④心房收缩期，在减慢充盈期后，即心室舒张期的最后 0.1s，心房开始收缩。心房收缩造成房内压升高，挤压房内血液继续流入心室，使心室充盈量再增加 10%～30%。此后，心室进入新一轮的活动周期。

综上所述，心室的收缩、舒张造成室内压的周期性变化是导致心室与心房和静脉、心室与动脉之间压力梯度的主要原因。该压力梯度是推动血液流动的直接动力。心室血液充盈主要依赖心室舒张过程的负压抽吸作用，而心房收缩挤入心室的血量仅占总充盈量的 10%～30%。故在心脏泵血过程中，心房不起主要作用。

（二）心脏泵血功能的评价

1. 每搏输出量和射血分数　一侧心室收缩一次所射出的血液量，称为每搏输出量，简称搏出量。

正常成年人在安静状态下，搏出量约为 70mL。搏出量占心室舒张末期容积的百分比，称为射血分数。健康成年人安静时的射血分数为 55%～65%。

正常情况下，搏出量与心室舒张末期的容积是相适应的，当心室舒张末期容积增大时，搏出量也相应增加，保持射血分数基本不变。如果心室异常扩大、心功能减退时，其搏出量可能与正常人无明显差异，但射血分数已经明显减小。因此，射血分数比搏出量能更早发现心脏泵血功能异常，是比较准确反映心泵功能的指标。

2. 每分输出量与心指数 一侧心室每分钟射出的血液量，称为每分输出量，简称心输出量。心输出量与机体的新陈代谢水平相适应，正常成年人安静时为 4.5～6.0L/min。

身材大小不同的人，其新陈代谢的水平不同，对心输出量的需求也不同，此时若用心输出量作为指标来评价心泵功能显然是不全面的。调查资料表明，个体心输出量与体表面积成正比。每平方米体表面积的心输出量，称为心指数。正常成年人在安静和空腹状态下，心指数为 3.0～3.5L/（min・m^2）。不同的生理条件下，心指数也存在变异。心指数比心输出量在评价不同个体心泵功能时更加全面。

3. 心脏做功量 心室一次收缩射血所做的功，称为每搏功，简称搏功。它包括两部分：一部分是心室收缩搏出的血液所增加的压强能（血液由低压的静脉射入高压的动脉）；另一部分是使血液以较快的流速向前流动的动能。

$$每搏功=搏出量\times（平均动脉压-左心房内压）$$

若搏出量为 70mL，平均动脉压为 92mmHg，平均心房压为 6mmHg，则每搏功为 0.847J（血液比重按 1.055 计算）。

每分功即心室每分钟收缩射血所做的功，等于每搏功乘以心率。若按平均心率 75 次/min 计算，则每分功为 63.5J/min。

心脏泵血量的多少不仅取决于心脏本身的收缩功能，还与射血时遇到的阻力（动脉血压）大小有关。动脉血压升高时，射血阻力增大，心脏要射出等量的血液，就必须加强收缩、消耗更多的能量，因而心脏做功量增加。由此可见，用心脏做功量评价心泵功能比单纯用心输出量更全面。

（三）心脏泵血功能的调节

心输出量是搏出量与心率的乘积。因此，凡能影响搏出量和心率的因素均能影响心输出量。搏出量又受到前负荷、后负荷和心肌收缩能力的影响。

1. 搏出量

（1）前负荷：对于心脏而言，心室舒张末期的血液充盈量即心室的前负荷。前负荷决定肌肉的初长度。临床上通常用心室舒张末期压力来反映前负荷的大小。

前负荷在心泵功能中的作用，可以通过“心室功能曲线”来反映。该曲线反映出，在一定范围内，每搏功随着心室舒张末期压力的变化而变化。当充盈压达到 12～15mmHg 时，每搏功最大，此时的前负荷为最适前负荷，其引起的初长度为最适初长度。在达到最适前负荷之前，心肌收缩强度随着初长度增长而相应增加的现象称为心肌细胞的异长自身调节机制。

初长度对心肌收缩力影响的机制与骨骼肌相似，即不同的初长度可以改变心肌细胞肌节中粗、细肌丝的有效重叠程度。当肌节的初长度为最适初长度时，粗、细肌丝的重叠状态最佳，收缩张力最大。

异长自身调节机制是对搏出量的微小变化进行精细的调节，使搏出量与静脉回心血量之间保持平衡，从而使心室舒张末期容积和压力保持在正常范围。

（2）后负荷：后负荷即肌肉开始收缩以后遇到的负荷。对心脏射血而言，大动脉血压是心室收缩时遇到的后负荷。大动脉血压升高时，等容收缩期时间延长，室内压必须升到更高水平才能使主动脉瓣开放实现射血；射血期缩短，心肌缩短的速度和幅度降低，射血速度减慢，搏出量减少。

在整体条件下，搏出量减少必将造成射血后剩余血量的增加，则心室舒张末期容量增加，通过心肌的异长自身调节机制使搏出量恢复到原有水平。但是，如果主动脉血压升高到一定范围并持续存在，心肌将因长期加强收缩而发生心肌肥厚、扩张等变化，导致心力衰竭，引起心脏泵血功能减退。

（3）心肌收缩能力：心肌不依赖于前负荷和后负荷而能改变其力学活动（包括收缩的强度和速度）的内在特性，称为心肌收缩能力。活化的横桥数目及肌球蛋白头部 ATP 酶的活性是影响心肌收缩能力的主要环节。在同一初长度下，心肌可通过增加活化的横桥数目来增强心肌收缩力，使每搏功增加。提高兴奋时胞质中 Ca^{2+}浓度和（或）增加 Ca^{2+}与肌钙蛋白的亲和力，均可增加活化的横桥数，使心肌收缩力增强。这种通过改变心肌收缩能力调节心脏泵血功能的方式，称为等长自身调节。与异长自身调节方式不同，等长自身调节可以对剧烈、持续的循环变化产生强大的调节作用。

2. 心率 心率为每分钟心脏跳动的次数。正常成年人在安静状态下，心率为 60～100 次/min。在一定范围内（40～180 次/min），心率加快，心输出量增加。但是心率过快（>180 次/min）时，由于心动周期缩短，心室充盈时间变短、充盈量减少，搏出量反而下降，心输出量减少。如果心率过慢（<40 次/min），此时心舒期延长，但心室的充盈量已接近最大限度，心室的充盈量和搏出量不能随心舒期的延长而继续增加，反而因为心率过慢导致心输出量减少。

二、心脏的生物电现象和生理特性

根据组织学和电生理学特性，心肌细胞可以分为两大类：一类是普通的心肌细胞，包括心房肌和心室肌，其细胞内有丰富的肌原纤维，主要执行收缩功能，因此又叫作工作细胞；另一类为自律细胞，是特殊分化的细胞，主要包括窦房结细胞和浦肯野细胞，它们组成心内的特殊传导系统，在没有外来刺激的情况下，可以自动产生节律性的兴奋。

根据心肌细胞动作电位去极化速度的快慢和产生机制的不同，其又可分为快反应细胞和慢反应细胞两类。心肌细胞膜上有钠通道和钙通道，钙通道激活和失活的速度比钠通道慢。由钠通道激活产生动作电位去极相变化的细胞称为快反应细胞，包括心房肌、心室肌和浦肯野细胞；由钙通道激活产生动作电位上升支的细胞称为慢反应细胞，包括窦房结 P 细胞。

（一）工作细胞的跨膜电位及形成机制

1. 静息电位 人和哺乳动物的心室肌细胞的静息电位约为−90mV，其形成机制与神经细胞、骨骼肌细胞相似，即 K^{+}的平衡电位所致。

2. 动作电位 心室肌细胞的动作电位分为 0～4 五个时期。与神经细胞、骨骼肌细胞相比，心室肌细胞动作电位具有离子机制更复杂、持续时间长、上升支和下降支不对称等特点。

0 期：去极化期。在适宜刺激作用下，细胞膜上少量 Na^{+}通道开放，少量 Na^{+}内流，造成膜局部去极化。当去极化达到阈电位（−70mV）水平时，大量 Na^{+}通道开放，使大量 Na^{+}快速内流所致。

1 期：快速复极初期。膜内电位由原来的+30mV 迅速下降到 0mV 左右。1 期形成主要是 K^{+}通道开放，K^{+}外流造成的。

2 期：平台期。1 期复极结束后，膜上 L 型 Ca^{2+}通道开放，此时 Ca^{2+}内流与 K^{+}外流同时存在，使膜电位基本停滞在 0mV 水平形成平台。2 期是心室肌细胞动作电位持续时间长的主要原因，也是其动作电位区别于神经细胞、骨骼肌细胞动作电位的主要特征。

3 期：快速复极末期。膜内电位由 0mV 左右恢复到静息电位（−90mV）水平。3 期是由 Ca^{2+}通道失活，Ca^{2+}内流逐渐停止，而 K^{+}外流进行性增强所致。

4 期：静息期。此期膜电位虽然稳定在−90mV，但是膜内外离子的分布尚未恢复。细胞膜的离子转运活动增强，通过 Na^{+}-K^{+}泵的活动，泵出 Na^{+}，运回 K^{+}；通过 Na^{+}-Ca^{2+}交换体和 Ca^{2+}泵的活动，泵出 Ca^{2+}，以恢复细胞内外离子在兴奋前的分布状态，为心肌细胞的再度兴奋做好准备。

心房肌也属于快反应细胞，其动作电位与心室肌相似。

（二）自律细胞的跨膜电位及形成机制

1. 窦房结 P 细胞的动作电位 窦房结 P 细胞是慢反应细胞，其动作电位包括 0、3、4 三期。

0 期：Ca^{2+}通道开放，Ca^{2+}内流所致。膜电位由–40mV 上升到 0mV 左右。因 Ca^{2+}通道的激活和失活都较 Na^{+}通道慢，所以 0 期去极化速度慢、持续时间长。

3 期：Ca^{2+}通道失活，K^{+}通道开放，K^{+}外流。膜内电位下降，并达到最大复极电位（–70mV）水平。

4 期：为自动去极化的过程。其离子机制为：K^{+}通道逐渐关闭，K^{+}外流减弱，同时 Na^{+}内流逐渐增多。除此以外，少量 Ca^{2+}内流也参与窦房结 P 细胞 4 期自动去极化的发生。膜内电位由–70mV 上升到阈电位水平–40mV。

2. 浦肯野细胞的动作电位 因浦肯野细胞属于快反应细胞，故其动作电位也包括 0～4 期。0～3 期形成的机制与心室肌相似，4 期能自动去极化，但去极化速度慢。4 期的离子流有两种：一种是逐渐减弱的 K^{+}外流，另一种是逐渐增强的 Na^{+}内流，以后者为主，自动节律性较低。

（三）心肌细胞的生理特性

心肌细胞具有四大生理特性，分别是兴奋性、自律性、传导性和收缩性。其中兴奋性、自律性和传导性是以细胞膜的生物电活动为基础的，称为电生理特性；而收缩性与细胞的机械活动有关，称为机械特性。

1. 兴奋性 心肌细胞对刺激发生反应的能力，即兴奋性。心肌细胞每产生一次兴奋，兴奋性将发生周期性的变化。心肌细胞在一次兴奋过程中兴奋性周期性的变化包括以下几个时期。

（1）绝对不应期和有效不应期：从心肌细胞动作电位去极化开始到复极化达到–55mV，在这段时间内，给予任何刺激，心肌细胞都不会发生去极化，兴奋性为零，这一时期称为绝对不应期。从复极化–55mV 到–60mV 这段时间，给予一个有效刺激可以引起局部去极化，但不能产生动作电位，称为局部反应期。绝对不应期和局部反应期构成了有效不应期，即从去极化开始到复极化达–60mV 这段时间，任何刺激都不能引发动作电位。

（2）相对不应期：从复极化–60mV 到–80mV，阈上刺激可以引起心肌细胞产生新的动作电位，但产生动作电位的速度和幅度均小于正常，这段时间称为相对不应期。

（3）超常期：从复极化–80mV 到–90mV 的时间称为超常期。在此期内，阈下刺激就能引起动作电位的发生，表明兴奋性比正常高。但产生动作电位的速度和幅度仍然小于正常。

与神经细胞、骨骼肌细胞相比，心肌的有效不应期特别长，相当于整个收缩期加舒张早期。其形成的原因是心肌细胞的动作电位有 2 期平台期、复极缓慢。有效不应期长有重要的生理意义，即心肌不会发生完全强直收缩，始终保持收缩和舒张交替进行的机械活动。

正常情况下，整个心脏是按照窦房结发出的兴奋节律进行工作的。如果在心房或心室的有效不应期之后，下一次窦房结的兴奋到达之前，有一额外刺激作用于心肌，将导致心肌产生一次提前出现的收缩，称为期前收缩，又称早搏。期前收缩也有自己的有效不应期。如果窦房结的节律性兴奋正好落在该期前收缩的有效不应期之内，就会产生一次代偿间歇。

2. 自律性 心肌细胞在没有外来刺激作用下，自动地产生节律性兴奋的特性，称为自动节律性，简称自律性。在生理情况下，只有心脏内的特殊传导系统才具有自律性，它们包括窦房结、房室结、房室束和浦肯野细胞等。其自律性的高低依次为 100 次/min、50 次/min、40 次/min 和 25 次/min。

在生理情况下，窦房结的自律性最高，产生兴奋并控制整个心脏的活动，是心脏的正常起搏点。以窦房结为起搏点而形成的心脏节律称为窦性节律。其他自律细胞在正常情况下不能表现其自律性，仅发挥传导兴奋的作用，称为潜在起搏点。潜在起搏点的自律性升高或窦房结的兴奋发生传导阻滞时，潜在起搏点可取代窦房结自动发生兴奋、控制部分或整个心脏的活动而成为异位起搏点。在正常情况下，窦房结通过抢先占领和超速驱动压抑两种方式控制着潜在起搏点，使它们的自动兴奋受到抑制而不能表现出来，从而实现窦性节律的心脏活动。

3. 传导性 兴奋在同一心肌细胞上的传导原理与神经细胞和骨骼肌细胞一样，都是通过“局部电流”的方式进行的，并且可以通过闰盘传播到另一个心肌细胞，从而引起整个心房或整个心室的兴奋和收缩。

窦房结的兴奋主要通过心内特殊传导系统传遍整个心脏。窦房结的兴奋能直接传给心房肌纤维。心房内的优势传导通路可将兴奋直接传到房室交界，再经房室束、左右束支传至浦肯野纤维网，最后到达左右心室肌。

兴奋在心脏内各个部分的传导速度是不同的，心房的传导速度约为 0.4m/s，“优势传导通路”为 1.0～1.2m/s，房室交界区最慢，为 0.02m/s，心室肌为 1.0m/s，浦肯野纤维传导速度最快，可达 4.0m/s。房室交界是兴奋从心房传到心室的唯一通路，而此处传导速度极慢，造成兴奋传导的房-室延搁。房-室延搁使心房收缩在前，心室收缩在后，心房、心室交替收缩，这对于心室血液充盈和射血具有重要的生理意义。

4. 收缩性 心肌细胞的收缩活动与骨骼肌细胞相比，有其自身的特点：①不发生完全强直收缩。心肌细胞的有效不应期特别长，相当于收缩期和舒张早期。在心肌的收缩期和舒张早期内，无论刺激强度多么大，都不可能引起心肌细胞发生新的兴奋和收缩。所以心脏始终保持收缩、舒张交替进行，不会发生完全强直收缩。②“全或无”式收缩。心肌细胞之间存在缝隙连接，可使兴奋迅速扩布到整个心房肌和心室肌，使心房或心室成为功能上的合胞体，呈现“全或无”式的收缩。只有心房肌或心室肌同时兴奋收缩，才能产生最大的收缩力，从而有利于心脏射血。③对细胞外液中 Ca^{2+}浓度的依赖性。Ca^{2+}是兴奋-收缩偶联的偶联因子。心肌的肌质网不发达，储存的 Ca^{2+}较少，所以心肌细胞的收缩对细胞外液中 Ca^{2+}浓度有明显的依赖性。

（四）体表心电图

人体是容积导体，心脏内兴奋产生和传导过程中所发生的电变化，可通过周围组织和体液传至体表。将测量电极置于体表一定部位所记录到的心脏电变化曲线，称为体表心电图。

正常心电图的波形及意义如下。

1. P 波 反映左右两心房的去极化过程。历时 0.08～0.11s，波幅不超过 0.25mV。

2. QRS 波群 简称 QRS 波，反映左右两心室的去极化过程。由三个波组成，第一个是向下的 Q 波，接着是向上的高而尖的 R 波，最后一个是向下的 S 波。历时 0.06～0.10s，波幅远大于 P 波。

3. T 波 反映两心室的复极化过程，其方向与 QRS 波群主波方向一致。历时 0.05～0.25s，波幅一般在 0.1～0.8mV。

4. U 波 是 T 波后可能出现的一个低而宽的波，方向与 T 波一致，意义和成因均不清楚。

5. PR 间期 是指从 P 波起点至 QRS 波起点之间的时间间隔。其反映从心房开始兴奋到心室开始兴奋所需要的时间。历时 0.12～0.20s。

6. QT 间期 是指从 QRS 波起点至 T 波终点之间的时程。其反映心室肌从开始去极化到完全复极化所经历的时间。

三、血管生理

（一）动脉血压的形成及影响因素

1. 血压的概念 血压是指血管内流动的血液对单位面积血管壁的侧压力，即压强。

2. 动脉血压的形成

（1）心血管系统内有足够的血液充盈：这是形成动脉血压的前提条件。

（2）心脏射血：心脏射血所产生的能量分为两部分，一部分用于推动血液流动，成为血液的动能；另一部分形成对血管壁的测压，即压强能。因此，心脏射血是动脉血压形成的必要条件。

（3）外周阻力：外周阻力的存在使得射血期由大动脉流向外周的血量仅占搏出量的 1/3，其余 2/3 则以势能的形式暂时储存于大动脉内，使大动脉血压保持在较高水平。如果没有外周阻力，心脏每次射入动脉的血液将全部迅速流到外周，此时动脉内的血压将不能维持在正常水平。由此可见，外周阻力也是形成动脉血压的重要因素。

（4）大动脉的弹性贮器作用：有了大动脉的弹性贮器作用，射血期动脉内的血压不会升得过高；舒张期，扩张的大动脉依其弹性回缩作用，推动血液继续流动，维持舒张期血压。

因此，大动脉的弹性贮器作用对减小动脉血压在心动周期中的波动幅度具有重要意义。

3. 动脉血压的正常值 一般所说的血压是指体循环的主动脉血压。心室收缩时，主动脉血压升高所达到的最高值称为收缩压。心室舒张末期动脉血压下降到的最低值称为舒张压。收缩压与舒张压之差称为脉搏压，简称脉压。一个心动周期中每一瞬间动脉血压的平均值称为平均动脉压。平均动脉压约等于舒张压加 1/3 脉压。由于大动脉血压落差很小，故临床上常将测得的肱动脉压代表主动脉压。我国健康青年人在安静状态下，收缩压为 100～120mmHg，舒张压为 60～80mmHg，脉压为 30～40mmHg，平均动脉压接近 100mmHg。

4. 影响动脉血压的因素

（1）搏出量：如果其他条件不变，当搏出量增大时，射入动脉内的血量增多，收缩压明显升高。由于主动脉压升高，血流速度加快，至舒张期末主动脉内剩余血量与搏出量增多之前比，增加并不多，所以舒张压轻度升高，脉压增大。因此，一般情况下收缩压的高低主要反映搏出量的多少。

（2）心率：心率在一定范围加快时，心动周期缩短，心舒期末存留在主动脉内的血量增多，舒张压升高。同样的，由于主动脉压升高，导致血流速度加快，心缩期主动脉内血液更多、更快流向外周，故收缩压升高并不明显，脉压减小。如心率减慢，则舒张压下降更明显，脉压增大。

（3）外周阻力：外周阻力增大时，心舒期血流速度减慢，主动脉内剩余血量增多，舒张压明显升高。由于心缩期血流速度加快，有较多的血液流向外周，故收缩压升高不明显，脉压减小。一般情况下舒张压的高低主要反映外周阻力的大小。

（4）大动脉的弹性贮器作用：大动脉的弹性贮器作用一方面缓冲了动脉血压，使收缩压不至于过高、舒张压不至于过低；另一方面使心脏的间断射血变成动脉内的持续血流。当大动脉弹性减退时，导致收缩压升高，舒张压降低，脉压增大。

（5）循环血量与血管系统容量的比值：生理情况下，循环血量与血管系统容量相适应，保持一定的循环系统平均充盈压，这是形成动脉血压的前提。例如，循环血量减少或血管系统容量增大，都会导致动脉血压降低。

（二）静脉血压与静脉回心血量

1. 静脉血压 右心房和胸腔内大静脉的血压，称为中心静脉压。各器官静脉的血压，称为外周静脉压。中心静脉压较低，其正常值为 4～12cmH_2O。中心静脉压的高低取决于中心静脉处血量的多少，而血量的多少则取决于心脏射血能力和静脉回心血量之间的相互关系。测定中心静脉压可以反映心血管的功能状态。因此，临床上可作为控制输血输液速度和量的指标。例如，中心静脉压偏低或有下降趋势，常提示输液量不足；中心静脉压正常或进行性升高，则提示输液过多过快或心功能不全。

2. 静脉回心血量及其影响因素 单位时间内的静脉回心血量取决于外周静脉压与中心静脉压之差，以及静脉对血流的阻力。三者中任何一个因素改变，都将影响静脉回心血量。

（1）体循环平均充盈压：是反映血管系统充盈程度的指标。当血量增加或容量血管收缩时，体循环平均充盈压升高，静脉回心血量增多；反之，静脉回心血量减少。

（2）心肌收缩力：心肌收缩力增强时，搏出量增大，收缩期末心室剩余血量减少，舒张期心室对心房和大静脉内血液的抽吸作用增强，静脉回心血量增多；反之，静脉回心血量减少。

（3）体位：静脉管壁薄、易扩张，且静脉内压力低，故静脉血流容易受体位改变的影响。当机体由平卧位转为立位时，因重力作用，心脏以下静脉血管扩张，容量增大，可多容纳 500mL 血液，引起静脉回心血量减少，心输出量也随之减少。

（4）“肌肉泵”的作用：骨骼肌收缩时，挤压肌肉和肌肉间的静脉，使静脉回流速度加快；同时，静脉内的瓣膜保证血液只能回流到心脏，不能倒流。因此，骨骼肌和静脉瓣对静脉回流起着“泵”的作用，称为“肌肉泵”。

（5）呼吸运动：胸膜腔内压低于大气压为负值，吸气时胸膜腔内负压更大，中心静脉压降低，有利于静脉血液回流；呼气时胸膜腔内负压减小，静脉回心血量减少。呼吸运动对静脉回心血量的影响称为“呼吸泵”作用。

（三）微循环

微循环是指微动脉和微静脉之间的血液循环，是血液与组织细胞之间进行物质交换的场所。

1. 微循环的组成 典型的微循环包括微动脉、后微动脉、毛细血管前括约肌、真毛细血管、通血毛细血管、动-静脉吻合支和微静脉共 7 个部分。

2. 微循环的血流通路

（1）迂回通路：是血液经微动脉、后微动脉、毛细血管前括约肌、真毛细血管最后汇入微静脉的血流通路。由于真毛细血管管壁薄、通透性大，分支多，血流缓慢，故该通路的主要功能是进行物质交换，又称“营养通路”。同一器官、组织中不同部位的真毛细血管是交替开放的。安静时，同一时间内大约有 20%的真毛细血管开放。

（2）直捷通路：是血液由微动脉、后微动脉、通血毛细血管进入微静脉的通路。由于通血毛细血管管腔较大，血流速度较快，故其主要功能是使一部分血液能较快通过微循环经静脉回流到心脏。直捷通路多见于骨骼肌。

（3）动-静脉短路：血液从微动脉经动-静脉吻合支直接流入微静脉。在皮肤的微循环中此通路较多，主要功能是参与体温调节。

（四）组织液的生成及影响因素

1. 组织液的生成 组织液是血浆通过毛细血管壁滤过形成的。所谓滤过是指液体从毛细血管内向毛细血管外的移动，反之，则称为重吸收。

滤过与重吸收取决于 4 个因素：毛细血管血压、血浆胶体渗透压、组织液静水压和组织液胶体渗透压。其中，毛细血管血压和组织液胶体渗透压是促进液体从毛细血管内向外滤过的力量，是滤过发生的动力；而血浆胶体渗透压和组织液静水压是促进液体重吸收入毛细血管内的力量，是滤过的阻力。滤过的动力与阻力的代数和称为有效滤过压，即

有效滤过压 =（毛细血管血压+组织液胶体渗透压）–（血浆胶体渗透压+组织液静水压）

毛细血管动脉端的血压为 30mmHg，血浆胶体渗透压为 25mmHg，组织液胶体渗透压为 8mmHg，组织液静水压为 1mmHg，故毛细血管动脉端的有效滤过压=（30+8）–（25+1）=12mmHg；毛细血管静脉端血压降为 10mmHg，同理可计算出毛细血管静脉端有效滤过压=（10+8）–（25+1）=–8mmHg。由此可见，在毛细血管动脉端表现为组织液生成，而在毛细血管静脉端表现为组织液被重吸收。毛细血管动脉端促进滤过的力量（12mmHg）大于毛细血管静脉端促进重吸收的力量（8mmHg），表明毛细血管动脉端组织液的生成量大于毛细血管静脉端的重吸收量，这是由于有少量组织液（约 10%）进入毛细淋巴管形成了淋巴回流。总体来说，组织液的生成与回流保持动态平衡。

2. 影响组织液生成的因素

（1）毛细血管血压：毛细血管血压的高低受毛细血管前、后阻力比值的影响。前阻力减小（如炎症时，微动脉扩张）或后阻力增大（如心衰时，静脉回流受阻），均可使毛细血管血压升高，组织液生成增多，形成水肿。

（2）血浆胶体渗透压：血浆胶体渗透压主要由血浆蛋白质分子形成。由于营养不良造成蛋白质摄入不足或因严重肾病丢失过多，均可使血浆胶体渗透压降低，引起有效滤过压增大、组织液生成过多而出现水肿。

（3）淋巴液回流：在毛细血管静脉端，只有 90%的组织液被重吸收，其余 10%则进入毛细淋巴管生成淋巴液，参与淋巴回流。如果淋巴液回流受阻，则组织液相对生成增多，造成水肿。

（4）毛细血管壁通透性：正常情况下，蛋白质很难通过毛细血管壁进入组织液，但是在过敏、烧伤等病理情况下，毛细血管壁通透性增大，部分血浆蛋白质可以渗出毛细血管，造成病变部位组织液胶体渗透压升高，有效滤过压增大而发生水肿。

四、心血管活动的调节

人体在不同的生理状况下，各组织器官新陈代谢的水平不同，对血流量的需求也不同。机体主要通过神经调节、自身调节和体液调节机制，维持动脉血压和各组织器官血流量的相对稳定。

（一）神经调节

1. 心交感神经 心交感神经节前神经元的胞体位于第 1～5 脊髓胸段的中间外侧柱，在星状神经节或颈交感神经节交换神经元后，节后纤维支配心脏的各个部分。心交感神经节前纤维释放的乙酰胆碱（ACh）可以激活节后神经元膜上的 N_1 型受体，使节后神经元兴奋。心交感神经节后纤维释放的去甲肾上腺素（NE）作用于心肌细胞膜上的β_1 受体，使心肌细胞膜对 Ca^{2+}的通透性增强、K^+的通透性降低，引起正性变时（心率加快）、正性变力（心肌收缩力增强）、正性变传导（房室传导速度加快）作用。

2. 心迷走神经 心迷走神经的节前纤维起自延髓迷走神经背核和疑核，进入心脏后，在心内神经节换元，节后纤维支配心脏各部。心迷走神经节前、节后纤维释放的递质均为 ACh。ACh 与心肌细胞膜上的 M 受体结合，可以增加心肌细胞膜对 K^+的通透性，促进 K^+外流，产生负性变时（心率减慢）、负性变力（心肌收缩力减弱）、负性变传导（房室传导减慢）作用。

3. 交感缩血管神经纤维 其节前神经元起源于胸腰段脊髓的中间外侧柱，在椎旁神经节或椎前神经节进行换元。换元后，节后纤维释放 NE 作用于血管平滑肌上的肾上腺素能受体（包括α受体和β受体）。与前者结合引起血管平滑肌收缩，与后者结合引起血管平滑肌舒张。NE 主要与α受体结合，产生缩血管效应。

体内几乎所有的血管都受交感缩血管神经纤维的支配，但不同部位血管的交感缩血管神经纤维分布的密度不同。其中以皮肤的分布最密，骨骼肌和内脏大血管次之，冠脉血管和脑血管分布较少。在同一器官中，动脉中缩血管神经纤维分布的密度高于静脉。

（二）心血管反射

当内、外环境发生变化时，机体可通过各种心血管反射使心血管活动发生相应改变，以适应机体所处的状态或环境的变化。

1. 颈动脉窦和主动脉弓压力感受性反射 在颈动脉窦和主动脉弓血管外膜下有丰富的感觉神经末梢，分别称为颈动脉窦和主动脉弓压力感受器，其主要感受血液对血管壁的机械牵张刺激。颈动脉窦压力感受器的传入神经是窦神经，窦神经加入舌咽神经到达延髓。主动脉弓压力感受器的传入神经加入迷走神经后上行至延髓。

2. 反射效应 当动脉血压升高时，颈动脉窦和主动脉弓压力感受器兴奋，发放冲动增多，经传入神经到达延髓，使心迷走中枢兴奋、心交感中枢和缩血管中枢抑制。心迷走神经活动增强，心交感神经和交感缩血管神经活动减弱，使心率减慢，心肌收缩力下降，心输出量减少；血管舒张，外周阻力减小；静脉血管舒张，静脉回心血量减少，最终血压下降。相反，当动脉血压降低时，颈动脉窦和主动脉弓压力感受器感受到的机械牵张刺激减弱，传入冲动减少，最终导致血压回升。

3. 生理意义 颈动脉窦和主动脉弓压力感受性反射是体内典型的负反馈调节。压力感受器对波动性的压力变化敏感，可以在心输出量、外周阻力、血量等发生突然变化时快速调节动脉血压，维持血压的相对稳定。而在动脉血压的长期调节中，该反射并不起作用。患有高血压的患者，其血压保持在较高水平而不发生变化，这是由于压力感受性反射的工作范围重调所造成的，即反射的调定点升高，故动脉血压可以维持在较高的水平。

（三）体液调节

1. 肾上腺素和去甲肾上腺素 肾上腺素和去甲肾上腺素同属儿茶酚胺类物质。血液中的肾上腺素和去甲肾上腺素主要来自肾上腺髓质。

肾上腺素能受体分为 α 受体和 β 受体。β 受体又分为 β_1 和 β_2 两种亚型。肾上腺素和去甲肾上腺素对心脏和血管的作用相似，但不完全相同。其原因是它们与受体的结合能力不同，不同器官上受体的分布也不同。肾上腺素能兴奋 α 受体、β_1 受体和 β_2 受体；去甲肾上腺素主要兴奋 α 受体，也可兴奋 β_1 受体，但对 β_2 受体的兴奋作用很弱。

肾上腺素和去甲肾上腺素都能通过兴奋 β_1 受体，使心率加快，心肌收缩力增强，心输出量增多。肾上腺素和去甲肾上腺素对血管的作用取决于血管平滑肌上受体的分布。肾上腺素通过兴奋 α 受体，可使皮肤、肾、胃肠道的血管收缩；通过兴奋 β_2 受体，使骨骼肌血管、肝血管、冠状血管舒张。因此，总的外周阻力变化不大。去甲肾上腺素主要作用于 α 受体，使全身大多数血管发生强烈收缩。所以在整体情况下，去甲肾上腺素引起全身血管广泛收缩，外周阻力增大，动脉血压升高。而血压升高又会兴奋压力感受性反射使心脏活动被抑制，最终心率减慢。因此，在临床上肾上腺素被用作强心药，而去甲肾上腺素被用作升压药。

2. 肾素-血管紧张素-醛固酮系统 肾素是肾球旁细胞合成和分泌的一种酸性蛋白酶，在肾血流量减少或血浆中 Na^+浓度降低时分泌增多。肾素可将血浆中来自肝的血管紧张素原依次转变为血管紧张素Ⅰ、血管紧张素Ⅱ和血管紧张素Ⅲ。其中，血管紧张素Ⅱ的缩血管作用最强。其主要作用有：①使全身微动脉收缩，外周阻力增大；静脉收缩，回心血量增多。②作用于中枢，使交感缩血管神经紧张性增强。③促进交感神经节后纤维释放去甲肾上腺素。④刺激肾上腺皮质合成和释放醛固酮，醛固酮可以促进肾小管对 Na^+的重吸收，使尿量减少，循环血量增多。由于肾素、血管紧张素和醛固酮之间关系密切，因此把它们称为肾素-血管紧张素-醛固酮系统。该系统对于血压的长期调节有重要意义。例如，大失血引起血压显著下降时，肾素分泌增加，使血中血管紧张素和醛固酮增多，引起心率加快，血管收缩，肾对水、Na^+的重吸收增加，从而使血量增加，血压回升。

3. 血管内皮生成的血管活性物质

（1）血管内皮生成的舒血管物质：血管内皮细胞生成和释放的舒血管物质主要有一氧化氮（NO）和前列环素（PGI_2）。缓激肽、5-羟色胺、ATP、ACh、NE、内皮素和花生四烯酸等体液因素及血流对内皮产生的切应力增加等物理刺激都可引起 NO 的生成和释放。PGI_2 是血管内皮细胞膜花生四烯酸的代谢产物，搏动性血流对内皮产生的切应力可刺激内皮产生 PGI_2，发挥舒张血管和抑制血小板聚集的功能。

（2）血管内皮生成的缩血管物质：内皮素（ET）是内皮细胞合成和释放的具有强烈而持久缩血管效应的多肽。在生理情况下，血流对内皮产生的切应力可促使 ET 释放。ET 是目前已知的最强烈的缩血管物质之一。

五、器官循环——冠脉循环

（一）冠脉循环的生理特点

1. 途径短，流速快，压力高，血流量大 冠脉直接开口于主动脉根部，途径短，血流阻力小，所以压降小。心脏的质量只占体重的 0.5%，但是在安静状态时冠脉血流量占心输出量的 4%～5%，剧烈运动时为安静时的 4～5 倍。

2. 血流量受心肌收缩的影响显著 由于冠脉血管的结构特点，大部分分支行走于心肌组织中，心肌的节律性收缩对冠脉血流量影响很大，尤其是对左冠状动脉的影响更为显著。舒张压的高低和心舒期的长短是影响冠脉血流量的重要因素。

3. 动静脉血氧差大 人体在安静状态下，血液流经心脏后，动、静脉血氧差达 14mL/100mL 血液，摄氧率达 70%左右，远高于其他组织器官。所以当机体进行剧烈运动时，心肌耗氧量增加，心肌依靠从单位血液中摄取增加氧的潜力小，只能通过扩张冠脉增加血流量来满足心肌对氧的需求。

（二）冠脉血流量的调节

1．心肌代谢水平的影响 心肌代谢产物是调节冠脉血流量的主要因素。其中腺苷的舒血管作用最强。心肌代谢水平与冠脉血流量成正比。

2．神经调节 冠脉平滑肌受交感神经和迷走神经的双重支配。在整体情况下，神经因素对冠状血管的舒缩影响不大，冠脉血流量主要受心肌本身代谢水平的调节。

3. 体液调节 肾上腺素和去甲肾上腺素可通过增强心肌代谢水平使冠脉舒张，血流量增加；也可直接作用于冠脉血管平滑肌上的肾上腺素能受体引起血管的收缩或舒张，但其作用不如对代谢的作用明显。甲状腺激素提高心肌代谢率，使冠脉舒张；血管紧张素Ⅱ和大剂量的血管升压素则能使冠脉收缩。

（盛海燕 李东亮）

第四节 呼 吸

一、肺通气

（一）肺通气的原理

肺与外界环境之间的气体交换过程称为肺通气。只有肺通气动力大于阻力，建立肺泡与外界环境之间的气压差，才能实现肺通气。

1. 肺通气的动力 肺通气的直接动力是肺泡与大气之间的气压差。呼吸运动则是肺通气的原动力。

1）呼吸运动 胸廓节律性地扩大和缩小称为呼吸运动，包括吸气运动和呼气运动。呼吸肌，即参与呼吸运动的肌肉，包括呼气肌、吸气肌和呼吸辅助肌三种。其中吸气肌主要有膈肌和肋间外肌，吸气肌收缩时会使胸廓容积变大，产生吸气运动；而呼气肌主要是肋间内肌和腹壁肌，呼气肌收缩会使胸廓容积缩小，产生呼气运动。

（1）平静呼吸：吸气是主动过程，而呼气是被动过程。吸气运动主要是由吸气肌，即膈肌和肋间外肌收缩引起的。膈肌收缩时，穹窿部下降，使胸腔上下径增大；肋间外肌收缩时，肋骨前端和胸骨向上提，肋骨稍向外展，使胸腔前后径和左右径增大，从而引起胸腔容积增大。胸腔容积增大，肺容积也跟着增大，肺内压降低，当肺内压低于大气压时，外界气体进入肺内形成吸气运动。呼气时，膈肌和肋间外肌舒张，胸腔上下径、前后径和左右径均减小，从而引起胸腔和肺的容积缩小，肺内压增大并高于大气压，肺泡内气体外流，形成呼气。

（2）用力呼吸：吸气和呼气过程都是主动的。吸气时，除吸气肌收缩加强外，呼吸辅助肌（胸锁乳突肌、斜角肌等）也参与收缩。呼气时，呼气肌（肋间内肌和腹壁肌等）参与收缩。

2）肺内压和胸膜腔内压 肺泡内的压力称为肺内压。虽然肺与胸廓在结构上并不相连，但在呼吸运动过程中，肺内压随胸腔容积的变化而改变，这是由胸膜腔的结构特点和胸膜腔内压决定的。胸膜腔是肺与胸廓之间密闭的潜在腔隙，其中没有气体，只有少量浆液。浆液一方面起润滑作用，另一方面由于液体分子的内聚力作用，胸膜腔的脏层与壁层紧紧相贴，不易分开，从而保证肺可随胸廓的运动而扩张或缩小。

胸膜腔内的压力称为胸膜腔内压。测量结果表明，平静呼吸时胸膜腔内压均为低于大气压的负压，因此称为胸膜腔负压。正常情况下胸膜腔会受到两个方向相反的力的作用，即促使肺泡扩张的肺内压与促使肺泡缩小的肺弹性回缩力，胸膜腔内压就是这两种方向相反的力的代数和，可表示为：胸膜腔内压=肺内压–肺弹性回缩力。

在吸气末或呼气末，肺内压等于大气压，此时：胸膜腔内压=大气压-肺弹性回缩力。

若将大气压视为零，则：胸膜腔内压=-肺弹性回缩力。

可见，胸膜腔内压实际上是由肺弹性回缩力决定的。吸气时，肺扩张，回缩力增大，胸膜腔负压增大；呼气时，肺缩小，回缩力减小，胸膜腔负压减小。

胸膜腔负压的生理意义：①胸膜腔负压使肺总是处于扩张状态而不至于萎缩，并使肺随胸廓的扩大而扩张；②胸膜腔负压还加大了胸膜腔内一些壁薄低压管道（如腔静脉、胸导管等）的内外压力差，从而有利于静脉血和淋巴液的回流。

胸膜腔的密闭性是胸膜腔负压形成的前提，因此，在外伤或疾病导致胸壁或肺破裂时，空气将顺压力差进入胸膜腔而造成气胸。此时，胸膜腔负压将减小，甚至消失，肺将因其自身的回缩力而塌陷，造成肺不张，从而影响肺的通气功能。

综上所述，肺与外界大气之间的压力差，是实现肺通气的直接动力，而呼吸肌节律性的收缩和舒张提供了肺通气的原动力。胸膜腔负压使得肺始终处于扩张状态并随胸廓的运动而张缩，是使原动力转化为直接动力的关键。

2. 肺通气的阻力 肺通气过程中遇到的阻力统称为肺通气的阻力，包括弹性阻力和非弹性阻力两种。平静呼吸时，弹性阻力约占总阻力的 70%，非弹性阻力约占总阻力的 30%。

1）弹性阻力和顺应性 弹性物体在受外力作用下发生形变时，可产生对抗形变的力，称为弹性阻力。弹性阻力的大小一般用顺应性表示。顺应性是指在外力作用下弹性组织扩张的难易程度，弹性阻力（R）与顺应性（C）成反比。顺应性用单位压力变化（ΔP）所引起的容积变化（ΔV）来表示，单位是 L/cmH_2O，即

$$C=\frac{\Delta V}{\Delta P}$$

胸廓和肺都是弹性体，在呼吸运动中，胸廓和肺的容积变化会分别产生胸廓弹性阻力和肺弹性阻力，两者之和即呼吸的总弹性阻力。

（1）肺的弹性阻力：呼吸的总弹性阻力主要来自于肺的弹性阻力，包括肺的弹性回缩力和肺泡的表面张力。①肺的弹性回缩力：肺组织含有弹性纤维，肺扩张时会产生回缩力，其大小占肺弹性阻力的 1/3。②肺泡的表面张力：表面张力是肺通气的阻力，其所形成的回缩力占肺弹性阻力的 2/3。

肺泡表面活性物质主要由肺泡Ⅱ型细胞（分泌细胞）合成、储存和分泌，能够降低肺泡的表面张力，使肺泡回缩压减小，具有重要的生理意义：①降低吸气阻力，维持肺扩张状态，保证肺通气的顺利完成。②降低肺泡的表面张力，稳定肺泡容积和肺内压。③减少肺间质和肺泡内组织液生成，防止肺水肿。肺泡表面活性物质缺乏会导致肺泡表面张力增大、吸气阻力增大，致使呼吸困难，甚至发生肺不张或肺水肿。

（2）胸廓的弹性阻力：胸廓的弹性阻力来自胸廓的弹性成分。胸廓弹性阻力既可以是吸气或呼气的阻力，也可以是吸气或呼气的动力，要视其位置而定。与胸廓的情况不同，肺的弹性阻力总是吸气的阻力。

2）非弹性阻力 非弹性阻力包括惯性阻力、黏滞阻力和气道阻力。气道阻力是非弹性阻力的主要成分，占非弹性阻力的 80%～90%，指气体通过呼吸道时气体分子间及气体分子与气道管道之间的摩擦力。气道阻力受气流形式、气流速度和呼吸道口径的影响。呼吸道口径大小是影响气道阻力的最重要因素。大气道（口径>2mm）是产生气道阻力的主要部位，占阻力的 80%～90%，而小气道（口径<2mm）仅占 10%。

（二）基本肺容积和肺容量

1. 基本肺容积

（1）潮气量：平静呼吸时，每次呼吸时吸入或呼出的气量称为潮气量。正常成人平静呼吸时为 0.4～0.6L，平均约为 0.5L。

（2）补吸气量：平静吸气末再尽力吸气，所能增加的吸入气量，称为补吸气量。正常成人为 1.5～2.0L。补吸气量与潮气量之和为深吸气量，是衡量最大通气潜力的一个重要指标。

（3）补呼气量：平静呼气末再尽力呼气，所能增加的呼出气量，称补呼气量。正常成人为 0.9～1.2L。

（4）余气量：最大呼气后，肺内仍残留不能呼出的气量，称为余气量。正常成人为 1.0～1.5L，支气管哮喘和肺气肿患者余气量增加。

以上 4 种肺的基本容积互不重叠，全部相加等于肺的最大容量。

2. 肺容量　肺容量是基本肺容积中两项或两项以上的联合气体量。

（1）深吸气量：从平静呼气末做最大吸气时所能吸入的气体量，称为深吸气量。它是补吸气量与潮气量之和，是衡量最大通气潜力的一个重要指标。

（2）功能余气量：平静呼气末肺内所余留的气量，称为功能余气量，它是补呼气量与余气量之和。正常成人约为 2.5L，肺气肿患者的功能余气量增加，肺实质性病变时减少。功能余气量的生理意义在于缓冲呼吸过程中肺泡 O_2 分压和 CO_2 分压的过度变化。

（3）肺活量：尽力吸气后再尽力呼气，从肺内所能呼出的最大气量称为肺活量，它是潮气量、补吸气量和补呼气量三者之和。肺活量有较大个体差异，受年龄、性别、身材等因素的影响，正常成人男性平均约为 3.5L，女性约为 2.5L。

（4）用力呼气量：用最大能力吸气后，再尽力尽快呼气，计算在第一秒末、第二秒末及第三秒末呼出的气体量占肺活量的百分比。正常成人各为 83%、96%和 99%。其中第一秒内呼出的气体量称为第一秒用力呼气量，在临床上意义最大。

（5）肺总量：肺所能容纳的最大气体量称为肺总量，为肺活量和余气量之和。个体差异较大，正常成年男性约为 5000mL，女性约为 3500mL。

（三）肺通气量和肺泡通气量

1. 肺通气量　每分钟吸入或呼出的气体总量，称为肺通气量，其值为潮气量与呼吸频率的乘积。正常成人平静状态下，呼吸频率每分钟为 12～18 次，潮气量约为 0.5L，则每分通气量为 6.0～9.0L。

尽力作深快呼吸时，每分钟所能吸入或呼出的气量，称为最大随意通气量。最大随意通气量能反映单位时间内发挥最大潜力后所能达到的最大通气量，因此是评价一个个体能进行多大运动量的一项重要指标。健康成人一般可达 70.0～120.0L。测定最大随意通气量，可以了解通气功能的贮备能力，通常用通气贮量百分比表示：正常值等于或大于 93%。若小于 70%，表明通气功能不良。

2. 肺泡通气量　每次吸入的气体有一部分会留在鼻腔到肺泡无气体交换功能的管腔内，这部分气体不能参与气体交换，故称为解剖无效腔，其容积约为 0.15L。进入肺泡的气体，由于血流在肺内分布不均而未能参与气体交换的，这部分肺泡容量称为肺泡无效腔。肺泡无效腔与解剖无效腔一起合称生理无效腔，健康人平卧时，生理无效腔等于或接近于解剖无效腔。

由于无效腔的存在，每次吸入的气体不能全都进入肺泡进行气体交换，而真正有效的通气量是肺泡通气量，即每分钟吸入肺泡的新鲜空气量。其计算公式为

$$\text{肺泡通气量}=(\text{潮气量}-\text{解剖无效腔气量})\times\text{呼吸频率}$$

按此式计算，平静呼吸时，潮气量为 0.5L，减去解剖无效腔容积 0.15L，每次吸入肺泡的新鲜空气约为 0.35L。由于解剖无效腔是个常数，因此肺泡通气量主要受潮气量和呼吸频率的影响。

二、肺换气

1. 肺换气的过程　静脉血流经肺毛细血管时肺泡气的 PO_2（104mmHg）大于静脉血的 PO_2（40mmHg），而肺泡气的 PCO_2（40mmHg）则小于静脉血的 PCO_2（46mmHg），因此在分压差的作用下，O_2 由肺泡扩散入血液，CO_2 则由静脉血扩散入肺泡，完成肺换气过程。毛细血管内的静脉血在向动脉端流动的过程中，PO_2 逐渐升高，PCO_2 逐渐降低，最终变成含 O_2 较多、含 CO_2 较少的动脉血。

肺泡处 O_2 和 CO_2 的扩散极为迅速，完成气体交换仅需 0.3s，而一次心动周期中血液流经肺毛细血管的时间约 0.7s。可见，在流经肺毛细血管时，静脉血有足够的时间进行气体交换。

2. 影响肺换气的因素

（1）呼吸膜的厚度和面积：呼吸膜是指肺泡腔与肺毛细血管腔之间的膜性结构。气体交换的效率与呼吸膜的面积成正比，与呼吸膜的厚度成反比。正常成人肺的总扩散面积约为 100m^2。平静呼吸时，可供气体交换的呼吸膜面积约为 40m^2；用力呼吸时，肺毛细血管开放增多，呼吸膜面积可增大到约 70m^2。病理情况下，如肺气肿、肺不张、肺实变或肺毛细血管关闭和阻塞会使呼吸膜扩散面积减小。

正常情况下，呼吸膜非常薄，平均厚度约为 0.6μm，有的部位只有 0.2μm，因此通透性极大，保证了肺泡与血液间能迅速地进行气体交换。但是在肺水肿和肺纤维化等时可出现低氧血症。

（2）通气/血流：通气/血流是指每分钟肺泡通气量（V）与肺血流量（Q）之间的比值。正常成人在安静状态下，每分钟肺泡通气量约为 4.2L，肺血流量即心输出量约为 5.0L/min，V/Q 约为 0.84。此时，肺泡通气量与肺血流量配合适当，气体交换的效率高，静脉血流经肺毛细血管时，将全部变为动脉血。但当 V/Q 增大时，表明通气过度或（和）血流不足，部分肺泡气体未能与血液气体进行充分交换，导致肺泡无效腔增大，肺换气效率降低。当 V/Q 减小时，则表明通气不足或（和）血流过多，部分静脉血流经肺泡时不能与足够的新鲜气体充分交换，未能完全变成动脉血就流回心脏，形成功能性动-静脉短路，换气效率也降低。由此可见，V/Q 维持在约 0.84 较为适宜。V/Q 大于或小于 0.84，都将使换气效率降低。

三、气体在血液中的运输

（一）氧和二氧化碳在血液中的运输形式

血液中以物理溶解形式存在的 O_2 量，约占血液总 O_2 含量的 1.5%，绝大部分 O_2 以化学结合的形式存在，约占 98.5%。

1. 氧在血液中的运输 O_2 主要以氧合血红蛋白（HbO_2）的形式运输。O_2 与 Hb 的结合有 4 个特性。

（1）迅速而可逆：O_2 与 Hb 结合快，解离也很快，该反应不需要酶的参与，反应进行的方向由血液中 PO_2 决定。在肺部，PO_2 高，促使 O_2 与 Hb 结合，形成 HbO_2；在组织中，PO_2 低，HbO_2 解离，释放出 O_2。

$$Hb+O_2 \underset{PO_2\text{低（组织）}}{\overset{PO_2\text{高（肺）}}{\rightleftharpoons}} HbO_2$$

（2）氧合而非氧化：Fe^{2+} 与 O_2 结合后仍是二价铁，二者结合的反应是氧合而不是氧化。

（3）Hb 结合 O_2 的量：1 分子 Hb 可结合 4 分子 O_2。在 100% O_2 饱和状态下，1g Hb 可结合最多 1.39mL O_2。正常时，在 100mL 血液中，Hb 所能结合的最大 O_2 量称为 Hb 氧容量，而 Hb 实际结合的 O_2 量称为 Hb 氧含量。Hb 氧含量所占氧容量的百分比为 Hb 氧饱和度。由于血液中绝大部分的 O_2 都与 Hb 结合，因此，Hb 氧容量、Hb 氧含量和 Hb 氧饱和度分别视为血氧容量、血氧含量和血氧饱和度。

氧合血红蛋白呈鲜红色，而去氧血红蛋白呈暗红色，故当血液中去氧血红蛋白含量达到 50g/L 以上时，皮肤、黏膜和指甲床等部位会呈青紫色，称为紫绀。出现紫绀往往是机体缺氧的标志，但严重贫血患者因贫血而缺 O_2，但不一定出现发绀。另外，血红蛋白与 CO 结合也不会出现紫绀，而是呈现一氧化碳血红蛋白（HbCO）特殊的樱桃红色。血红蛋白与 CO 的结合能力是 O_2 的 210 倍，故 CO 中毒时，O_2 很难与血红蛋白结合，从而引起机体严重缺氧。

（4）氧解离曲线呈 S 形：Hb 有两种构型，即紧密型（T 型）和疏松型（R 型），二者相互转换，R 型 Hb 对 O_2 的亲和力是 T 型的 500 倍。当 Hb 与 O_2 结合时，其分子构型由 T 型变为 R 型，对 O_2 的亲和力增大；当 HbO_2 释放出 O_2 时，Hb 分子由 R 型变为 T 型，对 O_2 的亲和力减小。Hb 的 4 个亚单位之间有协同效应，即 1 个亚单位与 O_2 结合后，其他亚单位更容易结合；当 HbO_2 的 1 个亚单位释放 O_2 后，其他亚单位也更容易释放，因此氧解离曲线呈 S 形。

2. 二氧化碳在血液中的运输 血液中物理溶解的 CO_2 约占 CO_2 总运输量的 5%，化学结合的占 95%。其化学结合形式有两种：碳酸氢盐和氨基甲酰血红蛋白。

（1）碳酸氢盐的形式：以碳酸氢盐形式运输的CO_2约占88%。从组织扩散入血液的CO_2绝大部分进入红细胞内，在碳酸酐酶的催化下形成H_2CO_3，H_2CO_3迅速解离出H^+和HCO_3^-。生成的HCO_3^-除一小部分与细胞内的K^+结合成$KHCO_3$外，其余大部分扩散入血浆与Na^+结合生成$NaCO_3$。与此同时，Cl^-由血浆扩散进入红细胞，以维持红细胞内、外电荷平衡，这一现象称为氯转移，上述反应是可逆的。

（2）氨基甲酰血红蛋白的形式：约有7%的CO_2能直接与Hb的氨基结合，形成氨基甲酰血红蛋白。

$$HbNH_2O_2+H^++CO_2 \underset{\text{（肺）}}{\overset{\text{（组织）}}{\rightleftharpoons}} HHbNHCOOH+O_2$$

该反应迅速、可逆、无需酶的参与，主要调节因素是氧合作用。因为HbO_2与CO_2结合的能力小于去氧Hb，所以在组织处，去氧Hb增多促进氨基甲酰血红蛋白生成增加，CO_2以氨基甲酰血红蛋白的形式运输到肺部。在肺部，HbO_2生成增加，促使CO_2释放。

（二）氧解离曲线及其影响因素

1. 氧解离曲线是表示氧分压与Hb氧饱和度关系的曲线 根据氧解离曲线的"S"形变化趋势和意义，将曲线分为上、中、下三段。

（1）氧解离曲线的上段：上段相当于PO_2在60～100mmHg（PO_2 8.0～13.3kPa）的Hb氧饱和度，该段曲线反映了O_2与Hb结合的部分，该段曲线的特点是比较平坦，说明在这个范围内PO_2的变化对Hb氧饱和度影响不大，只要PO_2不低于8.0kPa（60mmHg），Hb氧饱和度仍能保持在90%以上，血液仍有较高的载氧能力，不致发生明显的低氧血症。

（2）氧解离曲线的中段：表示PO_2在40～60mmHg（5.3～8.0kPa）的Hb氧饱和度，该段曲线较陡，是HbO_2释放O_2的部分。PO_2为40mmHg时，相当于混合静脉血的PO_2，Hb氧饱和度约为75%，血氧含量约14.4mL/100mL，即每100mL血液流经组织时释放5mL O_2，满足机体对O_2的需要。因此，该曲线代表了O_2的贮备。

（3）氧解离曲线的下段：相当于PO_2 15～40mmHg（2.0～25.3kPa）的Hb氧饱和度，该段曲线最陡，也反映HbO_2释放O_2的部分。组织活动加强时，组织中的PO_2可降至15mmHg，HbO_2进一步解离，血氧含量仅约4.4mL/100mL，该曲线也代表了O_2的贮备。

2. 氧解离曲线的影响因素 通常用P_{50}表示Hb对O_2的亲和力。P_{50}是使Hb氧饱和度达50%时的PO_2，正常值为26.5mmHg（3.52kPa）。P_{50}升高，表明Hb对O_2的亲和力降低，需更高的PO_2才能达到50%的Hb氧饱和度，曲线右移；P_{50}降低，指示Hb对O_2的亲和力增加，达50%Hb氧饱和度所需的PO_2降低，曲线左移。影响Hb与O_2亲和力或P_{50}的因素有血液的pH、PCO_2、温度和有机磷化物等。

（1）pH或PCO_2的影响：pH升高或PCO_2降低，Hb对O_2的亲和力增加，P_{50}降低，曲线左移。酸度对Hb氧亲和力的这种影响称为波尔效应。波尔效应有重要的生理意义，它既可促进肺毛细血管的氧合，又有利于组织毛细血管血液释放O_2。

（2）温度的影响：温度升高，氧解离曲线右移，促使O_2释放；温度降低，曲线左移，不利于O_2的释放。临床低温麻醉手术时应考虑到这一点。温度对氧解离曲线的影响可能与温度影响了H^+活度有关。温度升高，H^+活度增加，降低了Hb对O_2的亲和力。当组织代谢活跃时，局部组织温度升高，CO_2和酸性代谢产物增加，都有利于HbO_2解离，活动组织可获得更多的O_2以适应代谢的需要。

（3）2,3-二磷酸甘油酸的影响：红细胞中含有2,3-二磷酸甘油酸（2,3-DPG），在调节Hb和O_2的亲和力中起重要作用。2,3-DPG浓度升高，Hb对O_2亲和力降低，氧解离曲线右移：2,3-DPG浓度降低，Hb对O_2的亲和力升高，曲线左移。此外，2,3-DPG可以提高H^+浓度，由波尔效应来影响Hb对O_2的亲和力。临床上，给患者输入大量经过长时间储存的血液时，应考虑到这种血液在组织中释放的氧量较少，易导致组织缺氧的情况。

（4）其他因素：Hb与O_2的结合还为其自身性质所影响。Hb的Fe^{2+}氧化成Fe^{3+}，将失去运O_2能力。胎儿Hb和O_2的亲和力大，有助于胎儿血液流经胎盘时从母体摄取O_2，异常Hb也降低运O_2功能。

CO与Hb结合，占据了O_2的结合位点，HbO_2下降。CO与Hb的亲和力是O_2的250倍，这意味着在极低的 PCO 下，CO 就可以从 HbO_2 中取代 O_2，阻断其结合位点。此外，当 CO 与 Hb 分子中某个血红素结合后，将增加其余 3 个血红素对 O_2 的亲和力，使氧解离曲线左移，妨碍 O_2 的解离。所以 CO 中毒既妨碍 Hb 与 O_2 的结合，又妨碍 O_2 的解离。

四、呼吸运动的调节

（一）化学感受性反射

动脉血或脑脊液中的 PO_2、PCO_2 和 H^+浓度的变化可通过化学感受器反射性地引起呼吸运动变化的过程，称为化学感受性呼吸反射。机体通过呼吸运动调节血液中 PO_2、PCO_2 和 H^+的浓度，而这些因素发生变化时又可通过化学感受性反射来调节呼吸运动，从而维持血液中 PO_2、PCO_2 和 H^+浓度的相对稳定。

1. CO_2 对呼吸的调节　CO_2 是调节呼吸运动最重要的体液因素。适当增加吸入气中的 CO_2 浓度，可使呼吸加深加快、肺通气量增加，这是通过刺激中枢化学感受器和外周化学感受器两条途径实现的，但以前者为主。血液中的 CO_2 浓度升高，可迅速通过血脑屏障进入脑脊液中，生成的 H^+刺激中枢化学感受器，引起呼吸中枢的兴奋。因此，血中 PCO_2 升高是通过 H^+刺激中枢化学感受器引起的。

2. H^+对呼吸的调节　血液中 H^+浓度升高、pH 降低时，呼吸加深加快、肺通气量增加；反之，H^+浓度降低、pH 升高时，呼吸抑制，肺通气量减少。由于 H^+不易通过血脑屏障，因此 H^+浓度对呼吸的调节主要是通过刺激外周化学感受器实现的。

3. 低 O_2 对呼吸的调节　动脉血中 PO_2 降低时（低 O_2），呼吸加深加快、肺通气量增加。低 O_2 对呼吸运动的兴奋作用完全是通过外周化学感受器实现的，其对呼吸中枢的直接作用是抑制，并且这种抑制作用随着低 O_2 程度加重而加强。在轻、中度缺 O_2 时，低 O_2 通过刺激外周化学感受器兴奋呼吸中枢的作用可以在一定程度上抵抗其对呼吸中枢的抑制作用，表现为呼吸兴奋、肺通气量增加。但严重缺 O_2 时，来自外周化学感受器的刺激作用对抗不了其对呼吸中枢的抑制作用，将导致呼吸障碍。

低 O_2 兴奋外周化学感受器是提高血 PO_2 的一个重要途径。在高山或高空区，血中 PO_2 较低，可刺激外周化学感受器使呼吸加深加快。在临床上，严重肺气肿和肺心病患者，由于其换气功能障碍导致既有低 O_2，又有 CO_2 潴留，此时若吸入纯 O_2，会解除外周化学感受器的低 O_2 刺激，因此应采取低浓度持续给氧，以免引起呼吸暂停。

4. CO_2、H^+和低 O_2 在呼吸调节中的相互作用　在自然呼吸状态下，往往是一种因素的改变会引起其他一种或两种因素相继改变或几种因素的同时改变。三者之间具有相互作用，对肺通气的影响既可因总和而增强，也可因相互抵消而减弱。通常，CO_2 对呼吸的刺激作用最强，且比单因素的作用更明显；H^+刺激作用次之；低氧的作用最弱。

（二）肺牵张反射

肺牵张反射是由肺的扩张或缩小所引起的反射性呼吸运动的变化，也称黑-伯反射，包括肺扩张反射和肺萎缩反射。

1. 肺扩张反射　肺扩张反射是指肺扩张时抑制吸气活动的反射。当吸气引起肺扩张时，牵拉刺激兴奋存在于支气管和细支气管平滑肌的肺牵张感受器，冲动经迷走神经传入延髓，使吸气停止、转为呼气。此反射的生理意义在于加速吸气向呼气的转换，使呼吸频率加快。该反射有明显的种属差异，兔的最强，人的最弱。正常成人平静呼吸时，肺牵张反射不参与人的呼吸调节，但在病理情况下，如肺水肿、肺不张可以引起该反射，使呼吸变浅变快。

2. 肺萎缩反射　肺萎缩反射是肺萎缩时引起吸气活动的反射。该反射对平静呼吸的调节意义不大，只有在肺萎缩比较明显时才出现，对防止过深的呼气及肺不张可能起一定作用。

（申惠君　李晓娟）

第五节 消化和吸收

一、胃肠神经和体液调节的一般规律

（一）胃肠的神经支配及其作用

1. 内在神经丛 包括：①黏膜下神经丛，位于胃肠壁黏膜下层，主要调节腺细胞和上皮细胞的功能。②肌间神经丛，位于环形肌与纵行肌之间，主要支配平滑肌的活动。内在神经丛包括无数神经元和神经纤维。神经丛之间有神经纤维互相连接，组成内在的肠神经系统，在胃肠活动的调节中具有重要意义。

2. 外在神经 即支配胃肠的自主性神经，有：①交感神经，来自第 5 胸段至第 2 腰段脊髓侧角，在腹腔神经节、肠系膜神经节或腹下神经节换神经元后，终止于壁内神经丛中的胆碱能神经元，或直接支配胃肠道平滑肌、腺细胞及血管平滑肌。交感神经一般对消化活动起抑制性调节作用。②副交感神经，主要来自迷走神经和盆神经。前者分布于横结肠及其以上的消化道，后者分布于降结肠及其以下的消化道。副交感神经的大部分节后纤维释放乙酰胆碱递质，促进消化道的运动和消化腺的分泌。少数副交感神经节后纤维释放某些肽类物质，在胃的容受性舒张、机械刺激引起的小肠充血等过程中起调节作用。

（二）胃肠激素及其作用

在胃肠道黏膜层内存在着数十种内分泌细胞，合成和释放多种有生物活性的化学物质，统称为胃肠激素。胃肠激素对消化器官的作用有：①主要是调节消化腺分泌和消化道运动。例如，促胃液素能促进胃液分泌和胃运动；促胰液素和抑胃肽则抑制胃液分泌和胃运动。②调节其他激素的释放。例如，在血糖升高时，抑胃肽除对胃运动和分泌有抑制作用外，还可刺激胰岛素的分泌。③营养作用。有些胃肠激素可促进消化系统组织的生长。例如，胃液素可促进胃黏膜上皮组织的生长（表 2-3）。

表 2-3 三种胃肠激素对消化腺分泌和消化道运动的作用

胃肠激素	胃酸	胰 HCO_3^-	胰酶	肝胆汁	小肠液	食管-胃括约肌	胃平滑肌	小肠平滑肌	胆囊平滑肌
胃液素	++	+	++	+	+	+	+	+	+
促胰液素	–	++	+	+	+	–	–	–	+
缩胆囊素	+	+	++	+	+	–	+–	+	++

注：“+”表示兴奋；“++”表示强兴奋；“–”表示抑制；“+ –”表示既有兴奋又有抑制

二、口腔内消化

（一）唾液的性质、成分和作用

1. 性质 无色、无味、近中性（pH 6.6～7.1）的低渗液体。

2. 成分 水分约占 99%，其他主要有黏蛋白、免疫球蛋白、唾液淀粉酶、溶菌酶和无机盐等。

3. 作用 ①湿润与溶解食物，利于吞咽和引起味觉；②清洁和保护口腔，如清除口腔内食物残渣，稀释与中和有毒物质，以及溶菌酶和免疫球蛋白的杀菌和杀病毒作用等；③消化淀粉，唾液淀粉酶可将淀粉分解为麦芽糖。

（二）唾液分泌的调节

进食时唾液分泌的调节为神经反射活动，包括条件反射和非条件反射。

1. 条件反射 食物的性状、颜色、气味、进食环境、进食信号，甚至与食物和进食有关的第二信号等都能形成条件反射。

2. 非条件反射 食物对舌、口腔和咽部黏膜的机械性、化学性和温热性刺激引起的反射称为非条件反射。传入冲动经舌神经、面神经鼓索支、舌咽神经和迷走神经到达延髓的上涎核和下涎核，其高级中枢位于下丘脑及大脑皮层的味觉及嗅觉感受区。支配唾液腺的传出神经为副交感神经和交感神经，副交感神经兴奋时，释放化学递质 ACh，使唾液分泌量增多。交感神经兴奋时，释放去甲肾上腺素，唾液分泌量少。

三、胃内消化

（一）胃液的性质、成分和作用

1. 性质 无色、酸性（pH0.9～1.5），正常成人每日分泌量为 1.5～2.5L。

2. 成分 盐酸（由壁细胞分泌）、胃蛋白酶原（由主细胞分泌）、内因子（由壁细胞分泌）、黏液（由胃黏膜表面上皮细胞、泌酸腺、贲门腺和幽门腺细胞共同分泌），其余为水、HCO_3^-、Na^+、K^+等无机盐。

3. 作用

（1）盐酸：①杀死随食物入胃的细菌。②激活胃蛋白酶原，使其转化具有活性的胃蛋白酶，并为胃蛋白酶的活动提供适宜的酸性环境。③使食物中的蛋白质变性，有利于被蛋白酶水解。④盐酸进入十二指肠刺激促胰液素释放，从而促进胰液、胆汁和小肠液的分泌。⑤酸性环境有助于小肠对钙、铁的吸收。

（2）胃蛋白酶原：胃蛋白酶原进入胃腔后，在 HCl 作用下转变为有活性的胃蛋白酶。胃蛋白酶可水解食物中的蛋白质，主要产物为➀和胨，还有少量多肽及游离氨基酸。

（3）内因子：与进入胃内的维生素 B_{12} 结合形成内因子-维生素 B_{12} 复合物，促进维生素 B_{12} 的吸收。如果内因子分泌不足，可因维生素 B_{12} 吸收障碍而影响红细胞生成，引起巨幼红细胞性贫血。

（4）黏液和碳酸氢盐：构成黏液-碳酸氢盐屏障，可有效地保护胃黏膜免受胃内盐酸和胃蛋白酶的损伤。①防止胃腔内 H^+向黏膜上皮细胞内扩散和侵蚀；②黏液深层的中性环境使胃蛋白酶丧失活性。

（二）胃液分泌的调节

1. 刺激胃液分泌的内源性物质 主要有以下物质。

（1）乙酰胆碱：支配胃的迷走神经及部分壁内神经元释放的化学递质多为 ACh。ACh 作用于壁细胞上的胆碱能 M 型受体而引起胃酸分泌，它的作用可被阿托品所阻断。

（2）促胃液素：属于胃肠激素的一种，是由胃窦及十二指肠和空肠上端黏膜中的 G 细胞分泌的一种多肽。促胃液素释放进入血液循环到达壁细胞，通过与其膜上的 CCK_B 受体结合而刺激胃酸分泌。胃酸对促胃液素的分泌具有负反馈调节作用。

（3）组胺：由胃泌酸区黏膜中的肠嗜铬样细胞分泌，可通过旁分泌的方式作用于邻旁壁细胞的 H_2 受体，促进胃酸分泌。**西咪替丁**（cimetidine）及其类似物可阻断组胺与 H_2 受体结合而抑制胃酸分泌，有助于治疗消化性溃疡。西咪替丁不仅可以阻断壁细胞对组胺的直接反应，也能间接降低壁细胞对 ACh 和胃液素的敏感性。

以上三种物质一方面通过结合各自壁细胞上的特异性受体刺激胃酸分泌，另一方面两种物质共同作用时胃酸分泌超过此两种物质单独作用的总和。例如，ACh 和胃液素均可作用于肠嗜铬样细胞上各自相应的受体，促进组胺的合成和分泌。

2. 消化期的胃液分泌 进食可促进胃液大量分泌，将消化期的胃液分泌分为头期、胃期和肠期三个时相。

（1）头期：包括条件反射和非条件反射。前者是指食物的颜色、形状、气味、声音等刺激视、嗅、听器官而引起的反射；后者则是当咀嚼和吞咽时，食物刺激口腔、舌和咽部等处的化学和机械感受器而引起的。迷走神经是这些反射共同的传出神经，其末梢主要支配胃腺和胃窦部的G细胞，除可直接引起胃腺分泌胃液外，还可通过促胃液素间接促进胃液分泌，其中以直接促进胃液分泌更重要。头期胃液分泌的特点是持续时间长，分泌量大，酸度及胃蛋白酶原的含量均很高。

（2）胃期：主要途径有，①食物直接扩张胃，刺激胃底、胃体的感受器，冲动通过迷走-迷走神经长反射和壁内神经丛短反射，或通过促胃液素间接引起胃腺分泌；②扩张刺激幽门部感受器，通过壁内神经丛作用于G细胞，引起胃液素的释放；③食物的化学成分可直接作用于G细胞，引起胃液素的释放。胃期分泌的胃液量约占进食后总分泌量的60%，分泌酸度也高，但胃蛋白酶含量较头期少。

（3）肠期：该期胃液分泌主要通过体液调节机制实现，神经调节可能并不重要。当食物进入小肠后，主要以机械扩张性刺激和消化产物作用于十二指肠黏膜，肠黏膜释放的肠泌酸素继续刺激胃液分泌。肠期分泌的胃液量少，酸度不高，消化力不强。

3. 抑制胃液分泌的主要因素

（1）盐酸：为一种负反馈调节机制。当胃窦内pH降到1.2～1.5时，胃液分泌受抑制。其原因是盐酸可直接抑制胃窦黏膜G细胞，使促胃液素释放减少；同时引起生长抑素的释放，间接抑制促胃液素和胃酸的分泌。十二指肠内的pH降到2.5以下时，也抑制胃酸分泌，可能是盐酸作用于小肠黏膜引起促胰液素和球抑胃素释放的结果。

（2）脂肪：食物中的脂肪及其消化产物进入小肠后，可刺激小肠黏膜分泌多种胃肠激素，如抑胃肽、促胰液素、缩胆囊素等，这些具有抑制胃液分泌和胃运动作用的激素，统称为肠抑胃素。

（3）高渗溶液：可刺激小肠内的渗透压感受器，通过肠-胃反射抑制胃液分泌；以及通过刺激小肠黏膜释放一种或几种胃肠激素抑制胃液分泌。

（三）胃的运动

1. 胃的容受性舒张 食物刺激口腔、咽、食管等处感受器，可通过迷走神经反射性引起胃底和胃体肌肉的舒张，称为容受性舒张。容受性舒张能使胃容量大大增加，以接纳大量食物入胃，而胃内压力并不明显升高，从而使胃更好地完成容受和暂时储存食物的功能。参与该反射的迷走神经传出纤维属于抑制性肽能纤维。

2. 胃的蠕动 胃的蠕动以尾区为主。食物入胃后约5min开始蠕动。蠕动从胃的中部开始，有节律地向幽门方向推进，每分钟3次。其意义在于使食物与消化液充分混合，也对块状食物起碾磨粉碎作用，以利于胃液发挥消化作用并将食物向前推进。

3. 胃的排空及其控制 食物由胃排入十二指肠的过程称为胃排空。一般在食物入胃5min左右开始排空，排空速度与食物的物理性状及化学组成有关。流体、小颗粒食物快于固体、大块食物，等渗液体较非等渗液体快。三大营养物质中糖类食物最快，脂肪最慢。混合食物一般需4～6h可完全排空。

胃排空速率受来自胃和十二指肠两方面因素的控制。

（1）胃内促进胃排空的因素：胃运动产生的压力是胃排空的动力。食物对胃的扩张刺激可通过壁内神经丛局部反射或迷走-迷走反射引起胃运动的加强，促进胃排空。食物对胃的扩张和某些化学成分可引起胃幽门部G细胞释放促胃液素。能促进胃的运动和增强幽门括约肌的收缩，其总效应是延缓胃排空。

（2）十二指肠内抑制胃排空的因素：一方面，食糜中的酸、脂肪和食糜高渗及机械扩张等均可刺激十二指肠壁上的化学和机械感受器，通过肠-胃反射抑制胃的运动，使胃排空减慢。另一方面，食糜中的酸和脂肪进入十二指肠后，还可引起小肠黏膜释放缩胆囊素、促胰液素、抑胃肽等，抑制胃运动，延缓胃排空。

胃排空的直接动力是胃和十二指肠内的压力差。当胃运动加强使胃内压大于十二指肠内压时，胃即排空一次；在食糜进入十二指肠后，受十二指肠内因素的抑制，胃运动减弱而使胃排空暂停。随着食糜的逐渐被吸收，对胃排空的抑制作用逐渐减弱，胃的运动又逐渐增强，引起胃再次排空。如此反复进行，直至食糜全部由胃排入十二指肠为止。可见胃排空是间断进行的。胃的排空过程与十二指肠内的消化和吸收过程是相适应的。

四、小肠内消化

（一）胰液与胆汁的性质、成分和作用

1. 胰液的性质、成分和作用

（1）性质：无色透明、无臭、碱性（pH 为 7.8～8.4）、等渗。

（2）成分：胰液中的无机物由胰腺小导管上皮细胞分泌，其中碳酸氢盐最为重要，还有 Cl^-、Na^+、K^+、少量的 Ca^{2+}和微量的 Mg^{2+}、Zn^{2+}等。胰液中的蛋白质主要是多种消化酶，如胰淀粉酶、胰脂肪酶、胰蛋白酶和糜蛋白酶等，由腺泡细胞分泌。

（3）作用：胰液包含有水解糖、脂肪和蛋白质三类营养物质的消化酶，因而是最重要的消化液。胰液中的碳酸氢盐可中和进入小肠的盐酸，保护小肠黏膜免受酸的腐蚀，也为小肠内酶的活动提供适当的 pH 环境。当胰液分泌障碍时，即使其他消化腺的分泌都正常，食物中的脂肪和蛋白质仍不能完全消化吸收，但糖的消化吸收一般不受影响。

2. 胆汁的性质、成分和作用

（1）性质：肝胆汁呈金黄色或橘棕色，弱碱性，pH 约为 7.4；胆囊胆汁因被浓缩而颜色变深，并因碳酸氢盐被胆囊吸收呈弱酸性，pH 约为 6.8。成年人每日分泌胆汁 800～1000mL。

（2）成分：除水分和钠、钾、钙、碳酸氢盐等无机成分外，还有胆盐、胆固醇、卵磷脂和胆色素等有机物，但无消化酶。

（3）作用：帮助与促进脂肪和脂溶性维生素的消化及吸收，也可中和胃酸；胆汁中的胆盐可通过肝肠循环促进胆汁的分泌。

胆汁中胆盐、胆固醇和卵磷脂的适当比例是维持胆固醇呈溶解状态的必要条件。当胆固醇分泌过多，或胆盐、卵磷脂合成减少时，胆固醇就容易沉积下来，这是形成胆结石的原因之一。

（二）小肠的运动形式和回盲括约肌的功能

1. 小肠的运动形式 有紧张性收缩、分节运动、蠕动等。小肠平滑肌常保持微弱而持续性的收缩，称为紧张性收缩。这是其他机能运动有效进行的基础，并使小肠保持一定的形状和位置。分节运动是一种以环行肌为主的节律性收缩和舒张交替进行的运动。空腹时分节运动几乎不存在，进食后逐步增强。小肠的分节运动由上至下存在频率梯度。分节运动的意义在于：①使食糜与消化液充分混合，利于化学性消化；②增加食糜与肠壁的接触，并不断挤压肠壁以促进血液和淋巴回流，为消化和吸收创造良好条件；③由于存在由上而下的频率梯度，因而对食糜有一定的推动作用。

2. 回盲括约肌的功能 回肠末端与盲肠交界处的环行肌明显加厚，具有括约肌的作用，称为回盲括约肌。它平时保持轻度收缩状态，使回肠末端内压力升高，使之高于大肠内压力。其主要功能是：①防止小肠内容物过快排入结肠，延长了食糜在小肠内停留的时间，有利于充分消化吸收；②其活瓣样作用可阻止大肠内容物向回肠倒流。

五、大肠的功能

排便反射：食物残渣在大肠内一般停留 10h 以上，其中绝大部分水和无机盐被大肠黏膜吸收，剩余部分经结肠内细菌发酵和腐败作用后形成粪便。当大肠的蠕动将粪便推入直肠时，刺激了直肠壁内的感受器，冲动沿盆神经和腹下神经传至腰、骶段脊髓的初级排便中枢，同时上传到大脑皮层，引起便意和排便反射。若条件许可，这时冲动由盆神经传出，引起降结肠、乙状结肠和直肠收缩，肛门内括约肌舒张。与此同时，阴部神经的传出冲动减少，肛门外括约肌舒张，使粪便排出体外。此外，腹肌和膈肌收缩增加腹内压，可促进排便。

六、吸收

由于结构特点的不同和食物停留时间的各异，消化管不同部位的吸收能力差别很大。口腔和食管基本不吸收，只有硝酸甘油、异山梨酯（消心痛）等药物可经口腔黏膜吸收。胃的吸收能力有限，仅吸收乙醇、少量水分和某些药物。小肠是吸收的主要部位，特别是十二指肠和空肠，体内需要的绝大部分营养物质在此吸收，回肠可吸收胆盐和维生素 B_{12}。大肠主要吸收食物残渣中的水分和盐类。

（一）小肠有利于吸收的条件

1. 巨大的吸收面积　正常成年人的小肠长 4～5m，其黏膜具有许多环形皱褶，皱褶上有大量绒毛，在绒毛上皮细胞顶端又有 1700 条左右微绒毛。这样的结构可使小肠黏膜的面积增加 600 倍，达 200～250m^2。

2. 丰富的吸收途径　消化期内，小肠绒毛产生节律性的伸缩和摆动，可加速绒毛内毛细血管网和中央乳糜管内血液和淋巴的流动，有助于吸收。分节运动可加速血液和淋巴液的流动，也有利于吸收。

3. 食物在小肠内停留时间较长　一般为 3～8h，小肠中有各种消化酶，使食糜能得到充分消化和吸收。

（二）小肠吸收的途径和机制

1. 吸收的途径　小肠内的水、电解质和食物水解产物的吸收，主要经跨细胞和细胞旁两种途径跨越肠上皮进入细胞外间隙，然后再进入血液和淋巴。

2. 吸收的机制　小肠内的水、电解质和食物水解产物的吸收机制有多种，包括单纯扩散、易化扩散、主动转运及入胞等方式。

（三）主要物质在小肠内的吸收

1. 水的吸收　人体每日由胃肠吸收的液体量为 8～9L。水的吸收都是跟随溶质分子的吸收而被动吸收的。各种溶质特别是 NaCl 的主动吸收所产生的渗透压梯度是水吸收的主要动力。还有一部分水是通过滤过作用吸收的。如果发生呕吐、腹泻，造成大量水分丢失，将引起严重脱水。

2. 无机盐的吸收　单价碱性盐类如钠、钾、铵盐的吸收很快，多价碱性盐则吸收很慢；而与钙结合形成沉淀的盐如硫酸盐、磷酸盐、草酸盐等，则不能被吸收。

（1）钠的吸收：成年人每日摄入 5～8g，每日分泌入消化液中的钠为 20～30g，而每日吸收的钠为 25～35g，表明肠内容物中 95%～99%的钠被吸收回血液。钠是伴随着糖及氨基酸通过继发性主动转运进入细胞的，然后通过基侧膜 Na^+泵泵出，经细胞间液入血液。由于肠腔内的葡萄糖、氨基酸可增加 Na^+的吸收，因此腹泻患者常用的口服溶液含有葡萄糖、NaCl，可加快葡萄糖、NaCl 和水的吸收，以补偿丢失的盐和水。

（2）铁的吸收：铁的吸收较为有限，正常人每日吸收铁约 1mg，仅占每日膳食中铁量的 5%左右。铁是以亚铁（Fe^{2+}）形式在小肠上段主动吸收的，在十二指肠吸收最快。体内铁过多，可抑制其吸收；孕妇、儿童及急性失血者对铁的吸收量增加，比正常人高 2～5 倍。铁的吸收是一个主动过程，吸收铁的主要部位是小肠上部。胃大部切除时铁的吸收减少，常伴发缺铁性贫血。

（3）钙的吸收：钙的主要吸收部位是小肠，其中以十二指肠的吸收能力最强。食物中的结合钙必须转变成 Ca^{2+}才能被吸收，而脂肪、草酸盐、磷酸盐、植酸等由于可与 Ca^{2+}形成不溶性复合物而抑制 Ca^{2+}的吸收。钙的吸收是一个主动转运过程，维生素 D 是影响钙吸收的最重要因素，酸性环境可增加 Ca^{2+}的吸收，而碱性环境则降低 Ca^{2+}的吸收。

3. 糖的吸收　食物中的糖类一般需分解为单糖后才能被小肠上皮细胞吸收。各种单糖的吸收速率有很大差别，其中以半乳糖和葡萄糖的吸收为最快，果糖次之，甘露糖则最慢。葡萄糖的吸收是逆浓度梯度进行的主动转运过程，能量来自钠泵。

4. 蛋白质的吸收　食物中的蛋白质在小肠中分解为氨基酸和寡肽后才能被吸收。小肠上皮细胞还吸收相当数量的二肽和三肽，但它们需在胞内被肽酶分解为氨基酸后才能入血。小肠对氨基酸的吸收与葡萄糖相同，大多是继发性主动转运的过程；少数氨基酸的吸收与果糖一样，是通过易化扩散途径。

5. 脂肪的吸收　在小肠内，脂类的消化产物脂肪酸、甘油一酯、胆固醇等很快与胆汁中的胆盐结合形成水溶性混合微胶粒，然后透过肠黏膜上皮细胞表面的静水层到达细胞微绒毛。在这里，甘油一酯、脂肪酸和胆固醇等又逐渐地从混合微胶粒中被释放，并通过微绒毛的细胞膜进入上皮细胞，而胆盐则被留在肠腔内继续发挥作用。长链（含 12 个以上碳原子）脂肪酸及甘油一酯进入上皮细胞后，在内质网中大部分被重新合成为甘油三酯，并与细胞中生成的载脂蛋白形成乳糜微粒，再以出胞的方式进入细胞外组织间隙，然后扩散至淋巴管中。短链（含 12 个以下碳原子）甘油三酯水解产物的脂肪酸和甘油一酯是水溶性的，可直接进入血液循环而不进入淋巴管。因为动植物油食物中含有 15 个以上碳原子的长链脂肪酸很多，所以脂肪的吸收以淋巴途径为主。

6. 胆固醇的吸收　进入肠道的胆固醇主要来自食物和肝分泌的胆汁。来自胆汁的胆固醇是游离的，而食物中胆固醇部分是酯化的。酯化的胆固醇需在肠腔中经消化液中胆固醇酯酶水解为游离胆固醇后才能被吸收。游离胆固醇通过形成混合微胶粒，在小肠上部被吸收。吸收的胆固醇大部分在小肠黏膜上皮细胞中又重新被酯化，生成胆固醇酯，最后与载脂蛋白一起组成乳糜微粒，经由淋巴系统进入血液循环。

7. 维生素的吸收　大部分维生素在小肠上段被吸收，只有维生素 B_{12} 是在回肠末端被吸收的。大多数水溶性维生素（如维生素 B_1、B_2、B_6、PP）是通过依赖于 Na^+ 的同向转运体被吸收的。维生素 B_{12} 需先与内因子结合成复合物后，再到回肠末端被主动吸收。脂溶性维生素 A、D、E、K 的吸收途径与脂类消化产物相同。

（郭美霞　刘长全）

第六节　能量代谢与体温

一、能量代谢

通常把生物体内物质代谢过程中所伴随的能量的释放、转移、贮存和利用，称为**能量代谢**（energy metabolism）。

（一）与能量代谢测定有关的几个概念

1. 食物的热价　1g 食物氧化（或在体外燃烧）时所释放的能量称为这种食物的热价。根据食物是在体内氧化还是在体外燃烧，食物的热价又分为生物热价和物理热价。

2. 食物的氧热价　某种食物氧化时每消耗 1L 氧气所产生的热量称为该食物的氧热价。氧热价表示某物质氧化时的耗氧量与产热量之间的关系。

3. 呼吸商　营养物质在体内氧化供能的过程中，需要消耗 O_2，并产生 CO_2。一定时间内机体呼出的 CO_2 量与吸入的 O_2 量的比值，称为呼吸商。糖氧化时的呼吸商是 1.00，蛋白质和脂肪的呼吸商分别是 0.80 和 0.71，正常人进食混合食物，呼吸商为 0.85 左右。

（二）影响能量代谢的因素

影响能量代谢的因素主要有肌肉活动、精神活动、食物的特殊动力作用和环境温度等。

1. 肌肉活动　肌肉活动对能量代谢的影响最为显著。机体耗氧量的增加与肌肉活动的强度成正比，轻微的躯体活动就能提高机体的耗氧量，当机体持续运动或劳动时的耗氧量最多可达安静时的10～20 倍。

2. 精神活动 与肌肉组织相比，脑组织的代谢水平较高。人在平静思考问题时对能量代谢的影响并不大，其产热量一般不超过 4%。但当精神处于紧张状态时，如烦恼、恐惧或强烈情绪激动时，由于机体随之出现的无意识的肌紧张、交感神经兴奋及促进代谢的内分泌激素（甲状腺激素、肾上腺素等）释放增多时，能量代谢率显著增加。

3. 食物的特殊动力作用 进食能刺激机体额外消耗能量的作用，称为食物的特殊动力作用。各种营养物质的食物特殊动力作用不同，其中蛋白质的食物特殊动力作用最为显著，为其所含能量的 30%，糖类或脂肪的食物特殊动力作用分别为 6%和 4%，混合食物为 10%左右。这种额外增加的热量只能用来维持体温。因此，为了补充体内额外的热量消耗，机体必须多进食一些食物补充这份多消耗的能量。

4. 环境温度 人（裸体或只着薄衣）安静状态时的能量代谢，在 20～30℃的环境中最为稳定。这主要是由于骨骼肌处在松弛的状态。当环境温度低于 20℃时，代谢率开始有所增加，在 10℃以下，代谢率便显著增加，这是由寒冷刺激反射地引起寒战及肌紧张增强所致。当温度超过 30℃时，由于体内化学反应速度加快、发汗功能旺盛及呼吸、循环功能增强，代谢率也逐渐增加。

此外，能量代谢还受年龄、性别、睡眠及疾病等情况的影响。随着年龄的增长，能量代谢逐渐降低；同龄男性的能量代谢率高于女性；睡眠时比清醒安静时低。

（三）基础代谢

基础代谢是指机体在基础状态下的能量代谢。**基础代谢率**（basal metabolic rate，BMR）是指单位时间内的基础代谢。所谓基础状态，是指人体处在清醒安静，不受肌肉活动、环境温度、食物及精神紧张等因素影响时的状态。受试者测定基础代谢率，需要满足以下条件：清晨、清醒、静卧、食后 12～14h、未做剧烈活动，室温保持在 20～25℃。基础代谢率常作为评价机体能量代谢水平的指标，比一般安静时的代谢率低，比清醒安静时低 8%～10%。熟睡时能量代谢率进一步降低，做梦时可升高。基础代谢率的高低与体重并不呈比例关系，而与体表面积基本上成正比，基础代谢率以每小时、每平方米体表面积的产热量为单位，通常以 kJ/（m^2·h）来表示。

基础代谢率随性别、年龄等不同而有生理变化。在其他条件相同的情况下，男子的基础代谢率平均比女子的高；儿童的比成年人的高；年龄越大，代谢率越低。一般来说，基础代谢率的实际数值同正常平均值比较，相差±15%之内，都认为属于正常范围。当相差超过 20%时才说明机体产生病理变化。在临床上很多疾病都伴有基础代谢率的改变，尤其是甲状腺功能障碍，当甲状腺功能低下时，基础代谢率将比正常值低 20%～40%；甲状腺功能亢进时的基础代谢率将比正常值高出 25%～80%。因此，基础代谢率的测量是临床诊断甲状腺疾病的重要辅助方法。基础代谢率明显升高还见于糖尿病、红细胞增多症、白血病及伴有呼吸困难的心脏病等；当人体发热时，基础代谢率也将升高，一般来说，体温每升高 1℃，基础代谢率可升高 13%。其他如肾上腺皮质功能减退、垂体性肥胖、肾病综合征、病理性饥饿、阿狄森病等会出现基础代谢率降低。

二、体温

（一）体温的概念及生理性波动

1. 体温的概念 研究体温时将人体分为核心和表层两个部分，核心部分的温度称为体核体温，表层部分的温度称为体壳体温。生理学所说的体温是指机体核心部分的平均温度。但机体核心部分与表层部分的比例并不是一成不变的，在寒冷环境中，核心部分区域缩小，主要集中在头部与胸腹腔内脏，表层与核心部分之间的温度梯度明显。相反，在炎热环境中，核心部分区域扩大，可扩展到四肢。由于体内各器官的代谢水平不同，它们的温度略有差别，但不超过 1℃。由于血液不断循环，深部各个器官的温度会经常趋于一致。因此，血液的温度可以代表各内脏器官温度的平均值。体核体温不易测量，所以临床上通常用直肠、口腔和腋窝等部位的温度来代表体核体温，直肠温度的正常值为 36.9～37.9℃，口腔温度的正常值为 36.7～37.7℃，腋窝温度的正常值为 36.0～37.4℃。

2. 体温的生理性波动　正常情况下，人的体温相对恒定，但可在一定范围内波动，波动幅度一般不超过 1℃。

（1）体温的日节律：体温在一昼夜之间的周期性波动，表现为清晨 2～6 时最低，午后 1～6 时最高。人体体温的昼夜周期性波动称为体温的昼夜节律或日节律，目前认为，这种生物节律主要受下丘脑视交叉上核的控制。

（2）性别影响：通常情况下，成年女性的体温平均比男性高 0.3℃。此外，育龄期女性的基础体温随月经周期而变化，卵泡期较低，排卵日最低，排卵后升高 0.3～0.6℃，这是由黄体分泌的孕激素作用于下丘脑所致。临床上可通过连续测定育龄期女性的基础体温来判断有无排卵及排卵的日期。

（3）年龄影响：体温也与年龄有关。一般来说，儿童和青少年体温较高，新生儿和老年人的体温较低。新生儿，特别是早产儿，由于体温调节机制发育尚不完善，体温调节的能力差，故他们的体温容易受环境温度的影响而变动，因此对婴幼儿应加强护理。

（4）运动影响：运动时肌肉活动时代谢加强，产热量增加，结果可致体温升高。所以，临床上应让患者安静一段时间以后再测体温，测定小儿体温时应防止哭闹。

（5）其他影响：精神紧张、情绪激动、进食等均可对体温产生影响，在测量体温时应注意。麻醉药物能降低机体的体温，所以，对麻醉的患者，术中及术后一段时间内都应当注意保温的护理。

（二）体热平衡

机体正常体温的维持，是在体温中枢的控制下，不断地产生热量，同时又不断地向环境中散发热量，只有产热和散热这两个生理过程在体温调节机构控制下保持动态平衡，体温才能够维持相对稳定。

1. 产热反应

（1）产热部位：安静状态下，机体主要产热器官是内脏，其中肝由于代谢最旺盛，产热量最高，是机体安静时最重要的产热器官，其次是脑。但在劳动或运动状态下，骨骼肌是最主要的产热器官，产热量可达总热量的 90%。

（2）产热形式：机体的产热形式有多种，如基础代谢产热、食物特殊动力作用产热、骨骼肌运动产热及战栗和非战栗产热。在安静状态下，机体的产热量大部分来自全身各组织器官的基础代谢，人在寒冷环境中主要靠战栗产热和非战栗产热来增加热量，维持体热平衡。战栗是骨骼肌发生不随意的节律性收缩，可使代谢率增加 4～5 倍，产热明显增加。非战栗产热又称代谢产热，其 70%来自褐色脂肪组织的代谢产热，在褐色脂肪组织细胞的线粒体内膜上存在解偶联蛋白（UCP），UCP 的作用是使线粒体呼吸链中的氧化磷酸化和 ATP 的合成脱偶联，从而使氧化还原反应过程中释放的能量直接转化为热量释放出来。褐色脂肪组织多存在于新生儿体内，新生儿因不能发生战栗，所以非战栗产热对新生儿尤为重要。

（3）产热活动的调节：产热活动受神经和体液调节。甲状腺激素是调节非战栗产热活动最重要的体液因素，其特点是作用缓慢，维持时间长。肾上腺素、去甲肾上腺素及生长激素等也可刺激产热，其特点是作用迅速，维持时间短。寒冷刺激可使位于下丘脑的战栗中枢兴奋，通过下丘脑-腺垂体-甲状腺轴释放甲状腺激素，还可使交感神经兴奋，后者通过增强肾上腺髓质释放肾上腺素和去甲肾上腺素，从而调节产热活动。

2. 散热反应

1）散热部位　皮肤是人体主要的散热部位。当环境温度低于体温时，大部分的体热通过皮肤的辐射、传导和对流散热，一部分热量通过皮肤汗液蒸发来散发。当环境温度高于体温时，蒸发散热成为机体唯一的散热方式。呼吸、排尿和排粪也可散失一小部分热量。

2）散热方式

（1）辐射散热：这是机体以热射线的形式将热量传给外界较冷物质的一种散热形式。辐射散热量的多少取决于皮肤与环境间的温度差及机体有效辐射面积等因素。

（2）传导散热：传导散热是机体的热量直接传给同它接触的较冷物体的一种散热方式。经这种方式散发的热量取决于皮肤温度与接触物体之间的温度差、接触面积及接触物体的导热性能等。临床治疗中常利用水的热传导作用进行局部加温或利用冰帽、冰袋、冰床等给高温患者降温。

（3）对流散热：对流散热是指通过气体流动而交换热量的一种散热方式。对流散热其实是传导散热的一种特殊形式。通过对流所散失热量的多少，受风速影响极大。

辐射、传导和对流散失的热量取决于皮肤和环境之间的温度差及皮肤的有效散热面积，对流散热还与气体的流速有关。皮肤温度被皮肤血流量控制。皮肤血液循环的特点是，分布到皮肤的动脉穿透隔热组织（脂肪组织等），在乳头下层形成动脉网；皮下的毛细血管异常弯曲，进而形成丰富的静脉丛；皮下还有大量的动-静脉吻合支。这些结构特点决定了皮肤的血流量可以在很大范围内变动。当环境温度在20～30℃时，机体通过交感神经系统控制着皮肤血管的口径，改变皮肤温度，来维持体热平衡。在炎热环境中，交感神经紧张度降低，皮肤小动脉舒张，动-静脉吻合支开放，皮肤血流量因而大大增加，增强了散热作用。在寒冷环境中，则发生相反改变。

（4）蒸发散热：蒸发散热是指水分从体表汽化时吸收热量而散发体热的一种方式。正常体温条件下蒸发1g水可散发2.43kJ热量，当环境温度低于皮肤温度时，辐射、传导和对流为主要散热方式，而当环境温度不低于皮肤温度时，蒸发将成为机体唯一有效的散热方式。蒸发散热可分为不感蒸发和发汗两种形式。不感蒸发是指体内的水分从皮肤和呼吸道黏膜表面不断渗出而被蒸发的形式，在临床给患者补液时，应注意补充由不感蒸发丧失的这部分体液量。发汗是指汗腺分泌汗液的活动，又称可感蒸发。汗液中水分占99%，固体成分不到1%，在固体成分中，大部分为氯化钠，也有少量氯化钾、尿素、乳酸等。汗液在流经汗腺管腔时受醛固酮调节，部分钠和氯被重吸收，最后排出的汗液是低渗的。所以大量发汗而造成的脱水为高渗性脱水，应及时补充水和NaCl。

3）散热反应的调节　发汗是反射性活动。在寒冷或温度适宜的环境中，散热的调节主要通过改变皮肤血流量来实现；在温度较高时，散热主要通过汗腺的活动来实现。人体汗腺受交感胆碱能纤维支配，通过释放乙酰胆碱作用于M受体而引起发汗。发汗中枢主要位于下丘脑。

（三）体温调节

人体的体温调节包括自主性体温调节和行为性体温调节两种方式。自主性体温调节是指机体在中枢神经系统的调控下，通过改变皮肤血流量、发汗、战栗及改变代谢水平等生理调节反应，使机体产热量与散热量达到平衡，从而维持体温相对稳定。行为性体温调节是指有意识地通过改变一定的姿势和行为（如增减着装、取暖措施、降温措施等），来保温或增强散热过程。下面主要讨论自主性体温调节。

1. 温度感受器　根据感受器存在部位，可将温度感受器分为外周温度感受器和中枢温度感受器；根据感受温度的性质，分为冷感受器和热感受器。

（1）外周温度感受器：是存在于皮肤、黏膜和内脏中对温度变化敏感的游离神经末梢，包括热感受器和冷感受器。在一定温度范围内，当皮肤温度升高时，热感受器兴奋，反之，则冷感受器兴奋。此外，皮肤的温度感受器对皮肤温度变化速率更敏感。

（2）中枢温度感受器：是存在于中枢神经系统内对温度敏感的神经元，包括热敏神经元和冷敏神经元。在一定范围内，热敏神经元表现为在局部组织温度升高时发放冲动频率增加；冷敏神经元则在局部组织温度降低时发放冲动频率增加。在下丘脑视前区-下丘脑前部（PO/AH）热敏神经元数量较多，而在脑干网状结构和下丘脑弓状核冷敏神经元较多。当局部组织温度变动0.1℃时，这两种神经元放电频率就会反映出来，且不出现适应现象。

2. 体温调节中枢　从脊髓到大脑皮层的整个中枢神经系统中都存在参与调节体温的神经元，实验证明调节体温的基本中枢在下丘脑。现已证明下丘脑视前区-下丘脑前部（PO/AH）是体温调节中枢整合的关键部位，若PO/AH破坏，与体温调节有关的产热和散热反应都将明显减弱或消失。

3. 体温调节机制——体温调定点学说　体温维持正常的机制，目前多用体温调定点学说来解释。该学说认为，体温的调节过程类似于恒温器的调节，下丘脑视前区-下丘脑前部的温度敏感神经元可能起着调定点的作用。PO/AH对局部温度的感受有一定的阈值（正常约为37℃），此阈值称为体温调节的**调定点**（set point）。当体温与调定点一致时，机体的产热与散热取得平衡；当体温偏离调定点水平时，体温调节中枢通过调节产热和散热活动，使体温恢复到调定点水平。任何原因引起调定点改变时，机体的产热和散热活动将在新的调定点水平达到动态平衡。例如，细菌感染引起的发热，是由于致热原的作用使调定点升高至39℃，机体通过寒战、皮肤血管收缩等方式增加产热量，减少散热量，直至体温升高至39℃。如果致热原持续作用，体温就在此基础上维持相对平衡，当致热源被清除时，体温调定点就降至正常水平（37℃），机体通过发汗等方式增加散热量，直至体温回降至37℃。

（李曼丽　董献红）

第七节　尿的生成和排出

一、肾小球的滤过功能

实验研究表明，肾小囊内的原尿（超滤液）除不含大分子蛋白质外，其他成分及其含量与血浆基本一致，渗透压和酸碱度也与血浆相近，说明原尿是血浆的滤液。血液流经肾小球毛细血管时，血浆中的水和小分子物质通过滤过膜进入肾小囊腔形成原尿的过程称为**肾小球的滤过**（glomerular filtration）。

（一）肾小球滤过率和滤过分数

1. 肾小球滤过率　肾小球滤过率（glomerular filtration rate，GFR）是指每分钟两肾生成超滤液的量。正常成年人的肾小球滤过率平均值约为125mL/min。

2. 滤过分数　滤过分数是指肾小球滤过率和肾血浆流量的比值，正常值为19%。

（二）滤过膜的通透性是肾小球滤过的条件

1. 机械屏障和电学屏障　血浆成分通过肾小球毛细血管进入肾小囊经过的结构称为滤过膜。滤过膜有三层，内层为肾小球毛细血管的内皮细胞，细胞之间有70～90nm的窗孔，允许水、小分子溶质自由通过，但血细胞难以通过。中层为非细胞结构的基膜，有直径2～8nm的网孔，允许水和部分溶质通过，但阻碍血浆蛋白通过。外层是肾小囊脏层上皮细胞，细胞的足突相互交错形成裂隙膜，有4～11nm的裂隙孔，是滤过膜的最后一道屏障。上述三层结构的孔道直径决定了滤过膜的机械屏障，而各层带负电荷的糖蛋白构成滤过膜的电学屏障。

2. 滤过膜的通透性大小　由上述可知，不同物质通过滤过膜的能力取决于被滤过物质的分子大小及其所带的电荷。一般来说，凡有效半径小于2.0nm的电中性或带正电荷物质均可自由通过滤过膜，如水、Na^+、葡萄糖等。有效半径为2.0～4.2nm的物质滤过量将随有效半径的增大而降低。有效半径大于4.2nm的物质则不能滤过。实验证明，分子有效半径相同的物质，带正电荷的易被滤过，而带负电荷的则较难通过滤过膜。有效半径约3.6nm的血浆白蛋白（相对分子质量为96 000）很难通过滤过膜，就是因为其带负电荷。

（三）有效滤过压是肾小球滤过的动力

与组织液的生成类似，有效滤过压是肾小球滤过的动力。由于肾小囊内滤液蛋白质含量极低，肾小囊内滤液的胶体渗透压可忽略不计，因此，肾小球有效滤过压=肾小球毛细血管血压–（血浆胶体渗透压+肾小囊内压）。

肾小球毛细血管血压平均值为45mmHg，在入球小动脉端和出球小动脉端基本不变。在生理情况下，肾小管通畅，肾小囊囊内压恒定，约为10mmHg。肾小球毛细血管入球端的血浆胶体渗透压约为25mmHg，因此入球端的有效滤过压约为10mmHg。但肾小球毛细血管内的血浆胶体渗透压并非固定不变，血液自入球小动脉端流向出球小动脉端过程中，随着滤液的不断生成，血浆中蛋白质浓度不断升高，血浆胶体渗透压也逐渐升高，因此有效滤过压逐渐下降。当有效滤过压下降到零时，就达到滤过平衡（filtration equilibrium），滤过停止。由此可见，肾小球毛细血管并非全段都有滤过功能，只有从入球小动脉端到滤过平衡点的这段才有滤过功能。有效滤过压下降的速度决定了滤过平衡点的位置，有效滤过压下降的速度慢，滤过平衡点距入球小动脉端就远，有滤过作用的毛细血管就长，有效滤过面积就大，超滤液生成就多；反之，超滤液生成就少。

（四）影响肾小球滤过的因素

凡能影响肾小球滤过膜结构和功能、滤过动力和肾血浆流量（或肾血流量）的因素都能影响肾小球滤过。

1. 肾小球毛细血管血压 动脉血压在 80～180mmHg 变动时，通过自身调节可维持肾血流量的相对恒定，肾小球滤过率基本不变。但当动脉血压降到 80mmHg 以下时，肾血流量明显减少，肾小球滤过率也减少。高血压病晚期，入球小动脉口径由于硬化而变小，致使肾血流量和肾小球毛细血管血压明显降低，肾小球滤过率减少而导致少尿。

2. 肾小囊内压 正常情况下，肾小管引流通畅，囊内压较稳定。肾盂或输尿管结石、肿瘤压迫或其他原因引起的输尿管阻塞，都可使肾小管引流不畅而导致有效滤过压降低，肾小球滤过减少。

3. 血浆胶体渗透压 正常情况下变动不大，但当静脉快速输入大量生理盐水、肝病变引起血浆蛋白质合成减少或肾病引起大量蛋白尿时，可使血浆蛋白质含量明显减少，血浆胶体渗透压降低，有效滤过压和肾小球滤过率增加。

4. 肾血浆流量 肾血浆流量对肾小球滤过率的影响与有效滤过压无关，而是改变滤过平衡点的位置。肾血浆流量加大时，滤过平衡点移向出球小动脉端，使更长或全段肾小球毛细血管都有滤液形成，故肾小球滤过率增加。肾血浆流量减少时，则发生相反变化。

5. 滤过系数 滤过系数（K_f）是滤过膜的有效通透系数（k）和滤过膜的面积（s）的乘积（$K_f = k \cdot s$）。滤过膜病变引起通透性增大，可导致尿量增多和不同程度的蛋白尿、血尿；通透性减小，则可导致少尿。人两肾全部肾小球毛细血管总面积在 1.5m^2 以上、肾小球病变晚期、肾小球纤维化或玻璃样变，可使滤过面积明显减小而导致少尿。

二、肾小管与集合管的重吸收及分泌功能

（一）对 Na^+、Cl^-、水、HCO_3^-、葡萄糖与氨基酸的重吸收

1. 对 Na^+、$C1^-$与水的重吸收

（1）近端小管：在近端小管，滤液中约 70%的 Na^+、Cl^-与水被重吸收。

近端小管前半段，小管液中的 Na^+进入小管上皮细胞的过程与 H^+的分泌或葡萄糖、氨基酸的重吸收相偶联。葡萄糖和氨基酸与 Na^+经同向转运体进入细胞；Na^+-H^+逆向交换后，Na^+进入细胞，H^+被分泌入小管液。进入细胞内的 Na^+经基底侧膜上的钠泵被泵出，进入组织间液，故近端小管对 Na^+的重吸收是主动转运过程。进入细胞内的葡萄糖或氨基酸则以易化扩散的方式通过基底侧膜离开上皮细胞，进入血液循环，这一途径称为跨细胞转运途径，约占近端小管转运量的 2/3。在此段，因 Na^+-H^+交换使 HCO_3^- 优先被重吸收，而 Cl^-则不被重吸收，结果使小管液中 Cl^-浓度高于管周组织间液中的浓度。

在近端小管后半段，Cl^-顺浓度差而被动扩散，Na^+则顺电位差而被动扩散，均经过上皮细胞间的紧密连接进入细胞间液，这一途径称为细胞旁途径，约占近端小管转运量的 1/3。随着 Na^+的重吸收，造成了小管上皮细胞间液渗透压升高，在此渗透压作用驱使下，水不断从小管液进入上皮细胞，再从上皮细胞进入细胞间液，造成管周组织间液静水压升高，加上管周组织毛细血管血压较低，血浆胶体渗透压较高，水便进入毛细血管内被重吸收。管周组织静水压升高，也可使部分 Na^+和水通过紧密连接回漏至小管腔内。

（2）髓袢：滤液中约 20%的 NaCl、15%的水在髓袢被重吸收。升支粗段是 NaCl 在髓袢重吸收的

主要部位，是一个主动重吸收的过程。髓袢升支粗段的管腔膜上有电中性的 Na^+-K^+-2Cl^-同向转运体，该转运体可使小管液中 1 个 Na^+、1 个 K^+和 2 个 Cl^-同向转运入上皮细胞内。进入细胞后，Na^+经基底侧膜的钠泵泵出至组织间液，Cl^-顺浓度梯度经管周膜上的 Cl^-通道进入组织间液，而 K^+则顺浓度梯度经管腔膜返回小管液中，再次参与转运。K^+返回管腔导致管腔液出现正电位。这一电位差又使小管液中的 Na^+、K^+、Ca^{2+}等正离子顺电位差经细胞旁途径而被重吸收。呋喃苯胺酸（呋塞米，furosemide）可抑制 Na^+-K^+-2Cl^-同向转运，所以能抑制 Na^+和 Cl^-的重吸收，从而发挥利尿作用。

髓袢降支细段对 Na^+不通透，但对水通透性高，在组织液高渗作用下水被重吸收，故小管液在流经髓袢降支细段时，渗透压逐渐升高。髓袢升支对水不通透，但对 NaCl 通透，NaCl 扩散进入组织间液，故小管液在流经髓袢升支时，渗透压逐渐下降。

（3）远端小管和集合管：滤液中约 12%Na^+和 Cl^-在远端小管和集合管被重吸收。重吸收量可根据机体的水、盐平衡状况进行调节，水的重吸收主要受抗利尿激素调节，而 Na^+和 K^+的转运则主要受醛固酮调节。

远端小管液中的 Na^+和 Cl^-由 Na^+-Cl^-同向转运进入细胞，进入细胞的 Na^+由钠泵将其转运入细胞间隙，Cl^-则通过基底侧膜上的 Cl^-通道进入细胞间隙。噻嗪类利尿药可抑制此处的 Na^+-Cl^-同向转运。

远曲小管后段和集合管的上皮有**主细胞**（principal cell）和**闰细胞**（intercalated cell）。主细胞基底侧膜上的钠泵维持细胞内低 Na^+，小管液中 Na^+顺浓度梯度经管腔膜 Na^+通道进入细胞。而 Na^+的重吸收又造成小管液呈负电位，可驱使小管液中的 Cl^-经细胞旁途径而被重吸收，也成为 K^+分泌入小管腔的动力。闰细胞的功能与 H^+的分泌有关。

集合管主细胞管腔膜侧胞质的囊泡内含水通道蛋白（AQP-2），而基底侧膜上有 AQP-3 和 AQP-4 分布。小管液中的水在管内外渗透压差的作用下通过 AQP-2 进入上皮细胞，进入上皮细胞的水再经基底侧膜的 AQP-3 和 AQP-4 进入组织间液而被重吸收。插入上皮细胞管腔膜 AQP-2 的多少决定上皮细胞对水的通透性，而 AQP-2 的插入又受抗利尿激素的控制。

2. 对 HCO_3^- 的重吸收　滤液中约 80%的 HCO_3^- 在近端小管被重吸收。

HCO_3^- 的重吸收是以 CO_2 扩散的形式进行的，所以其重吸收优先于 Cl^-的重吸收。小管液中 HCO_3^- 不易透过管腔膜，它与上述 Na^+-H^+交换分泌到管腔内的 H^+结合生成 H_2CO_3，H_2CO_3 迅速分解为 CO_2 和 H_2O，这一反应由上皮细胞管腔膜表面的碳酸酐酶催化，生成的 CO_2 即以单纯扩散的方式进入上皮细胞，在细胞内，CO_2 和 H_2O 又在碳酸酐酶的作用下结合成 H_2CO_3，H_2CO_3 又解离成 HCO_3^- 和 H^+，而 HCO_3^- 与 Na^+一起被转运回血。

髓袢对 HCO_3^- 的重吸收主要发生在升支粗段，其机制与近端小管相同。

3. 对葡萄糖与氨基酸的重吸收　100%的葡萄糖和氨基酸在近端小管被重吸收。滤过液中的葡萄糖和 Na^+同管腔膜上的 Na^+葡萄糖同向转运体结合，两者一起被转运入细胞，属于继发性主动转运。近端小管对葡萄糖的重吸收有一限度，当血液中葡萄糖浓度超过 180mg/100mL（血液）时，有一部分肾小管对葡萄糖的吸收已达极限，尿液中开始出现葡萄糖。尿液中开始出现葡萄糖时的血糖浓度称为肾糖阈。

（二）对 H^+、NH_3 和 K^+的分泌

1. 对 H^+的分泌　肾小管各段和集合管均具有泌 H^+能力，在近端小管主要通过 Na^+-H^+交换的方式进行，远曲小管后段和集合管的闰细胞可主动分泌 H^+。一般认为，远曲小管和集合管的管腔膜上存在两种质子泵，一种是 H^+-ATP 酶，另一种是 H^+/ K^+-ATP 酶，均可将细胞内的 H^+泵入小管液中。

2. 对 NH_3 和 NH_4^+ 的分泌　NH_3 和 NH_4^+ 都来源于上皮细胞内的谷氨酰胺，1 分子谷氨酰胺被代谢时，生成 2 个 NH_4^+ 和 2 个 HCO_3^-。在近端小管（为主）、髓袢升支粗段和远端小管，NH_4^+ 通过管腔膜上逆向转运体（Na^+-H^+转运体）进入小管液（由 NH_4^+ 代替 H^+）。NH_3 是脂溶性分子，可通过细胞膜单纯扩散进入小管腔，也可通过基底侧膜进入细胞间液。当小管液中 pH 较低时，细胞内的 NH_3 较易向小管液中扩散。细胞内的 NH_4^+ 与 NH_3+H^+处于一定的平衡状态。集合管管腔膜对 NH_3 有高度通透性，而对 NH_4^+ 则

通透性较低，所以 NH_3 主要以扩散的方式进入小管液，进入小管液的 NH_3 可与分泌的 H^+结合形成 NH_4^+，随尿排出。这一反应使尿中每排出 1 个 NH_4^+ 就有 1 个 HCO_3^- 被重吸收回血。

H^+、NH_3 和 NH_4^+ 的分泌在维持机体酸碱平衡中具有重要意义。

3. 对 K^+的重吸收和分泌 滤液中 65%～70%的 K^+在近端小管被重吸收，尿液中的 K^+主要由远曲小管和集合管的细胞分泌。远端小管和集合管上皮细胞基底侧膜上的 Na^+泵是形成胞内低 Na^+和高 K^+的基础。K^+可顺浓度梯度通过管腔膜上的 K^+通道进入小管液。同时由于远端小管和集合管管腔膜上有 Na^+通道，小管液中 Na^+可顺浓度梯度扩散进入上皮细胞内，造成小管液呈负电位，也构成了 K^+分泌的电位梯度。

三、尿生成的调节

（一）小管液中溶质的浓度

水重吸收的动力是小管壁内外的渗透压力差。小管液中溶质的浓度高，则小管液渗透压就高，因而妨碍肾小管特别是近端管对水的重吸收，导致尿量增多，NaCl 排出也增多。这种小管液渗透压升高对抗水的重吸收所导致的尿量增加称为渗透性利尿。例如，糖尿病患者由于小管液中葡萄糖含量增多，小管液渗透压升高，水和 NaCl 的重吸收减少，患者出现多尿。临床给患者静脉注入可通过肾小球自由滤过但不被重吸收的物质，如甘露醇等，也可产生渗透性利尿效应。

（二）神经和体液调节

1. 肾交感神经 肾交感神经兴奋时末梢释放去甲肾上腺素，可通过以下机制使尿量减少。

（1）对肾血管的作用：通过激活肾血管平滑肌膜上 α 受体，引起肾血管收缩，由于入球小动脉收缩作用大于出球小动脉，结果使肾小球毛细血管灌注压下降，肾小球滤过率减少，尿量减少。

（2）对球旁器的作用：肾神经兴奋时末梢释放去甲肾上腺素，激活球旁器中近球细胞膜上的 β 受体，引起肾素释放，再促使循环血中血管紧张素Ⅱ和醛固酮含量增加，通过肾素-血管紧张素-醛固酮系统增加肾小管对 NaCl 和水的重吸收，使尿量减少。

（3）对肾小管的作用：肾交感神经兴奋时释放的去甲肾上腺素与近端小管细胞膜上的 α 受体结合，促进近端小管对 NaCl 和水的重吸收。

2. 抗利尿激素 即血管升压素，在下丘脑视上核和室旁核的神经元胞体内合成，沿下丘脑-垂体束的轴突被运输到神经垂体并储存在此处，受刺激时释放入血。抗利尿激素作用于远曲小管与集合管上皮细胞管周膜上的 V_2受体时，通过 G 蛋白-AC-cAMP 途径激活蛋白激酶 A，后者可使上皮细胞内水孔蛋白 AQP-2 的小泡镶嵌在上皮细胞的管腔膜上，形成水通道，增加管腔膜对水的通透性，促进水的重吸收，从而引起抗利尿作用。以下是调节抗利尿激素分泌的主要因素。

（1）血浆晶体渗透压：大量出汗、严重呕吐或腹泻等情况可引起机体失水多于溶质丧失，使体液（包括血浆）晶体渗透压升高，可刺激抗利尿激素分泌增多，使远曲小管与集合管对水重吸收增多而尿量减少，尿液浓缩；相反，大量饮清水后体液被稀释，血浆晶体渗透压降低，引起血管升压素释放减少或停止，远曲小管和集合管对水的重吸收减少，尿量明显增加，尿液稀释，以排出体内多余的水分。饮清水引起尿量增多的现象称为水利尿。

（2）循环血量（血容量）：当机体大量失血导致循环血量（血容量）减少时，对心肺容量感受器的刺激减弱，对血管升压素释放的抑制作用减弱或取消，反射性引起抗利尿激素分泌增多，使远曲小管与集合管对水的重吸收增多，尿量减少；循环血量（血容量）增多时，则发生相反的变化。

（3）其他：动脉血压升高可通过刺激颈动脉窦压力感受器，反射性地抑制抗利尿激素释放；而血压降低、剧烈疼痛和高度精神紧张，血管紧张素Ⅱ则可刺激抗利尿激素分泌。

3. 肾素-血管紧张素-醛固酮系统 近球细胞分泌的肾素可催化血浆中的血管紧张素原转变为血管紧张素Ⅰ。血管紧张素Ⅰ在血管紧张素转换酶作用下生成血管紧张素Ⅱ，并进一步被氨基肽酶水解为血管紧张素Ⅲ。血管紧张素Ⅱ和血管紧张素Ⅲ可刺激肾上腺皮质球状带合成和分泌醛固酮。该系统中调节尿生成的主要是醛固酮。醛固酮作用于远曲小管和集合管的上皮细胞，可增加 Na^+、水的重吸收和 K^+的排泄。

血管紧张素Ⅱ对尿生成也有调节作用，主要有：①刺激醛固酮的合成和分泌；②直接刺激近端小管对 NaCl 的重吸收；③刺激神经垂体释放抗利尿激素。

醛固酮的分泌主要受肾素-血管紧张素系统和血 K^+与血 Na^+浓度的调节。

（1）肾素-血管紧张素系统：**肾素**（renin）主要是由球旁器中的球旁细胞分泌的，它是一种蛋白水解酶，能催化血浆中的血管紧张素原使之生成血管紧张素Ⅰ（十肽）。血液和组织中，特别是肺组织中有血管紧张素转换酶，该酶可使血管紧张素Ⅰ降解，生成血管紧张素Ⅱ（八肽）。血管紧张素Ⅱ可刺激肾上腺皮质球状带合成和分泌醛固酮。肾素-血管紧张素系统中肾素是关键，只有肾素分泌才能启动这一系统。而肾素的分泌受三方面因素的调节。①肾内两种感受器：一是入球小动脉处的牵张感受器，二是致密斑感受器，前者感受入球小动脉血压的改变，后者感受小管液中 NaCl 含量的变化。当循环血量减少，大动脉血压降低时，入球小动脉血压下降，对牵张感受器的牵张刺激减弱，可使肾素释放量增加；同时，由于入球小动脉血压降低，血流量减少，肾小球滤过率减小，滤过的 Na^+量也减少，到达致密斑的 Na^+量也减少，于是激活致密斑感受器也可使肾素释放增多。②神经调节：近球细胞直接受肾交感神经支配，肾交感神经兴奋时释放去甲肾上腺素，后者作用于近球细胞膜上的 β 受体，可刺激肾素释放。③体液调节：肾上腺素和去甲肾上腺素、肾内生成的前列腺素 E_2（PGE_2）和前列环素（PGI_2）均可直接刺激近球细胞释放肾素，血管紧张素Ⅱ、抗利尿激素、心房钠尿肽、内皮素和一氧化氮则可抑制肾素的释放。

（2）血 K^+与血 Na^+浓度：醛固酮的分泌除了受血管紧张素调节外，血 K^+浓度升高或血 Na^+浓度降低可直接刺激肾上腺皮质球状带增加醛固酮的分泌，导致保 Na^+排 K^+，从而维持血 K^+和血 Na^+浓度的平衡；反之，血 K^+浓度降低或血 Na^+浓度升高，则醛固酮分泌减少。醛固酮的分泌对血 K^+浓度升高十分敏感，血 K^+浓度仅增加 0.5～1.0mmol/L 就能引起醛固酮分泌，而血 Na^+浓度必须降低很多才能引起同样的反应。

四、血浆清除率

（一）血浆清除率的概念

两肾在 1min 内能将多少毫升血浆中所含的某种物质完全清除出去，被完全清除了这种物质的血浆毫升数，就称为该物质的清除率。血浆清除率表示的是肾在单位时间内从血浆中清除某种物质的能力，因此其对衡量肾的排泄功能有重要意义。血浆清除率仅是一个推算数值，肾并不可能把这部分血浆中的某种物质完全清除掉，而是指所清除的该物质的量相当于来自多少毫升血浆。

（二）血浆清除率的计算方法

$$C = (U \cdot V) / P$$

式中，C 是血浆清除率；U 是尿中某物质的浓度；V 是为每分钟尿量；P 是血浆中某物质的浓度。

（三）血浆清除率的应用

1. 用以测定肾小球滤过率 如果血浆中某物质在肾小球可自由滤过（超滤液中的浓度与血浆浓度相等），在肾小管内既不被重吸收，也不被分泌，则单位时间内该物质肾小球滤过的量（$GFR \times P$）应等于从尿中排出该物质的量（$U \times V$），因此该物质的清除率就等于肾小球滤过率。菊粉正符合这一条件，因而可用于测定肾小球滤过率。内生肌酐是指体内组织代谢所产生的肌酐，其血浆清除率的值与肾小球滤过率很接近，故临床上常用其来推测肾小球滤过率。但由于肉类食物中含有肌酐，人在剧烈活动时也可产生额外的肌酐，因此用内生肌酐清除率来推测肾小球滤过率，测定前应禁食肉类食物，并避免剧烈运动。另外，肌酐能被肾小管和集合管少量分泌和重吸收，因此，以测定内生肌酐清除率来求得肾小球滤过率并不十分准确。

2. 用以测定肾血浆流量和肾血流量 如果血浆中某物质（如碘瑞特或对氨基马尿酸）在经过肾循环一周后被完全清除，即经肾小球滤过和肾小管分泌后，该物质在静脉血中浓度为零。则每分钟尿中该物质的排出量应等于每分钟通过肾的血浆中所含的量，这种物质的清除率等于每分钟流经两肾的血浆量，即肾血浆流量。再根据红细胞比容，就可以计算出肾血流量。

3. 用以推测肾小管的功能 可以自由通过滤过膜的某物质，若其血浆清除率小于 125mL/min，说明该物质被滤过后一定能被重吸收，但不能推断它是否被分泌；若其清除率大于 125mL/min，说明肾小管必定能分泌该物质，但不能推断它是否被重吸收。

五、尿的排放

（一）膀胱与尿道的神经支配

膀胱逼尿肌和内括约肌受交感和副交感神经支配。由第 2～4 骶髓发出的盆神经中含副交感神经纤维，它的兴奋可使逼尿肌收缩、膀胱内括约肌松弛，促进排尿。交感神经纤维是由腰髓发出，经腹下神经到达膀胱。它的兴奋使逼尿肌松弛、内括约肌收缩，阻抑尿的排放。但在排尿活动中交感神经的作用比较次要。膀胱外括约肌受阴部神经（由骶髓发出的躯体神经）支配，它的兴奋可使外括约肌收缩。这一作用受意识控制。至于外括约肌的松弛，则是阴部神经活动的反射性抑制所造成的。

（二）排尿反射

当膀胱充盈到一定程度（400～500mL）时，膀胱壁的牵张感受器受到刺激，冲动沿盆神经传入到达骶段脊髓的排尿初级中枢；同时，冲动也传向脑干和大脑皮层的排尿高级中枢产生排尿欲。传出冲动沿盆神经到达膀胱，引起逼尿肌收缩，内括约肌舒张；于是尿液进入后尿道，刺激尿道的感受器，冲动沿传入神经再次传到脊髓排尿中枢形成正反馈；使排尿反射一再加强，同时反射性抑制阴部神经，引起外括约肌舒张。于是尿液在强大的膀胱内压驱动下被排出，直至尿液排尽。排尿末期，尿道海绵体肌收缩，再将尿道中残留尿液排出体外。此外，腹肌和膈肌的强力收缩也有助于增加腹内压而促进排尿。

（三）正常尿量、异常尿量、低渗尿和高渗尿的概念

因饮水量和排尿以外途径排水量不等，每日尿量（指终尿）可有一定幅度变动。成年人的正常尿量为 1～2L/天，平均约 1.5L/天。如果尿量经常保持在 2500mL/天以上，称为多尿；在 100～500mL/天，称为少尿；在 100mL/天以下，则称为无尿。多尿、少尿和无尿均属不正常现象。多尿可因失水过多而脱水，少尿或无尿可因体内代谢产物蓄积而产生中毒症状，由于机体内环境的相对稳定遭受破坏，人体的正常生命活动将受影响。

血浆的渗透压约为 300mOsm/（kg · H_2O）。若尿液的渗透压低于血浆渗透压称为低渗尿；高于血浆渗透压则称为高渗尿。成年人尿液的渗透压在 50～1200mOsm/（kg · H_2O）变动都是正常的。

（李东亮）

第八节 感 觉 器 官

一、感受器、感觉器官的定义与分类

（一）感受器、感觉器官的定义

感受器（sensory receptor）是生物体内一些专门感受体内、外环境变化的结构或装置。感受器的

结构多种多样。有的是感觉神经末梢，如痛觉和温度觉感受器；有的是在裸露的神经末梢周围再包绕一些由结缔组织构成的被膜样结构，如环层小体；还有一些是结构和功能上都高度分化的感受细胞，如视网膜上的视锥细胞和视杆细胞、耳蜗内的毛细胞等。

感觉器官是由结构和功能上都高度分化的感受细胞连同它们的附属结构所组成的感受装置，如眼、耳、前庭、嗅觉、味觉等器官。

（二）感受器的分类

1. 根据感受器所在的部位 可分为外感受器和内感受器两大类。外感受器位于皮肤和头面部，能感受外环境的变化，如光、声、位置、嗅、味等感受器和皮肤的冷、热、触、压、痛等感受器；内感受器分布在心、血管、内脏、肌肉、关节和脑等处，接受体内的变化信息，如心房的容量感受器、动脉管壁的压力感受器、骨骼肌的肌梭和脑内渗透压感受器等。

2. 根据感受器所接受刺激的性质 可分为机械感受器、化学感受器、光感受器和温度感受器等。

二、感受器的一般生理特性

（一）适宜刺激

每种感受器都只对特定形式的刺激最敏感，这种刺激就称为该感受器的**适宜刺激**（adequate stimulus）。例如，一定频率的机械振动是耳蜗毛细胞的适宜刺激；一定波长的电磁波是视网膜感光细胞的适宜刺激等。感受器对适宜刺激非常敏感，只需很小的刺激强度就能引起感受器兴奋。感受器对于一些非适宜刺激也可以起反应，但是所需的刺激强度要大得多。

（二）换能作用

各种感受器在功能上有一个共同特点：能够把作用于它的各种形式的刺激能量转换为相应的传入神经纤维上的动作电位，这种作用称为感受器的换能作用。感受器在受到适宜刺激后，首先在感受器细胞上引起一个局部电位变化，称为**感受器电位**（receptor potential）。感受器电位的大小在一定范围内与刺激强度成正比，并以电紧张形式扩布，使传入神经纤维的膜发生去极化，当去极化达到阈电位时，就能引起动作电位。

（三）编码作用

感受器在换能过程中，能够把刺激所包含的内、外环境变化的信息转移到动作电位的序列之中，称为感受器的编码作用。感受器的编码是一种非常复杂的活动，对外界刺激的质和量的信息是如何编码的，目前尚未完全清楚。但现在已知，不同种类感觉的引起，既取决于刺激的种类和被刺激的感受器，也取决于被兴奋的感觉神经纤维及其传入冲动所到达的大脑皮层的终端部位。由于感受器在进化过程中的高度分化，某类感受器变得对某种刺激（即适宜刺激）特别敏感，由此产生的传入信号沿特定的途径到达特定的皮层部位，产生特定性质的感觉。而不同的刺激强度则是通过每条传入神经纤维上神经冲动的频率和参与这一信息传输的神经纤维的数量来编码的。

（四）适应现象

在刺激强度持续不变的情况下，感受器对其适宜刺激的感受性逐渐减弱，这一现象称为感受器的适应。“入芝兰之室，久而不闻其香”就是一种适应现象。大多数感受器都存在适应现象。适应分为快适应和慢适应。快适应以触觉和嗅觉感受器最明显，快适应有利于感受器再接受新的刺激；慢适应如颈动脉窦压力感受器、肌梭等，有利于对血压的监控、姿势的维持。适应现象并非感受器产生疲劳，因为感受器对某一刺激产生适应后，如果增加该刺激的强度，又能引起传入冲动的增加。

三、视觉器官

视觉是由眼、视神经和视觉中枢共同完成的。人眼的适宜刺激是波长 380～760nm 的电磁波。外界物体发出或反射出的光，经过眼的折光系统，在视网膜上成像；视网膜的视细胞感受光的刺激，将光能转换成神经冲动，再通过视神经传入视觉中枢，从而产生视觉。所以眼兼有折光成像和感光换能两种作用。

（一）眼的折光系统及其调节

1. 眼的折光系统 角膜、房水、晶状体和玻璃体构成眼的折光系统。光线穿过折光系统发生多次折射后，才能到达视网膜，形成倒置缩小的实像，再通过大脑皮层的调整，形成正立的视觉。

2. 眼的调节 当眼注视 6m 以外的物体（远物）时，从物体上各点发出的光线可认为是平行光线，经眼的折光系统折射后，不需要调节，即可落在视网膜上形成清晰的物像。通常将人眼不作任何调节时所能看清楚的最远物体所在之处称为远点。

当眼注视 6m 以内的物体（近物）时，需要进行适当的调节。眼的调节包括晶状体变凸、瞳孔调节和视轴会聚，但主要靠晶状体的调节来实现。

（1）晶状体变凸：当眼看近物时，从物体发出的光线不是平行的，而是呈不同程度的辐散状，光线通过眼的折光系统成像在视网膜之后，产生模糊的物像。此时需要晶状体的调节才能看清近物。调节过程是：看近物时，在视网膜形成模糊的物像，该信息传入视觉中枢后，反射性地引起睫状肌收缩，睫状突向晶状体靠近，使睫状小带松弛，晶状体则依靠自身的弹性使凸度加大，折光力增强，从而使物像前移聚焦于视网膜上。物体距眼越近，入眼光线的辐散程度越大，因而也需要晶状体作更大程度的变凸。长时间看近物，睫状肌则一直处于紧张状态，眼睛容易感到疲劳。

人眼看近物的能力，通常用近点来表示。近点是指眼作充分调节时，能够看清物体的最近距离。近点愈近，表示晶状体弹性愈好，眼的调节能力愈强。随着年龄的增加，晶状体自身的弹性下降，看近物时眼的调节能力降低，近点变远，此称为老视（老花眼），看近物时可用凸透镜矫正。

（2）瞳孔调节：瞳孔的主要功能是调节进入眼内的光线量。瞳孔的调节包括瞳孔近反射和瞳孔对光反射。视近物时，可反射性引起双侧瞳孔缩小，称为瞳孔近反射。瞳孔的大小随光照强度的不同而发生变化的反射，称为瞳孔对光反射。瞳孔对光反射为双侧性的，即光照一侧眼球，同时引起双侧瞳孔缩小。其生理意义是：调节入眼光线量，以保证视物清晰和避免强光对视网膜造成损伤。瞳孔对光反射的中枢位于中脑，临床上常把瞳孔对光反射作为判断中枢神经系统病变部位、全身麻醉深度及病情危重程度的重要指标。

（3）视轴会聚：当双眼凝视向眼前移动的物体时，发生的两眼轴同时向鼻侧会聚的现象，称为视轴会聚，也称辐辏反射。这种神经反射过程可以使双眼看近物时物像成像于两眼视网膜的相对称点上，避免了复视而产生单一视觉。

3. 眼的折光异常 当眼球的形态发生改变或折光系统异常，使平行光线不能在视网膜上聚焦成像时，称为眼的折光异常或屈光不正。常见的有近视、远视和散光。

（1）**近视**（myopia）：由于眼球的前后径过长，或角膜和晶状体的曲率过大，远物发出或反射的平行光线聚焦于视网膜的前方，故视远物模糊。近视眼看近物时，成像的焦点向后移，落在视网膜上，所以能看清近物。矫正近视可用凹透镜。

（2）**远视**（hyperopia）：主要由眼球的前后径过短，或折光系统的曲率过小所致。远视眼看远物，物像聚焦于视网膜的后方，经过适当的调节，可以看清物体；但看近物时，物像更加向后，晶状体的调节即使达到最大限度也难看清。矫正远视用凸透镜。

（3）**散光**（astigmatism）：一般指角膜不呈正球面，即角膜表面不同方位的曲率不一致，造成视物不清或物像变形。矫正散光用柱面镜，以纠正角膜某一方位的曲率异常。

（二）眼感光系统的功能

1. 视锥细胞和视杆细胞 视锥细胞主要分布于视网膜的中央部，能够感受强光，对物体的细小结构及颜色具有高度的分辨能力。在黄斑的中央凹处，视锥细胞密度最大，无视杆细胞，是视觉分辨能力最强的部位。视杆细胞主要分布于黄斑的周边部，对光的敏感度较高，在暗环境中能够感受弱光，但对物体分辨率低，在昏暗的弱光下只能看到物体粗略的轮廓，并且不能辨色。一些只在白天活动的动物（如鸡、鸭等），视网膜中的感光细胞主要是视锥细胞。而一些只在夜间活动的动物（如蝙蝠和猫头鹰等），其感光细胞主要是视杆细胞。

2. 视网膜的光化学反应 视网膜的感光细胞接受光的刺激后，能把光能转换成神经冲动，其物质基础是感光细胞内含有感光色素。视杆细胞中的视紫红质由视黄醛和视蛋白结合而成。在光的作用下，视紫红质分解为视黄醛和视蛋白，同时放出能量，使视杆细胞发生电位变化，产生神经冲动。在感光的过程中，视紫红质不断地分解和合成。暗光下，合成大于分解，光线越弱，视杆细胞内处于合成状态的视紫红质越多，视网膜对弱光也越敏感；强光下，由于视紫红质分解大于合成，较多的视紫红质处于分解状态，视杆细胞几乎不能感受光的刺激。在视紫红质分解和合成的过程中，部分视黄醛被消耗，需要补充维生素 A。若体内维生素 A 缺乏，视紫红质合成减少，会引起暗视觉障碍，称夜盲症。

3. 色觉和色觉障碍 色觉是视锥细胞的功能。人和绝大多数哺乳动物视网膜上有三种视锥细胞，分别含有红敏色素、蓝敏色素和绿敏色素。各种颜色的物体映入视网膜时，会使三种视锥细胞的感光色素按不同比例分解，从而产生神经冲动，这样的信息传入脑，就产生不同的色觉。正常视网膜可分辨约 150 种不同的颜色。如果缺少感受红光（或绿光）的视锥细胞，则不能分辨红（绿）色，为红（绿）色盲。完全不能分辨颜色，称全色盲，全色盲较少见。色盲多为遗传性缺陷。色弱主要是对某种颜色的辨别力差，与视神经功能状态和机体健康状态有关。

（三）与视觉有关的其他现象

1. 视力 也称视敏度（visual acuity），是指眼分辨两点之间最小距离的能力。通常以视角的大小为指标。视角是物体两点发出的光线，进入眼球通过节点交叉时所形成的夹角。夹角越小，视力越好。视力表就是根据这个原理设计的。正常眼能分辨的两点最小视角为 1′角。此时，在视网膜上形成物像的两点，分别刺激两个视锥细胞，其间还隔着一个未受刺激的视锥细胞，这样即可区分为两点。此时的视力用对数视力表定为 5.0。由于中央凹处的视锥细胞较密集、直径较小，因此视力可大于此数值。

2. 暗适应和明适应 如果从明亮的地方突然进入暗处，最初对任何东西都看不清楚，经过一定时间，在暗处的视觉才逐渐恢复，这种现象称为暗适应。暗适应的过程主要与视紫红质在暗处合成的速度有关，随着视紫红质的再合成增多，对暗光的感受能力增强，暗处的视觉又逐渐恢复。相反，如果从暗处突然进入亮处，最初只感到耀眼的光亮，看不清物体，经过较短的时间即能恢复视觉，这种现象称为明适应。明适应的机制是：在暗处视杆细胞合成了大量的视紫红质，遇到强光迅速分解，产生耀眼的光感，之后，由视锥细胞承担起亮光下的视觉。

3. 视野 **视野**（visual field）是指单眼固定注视正前方某一点时所能看到的范围。一般颞侧与下侧视野大，鼻侧与上侧视野小。各种颜色的视野范围也不一致，白色觉的视野最大，蓝、红色次之，绿色最小。检查视野有助于诊断视神经、视网膜和视觉传导路的病变。

四、听觉

（一）人耳的听阈和最大可听阈

耳的适宜刺激是空气中分子振动产生的疏密波，它的频率为 16～20 000Hz，对于每一种频率的声波，都有一个刚能引起听觉的最小强度，称为**听阈**。当强度在听阈以上继续增加时，听觉的感受也相应增强，但当强度增加到某一限度时，它引起的将不单是听觉，同时还会引起鼓膜的疼痛感觉，这个限度称为**最大可听阈**。人耳的听阈随着声音的频率而变化，而且每一种振动频率都有它自己的听阈和最大可听阈，因而就能绘制出表示人耳对振动频率和强度感受范围的坐标图，图中的下方曲线表示不同振动频率的听阈，上方曲线表示它们的最大可听阈，两者所包含的面积即听阈。人耳最敏感的频率为 1000～3000Hz，语音的强度则在听阈和最大可听阈之间的中等强度处。

（二）声波的传导

声波传入内耳的途径有两条，即气传导和骨传导。

1. 气传导（air conduction） 声波经外耳道传至鼓膜，再经听骨链和前庭窗膜传入内耳，引起淋巴振动，这是引起正常听觉的主要途径。中耳疾患造成鼓膜或听小骨缺损时，声波可经前庭窗膜传入，但听觉敏感度大为减弱。

2. 骨传导（bone conduction） 声波直接引起颅骨振动，使位于颞骨骨质中的耳蜗内淋巴液产生振动。骨传导对正常听觉的产生作用极微。临床常用音叉检查骨传导的存在，以帮助诊断某些耳疾患。

（三）耳蜗的感音换能作用

耳蜗具有感音换能功能，就是把传入耳蜗的机械振动转变为蜗神经纤维的神经冲动，即将机械能转换为电能。在这一转变过程中，耳蜗基底膜的振动是一个关键性因素。声波的振动由镫骨传至前庭窗膜时，引起了前庭阶的外淋巴波动，继而引起内淋巴的波动和基底膜的振动。当基底膜振动时，基底膜与盖膜之间发生位移，使听毛弯曲变形，毛细胞受刺激而引起电位变化，产生神经冲动。

耳蜗还能区别不同的音调。音调的高低是由声波的频率决定的。人耳能够听到的频率为 16～20 000Hz，低于 16Hz 和高于 20 000Hz 的振动波，人耳都听不到。耳蜗对不同频率声波的分析，目前用行波学说来解释。声波传入内耳引起基底膜振动，是以行波的方式由耳蜗底端向蜗顶传播，就像抖动一端固定的绸带，形成行波向远端传播一样。这样，高频率声波引起近蜗底处基底膜产生共振的振幅最大，而声波频率愈低，最大振幅出现的部位愈靠近蜗顶。不同的声波频率会引起基底膜相应区域产生共振，其螺旋器因此受刺激而兴奋，当大脑皮层分析这些传入的信息时，就会产生不同的音调感觉。

五、平衡感觉

平衡感觉是通过前庭器官实现的。前庭器官是由内耳中的椭圆囊、球囊和三个半规管构成的。来自前庭器官的传入冲动，除引起运动觉和位置觉外，还可引起各种姿势调节反射，以维持身体平衡。

（一）前庭器官的感受装置和适宜刺激

前庭器官的感受细胞称为毛细胞。每个毛细胞的顶部有 50～70 条较短的小纤毛，称为**静毛**（stereocilia），占据了细胞顶端的大部分；另外有一条大的纤毛，称为**动毛**（kinocilium）。当动毛和静毛均处于自然状态时，细胞膜内、外静息电位约为−80mV，与毛细胞相接触的神经纤维持续放电具有中等频率；此时，如果外力使毛细胞顶部的纤毛由静毛侧倒向动毛侧，细胞膜电位发生去极化达到−60mV 的水平，神经纤维放电频率升高；当外力使纤毛由动毛侧倒向静毛侧时，细胞膜电位发生超极化，神经纤维放电频率降低。这是所有毛细胞感受外界刺激时的一般规律，其换能机制与耳蜗毛细胞类似。

当机体进行直线变速运动时，可刺激椭圆囊和球囊，从而反射性地改变颈部和四肢肌紧张的强度，以维持身体平衡。例如，人乘车时，车突然加速，则背肌紧张性增强出现后仰姿势；而车突然减速，则出现相反的情况。另外，人在乘电梯时，电梯突然上升，出现肢体伸肌抑制而下肢屈曲；下降时，伸肌紧张而肢体伸直。这些都是直线变速运动引起的运动姿势反射。

当机体做旋转变速运动时，刺激半规管，也可反射性引起颈部和四肢肌紧张改变，以维持身体平衡。例如，当人体向右侧旋转时，可反射性引起右侧上、下肢伸肌和左侧屈肌的肌紧张加强，使躯干向左侧偏移，以防歪倒；而旋转停止时，可使肌紧张发生反方向的变化，使躯干向右侧偏移。

（二）前庭反应和眼震颤

前庭器官传入的冲动，除了与运动和位置感觉的形成有关外，还可以引起各种姿势调节反射和植物性功能的改变。最典型的前庭反应是躯体做旋转运动时出现的眼球特殊运动，称为**眼震颤**（nystagmus）。眼震颤主要由半规管受刺激引起，可以用来检测前庭功能是否正常。刺激不同的半规管可以引起不同方向的眼震颤。当人体头部向前倾斜30°并且围绕人体垂直轴旋转时，主要是两侧的水平半规管壶嵴毛细胞受刺激，出现水平方向的眼震颤。具体情况是，当头部开始向一个方向旋转时，眼睛慢慢地朝向相反的方向移动直到不能再移动，然后迅速返回到眼裂正中。临床上进行眼震颤实验时，眼球震颤的时间过长或过短，说明前庭功能过敏或减弱。如果对前庭器官的刺激过强，或因前庭功能过敏时，常常会引起恶心、呕吐、眩晕、皮肤苍白等现象，称为前庭植物神经性反应，可以出现晕船、晕车或航空病等。

（李东亮）

第九节　神经系统的功能

一、突触传递

突触传递是神经系统中神经元间信号联系的重要方式，分为化学性突触传递和电突触传递。电突触传递是指电信号以局部电位的形式通过缝隙连接直接从一个神经元传递给下一个神经元。电突触传递可使多个细胞几乎同步兴奋。例如，心肌细胞间的兴奋就是通过电突触传递的，所以心房肌和心室肌可以认为是两个合体细胞，兴奋、收缩和舒张同步，可产生更大的合力，有利于心脏射血。化学性突触传递是通过经典的突触结构、电-化学-电方式从前一细胞传递至下一细胞，又称经典突触传递。

（一）经典突触传递

1. 突触传递基本过程　经典的突触传递是指电-化学-电传递，其基本结构是突触，包括突触前膜、突触间隙和突触后膜。当突触前神经元兴奋时，动作电位传导至轴突末梢，突触前膜去极化达一定水平时，前膜上的电压门控钙离子通道开放，细胞外液中的 Ca^{2+}顺电化学梯度内流进入末梢轴浆内，导致轴浆内 Ca^{2+}浓度瞬时上升，从而触发突触前膜囊泡内神经递质的量子式释放。Ca^{2+}内流触发递质的释放是一较为复杂的过程，经囊泡动员、摆渡、着位、融合和出胞等，需轴突末梢内多种分子的参与。当轴浆内 Ca^{2+}浓度升高时，Ca^{2+}与钙调蛋白结合形成 Ca^{2+}-CaM 复合物，后者才能激活 Ca^{2+}-CaM 依赖性蛋白激酶Ⅱ，蛋白激酶Ⅱ使突触蛋白发生磷酸化，减弱其与细胞骨架丝的结合力（安静时，突触囊泡由囊泡膜上的突触蛋白锚定于细胞骨架丝上，不能自由移动），此时，突触囊泡才能从骨架丝上游离出来，即**囊泡动员**。游离的囊泡向突触前膜移动需要轴浆中一类小分子的 G 蛋白 Rab3 引导囊泡定向运动，向前膜活化区移动，称为**囊泡摆渡**。摆渡到活化区的突触囊泡需要突触囊泡蛋白（v-SNARE）和前膜上的靶蛋白（t-SNARE）相互作用才能固定于突触前膜，此过程称为**囊泡着位**。囊泡着位后，在轴浆内高钙的作用下，囊泡膜上的突触结合蛋白（P65）变构，从而消除对融合的钳制作用，于是突触囊泡膜与突触前膜融合，此过程称为囊泡的融合。囊泡融合后，囊泡膜和突触前膜上暂时形成融合孔，此时融合孔的孔径快速由大约 1nm 扩大到 50nm，递质从囊泡以量子方式释放进入突触间隙，此过程称为出胞。从囊泡释放的神经递质经突触间隙扩散到达突触后膜，与后膜上特异受体蛋白结合，激活受体后，前一神经元的信号即可传递到突触后神经元。后膜受体或 G 蛋白偶联受体，经 G 蛋白亚单位间接打开后膜上的离子通道，引起后膜电位的变化；或通过后膜细胞内的信号分子（第二信使和蛋白激酶等）改变细胞的功能；后膜受体或受体-门控离子通道受体（也称化学门控离子通道受体），递质与其结合后，打开离子通道，引起带电离子跨膜移动，引起突触后膜电位的变化，称为**突触后电位**。

2. 两种突触后电位及其产生机制 突触后膜上化学门控离子通道打开后，可选择性允许某些离子通过。如果离子跨膜流动引起内向电流（带正电荷的离子内流或带负电荷的离子外流），后膜去极化；相反，如离子流动引起外向电流（带正电荷的离子外流或带负电荷的离子内流），后膜超极化。因此，不同的神经递质或可引起内向电流，或可引起外向电流。

（1）兴奋性突触后电位（EPSP）：EPSP 是指突触后膜在神经递质的作用下发生的局部去极化电位变化。EPSP 产生的原因是突触前膜释放兴奋性神经递质与后膜上的受体门控离子通道蛋白结合，然后阳离子通道打开，对 Na^+和 K^+的通透性增加，两者依浓度差和电位差分别内流和外流，但内向电流大大超过外向电流（因 Na^+内流的电-化学驱动力大大超过 K^+外流的电化学驱动力），导致后膜局部去极化。局部去极化后，如总和达阈电位，将在突触后神经元轴突始段爆发动作电位，如总和达不到阈电位，产生突触后易化作用。

（2）抑制性突触后电位（IPSP）：IPSP 是指突触后膜在神经递质的作用下发生的局部超极化电位变化。IPSP 产生的原因是突触前膜（抑制性中间神经元）释放抑制性神经递质与后膜上的受体门控离子通道蛋白结合，然后阴离子通道打开，对 Cl^-通透性增加，Cl^-内流，引起外向电流，导致后膜局部超极化。后膜局部超极化使细胞发生抑制。此外，有人认为 IPSP 的产生可能与后膜上钾通道开放、K^+外流，或钠通道和钙通道的关闭有关（内向电流减小）。

（二）中枢（突触）兴奋传递的特点

1. 单向传递 兴奋只能向一个方向传递称为单向传递。经电-化学-电突触传递时，信号只能从突触前神经末梢传向突触后神经元，这有利于兴奋所传递的信息只能沿指定的通路运行。单向传递由化学性突触的结构和特点所决定。因为只有突触前末梢释放神经递质，突触后膜才有相应的受体与之结合并产生生理效应。

2. 中枢延搁 兴奋通过中枢（突触）时传递较慢的现象称为中枢延搁。兴奋通过突触传递信息时，从前膜钙离子内流到后膜离子通道打开都需要一定的时间（通过一个突触需要 0.3～0.5ms），所以兴奋通过突触传递比在神经纤维上传导相同距离需要的时间要长（即传递慢）。反射传递通路的突触数目越多，反射时就越长。

3. 兴奋的总和 突触后电位属于局部电位，与动作电位不同，可以总和，即 EPSP 可以继时性和空间叠加。EPSP 需总和后才能达阈电位引起兴奋。总和包括继时性总和和空间总和。继时性总和是指来自同一神经末梢先后不同时间内局部电位的总和；空间总和是指来自多个神经末梢或传入的局部电位的总和。

4. 兴奋节律的改变 即突触后神经元的兴奋节律不同于突触前神经元的兴奋节律，称为兴奋节律的改变。产生的原因可能是前一神经元兴奋时释放的神经递质引起的 EPSP 总和不足以使后一神经元兴奋，结果是后一神经元的频率低于突触前神经元；或是因为中枢神经元的环状联系，其中有大量中间神经元构成环路，中间神经元可以是兴奋性神经元，也可以是抑制性神经元。如果兴奋性中间神经元产生大量的 EPSP，经叠加后达阈电位，可以构成附加的刺激，使后一神经元的兴奋节律高于前一神经元；如果是抑制性中间神经元，产生大量的 IPSP，如果使后一神经元足够超级化，可以使前一神经元的刺激无效，即通过突触时部分兴奋被阻滞，结果是后一神经元兴奋节律低于前一神经元。

5. 后发放 是指兴奋通过中枢时，刺激已经停止后，在一定时间内通路上仍有冲动持续发放的现象。该现象是因为神经元的环状联系，其中有兴奋性中间神经元。其机制同兴奋节律的增加相同。

6. 对内环境变化的敏感性和易疲劳 突触直接与内环境相接触，因此突触传递很容易受内环境变化的影响，如 pH、某些离子（如二价 Mg^{2+}、Co^{2+}等）、缺氧和药物等很易影响突触传递。例如，酸中毒和缺氧可导致中枢突触传递减弱甚至抑制；某些安眠药可阻断脑干网状结构上行激活系统中的突触传递，使大脑皮层处于相对抑制状态，对外周刺激的感觉明显减弱，从而能入睡。Mg^{2+}可机械阻断离子通道，影响兴奋的产生。此外，与神经纤维传导动作电位相比，突触传递易疲劳，即连续刺激突触前神经元，突触传递效率很快下降。

（三）外周神经递质与受体

1. 乙酰胆碱及其受体

（1）胆碱能纤维：以乙酰胆碱作为神经递质的外周神经称为胆碱能纤维（在中枢称为胆碱能神经元）。它包括：①支配骨骼肌的运动神经纤维；②全部自主神经的节前纤维；③大多数副交感神经节后纤维；④少数交感神经节后纤维（支配温热性汗腺的交感神经节后纤维和支配骨骼肌血管的交感舒血管纤维为胆碱能纤维）。

（2）胆碱能受体：能与乙酰胆碱特异结合的受体称为胆碱能受体。依据其药理特性（与特性激动剂结合）可分为 M 型受体和 N 型受体。能与毒蕈碱结合并产生毒蕈碱样作用的受体称为 M 受体，M 受体还可进一步分为 M_1～M_5 5 个亚型；阿托品可阻断胆碱能 M 受体。能与烟碱结合并产生烟碱样作用的受体称为 N 受体，可进一步分为 N_1 和 N_2 受体。N_1 受体称为神经型受体，分布在自主神经节神经元的突触后膜上，为促离子通道受体。N_2 受体也称肌肉型受体，分布于骨骼肌神经-肌肉接头处的终板膜上，也属于促离子通道受体。筒箭毒能阻断 N_1 和 N_2 型受体发挥功能，六烃季铵主要阻断 N_1 受体的功能，十烃季铵主要阻断 N_2 受体的功能。

（3）生理作用：N 型胆碱能受体的作用主要是通过化学门控离子通道介导自主神经节（N_1 型受体）和骨骼肌神经-肌肉接头处（N_2 型受体）兴奋的传递；M 型胆碱能受体属于 G 蛋白偶联受体，主要控制内脏平滑肌、心肌和外分泌腺的分泌作用，详见表 2-4。

表 2-4　外周胆碱能和肾上腺素能受体的分布及激活后的效应

效应器	胆碱能系统		肾上腺素能系统	
	受体类型	作用	受体类型	作用
自主神经节	N_1	神经节兴奋传递		
骨骼肌	N_2	骨骼肌神经-肌肉接头兴奋传递		
血管				
脑血管	M	舒张	α_1	收缩
皮肤黏膜血管	M	舒张	α_1	收缩
腹腔内脏血管			α_1 β_2	收缩 舒张
唾液腺血管	M	舒张	α_1	收缩
冠状血管	M	舒张	β_2	舒张为主，α_1 收缩
眼				
虹膜环行肌	M	收缩（瞳孔收缩）		
虹膜辐射状肌			α_1	收缩（扩瞳）
睫状体肌	M	收缩（折光率增大）	β_2	舒张（折光率减小）
支气管				
平滑肌	M	收缩（阻力加大）	β_2	舒张（阻力减小）
腺体分泌	M	刺激分泌	β_2	刺激分泌，α_1 抑制分泌
心脏				
窦房结	M	自动节律变慢	β_1	自动节律变快
A-V 传导系统	M	传导变慢	β_1	传导加快
心肌	M	收缩力减弱	β_1	收缩力加强

续表

效应器	胆碱能系统		肾上腺素能系统	
	受体类型	作用	受体类型	作用
消化道				
胃平滑肌	M	收缩	β_2	舒张
小肠平滑肌	M	收缩	β_2	舒张
			α_2	舒张
	M	舒张	α_1	收缩
腺体	M	刺激分泌	α_2	抑制分泌
胆囊胆道	M	收缩	β_2	舒张
膀胱				
逼尿肌	M	收缩	β_2	舒张
括约肌和三角区	M	舒张	α_1	收缩
输尿管平滑肌			α_1	收缩
子宫平滑肌	M	多变*	α_1	收缩（受孕子宫）
皮肤	M	刺激温热性发汗	α_1	促进精神性发汗
汗腺				
竖毛肌			α_1	收缩
唾液腺	M	量大、稀薄分泌	α_1	量少、黏稠分泌
代谢				
糖酵解			β_2	加强
脂肪分解			β_3	加强

注：*受月经周期，循环中雌、孕激素水平，妊娠和其他因素影响

2. 去甲肾上腺素及其受体

（1）肾上腺素能纤维：以去甲肾上腺素（NE）为递质的外周神经称为肾上腺素能纤维。自主神经中极大多数的交感神经节后纤维为肾上腺素能纤维。

（2）肾上腺素能受体：能与肾上腺素和去甲肾上腺素结合并产生生理作用的受体称为肾上腺素能受体。肾上腺素能受体分为 α 型和 β 型肾上腺素能受体，α 型可分为 α_1 和 α_2 两种亚型，β 型可分为 β_1～β_3 三种亚型。肾上腺素能纤维所支配的效应器细胞膜上都表达肾上腺素能受体，有的仅表达 α 型受体，有的仅表达 β 型受体，有的两类受体均表达。

（3）配体的特性：去甲肾上腺素对 α 受体的作用较强，对 β_1 受体也有作用，对 β_2 受体作用很弱；肾上腺素对 α 和 β 受体（β_1 和 β_2）的作用都强；异丙基肾上腺素（人工合成的药物）主要激活 β 受体。酚妥拉明能阻断 α_1 和 α_2 受体，但主要是 α_1 受体，哌唑嗪可选择性阻断 α_1 受体，育亨宾可选择性阻断 α_2 受体。普萘洛尔可阻断 β 型受体，对 β_1 和 β_2 受体也无选择性，但阿提洛尔和美托尔主要阻断 β_1 受体，丁氧胺主要阻断 β_2 受体。

（4）生理作用：α_1 受体激活后的作用主要是兴奋作用，如血管平滑肌收缩、子宫收缩、虹膜辐射状肌收缩，但抑制肠道平滑肌的运动；α_2 受体主要分布在突触前膜上，称为突触前受体，突触前受体通过负反馈抑制神经末梢释放神经递质。临床上用 α_2 受体激动剂可乐定治疗高血压就是激活交感缩血管神经末梢的 α_2 受体，抑制去甲肾上腺素的释放，使血管平滑肌舒张而实现降压作用。激活 β_1 受体兴奋心肌；β_2 受体激活的效应是使血管平滑肌、支气管平滑肌、子宫和小肠平滑肌舒张。激活 β_3 受体使脂肪的分解代谢加强。不同器官两种受体分布不一样，所以产生的生理效应也不同。例如，血管平滑肌上有 α_1 受体和 β_2 受体两种受体，但不同器官和部分，两种受体的分泌密度不一样。皮肤、胃肠和肾血管平滑肌上以 α_1 受体的分布占优势，而骨骼肌和肝血管以 β_2 受体分布占优势。因此，肾上腺

素导致 α_1 受体占优势的血管收缩，阻力加大，血流量减少，而使 β_2 受体占优势的血管舒张，阻力减小，血流量增加，所以总阻力变化不太大，但可使血流量重新分配（如运动时）。去甲肾上腺素对 α 受体的作用较强，对 β_1 受体也有作用。去甲肾上腺素激活 α_1 受体时，小动脉、微动脉和容量血管平滑肌收缩，前者使循环外周阻力增加，后者使回心血量增加，导致动脉血压升高；激活 β_1 受体理应增加心率，心肌收缩力、心输出量增加，但在整体动物，由于它有强烈缩血管作用，血压升高反射性刺激颈动脉窦和主动脉弓上的压力感受器，引起减压反射（反射性心迷走神经兴奋，心交感神经抑制），反射性抑制去甲肾上腺素对心脏的直接作用，所以，去甲肾上腺素的升压作用主要是它的缩血管效应。

二、神经反射

（一）反射的概念和反射弧

反射是指在中枢神经系统的参与下，机体对刺激做出的有规律的反应。反射的结构基础是反射弧，包括感受器、传入神经、中枢、传出神经和效应器。反射弧的任何一部分受损，反射即不能进行。中枢是反射的最重要部分，因为它具有分析和整合机能。感受器将不同形式的刺激能量转换为电信号（即感受器电位和发生器电位），再转化为传入神经的动作电位；中枢将传入信息分析和整合后，将指令经传出纤维传至效应器，使效应器产生相应的活动。

（二）条件反射和非条件反射及其特点

反射分为条件反射和非条件反射。

1. 非条件反射是先天就存在的　是出生后不需训练就具有的反射。其特点是遗传的，反射数目有限，个体间反射数目无差异，反射弧固定，无预见性，属于初级反射，反射中枢为皮层下中枢。

2. 条件反射为后天获得的　其特点是出生后学得，反射弧可变，反射数目无限，个体间数目差异大，有预见性，反射需要大脑皮层参与。

条件反射的建立是条件刺激与非条件刺激多次在时间上结合，并多次重复的结果。条件刺激与非条件刺激多次在时间上结合，并多次重复称为强化。例如，打开电灯不会引起狗的唾液分泌，因电灯对唾液分泌是无关刺激，但如果每次给狗进食前都打开电灯，经多次在时间上重合，并如此重复多次后，只要一打开电灯，狗的唾液就会分泌。这时，非条件刺激（打开电灯）就成为条件刺激了。条件反射形成后，如果多次给予开灯刺激，而不给食物，狗的唾液分泌就会减弱，最终完全消失。这种现象称为条件反射的消退（即中枢将以前引起兴奋的信号转化为抑制信号）。

（三）反射活动的反馈调节

刺激感受器通过反射弧引起某种反射，最终使效应器活动产生某种效应。但效应器上也分布有多种感受器，能将效应器活动的信息又反馈到中枢；或者效应器活动产生的效应（如心血管活动改变动脉血压）又刺激某些感受器（颈动脉窦和主动脉弓压力感受器），再将信息返回到中枢，以改变中枢的传出信息，纠正反射过程中出现的偏差，这样反馈信息使得反射活动更加协调和精准。这种受控部分发出的信息返回到中枢，并影响控制部分的活动称为反馈。反馈系统是一个闭环系统，即中枢通过传出神经到效应器，效应器又通过某种方式将效应器活动的信息反馈到中枢，影响中枢的活动。反馈可分为负反馈和正反馈，对机体的活动都是必需的。

1. 负反馈　受控部分（效应器）的反馈信息使中枢的活动与最初的活动相反，使得受控部分的活动与它原先的活动相反，称为负反馈。例如，心血管中枢（控制部分）的活动使心脏活动加强（受控部分，或效应器），心输出量增加，阻力血管（受控部分，或效应器）收缩，血压升高；血压升高又刺激压力感受器，将血压升高的信号传至控制中枢，心血管中枢活动改变，使心脏活动减弱，心输出量减少，阻力血管舒张，血压下降至正常水平。负反馈控制机体的机能都有一个调定点。例如，平均动脉压为 97mmHg，就是血压的调定点。受控部分只能在该调定点附近的狭小范围内波动，任何偏离调定点的干扰，即可通过负反馈将其纠正，使其回到调定点水平。所以负反馈对维持机体机能稳态具有极其重要的作用。

2. 正反馈 受控部分发出的反馈信息使中枢的活动与最初的活动加强，使得受控部分的活动与它原先的活动更为加强，称为正反馈。正反馈的作用是使得某一活动越来越强，直至完成，而不是维持某一机能活动的稳态。例如，排尿反射就是典型的正反馈，排尿时通过正反馈作用，使膀胱收缩越来越强，直至将尿液排空。此外，血液凝固的某些过程、电压门控离子通道开放等都属于正反馈机制。临床上出现某些病理正反馈对机体不利。例如，在一定范围内，动脉血液下降（少量失血）可通过负反馈调节使动脉血液恢复到正常水平，对机体很有利；但如果血压下降太多（大量失血等）超过某一范围，如果没有采用必要抢救措施，可产生病理正反馈，即使血压越来越低，直至死亡。具体病理正反馈过程为：血压下降→心脏冠状动脉血流量下降→心脏功能下降→心输出量减少→动脉血压进一步下降→冠状动脉血流量进一步减少→直至死亡。这一病理性正反馈又称恶性循环。

三、神经系统的感觉分析功能

（一）丘脑的特异投射系统和非特异投射系统

丘脑的核团可分为特异性感觉接替核、联络核和非特异性核。特异性感觉接替核直接接受特异感觉的上行感觉信息，再投射到大脑皮层特定的区域；非特异性核经脑干网状结构间接接受失去感觉特异性的感觉传入信息（即特定感觉上行纤维在经过脑干时发出的侧支，又经过多次换元，失去了感觉的特异性），然后弥漫性投射到大脑皮层广泛区域。特异投射系统和非特异投射系统机能不同，但相互关联，各有特点。

1. 特异投射系统 起源于丘脑感觉接替核和联络核，直接接受躯体感觉上行投射的二级神经纤维，三级神经元（位于丘脑感觉接替核）不换元，直接投射至大脑皮层感觉区，并点对点投射到特定的躯体代表区，主要终止于皮层第Ⅳ层，并通过中间神经元与运动区大椎体细胞形成突触。该系统的主要功能是引起定位清楚、感觉性质明确的特定感觉，并可激发大脑皮层传出冲动。该系统不易受环境和药物的影响。

2. 非特异投射系统 起源于丘脑非特异投射核，通过脑干网状结构间接接受信息，经多次换元后弥散性投射到大脑皮层广泛区域，而且终止于皮层各层。投射纤维以游离末梢与皮层神经元的树突形成突触。该系统的主要功能是维持和改变大脑皮层的兴奋状态，破坏或阻断该动物处于昏睡或昏迷状态。非特异投射系统易受内环境及药物的影响。

3. 两个投射系统的相互关系

（1）非特异投射系统的信号来自特异投射系统（在脑干的侧支经多突触换元）；没有非特异投射系统维持大脑皮层的兴奋性，动物处于昏睡或昏迷状态，刺激不能引起特定感觉。

（2）特异投射系统为非特异投射系统提供信号源，没有特异投射系统提供信号源，大脑皮层的兴奋性也不能维持，在非特异投射系统提供的大脑皮层兴奋性的基础上才能引起特定感觉。

（二）内脏痛与牵涉痛

1. 内脏痛 内脏痛是指内脏器官受到伤害性刺激引起内脏的疼痛感觉。内脏痛与体表痛相比有下列特点。

（1）内脏无本体感觉，温度觉和触觉也很少，主要是痛觉。

（2）痛觉感受器的分布明显比躯体稀疏，所以内脏痛定位不明确 （最主要的特点），对刺激性质的分辨能力差。

（3）内脏痛主要表现为慢痛（发生缓慢，持续时间较长），有时可非常剧烈。

（4）对扩张刺激和牵张刺激敏感，但对切割、灼烧和针刺不敏感。

（5）内脏痛常引起不愉快的情绪反应和自主神经反应。

2. 牵涉痛　牵涉痛是指内脏器官疾病引起远离发病器官的体表部位发生的疼痛或痛觉过敏现象。临床常见的牵涉痛见表 2-5。

表 2-5　几种内脏疾病的体表牵涉痛部位

内脏疾病	体表牵涉痛部位
心肌缺血	心前区、左肩和左上臂
胆囊炎、胆囊石症	右肩区
胃溃疡和胰腺炎	左上腹和肩胛间
阑尾炎	上腹或脐周（发病开始时）
肾结石	腹股沟区
输尿管结石	睾丸

四、脑电活动

正常脑电图的波形和意义：神经细胞属于可兴奋细胞，可产生生物电，包括 EPSP、IPSP 和动作电位。在无明显刺激时，大脑皮层在安静时可自发地产生节律性电位变化，称为自发脑电活动。在头皮表面记录到的自发脑电波动称为脑电图。脑电波依据其频率可分为 α 波、β 波、θ 波和 δ 波，测定脑电图可了解大脑皮层的活动情况，也可对睡眠进行分型，临床测定脑电图有一定的辅助诊断价值。

1. α 波　频率为 8～13Hz，电压为 20～100μV，枕叶可记录最大幅度，只有在成人安静、清醒、闭眼和无声音刺激时出现。

2. β 波　频率为 14～30Hz，电压为 5～20μV，额叶和顶叶可记录到，成人大脑处于紧张活动时出现。

3. θ 波　频率为 4～7Hz，电压为 100～150μV，颞叶和顶叶可记录到，是少年正常脑电波，成人困倦时也可出现。

4. δ 波　频率为 0.5～3Hz，电压为 20～200μV，颞叶和顶叶可记录到，是婴幼儿的正常脑电波，成人熟睡时也可出现。

脑电图的主要波形随年龄而变化。婴儿期可见到 β 样快波活动，而在枕叶记录到 0.5～2Hz 的慢波（δ 波）。在整个儿童期，枕叶的慢波逐渐加快；幼儿期一般为 θ 波；青春期开始时才出现 α 波。

癫痫患者或皮层占位性病变，可出现特殊脑电变化，如出现棘波、尖波和棘慢综合波等，可用于辅助诊断和癫痫的分型（癫痫大发作、癫痫小发作和颞叶癫痫）。

不同情况下脑电波也有变化，如成人安静、清醒、闭眼和无声音刺激时记录到 α 波，但双眼睁开后即出现快波，即 β 波（α 波阻断）；低血糖、体温下降和糖皮质激素水平下降时，以及动脉氧分压升高时，α 波频率减慢，反之，则 α 波频率加快。

五、神经系统对姿势和躯体运动的调节

（一）骨骼肌牵张反射

牵张反射是指有完整神经支配的骨骼肌受外力牵拉时引起被牵拉肌肉反射性收缩。牵张反射属于肌肉的本体感受性反射，其反射中枢位于脊髓，即脊髓能完成的反射。 但正常情况下其受高位中枢的控制。牵张反射分为腱反射和肌紧张，腱反射是快速牵拉肌腱引起肌肉明显收缩的反射；而肌紧张是指肌肉受到缓慢而持续地牵拉，反射性引起不同运动单位交替收缩而表现为肌张力加大的反射。

1. 腱反射　快速牵拉肌腱引起，属于单突触反射（传入神经直接与支配该肌肉的 α 运动神经构成单突触），肌肉同步活动，表现为明显的收缩，反射时间短，属于位相性牵张反射。膝反射、跟腱反射和肘反射都属于腱反射。腱反射减弱表明腱反射的反射弧受损伤；腱反射亢进表明中枢病变（脊髓以上神经元受损）。

2. 肌紧张　缓慢持续牵拉肌腱引起，属多突触反射，表现为肌肉交替收缩，持续地使受牵拉肌肉

张力加大，并持续进行，无明显肌肉缩短，属于紧张性牵张反射，不易疲劳。各种姿势反射都属于肌紧张（任何姿势）反射。肌紧张消失或减弱表明牵张反射的反射弧受损，而肌张力过大表明脊髓以上有关运动神经元受损。

牵张反射的感受器是肌梭，该感受器与梭外肌纤维并联，与梭内肌纤维串联。所以任何使肌肉受牵拉被动拉长的刺激，都会牵拉肌梭，故肌梭的最适刺激是肌肉的长度变化。梭内肌纤维分为核袋纤维和核链纤维两类。梭内肌纤维收缩也可牵拉肌梭，使肌梭产生兴奋，但梭内肌受脊髓 γ 运动神经元的支配，即 γ 运动神经元的传出纤维支配梭内肌。γ 运动神经元的板状末梢支配核带纤维，蔓状末梢支配核链纤维。所以神经中枢通过控制 γ 运动神经元的活动来调控肌肉的张力。肌梭的传入纤维有 Ⅰa 和Ⅱ类，Ⅰa 类纤维末梢呈螺旋形缠绕于核袋纤维和核链纤维的感受器部位，两类传入纤维均终止于脊髓前角的 α 运动神经元，α 运动神经元的传出纤维经前根支配梭外肌。

反射过程：肌肉受外力牵拉→肌梭感受器被动拉长→螺旋形末梢变形→Ⅰa 类纤维传入信号增加→支配同一肌肉的 α 运动神经元兴奋→梭外肌收缩。在一定范围内，支配肌梭的传入神经冲动频率与肌梭被牵拉的程度成正比。

刺激 γ 运动神经元只能引起梭内肌收缩，并不能直接引起梭外肌收缩，梭内肌的总量少，收缩的强度不足，不能引起整块肌肉缩短。但 γ 运动神经元传出纤维可引起梭内肌收缩，从而牵拉核袋感受器→Ⅰa 类纤维传入信号增加→支配同一肌肉的 α 运动神经元兴奋→梭外肌收缩。即刺激 γ 运动神经元引起肌肉收缩需通过 γ 环路。正常情况下，γ 运动神经元主要受高位中枢的控制，从而调节肌梭的敏感性和身体不同部位的牵张反射的阈值。核链纤维上的Ⅱ传入纤维可能与本体感受器的传入有关。

腱器官及反牵张反射：腱器官存在于肌腱纤维之间，与梭外肌纤维串联，是一种张力感受器，感受器的传入神经是Ⅰb 类纤维，感受器的阈值高。当肌肉做等长收缩时，如肌张力过大，腱器官受刺激兴奋，动作电位经Ⅰb 类纤维传入脊髓，通过抑制性中间神经元与支配该肌肉的 α 运动神经元构成抑制性突触，使 α 运动神经元受抑制，肌肉舒张，防止肌肉因张力过大而损伤。牵张反射与腱器官反射的比较如下。

（1）牵张反射：感受器为肌梭，传入纤维为Ⅰa 和Ⅱ类，感受器对肌肉长度变化敏感，肌梭与梭外肌并联，反射效应是被牵拉肌肉收缩，阈值低。

（2）腱器官反射：感受器是腱器官，传入纤维为Ⅰb 类，感受器对肌肉张力变化敏感，反射效应是被牵拉肌肉舒张，感受器与梭外肌串联，阈值高。

（二）低位脑干对肌紧张的调节

1. 脑干网状结构易化区和抑制区 脑干网状结构中存在加强肌紧张和抑制肌紧张的两个区域，分别称为脑干网状结构易化区和脑干网状结构抑制区。易化区包括延脑网状结构的背外侧部分、脑桥被盖、中脑中央灰质及被盖、下丘脑和丘脑中线核群等。抑制区主要位于延脑网状结构的腹内侧部分。与易化区相比，抑制区的作用相对较弱，因为抑制区的自身张力作用较弱，要依赖其他部位的驱动作用，所以在肌紧张平衡的调节中易化区略占优势，但正常情况下，两区域对肌紧张的调节仍能保持平衡。此外，大脑皮层运动区、纹状体、小脑前叶蚓部等也具有抑制肌紧张的作用（是脑干网状结构抑制区抑制信号的重要来源）；而小脑前叶两侧部和后叶中间部也可易化肌肉张力。这些区域对肌肉张力的调节作用均是通过脑干网状结构易化区和抑制区而发挥作用的。

2. 去大脑僵直 在动物中脑上、下叠体（丘）横断脑干后，动物出现伸肌张力亢进，表现为头尾昂起，脊柱挺硬，四肢伸直，呈角弓反张状态，这一现象称为去大脑僵直。去大脑僵直可以通过高位中枢兴奋脊髓前角的 γ 运动神经元引起，也可通过兴奋 α 运动神经元引起，所以去大脑僵直可分为以下两种。

（1）γ 僵直：γ 僵直是指高位中枢首先兴奋脊髓前角的 γ 运动神经元，使肌肉的梭内肌收缩，肌梭的敏感性增加，感受器受刺激后，动作电位经支配肌梭的传入神经传入脊髓，转而刺激 α 运动神经元，再引起梭外肌收缩而使肌张力增强而出现僵直，称为 γ 僵直。所以 γ 僵直必须通过 γ 环路，如出现去大脑僵直后，切断背根传入神经纤维后，僵直消失，即γ僵直。

（2）α僵直：α僵直是指高位中枢通过下行纤维直接兴奋脊髓前角的α运动神经元，或间接通过中间神经元兴奋α运动神经元，引起梭外肌收缩，使得肌张力亢进而出现僵直，称为α僵直。大脑僵直后，切断背根传入神经纤维后，僵直不消失，即α僵直。因为切断背根传入神经纤维后，γ环路被破坏，肌梭的信号不可能传入脊髓，γ运动神经元失去通过γ环路对α运动神经元的刺激作用。例如，切断背根后去大脑僵直消失后，再切除小脑前叶，可使僵直再次出现，这种僵直就是α僵直。人类疾病时可出现去皮层僵直和去大脑僵直。蝶鞍上囊肿可导致皮层与皮层下结构失去联系，出现明显的下肢伸肌僵直和上肢半屈状态，称为去皮层僵直。人类中脑有疾患时，可出现去大脑僵直现象，表现为头后仰，上、下肢僵硬伸直，上臂内旋，手指屈曲等。

（三）小脑的主要功能

小脑与脑干和脊髓有大量的纤维联系，也是大脑皮层下与皮层构成回路的重要脑区。所以小脑是运动调控的又一重要中枢。小脑按其传入、传出纤维联系和生理机能分为前庭小脑、脊髓小脑和皮层小脑三个部分。

1. 前庭小脑　前庭小脑主要由绒球小结叶构成，它接受前庭核的传入纤维（前庭器官的传入信号到达前庭核），其传出纤维又返回到前庭核，换元后，再通过前庭脊髓束到达脊髓前角内侧部分的运动神经元，控制躯干和四肢近端部分的肌肉活动。前庭小脑可通过脑桥核接受外侧膝状体、上丘和视皮层等处的视觉传入信息调节眼外肌的活动，从而协调头部运动时眼的凝视运动。切除动物绒球小结叶后或人类第四脑室附近肿瘤压迫绒球小结叶的患者，身体平衡失调，出现步基宽、站立不稳、步态蹒跚和易跌倒等症状。此外，还可出现位置性眼震颤，但不再出现运动病等。所以前庭小脑的主要功能是控制躯体的平衡和眼球的运动。

2. 脊髓小脑　脊髓小脑由蚓部及前叶和后叶（半球）中间部组成。该部位主要接受来自脊髓和三叉神经的传入信息，也接受视觉和听觉的信息，还接受大脑皮层运动区到达脊髓有关运动指令的“副本”。脊髓小脑蚓部的传出纤维向顶核投射，经前庭核和脑干网状结构下行到达脊髓前角的内侧部分，控制躯体近端肌肉的运动，也通过丘脑外侧腹核上行至运动皮层控制躯体近端运动的代表区；前叶和后叶中间部的传出纤维向间核投射，再经红核大细胞部，下行到脊髓前角外侧部，控制躯体远端肌肉的运动，也经丘脑外侧腹核上行至运动皮层控制躯体远端运动的代表区。可见，脊髓小脑从皮层运动区获得运动指令的“副本”，又从脊髓得到肌肉运动的执行信息，也获得视、听觉的信息，并可将来自中枢的指令信息和外周实际执行的信息进行对比，对比后的偏差信息又返回皮层运动区，这样可以使皮层运动区能够对运动进行适时的控制。脊髓小脑的主要功能是调节进行过程中的运动，协助大脑皮层对随意运动进行适时的控制，也通过脑干网状结构调节肌肉的张力。因此，脊髓小脑受损伤后，运动变得笨拙而不准确（脊髓小脑不能有效地利用中枢信息和外周信息进行比较并返回运动皮层），表现为运动的方向、力量和限度发生紊乱。例如，患者不能完成精巧的运动，肌肉在运动进行过程中发生颤抖而不能把握运动的方向，特别是精细运动的终末出现震颤，这种震颤称为意向性震颤；走路时跨步过大而躯干落后，易于倾倒，行走摇晃呈步态蹒跚，直线行走更不平稳；不能进行拮抗肌交替快复动作，而且动作越快协调障碍越明显，但肌肉静息时则无明显运动异常。上述运动协调障碍统称为小脑性共济失调。脊髓小脑对肌紧张的调节具有抑制和易化双重作用，分别通过脑干网状结构抑制区和易化区而发挥作用。抑制肌紧张的区域是小脑前叶蚓部，其空间分布是倒置的，即其前端与抑制动物尾部及下肢肌紧张有关，后端及单小叶与抑制上肢及头面部肌紧张有关。加强肌紧张的区域是小脑前叶两侧部和后叶中间部，前叶两侧部的空间安排也是倒置的。在进化过程中，小脑抑制肌紧张的作用逐渐减退，而易化作用逐渐增强。所以脊髓小脑受损后可出现肌张力减退、四肢乏力等情况。

3. 皮层小脑　皮层小脑是指半球的外侧部。该部位通过脑桥核接受大脑皮层感觉区、联络区和运动区等广泛区域的投射，其传出纤维经过小脑齿状核→红核小细胞部→丘脑外侧腹核→大脑皮层运动区，所以与大脑皮层构成了一个环路；此外，另有一些传出纤维投射到红核小细胞部，换元后投射到下橄榄核主核和脑干网状结构；下橄榄主核的纤维又经橄榄小脑束返回皮层小脑，构成了小脑皮层的自身回路。而投射到脑干网状结构的纤维，经网状脊髓束到达脊髓。皮层小脑的主要功能是与皮层联络区、运动区、感觉区等联合活动，一起参与随意运动的策划和程序编制。一个运动的产生包括运动的策划和运动的执行两个不同的阶段，而且需要脑在策划与执行之间进行反复的比较，才能协调完成运动。例如，在学习某一精巧运动过程中，开始动作并不协调，但在学习阶段，大脑与小脑间不断通过皮层小脑-大脑皮层环路进行联合活动，同时，脊髓小脑通过接受有关运动、视、听觉信息，逐渐纠正了运动过程中所出现的偏差，运动逐渐变得协调起来。等运动熟练后，皮层小脑内就储存了一整套运动的程序。当大脑皮层再次发动该精细运动时，大脑皮层首先从小脑皮层调出该程序，再将该程序输送到运动皮层，后者经皮质脊髓束到达脊髓运动神经元发动运动。通过精巧运动的编程、储存和调用，运动将变得非常协调、精巧和快捷。例如，弹钢琴和玩其他乐器等都是如此。值得注意的是，切除狗和猴小脑半球外侧部，人类小脑外侧部受损伤后，无明显的临床缺陷。

（四）基底神经节对运动的调控

1. 基底神经节的解剖结构 基底神经节是皮层下一些核团的总称，主要是纹状体，包括新纹状体（尾核、壳核）、旧纹状体（苍白球）、丘脑底核和中脑黑质。在人和哺乳动物，基底神经节是皮层下与皮层构成神经回路的重要脑区，对运动具有重要调节功能。

2. 神经通路

1）基底神经节的传入通路 基底神经节接受大脑皮层广泛区域的投射纤维，主要投射至尾核。该传入通路释放的神经递质为兴奋性氨基酸递质。

2）基底神经节的传出通路 基底神经节接受大脑皮层的信号，又通过两条传出通路将信号返回大脑皮层，构成纹状体-大脑皮层回路。

（1）间接通路：新纹状体（GABA）→苍白球外侧部（GABA）→丘脑底核（谷氨酸）→苍白球内侧部→丘脑（丘脑前腹核和丘脑外侧腹核）→皮层运动前区。间接通路的活动抑制大脑皮层发动运动。

（2）直接通路：新纹状体（GABA）→苍白球内侧部→丘脑（丘脑前腹核和丘脑外侧腹核）→皮层运动前区。激活直接通路能易化大脑皮层发动运动。

（3）基底神经节内部的黑质-纹状体多巴胺投射系统：黑质致密部的多巴胺能神经元的轴突投射至新纹状体的中型多棘神经元，该细胞的膜上表达多巴胺 D_1 和 D_2 受体，而新纹状体的传出纤维分别组成间接通路和直接通路。激活 D_1 受体增强直接通路的活动（激活直接通路能易化大脑皮层发动运动），激活 D_2 受体则抑制间接通路的活动（间接通路的活动抑制大脑皮层发动运动）。由此可见，黑质的多巴胺能神经通过激活 D_1 和 D_2 受体均能使丘脑-皮层投射系统活动加强，从而易化大脑皮层发动运动。

3. 基底神经节的运动调节机能 基底神经节参与随意运动的策划与编程，协调随意运动，调节肌张力，也与本体感受传入冲动信号的处理有关。

4. 基底神经节损伤的有关疾病

1）震颤麻痹（帕金森病）

（1）病因：双侧黑质病变，黑质的多巴胺能神经严重受损，使新纹状体的中型多棘神经元细胞膜上的多巴胺 D_1 和 D_2 受体活动减弱，导致直接通路活动减弱而间接通路活动增强，使大脑皮层发动运动受抑制。

（2）症状：运动过少，肌张力过强，动作缓慢，面部表情呆板，常伴有静止性震颤。但运动障碍主要表现在运动的准备阶段，动作一旦发起，可继续进行。

（3）治疗：补充多巴胺递质（因多巴胺不能透过血脑屏障，只能给予合成多巴胺的前体——L-多巴）；或用胆碱能 M 受体拮抗剂对抗乙酰胆碱的作用（多巴胺递质减少后，胆碱能神经递质相对过多），如东莨菪碱或苯海索等均能明显改善患者症状。但两种药对静止性震颤均无疗效。

2）舞蹈病（亨廷顿病）

（1）病因：双侧新纹状体中的 GABA 能中间神经元变性或先天性缺损，使得多巴胺能神经活动相对过强。新纹状体对苍白球外侧部的抑制作用减弱，结果是间接通路活动减弱，直接通路活动相对过强，丘脑对大脑皮层运动产生易化作用。

（2）症状：运动过多，肌紧张不全，不自主的上肢和头部的舞蹈样动作。

（3）治疗：利血平耗竭多巴胺可缓解症状。

六、神经系统对内脏活动的调节

（一）自主神经系统的功能

调节内脏器官功能活动的神经系统称为自主神经系统（也称内脏神经系统）。自主神经系统包括交感神经和副交感神经两个系统，两个系统均包括传入神经纤维和传出神经纤维，本部分只讨论其传出运动调节功能。自主神经系统的主要功能是调节心肌、平滑肌（消化道平滑肌、血管平滑肌和其他平滑肌）和腺体（消化腺、汗腺等外分泌腺和部分内分泌腺如肾上腺髓质等）的活动。自主神经系统对内脏的作用及作用机制前已述及（表 2-4），其调节作用具有下列特征。

1. 对内脏器官双重神经支配　大多数器官都受交感和副交感神经的双重支配，但功能相拮抗。例如，心交感神经对心脏的活动具有兴奋作用（心肌收缩力加强、心率加快和传导加速），而迷走神经对心脏表现为抑制作用（心肌特别是心房肌收缩力减弱、心率变慢和传导变慢）。但也有协同作用（如交感神经和副交感神经都刺激唾液分泌，但前者刺激量少、黏稠的唾液分泌，后者刺激量大、稀薄的唾液分泌）。

2. 紧张性活动　即使在没有受到刺激时，交感神经和副交感神经常持续地发放一定频率的动作电位，对所支配的器官保持持续的调节作用，这种作用称为自主神经的紧张性活动。例如，人类窦房结 P 细胞的自动节律约为 100 次/min，但在安静时，正常成人心率约为 72 次/min。这是因为在安静时，心交感神经和心迷走神经对心脏产生紧张性活动，而且迷走神经对 P 细胞的抑制作用占优势。切断心迷走神经而保留心交感神经完整，心率明显加快（快于 100 次/min），表明心迷走神经对心脏有紧张性抑制作用；切断心交感神经而保留心迷走神经完整，心率又明显变慢（慢于 72 次/min）；如果将心交感神经和迷走神经都切断，心率恢复到 100 次/min 左右。以上实验还表明，在安静时，心迷走神经对心脏的抑制作用占优势（因正常平均动脉压在 100mmHg 时，颈动脉窦和主动脉弓的压力感受器受到持续受压力的刺激，产生持续性反射作用，使心迷走神经活动相对加强）。

3. 对内脏器官的调节作用受效应器功能状态的影响　自主神经对内脏功能活动的作用不能一概而论。例如，当幽门平滑肌处于收缩状态时，刺激迷走神经可引起舒张，而当幽门处于舒张状态时，刺激迷走神经又引起收缩；交感神经抑制未受孕动物子宫平滑肌舒张，而引起受孕子宫平滑肌收缩等（因不同情况下表达的受体不同）。

4. 对整体生理功能调节的意义不同

（1）交感神经系统可以动员机体许多器官的潜在功能以适应环境的急剧变化。例如，在紧急情况下（肌肉剧烈运动、窒息、失血或寒冷环境等），机体出现心率加速、心肌收缩力加强、心输出量增加、血流量重新分配（皮肤与腹腔内脏血管收缩血流量减少；骨骼肌、心肌和脑血流量增加）、血液储库排出血液以增加循环血量、支气管平滑肌扩张降低通气阻力、肝糖原分解加速及血糖浓度上升。交感神经系统活动又刺激肾上腺髓质释放大量儿茶酚胺，进入血液后又促进交感神经的作用。交感神经系统的活动具有广泛性，但对于一定的刺激，不同部分交感神经的反应方式和程度是不同的，表现为不同的整合形式。

（2）副交感神经系统活动的主要生理意义在于保护机体，使机体休整恢复，加强排泄和生殖功能；迷走神经-胰岛素系统在夜间活动加强，其生理作用是促进食物消化和储存能量，以便机体需要时可以提供能量。例如，机体在安静时副交感神经活动加强，此时心脏活动减弱、瞳孔缩小、消化功能增强以促进营养物质的吸收和能量的补充等。

（二）中枢（脊髓、低位脑干和下丘脑）对内脏活动的调节

自主神经系统对内脏活动的作用受各级中枢的控制。初级中枢位于脊髓；生命中枢位于低位脑干；

下丘脑是内脏活动的较高级中枢。

1. 脊髓 交感神经和部分副交感神经的节前神经元的胞体都位于脊髓灰质中间外侧柱，是内脏活动的初级中枢。脊髓调节中枢的调节功能是初步的，失去高位中枢的控制后，其调节机能将不能很好地适应机能的需要。例如，血管张力反射中枢、排便反射中枢和排尿反射中枢都位于脊髓。脊休克期，血管舒张，血压下降，尿粪潴留。脊休克后，这些机能在一定程度上得以恢复，但仍出现大便失禁和尿失禁等症状。

2. 低位脑干 生命中枢（心血管运动中枢和呼吸中枢）位于延髓，心血管反射和呼吸反射性调节在这里初步完成；迷走神经节前神经元位于延髓，其轴突较长，到达所支配器官的神经节换元，节后纤维支配头面部腺体、大部分内脏器官（包括心、支气管、喉、食道、胃、胰腺、肝和小肠）；瞳孔对光反射中枢位于中脑；脑干网状结构中许多神经元的下行纤维到达脊髓并支配自主神经的节前神经元，从而调节内脏活动。呕吐中枢也位于延髓，某些中枢呕吐药可引起中枢性呕吐。此外，颅内压升高，挤压脑组织，也可刺激延髓的呕吐中枢，引起中枢性呕吐。

3. 下丘脑 下丘脑是内脏活动的较高级中枢，即下丘脑中枢调节的反射活动更为复杂。

1）体温调节中枢 视前区-下丘脑前部是体温调节的最重要中枢。此处的温度敏感神经元能直接感受脑局部温度的变化，也能接受外周感受器感受的温度信号并进行整合处理，然后发出指令调节产热和散热的平衡，从而使体温维持正常。

2）水平衡的调节 下丘脑通过水的摄入量和排除量调控机体水的平衡。

（1）水摄入的控制：下丘脑前部的渗透性感受器对血浆晶体渗透压敏感（对 Na^+最敏感，对尿素不敏感），血浆晶体渗透压升高→刺激渗透压感受器→神经垂体 ADH 释放增加（大量）→刺激渴觉中枢→渴觉（饮水）；细胞外液量减少（如大失血等）→激活肾素-血管紧张素系统→生成血管紧张素Ⅱ→刺激室周器→引起渴觉。

（2）水排出的控制：水的排出量主要是通过肾以排尿的方式排出体外，受 ADH 控制，而 ADH 的分泌量又受下列因素调节。①血浆晶体渗透压：下丘脑前部的渗透性感受器对血浆晶体渗透压敏感，血浆晶体渗透压升高→刺激渗透压感受器→神经垂体 ADH 释放增加；反之，释放量减少。②血容量：有效循环血量减少时，对心肺容量感受器的刺激减弱，对 ADH 释放的抑制解除，ADH 释放量增加；反之，血容量增加，ADH 释放量减少。ADH 作用于肾远曲小管和集合管，使水的重吸收增加（保水）；反之，当 ADH 减少时，尿量增加。ADH 分泌最有效的刺激是血浆晶体渗透压，只要晶体渗透压改变约 1%，ADH 的分泌量明显增加；相反，血容量需减少 5%～10%才能有效刺激 ADH 的释放。此外，血压的改变也影响 ADH 的分泌，血压升高抑制 ADH 的分泌，血压下降刺激 ADH 的分泌。

3）摄食行为的控制 人和动物的摄食行为受下丘脑的摄食中枢和饱中枢的控制。下丘脑外侧区有摄食中枢，刺激该中枢引起动物食欲和多食；下丘脑腹内侧核有饱中枢，刺激该中枢，动物产生饱感，拒食。用微电极记录方法记录腹内侧核（饱中枢）和腹外周核（摄食中枢）的神经元放电发现，动物饥饿时摄食中枢的神经放电增加，而饱中枢的放电减少，当给动物注射葡萄糖时，出现相反的放电。该实验证明，两中枢之间存在交互抑制现象。进食前，胃分泌一种肽类物质，称为**食欲刺激素**（ghrelin），也称为胃生成激素释放素，推测是一种引起饥饿的信号分子；脂肪组织分泌瘦素（leptin），进入血液循环后，可能作为一种饱感的信号分子。两种肽的受体集中分布在腹外侧和前下丘脑部，这些细胞与弓状核的另一些下丘脑神经元构成接触。

4）性行为控制 性行为是动物的本能，神经系统许多部位参与性行为的调控，但刺激下丘脑的内侧视前区，雌雄动物均表现为性行为，该区对循环中的性激素敏感，可引起性欲和产生性行为。

5）下丘脑的神经内分泌功能 下丘脑的神经内分泌小细胞能合成调节腺垂体内分泌的调节性多肽，称为下丘脑调节多肽，共 9 种，分别调节 ACTH、TSH、LH、FSH、GH 和 PRL 的释放。ACTH、TSH、LH、FSH 是促激素，分别又刺激肾上腺皮质、甲状腺、性腺的生成和发育及激素的分泌；GH 和 PRL 是激素，通过与靶细胞受体结合直接产生效应。神经垂体激素（血管升压素和缩宫素）也是在下丘脑视上核和室旁核合成的，只是经轴突运输到神经垂体储存和受刺激时释放入血，并不是神经垂体细胞合成的激素。

6）生物节律的控制 诸多机体机能活动出现有规律的昼夜节律，控制昼夜节律的中枢位于下丘脑视交叉上核。视交叉上核通过视网膜-视交叉上核传导束与视觉器官发生联系，通过昼夜光照变化影响生物节律中枢的活动。例如，体温、激素的分泌等都有节律性变化。

7）参与睡眠 下丘脑某些部位参与慢波睡眠。

8）情绪控制 下丘脑近中线的脑腹内侧区等是动物的防御反应区，引起防御反应（格斗-逃避反应）和全身交感神经兴奋；下丘脑后部的外侧部分是惩罚系统的一部分，与动物的痛苦等情绪有关。

七、脑的高级机能

（一）大脑皮层功能的一侧优势

人类不同于其他动物，因为人类具有语言功能。人类的语言中枢位于大脑皮层，而且集中在一侧大脑。具有语言功能的大脑半球称为优势半球。主要应用右手的成年人，左侧大脑皮层在语言活动上占优势，这种现象称为一侧优势。一侧优势与遗传有关，但主要是后天生活中逐渐形成的。人类的左侧优势自10～12岁起逐步建立，所以左侧优势半球在成年后受损伤，就很难在对侧大脑皮层再建立起语言中枢。右侧半球在空间辨别、深度知觉、音乐欣赏和图像视觉认识等非语言的认识上占优势。

（二）大脑皮层的语言中枢

人类的语言机能集中在优势半球，因此，优势半球控制语言的中枢受损伤后会出现多种形式的语言活动功能障碍。

1. 感觉失语症 由颞上回后部的损伤所致。患者听不懂别人的谈话，但可以讲话及书写，也能看懂文字，患者并非听不到别人的发音，而是听不懂谈话的含义，好像听到听不懂的外国语一样。

2. 失写症 因损伤额中回后部接近中央前回的手部代表区所致。患者能看懂文字，可以听懂别人说话，自己也会说话，但不会书写。手部肌肉不瘫痪，手的其他运动也不受影响。

3. 运动失语症 由布罗卡区（Broca's area）受损引起。患者不会说话，不能用语词来口头表达自己的思想，但可以看懂文字和听懂别人的谈话，而与发音有关的肌肉并不麻痹。

4. 失读症 由角回受损所造成。患者看不懂文字的含义，但视觉和其他语言功能（包括书写、说话和听懂别人谈话等）均健全。

5. 流畅失语症 由韦尼克区（Wernicke's area）受损所致。有两种不同表现：一种是患者说话正常，有时说话过度，但所说的话中充满了杂乱语和自创词，患者也不能理解别人说话和书写的含义；另一种是有条件的，患者说话相当好，也能很好地理解别人的说话，但对部分词不能很好地组织或想不起来。这种失语症称为传导失语症。

可见，语言活动的完整功能与广大皮层区域的活动有关，且各区域的功能密切相关，严重的失语症可同时出现上述多种语言活动功能的障碍。

（李东亮）

第十节 内 分 泌

一、激素概述

（一）激素的信息传递方式

激素自内分泌细胞分泌后，经组织液或血液被运输到组织、器官的细胞而发挥作用。激素在细胞之间传递信息有以下几种方式：①大多数激素借助血液的运输到达远距离的靶细胞而发挥作用，这称为**远距分泌**（telecrine），如生长激素、甲状腺激素；②通过细胞间液弥散到邻近的细胞发挥作用，称为**旁分泌**（paracrine），如消化管的一些激素；③有些内分泌细胞分泌的激素在局部弥散又返回作用于该内分泌细胞而发挥反馈作用，这种现象称为**自分泌**（autocrine）；④神经细胞分泌的神经激素通过轴浆运输至末梢释放、经血液的运输再作用于靶细胞的方式称为**神经分泌**（neurocrine），下丘脑的一些既能产生和传导神经冲动，又能分泌激素的神经元，称为神经内分泌细胞。

（二）激素的作用机制

（1）细胞膜受体介导的激素作用机制——第二信使学说。

（2）细胞内受体介导的激素作用机制——基因调节学说：类固醇激素分子小且呈脂溶性，因此可扩散进入细胞内，先与胞质受体结合成复合物，使受体变构，获得穿过核膜的能力而进入细胞核内。在核内转变为激素-核受体复合物后再与染色质的非组蛋白的特异位点结合，从而启动或抑制该部位的DNA 转录，促进或抑制 mRNA 的形成，结果诱导或减少某种蛋白质（主要是酶）的合成，引发相应的生理效应。

（三）激素作用的一般特征

1. 特异性 某种激素有选择地作用于某些靶器官和靶细胞的特性，称为激素的特异性。

2. 信息传递作用 激素只是将调节信息以化学方式传递给靶细胞，增强或减弱靶细胞原有的生理生化过程。在这个过程中，激素并不引发新的功能活动，也不为功能活动提供能量，只是细胞的信息传递者，起着“信使”的作用。信息传递后，激素即被分解失活。

3. 高效能生物放大作用 激素在血液中的含量很低，一般在纳摩尔（nmol/L）水平，甚至在皮摩尔（pmol/L）水平，但激素的作用十分显著。激素与受体结合后，在细胞内引发了一系列酶促反应，逐级放大，形成效能极高的生物放大系统。

4. 激素间相互作用 各激素可相互影响，主要表现在三个方面：①相互协同，如生长激素、肾上腺素等，虽然作用于代谢的不同环节，但都可使血糖升高；②相互拮抗，如胰岛素能降低血糖，而肾上腺素则可升高血糖，两者作用相拮抗；③允许作用，是指某些激素本身并不能对某器官或细胞直接发生作用，但它的存在却使另一种激素产生的效应明显增强，这种现象称为激素的**允许作用**（permissive action）。例如，皮质醇本身并不引起血管平滑肌收缩，但它存在时，去甲肾上腺素的缩血管作用更显著。

二、下丘脑的内分泌功能

（一）下丘脑与垂体的功能联系

下丘脑位于前脑基底部，其中的许多神经元兼有内分泌功能，能合成分泌多种激素。垂体分腺垂体和神经垂体两部分，都与下丘脑有密切联系，分别形成下丘脑-腺垂体系统和下丘脑-神经垂体系统。

1. 下丘脑-腺垂体系统 下丘脑与腺垂体之间没有直接的神经纤维联系，而是通过特殊的血管系统——垂体门脉系统发生功能联系，构成了下丘脑-腺垂体系统。

下丘脑基底部存在一个“促垂体区”，主要包括正中隆起、弓状核、视交叉上核、腹内侧核、室周核等核团。这些核团的肽能神经元分泌至少 9 种有活性的下丘脑调节肽（hypothalamic regulatory peptide，HRP），通过垂体门脉系统的垂体运送至腺垂体，调节腺垂体的内分泌活动。可见，下丘脑是把神经调节与体液调节紧密联系起来的一个枢纽。“促垂体区”的神经元既具有典型神经元的功能，与来自中脑、边缘系统及大脑皮层的神经纤维构成突触，接受传导来的神经信息；又具有内分泌细胞的作用，分泌下丘脑调节肽。“促垂体区”的神经元可把神经信息转变为激素信息，起着换能神经元的作用。

2. 下丘脑-神经垂体系统 下丘脑与神经垂体有着直接的神经联系。下丘脑的视上核、室旁核有神经纤维下行到垂体后叶，构成了下丘脑-垂体束。现已知神经垂体所释放的激素（抗利尿激素与催产素），实际上是在下丘脑视上核与室旁核的神经元中合成，通过下丘脑-垂体束纤维的轴浆运输到神经垂体储存并释放的。

（二）下丘脑调节肽

下丘脑调节肽的种类、化学本质及主要作用见表 2-6。

表 2-6 下丘脑调节肽的种类、化学本质及主要作用

种类	化学本质	主要作用
促甲状腺激素释放激素（TRH）	3 肽	促进促甲状腺激素的分泌
促性腺激素释放激素（GnRH）	10 肽	促进黄体生成素、卵泡刺激素的分泌
生长激素释放激素（GHRH）	44 肽	促进生长激素的分泌
生长抑素（GHRIH）	14 肽	抑制生长激素的分泌
促肾上腺皮质激素释放激素（CRH）	41 肽	促进促肾上腺皮质激素的分泌
催乳素释放因子（PRF）	肽	促进催乳素的分泌
催乳素释放抑制因子（PIF）	多巴胺	抑制催乳素的分泌
促黑激素释放因子（MRF）	肽	促进促黑激素的分泌
促黑激素释放抑制因子（MIF）	肽	抑制促黑激素的分泌

三、垂体的内分泌功能

腺垂体是人体内最重要的内分泌腺，它能合成和分泌 7 种激素：促甲状腺激素、促肾上腺皮质激素、卵泡刺激素、黄体生成素、生长激素、催乳素、促黑（素细胞）激素。前 4 种均有各自的靶腺，分别形成下丘脑-腺垂体-甲状腺轴、下丘脑-腺垂体-肾上腺皮质轴、下丘脑-腺垂体-性腺轴。腺垂体分泌的这些激素可促进靶腺的生长发育、增强靶腺的功能活动，故被称为“促激素”。关于“促激素”的生理作用及分泌调节则在相关腺体中介绍，这里不赘述。

（一）腺垂体激素

生长激素（growth hormone，GH）是腺垂体激素的一种，是一种蛋白质激素，其种族特异性较强，其他哺乳动物（除猴外）的生长激素对人均无效。**人生长激素**（human growth hormone，hGH）含有 191 个氨基酸，近年已利用 DNA 重组技术可以大量生产，供临床使用。

1）生长激素的生理作用

（1）促进生长。人体的生长受多种激素的影响，但生长激素起关键作用。生长激素对各组织、器官的生长均有促进作用，尤其是对骨骼、肌肉及内脏器官作用更为显著，因此生长激素也称为躯体刺激素。实验表明：幼年动物切除垂体后，生长即停止，如及时补充生长激素，仍可正常生长。人在幼年时期若缺乏生长激素，将会生长停滞，身材矮小，但智力正常，称为侏儒症；如生长激素过多，则将生长发育过度，患巨人症。成年人如生长激素分泌过多，因骨骺已钙化闭合，长骨不再增长，但可刺激肢端部的短骨和颌面部扁骨的增生，且肝、肾等内脏器官也增大，称为肢端肥大症。

生长激素对人体生长作用不是直接的，而是在营养充足的条件下，刺激肝、肾产生一种小分子多肽物质，称为**生长素介质**（somatomedin，SM）。生长素介质促进硫酸盐进入软骨组织，促进氨基酸进入软骨细胞，加速蛋白质的合成，促进软骨增殖与骨化，使长骨加长。生长素介质对肌肉等组织也有类似作用，但对脑组织的生长发育无影响。饥饿或缺乏蛋白质时，生长激素不能刺激生长素介质的生成，故营养不良儿童的生长会较正常儿童迟缓。

（2）调节代谢。主要作用有：①促进蛋白质合成，减少蛋白质分解。这是因为它能促进氨基酸进入细胞，并可加速 DNA 和 RNA 的合成。②生理水平的生长激素可刺激胰岛素分泌，加强糖的利用，但过量的生长激素则可抑制糖的利用，使血糖升高。③加速脂肪的分解，增强脂肪酸氧化利用，使组织的脂肪量减少。由于脂肪分解提供了能量，所以也减少了糖的利用，使血糖升高。因此，生长激素分泌过量可产生“垂体性糖尿病”。

2）*生长激素分泌的调节* 生长激素分泌受下丘脑生长激素释放激素与生长抑素的双重调节，生长激素释放激素促进生长激素分泌，而生长抑素则抑制生长激素的分泌。生长激素呈脉冲式分泌，每隔 1～4h 出现一次波动，这是由下丘脑生长激素释放激素的脉冲式释放决定的。一般认为，生长激素释放激素是生长激素分泌的经常性调节者，而生长抑素则是在应急情况下生长激素分泌过多时，才显著抑制生长激素分泌，二者相互配合，共同调节腺垂体分泌生长激素。人在觉醒的状态下生长激素分泌较少，进入慢波睡眠后，生长激素分泌明显增加，在 60min 左右，血中生长激素浓度达到高峰。转入异相睡眠后，生长激素分泌又减少。血中糖、脂肪酸与氨基酸均能影响生长激素的分泌，其中以低血糖对生长激素分泌的刺激最强。

（二）神经垂体激素

下丘脑视上核主要产生抗利尿激素，室旁核主要产生催产素。合成的激素沿下丘脑-垂体束通过轴浆运输到神经垂体储存，在某些特定刺激作用下再释放入血。

1. 抗利尿激素 抗利尿激素是含 9 个氨基酸的多肽。由于大量的抗利尿激素有收缩血管、使血压升高的作用，因此也称为**血管升压素**（vasopressin，VP）。生理情况下，血浆中抗利尿激素浓度很低，仅 1.0～1.5ng/L，抗利尿作用十分明显，而几乎无升压作用。但大失血的情况下，血中抗利尿激素浓度显著升高时，才表现出缩血管作用，对维持血压有一定的意义。

抗利尿激素的抗利尿作用及其释放的调节已在本章“尿的生成和排出”一节中详述。

2. 催产素 催产素也是一种含有 9 个氨基酸的多肽，其化学结构与抗利尿激素极为相似，因此这两种激素的生理作用有交叉现象。

催产素的主要靶器官是乳腺和子宫。哺乳期的乳腺，在腺垂体分泌的催乳素的作用下，不断分泌乳汁，储存于乳腺腺泡。催产素则可促进乳腺腺泡周围的肌上皮细胞收缩，使乳汁排入乳腺导管或射出。催产素还能促进子宫平滑肌收缩，但非孕子宫对催产素的敏感性很低，妊娠晚期的子宫对催产素的敏感性大大提高。在分娩过程中胎儿对子宫、宫颈和阴道的牵拉刺激可反射性地引起催产素分泌增加，促使子宫收缩加强，有利于分娩过程的进行。

四、甲状腺激素

正常成人的甲状腺重约 25g，是人体内最大的内分泌腺。甲状腺由许多甲状腺腺泡组成，腺泡壁的上皮细胞能合成和释放甲状腺激素。甲状腺激素是调节人体代谢和生长发育的重要激素。

（一）甲状腺激素的合成与代谢

由甲状腺腺泡上皮细胞合成并分泌的**甲状腺激素**（thyroid hormone）主要有两种：一种是甲状腺素，又称**四碘甲腺原氨酸**（thyroxine，T_4），另一种是**三碘甲腺原氨酸**（3,5,3′- triiodothyronine，T_3）。T_4、T_3 都是酪氨酸的碘化物。甲状腺分泌的激素主要是 T_4，约占总量的 90%，T_3 分泌量少，但活性却是 T_4 的 5 倍。T_4 在外周组织脱碘可转变为 T_3。

1. 甲状腺激素的合成 甲状腺激素合成的原料为碘和酪氨酸，所需的碘来自食物，人体每天从饮食中摄取的碘有 100～200μg，其中 1/3 被甲状腺摄取。甲状腺激素的合成过程包括三个步骤。

（1）腺泡聚碘：血中的碘以 I^- 的形式存在，浓度约为 250μg/L。甲状腺内 I^- 浓度比血液高 20～25 倍，且甲状腺上皮细胞静息电位为–50mV，因此，甲状腺对碘的摄取是逆电化学梯度的主动转运过程。

（2）I^- 的活化：由腺泡上皮细胞摄取的 I^- 并不能与酪氨酸结合，首先需要在**甲状腺过氧化物酶**（thyroperoxidase，TPO）作用下氧化成具有活性的碘，称为碘的活化。

（3）酪氨酸碘化与甲状腺激素的合成：活化后的I^-取代酪氨酸残基上氢原子的过程称为酪氨酸碘化。由腺泡上皮细胞合成的**甲状腺球蛋白**（thyroglobulin，TG）含有约 5000 个氨基酸，3%为酪氨酸残基，其中 10%可被碘化。碘化后的酪氨酸先形成一碘酪氨酸残基（MIT）和二碘酪氨酸残基（DIT），然后 2 分子 DIT 偶联生成 T_4，1 分子 DIT 和 1 分子 MIT 偶联生成 T_3。

以上 I^-的活化、酪氨酸碘化及偶联的过程都是在过氧化酶的催化下完成的。因此，能抑制过氧化酶活性的药物，如硫尿嘧啶，有阻断 T_4、T_3 合成的作用，可用于治疗甲状腺功能亢进。

2. 甲状腺激素的储存、释放、运输与代谢 合成的甲状腺激素是以甲状腺球蛋白的形式贮存于腺泡腔内，其贮量非常大，可供人体利用 50～120 天之久。当受到促甲状腺激素刺激时，在溶酶体蛋白水解酶的作用下，将甲状腺球蛋白分子上的 T_4、T_3 水解下来并释放入血液。进入血液的甲状腺激素绝大部分与血浆蛋白结合运输，游离的不到 1%。只有游离型激素才能进入组织细胞发挥作用，结合型与游离型之间可以互相转换，正常情况下二者保持动态平衡。20%的 T_4 与 T_3 在肝内降解，其余 80%在外周组织脱碘失活，脱下的碘由尿排出。

（二）甲状腺激素的生理作用

甲状腺激素作用广泛，几乎对全身各组织细胞均有影响。

1. 调节新陈代谢

1）能量代谢 甲状腺激素显著增加绝大多数组织细胞的耗氧量和产热量，1mg 甲状腺激素可使人体产热量增加 4200kJ，基础代谢率提高 28%，但脑、脾、性腺等组织的线粒体因缺乏甲状腺激素受体而不受其影响。甲状腺激素的**产热效应**（calorigenesis）与其增加线粒体数量、增强氧化磷酸化有关。甲状腺激素分泌过多的患者产热增加而怕热喜凉，基础代谢率高出 25%～80%；甲状腺功能减退的患者则产热量减少，喜热畏寒，基础代谢率可比正常值低 20%～40%。

2）物质代谢

（1）糖代谢：甲状腺激素促进小肠黏膜对葡萄糖的吸收，增强糖原的分解，抑制糖原的合成；甲状腺激素又能加强组织对糖的利用，降低血糖；但升血糖作用强于降血糖作用。因此甲状腺机能亢进时，血糖升高，甚至出现尿糖。

（2）蛋白质：适量的甲状腺激素促进蛋白质和各种酶的生成，有利于机体的生长、发育。甲状腺激素分泌过多时，则加速蛋白质分解，特别是骨骼肌蛋白质大量分解，出现肌肉消瘦和肌无力。甲状腺激素分泌不足时，蛋白质合成减少，但细胞间的黏液蛋白增多，由于黏液蛋白可吸附一部分水和盐，在皮下形成一种特殊的、指压不凹陷的水肿，称为**黏液性水肿**（myxedema）。

（3）脂类代谢：甲状腺激素既能加速脂肪的动员，促进脂肪酸的氧化，促进肝降解胆固醇；又能促进脂肪和胆固醇的合成，但总的效果是分解大于合成。因此，甲状腺功能亢进患者的血胆固醇常低于正常值，反之，甲状腺功能减退患者的血胆固醇高于正常值。

2. 促进生长发育 甲状腺激素是胎儿和新生儿发育的关键激素。在胚胎期，甲状腺激素促进神经元增殖、分化、突起和突触形成，促进胶质细胞生长和髓鞘形成，诱导神经生长因子的合成，促进神经元骨架的发育等。甲状腺激素对生长发育的影响，在出生后最初的 4 个月内最为明显。一个先天性甲状腺功能不全的婴儿，如在 4 个月内得不到甲状腺激素的补充，则将由于脑与长骨生长发育的障碍而出现智力低下、身材矮小等现象，称为呆小症（克汀病），以后再补充甲状腺激素也很难逆转。

3. 其他作用

（1）对中枢神经系统：甲状腺激素可提高中枢神经系统的兴奋性。甲状腺功能亢进的患者多有烦躁不安、多言多动、喜怒无常、失眠多梦等症状。甲状腺功能减退的患者则有言行迟钝、记忆减退、表情淡漠、少动思睡等表现。

（2）对心血管系统：甲状腺激素可使心跳加快加强，心输出量增大，组织耗氧量增多，小血管扩张，外周阻力降低，结果收缩压升高，舒张压正常或稍低，脉压升高。

（3）对消化系统：甲状腺激素可以刺激胃肠道蠕动，引起食欲增加。

（4）对内分泌和生殖系统：甲状腺激素具有允许作用，增加激素的分泌和代谢，维持正常性欲和性功能。

（三）甲状腺激素分泌的调节

1. 下丘脑-腺垂体-甲状腺轴 下丘脑分泌的**促甲状腺激素释放激素**（thyrotropin-releasing hormone，TRH）经垂体门脉系统运至腺垂体，激活靶基因，促进促甲状腺激素合成和释放。在整体情况下，下丘脑神经元可受内、外环境因素的影响而改变促甲状腺激素释放激素的分泌量，从而影响甲状腺的分泌活动。例如，寒冷刺激的信息到达中枢后，通过一定的神经联系使促甲状腺激素释放激素分泌增多，促甲状腺激素继而促进甲状腺激素的分泌，结果产热量增加，有利于御寒。

促甲状腺激素（thyroid-stimulating hormone，TSH）是腺垂体合成并分泌的一种糖蛋白，促甲状腺激素可增强甲状腺腺泡上皮细胞聚碘、I^-活化、酪氨酸碘化及偶联过程，使甲状腺激素分泌增多。此外，促甲状腺激素还能增加甲状腺血流，刺激腺泡上皮细胞增生，腺体增大。

血液中游离的 T_4 和 T_3 浓度升降，对腺垂体促甲状腺激素的合成与分泌起着经常性反馈调节作用。当 T_4 和 T_3 升高时，抑制促甲状腺激素的分泌；当 T_4 和 T_3 降低时，促甲状腺激素的分泌增加。这是体内 T_4、T_3 浓度维持正常生理水平的重要机制。例如，当饮食中缺碘造成 T_4、T_3 合成分泌减少时，T_4、T_3 对腺垂体的负反馈作用减弱，使促甲状腺激素分泌量增多，促甲状腺激素刺激甲状腺细胞增生，导致甲状腺肿大，临床上称为地方性甲状腺肿或单纯性甲状腺肿。T_4 和 T_3 对下丘脑促甲状腺激素释放激素的分泌是否有反馈作用，尚有争论。

2. 甲状腺的自身调节 当饮食中碘含量不足时，甲状腺对碘的转运机制增强，对促甲状腺激素的敏感性提高，使 T_4、T_3 的合成与释放不致因碘供应不足而减少。反之，当碘供应过多时，甲状腺对碘的摄取减少，对促甲状腺激素敏感性也降低，甲状腺激素合成也不致过多。这种调节是在促甲状腺激素浓度不变或完全缺乏时发生的一种调节，故称自身调节。

3. 自主神经对甲状腺活动的影响 交感神经可增加甲状腺激素的合成与分泌，副交感神经则减少甲状腺激素的分泌。

五、与钙、磷调节有关的激素

（一）甲状旁腺激素

1. 甲状旁腺激素的生物学作用 甲状旁腺激素（PTH）是调节血钙水平的最重要激素，它有升高血钙和降低血磷的作用。

（1）对骨的作用：骨是体内最大的钙贮存库，PTH 动员骨钙入血，使血钙浓度升高，其作用包括快速效应与延缓效应两个时相。快速效应在 PTH 作用后数分钟即可发生，是将位于骨和骨细胞之间骨液中的钙转运至血液中。其能迅速提高骨细胞膜对 Ca^{2+} 的通透性。延缓效应在 PTH 作用后 2～14h 出现，通常在几天甚至几周后达高峰。破骨细胞释放蛋白水解酶与乳酸，使骨组织溶解，钙与磷大量入血，使血钙浓度长时间升高。

（2）对肾的作用：在肾中，PTH 促进远球小管对钙的重吸收，使尿钙减少，血钙升高，同时还抑制近球小管对磷的重吸收，增加尿磷酸盐的排出，使血磷降低。

2. 甲状旁腺激素分泌的调节 PTH 的分泌主要受血浆钙浓度变化的调节。血浆钙浓度轻微下降时，甲状旁腺分泌 PTH 迅速增加，PTH 动员骨钙入血，增强肾重吸收钙，结果使血钙浓度迅速回升。相反，血钙浓度升高时，PTH 分泌减少。PTH 的分泌还受其他一些因素的影响，如血磷升高可使血钙降低而刺激 PTH 的分泌。血 Mg^{2+} 浓度很低时，可使 PTH 分泌减少。另外，生长抑素也能抑制 PTH 的分泌。

（二）降钙素

1. 降钙素的生物学作用 降钙素的主要作用是降低血钙和血磷，其主要靶器官是骨，对肾也有一定的作用。降钙素抑制破骨细胞活动，减弱溶骨过程，这一反应发生很快，而加强成骨细胞的活动效果出现较晚。另外，成人的破骨细胞活动较弱，然而儿童骨的更新速度很快，破骨细胞活动每天可向细胞外液提供5g以上的钙，因此，降钙素对儿童血钙的调节作用十分明显。降钙素能抑制肾小管对钙、磷、钠及氯的重吸收，使这些离子从尿中排出增多。

2. 降钙素分泌的调节 主要受血钙浓度的调节。当血钙浓度升高时，降钙素的分泌也随之增加，降钙素与 PTH 对血钙的作用相反。比较降钙素与 PTH 对血钙的调节作用，有两个主要的差别：①降钙素分泌启动较快，在 1h 内即可达到高峰，而 PTH 分泌则需几个小时；②降钙素只对血钙水平产生短期调节作用，其作用很快被有力的 PTH 作用所克服，后者对血钙浓度发挥长期调节作用。

（三）维生素 D_3

1. 维生素 D_3 的生物学作用

（1）对肠道的作用：促进钙吸收，其机制主要是维生素 D_3 能直接促进细胞内的 DNA 转录和翻译，合成钙结合蛋白、钙通道和钙泵等蛋白质。这些蛋白质一方面可直接作用于肠黏膜上皮细胞的肠腔面，促进肠腔中的 Ca^{2+} 向细胞内转运；另一方面促使细胞内 Ca^{2+} 向胞外转运。

（2）对肾的作用：其可直接增强近曲小管对钙和磷的重吸收。

2. 维生素 D_3 生成的调节 PTH 可诱导肾小管上皮细胞内 1α-羟化酶基因转导，促进 25-羟维生素 D_3 转变为有活性的 1,25-二羟维生素 D_3；1,25-二羟维生素 D_3 生成增加时又可负反馈抑制 1α-羟化酶的活性。

六、肾上腺糖皮质激素

肾上腺皮质由球状带、束状带和网状带三层不同的细胞组成。其中球状带分泌调节水盐代谢的**盐皮质激素**（mineralocorticoid），主要有醛固酮和脱氧皮质酮。束状带分泌**糖皮质激素**（glucocorticoid），具有多种生理作用。网状带分泌性激素，以雄激素为主，也有少量雌激素。肾上腺皮质瘤的患者，除盐皮质激素和糖皮质激素增多外，雄激素也明显增多。如果患者是女性，则可出现一些男性化的体征。人体各种皮质激素都是以胆固醇为原料经腺细胞生物合成的类固醇激素。

关于醛固酮的生埋作用和分泌调节在本章“尿的生成和排出”一节中已经介绍，有关性激素的内容将在本章“生殖”一节中介绍，这里着重讨论糖皮质激素。

（一）糖皮质激素的生理作用

人体糖皮质激素以**皮质醇**（cortisol）分泌量最大（200mg/天），作用最强。皮质醇进入血液后，绝大部分与皮质醇结合蛋白和白蛋白结合，游离型虽少，但是其发挥作用的主要形式。皮质醇几乎对全身所有细胞均有作用。

1. 对物质代谢的作用

（1）糖代谢：皮质醇能促进糖异生，增加肝糖原的储存，抑制肝外组织对糖的摄取利用，因而使血糖浓度升高。糖皮质激素分泌不足时，出现肝糖原减少和低血糖；分泌过多则血糖升高，甚至出现糖尿，由此引起的糖尿称类固醇性糖尿。

（2）蛋白质代谢：皮质醇促进肝外组织，特别是肌肉组织的蛋白质分解，抑制肝外组织对氨基酸的摄取，减少蛋白质的合成。加速氨基酸入肝，成为糖异生的原料。因此，皮质醇分泌过多常引起生长停滞、肌肉消瘦、皮肤菲薄、骨质疏松、淋巴组织萎缩及创口愈合延迟等现象。

（3）脂肪代谢：皮质醇可促进脂肪分解（特别是四肢），升高血液中游离脂肪酸浓度，增加脂肪酸在肝内的氧化。皮质醇使四肢脂肪减少，面部和躯干的脂肪增多。当肾上腺皮质功能亢进或者过多使用皮质醇时，会出现面圆、背厚、躯干部脂肪堆积而四肢消瘦的“向中性肥胖”。

（4）水盐代谢：皮质醇有弱的贮钠排钾作用，还可降低肾小球入球血管的阻力，增加肾小球血浆流量而使肾小球滤过率增加，有利于水的排出。例如，肾上腺皮质功能减退的患者常有水排出障碍，严重时可出现“水中毒”，此时若适量补充糖皮质激素，其症状可获得缓解，而补充盐皮质激素却无效。

2. 在应激反应中的作用 当机体突然受到创伤、手术、寒冷、饥饿、疼痛、感染、紧张、焦虑、惊恐等有害刺激时，血液中**促肾上腺皮质激素**（adrenocorticotropic hormone，ACTH）和糖皮质激素分泌增加为主的反应称为应激（stress）反应。能引起应激反应的刺激，称为应激刺激。事实上，在应激反应中，除了促肾上腺皮质激素、糖皮质激素分泌增加外，其他许多激素如生长激素、催乳素、抗利尿激素、醛固酮等分泌也增加，交感-肾上腺髓质系统的活动也大大增强，血中儿茶酚胺含量也相应增加，说明应激反应是多种激素参与的一种非特异性全身反应。但许多实验表明，在应激反应中，人体主要靠促肾上腺皮质激素和糖皮质激素的增加来渡过“难关”。

3. 对其他组织器官的作用

（1）血细胞：皮质醇能增强骨髓造血功能，使血液中红细胞和血小板的数量增多。同时它能促使附着在小血管壁的粒细胞进入血液循环，使血液中中性粒细胞增多。皮质醇能抑制淋巴细胞 DNA 的合成过程，因而使淋巴细胞数量减少。皮质醇对巨噬细胞系统吞噬和分解嗜酸性粒细胞的活动有增强作用，使血中嗜酸性粒细胞的数量减少。因此，糖皮质激素可用于治疗贫血、血小板减少性紫癜、中性粒细胞减少症、淋巴性白血病等。

（2）心血管系统：糖皮质激素增加血管平滑肌细胞上儿茶酚胺受体数量和调节受体介导的信息传递过程，提高血管平滑肌对儿茶酚胺的敏感性（允许作用），增强血管平滑肌的紧张性，有利于升高血压。

（3）神经系统：皮质醇有提高中枢神经系统兴奋性的作用。肾上腺皮质功能亢进患者可出现思维不能集中、烦躁不安和失眠等现象。

（4）消化系统：糖皮质激素能增加胃酸和胃蛋白酶的分泌，并使胃黏膜的保护和修复机能减弱。因此，长期大量应用糖皮质激素，可诱发和加剧胃溃疡，应予以注意。

大量皮质醇还有抗炎、抗毒、抗过敏和抗休克等药理作用，是临床上应用皮质醇治疗多种疾病的依据。

（二）糖皮质激素分泌的调节

糖皮质激素的分泌主要受下丘脑-腺垂体-肾上腺皮质轴的调节。

下丘脑分泌的促肾上腺皮质激素释放激素（CRH）可刺激腺垂体分泌促肾上腺皮质激素（ACTH），促肾上腺皮质激素进而刺激肾上腺皮质增生，增加糖皮质激素的合成、分泌。血液中糖皮质激素水平升高可反馈抑制下丘脑、腺垂体的促肾上腺皮质激素释放激素和促肾上腺皮质激素的分泌（长反馈），促肾上腺皮质激素也可抑制促肾上腺皮质激素释放激素的分泌（短反馈），这有助于维持血中糖皮质激素的相对稳定。值得注意的是，由于糖皮质激素对促肾上腺皮质激素和促肾上腺皮质激素释放激素的分泌存在上述的负反馈抑制，因此，长期大量使用糖皮质激素的患者，会引起肾上腺皮质萎缩，分泌功能降低。此时若突然停药，可能出现糖皮质激素分泌不足的症状，甚至危及生命。故停止用药时，应逐渐减量，缓慢停药。

促肾上腺皮质激素和糖皮质激素分泌呈日周期波动，午夜最低，早晨觉醒起床前最高。这种波动与睡眠状态低水平血糖的维持、觉醒后高水平血糖（供能物质）需求相适应。早晨促肾上腺皮质激素和糖皮质激素分泌的高峰，为一天脑、机体活动提供足够的能量奠定基础。日周期波动由下丘脑促肾上腺皮质激素释放激素节律性释放所致。

总之，正常情况下，下丘脑-腺垂体-肾上腺皮质之间密切地联系，协调统一，既维持血中糖皮质激素浓度相对稳定，又保证在应激状态下发生适应性变化。

七、胰岛内分泌

胰岛素是由 51 个氨基酸组成的小分子蛋白质。我国科学工作者于 1965 年在世界上首先用化学方法人工合成了具有高度生物活性的胰岛素，接着又对胰岛素的空间结构与功能的关系进行了研究，并取得重大成果，这为揭示生命的本质做出了巨大的贡献。正常人空腹状态下血清胰岛素浓度为 35～

145pmol/L。胰岛素的半衰期为 5min，主要在肝内失活。

（一）胰岛素

1. 胰岛素的生理作用　胰岛素是促进机体合成代谢的激素。

（1）对糖代谢：胰岛素是生理情况下唯一能降低血糖的激素。胰岛素一方面促进全身组织对葡萄糖的摄取和利用，加速肝和肌糖原合成，并促进葡萄糖转变为脂肪，即增加血糖的去路；另一方面还抑制糖原分解和糖异生，即减少血糖的来源，因而使血糖降低。胰岛素分泌不足最明显的表现为血糖升高，当血糖超过肾糖阈时，糖即随尿排出，出现尿糖。

（2）对脂肪代谢：胰岛素能促进脂肪的合成与储存，同时抑制脂肪的分解。胰岛素缺乏可导致脂肪代谢紊乱，脂肪的储存减少，分解加强，血脂升高，可引起动脉硬化，进而导致心血管和脑血管系统的严重疾患。与此同时，由于脂肪酸分解增多，生成大量酮体，可引起酮症酸中毒，甚至昏迷。

（3）对蛋白质代谢：胰岛素一方面能促进细胞对氨基酸的摄取和蛋白质合成，另一方面抑制蛋白质的分解，因而有利于生长。同时，生长激素促进蛋白质合成的作用，也必须在胰岛素存在的情况下才能表现出来。因此，对人体的生长来说，胰岛素也是不可缺少的激素之一。

2. 胰岛素分泌的调节

（1）血糖浓度：血糖浓度是调节胰岛素分泌的最重要因素。胰岛 B 细胞对血糖水平的变化十分敏感，血糖升高可直接刺激 B 细胞，使胰岛素分泌增多；相反，血糖降低则可抑制胰岛素的分泌，从而维持血糖正常水平的相对稳定。

（2）激素作用：促胃液素、缩胆囊素和抑胃肽等胃肠激素对胰岛素的分泌都有一定的促进作用。胰高血糖素在胰岛内既可通过旁分泌直接刺激 B 细胞分泌胰岛素，入血后又可通过提高血糖浓度而间接促进胰岛素的分泌。此外，甲状腺激素、生长激素、皮质醇、孕酮、雌激素等对胰岛素的分泌也有促进作用，肾上腺素对胰岛素的分泌则有抑制作用。

（3）神经调节：胰岛受迷走神经和交感神经支配。迷走神经兴奋时，既可直接促进胰岛素分泌，又可通过胃肠激素间接促进胰岛素分泌；交感神经兴奋则抑制胰岛素分泌。

（二）胰高血糖素

胰高血糖素是促进机体分解代谢的激素。

1. 胰高血糖素的生理作用　胰高血糖素促进肝糖原分解及糖异生的作用极强，使血糖升高的效应非常明显。它还能活化脂肪中的脂肪酶，促进储存脂肪的分解和脂肪酸的氧化，使血液酮体增多。胰高血糖素对蛋白质也有促进分解和抑制合成的作用。

2. 胰高血糖素分泌的调节　血糖浓度也是调节胰高血糖素分泌的主要因素。血糖降低时，可促进胰高血糖素分泌；反之，血糖升高时，胰高血糖素分泌减少。迷走神经兴奋抑制其分泌，交感神经兴奋促进其分泌。此外，因胰岛素可降低血糖，故可间接促进胰高血糖素的分泌。

（任衍开　刘长金）

第十一节　生　　殖

一、男性生殖

（一）睾丸的功能

1. 睾丸的生精功能　曲细精管上皮由生精细胞和支持细胞构成，是精子发生和发育成熟的场所。原始的生精细胞紧贴于曲细精管的基膜上，称为精原细胞。从青春期开始，精原细胞开始发育成精子。精子生成的过程为：精原细胞→次级精母细胞→精子细胞→精子。整个生精过程大约需两个半月。成人

1g 睾丸组织每天可生成上千万个精子，这些精子即使不排出体外，也会老化、死亡，最后被酶消化掉。

新生的精子可储存于附睾、输精管等处，在附睾内逐渐获得运动的能力。在性活动中，通过输精管的蠕动把精子运送至尿道。精子与附睾、精囊腺、前列腺和尿道球腺的分泌物混合形成精液。正常男子每次射出精液 3～6mL，每毫升精液含精子 2000 万～4 亿个，少于 2000 万的则不易使卵子受精。

精子的生成需要适宜的温度，阴囊内温度较腹腔内温度低 2℃左右，适于精子的生成。在胚胎发育阶段如因某种原因，睾丸未能下降至阴囊内，停留在腹腔或腹股沟内的则称为隐睾症。其将影响精子的生成，是男性不育的原因之一。

支持细胞为各级生殖细胞提供营养，并起着保护与支持作用；支持细胞吞噬死亡和受损的细胞，如变性的生精细胞；支持细胞分泌曲细精管液，有利于精子输送；形成血睾屏障，维持生精细胞分化发育微环境的稳态等；支持细胞分泌雄激素结合蛋白（ABP），提高局部雄激素浓度，维持生精。为生精细胞的分化、发育提供合适的微环境。

2. 睾丸的内分泌功能 由睾丸间质细胞分泌的雄激素主要是睾酮。睾酮有以下生理作用。

（1）影响胚胎分化：雄激素可诱导含 Y 染色体的胚胎向男性分化，促进内生殖器的发育。

（2）维持生精作用：睾酮自分泌后进入支持细胞并转变为双氢睾酮，随后进入生精小管，促进生精细胞的分化和精子的生成过程。

（3）对附性器官、副性征和性欲的影响：睾酮能刺激附性器官的生长发育，也能促进男性副性征的出现并维持在正常状态，以及维持正常性欲。

（4）对代谢的影响：睾酮能促进蛋白质的合成，特别是促进肌肉和生殖器官的蛋白质合成，同时还具有促进骨骼生长，钙、磷沉积及红细胞生成等作用。

（二）睾丸内分泌功能的调节

1. 下丘脑-垂体对睾丸活动的调节 下丘脑分泌的 GnRH 可促进腺垂体合成与分泌 FSH 与 LH。腺垂体分泌的 LH 可促进间质细胞合成与分泌睾酮，腺垂体分泌的 FSH 具有增强 LH 刺激睾酮分泌的作用，两者有协同作用。其机制可能与 FSH 使 LH 受体的数量增加及受体对 LH 的亲和力增强有关。

2. 睾丸激素对下丘脑-腺垂体的反馈调节 睾丸分泌的雄激素（主要为睾酮）可负反馈抑制 GnRH 和 LH 的合成和分泌，而对 FSH 分泌无影响。睾丸分泌的抑制素可负反馈抑制 FSH 的合成和分泌，而对 LH 的分泌无影响。

3. 睾丸内的局部调节 睾丸曲细精管支持细胞内存在芳香化酶，可把睾酮转化为雌二醇，使睾酮的合成减少。

二、女性生殖

（一）雌激素和孕激素的生理作用

卵巢主要分泌的是雌激素和孕激素，此外，还分泌少量雄激素和多种肽类激素。卵泡期主要由颗粒细胞和内膜细胞分泌雌激素，而黄体期则由黄体细胞分泌孕激素和雌激素。人类的雌激素中以雌二醇的生物活性最强，孕激素以孕酮的活性最强。

1. 雌激素的生理作用

（1）促进女性生殖器官的发育：雌激素可协同 FSH 促进卵泡发育、成熟，诱导排卵前 LH 峰的出现而诱发排卵；促进子宫的发育，使子宫内膜发生增生期变化，增加子宫颈黏液的分泌；促进输卵管上皮的增生、分泌及输卵管运动，有利于精子与卵子的运行；还可使阴道黏膜上皮细胞增生、角化，糖原含量增加，使阴道分泌物呈酸性而增强阴道的抗菌能力。

（2）促进女性第二性征和性欲的产生：雌激素可促进乳房发育，刺激乳腺导管和结缔组织增生，产生乳晕；也可使脂肪沉积于乳房、臀部等部位，毛发呈女性分布，音调较高，出现并维持女性第二性征。

（3）代谢的影响：雌激素对蛋白质、脂肪、骨和盐水代谢都能产生影响，可促进生殖器官的细胞增殖分化，加速蛋白质的合成，促进生长发育；降低血浆低密度脂蛋白而增加高密度脂蛋白含量，有一定的抗动脉硬化作用；增强成骨细胞活动和钙磷沉积，促进骨的成熟和骨骺愈合；高浓度的雌激素可因醛固酮分泌增多而导致钠、水潴留。

2. 孕酮的生理作用

（1）调节腺垂体激素的分泌：排卵前，孕酮可协调雌激素诱发 LH 分泌出现高峰，而排卵后则对腺垂体促性腺激素的分泌起负反馈调节作用。

（2）影响生殖器官的生长发育和功能活动：孕酮可使增生期子宫内膜进一步增厚，并进入分泌期，为受精卵的生存和着床提供适宜环境；能降低子宫平滑肌细胞膜的兴奋性，抑制母体对胎儿的排斥反应，以及降低子宫肌对缩宫素的敏感性，有利于安宫保胎。

（3）促进乳腺腺泡的发育：在雌激素作用的基础上，孕酮可促进乳腺腺泡发育成熟，并与缩宫素等激素一起为分娩后泌乳做好准备。

（4）升高女性基础体温：育龄期女性的基础体温在卵泡期较低，排卵日最低，排卵后在孕酮的作用下升高，直至下次月经来临。

（二）卵巢和子宫内膜周期性变化的激素调节

1. 卵泡期　卵泡早期，卵巢中有 15～20 个原始卵泡同时开始发育，此时血中雌激素和孕激素处于低水平，反馈抑制下丘脑和垂体的作用较弱，血中 GnRH、FSH 和 LH 浓度逐渐上升。继而，在 FSH 的作用下，卵泡不断发育成熟，分泌雌激素逐渐增多。子宫内膜则在雌激素作用下进入增生期。子宫内膜在前一周期因月经出血而变薄的基础上修复增生，包括血管和腺体增生，使内膜不断增厚，螺旋动脉生长并弯曲，但腺体尚不分泌。当雌激素分泌达到一定水平时，它与抑制素一起负反馈抑制下丘脑和腺垂体，使 GnRH 和 FSH 分泌减少。由于抑制素可选择性抑制 FSH，而不抑制 LH，故血中 FSH 有所下降，使多数卵泡停止发育。唯有一个发育较大的优势卵泡分泌雌激素较多，可使卵泡摄取更多的 FSH，继续发育形成成熟卵泡，并分泌雌激素，致使血中雌激素浓度持续升高。至排卵前一天，血中雌激素浓度达到顶峰。此时，高浓度的雌激素对下丘脑不起负反馈作用，反而起正反馈作用，使 GnRH 分泌增多，刺激 LH 和 FSH 分泌，以 LH 的分泌增加更明显，形成 LH 峰。

2. 排卵　出现 LH 峰时，高浓度的 LH 可消除卵母细胞成熟抑制因子（OMI）的抑制作用，使停止分裂的初级卵母细胞恢复分裂。LH 峰还可促进卵泡细胞分泌孕酮和前列腺素，促使溶酶体的生成，使基膜溶解，并激活纤溶酶、胶原酶、蛋白水解酶及透明质酸酶等。使卵泡膜溶解破裂，卵泡壁肌样细胞收缩，卵细胞与所附着的透明带、放射冠排入腹腔，这一过程称为排卵。

3. 黄体期　排卵后残余的卵泡转变为黄体，卵巢由此进入黄体期，而子宫内膜则进入分泌期。在 LH 的作用下，黄体细胞分泌大量孕激素与雌激素，形成月经周期中雌激素分泌的第二高峰。雌激素能使黄体细胞上 LH 受体数量增多，促进黄体分泌孕激素，在排卵后 5～10 天血中孕激素水平出现高峰，以后降低。在月经周期中，孕激素分泌仅出现一次高峰。由于高浓度的雌激素与孕激素可抑制下丘脑和腺垂体的分泌，因此黄体期 LH 和 FSH 一直处于较低水平。子宫内膜在雌激素和孕激素的刺激下继续增厚，腺体和血管进一步生长弯曲，腺体在孕激素作用下分泌含有糖原的黏液，为受精卵的植入提供适宜环境。若卵子未受精，黄体的寿命仅 12～15 天，在黄体萎缩和溶解后，血中雌激素和孕激素水平显著下降。由于子宫内膜缺乏性激素的支持，子宫内膜中螺旋动脉收缩、痉挛、断裂，造成子宫内膜缺血、缺氧，子宫内膜的功能层失去营养而剥离、出血，经阴道流出，便进入月经期，卵巢也进入下一周期。若卵子受精，在受精后第 6 天左右，胚泡滋养层细胞即开始分泌人绒毛膜促性腺激素（hCG）。hCG 的分泌在妊娠第 8～10 周时达到高峰，以后逐渐降低，到妊娠第 20 周左右降至较低水平，并一直维持到妊娠末期。hCG 可延长黄体寿命，并使之转化为妊娠黄体，以维持妊娠。此后不再出现卵巢和子宫内膜的周期性变化，直至分娩。

（李东亮）

第三章 免 疫 学

第一节　免疫学概述

医学免疫学（medical immunology）是研究人体免疫系统的组成、功能、免疫应答规律、免疫应答产物、免疫相关疾病的发病机制及免疫诊断和防治的一门学科。随着人类对于免疫系统本身，以及免疫应答、免疫耐受物质基础与理论规律认识的不断深化，发现机体免疫功能正常与否在人类健康的维护、重大疾病发生发展机制研究与防治措施制订中发挥着重要作用。

一、基本概念

免疫（immunity）是生物体的免疫系统对“非已”与“自己”成分的识别与应答，排除外源性异物，维持自身耐受，以维持内环境稳定的一种生理功能。在正常情况下，对机体是有利的，但在某些情况下，过强或过弱的免疫应答会导致过敏性疾病、严重的感染及自身免疫性疾病。

二、免疫系统的组成

免疫系统（immune system）是机体产生免疫功能的物质结构基础。免疫系统由免疫器官、免疫细胞和免疫分子组成。

免疫器官按其发生和功能不同，可分为中枢免疫器官和外周免疫器官，二者通过血液循环及淋巴循环相互联系。

免疫细胞包括固有免疫的组成细胞（如吞噬细胞、树突状细胞、NK 细胞、NKT 细胞等）和适应性免疫应答细胞（T 淋巴细胞和 B 淋巴细胞）。

免疫分子包括膜型分子（如 TCR、BCR、CD 分子、黏附分子、MHC 分子和细胞因子受体）和分泌型分子（如免疫球蛋白、补体和细胞因子）。

三、固有免疫和适应性免疫

机体的免疫可分为固有免疫和适应性免疫两类。

（一）固有免疫

固有免疫（innate immunity）也称**非特异性免疫**（non-specific immunity）或**天然免疫**（natural immunity），是种系长期进化过程中逐渐形成的，是机体防御感染的第一道防线。其特点是：个体出生时即具备，作用范围广，并非针对特定抗原。

（二）适应性免疫

适应性免疫（adaptive immunity）也称**特异性免疫**（specific immunity）或**获得性免疫**（acquired immunity），为个体接触特定抗原而产生，仅针对该特定抗原而发生反应。其特点是：后天接触抗原而获得，具有特异性和记忆性。

四、免疫系统的主要功能

免疫系统的主要功能是指机体免疫系统在识别和排除抗原性异物过程中所发挥的各种生物学效应。其对机体的影响具有双重性，正常情况下，免疫功能维持机体内环境的平衡与稳定，对机体是有利的；异常情况下，可导致某些病理过程的发生和发展。概括起来，免疫具有如下功能。

1. 免疫防御（immune defense） 防止外界病原体的入侵和清除已入侵病原体及其他有害物质。如果免疫防御功能过低或缺陷，机体易发生反复感染或免疫缺陷病；如果防御功能过强可引起超敏反应。

2. 免疫稳定（immune homeostasis） 是机体免疫系统维持内环境稳定的一种生理功能。正常情况下，免疫系统能及时清除体内损伤、衰老或死亡的细胞或抗原抗体复合物，而对自身组织成分不发生免疫应答，处于免疫耐受状态。如果此功能失调，则可出现自身免疫病。

3. 免疫监视（immune surveillance） 是机体免疫系统及时识别、清除体内出现的突变细胞和异常的有害细胞的一种生理功能。如果此功能降低或失调，则可发生肿瘤或持续性感染。

（游永鹤）

第二节 抗 原

一、基本概念

抗原（antigen，Ag）指所有能启动、激活和诱导免疫应答的物质，通常指能与T细胞的T细胞受体（TCR）及B细胞的B细胞受体（BCR）结合，促使T、B细胞增殖、分化，产生致敏淋巴细胞或抗体，并与之发生特异性结合的物质。

抗原的两个重要特性是**免疫原性**（immunogenicity）和**免疫反应性**（immunoreactivity）。免疫原性，即抗原刺激机体产生免疫应答，诱生抗体或致敏淋巴细胞的能力；免疫反应性，即抗原与其所诱生的抗体或致敏淋巴细胞有特异性结合的能力。

变应原（allergen）指能诱导变态反应的抗原；**耐受原**（tolerogen）指可诱导机体产生免疫耐受的抗原。

共同抗原表位（common epitope）指不同抗原之间含有的相同或相似的抗原表位，也称共同抗原。抗体或致敏淋巴细胞对具有相同和相似表位的不同抗原的反应，称为**交叉反应**（cross reaction）。共同抗原的存在和交叉反应的发生并非否定抗原的特异性，而是由抗原的异质性和共同抗原表位所致。

抗原分子中决定抗原特异性的特殊化学基团，称为抗原表位（epitope），又称**抗原决定基**（antigenic determinant）。它是与TCR、BCR及抗体特异性结合的基本结构单位，通常由5～17个氨基酸残基或5～7个多糖残基或核苷酸组成。根据抗原表位的结构特点，可将其分为由连续性、线性排列的短肽构成的**顺序表位**（sequential epitope），由短肽或多糖残基在序列上不连续性排列、在空间上形成特定构象的**构象表位**（conformational epitope）。T细胞仅识别由抗原提呈细胞加工提呈的线性表位，而B细胞则可识别线性或构象表位。因此，可根据T、B细胞所识别的抗原表位的不同，将其分为T细胞抗原表位和B细胞抗原表位。B细胞抗原表位多位于抗原表面，可直接刺激B细胞；T细胞抗原表位可存在于抗原物质的任何部位（表3-1）。

表3-1 T细胞抗原表位和B细胞抗原表位特性的比较

比较项目	T细胞抗原表位	B细胞抗原表位
识别表位受体	TCR	BCR
MHC分子参与	必需	无需
表位性质	主要是线性多肽	天然多肽、多糖、脂多糖、有机化合物

续表

比较项目	T 细胞抗原表位	B 细胞抗原表位
表位大小	8～12 个氨基酸（$CD8^+$T 细胞），12～17 个氨基酸（$CD4^+$T 细胞）	5～17 个氨基酸，或 5～7 个单糖、核苷酸
表位类型	线性表位	构象表位或线性表位
表位位置	抗原分子任意部位	抗原分子表面

二、抗原的分类

（一）完全抗原和半抗原

1. 完全抗原（complete antigen）　同时具有免疫原性和免疫反应性，能够被免疫识别受体（TCR 或 BCR）识别并有效诱导适应性免疫应答的物质。

2. 半抗原（hapten）　又称为**不完全抗原**（incomplete antigen），指某些单独不能诱导免疫应答，但当与大分子蛋白质或非抗原性的多聚赖氨酸等载体（carrier）交联或结合后可获得免疫原性，诱导免疫应答并可与应答效应产物结合的小分子物质。例如，许多小分子化合物及药物属半抗原，其与血清蛋白结合可成为完全抗原，并介导变态反应（即超敏反应，如青霉素过敏）。

（二）胸腺依赖性抗原和胸腺非依赖性抗原

1. 胸腺依赖性抗原（thymus dependent antigen，TD-Ag）　又称 T 细胞依赖性抗原，此类抗原刺激 B 细胞产生抗体时依赖于 T 细胞的辅助。绝大多数蛋白质抗原如病原微生物、血细胞、血清蛋白等均属 TD-Ag。先天性胸腺缺陷和后天性 T 细胞功能缺陷的个体，TD-Ag 诱导其产生抗体的能力明显低下。

2. 胸腺非依赖性抗原（thymus independent antigen，TI-Ag）　又称 T 细胞非依赖性抗原，与 TD-Ag 不同，该类抗原刺激机体产生抗体时无需 T 细胞的辅助。TI-Ag 可分为 TI-1 抗原和 TI-2 抗原：前者具有激活多克隆 B 细胞的作用，如细菌脂多糖（LPS）等，可刺激成熟或未成熟 B 细胞产生应答；后者表面含多个重复 B 细胞表位，仅能刺激成熟 B 细胞发生应答，如肺炎球菌荚膜多糖、聚合鞭毛素等。婴儿和新生动物 B 细胞发育不成熟，故对 TI-2 抗原不应答或低应答，但对 TI-1 抗原仍能应答。TD-Ag 与 TI-Ag 的比较详见表 3-2。

表 3-2　TD-Ag 和 TI-Ag 的比较

项目	TD-Ag	TI-Ag
组成	B 细胞和 T 细胞表位	重复 B 细胞表位
T 细胞辅助	必需	无需
免疫应答类型	体液免疫和细胞免疫	体液免疫
抗体类型	多种	IgM
免疫记忆	有	无

（三）异嗜性抗原、异种抗原、同种异型抗原、自身抗原和独特型抗原

1. 异嗜性抗原（heterophilic antigen）　又称 Forssman 抗原，是一类与种属无关，存在于人、动物及微生物之间的共同抗原。例如，溶血性链球菌细胞膜与人肾小球基底膜及心肌组织；大肠杆菌 O_{14} 型脂多糖与人结肠黏膜。

2. 异种抗原（xenogenic antigen）　指来自于另一物种的抗原性物质。例如，病原微生物及其产物、植物蛋白、用于治疗目的的动物抗血清及异种器官移植物等，对人而言均为异种抗原。

3. 同种异型抗原（allogenic antigen）　也称同种抗原或同种异体抗原，指同一种属不同个体间所存在的抗原。常见的人类同种异型抗原有血型（红细胞）抗原和主要组织相容性抗原（人主要为 HLA）。

血型抗原有40余种抗原系统，主要有ABO系统和Rh系统。HLA是人体最为复杂的同种异型抗原。另外，同一种属不同个体的同类免疫球蛋白也存在抗原性的差异，即免疫球蛋白的同种异型（allotype）。

4. 自身抗原（autoantigen）　指表达于宿主自身组织的抗原。在正常情况下，机体对自身组织细胞不会产生免疫应答（即自身耐受），但是在感染、外伤、服用某些药物等影响下，使免疫隔离部位的抗原释放，或改变和修饰了的自身组织细胞，可诱发对自身成分的免疫应答，这些可诱导特异性免疫应答的自身成分称为自身抗原。

5. 独特型抗原（idiotypic antigen）　存在于TCR及BCR或Ig的V区所具有的独特的氨基酸顺序和空间构象，可诱导机体产生相应的特异性抗体，这些独特的氨基酸序列称为独特型抗原。所诱生的抗体（即抗抗体，或称Ab2）称抗独特型抗体（AId），可以调节免疫应答。

（四）超抗原

超抗原（superantigen，SAg）指某些抗原物质，只需要极低浓度（1～10ng/mL）即可激活2%～20% T细胞克隆，产生极强的免疫应答。与普通蛋白质抗原不同，SAg的一端可直接与TCR-Vβ链CDR3外侧区域结合，以完整蛋白的形式激活T细胞，另一端和抗原提呈细胞表面的MHCⅡ类分子的抗原结合槽外部结合，因而SAg不涉及Vβ的CDR3及TCRα的识别，不受MHC的限制。SAg所诱导的T细胞应答，其效应并非针对超抗原本身，而是通过分泌大量的细胞因子而参与某些病理生理过程的发生与发展。因此，超抗原实际为一类多克隆激活剂。

SAg主要有外源性超抗原和内源性超抗原两类。前者如金黄色葡萄球菌肠毒素A～E（staphylococcus enterotoxin A～E，SEA～SEE）；后者如小鼠乳腺肿瘤病毒蛋白，它在细胞表面表达，作为次要淋巴细胞刺激抗原（minor lymphocyte stimulating antigen，MLS），刺激T细胞增殖。近年也发现有作用于γδT细胞的超抗原如热休克蛋白（heat shock protein，HSP），以及B细胞超抗原如金黄色葡萄球菌蛋白A（staphylococcus protein A，SPA）和人类免疫缺陷病毒（human immunodeficiency virus，HIV）gp120。它们活化γδT细胞和B细胞的机制目前尚不完全清楚。

三、佐剂

佐剂（adjuvant）指预先或与抗原同时注入体内，可增强机体对抗原的免疫应答或改变免疫应答类型的非特异性免疫增强性物质。

佐剂可分为：生物性佐剂，如卡介苗、脂多糖和细胞因子等；无机化合物，如氢氧化铝；人工合成物，如胞苷酸（polyI：C）；有机物，如矿物油等；脂质体，如免疫刺激复合物（ISCOM）。动物实验中常用的佐剂包括弗氏完全佐剂（FCA）和弗氏不完全佐剂（FIA）。

佐剂的作用机制为：改变抗原物理性状，延缓抗原降解，延长抗原在体内的潴留时间；刺激抗原提呈细胞，增强其对抗原的加工和提呈；刺激淋巴细胞的增殖分化，增强和扩大免疫应答。

（游永鹤）

第三节　免疫器官

一、中枢免疫器官

中枢免疫器官（central immune organ）也称**初级淋巴器官**（primary lymphoid organ），是免疫细胞发生、分化、发育和成熟的场所。人或其他哺乳类动物的中枢免疫器官包括骨髓和胸腺。骨髓是各类免疫细胞如粒细胞、单核细胞、血小板和红细胞等发生、分化、发育和成熟的场所。鸟类的腔上囊（法氏囊）的功能相当于骨髓，是鸟类B细胞分化发育的场所。胸腺是T细胞分化、发育、成熟的场所。

1. 骨髓（bone marrow） 是人和哺乳动物的造血器官，是各类血细胞和免疫细胞发生及成熟的场所，为B细胞分化成熟和体液免疫应答发生的场所。

2. 胸腺（thymus） 是T细胞分化、发育、成熟的场所。胸腺在胚胎早期由双侧第Ⅲ、Ⅳ对咽囊的内胚层分化而来。胸腺是T细胞发育的主要场所；参与调节外周免疫器官和免疫细胞；是T细胞进行阴性选择、形成自身耐受的场所。

二、外周免疫器官

外周免疫器官（peripheral immune organ）也称**次级淋巴器官**（secondary lymphoid organ），是成熟淋巴细胞（T细胞、B细胞）定居的场所，也是初次免疫应答的主要部位。外周免疫器官包括淋巴结、脾和黏膜相关淋巴组织等。

（一）淋巴结

人体全身有500～600个**淋巴结**（lymph node），是结构最完备的外周免疫器官，伴随淋巴管道分布于身体浅表的颈部、腋下、腹股沟及内脏器官门部附近和肠系膜等处。淋巴结由被膜和实质两部分组成，实质分为皮质区和髓质区。皮质区是大量T、B细胞聚集的部位，分为浅皮质区和深皮质区。靠近被膜下的是浅皮质区，是B细胞定居的场所，称为**非胸腺依赖区**（thymus-independent area）。在该区内有**初级淋巴滤泡**（primary lymphoid follicle），或称淋巴小结，主要含静止的初始B细胞、巨噬细胞、滤泡树突状细胞。这些细胞受抗原刺激后，淋巴滤泡内出现生发中心（germinal center，GC），称为**次级淋巴样滤泡**（secondary lymphoid follicle），含大量增殖分化的B淋巴母细胞。浅皮质区与髓质区之间的深皮质区又称副皮质区（paracortex），是T细胞定居的场所，称为**胸腺依赖区**（thymus-dependent area）。

（二）脾

脾（spleen）是人体最大的外周免疫器官，具有与淋巴结相似的免疫功能，以及造血、储存血和清除自身衰老损伤细胞及免疫复合物的功能。其可分为被膜和实质，实质由白髓和红髓两部分组成。白髓由密集的淋巴组织构成，包括动脉周围淋巴鞘和淋巴滤泡。动脉周围淋巴鞘主要由T细胞构成，还含有少量的巨噬细胞和树突状细胞。红髓包括皮索和皮窦，皮索为条索状结构，含有大量的巨噬细胞、树突状细胞、B细胞和浆细胞等。白髓与红髓交界的狭窄区域为边缘区，含有大量的巨噬细胞、T细胞和B细胞。

（三）黏膜相关淋巴组织

黏膜相关淋巴组织（mucosal-associated lymphoid tissue，MALT）也称**黏膜免疫系统**（mucosal immune system，MIS），主要指呼吸道、胃肠道及泌尿生殖道黏膜固有层和上皮细胞下散在的无被膜淋巴组织，以及某些带有生发中心的器官化的淋巴组织，如扁桃体、小肠的派氏集合淋巴结（Peyer's patches，PP）及阑尾等。MALT在机体免疫防御机制中发挥重要的作用，是机体重要的黏膜防御屏障，黏膜局部B细胞受到抗原的刺激后产生分泌型IgA（SIgA），SIgA经黏膜上皮细胞分泌至黏膜表面，成为黏膜局部抵御病原微生物感染的主要机制。

（游永鹤）

第四节 免 疫 细 胞

免疫细胞泛指所有参与免疫应答和与免疫应答有关的细胞及其前体细胞。其主要包括造血干细胞、淋巴细胞、抗原提呈细胞、粒细胞等，其中T细胞和B细胞在免疫应答中起核心作用，是免疫活性细胞，分别介导机体的细胞免疫、体液免疫及对肿瘤细胞和病毒感染细胞的杀伤作用等免疫学功能。

一、T 细胞

（一）T 细胞的表面标志

T 细胞表面有许多重要的膜分子，它们具有参与 T 细胞对抗原的识别、活化、增殖分化与效应的功能，也可作为鉴别 T 细胞及其活化状态的表面标志。

1. TCR-CD3 复合物　T 细胞受体（T cell receptor，TCR）与 CD3 分子以非共价键结合，形成 TCR-CD3 复合物，存在于所有成熟的 T 细胞表面，是 T 细胞特异性识别各种抗原的物质基础，TCR 识别抗原所产生的活化信号由 CD3 分子转导至细胞内。

2. CD4 和 CD8 分子　分子成熟的 T 细胞一般只表达 CD4 或 CD8 分子，即 $CD4^+$T 细胞或 $CD8^+$T 细胞。CD4 和 CD8 分子分别与 MHC Ⅱ类和 MHC Ⅰ类分子结合，可增强 T 细胞与抗原提呈细胞或靶细胞之间的相互作用并辅助 TCR 识别抗原。

3. 共刺激分子（co-stimulating molecule）　又称协同刺激分子，是介导与调控 T 细胞活化的关键分子，种类众多。

（1）CD2：又称**淋巴细胞功能相关抗原-2**（lymphocyte function associated antigen-2，LFA-2）或绵羊红细胞（SRBC）受体，为跨膜单链分子，表达于 95%成熟 T 细胞，介导 T 细胞与 APC 之间的黏附并为 T 细胞提供活化辅助信号。

（2）CD28：表达于 T 细胞表面，与表达于 APC 表面的 B7 分子结合，提供 T 细胞活化的第二信号。

（3）CTLA-4：表达于活化的 T 细胞表面，与 B7 分子结合提供抑制信号，下调或终止 T 细胞的活化。

（4）CD40L（CD154）：为 CD40 配体，表达于活化 T 细胞表面的糖蛋白，与表达于 APC 上的 CD40 结合，促进 APC 活化，同时促进 T 细胞活化。同时 CD40L 与 B 细胞表面 CD40 分子结合，可为 B 细胞活化提供协同刺激信号。

（5）ICOS（inducible costimulator）：诱导性共刺激分子，表达于活化 T 细胞，配体为 ICOSL。

（6）PD-1（programmed death 1）：表达于活化的 T 细胞，调控其活化过程。

（7）细胞因子受体：T 细胞表面表达多种细胞因子受体，如 IL-1R、IL-2R、IL-4R、IL-6R、IL-7R、IL-12R 及 IFN-γR 等。细胞因子通过与 T 细胞表面的细胞因子受体结合而调节 T 细胞的活化、增殖和分化。

（8）MHC 抗原：所有 T 细胞均表达 MHC Ⅰ类分子，受抗原刺激活化后的 T 细胞也可表达 MHC Ⅱ类分子。

（二）TCR 复合物的组成

1. TCR 与免疫识别　TCR 是由两条不同肽链构成的异二聚体，分为 TCR-αβ 和 TCR-γδ 两种类型。TCR 分子每条肽链又可分为可变区（V 区）和恒定区（C 区），V 区构成其识别抗原肽-MHC 分子复合物（pMHC）的结构域。TCR 不能直接识别抗原表位，只能特异性地识别抗原提呈细胞或靶细胞表面的 pMHC，而且具有双重识别性，既要识别抗原肽的表位，又要识别自身 MHC 分子的多态性部分。TCR 通过跨膜区与 CD3 分子的跨膜区连接，形成 TCR-CD3 复合体，识别抗原的活化信号经由 CD3 分子转导到 T 细胞胞质内。

2. CD3 与信号转导　CD3 分子由 γ、δ、ε、ζ、η 五种链组成，五链胞质区均含有**免疫受体酪氨酸活化基序**（immuno-receptor tyrosine-based activation motif，ITAM）。该保守序列的酪氨酸残基被酪氨酸蛋白激酶磷酸化后，可募集其他含有 SH2 结构域的酪氨酸蛋白激酶，是 T 细胞活化信号转导的重要机制。

（三）T 细胞亚群及其功能

T 细胞种类繁多，根据所处的分化阶段，T 细胞分为初始 T 细胞（naive T cell）、效应 T 细胞（effector T cell）和记忆性 T 细胞（memory T cell）。根据表达 TCR 的类型，分为 αβT 细胞和 γδT 细胞。根据功能可分为辅助性T细胞（Th）、细胞毒性T细胞和调节性T细胞等。根据表面标志可分为$CD4^+$T细胞和$CD8^+$T细胞。$CD4^+$T细胞可继续分化成为辅助T细胞1（Th1）、辅助T细胞2（Th2）、辅助T细胞17（Th17）等。

1. Th1 主要为对抗细胞内细菌及原虫的免疫反应，其主要分泌IL-2、IFN-γ等细胞因子。一方面，分泌的IFN-γ可增强巨噬细胞介导抗感染免疫，是迟发型超敏反应中的效应细胞。另一方面，IL-2和IFN-γ可促进自然杀伤细胞的杀伤功能，也可协同刺激CTL增殖和分化，促进CTL杀伤肿瘤细胞和病毒感染细胞。

2. Th2 其主要分泌IL-4～IL-6、IL-10等，促进B细胞增殖分化产生抗体，介导体液免疫应答。在变态反应和抗寄生虫感染中发挥重要作用。

3. Th17 通过分泌IL-17参与固有免疫和炎症。

4. 细胞毒性T细胞（cytotoxic T cell，CTL） 也称效应性$CD8^+$ T细胞，可特异性杀伤靶细胞，如病毒感染的组织细胞和肿瘤细胞等。

5. 调节性T细胞（regulatory T cell，Treg） 负责调节机体免疫反应。通常起着维持自身耐受和避免免疫反应过度损伤机体的重要作用。调节性（抑制）T 细胞有很多种，目前研究最活跃的是$CD4^+CD25^+$T细胞。

6. 记忆性T细胞（memory T cell） 在再次免疫应答中起重要作用。记忆性T细胞表达CD45R0和黏附分子（整合素和CD44），存活期长，可达数年。

二、B细胞

B淋巴细胞（B lymphocyte）简称B细胞，由哺乳动物骨髓或鸟类法氏囊中的淋巴样干细胞分化成熟而来。成熟B细胞主要定居于淋巴结浅皮质区的淋巴小结和脾红髓及白髓的淋巴小结内。在外周血中，B细胞约占淋巴细胞总数的20%。B细胞是体内的抗体产生细胞，也是重要的抗原提呈细胞。

（一）B细胞的表面标志

1. BCR复合物 即**B细胞受体**（B cell receptor，BCR）复合物，由识别和结合抗原的膜免疫球蛋白（mIg）和传递抗原刺激信号的Igα（CD79a）/Igβ（CD79b）异二聚体组成。mIg是B细胞的特征标志，特异性结合抗原，但mIg的胞内部分很短，因此mIg不能传递抗原刺激产生的信号，而需要其他辅助分子的参与。Igα/Igβ有胞外区、穿膜区和相对较长的胞质区。Igα和Igβ的胞内区有ITAM基序，因此作为信号转导分子转导BCR识别抗原后所产生的信号。

2. B细胞共受体（coreceptor） 是B细胞表面的CD19、CD21、CD81非共价相连，形成B细胞特异的多分子活化辅助受体，降低抗原激活B细胞的阈值，明显增强B细胞对抗原刺激的敏感性。CD21即CR2，也为C3d受体，C3d是补体活化后的片段。CD19传递活化信号。CD81分子为4次跨膜分子，其主要作用是连接CD19和CD21，稳定CD19/CD21/CD81复合物。此外，CD21也是B细胞上的EB病毒受体。

3. CD40 CD40组成性地表达于成熟B细胞，CD40的配体CD40L（CD154）表达于活化T细胞表面。CD40与CD40L的结合提供B细胞活化的第二个信号。

4. CD80和CD86 CD80（B7-1）和CD86（B7-2）在活化B细胞表达增强，其相应的受体是T细胞表面的CD28和CTLA-4，为T细胞的活化提供协同刺激信号。

5. 其他表面分子 CD20表达于除浆细胞以外的其他各发育阶段的B细胞膜上，可调节B细胞的增殖和分化，是B细胞特异性标志，是治疗性单抗识别的靶分子。除此，B细胞表面还有其他的细胞因子、丝裂原受体、脂多糖受体及细胞因子受体等。

（二）B细胞亚群及其功能

根据表面标志和功能，B细胞可分成B-1细胞和B-2细胞两个亚群。

1. B-1 细胞　B-1 细胞表面表达 CD5，由于发育在先，故称为 B-1 细胞。B-1 细胞占 B 细胞总数的 5%～10%，主要存在于腹膜腔、胸膜腔和肠道固有层。B-1 细胞主要针对属于 TI-2 抗原的多糖类物质，尤其是某些菌体表面共有的多糖抗原（如肺炎链球菌荚膜多糖），可产生低亲和力 IgM 抗体，不发生抗体类别转换，也无免疫记忆，属固有免疫细胞。在肠道抗病原体的黏膜免疫中可能起重要作用。此外，B-1 细胞也能产生针对自身抗原的抗体，与自身免疫病的发生有关。

2. B-2 细胞　即通常所指的 B 细胞，是参与适应性体液免疫应答的主要细胞，产生抗体介导适应性体液免疫应答，作为抗原提呈细胞提呈抗原和发挥免疫调节作用。成熟的 B-2 细胞在抗原刺激和 Th 细胞的辅助下，活化、增殖并最终分化为产生抗体的浆细胞，产生高亲和力的抗体，可发生抗体类别转换，也具有免疫记忆。

三、抗原提呈细胞

（一）基本概念

抗原提呈细胞（antigen presenting cell，APC）是指能摄取加工处理抗原，形成抗原肽- MHC 分子复合物，而后将抗原肽呈递给 T 细胞，使其活化、增殖的一类免疫细胞。在机体的免疫识别、免疫应答及免疫调节中起到非常重要的作用。

（二）抗原提呈细胞的种类

抗原提呈细胞可分为专职抗原提呈细胞和非专职抗原提呈细胞。

1. 专职抗原提呈细胞（professional APC）　包括树突状细胞（DC）、单核-巨噬细胞和 B 细胞，它们组成性表达 MHC Ⅱ类分子、共刺激分子和黏附分子，具有显著的摄取、加工和提呈抗原的功能。

（1）树突状细胞（DC）：机体内提呈功能最强的专职 APC，能够刺激初始 T 细胞，是适应性 T 细胞免疫应答的始动者。根据分化成熟程度的不同可分为非成熟 DC 和成熟 DC。非成熟 DC 主要存在于实体器官及非淋巴组织上皮，其特点是：表达膜受体，有效识别，摄取和加工外源性抗原；低表达 MHC Ⅱ类分子、共刺激分子、黏附分子，故提呈抗原和激发免疫应答能力较弱。在摄取抗原或受到炎症信号（LPS、IL-1β、TNF-α）刺激后，非成熟 DC 分化为成熟 DC，迁移到外周免疫器官，具有许多树突状突起，低表达膜受体，高表达 MHC Ⅱ类分子、共刺激分子和黏附分子，故能有效提呈抗原和激活 T 细胞，启动适应性免疫应答。

（2）单核-巨噬细胞：**单核细胞**（monocyte）来源于骨髓，随血液移行到全身组织器官分化为巨噬细胞（macrophage，MΦ）。巨噬细胞可趋化至感染部位，吞噬和清除病原微生物；可表达多种膜受体（如补体受体、Fc 受体、模式识别受体、清道夫受体等），介导固有免疫应答；可分泌多种细胞因子及炎症介质，介导炎症反应。

（3）B 细胞：体液免疫应答的主要细胞，作为专职 APC 主要以膜受体 BCR 识别结合内化抗原，也可通过胞饮作用摄取抗原，在胞内加工处理抗原后提呈给 Th 细胞，故 B 细胞的抗原提呈对于 Th 细胞的活化具有重要意义。

2. 非专职抗原提呈细胞（non-professional APC）　包括内皮细胞、上皮细胞、成纤维母细胞等，一般不表达或低表达 MHC Ⅱ类分子，但在炎症或某些细胞因子等的作用下，可表达 MHC Ⅱ类分子、共刺激分子和黏附分子，故提呈抗原和激发免疫应答能力较弱。

（三）抗原提呈过程

1. 外源性抗原的提呈　来自细胞外的抗原称为**外源性抗原**（exogenous antigen），包括被吞噬的细胞、细菌、蛋白质抗原等。外源性抗原进入机体后被 APC 所识别、摄取、内化并降解为抗原肽，与 MHC Ⅱ类分子（在内质网合成）结合后表达于细胞表面，供 $CD4^+$T 细胞识别。外源性抗原加工中需要 Ii 链和 HLA-DM 分子的参与。Ii 链与 MHC Ⅱ类分子的转运有关，并通过 CLIP 封闭 MHC Ⅱ类分子的肽结合部位,阻止MHCⅡ类分子在内质网中与内源性抗原肽结合。HLA-DM分子促使CLIP从MHCⅡ类分子肽结合区解离，有利于抗原肽与MHCⅡ类分子结合，最后形成稳定的抗原肽-MHCⅡ类分子复合物，然后转运至APC膜表面，将抗原肽提呈给$CD4^+$ T细胞。

2. 内源性抗原的提呈 来自细胞内的抗原称为**内源性抗原**（endogenous antigen），包括病毒感染的细胞内合成的病毒蛋白、肿瘤细胞内合成的肿瘤抗原和某些细胞内的自身抗原等。内源性抗原在胞内合成后，被胞质中的蛋白酶体（LMP）降解成肽，通过抗原加工相关转运体（TAP1、TAP2）转运进入内质网，与MHCⅠ类分子（在内质网合成）结合成肽-MHCⅠ类复合物，通过高尔基体表达于细胞表面，供$CD8^+$ T细胞识别。

3. 抗原的交叉提呈（cross-presentation） 又称为**交叉致敏**（cross-priming），指MHCⅠ类分子也能提呈外源性抗原，而内源性抗原也能通过MHCⅡ类途径进行提呈，目前认为这种交叉提呈并不是抗原提呈的主要方式。参与抗原交叉提呈的主要有病毒（如疱疹病毒）、细菌（如李斯特菌）和大多数肿瘤等参与的免疫应答。

四、自然杀伤细胞

（一）基本概念

自然杀伤细胞（natural killer cell，NK cell）是机体重要的免疫细胞，非特异性地直接杀伤肿瘤细胞和感染病毒的细胞。

（二）NK细胞的受体

按照其功能可分为活化性受体和抑制性受体。NK细胞不杀伤自身正常细胞，就在于抑制性受体识别自身组织细胞表面HLAⅠ类分子后，启动抑制性信号。NK细胞活化对病毒感染细胞和肿瘤细胞的杀伤在于，活化性受体信号发挥重要作用。

1. 识别HLAⅠ类分子的NK抑制或活化性受体

（1）**杀伤细胞免疫球蛋白样受体**（killer immunoglobulin-like receptor，KIR）：KIR2DL和KIR3DL胞外部分识别自身HLAⅠ类分子，转导抑制信号；KIR2DS和KIR3DS本身不转导信号，但和DAP12结合后，在胞内转导活化信号。

（2）**杀伤细胞凝集素样受体**（killer lectin-like receptor，KLR）：CD94/NKG2A异二聚体，转导抑制信号；CD94/NKG2C异二聚体，转导活化信号。

2. 识别非HLAⅠ分子的活化性受体

（1）NKG2D：识别表达于上皮肿瘤细胞表面的MHCⅠ链相关分子，转导活化信号。

（2）**自然毒性受体**（natural cytotoxicity receptor，NCR）：NK特有的标志和主要的活化性受体，但其识别的配体目前仍不是特别清楚。

（三）NK细胞的功能

通过穿孔素/颗粒酶途径和Fas/FasL途径杀伤靶细胞，也可通过FcγR Ⅲ发挥ADCC效应杀伤靶细胞，在早期抗肿瘤、抗病毒及抗寄生虫感染的免疫应答中发挥重要的作用。

五、其他免疫细胞

（一）巨噬细胞

起源于骨髓干细胞，在骨髓中经前单核细胞分化发育为单核细胞，进入血液，随血流到全身各个组织，进入组织中随即发生形态变化，如肝中的**肝巨噬细胞**（Kupffer cell）、肺中的尘细胞（dust cell）、结缔组织中的**组织细胞**（histocyte）、神经组织中的**小胶质细胞**（microglial cell）、脾和淋巴结中的固定和游走巨噬细胞等。当血液中的单核细胞进入组织转变为巨噬细胞后，一般不再返回血液循环。巨噬细胞在组织中虽有增殖潜能，但很少分裂，主要通过血液中的单核细胞补充。

巨噬细胞的生物学功能：①非特异免疫防御。当外来病原体进入机体后，在激发免疫应答前就可被单核-巨噬细胞吞噬清除，但少数病原体可在其胞内繁殖。②清除外来细胞。③非特异免疫监视。④递呈抗原，即当外来抗原进入机体后，首先由单核-巨噬细胞吞噬、消化，将有效的抗原决定簇和MHCⅡ类分子结合成复合体，这种复合体被T细胞识别，从而激发免疫应答。⑤分泌介质IL-1、干扰素、补体（C1、C4、C2、C3、C5、B因子）等。

（二）中性粒细胞

中性粒细胞（neutrophil）占外周血白细胞总数的50%～70%，为固有免疫系统的重要细胞。人外周血中性粒细胞的正常值是（2.5%～7.5%）$\times 10^9$/L，存活期仅2～3天。中性粒细胞胞质颗粒中含有髓过氧化物酶、酸性磷酸酶、碱性磷酸酶、溶菌酶和防御素等杀菌物质，依靠这些物质吞噬并杀灭病原微生物。

（三）嗜酸性粒细胞

嗜酸性粒细胞（eosinophil）占外周血白细胞总数的1%～6%。病理情况下，嗜酸性粒细胞可浸润到多种组织细胞。嗜酸性粒细胞通过脱颗粒和ADCC作用杀伤病原体，也可通过RNA酶和DNA酶发挥抗病毒如呼吸道合胞病毒作用，还可通过释放介质损伤组织。

（四）嗜碱性粒细胞

嗜碱性粒细胞（basophil）占外周血白细胞总数的0.001%～0.3%，也可出现在有过过敏反应的炎症组织。嗜碱性粒细胞中存在有大量组胺和肝素等介质颗粒。

（五）肥大细胞

肥大细胞（mast cell）定居在多种组织，其形态和功能类似于嗜碱性粒细胞。肥大细胞中含有组胺和肝素等介质颗粒。激活的肥大细胞还可合成释放血栓素、前列腺素-D2、白三烯-C4、血小板激活因子和嗜酸性粒细胞趋化因子等介质。

肥大细胞和嗜碱性粒细胞释放介质可介导Ⅰ型超敏反应性疾病，如过敏性鼻炎、哮喘、湿疹、过敏性结膜炎和全身性过敏反应等。

（游永鹤）

第五节　免疫球蛋白

一、基本概念

免疫球蛋白（immunoglobulin，Ig）是指具有抗体活性或化学结构与抗体相似的球蛋白。免疫球蛋白和抗体二者概念等同，只是描述角度不同。体内的免疫球蛋白以两种形式存在：**分泌型Ig**（secreted Ig，SIg），主要存在于血液及组织液中，为通常所指的抗体；**膜型Ig**（membrane Ig，mIg），构成B细胞表面的抗原受体，活化B细胞，启动特异性体液免疫应答。

抗体（antibody，Ab）是B细胞接受抗原刺激后增殖分化为浆细胞所产生的、能与相应抗原特异性结合的、具有免疫功能的球蛋白，主要存在于血液和组织液等体液中，是介导体液免疫的重要效应分子。

二、免疫球蛋白的结构

（一）免疫球蛋白的基本结构

Ig 基本结构是一“Y”字形四肽链结构，由两条相同的**重链**（heavy chain，H）和两条相同的**轻链**（light chain，L）借二硫键连接组成。重链（H）近氨基端 1/4 或 1/5 区域内的氨基酸、轻链（L）近氨基端 1/2 区域内的氨基酸序列变化大，称为可变区（V 区）。重链和轻链其余部分的氨基酸组成和排列顺序相对稳定，称为恒定区（C 区）。

1. 可变区 重链和轻链的 V 区分别称为 VH 和 VL。VH 和 VL 各有 3 个区域的氨基酸组成和排列顺序高度可变，称为**高变区**（hypervariable region，HVR）或**互补决定区**（complementarity determining region，CDR），分别用 HVR1（CDR1）、HVR2（CDR2）和 HVR3（CDR3）表示，一般 CDR3 变化程度更高。VH 和 VL 的 3 个 CDR 共同构成 Ig 的**抗原结合部位**（antigen-binding site），决定着抗体的特异性，负责识别及结合抗原，从而发挥免疫效应。此外，V 区中除 HVR 之外区域的氨基酸组成和排列顺序相对不易变化，称为**骨架区**（framework region，FR）。

2. 恒定区 重链和轻链的 C 区分别称为 CH 和 CL。不同型（λ 或 κ）Ig，其 CL 的长度基本一致，但不同类 IgCH 的长度不一，IgG、IgA 和 IgD 重链 C 区有 CH1、CH2 和 CH3 三个结构域；IgM 和 IgE 重链 C 区有 CH1、CH2、CH3 和 CH4 四个结构域。同一种属的个体，能产生针对不同抗原的同一类别 Ig，其 V 区各异，但其 C 区氨基酸组成和排列顺序比较恒定，即 C 区的免疫原性相同。例如，针对不同抗原的人 IgG 抗体，它们的 V 区不同，所以只能与相应的抗原发生特异性结合，但 C 区是相同的，均含 γ 链，因此抗人 IgG 抗体（第二抗体）均能与之结合。而针对同一抗原表位的人 IgG 和 IgM 抗体，它们的 V 区是相同的，所以均能与该抗原特异性结合，但 C 区是不同的，分别为 γ 和 μ 链。

3. 铰链区 铰链区（hinge region）位于 CH1 与 CH2 之间，含有丰富的脯氨酸，因此易伸展弯曲，能改变两个结合抗原的 Y 形臂之间的距离，有利于两臂同时结合两个抗原表位。铰链区易被木瓜蛋白酶、胃蛋白酶等水解，产生不同的水解片段。5 类 Ig 或亚类的铰链区不尽相同。例如，IgG1、IgG2、IgG4 和 IgA 的铰链区较短，而 IgG3 和 IgD 的铰链区较长，IgM 和 IgE 无铰链区。

4. 结构域 Ig 分子的两条重链和两条轻链都可折叠为数个球形**结构域**（domain），每个结构域一般具有其独特的功能，故又称为功能区。轻链有 VL 和 CL 两个结构域；IgG、IgA 和 IgD 重链有 VH、CH1、CH2 和 CH3 四个结构域；IgM 和 IgE 重链有 VH、CH1、CH2、CH3 和 CH4 五个结构域。每个结构域约由 110 个氨基酸组成。每个结构域的功能为：① VL 和 VH 是抗原结合位点；②CH1 和 CL 上具有 Ig 同种异型遗传标记；③IgG 的 CH2 和 IgM 的 CH3 为补体结合位点所在，参与激活补体；④IgG 的 CH2 介导通过胎盘；⑤CH3、CH4 可与多种细胞的相应 Fc 受体结合，介导免疫细胞的生物学活性。

（二）免疫球蛋白的功能区

Ig 多肽链分子通过反复折叠可形成数个球形结构，这些球形结构具有不同的生物学作用，称为 Ig 的功能区。轻链有 VL 和 CL 两个功能区；IgA、IgG、IgD 重链有 VH、CH1、CH2 和 CH3 四个功能区；IgM 和 IgE 重链恒定区有四个功能区，即多一个 CH4 功能区。各区主要功能如下：VH 和 VL 是与抗原决定簇特异性结合的部位；CH1 和 CL 为 Ig 同种异型的遗传标志所在处；IgG 的 CH2 和 IgM 的 CH3 是补体（C1q）的结合部位，参与补体激活；IgG 的 CH2 穿越胎盘屏障；IgG 的 CH2/CH3 和 IgE 的 CH4 有亲细胞活性，能与具有 Fc 受体的组织细胞结合，产生调理作用、ADCC 作用或引发 I 型超敏反应。

（三）免疫球蛋白的酶解片段

用木瓜蛋白酶水解 IgG 分子，可将其裂解为三个片段，即两个完全相同的抗原结合片段（Fab）和一个可结晶片段（Fc）。用胃蛋白酶水解 IgG 分子，可将其裂解为抗原结合片段 F（ab′）2 段和若干无活性小分子多肽片段，称为 pFc′。

（四）免疫球蛋白的其他成分

Ig 除轻链和重链外，某些类型的 Ig 还含有其他辅助成分，分别是 J 链和分泌片（SP）。J 链是一富含半胱氨酸的多肽链，由浆细胞合成，主要功能是连接单体 Ig 分子使其成为多聚体。例如，SIgA 的二聚体和 IgM 的五聚体均含 J 链；IgG、IgD 和 IgE 常为单体，不含 J 链。SP 又称分泌成分（SC），是 SIgA 的一个辅助成分。SP 是由黏膜上皮细胞合成和分泌一含糖肽链，以非共价形式结合于 IgA 二聚体上，使其成为分泌型 IgA（SIgA）。SP 的作用是使 IgA 分泌到黏膜表面，行使黏膜的免疫作用，同时 SP 还可保护 SIgA 的绞链区，使其免受蛋白水解酶的降解。

三、免疫球蛋白的类型

同种型（isotype）是指同一种属所有正常个体免疫球蛋白分子共同的抗原特异性结构。Ig 同种型抗原特异性因种而异。同种型抗原决定簇存在于 Ig 恒定区，根据 Ig 重链恒定区同种型抗原决定簇的不同，可将 Ig 分为若干类和亚类；而根据轻 Ig 链恒定区同种型抗原决定簇的不同，可将 Ig 分为型和亚型。具体如下。

1. 类和亚类　根据 Ig 重链恒定区肽链抗原特异性的不同，可将 Ig 分为 IgG、IgA、IgM、IgD、IgE 五类。这 5 类 Ig 的重链分别以希腊字母 γ、α、μ、δ 和 ε 表示。同一类 Ig 因其重链恒定区内肽链抗原特异性仍有某些差异，又可将其分为若干亚类。目前发现，IgG 有 4 个亚类，即 IgGl、IgG2、IgG3 和 IgG4；IgA 有 IgAl 和 IgA2 两个亚类。

2. 型和亚型　根据轻链恒定区肽链抗原特异性的不同，各类 Ig 可分为 κ 和 λ 两型。由于 λ 型轻链恒定区内氨基酸组成仍有微小差异，因此又可将其分为 λ1、λ2、λ3 和 λ4 四个亚型。

四、免疫球蛋白的功能

1. 免疫球蛋白 V 区的功能

（1）特异性识别、结合抗原表位：由于 Ig 有单体、二聚体和五聚体，因此结合抗原表位的数目也不同。Ig 结合抗原表位的个数称为抗原结合价。

（2）生物学功能：免疫球蛋白的 V 区可结合病原微生物的抗原及其产物，具有中和毒素、阻断病原入侵、清除病原微生物等免疫防御功能。

（3）膜型抗体和 B 细胞受体：BCR 特异性识别并结合抗原分子，介导体液免疫应答。

2. 免疫球蛋白 C 区的功能

（1）激活补体：IgG1～IgG3 和 IgM 与相应抗原结合后，可因构型改变而使其 CH2/CH3 功能区内的补体结合点暴露，从而导致补体传统途径激活，产生多种效应功能。IgG4、IgA 和 IgE 与抗原结合后不能激活补体传统途径，但其凝聚物可激活补体旁路途径。

（2）细胞亲嗜性：IgG 与 IgE 抗体具有亲细胞特性，可通过其 Fc 段与表面具有相应受体的细胞结合，产生不同的生物学作用。

（3）调理作用：IgG 与细菌等颗粒性抗原结合后，可通过其 Fc 段与巨噬细胞和中性粒细胞表面相应 IgGFc 受体的结合而促进吞噬细胞对细菌等颗粒抗原的吞噬，此即抗体的调理吞噬作用。

（4）抗体依赖细胞介导的细胞毒作用（ADCC）：IgG 与肿瘤或病毒感染的靶细胞结合后，可通过其 Fc 段与 NK 细胞、吞噬细胞和中性粒细胞表面相应 IgGFc 受体的结合，增强 NK 细胞和触发吞噬细胞对靶细胞的杀伤破坏作用，即产生 ADCC 效应。

（5）介导 Ⅰ 型超敏反应：IgE 为亲细胞抗体，可通过其 Fc 段与肥大细胞和嗜碱性粒细胞表面相应 IgEFc 受体结合，而使上述免疫细胞处于致敏状态。当相同变应原再次进入机体与致敏靶细胞表面特异性 IgE 结合时，即可使之脱颗粒，释放组胺等生物活性介质引起 Ⅰ 型超敏反应。

（6）穿过胎盘：IgG 可选择性与胎盘母体一侧滋养层细胞表面的新生 Fc 受体结合，转移至滋养层细胞内，进入胎儿血循环。

（7）参与黏膜免疫：SIgA 可穿越黏膜上皮抵达呼吸道、消化道，是参与黏膜局部免疫的主要因子。

五、各类免疫球蛋白的特性和功能

（一）IgG 的特性和功能

（1）IgG 于出生后 3 个月开始合成，3～5 岁接近成人水平，是血清和胞外液中含量最高的 Ig，占血清总 Ig 的 75%～80%。

（2）人 IgG 有 4 个亚类，分别为 IgG1、IgG2、IgG3、IgG4。IgG 半衰期为 20～23 天，是再次免疫应答产生的主要抗体。其亲和力高，在体内分布广泛，具有重要的免疫效应，是机体抗感染的“主力军”。

（3）IgG1、IgG3、IgG4 可穿过胎盘屏障，在新生儿抗感染免疫中起重要作用。

（4）IgG1、IgG2 和 IgG3 的 CH2 能通过经典途径活化补体，并可与巨噬细胞、NK 细胞表面 Fc 受体结合，发挥调理作用、ADCC 作用等。

（5）人 IgG1、IgG2 和 IgG4 可通过其 Fc 段与葡萄球菌蛋白 A（SPA）结合，可纯化抗体，并用于免疫诊断。某些自身抗体如抗甲状腺球蛋白抗体、抗核抗体，以及引起Ⅱ、Ⅲ型超敏反应的抗体也属于 IgG。

（二）IgM 的特性和功能

（1）IgM 占血清免疫球蛋白总量的 5%～10%，血清浓度约为 1mg/mL。

（2）单体 IgM 以膜结合型（mIgM）表达于 B 细胞表面，构成 B 细胞抗原受体（BCR）；分泌型 IgM 为五聚体，是分子质量最大的 Ig，沉降系数为 19S，称为**巨球蛋白**（macroglobulin），一般不能通过血管壁，主要存在于血液中。

（3）五聚体 IgM 含 10 个 Fab 段，具有很强的抗原结合能力；含 5 个 Fc 段，比 IgG 更易激活补体。天然的血型抗体为 IgM，血型不符的输血，可致严重溶血反应。

（4）IgM 是个体发育过程中最早合成和分泌的抗体，胚胎发育晚期的胎儿即能产生 IgM，故脐带血 IgM 升高提示胎儿有宫内感染（如风疹病毒或巨细胞病毒等感染）。

（5）IgM 也是初次体液免疫应答中最早出现的抗体，是机体抗感染的“先头部队”；血清中检出 IgM，提示新近发生感染，可用于感染的早期诊断。

（6）膜表面 IgM（mIgM）是 B 细胞抗原受体的主要成分，只表达 mIgM 是未成熟 B 细胞的标志。

（三）IgA 的特性和功能

（1）IgA 分为两型：血清型为单体，主要存在于血清中，仅占血清免疫球蛋白总量的 10%～15%；**分泌型 IgA**（secretory IgA，SIgA）为二聚体，由 J 链连接，含由上皮细胞合成的 SP，经上皮细胞分泌至外分泌液中。

（2）SIgA 合成和分泌的部位是肠道、呼吸道、乳腺、唾液腺和泪腺，因此主要存在于胃肠道和支气管分泌液、初乳、唾液和泪液中。

（3）SIgA 是外分泌液中的主要抗体类别，参与黏膜局部免疫，通过与相应病原微生物（细菌、病毒等）结合，阻止病原体黏附到细胞表面，从而在局部抗感染中发挥重要作用，是机体抗感染的“边防军”。

（4）SIgA 在黏膜表面也有中和毒素的作用。新生儿易患呼吸道、胃肠道感染，可能与 IgA 合成不足有关。婴儿可从母亲初乳中获得 SIgA，是一种重要的自然被动免疫。

（四）IgD 的特性和功能

（1）正常人血清 IgD 浓度很低（约为 30μg/mL），仅占血清免疫球蛋白总量的 0.2%。IgD 可在个体发育的任何时间都产生。

（2）5类Ig中，IgD的铰链区较长，易被蛋白酶水解，故其半衰期很短（仅3天）。

（3）IgD分为两型：血清IgD的生物学功能尚不清楚；膜结合型IgD（mIgD）构成BCR，是B细胞分化发育成熟的标志，未成熟B细胞仅表达mIgM，成熟B细胞可同时表达mIgM和mIgD，称为**初始B细胞**（naive B cell）；活化的B细胞或记忆B细胞表面的mIgD逐渐消失。

（五）IgE的特性和功能

IgE是正常人血清中含量最少的Ig，血清浓度极低，约为5×10^{-5}mg/mL。主要由黏膜下淋巴组织中的浆细胞分泌。IgE的分子质量为160kDa，为亲细胞抗体，其CH2和CH3结构域可与肥大细胞、嗜碱性粒细胞上的高亲和力Fc εRI结合，引起Ⅰ型超敏反应。此外，IgE可能与机体抗寄生虫感染有关。

六、抗体的制备

1. 多克隆抗体（PcAb） 用抗原免疫动物后获得的抗血清即多克隆抗体。天然抗原性物质具有多种抗原决定簇，免疫动物后可刺激多种具有相应抗原受体的B细胞发生免疫应答，产生多种特异性抗体，这些由不同B细胞克隆产生的抗体称为多克隆抗体。

2. 单克隆抗体（McAb） 是由B细胞杂交瘤产生的只识别某一特定抗原决定簇的高度均质、高度专一性的抗体。因为该种抗体是由一个B细胞克隆产生的，故称为单克隆抗体。

3. 人源化抗体 大规模制备单克隆抗体必须应用小鼠体系，其Fc段在人体应用具有很强免疫原性的弊端，所以人源化即将抗体的Fc段由人编码，Fab段（识别抗原）则仍是小鼠体系编码。例如，通过基因工程手段可获得人-鼠嵌合抗体、部分或者全部人源化抗体。

（游永鹤）

第六节 补 体 系 统

一、补体概述

（一）补体的概念

补体（complement，C）是新鲜血清中的一组不耐热成分，活化后具有酶活性，可辅助特异性抗体介导的溶菌作用。补体系统广泛存在于血清、组织液和细胞膜表面，是一个具有精密调控机制的蛋白质反应系统。补体激活后所形成的活化产物具有调理吞噬、溶解细胞、介导炎症、调节免疫应答和清除免疫复合物等生物学功能。补体不仅是机体固有免疫防御的重要部分，也是抗体发挥免疫效应的主要机制之一，并对免疫系统的功能具有调节作用。

（二）补体系统的组成

补体系统由补体固有成分、补体调节蛋白、补体受体等组成。

1. 补体固有成分 指存在于血浆及体液中，构成补体基本组成的蛋白质，包括：①经典激活途径的C1q、C1r、C1s、C4、C2；②旁路激活途径的B因子、D因子和**备解素**（properdin，P因子）；③**甘露糖结合凝集素**（mannan-binding lectin，MBL）激活途径的MBL、MBL相关丝氨酸蛋白酶（MBL-associated serine protease，MASP）；④上述三条途径的共同末端通路形成攻膜复合物（MAC）的共同组分C3、C5～C9。

2. 补体调节蛋白（complement regulatory protein） 存在于血浆中和细胞膜表面，通过调节补体激活途径中关键酶而控制补体活化强度和范围的蛋白质分子，包括血浆中 C1INH、C4bp、H 因子、I 因子、S 蛋白、Sp40/40，以及细胞膜表面的衰变加速因子（DAF）、膜辅助蛋白（MCP）、CD59 等。

3. 补体受体 存在于不同细胞膜表面、能与补体激活过程所形成的活性片段结合、介导多种生物效应的受体，包括 CR1～CR5、C3aR、C5aR、C1qR 等。

二、补体系统的激活

（一）补体活化的经典途径

经典途径指激活物与 C1q 结合，依次活化 C1r、C1s、C4、C2、C3，形成 C3 转化酶（C4b2a）与 C5 转化酶（C4b2a3b），随后激活 C5～C9 的级联酶促反应过程。其又称第一途径，它是抗体介导的体液免疫应答的主要效应方式。

1. 参与的补体成分 参与该途径的补体成分依次为 C1（C1q、C1r、C1s）、C4、C2、C3、C5～C9。C1q 是识别分子，包含 2 个功能区，球蛋白区可识别 IgG、IgM 补体结合位点，C1 以 $Clq(Clr)_2(C1s)_2$ 复合大分子的形式存在于血浆中。C2 血浆浓度很低，是补体活化级联酶促反应的限速步骤。C3 是三条补体激活途径的共同组分。

2. 激活物 激活物主要是与抗原结合的 IgG1～IgG3、IgM 分子。不同 IgG 亚类活化 C1q 的能力由高到低依次为 IgG3 > IgG1 > IgG2，IgG4 无激活经典途径的能力。C1 与**免疫复合物**（immune complex，IC）中抗体分子的 Fc 段结合是经典途径的始动环节。

3. 激活过程 整个激活过程可分为识别和活化两个阶段。

（1）识别阶段：C1q 需与两个以上 Ig Fc 段结合形成桥联，C1q 发生构象改变，使与 C1q 结合的 C1r 活化，活化的 C1r 激活 C1s，后者具有丝氨酸蛋白酶活性。IgM 激活补体的能力要比 IgG 强。

（2）活化阶段：活化的 C1s 依次酶解 C4、C2，形成具有酶活性的 C3 转化酶（C4b2a），后者进一步酶解 C3 形成 C5 转化酶。

在 Mg^{2+}存在的情况下，C1s 使 C4 裂解为 C4a 和 C4b（C4a 释放入液相），C4b 可与胞膜或抗原-抗体复合物结合。在 Mg^{2+}存在的情况下，C2 与 C4b 结合，被 C1s 裂解，产生 C2a 和 C2b（C2b 被释放入液相），作为大片段的 C2a 可与 C4b 形成 C4b2a 复合物，即经典途径的 **C3 转化酶**（C3 convertase），后者使 C3 裂解为 C3a 和 C3b，这是补体活化级联反应的枢纽性步骤。10%左右的 C3b 分子可与 C4b2a 结合，形成 C4b2a3b 复合物，即经典途径的 **C5 转化酶**（C5 convertase），进入共同的末端通路。

4. 攻膜阶段 攻膜复合物（MAC）的形成是补体活化的共同末端效应。三条补体活化途径形成的 C5 转化酶，均可裂解 C5，这是补体级联反应中最后一个酶促步骤。此后的过程仅涉及完整蛋白成分的结合与聚合，形成攻膜复合物。

（1）MAC 的组装：C5 与 C5 转化酶中的 C3b 结合，并被裂解成 C5a 和 C5b。C5a 释放入液相，C5b 依次与 C6、C7 结合，形成 C5b67 复合物，暴露膜结合位点，与附近的细胞膜非特异性结合；结合于膜上的 C5b67 可与 C8 结合，形成 C5b678 复合物，该复合物可牢固地附着于细胞表面与 12～15 个 C9 分子结合，形成 $C5b6789_n$，组成攻膜复合物即 MAC。

（2）MAC 的效应机制：MAC 在胞膜上形成的“渗漏斑”使得小的可溶性分子、离子及水分子可以自由透过细胞膜，导致胞内渗透压降低、细胞溶解。此外，末端补体成分插入胞膜，可能使致死量钙离子被动向胞内弥散，并最终导致细胞死亡。

（二）旁路途径

旁路途径指不依赖于抗体，没有补体成分 C1、C2、C4 参与，而由微生物或外源异物直接激活 C3，由 B 因子、D 因子和备解素参与，形成 C3 转化酶与 C5 转化酶的级联酶促反应过程，又称 C3 途径或替代途径（图 3-1）。

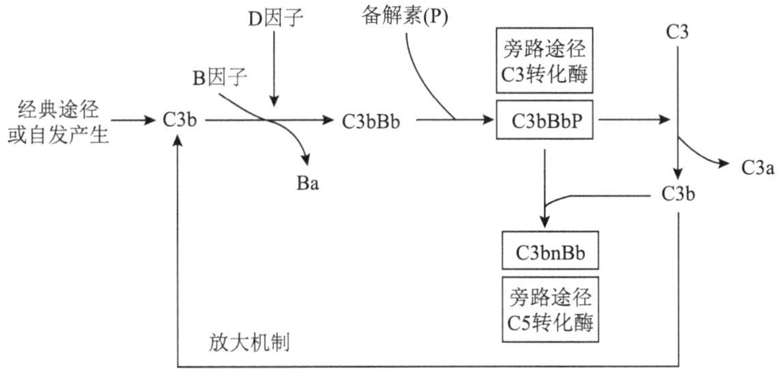

图 3-1 补体旁路途径发生机制

1. 激活物 指某些细菌、内毒素、酵母多糖、葡聚糖、凝聚的 IgA 和 IgG4，以及其他哺乳动物细胞等接触表面。

2. 活化过程 C3 是启动旁路途径并参与其后级联反应的关键分子。生理条件下在经典途径中产生或自发产生的 C3b，若沉积于正常宿主细胞表面，可被宿主细胞膜上的补体调节蛋白迅速灭活，中止反应。若沉积于缺乏补体调节蛋白的物质表面，如微生物（细菌脂多糖）表面，可与 B 因子结合，形成 C3bB。血清中 D 因子继而将结合状态的 B 因子裂解成 Ba 和 Bb。Ba 释放入液相，Bb 仍附着于 C3b，所形成的 C3bBb 即旁路途径 C3 转化酶，其中的 Bb 片段具有丝氨酸蛋白酶活性，可裂解 C3。C3bBb 极不稳定，可被迅速降解。

3. C5 转化酶的形成 血清中备解素与 C3bBb 结合可稳定转化酶，防止其被降解。旁路途径 C3 转化酶水解 C3 生成 C3a 和 C3b，后者沉积于颗粒表面并与 C3bBb 结合形成 C3bBb3b（或称 C3bnBb），即旁路途径的 C5 转化酶，能够裂解 C5，其后的膜攻击过程与经典途径完全相同。

（三）凝集素激活途径

凝集素（MBL）激活补体主要是由血浆中 MBL 直接识别病原微生物表面的 *N*-氨基半乳糖或甘露糖，进而依次活化 MASP1、MASP2、C4、C2、C3，形成 C3 转化酶与 C5 转化酶的级联酶促反应过程。

1. 激活物 指含 *N*-氨基半乳糖或甘露糖的病原微生物。其起始于炎症期产生的蛋白与病原体结合之后，而不是依赖于抗原-抗体复合物的形成。

2. MBL 是一种钙依赖性糖结合蛋白，急性期炎症反应时其水平明显升高。MBL 与 C1q 分子结构类似。在 Ca^{2+}存在的条件下，MBL 可与病原微生物表面的 *N*-氨基半乳糖或甘露糖结合并发生构象改变，导致 MASP 活化。MASP 有两类：①活化的 MASP2 能以类似于 C1s 的方式裂解 C4、C2，形成类似经典途径的 C3 转化酶 Cb2a，进而激活后续补体成分；②活化的 MASP1 直接裂解 C3 生成 C3b，形成旁路途径 C3 转化酶 C3bBb，参与并增强旁路途径的正反馈环路。因此，MBL 途径对补体经典途径和旁路途径活化具有交叉促进作用。

补体的三条激活途径既有共同之处，也有各自特点，见表 3-3 和图 3-2。

表 3-3 补体三条激活途径的比较

项目	经典途径	旁路途径	MBL 途径
主要激活物质	抗原抗体复合物	某些细菌、真菌	甘露糖残基
起始分子	C1q	C3	MASP
参与成分	C1～C9	C3、C5～C9、B 因子、D 因子	C2～C9
C3 转化酶	C4b2a	C3bBb	C4b2a
C5 转化酶	C4b2a3b	C3bBb3b	C4b2a3b

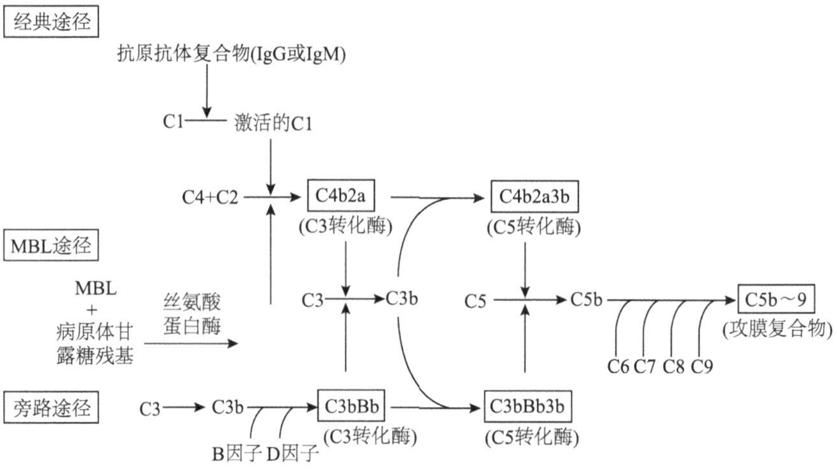

图 3-2 三条补体激活途径的比较

三、补体活化的调节

（一）补体系统的自身衰变调节

补体激活过程中生成的某些中间产物（C2b、C4b 和 C5b）极不稳定，易衰变，成为级联反应的重要自限因素，是补体激活过程中的自控机制之一。

（二）补体调节因子的调控

1. C1 抑制物（C1 inhibitor，C1INH） C1INH 可抑制 C1r/C1s 和 MASP 活性，使之不能裂解 C4 和 C2，从而阻断 C4b2a 形成。

2. C4 结合蛋白（C4 binding protein，C4bp）与补体受体 1（complement receptor 1，CR1） C4bp 是可溶性蛋白，CR1 属膜蛋白，二者均可与 C4b 结合，并完全抑制 C4b 与 C2 结合，从而阻断经典途径 C3 转化酶（即 C4b2a）的组装，并加速其分解。此外，C4bp 和 CR1 还能促进 I 因子对 C4b 的灭活作用。

3. I 因子 I 因子为血浆蛋白，可在其他因子辅助下将 C4b 裂解为 C4c 与 C4d，从而抑制 C4b2a 活性或阻断其形成。I 因子也可降解 C3b。

4. 膜辅助蛋白（membrane cofactor protein，MCP） MCP 为表达于多种组织细胞表面的膜蛋白，可促进 I 因子裂解 C3b。

5. 衰变加速因子（decay accelerating factor，DAF）（CD55） DAF 表达于所有外周血细胞、内皮细胞和各种黏膜上皮细胞表面，可抑制 C3 转化酶形成，还可协同 I 因子加快其分解。

6. CD59 即**膜反应性溶解抑制物**（membrane inhibitor of reactive lysis，MIRL），可阻止 MAC 组装，限制 MAC 对自身或同种细胞的溶破作用。

7. C8 结合蛋白（C8 binding protein，C8bp） 为表达于多种组织细胞和血细胞表面的膜蛋白，能抑制 MAC 组装及其对靶细胞的溶破作用。

8. S 蛋白（S protein，SP） 为血浆蛋白，可阻碍 C5b67 复合物与靶细胞膜结合，从而抑制 MAC 的形成。

四、补体的生物学作用

（一）膜攻击复合物介导的生物学功能

补体激活产生 MAC，插入局部脂双层膜的 MAC 形成跨膜亲水性孔道，使细胞内外渗透压失衡，从而导致靶细胞（被感染的红细胞、血小板和有核细胞）溶解，这种补体介导的细胞溶解是机体抵抗微生物感染的重要防御，有溶细胞、溶菌及溶解病毒作用。

（二）补体活性片段介导的生物学作用

1. 调理作用 补体激活过程中产生的C3b、C4b和iC3b均是重要的调理素，即**血清调理素**（opsonin），它们结合中性粒细胞或巨噬细胞表面相应受体如CR1、CR3和CR4，可促进吞噬细胞的吞噬作用，此称为补体的**调理作用**（opsonization）。

2. 清除循环免疫复合物作用 体内中等分子质量的循环免疫复合物（IC）可沉积于血管壁，通过激活补体而造成周围组织损伤，如可以引起Ⅲ型超敏反应性疾病。补体成分可参与清除循环免疫复合物，称为免疫黏附作用。C3b和C4b与免疫复合物有很强的亲和力，从而降低抗体与抗原的亲和力，同时还能在空间上干扰抗体Fc段间的相互作用，从而能够抑制新免疫复合物的形成。

3. 引起炎症反应 补体活化过程可产生多种具有炎症介质作用的活性片段，如C3a、C5a等。C3a和C5a称为**过敏毒素**（anaphylatoxin），可与肥大细胞或嗜碱性粒细胞表面相应受体结合，触发靶细胞脱颗粒，释放组胺和其他血管活性介质，介导局部炎症反应。C5a还是一种有效的趋化因子。

4. 免疫调节作用 补体不仅在机体早期抗感染免疫机制中发挥重要作用，还参与特异性免疫应答的调节，发挥广泛的生物学作用。例如，B细胞表面的CRⅠ、CRⅡ和BCR，可分别与C3b-Ag-Ab复合物或C3d、C3dg及抗原结合，激活CD19相连的胞质蛋白酪氨酸激酶，使B细胞活化和增殖；补体活化过程中产生的炎症介质C3a、C5a等可趋化、激活免疫细胞，介导炎症，进行免疫调节。

五、补体与临床疾病

（一）补体与疾病的发生

补体成分缺陷，使补体系统不能被激活，导致患者对病原体易感染（脑膜炎奈瑟菌），同时体内IC清除障碍，可引发相关自身免疫系统疾病（系统性红斑狼疮和类风湿性关节炎）等遗传补体缺陷相关疾病和感染性疾病。

补体异常激活参与多种组织器官炎症性疾病的发生、发展，包括肾疾病、呼吸系统疾病、神经系统疾病等炎症性疾病。

补体激活是Ⅱ、Ⅲ型超敏反应性疾病和相关自身免疫性疾病发生的重要机制，致使细胞溶解和组织损伤。

（二）补体与疾病的诊治

补体调节蛋白基因突变或缺陷的个体易患自身免疫性系统疾病如C1抑制物基因（*C1INH*）缺陷遗传性血管水肿。应用C1抑制物治疗。

膜结合型补体调节蛋白锚定蛋白基因突变或缺陷的个体也可发生自身免疫性系统疾病，如非典型溶血尿综合征（aHUS）和阵发性睡眠性血红蛋白尿症（PNH）。应用抗C5的人源化单克隆抗体治疗。

（游永鹤）

第七节 细胞因子

一、基本概念

细胞因子（cytokine，CK）是由活化的免疫细胞和非免疫细胞分泌的一类具有广泛生物学活性的小分子蛋白质。参与免疫应答和免疫调节，调节固有免疫和适应性免疫应答，刺激细胞活化、增殖和分化，介导炎症反应等，并广泛参与机体其他生理功能和某些病理过程的发生、发展。

二、细胞因子的种类

根据其结构和功能不同，将细胞因子分为以下几类。

1. 白细胞介素（interleukin，IL） 由白细胞产生并在细胞间相互作用的细胞因子，已报道有 30 余种（IL-1～IL-38），在免疫调节、造血、炎症反应等过程中发挥重要作用。

2. 干扰素（interferon，IFN） 1957 年最早发现的细胞因子，具有干扰病毒感染和复制的功能，因此而得名。根据来源和理化性质，干扰素分为Ⅰ型和Ⅱ型两类。Ⅰ型干扰素包括 IFN-α（有 13 种亚型）、IFN-β、IFN-ε、IFN-ω 和 IFN-κ；Ⅱ型干扰素即 IFN-γ。干扰素具有抗病毒、抗肿瘤和免疫调节等功能。

3. 肿瘤坏死因子（tumor necrosis factor，TNF） 最初发现这种因子可使肿瘤发生出血坏死而得名。肿瘤坏死因子超家族（TNFSF）成员至少已有 19 个，分为 TNF-α 和**淋巴毒素**（lymphotoxin，LT 或 TNF-β）两类，在免疫调节、杀伤靶细胞和诱导细胞凋亡等过程中发挥重要作用。

4. 集落刺激因子（colony stimulating factor，CSF） 是可刺激不同发育阶段的造血干细胞和祖细胞的增殖分化、增强成熟细胞功能，在半固体培养基中形成相应细胞集落的细胞因子。包括粒细胞-巨噬细胞集落刺激因子（GM-CSF）、粒细胞集落刺激因子（G-CSF）、红细胞生成素（EPO）、干细胞生长因子（SCF）、血小板生成素（TPO）、多能集落刺激因子（IL-3）等。

5. 趋化因子（chemokine） 又称趋化性细胞因子，对不同的靶细胞具有趋化作用。

三、细胞因子受体

细胞因子通过结合靶细胞表面的受体，启动细胞内信号转导途径，介导细胞生物学效应。

四、细胞因子的功能

1. 参与免疫细胞的分化和发育 骨髓多能造血干细胞在骨髓中发育分化为不同谱系的免疫细胞，这个过程是在不同细胞因子的调控下完成的。

2. 参与免疫应答和免疫调节 细胞因子参与免疫应答的整个过程，涉及抗原提成，淋巴细胞的活化、增殖、分化和效应等。

3. 参与固有免疫和炎症反应 多种细胞因子通过某些固有免疫细胞而间接发挥效应。

五、细胞因子与疾病

（一）疾病的发生

细胞因子既可参与免疫应答，发挥抗感染、抗肿瘤、诱导凋亡等功能，同时在一定条件下也可参与多种疾病的发生，如高细胞因子血症、内毒素休克、类风湿性关节炎、支气管哮喘等。

（二）疾病的诊断

对血循环中细胞因子水平进行检测有助于某些疾病的诊断。例如，IL-1β 和 TFN-α 的水平升高与心血管疾病的发生相关。

（三）疾病的治疗

细胞因子具有多种生物学功能并参与多种疾病的发生、发展，故应用细胞因子或其拮抗剂治疗疾病已经成为了关注热点。细胞因子疗法有以下两种。

1. 细胞因子补充疗法 通过给予外源性细胞因子治疗疾病。例如，应用 IFN 治疗肿瘤及病毒感染；应用 GM-CSF 刺激造血功能等。

2. 细胞因子拮抗疗法　用细胞因子受体拮抗剂、细胞因子受体或抗细胞因子抗体治疗疾病。例如，用抗 TFN 抗体治疗类风湿关节炎；用抗 IL-2R 抗体防治移植排斥反应等。

（游永鹤）

第八节　白细胞分化抗原和黏附因子

一、白细胞分化抗原

以单克隆抗体鉴定为主的方法，将来自不同实验室的单克隆所识别的同一种分化抗原归为同一个**分化群**（cluster of differentiation，CD）。这些分子最早发现于白细胞，并与白细胞分化密切相关，又被称为白细胞分化抗原（LDA）。

CD 抗原及其相应的单克隆抗体在基础和临床免疫学研究中得到了广泛的应用：①阐明某些疾病的发病机制；②应用于多种疾病的免疫诊断；③在疾病预防和治疗中的应用。

二、黏附分子

细胞黏附分子（cell adhesion molecules，CAM）是介导细胞间或**细胞外基质**（extracellular matrix，ECM）间互相结合的分子。黏附分子以受体-配体结合的形式发挥作用，参与细胞识别、信号转导及细胞活化、增殖、分化、伸展与移动，是免疫应答、炎症发生、凝血、肿瘤转移及创伤愈合等一系列重要生理和病理过程的分子基础。

黏附分子生物学作用广泛，参与机体多种重要的生理功能和病理过程。

1. 参与免疫细胞活化和效应　免疫应答的过程均有赖于多种免疫细胞所表达的黏附分子的相互作用。

2. 参与 Th 细胞、B 细胞活化　在 Th 细胞/APC、Th 细胞/B 细胞相互作用中，多种黏附分子对分别向 T 细胞、B 细胞提供共刺激信号，这是 T 细胞活化的必要前提。

3. 参与炎症反应　炎症过程的重要特征之一是白细胞与血管内皮细胞黏附、穿越血管内皮细胞，并向炎症部位渗出。此过程的重要分子基础是白细胞与血管内皮细胞间黏附分子的相互作用。

4. 参与淋巴细胞归巢　淋巴细胞归巢是淋巴细胞的定向迁移，包括淋巴细胞再循环和淋巴细胞向炎症部位迁移。其分子基础是表达在淋巴细胞上、称为**淋巴细胞归巢受体**（lymphocyte homing receptor，LHR）的黏附分子，与表达在内皮细胞上、称为**血管素地址**（vascular addressin）的相应配体相互作用。

（游永鹤）

第九节　主要组织相容性复合体及其编码的分子

一、基本概念

主要组织相容性抗原（major histocompatibility antigen）是指在不同组织之间或器官移植过程中，移植物引起宿主移植物排斥反应的主要组织抗原。

主要组织相容性复合体（major histocompatibility complex，MHC）是指编码主要组织相容性抗原的一组紧密连锁的基因群。

人的主要组织相容性抗原称为**人白细胞分化抗原**（human leukocyte antigen，HLA），其编码的基因为 HLA 基因复合体。

二、HLA 基因复合体及其产物

（一）HLA 基因复合体的定位和结构

HLA 基因复合体位于人第 6 号染色体短臂 6p21.31，全长 3600kb，共有 224 个基因座位，其中 128 个为功能性基因（有产物表达），96 个为假基因，是迄今发现的最复杂的人类基因群。

（二）HLA 基因复合体的分类及其编码产物

HLA 基因复合体可分为三个基因区域，即Ⅰ类、Ⅱ类及Ⅲ类基因区。HLAⅠ类基因集中在远离着丝点的一端，包括 B、C、A 三个座位，其产物称 HLAⅠ类分子。Ⅰ类基因仅编码Ⅰ类分子异二聚体中的重链，轻链为 β_2 微球蛋白（β_2-m），编码基因位于第 15 号染色体。HLAⅡ类基因在复合体中位于近着丝点一端，结构较为复杂，由 DP、DQ 和 DR 三个亚区组成，每一亚区又包括两个或两个以上的功能基因座位，分别编码分子质量相近的 α 链和 β 链，形成 DRα-DRβ、DQα-DQβ 和 DPα-DPβ 三种异二聚体。Ⅲ类基因区位于Ⅰ类和Ⅱ类基因区之间，含多种免疫功能相关基因，包括血清补体成分编码基因（C4B、C4A、Bf 和 C2）、抗原加工提呈相关基因（抗原加工相关转运体 TAP、蛋白酶体 β 亚单位等）。

目前倾向于以两种类型加以概括：一是经典的 HLAⅠ类和Ⅱ类基因，它们的产物具有抗原提呈功能，并显示极为丰富的多态性，直接参与 T 细胞的激活和分化，调控特异性免疫应答。二是免疫功能相关基因，包括传统的Ⅲ类基因，以及除经典的Ⅰ类和Ⅱ类基因之外的新近确认的多种基因，它们主要参与调控固有免疫应答。

（三）HLA 基因复合体的遗传特性

HLA 基因复合体有多基因性、多态性、连锁不平衡和单元型遗传的特点，其中最为突出的是多态性。

1. 多态性（polymorphism） 是指在一个随机婚配的群体中同一基因座位上存在两个以上的等位基因（allele）的现象。已知，HLA 是人体多态性最丰富的基因系统。截至 2012 年 10 月，已确定的 HLA 基因复合体等位基因总数达到 8712 个，其中等位基因数量最多的座位是 HLA-B（2798 个）和 HLA-A（2132 个）。

2. 连锁不平衡 HLA 不同基因座位的各个等位基因在人群中以一定的频率出现。例如，HLA-DRB1*0901 和 DQB1*0701 在北方汉族人中的频率分别是 15.6%和 21.9%。按随机分配的规律，这两个等位基因同时出现在一条染色体上的概率应是上述两个频率的乘积（$0.156 \times 0.219 = 0.034$），即 3.4%，然而实际上两者同时出现的频率是 11.3%，为理论值的 3.3 倍。此现象称为**连锁不平衡**（linkage disequilibrium），意指分属两个或两个以上基因座位的等位基因，同时出现在一条染色体上的概率高于随机出现的频率。这表明，处于连锁不平衡状态中的等位基因往往经常地连在一起。

3. 单元型（haplotype） 是指染色体上 MHC 不同座位等位基因的特定组合。这样，某些单元型在群体中可呈现较高的频率，并较之单一座位的 HLA 基因型别更能显示人种和地理族的特点。

三、HLAⅠ类抗原

1. 结构 HLAⅠ类抗原分子是由一条重链（α链）和一条轻链 β_2 微球蛋白（β_2m），以非共价键连接组成的异二聚体糖蛋白。其中α链由 HLAⅠ类基因编码，为多态性跨膜糖蛋白，包括胞外段、跨膜区和胞内段。α链的氨基端有α1 和α2 结构域，各含约 90 个氨基酸残基，二者有很高的同源性，但不属于免疫球蛋白超家族成员。α1 和α2 结构域组成的抗原肽结合区呈凹槽状结构，封闭的两端可容纳 8～10 个氨基酸残基组成的抗原肽。此区域是 HLAⅠ类分子与内源性抗原肽结合的区域，并且决定了 HLAⅠ类分子的多态性。重链α3 结构域约含 90 个氨基酸残基，氨基酸组成十分保守，与 IgC 区同源，在二级结构上，α3 组成 Ig 样折叠（Ig fold），即 7 个 β 折叠股形成两个平面，由二硫键相连，属免疫球蛋白超家族（IgSF）中 C1 结构。α3 结构域是α重链的**非多态**（nonpolymorphic）部分，通过 MHC 分子突变分析证实，此区是与 CD8 分子相互作用的位置。

2. 分布与功能　HLAⅠ类抗原广泛分布于所有有核细胞表面。其主要功能是当内源性的抗原肽结合到抗原肽结合区域后，形成抗原肽-HLAⅠ类分子复合物并表达于抗原提呈细胞表面，从而向 $CD8^+$ T 细胞呈递内源性抗原。

四、HLAⅡ类抗原

1. 结构　HLAⅡ类分子是由α链（34kDa）和β链（29kDa）以非共价键结合组成的异二聚体糖蛋白分子。α链和β链为跨膜蛋白，由胞外区、跨膜区和胞内区三部分组成，其中胞外区各含有两个结构域：α1、α2 结构域和β1、β2 结构域。α1 和β1 结构域及二者共同组成抗原肽结合槽。该抗原肽结合槽两端开放，能够容纳 13～17 个氨基酸残基组成的抗原肽，是 HLAⅡ类分子与外源性抗原肽结合的区域。并且该区域也是决定 HLAⅡ类分子多态性的部位。α2 和β2 为免疫球蛋白超样区，该区域氨基酸组成和序列与蛋白恒定区有着高度的同源性，故称为免疫球蛋白样区。其中β2 结构域是 Th 细胞表面 CD4 分子识别结合的部位。

2. 分布与功能　HLAⅡ类分子主要存在于专职抗原提呈细胞（树突状细胞、巨噬细胞和 B 细胞）、胸腺上皮细胞及某些活化的 T 细胞表面。其主要功能是识别和提呈外源性抗原肽，在 T 细胞与 APC 作用过程中与辅助受体 CD4 分子结合，通过识别与结合 TCR 激活 $CD4^+$ Th 细胞。

五、HLA 在临床医学上的意义

1. HLA 与同种器官移植的关系　长期的临床实践证明，器官移植的成败主要取决于供、受者间的组织相容性，其中 HLA 等位基因的匹配程度起关键作用。组织相容性程度的确定，涉及对供受者做 HLA 分型和进行**交叉配合**（cross-matching）试验。根据亲缘关系，通常器官移植存活率的高低顺序是：同卵双生>同胞>亲属>无亲缘关系。

在器官移植中，比如肾移植中 HLA 各位点基因配合的重要性依次为 HLA-DR>HLA-B> HLA-A；在骨髓移植中，只有在供体和受体 HLA 单体型完全相同情况下才容易获得成功。

2. HLA 与输血反应　临床多次输血的患者有发生非溶血性输血反应的风险，患者的主要临床症状是发热、白细胞减少或荨麻疹等。该类输血反应主要是与患者血液中产生供体 HLAⅠ类抗原特异性抗体有关，当患者多次接受输血过程中再次接受同一供体血液，其体内相应的 HLA 特异性抗体即能与供体白细胞/血小板表面的 HLAⅠ类分子结合，进而激活补体使得上述细胞溶解破坏发生非溶血性输血反应。因此，临床上多次接受输血的患者需要注意避免反复选择同一供血者的血液。

3. HLA 和疾病关联　带有某些特定 HLA 等位基因或单体型的个体容易患某一疾病（称为阳性关联）或对该疾病具有较强的抵抗能力（称为阴性关联），均称 HLA 和疾病关联。这一关联，是通过对患病人群和健康人群做 HLA 分型后，用统计学方法加以判别的。典型例子是强直性脊柱炎（AS），患者中 HLA-B27 抗原阳性率高达 58%～97%，而在健康对照人群中仅为 1%～8%，由此确定强直性脊椎炎和 HLA-B27 属阳性关联，即 HLA-B27 是决定强直性脊柱炎疾病易感性的关键遗传因素。迄今，记录在案和 HLA 关联的疾病达 500 余种，大部分为自身免疫病。

4. HLA 与亲子鉴定和法医学 HLA　系统所显示的多基因性和多态性，意味着两个无亲缘关系个体之间，在所有 HLA 基因座位上拥有相同等位基因的机会几乎等于零。每个人所拥有的 HLA 等位基因型别一般终身不变。这意味着特定等位基因及其以共显性形式表达的产物，可以成为不同个体用以显示**个体性**（individuality）的遗传标志。据此，HLA 基因分型已在法医学上被广泛地用于亲子鉴定和对死亡者“验明正身”。

5. HLA 的生理学意义　HLA 的生理学意义主要是作为抗原提呈分子参与特异性免疫应答和作为调节分子参与固有免疫应答（如编码某些补体成分，调节 NK 细胞和部分杀伤细胞的活性，在应激反应中发挥作用等）。

（付小敏）

第十节 免疫应答

一、基本概念

免疫应答（immune response）是指机体受到抗原刺激后，免疫细胞识别抗原并发生活化、增殖、分化并显示一系列生物学效应的整个过程，即免疫系统识别和清除抗原的整个过程。根据免疫应答识别的特点、获得形式及效应机制，可分为**固有免疫**（innate immunity）和**适应性免疫**（adaptive immunity）两大类。

免疫应答的生理意义在于：识别"自己"与"非己"，及时清除体内免疫原性异物，以保持机体内环境的相对稳定。

二、固有免疫应答

固有免疫是抵御病原体入侵的第一道防线，是生物体在长期种系发育和进化过程中逐渐形成的一系列防御功能，也称**天然免疫**（natural immunity）或**非特异性免疫**（nonspecific immunity）。

（一）参与固有免疫的组分

参与固有免疫应答的物质主要包括：组织屏障，固有免疫细胞，固有免疫分子如补体、细胞因子及具有抗菌作用的多肽、蛋白质和酶类物质。

1. 组织屏障

1）皮肤黏膜及其附属成分的屏障作用　包括物理屏障、化学屏障和微生物屏障。

（1）物理屏障：由致密上皮细胞组成的皮肤和黏膜组织组成，黏膜上皮细胞的迅速更新、呼吸道黏膜上皮细胞纤毛的定向摆动及黏膜表面分泌液的冲洗作用，均有助于清除黏膜表面的病原体。

（2）化学屏障：皮肤和黏膜分泌物中含有多种杀菌、抑菌物质，如皮脂腺分泌的不饱和脂肪酸、汗腺分泌的乳酸、胃液中的胃酸，以及唾液、泪液、呼吸道、消化道和泌尿生殖道黏液中的溶菌酶、抗菌肽和乳铁蛋白等。这些抗菌物质在皮肤黏膜表面形成抗御病原体的化学屏障。

（3）微生物屏障：寄居在皮肤和黏膜表面的正常菌群，可通过与病原体竞争结合上皮细胞和营养物质的作用方式，或通过分泌某些杀、抑菌物质对病原体产生抗御作用。

2）体内屏障作用　包括血脑屏障，血胎屏障和血胸腺屏障。

（1）血脑屏障：由软脑膜、脉络丛的毛细血管壁和包在壁外的星形胶质细胞形成的胶质膜组成。此种组织结构致密，能阻挡血液中的病原体和其他大分子物质进入脑组织及脑室，从而对中枢神经系统产生保护作用。婴幼儿血脑屏障尚未发育完善，故易发生中枢神经系统感染。

（2）血胎屏障：由母体子宫内膜的基蜕膜和胎儿的绒毛膜滋养层细胞共同构成。血胎屏障不妨碍母子间营养物质的交换，正常情况下可防止母体内病原体和有害物质进入胎儿体内，从而保护胎儿免遭感染、使之正常发育。妊娠早期（三个月内）血胎屏障发育尚未完善，此时孕妇若感染风疹病毒或巨细胞病毒，可导致胎儿畸形或流产。

（3）血胸腺屏障：位于胸腺皮质，由连续的毛细血管内皮、内皮外完整基膜、上皮网状细胞、血管周隙和巨噬细胞组成，主要限制大分子抗原物质进入胸腺实质。

2. 固有免疫细胞　固有免疫细胞主要包括吞噬细胞、树突状细胞、自然杀伤细胞、自然杀伤T细胞、γδT 细胞、B1 细胞、嗜中性粒细胞、嗜碱性粒细胞和肥大细胞等。

（1）**吞噬细胞**（phagocytes）：主要包括**单核-巨噬细胞**（mononuclear phagocytes）和**中性粒细胞**（neutrophils）两大类。

单核-巨噬细胞包括血液中的**单核细胞**（monocyte）和组织器官中的**巨噬细胞**（macrophage）。单核细胞由骨髓单核系干细胞发育分化而成，占血液中白细胞总数的 3%～8%。其体积较淋巴细胞略大，胞质中富含溶酶体颗粒，其内含有过氧化物酶、酸性磷酸酶、非特异性酯酶和溶菌酶等多种酶类物质。单核-巨噬细胞具有变形运动，对玻璃和塑料表面有很强的黏附能力，借此可将单核-巨噬细胞与淋巴细胞分离。巨噬细胞分为定居的巨噬细胞和游走的巨噬细胞两大类。定居的巨噬细胞广泛分布于全身各处，可因所处部位的不同而有不同的形态和名称，如在肝中称肝巨噬细胞；神经组织中称小胶质细胞；骨组织中称破骨细胞；胸腺中称胸腺巨噬细胞等。巨噬细胞表面受体有模式识别受体、调理性受体和细胞因子受体等。巨噬细胞的主要作用是清除体内衰老损伤或凋亡的细胞，以及免疫复合物和病原体等抗原性异物，参与和促进炎症反应，杀伤肿瘤和病毒感染等靶细胞，加工提呈抗原并启动适应性免疫应答和参与免疫调节作用。

中性粒细胞占血液白细胞总数的 60%～70%，是白细胞中数量最多的一种。中性粒细胞来源于骨髓，存活期短，为 2～3 天。中性粒细胞胞质中含有初级和次级两种颗粒，初级颗粒较大，即溶酶体颗粒，内含髓过氧化物酶、酸性磷酸酶和溶菌酶；次级颗粒较小，内含碱性磷酸酶、溶菌酶、防御素和杀菌渗透增强蛋白等。中性粒细胞具有很强的趋化作用和吞噬功能，当病原体在局部引发感染时，它们可迅速穿越血管内皮细胞进入感染部位，对侵入的病原体发挥吞噬杀伤和清除作用。中性粒细胞表面具有 IgG Fc 受体和补体 C3b 受体，也可通过调理作用促进和增强其吞噬杀菌作用。

（2）**树突状细胞**（dendritic cell，DC）：因其具有许多分枝状突起而得名。广泛分布于脑以外的全身组织和脏器，血液中数量较少，仅占人外周血单个核细胞的 1%。其是专职的抗原提呈细胞，主要功能是摄取、加工处理和提呈抗原。其中未成熟的 DC 高表达 IgG Fc 受体、C3b 受体、甘露糖受体，摄取、加工处理抗原的能力较强，低表达 MHC Ⅰ/Ⅱ类分子，提呈抗原激发免疫应答能力弱；而成熟的 DC 高表达 MHC Ⅰ/Ⅱ类分子和协同刺激分子，其摄取、加工处理抗原的能力弱，而提呈抗原、启动免疫应答的能力较强。DC 是唯一能诱导初始 T 细胞活化的抗原提呈细胞。

（3）**自然杀伤细胞**（natural killer cell，NK cell）：来源于骨髓淋巴样干细胞，是不同于 T、B 细胞的第三类淋巴细胞，因无需抗原预先致敏即可直接杀伤靶细胞（如肿瘤细胞、病毒感染的细胞等）而得名，主要分布于外周血和脾，人外周血 NK 细胞占淋巴细胞总数的 5%～7%，在淋巴结和其他组织中也有少量存在。NK 细胞可表达多种表面标志，但不表达特异性抗原识别受体。目前临床将 TCR^-、mIg^-、$CD56^+$、$CD16^+$淋巴样细胞鉴定为 NK 细胞。此外，NK 细胞表面还具有多种与其杀伤活化或杀伤抑制有关的受体。

NK 细胞杀伤靶细胞的作用机制：①释放穿孔素和颗粒酶，使靶细胞溶解；②通过 Fas/FasL 作用途径介导靶细胞凋亡；③释放细胞毒性细胞因子（如 TNF 等），通过与靶细胞表面相应受体结合而杀伤靶细胞；④表达 IgG Fc 受体，可通过 ADCC 作用杀伤靶细胞。

（4）自然杀伤 T 细胞（NK T 细胞）：在小鼠是指能够组成性表达 NK 细胞表面 NK1.1 分子和 TCR-CD3 复合受体分子的 T 细胞。此类 T 细胞可在胸腺内或胸腺外（胚肝）分化发育，主要分布于骨髓、肝和胸腺，在脾、淋巴结和外周血中也有少量存在。NK T 细胞为固有免疫细胞，其主要生物学功能是细胞毒和免疫调节作用。

3. 固有免疫分子 包括补体系统、细胞因子、防御素、溶菌酶、乙型溶素等。

（1）补体系统：是参与固有免疫应答最重要的一类免疫效应分子。一旦病原微生物逾越屏障，侵入机体后，可通过旁路途径和 MBL 途径迅速激活补体系统，产生溶菌或病毒溶解作用。另外，补体活化过程中产生的裂解产物（如 C3a、C5a）具有趋化和致炎作用，可吸引吞噬细胞到达感染部位，发挥吞噬杀菌作用和引起炎症反应；有些补体裂解产物（如 C3b、C4b）具有调理和免疫黏附作用，可促进吞噬细胞对病原体的吞噬清除，在机体早期抗感染免疫应答中具有十分重要的意义。

（2）细胞因子：病原体感染机体后，可刺激免疫细胞和感染的组织细胞产生多种细胞因子，如 IFNα/β、IFN-γ、IL-1、IL-6、TNF、GM-CSF 等，可参与抗病毒、诱导和促进炎症反应及抗肿瘤等多种免疫功能。

（3）防御素（defensin）：是一组耐受蛋白酶的一类富含精氨酸的小分子多肽，对细菌、真菌和某些有包膜病毒具有直接杀伤作用。

（4）溶菌酶：是一种不耐热的碱性蛋白质，广泛存在于各种体液、外分泌液和吞噬细胞溶酶体中。溶菌酶能够裂解 G^+菌细胞壁，使细胞壁的重要组分肽聚糖破坏，而导致菌细胞溶解破坏。G^-菌由于在其肽聚糖外还有脂多糖和脂蛋白包裹，因此对溶菌酶不敏感。但在特异性抗体和补体存在条件下，G^-菌也可被溶菌酶溶解破坏。

（5）乙型溶素：是血清中一种对热较稳定的碱性多肽，在血浆凝固时由血小板释放，故血清中乙型溶素的浓度显著高于血浆中的水平。乙型溶素可作用于 G^+菌的细胞膜，产生非酶性破坏效应，但对 G^-菌无效。

（二）固有免疫的模式识别

固有免疫细胞不表达特异性抗原识别受体，但固有免疫细胞经其细胞表面受体，识别表达于多种病原体表面的模式分子而活化，经特殊的信号转导途径，在未经克隆扩增的情况下，产生效应分子，迅速产生免疫效应。

1. 模式识别受体（pattern recognition receptor，PRR） 主要是指存在于固有免疫细胞表面的一类能够直接识别、结合病原微生物或宿主凋亡细胞表面某些共有的特定分子结构的受体。

1）*表达于固有免疫细胞膜表面的 PRR* 称为膜型 PRR，来自不同组织部位的同一类型固有免疫细胞（如巨噬细胞）均表达相同的 PRR，具有相同的识别特性。这与抗原特异性 T、B 细胞一个克隆表达一种受体的情况不同。固有免疫细胞表面 PRR 是胚系基因直接编码的产物，多样性较少，主要包括甘露糖受体、清道夫受体和人 Toll 样受体等。

（1）**甘露糖受体**（mannose receptor，MR）：能与广泛表达于病原体（如分枝杆菌、克雷伯杆菌和酵母菌等）细胞壁糖蛋白和糖脂分子末端的甘露糖和岩藻糖残基结合，介导吞噬或胞吞作用。

（2）**清道夫受体**（scavenger receptor，SR）：可识别乙酰化低密度脂蛋白、G^-菌脂多糖、G^+ 菌磷壁酸及磷脂酰丝氨酸（凋亡细胞重要表面标志），从而参与清除某些病原体、衰老红细胞和某些凋亡细胞。

（3）**Toll 样受体**（Toll-like receptor，TLR）：为一家族分子，主要分布于淋巴组织、单核-巨噬细胞等表面，因其胞外段与一种果蝇蛋白 Toll 同源而得名，在免疫应答的诱导和炎性反应中发挥重要作用，现已发现十余种（TLR1～TLR11）。

2）*存在于血清中的 PRR* 称为分泌型 PRR，主要包括某些急性期蛋白如甘露聚糖结合凝集素和 C 反应蛋白。上述分泌型 PRR 分别能与病原微生物表面的甘露糖残基和磷酸胆碱结合，并通过激活补体产生溶菌和调理作用。

2. 固有免疫的识别对象——模式分子 包括病原相关模式分子和损伤相关模式分子两类。

（1）**病原相关模式分子**（pathogen associated molecular pattern，PAMP）：固有免疫可识别仅存在于病原微生物表面某些共有的高度保守的分子结构，也包括宿主凋亡细胞表面某些共有的特定分子结构。膜型 PRR 识别结合的配体分子（PAMP）数量有限，但这些配体分子在病原微生物中分布广泛，主要包括 G^-菌的脂多糖、G^+菌的肽聚糖和脂磷壁酸、分枝杆菌和螺旋体的脂蛋白和脂肽、细菌和真菌的甘露糖、细菌非甲基化 DNA CpG 序列、病毒双股 RNA（dsRNA）及宿主凋亡细胞表面的磷脂酰丝氨酸等。病原相关模式分子只表达于某些特定病原微生物和宿主凋亡细胞表面，而不存在于正常宿主细胞表面，固有免疫细胞可通过表面 PRR 区分“自身”与“非己”成分。

（2）**损伤相关模式分子**（damage associated molecular pattern，DAMP）：是宿主体内因组织损伤而产生的内源性模式分子。感染、应激、无菌性炎症、坏死、凋亡及氧化糖基化修饰等因素均可以导致组织损伤，死亡或损伤细胞内的成分一旦释放至细胞外或细胞外基质成分降解即形成 DAMP。DAMP 包括热休克蛋白（HSP）、尿酸、高迁移率族蛋白 B1（HMGB1）、肝癌来源生长因子（HDGF）和凋亡细胞表面磷脂酰丝氨酸等。

（三）固有免疫的作用时相

1. 瞬时固有免疫应答阶段 瞬时固有免疫应答阶段发生于感染后 0～4h。

机体的物理、化学和微生物屏障可阻挡外界病原体对机体的入侵，具有即刻免疫防卫作用。当少量病原体突破机体屏障结构，进入皮肤或黏膜下组织后，可被局部存在的巨噬细胞迅速吞噬清除。某些病原体如 G^-菌可通过直接激活补体旁路途径而被溶解破坏；补体活化产物 C3b/C4b 可介导调理作用，显著增强吞噬细胞的吞噬杀菌能力；C3a/C5a 则可直接作用于组织中的肥大细胞，使之脱颗粒释放组胺、白三烯和前列腺素 D2 等血管活性胺类物质和炎性介质，导致局部血管扩张通透性增强。中性粒细胞是机体抗细菌、抗真菌感染的主要效应细胞，中性粒细胞浸润是细菌感染性炎症反应的重要特征。在感染部位组织细胞产生的促炎细胞因子（IL-8、IL-1 和 TNF 等）和其他炎性介质作用下，局部血管内中性粒细胞可被活化，并迅速穿过血管内皮细胞进入感染部位，发挥强大吞噬杀菌效应，通常绝大多数病原体感染终止于此时相。

2. 早期固有免疫应答阶段　早期固有免疫应答阶段发生于感染后 4～96h。此时，在某些细菌成分如脂多糖（LPS）和感染部位组织细胞产生的 IFN-γ、MIP-1α 和 GM-CSF 等细胞因子作用下，感染周围组织中的巨噬细胞被募集到炎症反应部位，并被活化，以增强局部抗感染免疫应答能力。同时，活化巨噬细胞可产生大量促炎细胞因子和其他低分子质量炎性介质如白三烯、前列腺素和血小板活化因子等，进一步增强扩大机体固有免疫应答能力和炎症反应。此外，B1 细胞接受某些细菌共有多糖抗原如脂多糖、荚膜多糖等刺激后，可在 48h 之内产生相应以 IgM 为主的抗菌抗体，此种抗体在血清补体协同作用下，可对少数进入血流的表达上述共有多糖抗原的病原菌产生杀伤溶解作用；NK 细胞、γδT 细胞和 NK T 细胞则可对某些病毒感染和胞内寄生菌感染的细胞产生杀伤破坏作用，在早期抗感染免疫过程中发挥作用。

3. 适应性免疫应答诱导阶段　适应性免疫应答诱导阶段发生于感染 96h 之后。此时，活化巨噬细胞和树突状细胞作为专职抗原提呈细胞，可将摄入的病原体等外源性抗原或内源性抗原加工处理为小分子多肽，并以抗原肽-MHC 分子复合物的形式表达于细胞表面，同时表面协同刺激分子（如 B7 和 ICAM 等）表达上调，为激活 T 细胞启动适应性免疫应答做好准备。

（四）固有免疫应答的特点

固有免疫应答是由固有免疫细胞和分子介导，其主要特点是固有免疫细胞识别多种“非己”异物共同表达的分了，而不是抗原表位，因而，对多种病原微生物或其产物均可应答，并迅速产生免疫效应。

（五）固有免疫与疾病的关系

固有免疫应答也参与疾病的发生。例如，TLR7/TLR9 的过度激活可促发系统性红斑狼疮，TLR4 的过度激活引起脓毒血症休克。

三、适应性免疫应答

1. 概念　适应性免疫应答又称**特异性免疫**（specific immunity）或**获得性免疫**（acquired immunity），是机体在接受抗原刺激后产生的针对抗原的特异性免疫应答，即 T、B 细胞经 TCR 和 BCR 特异性识别结合抗原表位后发生的特异性免疫应答。

2. 分类　根据适应性免疫应答的效应机制分为 T 细胞介导的细胞免疫应答和 B 细胞介导的体液免疫应答。T 细胞介导的细胞免疫主要识别的是 TD-Ag，而 B 细胞介导的体液免疫除了对 TD-Ag 做出应答外，还可以对 TI-Ag 做出应答。适应性免疫应答的过程可分为识别、活化及增殖分化和效应三个阶段。

3. 特点　适应性免疫应答具有特异性、获得性、排异性、多样性、记忆性、放大性、转移性、耐受性、MHC 限制性等特点。其中特异性、记忆性、放大性和 MHC 限制性是最主要的特点。

四、B 细胞介导的体液免疫应答

体液免疫应答（humoral immunity response）是指在抗原刺激下，B 细胞活化、增殖、分化为浆细胞，合成分泌抗体，发挥特异性免疫应答的过程。由于抗体主要存在于体液中，故将抗体参与的免疫应答称为体液免疫应答。B 细胞是体液免疫的主要细胞。

（一）TD 抗原诱导的体液免疫应答

1. B 细胞对 TD 抗原的识别

（1）B 细胞通过 BCR 识别抗原。BCR 是 B 细胞识别特异性抗原的受体。BCR 识别抗原与 TCR 不同，BCR 不仅能识别蛋白质抗原，还能识别多肽、核酸、多糖类、脂类和小分子化合物。

（2）BCR 能特异性识别完整抗原天然构象或识别抗原肽降解所暴露表位的空间构象。

（3）BCR 对抗原的识别不需要 APC 的加工和提呈，因此无 MHC 的限制性。

2. B 细胞的活化过程 B 细胞的活化需要多个信号，包括 BCR 识别抗原后传递的第一信号、协同刺激分子提供的第二信号和细胞因子提供的第三信号。

（1）第一信号：BCR 与抗原特异性结合，启动 B 细胞活化的第一信号，第一信号经由 BCR-Igα/Igβ（BCR-CD79a/b）传递。另外，B 细胞表面的共受体复合物（由 CD21/CD19/CD81 组成）也参与第一信号形成，机制是 BCR 识别并结合抗原的同时，附着于抗原表面的补体片段 C3d 和 C3dg 可与共受体复合物的 CD21[即补体受体 2（CR2）]结合，借此介导共受体复合物与 BCR 交联，而参与并增强 BCR 识别抗原的信号转导。

（2）第二信号：B 细胞活化的第二信号是由协同刺激分子对提供。其中 CD40/CD40L 是最为重要的。CD40 主要表达在 B 细胞及单核细胞和 DC 表面；CD40L 主要表达在活化的 $CD4^+$T 细胞和肥大细胞的表面。静息 T 细胞不表达 CD40L，活化 T 细胞迅速表达 CD40L，CD40L 与 B 细胞表面组成性表达的 CD40 相互作用，向 B 细胞传递活化的第二信号。CD40/CD40L 信号的主要作用是：促进 B 细胞进入细胞周期，上调 B 细胞表达 B7，增强 B 细胞对 Th 细胞的共刺激效应，促进生发中心的发育。

（3）第三信号：激活的 Th 细胞分泌多种细胞因子，在 B 细胞活化的不同阶段，通过 B 细胞表面相应细胞因子受体结合而参与 B 细胞的活化、增殖和分化，因此称细胞因子为 B 细胞活化的第三信号。

（4）活化 B 细胞的转归：活化的 B 细胞一部分迁移至淋巴组织髓质，分化为短寿命浆细胞（多在 3 周内凋亡），主要分泌特异性 IgM，发挥早期体液免疫效应。大部分活化的 B 细胞进入淋巴滤泡内大量增殖而形成生发中心，最终分化为可分泌高亲和力 IgG 的浆细胞；一小部分形成记忆 B 细胞，定居于脾和淋巴结，并分布于外周循环。

3. 初次体液免疫应答与再次体液免疫应答 在初次接受特定抗原刺激时，机体发生的应答称**初次应答**（primary response）；再次接受相同抗原刺激，机体产生**再次应答**（secondary response），或称**回忆应答**（anamnestic response），此时，初次应答中所形成的记忆淋巴细胞在抗原刺激下产生迅速、高效、持久的应答。

（1）初次体液免疫应答的特征：潜伏期较长，此期无抗体产生；对数期，抗体水平指数增长；平台期，抗体水平达到峰值并相对稳定，抗体多为亲和力较低的 IgM 类抗体。

（2）再次体液免疫应答的特征：对抗原敏感性显著升高，潜伏期短，大约为初次应答潜伏期的一半；抗体浓度增加快，抗体滴度高；抗体维持时间长；主要产生高亲和力 IgG 类抗体。

（二）TI 抗原诱导的体液免疫应答

细菌某些非蛋白组分（如脂多糖、多糖等）属于 T 细胞非依赖性抗原，可以直接激活静止的 B 细胞，而无需 Th 细胞辅助，能在无胸腺动物诱导强的抗体应答。TI 抗原主要激活 B-1 细胞产生应答，仅产生 IgM 抗体且无免疫记忆性。根据 TI 抗原激活 B 细胞的方式不同，可分为 TI-1 和 TI-2 抗原。

TI-1 抗原又称为 B 细胞丝裂原（如 LPS），通过 B 细胞膜表面上的 BCR 和丝裂原受体结合，引起 B 细胞的活化；TI-2 抗原多为具有高度重复结构的细菌胞壁与荚膜多糖成分，只能激活成熟的 B 细胞。TI 抗原诱导产生的抗体可以发挥调理作用，促进吞噬细胞对病原体的吞噬，并且有利于巨噬细胞将抗原提呈给特异性的 T 淋巴细胞。

五、T 细胞介导的细胞免疫应答

（一）细胞免疫应答的基本过程

一般将与特异性抗原相遇前的成熟 T 细胞称为**初始 T 细胞**（naive T cell）。这些在胸腺内发育成熟的初始 T 细胞随血液循环到达外周淋巴器官，并周而复始地在体内再循环，以便随时识别特异性抗原。初始 T 细胞通过其细胞膜表面的 TCR 与 APC 表面的抗原肽-MHC 分子复合物特异结合后，在抗原和其他辅助因素作用下，开始活化、增殖、分化成为能清除病原微生物的细胞，称效应 T 细胞，进而完成对抗原的清除，以及对免疫应答的调节。部分活化的 T 淋巴细胞分化为**记忆 T 细胞**（memory T cell），参与对抗原的再次免疫应答。

T 细胞介导的细胞免疫应答，可分为三个阶段：T 细胞特异性识别抗原阶段；T 细胞活化、增殖和分化阶段；效应性 T 细胞的产生及效应阶段。

（二）T 细胞活化的双识别、双信号

1. 双识别 初始 T 细胞的 TCR 与 APC 提呈的 pMHC 特异性结合的过程称为**抗原识别**（antigen recognition）。T 细胞必须同时识别抗原表位和 MHC 分子，才能被活化，即 T 细胞活化的双识别。

2. 双信号 T 细胞的完全活化有赖于双信号和细胞因子的共同作用。T 细胞活化的第一信号来自其受体 TCR 与抗原的特异性结合，即 T 细胞对抗原识别；T 细胞活化的第二信号来自协同刺激分子，即 APC 上的协同刺激分子与 T 细胞表面相应受体的相互作用。这两个信号的转导涉及一系列免疫分子。

（1）T 细胞活化的第一信号：APC 将抗原肽-MHC（pMHC）复合物提呈给 T 细胞，TCR 特异性识别结合在 MHC 分子槽中的抗原肽，启动抗原识别信号（第一信号）。此外，T 细胞表面作为辅助受体的 CD4 或 CD8 分子分别与 APC 表面的 MHCⅡ或 MHCⅠ类分子的 β2、α3 结合，增强 T 细胞与 APC 间的黏附作用，使辅助受体尾部相连的酪氨酸激酶与 CD3 胞质段 ITAM 靠近，继而发生酪氨酸磷酸化，启动激酶活化的级联反应，由此提供 T 细胞活化的第一信号。

（2）T 细胞活化的第二信号：T 细胞与 APC 细胞表面有多对免疫分子组成，如免疫球蛋白超家族的 B7/CD28、B7/CTLA4、LFA-1/ICAM-1 或 ICAM-2、CD2/LFA-3，以及 TNF/TNF 受体超家族的 CD40/CD40L 等。CD28/B7 是重要的共刺激分子，其主要作用是促进 *IL-2* 基因转录和稳定 *IL-2* mRNA，从而明显促进 IL-2 合成。T 细胞在缺乏共刺激信号的情况下，抗原识别受体介导的第一信号非但不能有效激活特异性 T 细胞，反而导致 T 细胞**无能**（anergy）。活化的 T 细胞随后可以上调表达 CTLA-4，与 B7 分子结合传递抑制信号，而抑制 T 细胞激活。

（3）细胞因子也参与 T 细胞的激活、增殖和分化：正常组织及静止的 APC 则不表达或仅低表达协同刺激分子，而激活的专职 APC 除高表达协同刺激分子外，还可分泌 IL-1、IL-6、IL-12，另外活化的 T 细胞可分泌 IL-2 等，这些细胞因子均参与 T 细胞活化和增殖，并诱导 T 细胞分化为不同功能亚群，也被称为 T 细胞活化的“第三信号”。

（三）效应性 T 细胞的效应

1. 辅助性 T 细胞的效应

（1）Th1 细胞的效应：初始 $CD4^+$T 细胞被活化后增殖分化，Th0 细胞在局部微环境中所存在的不同种类细胞因子的调控下分化。IL-12 等细胞因子可促进 Th0 细胞向 Th1 细胞极化，Th1 细胞主要介导细胞免疫应答。Th1 细胞释放细胞因子激活、诱生并募集巨噬细胞，促进单核细胞穿越血管壁趋化到局部组织，同时激活的巨噬细胞高表达 B7 和 MHCⅡ类分子，分泌 IL-12，促进 Th1 细胞的分化，放大 Th1 应答效应。Th1 分泌的 IFN-γ 可促进 B 细胞产生具有调理作用的抗体，而进一步增强巨噬细胞对病原体的吞噬。Th1 产生的淋巴毒素和 TNF-α，可活化中性粒细胞促进其杀伤病原体。

（2）Th2 细胞的效应：Th2 通过产生 IL-4、IL-5、IL-10、IL-13 等细胞因子，协助 B 细胞增殖和分

化为浆细胞，产生抗体。Th2 分泌的细胞因子可激活肥大细胞、嗜碱性粒细胞和嗜酸性粒细胞，参与超敏反应的发生和抗寄生虫感染。

（3）Th17 细胞的效应：Th17 分泌 IL-8、MCP-1 等趋化因子，募集和活化中性粒细胞和单核细胞；产生 G-CSF 和 GM-CSF 等集落刺激因子，活化中性粒细胞和单核细胞并刺激骨髓造血干细胞产生更多髓样细胞；产生 IL-1β、IL-6 和 TNF-α 等诱导局部炎症。另外，Th17 还参与炎症反应、感染性疾病及自身免疫疾病的发生。

2. CTL 的细胞毒效应 CTL 主要杀伤胞内寄生病原体（病毒、某些胞内寄生菌等）的宿主细胞、肿瘤细胞等。CTL 可高效、特异性地杀伤靶细胞，而不损害正常组织。其效应过程包括识别与结合靶细胞、胞内细胞器重新定向、颗粒外胞吐和靶细胞崩解。

CTL 主要通过下列两条途径杀伤靶细胞：①穿孔素/颗粒酶途径，穿孔素（perforin）是储存于胞质颗粒中的细胞毒素，其生物学效应类似于补体激活所形成的膜攻击复合物（MAC）。②Fas/FasL 途径，效应 CTL 可表达膜型 FasL 及可溶型 FasL，并分泌 TNF-α、TNF-β。这些效应分子可分别与靶细胞表面的 Fas 和 TNF 受体结合，通过激活胞内**胱天蛋白酶**（caspase）参与的信号转导途径，诱导靶细胞凋亡。

（付小敏）

第十一节 黏 膜 免 疫

一、基本概念

1. 黏膜免疫（mucosal immunity） 与外周淋巴器官诱导的全身免疫应答有较大的区别，是黏膜系统所诱导的抗原特异性免疫应答。

2. 黏膜相关淋巴组织（mucosal-associated lymphoid tissue，MALT） 也称**黏膜免疫系统**（mucosal immune system，MIS），主要指呼吸道、胃肠道及泌尿生殖道黏膜固有层和上皮细胞下散在的无被膜淋巴组织，以及某些带有生发中心的器官化的淋巴组织（如扁桃体、小肠的派氏集合淋巴组织及阑尾等）。

二、黏膜免疫系统的组成

根据功能和分布，可将 MIS 分为两部分：器官化淋巴组织和弥散的免疫细胞。按照器官分布，主要分为三类：肠黏膜相关淋巴组织、鼻相关淋巴组织及支气管相关淋巴组织。

1. 肠黏膜相关淋巴组织（gut-associated lymphoid tissue，GALT） 包括肠壁内次级淋巴组织（如集合淋巴结、孤立淋巴结和阑尾）、肠系膜淋巴组织（含 T 细胞区和淋巴滤泡）和弥散的免疫细胞（如固有层淋巴细胞和上皮内淋巴细胞）等部分。

2. 鼻相关淋巴组织（nasal-associated lymphoid tissue，NALT） 包括扁桃体、腭扁桃体、舌扁桃体及鼻后部其他淋巴组织。

3. 支气管相关淋巴组织（bronchus-associated lymphoid tissue，BALT） 由淋巴细胞聚集而成的滤泡所构成。

三、黏膜免疫的功能

1. 诱导免疫耐受 机体对口服、鼻吸入或舌下等途径进入的蛋白抗原不产生应答或仅产生低水平应答，统称为**黏膜耐受**（mucosal tolerance）。以口服免疫耐受为例，通过口服自身抗原、过敏原等诱导耐受可能对于防止相关疾病的发生、发展具有重要的作用。

2. 抗感染 黏膜免疫系统具有物理和化学屏障的作用，阻止病原菌的入侵，起到抗感染的作用。

黏液层屏障和上皮细胞屏障可以形成物理屏障，阻止病原体和大分子物质通过。蛋白水解酶及转铁蛋白、溶菌酶、防御素、胃酸等抗感染效应分子的存在可以形成黏膜免疫系统的化学屏障，水解抗原成为肽段，使之丧失免疫原性，抑制病菌生长。

3. 与肠道菌群的关系 肠道内存在大量的共生菌，共生菌数量庞大，种类多样，组成复杂，共生菌是肠道的正常菌群，有利于对肠道的保护。共生菌可与病原体竞争空间和营养，阻止病菌在肠内生长，也可产生抗菌性物质抑制相应菌株的生长。共生菌生长和清除的平衡受固有免疫机制的调节，若该机制缺陷也会导致疾病。

4. 参与免疫调节 黏膜免疫除了参与固有性免疫应答外，在体液免疫应答中也发挥重要作用，其主要效应分子是分泌型 IgA。分泌型 IgA 可通过阻断病原体黏附黏膜，使共生菌滞留于肠腔而维持机体与共生菌生态平衡，也可通过中和作用，使位于黏液层表面或进入固有层的病原体及毒素穿越内皮屏障被送回肠腔，介导免疫应答。

（付小敏）

第十二节 免疫耐受

一、基本概念

1. 免疫耐受（immunologic tolerance） 免疫耐受是指机体经某种抗原诱导后形成的特异性免疫无应答状态，是一种特殊形式的免疫应答；既可天然获得，也可经后天诱导，前者称为天然耐受，后者称为诱导性耐受。免疫耐受分为中枢免疫耐受和外周免疫耐受。

2. 中枢免疫耐受（central tolerance） 中枢免疫耐受是指在中枢免疫器官（胸腺和骨髓）内，T 细胞和 B 细胞在发育中、尚未成熟前，能识别自身抗原的细胞克隆被清除或处于无反应性状态而形成的自身耐受。例如，T 细胞在胸腺内发育过程中，经过阳性选择和阴性选择，识别自身抗原的未成熟 T 细胞凋亡。B 细胞在骨髓内发育到表达 mIgM 的未成熟 B 细胞，经过阴性选择自身反应性细胞克隆消除或处于无反应性状态。

3. 外周免疫耐受（peripheral tolerance） 外周免疫耐受是指在外周免疫器官，成熟的 T 细胞和 B 细胞遇到自身或外源性抗原形成的耐受。

二、免疫耐受的形成与维持

1. 影响因素 影响免疫耐受的因素主要有抗原和机体两方面，其机制尚未完全阐明。

抗原性物质进入机体后，有时导致正免疫应答，有时导致免疫耐受或负免疫应答。诱导耐受形成的抗原称为耐受原。同样的抗原既可以是耐受原也可以是免疫原，主要取决于抗原的物理性状、剂量、进入途径、持续存在性及抗原的变位特点等。

机体免疫系统发育程度、免疫功能状态及遗传背景等很大程度上影响着免疫耐受的形成。例如，胚胎期或新生儿期个体免疫系统尚未成熟，易发生免疫耐受；免疫系统成熟个体不易发生免疫耐受。

2. 形成机制

（1）中枢免疫耐受：主要有克隆清除和克隆流产两种学说。

克隆清除（clonal deletion）：1957 年由 Burnet 提出，胚胎期和新生儿期个体免疫系统尚未发育成熟，此时接触抗原，相应特异性淋巴细胞不仅不发生克隆增殖，还通过阴性选择而发生凋亡，从而形成对该抗原的免疫耐受。中枢耐受主要针对自身抗原的免疫耐受。

克隆流产（clonal abortion）：1974 年由 Nossal 提出，骨髓 B 细胞发育早期接触抗原，则 B 细胞发育终止，导致 B 细胞中枢耐受。中枢耐受主要清除新生成的自身反应淋巴细胞。

（2）外周免疫耐受：主要有克隆清除、克隆忽视、克隆失能及克隆抑制 4 种学说。

克隆清除：中枢耐受过程中不能够被完全清除的自身反应性 T、B 细胞克隆，在外周免疫器官中被清除或丧失功能，活化导致细胞凋亡而克隆清除。**克隆忽视**（clonal ignorance）：由于组织屏障未与免疫细胞接触或自身反应性淋巴细胞对自身抗原亲和力低，导致对自身抗原不应答。**克隆失能**（clonal anergy）：共刺激信号缺失或者信号转导通路关闭。克隆抑制：调节性 T 细胞抑制自身反应 T 细胞活化或诱导凋亡。

（3）维持与终止：免疫耐受可以在特定的情况下建立，也可被终止，并逆转为产生特异性免疫应答。耐受原（如自身组织细胞、病毒、细菌等）持续存在可使免疫耐受得到维持和加强。对免疫未成熟的胚胎期或新生儿期个体给予耐受原或成年期联合应用免疫抑制剂导致免疫功能低下，均有助于免疫耐受的维持。改变耐受原的分子结构或更换半抗原载体，将可致使免疫耐受终止。

三、免疫耐受与临床

1. 建立免疫耐受 免疫耐受与多种疾病的发生、发展密切相关，建立免疫耐受有利于对自身性免疫疾病的治疗。由于对外周耐受建立和病理情况下免疫耐受丧失的机制缺乏透彻研究，人工诱导免疫耐受很大程度上是实验性的尝试。可以通过口服或静脉注射抗原、使用可溶性或自身抗原肽的拮抗肽、阻断共刺激信号、诱导免疫偏离、过继输入抑制性免疫细胞等途径建立免疫耐受，有助于减轻或缓解自身免疫病。

2. 打破免疫耐受 在慢性感染或肿瘤患者中，常引起病理性的免疫耐受，打破免疫耐受，恢复免疫应答可能有助于慢性疾病和肿瘤的治疗。可通过阻断免疫抑制分子（如 CTLA-4、PD-1 等），激活共刺激信号，增强 DC 的提呈和表达共刺激能力，合理使用细胞因子及其抗体等途径打破免疫耐受，使机体产生具有保护作用的抗肿瘤、抗病毒的免疫应答。

（付小敏）

第十三节 抗感染免疫

抗感染免疫（anti-infectious immunity）是机体抵抗病原微生物及其有害产物，以维持生理稳定的功能。抗感染免疫包括固有免疫和适应性免疫两大类。

一、抗感染固有免疫

抗感染固有免疫是机体在种系发育进化过程中逐渐建立起来的一系列天然防御功能，是经遗传获得，能传给下一代，其作用并非针对某种病原体，故称非特异性免疫或天然免疫。由屏障结构、吞噬细胞及正常体液和组织免疫成分构成。

（一）生理屏障结构

1. 皮肤黏膜屏障 是健康完整的皮肤黏膜、鼻毛、呼吸道和消化道定向运动的机械阻挡作用。汗腺分泌的乳酸、皮脂腺分泌的脂肪酸、呼吸道和消化道黏膜分泌的溶菌酶及胃酸、唾液、泪液均有抑菌、杀菌作用。正常菌群对病原微生物有拮抗作用。此为机体阻挡和抵御外来病原体入侵的第一道防线。

2. 淋巴结 病原微生物进入机体后随组织液和淋巴液到淋巴结，淋巴结内的树突状细胞将其捕获固定，随后由吞噬细胞吞噬消灭。淋巴结为机体的第二道防线。

3. 血脑屏障 由软脑膜、脉络丛的毛细血管壁及其壁外的星状胶质细胞所构成的胶质膜组成。能阻止病原微生物及其他有害物质从血液进入脑组织或脑脊液，对保护中枢神经系统有重要作用。婴幼儿血脑屏障发育不完善，易发生中枢神经系统感染。

4. 胎盘屏障　由母体子宫内膜的基蜕膜和胎儿绒毛膜、滋养层细胞共同构成。正常情况下，母体感染时的病原微生物及其有害产物不易通过胎盘屏障进入胎儿体内，从而保证胎儿在子宫内的正常发育。

（二）吞噬细胞的吞噬作用

人体内专职吞噬细胞分为两类：小吞噬细胞，主要是中性粒细胞，还有嗜酸性粒细胞；大吞噬细胞即单核-巨噬细胞系统，包括末梢血液中的单核细胞，淋巴结、脾、肝、肺及浆膜腔内的巨噬细胞，神经系统内的小胶质细胞，肝中的肝巨噬细胞等。

病原微生物穿过体表屏障向机体内部入侵、扩散时，机体的吞噬细胞及体液中的抗微生物因子会发挥抗感染作用。即吞噬细胞通过聚集、趋化、黏附、调理、吞入、杀菌和消化等过程，若达到完全吞噬会彻底消化杀灭微生物，若不能完全吞噬病原体则对微生物起一定保护和扩散作用，而降低药物或体液等的杀菌作用。

（三）组织和体液中的抗菌物质

正常体液和组织中的抗菌物质见表 3-4。

表 3-4　正常体液和组织中的抗菌物质

名称	来源或存在部位	化学性质	抗菌范围
补体	血清	球蛋白	革兰氏阴性菌
溶菌酶	吞噬细胞溶酶体、泪液、乳汁	碱性多肽	革兰氏阳性菌
乙型溶素	中性粒细胞	碱性多肽	革兰氏阳性菌
吞噬细胞杀菌素	中性粒细胞	碱性多肽	革兰氏阴性菌、少数革兰氏阳性菌
白细胞素	中性粒细胞	碱性多肽	革兰氏阳性菌
乳素	乳汁	蛋白质	革兰氏阳性菌（主要为链球菌）

（四）其他主要针对病毒感染的抗感染固有免疫

1. 发热　是一种非特异性防御机能，可抑制病毒增殖，并能全面增强机体免疫反应，有利于病毒的清除，常为多种病毒感染后普遍存在的症状。

2. NK 细胞抗病毒作用　不需抗体参与，既可直接破坏病毒感染的靶细胞，又可以通过 ADCC 作用杀伤肿瘤和病毒感染的靶细胞。NK 细胞缺陷者在疱疹病毒感染的初期病情明显加重，如不使用抗病毒药物，可发生致命性感染，提示 NK 细胞在病毒感染早期发挥重要作用，同时对胞内菌感染也有重要的抗感染作用。

3. 干扰素的抗病毒作用　属于获得性的非特异性免疫。干扰素是由病毒或其他诱生剂刺激网状内皮细胞、巨噬细胞、淋巴细胞及体细胞等多种细胞产生的糖蛋白，抑制病毒的生长和繁殖，具有广谱抗病毒作用。

二、抗感染适应性免疫

抗感染适应性免疫是出生后经主动或被动免疫方式而获得的，是在生活过程中接触某种病原体及其产物而产生的特异性免疫，故称获得性免疫或特异性免疫。在抗感染中，固有免疫与适应性免疫相互依存，固有免疫发生在前，适应性免疫产生在后，可明显增强免疫应答的能力，共同完成宿主免疫防御、免疫监视和免疫自稳功能。其可分为体液免疫和细胞免疫两大类。

（一）体液免疫

由 Tfh 细胞辅助 B 细胞对病原体抗原产生特异性免疫应答，以分泌 IgG 抗体为主。主要有以下作用：①抑制细菌的吸附；②调理吞噬作用，包括 IgG 的调理作用、C3b 的调理作用 、红细胞的免疫粘连作用；③溶菌作用，细菌与特异性抗体（IgG 或 IgM）结合后，能激活补体的经典途径，最终导致细菌的裂解死亡；④中和毒素作用。

（二）细胞免疫

感染早期微环境首先诱生 Th17 细胞，感染中后期可促使 DC 分泌 IL-12 与 NK 细胞分泌 IFN-γ，共同诱导 Th1 细胞的分化，促进炎症因子的分泌、吞噬细胞的激活及介导迟发型免疫应答等作用。其主要是抗胞内病原体的感染。参与细胞免疫的 T 细胞主要是 TD（$CD4^+$）细胞和 TC（$CD8^+$）细胞。

三、病原体的免疫逃逸机制

（一）病原体逃逸抗感染免疫的宿主机制

1. 宿主遗传背景决定了病原体感染的易感性 宿主的免疫相关基因尤其是 MHC 等位基因多态性在很大程度上决定了许多感染性病原体的易感性。研究表明，SARS 易感及疾病严重患者可能携带 HLA-S*4601 和 HLA-B*0703 遗传背景。

2. 宿主免疫力高低决定了病原体感染的严重程度和抗感染免疫的成功与否 宿主免疫力低下是导致病原体逃逸抗感染免疫的重要原因之一。先天性免疫缺陷患者因 T 细胞、B 细胞、吞噬细胞缺陷，易反复发生机会性病毒及胞内菌感染、胞外菌感染，发生 DiGeorge 综合征、性联无丙种球蛋白血症、慢性肉芽肿病。

3. 介导病原体感染的关键受体或配体基因编码产物可决定对某病原体的易感性 例如，对于嗜单核细胞 HIV 感染，CCR5 是重要的感染共受体，发现美国白人比美国黑人不易感主要由于有较高的 CCR5 自然突变率（10%），从而对 HIV 感染出现抗性。

4. 病原体诱导宿主免疫耐受 已证实 HBV 慢性感染可诱导宿主特异性免疫耐受，使宿主对 HBV 呈现免疫无应答状态。

（二）病原体逃逸抗感染免疫的病原体机制

1. 抗原变异 病毒可通过高频抗原变异而干扰宿主抗感染作用。例如，流感病毒的包膜蛋白血凝素和神经氨酸酶构成主要抗原和中和抗原，但可经常持续性地发生突变，逃逸已建立的抗感染免疫抗体的中和和阻断作用，造成世界范围内不断地感染流行。

2. 抑制被感染细胞的凋亡及释放抗原 被感染细胞的自发凋亡可促进抗原释放和清除及免疫识别，是固有免疫防御的策略之一。许多痘病毒编码**丝氨酸蛋白酶抑制剂**（serpin），抑制凋亡途径中胱天蛋白酶的激活，从而抑制凋亡。

3. 阻断补体激活 痘苗病毒产生能与 CAb 结合的蛋白，阻抑补体经典途径的激活。单纯疱疹病毒的一种糖蛋白，与 C3b 结合后可同时抑制补体经典途径和替代激活途径。

4. 抑制 NK 细胞的抗病毒杀伤功能 已知 NK 细胞是抗病毒感染的第一道固有免疫防线，也已知人类正常细胞表面的 HLA-C 和 HLA-E 与 NK 细胞的抑制受体结合可阻止杀伤；而 HIV 选择性下调 CTL 识别的Ⅰ类分子 HLA-A 和 HLA-B 分子表达。因此，HIV 不仅逃避 NK 细胞的天然杀伤作用，同时逃避特异性 CTL 的识别杀伤作用。

5. 编码细胞因子和趋化因子的类似物，干扰其重要调节功能 例如，EB 病毒产生 IL-10 的类似物 BCRF-1，抑制 Thl 细胞产生 IL-2、TNF-α 和 IFN-β。EB 病毒、HSV、腺病毒、HBV 分别编码Ⅰ型 IFN 的类似物 EBNA-2、γ134.5、E1A 和末端蛋白，阻断或下调 IFN 的抗病毒功能。多种痘病毒编码针对 IFN-β、IFN-α／β、IL-l、IL-6、IL-8、TNF 的分泌型受体，中和细胞因子的抗病毒活性及重要免疫调节活性。

6. 干扰宿主的抗原提呈、抑制 CTL 诱生　腺病毒、HIV 等分别合成 E1A、Tat 蛋白，抑制 MHC Ⅰ类分子转录，HCMV 则编码 US2／US11、UL18 蛋白，分别降解 MHC Ⅰ分子和竞争结合 β2m 分子。腺病毒和 HSV、HCMV 还编码病毒蛋白阻断 TAP 通道蛋白，使 MHC Ⅰ类分子抗原提呈途径受阻，最终无法有效诱导抗病毒 CTL 应答。

（周艳琳）

第十四节　超 敏 反 应

超敏反应（hypersensitivity）是指已被抗原致敏的机体再次接触相同抗原时所导致的生理功能紊乱和（或）组织损伤的特异性免疫应答。根据超敏反应发生的速度、机制及临床特点可分为Ⅰ～Ⅳ型，Ⅰ～Ⅲ型由抗体介导；Ⅳ型由 T 细胞介导。

一、Ⅰ型超敏反应

（一）Ⅰ型超敏反应的主要特点

Ⅰ型超敏反应，又称过敏反应（anaphylaxis）或变态反应（allergy），主要由 IgE 介导产生，可局部，也可全身发生反应。其主要特征是：①发生快，消退快，也称**速发型超敏反应**（immediate hypersensitivity）；②常引起生理功能紊乱，几乎不发生严重组织细胞损伤；③具有明显个体差异和遗传倾向。

（二）Ⅰ型超敏反应的变应原、变应素和细胞

1. 变应原　变应原（allergen）是指能够选择性诱导机体产生特异性 IgE 抗体的免疫应答，引起Ⅰ型超敏反应的抗原物质。常见的变应原有：①某些药物或化学物质，如青霉素、磺胺、普鲁卡因、有机碘化合物等。②吸入性变应原，如花粉颗粒、尘螨排泄物、真菌菌丝及孢子、昆虫毒液、动物皮毛等。③食物变应原，如奶、蛋、鱼虾、蟹贝等食物蛋白或部分肽类物质。

2. 变应素　特异性 IgE 为亲细胞抗体，可通过其 Fc 段与肥大细胞和嗜碱性粒细胞表面 IgE Fc 受体（FcεRI）结合，而使机体处于致敏状态。

3. 细胞　超敏反应相关细胞有肥大细胞、嗜碱性粒细胞和嗜酸性粒细胞。

（三）Ⅰ型超敏反应的发生机制

1. 致敏阶段　变应原进入机体后，可选择诱导变应原特异性 B 细胞产生 IgE 类抗体应答。IgE 类抗体的产生依赖 IL-4，IgE 类抗体与 IgG 类抗体不同，它们可在不结合抗原的情况下，以其 Fc 段与肥大细胞或嗜碱性粒细胞表面相应的 FcεRI 结合，而使机体处于对该变应原的致敏状态（图 3-3）。

2. 激发阶段　处于对某变应原致敏状态的机体再次接触相同变应原时，变应原与致敏的肥大细胞或致敏的嗜碱性粒细胞表面 IgE 抗体特异性结合，使其受体交联后，细胞活化释放生物活性介质。

3. 效应阶段　此阶段是释放的生物活性介质作用于效应组织和器官，引起局部或全身性的过敏反应。其可分为早期反应和晚期反应。早期（即刻）反应通常在接触变应原后数秒内发生，可持续数小时。该种反应主要由组胺、前列腺素等引起。晚期反应主要发生在变应原刺激 6～12h，可持续数天或更长时间。该种反应主要是由新合成的脂类介质如 LT、PAF 等引起的。此外，嗜酸性粒细胞及其产生的酶类物质和脂类介质，对晚期反应的形成和维持也起一定的作用。

生物活性介质主要有两类：①储备介质，有组胺、激肽原酶、类胰蛋白酶、嗜酸性粒细胞趋化因子（ECF-A）；②新合成介质，有前列腺素 D2（PGD2）、白三烯（LT）、血小板活化因子（PAF）、细胞因子。

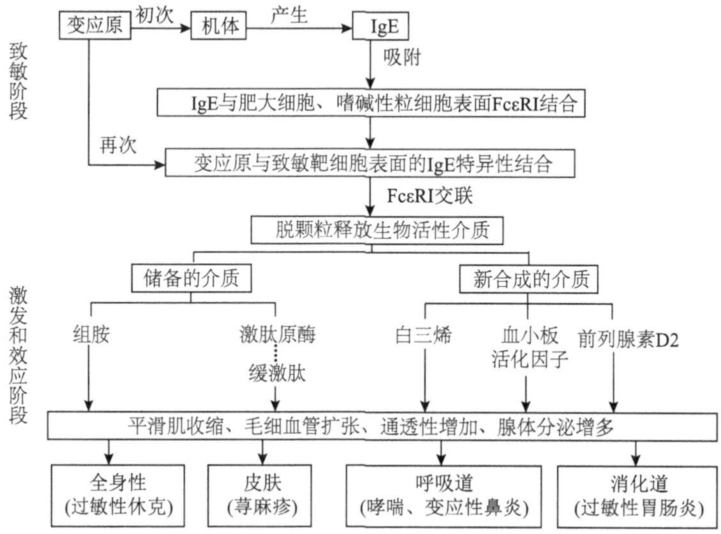

图 3-3 Ⅰ型超敏反应的发生机制

（四）临床常见的Ⅰ型超敏反应性疾病

1. 全身过敏性反应

（1）药物过敏性休克：以青霉素引发最为常见，头孢菌素、链霉素、普鲁卡因等也可引起。重者可发生过敏性休克甚至死亡。使用青霉素应临用前配制，放置 2h 后不宜使用。注射青霉素前必须做过敏试验。

（2）血清过敏性休克：应用动物免疫血清如破伤风抗毒素、白喉抗毒素进行治疗或紧急预防时，可因曾经注射过相同的动物血清制剂已被致敏而发生过敏性休克，重者可在短时间内死亡。

2. 呼吸道过敏反应 常因吸入花粉、尘螨、真菌和毛屑等变应原或呼吸道病原微生物感染引起。过敏性鼻炎和过敏性哮喘是临床常见的呼吸道过敏反应。

3. 消化道过敏反应 少数人进食鱼、虾、蟹、蛋、奶等食物后可发生过敏性胃肠炎，出现恶心、呕吐、腹痛和腹泻等症状，严重者也可发生过敏性休克。

4. 皮肤过敏 皮肤过敏反应主要包括荨麻疹、特异性皮炎（湿疹）和血管神经性水肿。这些皮肤过敏反应可由药物、食物、肠道寄生虫或冷热刺激等引起。

（五）Ⅰ型超敏反应的防治原则

1. 查找变应原，避免再次接触 查明变应原，避免与之接触是预防Ⅰ型超敏反应发生最有效的方法。临床检测变应原最常采用的方法是皮肤试验（皮试）。皮试若局部皮肤出现红晕、风团直径>1cm 者，为皮试阳性，说明该个体处于对该变应原的致敏状态。

2. 脱敏治疗

（1）异种免疫血清脱敏疗法：抗毒素皮试阳性但又必须使用者，可采用小剂量、短间隔（20～30min）多次注射抗毒素血清的方法进行分期分批脱敏治疗。此种脱敏是暂时的，经一定时间后机体又可重新被致敏。

（2）特异性变应原脱敏疗法：对已查明而难以避免接触的变应原如花粉、尘螨等，可采用小剂量、间隔较长时间、反复多次皮下注射相应变应原的方法进行脱敏治疗。其机制与改变抗原进入途径、诱导产生特异性的 IgG 类抗体及特异性 Treg 细胞有关。

3. 药物防治

（1）抑制生物活性介质合成和释放的药物：①阿司匹林为环氧合酶抑制剂，可抑制前列腺素等介质生成。②色苷酸钠可稳定细胞膜，阻止致敏靶细胞脱颗粒释放生物活性介质。③肾上腺素、异丙肾上腺素和前列腺素 E 可通过激活腺苷酸环化酶促进 cAMP 合成；甲基黄嘌呤和氨茶碱则可通过抑制磷酸二酯酶阻止 cAMP 分解。两者殊途同归，均使胞内 cAMP 浓度升高，可抑制靶细胞脱颗粒、释放生物活性介质。

（2）生物活性介质拮抗药：苯海拉明、扑尔敏、异丙嗪等抗组胺药物，可通过与组胺竞争结合组胺受体而发挥抗组胺作用；阿司匹林为缓激肽拮抗剂；多根皮苷酊磷酸盐则对白三烯（LT）具有拮抗作用。

（3）改善效应器官反应性的药物：肾上腺素既可解除支气管平滑肌痉挛，又可使外周毛细血管收缩升高血压，这在抢救过敏性休克时具有重要作用。葡萄糖酸钙、氯化钙、维生素 C 等除可解痉外，还能降低毛细血管通透性和减轻皮肤与黏膜的炎症反应。

4. 免疫生物疗法

（1）将起佐剂作用的 IL-12 等分子与变应原共同使用，可使 Th2 型免疫应答向 Th1 型转换，下调 IgE 的产生。

（2）用编码变应原的基因与 DNA 载体重组制成 DNA 疫苗进行接种，可成功诱导 Th1 型应答。

（3）针对 IgE 分子上与 FcεRI 结合部位的人源化单抗，能与循环中的 IgE 结合，阻止其与肥大细胞或嗜碱性粒细胞表面的 FcεRI 结合。但此单抗对已与肥大细胞或嗜碱性粒细胞结合的 IgE 不起作用。

（4）重组可溶型 IL-4 受体（sIL-4R）与 IL-4 结合，阻断其生物学效应，降低 Th2 细胞的活性，减少 IgE 抗体的产生。

二、Ⅱ型超敏反应

Ⅱ型超敏反应是由 IgG 或 IgM 类抗体与靶细胞表面相应抗原结合后，在补体、吞噬细胞和 NK 细胞参与下，引起的以细胞溶解或组织损伤为主的病理性免疫反应，故此型超敏反应又称细胞毒型超敏反应或细胞溶解型超敏反应。

（一）Ⅱ型超敏反应的发生机制

抗体与正常的组织细胞、改变抗原性的组织细胞或自身组织细胞表面的药物抗原表位或形成抗原-抗体复合物黏附于细胞表面，可通过以下途径引起靶细胞的损伤（图 3-4），其主要杀伤机制如下。

（1）IgG 或 IgM 抗体与靶细胞表面抗原结合后，通过结合补体活化的经典途径，以及通过补体裂解产物 C3b、C4b、iC3b 介导的调理作用，使靶细胞溶解破坏。

（2）IgG 抗体与靶细胞特异性结合后，通过其 Fc 段与效应细胞表面存在的 Fc 受体结合，调理吞噬和（或）ADCC 作用，介导吞噬细胞或 NK 细胞溶解破坏靶细胞。此外，抗细胞表面受体的自身抗体与相应受体结合，可导致细胞功能紊乱，表现为受体介导的对靶细胞的刺激或抑制作用。

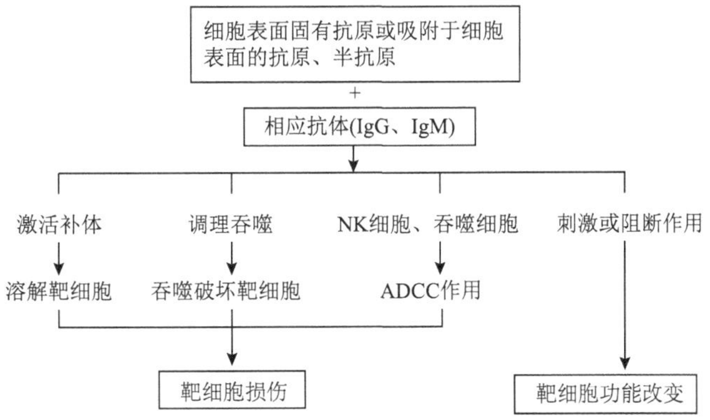

图 3-4 Ⅱ型超敏反应的发生机制

（二）Ⅱ型超敏反应临床常见疾病

1. 输血反应 多发生于 ABO 血型不符的输血。例如，将 A 型供血者的血误输给 B 型受血者，由于 A

型血红细胞表面有A抗原，受者血清中有天然抗A抗体（IgM），两者结合后激活补体可使红细胞溶解破坏引起溶血反应。反复输血引起的非溶血性输血反应与HLA分子相关。

2. 新生儿溶血症 母子间Rh血型不符是引起新生儿溶血症的主要原因。血型为Rh−（RhD基因缺失）的母亲由于输血、流产或分娩等原因接受红细胞表面Rh抗原刺激后，可产生IgG类抗体的Rh抗体，可通过胎盘。当体内产生Rh抗体的母亲再次妊娠，且胎儿血型为Rh+时，母体内的Rh抗体便可通过胎盘进入胎儿体内，与其红细胞结合使之溶解破坏，引起流产或发生新生儿溶血。全身换血可治疗新生儿溶血。

3. 自身免疫性溶血性贫血 服用甲基多巴类药物等使红细胞膜表面成分发生改变，刺激机体产生红细胞自身抗体，这种抗体与自身改变的红细胞特异性结合，可引起自身免疫性溶血性贫血。

4. 药物过敏性血细胞减少症 青霉素、磺胺、安替比林、奎尼丁和非那西汀等药物抗原表位能与血细胞膜蛋白或血浆蛋白结合获得免疫原性，刺激机体产生药物抗原表位特异性的抗体。此抗体与药物结合的红细胞、粒细胞或血小板作用，或与药物结合形成抗原-抗体复合物后，再与具有FcγR的血细胞结合，可引起药物性溶血性贫血、粒细胞减少症和血小板减少性紫癜。

5. 肺出血-肾炎综合征 肺出血-肾炎综合征产生针对基底膜抗原的自身IgG类抗体，如抗Ⅳ型胶原的抗体。肺泡细胞基底膜和肾小球基底膜之间存在共同抗原，此种抗体可同存在共同抗原的肺泡细胞基底膜和肾小球基底膜结合，激活补体或通过调理作用，导致肺出血和肾炎。

6. 甲状腺功能亢进 又称格雷夫斯病（Graves disease），是一种特殊的Ⅱ型超敏反应，即抗体刺激型超敏反应。该病患者体内产生针对甲状腺细胞表面**甲状腺刺激素**（thyroid stimulating hormone，TSH）受体的自身抗体与甲状腺细胞表面TSH受体结合，可刺激甲状腺细胞持续大量合成分泌甲状腺素，引起甲状腺功能亢进，而不是使甲状腺细胞破坏。

三、Ⅲ型超敏反应

（一）Ⅲ型超敏反应的发生机制

Ⅲ型超敏反应是由可溶性抗原与抗体结合形成中等大小的可溶性免疫复合物沉积于局部或全身多处毛细血管基底膜后，通过激活补体和在一些效应细胞（如血小板、嗜碱性粒细胞、肥大细胞、中性粒细胞等）参与作用下，引起的以充血水肿、局部坏死和中性粒细胞浸润为主要特征的炎症反应和组织损伤，故称为**免疫复合物型**（immune complex type）或**血管炎型**（vasculitic type）超敏反应（图3-5）。

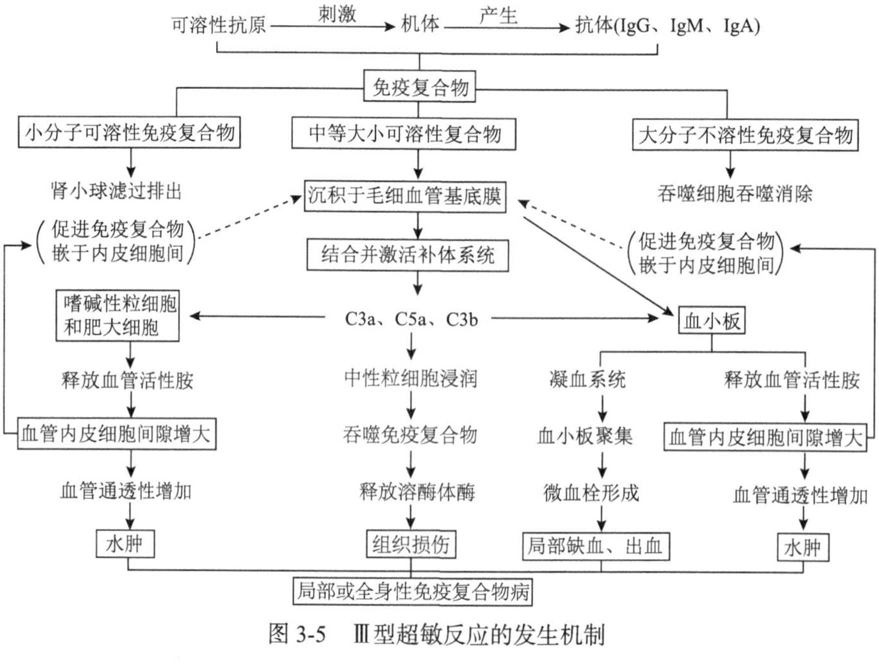

图3-5 Ⅲ型超敏反应的发生机制

（二）Ⅲ型超敏反应的临床常见疾病

1. 局部免疫复合物病

（1）Arthus 反应：是一种实验性局部Ⅲ型超敏反应。1903 年，Arthus 发现用马血清经皮下反复免疫家兔数周后，当再次注射马血清时，可在注射局部出现红肿、出血和坏死等剧烈炎症反应。此种现象称为 Arthus 反应。

（2）类 Arthus 反应：可见于胰岛素依赖型糖尿病患者。局部反复注射胰岛素后可刺激机体产生相应 IgG 类抗体，若此时再次注射胰岛素，即可在注射局部出现红肿、出血和坏死等与 Arthus 反应类似的局部炎症反应。

2. 全身性免疫复合物病

（1）血清病：通常是在初次大量注射抗毒素（马血清）后 1～2 周发生，其主要临床症状是发热、皮疹、淋巴结肿大、关节肿痛和一过性蛋白尿等。血清病具有自限性，停止注射抗毒素后症状可自行消退。

（2）链球菌感染后肾小球肾炎：一般发生于 A 族溶血性链球菌感染后 2～3 周。此时体内产生抗链球菌抗体，与链球菌可溶性抗原结合形成循环免疫复合物，沉积在肾小球基底膜上，可引起免疫复合物型肾炎。由免疫复合物引起的肾炎也可由其他病原微生物如葡萄球菌、肺炎双球菌、乙型肝炎病毒或疟原虫感染后发生。

（3）类风湿性关节炎：病因尚未完全查明，可能与病毒或支原体的持续感染有关。目前认为，上述病原体或其代谢产物能使体内 IgG 分子发生变性，当自身变性 IgG 与其刺激产生的类风湿因子结合形成的免疫复合物反复沉积于小关节滑膜时，即可引起类风湿性关节炎。

（4）**系统性红斑狼疮**（systemic lupus erythematosus，SLE）：SLE 患者体内出现多种自身抗体，自身抗体与自身成分结合成 IC，沉积在全身多处血管基底膜，导致组织损伤，因而表现为全身多器官病变。

四、Ⅳ型超敏反应

（一）Ⅳ型超敏反应的发生机制

Ⅳ型超敏反应是抗原诱导的一种细胞性免疫应答，是效应 T 细胞与特异性抗原结合后，引起的以单个核细胞浸润和组织损伤为主要特征的炎症反应。此型超敏反应发生较慢，通常在接触相同抗原后 24～72h 出现炎症反应，因此又称迟发型超敏反应。此型超敏反应发生与抗体和补体无关，而与效应 T 细胞和吞噬细胞及其产生的细胞因子或细胞毒性介质有关（图 3-6）。

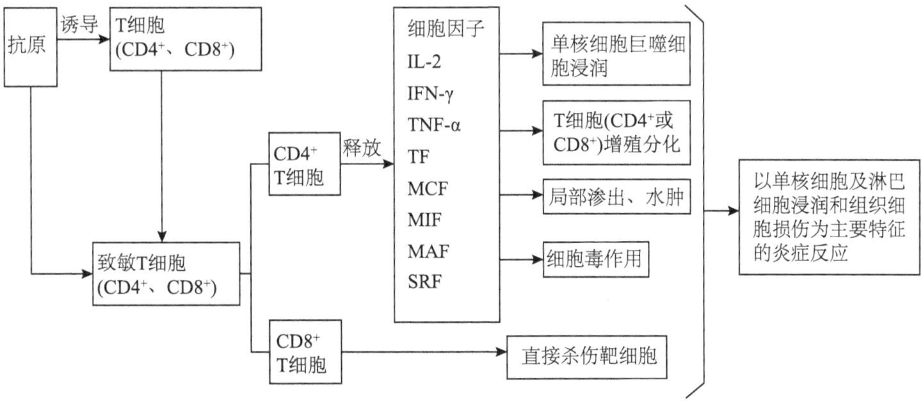

图 3-6 Ⅳ型超敏反应的发生机制

（二）Ⅳ型超敏反应临床常见疾病

1. 感染性迟发型超敏反应 多发生于胞内寄生物感染，如结核杆菌等分枝杆菌和某些原虫感染等。胞内感染有结核杆菌的巨噬细胞在Th1细胞释放的细胞因子IFN-γ作用下被活化，可将结核杆菌杀死。如果结核杆菌抵抗活化巨噬细胞的杀伤效应，则可发展为慢性炎症，形成肉芽肿（granuloma）。肉芽肿中心是由巨噬细胞融合成的巨细胞构成，在缺氧和巨噬细胞的细胞毒作用下，可形成干酪样坏死。结核菌素试验为典型的实验性传染性迟发型超敏反应。

2. 接触性迟发型超敏反应 接触性皮炎为典型的接触性迟发型超敏反应，通常是由于接触小分子半抗原物质如油漆、染料、农药、化妆品和某些药物（磺胺和青霉素）等引起。小分子的半抗原与体内蛋白质结合成完全抗原，经朗汉斯细胞摄取提呈给T细胞，并刺激细胞活化、分化为效应T细胞。机体再次接触相应抗原可发生接触性皮炎，导致局部皮肤出现红肿、皮疹、水疱，严重者可出现剥脱性皮炎。

3. 急性移植排斥反应 进行同种异体器官或组织移植后，如果供受体双方组织相容性抗原（HLA）不完全相同，这种供体组织抗原可诱发受体产生以细胞免疫为主的排斥反应，最终导致移植物坏死脱落，称为移植排斥反应。通常临床上进行异体器官移植后，为了减轻或延缓移植排斥反应，会在术后大剂量长期使用免疫抑制剂，以抑制排斥反应的发生。

（周艳琳）

第十五节 自身免疫和自身免疫性疾病

一、基本概念

自身免疫（autoimmunity）：某些情况下自身耐受遭到破坏，机体免疫系统针对自身抗原产生免疫应答，体内可检出**自身抗体**（autoantibody）或**自身反应性B/T细胞**（autoreactive B/T lymphocyte），此为自身免疫。

自身免疫性疾病（autoimmune disease，AID）：在某些内因和外因的诱发下，自身免疫耐受状态被打破，持续迁延的自身免疫对自身抗原产生异常的免疫应答，造成自身细胞破坏、组织损伤或功能异常而导致的临床病症。

二、自身免疫的组织损伤机制

1. 自身抗体介导

（1）自身抗体直接介导细胞破坏：针对自身细胞膜成分的自身抗体结合细胞后通过Ⅱ型超敏反应引起自身细胞的破坏，其病理损伤机制为：①激活补体系统，溶解细胞；②补体裂解片段招募中性粒细胞到达发生反应的局部，释放酶和介质引起细胞损伤；③补体裂解片段通过调理吞噬作用促进吞噬细胞损伤自身细胞；④NK细胞通过ADCC杀伤自身细胞。

（2）自身抗体介导细胞功能异常：抗细胞表面受体的自身抗体可通过模拟配体的作用，或竞争性阻断配体的效应等导致细胞和组织功能紊乱，引发自身免疫病。

（3）自身抗体与自身抗原形成免疫复合物介导组织损伤：自身抗体和相应的自身抗原结合形成的免疫复合物，沉积于局部或全身多处毛细血管基底膜后，激活补体，并在中性粒细胞、血小板、嗜碱性粒细胞等效应细胞的参与下，导致自身免疫病，其病理损伤机制为Ⅲ型超敏反应。

2. 自身反应性T细胞介导 自身反应性T细胞在一定条件下可引发自身免疫病。参与此型组织损伤的效应细胞主要为$CD4^+$Th1和$CD8^+$CTL，其病理损伤机制为Ⅳ型超敏反应。活化的$CD4^+$Th1释放多种细胞因子引起以淋巴细胞、单核-巨噬细胞浸润为主的炎症反应；活化的自身反应性$CD8^+$CTL对局部自身细胞有直接杀伤作用。

三、自身免疫性疾病的诱因

1. 隐蔽抗原的释放 体内某些自身抗原（如精子、眼晶状体等）位于特殊解剖位置，自胚胎期始从未与机体免疫系统接触，被称为**隐蔽抗原**（secluded antigen），故针对该抗原的特异性淋巴细胞克隆未被清除。手术、外伤或感染等情况下，隐蔽抗原可释入血液、淋巴液而与淋巴细胞接触，从而诱发异常的自身免疫应答。例如，输精管结扎术可能使精子释入血液，刺激机体产生抗精子抗体，引发自身免疫性睾丸炎。

2. 自身抗原的改变 物理因素、化学因素或生物学因素均可导致自身组织抗原性质改变。例如，长期使用肼酞嗪、普鲁卡因胺、异烟肼等药物可诱发系统性红斑狼疮样综合征。

3. 分子模拟 某些外来抗原（尤其是病原微生物）具有与宿主正常细胞或细胞外基质相似的抗原表位，宿主针对外来抗原产生的抗体能与表达共同表位的宿主自身抗原发生交叉反应，这种现象称为**分子模拟**（molecular mimicry）。例如，大肠埃希菌 O_{14} 与结肠黏膜有相似的抗原决定簇，故 O_{14} 株感染可致溃疡性结肠炎。

4. 淋巴细胞的多克隆激活 由于一些其他因素导致的多克隆 T、B 细胞非特异性活化。

5. 表位扩展 依据抗原表位诱导机体产生应答的强弱可分为两类：①**优势表位**（dominant epitope），具有强免疫原性，在抗原初始接触免疫细胞时，可首先激发免疫应答；②**隐蔽表位**（cryptic epitope），隐藏于抗原大分子内部或密度较低，在后续应答过程中才可激活免疫细胞。已发现在特定抗原刺激机体后，免疫系统首先针对优势表位产生应答，却不足以清除该抗原，随着免疫应答的持续，机体可相继针对更多抗原表位（包括隐蔽表位）产生应答，此现象为**"表位扩展"**（epitope spreading）。

6. 免疫调节异常 Treg 细胞在维持自身耐受中发挥重要作用，Treg 细胞分化和功能异常可导致自身免疫紊乱。

7. 遗传相关因素 已发现 AID 发病有家族遗传倾向，即 AID 易感性与遗传因素密切相关。例如，单卵孪生子患同一 AID 的概率明显比异卵孪生子高；特定基因表达异常或调控免疫细胞发育、分化的基因突变、缺失、异常，均可导致个体易感染某些 AID。

四、自身免疫性疾病的治疗

1. 基本治疗原则 AID 确切病因和发病机制均尚待深入，目前临床常规治疗措施多限于缓解 AID 患者临床症状。①去除诱因，凡药物诱发的 AID 应立即停用该药；②对症治疗，选用相应疗法进行治疗，如抗炎疗法、替代疗法等；③免疫抑制剂疗法，常用的免疫抑制剂包括肾上腺皮质激素、环磷酰胺、甲氨蝶呤等。

2. 自身免疫性疾病的治疗策略 理论上，特异性免疫治疗是防治 AID 的最佳策略。但是由于 AID 病因和发病机制均未完全阐明且机体免疫调节网络极为复杂，目前所探索的疗法多处于实验研究阶段，仅有少数的方案已进入临床试验。

（1）口服抗原诱导自身耐受：口服抗原通过相关淋巴组织诱导免疫耐受，可能预防或抑制 AID 的发生。例如，口服重组胰岛素防治糖尿病；口服Ⅱ型胶原防治类风湿关节炎。

（2）阻断自身反应性 T 细胞克隆激活：应用类似于自身抗原的多肽片段，同致病性自身抗原竞争性与 APC 表面 MHC 分子或 TCR 结合，可阻断自身抗原诱发的 T 细胞应答。

（3）清除自身反应性 T 细胞克隆：以自身 T 细胞为疫苗，可诱导针对自身反应性 T 细胞的特异性应答。例如，给动物注射髓鞘碱性蛋白特异的减活 T 细胞克隆，亚致病剂量时能有效预防实验性变态反应性脊髓炎。

（4）诱生调节性 T 细胞：动物实验发现，分离、扩展 NOD 小鼠的抗原特异性 Treg，转输至糖尿病动物膜型，可逆转糖尿病。

（5）同种异体造血干细胞移植：某些 AID 是机体免疫系统因先天或后天原因出现严重缺陷所致，通过造血干细胞移植可重建免疫系统，从而治愈 AID。

（6）建立针对特定自身抗原的中枢/外周耐受：例如，胸腺细胞异位表达自身组织限制性抗原诱导中枢耐受；转述表达 TRA 的自身造血干细胞诱导自身耐受。实验研究已证实，胸腺异位表达特定自身抗原的转基因鼠可预防某些 AID 发生，如自身免疫性胃炎、NOD 鼠Ⅰ型糖尿病和实验性自身免疫眼色素层炎。

（周艳琳）

第十六节 免疫缺陷病

一、基本概念

免疫缺陷病（immunodeficiency disease，IDD）是由免疫系统中任何一个成分在发生、发育和成熟过程中缺失或功能不全而导致免疫功能障碍所引起的疾病。

免疫缺陷病根据发病原因不同可分为**原发性免疫缺陷病**（primary immunodeficiency disease，PIDD）和**获得性免疫缺陷病**（acquired immunodeficiency disease，AIDD）两大类。根据缺损的免疫系统成分不同，可分为体液免疫缺陷、细胞免疫缺陷、联合免疫缺陷、吞噬细胞功能缺陷和补体缺陷 5 类。

二、原发性免疫缺陷病

原发性免疫缺陷病是由于免疫系统先天性发育缺陷而导致免疫功能不全，可分为特异性免疫缺陷（T、B 细胞和联合免疫缺陷）和非特异性免疫缺陷（补体系统与吞噬细胞缺陷）。

1. B 细胞缺陷 是由于 B 细胞先天性发育不全或由于 B 细胞不能接受 T 细胞传递的信号而导致抗体减少的一类疾病。其主要特征为体内 Ig 水平降低或缺陷，外周血 B 细胞减少或缺陷。其主要表现为反复化脓性感染或对某种疾病的易感性增加，如 X 连锁无丙种球蛋白血症、X 连锁高 IgM 综合征、选择性 IgA 缺陷病等。

2. T 细胞缺陷 因胸腺或 T 细胞分化障碍所致。由于 B 细胞对 TD 抗原产生应答有赖于 T 细胞辅助，故 T 细胞缺陷常伴有体液免疫功能下降。例如，先天性胸腺发育不全综合征，又称 DiGeorge 综合征，为典型的 T 细胞缺陷性疾病，并伴有甲状腺功能低下。易反复感染病毒、真菌、原虫及胞内寄生菌。

3. 联合免疫缺陷 **重症联合免疫缺陷病**（severe combined immunodeficiency disease，SCID）是 T、B 细胞发育障碍或缺乏细胞间相互作用所致的疾病，多见于新生儿和婴幼儿。例如，**腺苷脱氨酶**（adenosine deaminase，ADA）缺陷是细胞内 dATP 或 dGTP 积聚，抑制 DNA 合成所必需的核糖核苷还原酶，影响淋巴细胞的生长和发育。

4. 吞噬细胞缺陷 吞噬细胞黏附能力和杀菌活性等发生障碍，均可导致吞噬细胞功能缺陷。慢性肉芽肿病是常见的吞噬细胞功能缺陷性疾病，因呼吸爆发缺陷所致，多数为 X 连锁遗传，患者多为男性，少数为常染色体隐性遗传，男女均可发病。临床上患者表现为反复、严重的化脓性感染。

5. 补体系统缺陷 在补体系统中，几乎所有的补体固有成分、补体调控蛋白及补体受体都可发生缺陷。多数为常染色体隐性遗传，少数为常染色体显性遗传。补体固有成分缺陷患者表现为系统性红斑狼疮样综合征，抗感染能力低下，易发生化脓性细菌感染。

三、获得性免疫缺陷病

获得性免疫缺陷病是后天因素造成的、继发于某些疾病或使用药物后产生的免疫缺陷病。某些病毒、细菌和寄生虫感染，均可不同程度地影响机体的免疫系统，导致获得性免疫缺陷。获得性免疫缺陷综合征（AIDS）是因 HIV 侵入机体，引起细胞免疫严重缺陷，导致以机会性感染、恶性肿瘤和神经系统病变为特征的临床综合征。

（周艳琳）

第十七节 肿 瘤 免 疫

肿瘤免疫学（tumor immunology）是研究肿瘤的免疫原性、机体对肿瘤免疫监视和免疫应答、机体的免疫状态与肿瘤发生发展的相互关系，以及肿瘤免疫的机制、肿瘤的免疫诊断和免疫防治的科学。

一、肿瘤抗原

（一）概念

肿瘤抗原泛指细胞癌变过程中新出现的或肿瘤细胞过度表达的抗原物质，在肿瘤的发生、发展及诱导机体对肿瘤产生免疫应答过程中起着重要作用，可以作为肿瘤免疫诊断的标志物和治疗的靶分子。

（二）分类

1. 根据肿瘤抗原的特异性 肿瘤抗原可以分为**肿瘤特异性抗原**（tumor specific antigen，TSA）和**肿瘤相关抗原**（tumor associated antigen，TAA）。

（1）肿瘤特异性抗原：是指只存在于某一种或者几种肿瘤细胞而不存在于正常细胞的新抗原。

（2）肿瘤相关抗原：指肿瘤细胞和正常细胞组织均可表达，但在细胞癌变时含量会明显升高的抗原。此类抗原仅表现为量的变化，而无严格的肿瘤特异性。例如，胚胎抗原是胚胎发育阶段由胚胎组织产生的，在某些细胞的特定分化阶段表达，正常细胞不表达，而细胞恶性转化并发展为肿瘤细胞后可高表达的抗原。常见的有肝癌细胞产生的甲胎蛋白（AFP）、结肠癌细胞表达的癌胚抗原（CEA），还有一类抗原在胚胎期表达，出生后只表达于睾丸或卵巢等生殖母细胞，同时在肿瘤细胞表达的肿瘤睾丸抗原（CTA）。

2. 根据肿瘤产生的机制 分为理化因素诱发的肿瘤抗原、病原体诱发的抗原和自发性肿瘤抗原。

（1）理化因素诱发的肿瘤抗原：某些化学制剂（甲基胆蒽、二乙基亚硝胺）或物理因素（紫外线、X 射线）可引起基因突变或激活抑癌基因表达新抗原。此类抗原的特点是特异性强，免疫原性弱，有明显个体差异。

（2）病原体诱发的抗原：某些肿瘤发生与病原体感染相关，如人鼻咽癌、Burkitt 淋巴瘤与 EB 病毒，人原发性肝癌与乙型肝炎病毒（HBV），人宫颈癌和人乳头状瘤病毒（HPV）等。

（3）自发性肿瘤抗原：自发性肿瘤指发病机制尚未阐明的肿瘤，多数人类的肿瘤属此类。此类抗原包括突变的基因产物、胚胎抗原、分化抗原和异常表达正常的成分等。

二、机体抗肿瘤免疫的效应机制

机体的免疫功能与肿瘤的发生发展密切相关，当宿主免疫功能低下或受到抑制时，易发生肿瘤，而当肿瘤进行性生长时，肿瘤患者的免疫功能也会受到肿瘤的抑制，二者互为因果，双方各因素的消长直接影响肿瘤的发生和发展。

机体对肿瘤的免疫应答的产生及其强度不仅取决于肿瘤免疫原性，还受到宿主的免疫功能和其他因素的影响，当体内有细胞恶变时，固有免疫应答发挥第一线抗肿瘤的作用，如果固有免疫应答没能阻止肿瘤的发生发展，特异性免疫应答将发挥作用，一般细胞免疫是抗肿瘤免疫的主力军，体液免疫通常仅在某些情况下起协同作用，因此宿主对肿瘤的免疫应答是细胞免疫和体液免疫的综合结果。

1. 免疫效应细胞的抗肿瘤作用 适应性免疫效应细胞如 $CD8^{+}$CTL、$CD4^{+}$Th 细胞，以及固有免疫细胞如 NK 细胞、巨噬细胞和 NKT 细胞等参与了机体的抗肿瘤作用。

（1）T 细胞介导的特异性抗肿瘤作用：$CD8^{+}$CTL 是抗肿瘤的主要效应细胞，CTL 主要通过穿孔素-颗粒酶途径、Fas/FasL 途径和 TNF-TNFR 途径（或称死亡受体途径）对突变的细胞或肿瘤细胞进行特异性杀伤作用。

CD4$^+$Th 细胞在 CD8$^+$CTL 激活中起重要的辅助作用，本身也能产生细胞因子间接参与抗肿瘤免疫效应。产生的趋化因子能招募 CTL 和巨噬细胞等到肿瘤局部发挥效应，IFN 可激活巨噬细胞，增强其对肿瘤细胞的吞噬和杀伤作用；TNF 能直接诱导肿瘤细胞凋亡并诱导肿瘤血管坏死等。另外，CD4$^+$Th 细胞也可直接杀伤肿瘤细胞。

（2）固有免疫细胞的抗肿瘤效应：NK 细胞的抗肿瘤效应中，NK 细胞是早期抗肿瘤的重要细胞，是抗肿瘤的第一道防线。NK 细胞在趋化因子的作用下迁移至肿瘤局部后通过 4 种方式杀伤靶细胞：ADCC、Fas/FasL 途径、穿孔素-颗粒酶途径和通过黏附分子结合靶细胞再释放 TNF 等细胞因子杀伤靶细胞。

巨噬细胞的抗肿瘤效应，一方面，巨噬细胞作为专职的 APC 和固有免疫效应细胞具有抗肿瘤作用，活化的巨噬细胞可以非特异吞噬和销毁肿瘤细胞，也可以通过 ADCC 杀伤肿瘤细胞，还可以通过分泌 TNF、NO 等细胞毒性因子间接杀伤肿瘤细胞；另一方面，巨噬细胞可以被肿瘤细胞分泌的某些物质驯化，成为免疫抑制性巨噬细胞而促进肿瘤的发展。

2. 免疫效应分子的抗肿瘤作用 免疫细胞产生的免疫效应分子及一些酶类分子等参与了机体的抗肿瘤作用。

（1）抗体在抗肿瘤免疫中的作用：肿瘤抗原激活 B 细胞，进一步分化发育为浆细胞，浆细胞分泌具有抗肿瘤作用的抗体，通过 4 种途径发挥作用：激活补体溶解肿瘤细胞；IgG 可介导巨噬细胞、NK 细胞发挥 ADCC 效应；抗体的调理作用；抗体封闭肿瘤细胞上的某些受体，抑制肿瘤细胞的生长。

（2）其他免疫效应分子在抗肿瘤免疫中的作用：干扰素、肿瘤坏死因子等细胞因子、补体分子及酶类物质具有非特异性抑制或杀伤肿瘤细胞的作用，也是机体抗肿瘤的免疫机制之一。

三、肿瘤免疫逃逸机制

（一）肿瘤细胞具有逃避免疫监视的能力

突变细胞在体内生长和增殖的过程中，部分免疫原性强的细胞被机体的免疫系统识别后杀伤，部分突变的细胞通过多种机制逃避免疫系统的识别和清除，从而导致肿瘤的形成。

1. 肿瘤细胞的抗原缺失和抗原调变 抗原的免疫原性弱，无法诱导机体产生足够强度的抗肿瘤免疫应答以清除肿瘤细胞。抗原调变指机体在抗肿瘤免疫的压力下，肿瘤细胞表达的抗原减少或丢失，而使肿瘤细胞逃避免疫细胞的识别和杀伤。

2. 肿瘤细胞 MHC Ⅰ类分子表达低下 肿瘤细胞大多表达 MHC Ⅰ类分子缺陷或表达功能低下，致使肿瘤细胞不能或弱提呈肿瘤抗原，无法诱导 CTL 和杀伤肿瘤细胞。

3. 肿瘤细胞共刺激信号异常 肿瘤细胞异常表达共刺激信号不能提供 T 细胞活化的第二信号，而无法诱导抗肿瘤的免疫应答，T 细胞的失能使机体对肿瘤产生耐受。

4. 肿瘤细胞表达或分泌免疫抑制因子 肿瘤细胞可表达某些蛋白质分子和分泌多种免疫抑制因子，抑制调节性细胞因子的分泌，下调免疫效应细胞的活性，保护肿瘤细胞免受特异性 CTL 的损伤。

5. 肿瘤细胞抗凋亡作用 肿瘤细胞表达抗多种凋亡分子，从而抵抗 CTL 等诱导的凋亡，逃避杀伤效应。

（二）宿主免疫功能有关的因素

宿主免疫力的高低也是肿瘤细胞能否实现免疫逃逸的关键。宿主由于某种原因处于免疫功能低下状态，如长期服用免疫抑制剂、HIV 感染等；宿主抗原提呈细胞功能低下或缺陷；宿主体内存在一定量的“增强抗体”或“封闭因子”等。这些都有助于肿瘤逃避宿主免疫系统的攻击。

四、肿瘤的免疫治疗

肿瘤的免疫治疗是通过激发和增强机体的免疫功能，以达到控制和杀伤肿瘤细胞的目的。免疫疗法只能清除少量的或者播散的肿瘤细胞，因此作为一种辅助疗法与手术、放化疗等常规疗法联合使用。

（一）非特异性免疫治疗

非特异性免疫治疗是指应用一些免疫佐剂（如卡介苗、短小棒状杆菌、酵母多糖、香菇多糖等）非特异性地增强宿主的免疫功能、激活宿主的抗肿瘤免疫应答。这也取得了一定的抗肿瘤效果。

（二）主动免疫治疗

肿瘤的主动免疫治疗是利用肿瘤抗原的免疫原性，采用给荷瘤宿主注射具有免疫原性的瘤苗（如灭活的瘤苗、异构的瘤苗、抗独特型抗体瘤苗、基因重组肿瘤疫苗等）刺激宿主免疫系统产生抗肿瘤免疫应答。目前比较受关注的是采用化学合成或基因重组方法制备的肿瘤疫苗抗原多肽或多肽与佐剂等效应分子的融合蛋白形成的蛋白多肽疫苗，以及将某些细胞因子基因、共刺激分子基因、MHC Ⅰ类抗原分子基因等转移入肿瘤细胞后所制备的免疫原性强的基因修饰疫苗。目前成功的范例是美国上市的 HPV 疫苗，应用于预防宫颈癌。

（三）被动免疫治疗

肿瘤的被动免疫治疗是指给机体输入外源性的免疫效应物质，包括抗体、细胞因子、免疫效应细胞等。这些外源性的免疫效应物质能在宿主体内发挥抗肿瘤的作用。

应用基因工程抗体治疗肿瘤是近年来肿瘤免疫治疗方面最为令人瞩目的进展之一。目前多种疗效确切的基因抗体已广泛应用于临床。例如，靶向人类表皮生长因子受体-2（HER-2）的基因工程抗体用于治疗乳腺癌，靶向 CD20 的基因工程抗体用于治疗 B 细胞淋巴瘤，靶向表皮生长因子受体（EGFR）的基因工程抗体应用于治疗转移性结直肠癌。

此外，体外扩增和激活免疫效应细胞包括细胞因子诱导的杀伤（CIK）细胞、肿瘤浸润淋巴细胞（TIL）、肿瘤抗原特异的 CTL、活化的单核-巨噬细胞等过继回输到荷瘤宿主体内，也具有一定的抗肿瘤效果，目前其临床疗效还有待进一步确认。

（程小飞）

第十八节　移 植 免 疫

一、基本概念分类

（一）定义

移植（transplantation）是指利用异体（或自体）正常细胞、组织、器官将病变的或功能缺损的细胞、组织、器官进行置换，以维持和重建机体生理功能。

（二）分类

1. 自体移植（autologous transplantation）　以自身的细胞、组织或器官进行移植，无排斥反应，可永久存活。例如，烧伤后将自身健康皮肤移植至烧创面上，移植物可终生存活。

2. 同系移植/同基因移植（homologous transplantation）　遗传背景完全相同的两个个体间移植。例如，同卵双生或同系动物间移植，移植后不发生排斥反应。

3. 同种异基因移植（allogeneic transplantation）　同种不同个体间的移植，移植物取自同种间遗传背景不同的另一个体，移植后常出现排斥反应，排斥反应的强弱取决于供、受体遗传背景的差异程度，差异越大，排斥越强，目前临床进行的移植多属此类。

4. 异种移植（xeno-transplantation）　不同种属个体间的移植，如将猪的心脏移植给人。由于供、受体间遗传背景差异较大，此类移植可产生较强的排斥反应。

二、同种移植排斥反应的类型及机制

同种移植排斥反应包括**宿主抗移植物反应**（host versus graft reaction，HVGR）和**移植物抗宿主反应**（graft versus host reaction，GVHR）。

（一）宿主抗移植物反应

1. 超急性排斥反应（hyperacute rejection） 移植器官与受者血管接通后数分钟至24h发生的排斥反应，见于反复输血、多次妊娠、长期血液透析或再次移植的个体。该反应是由于受者体内预先存在抗供者组织抗原的抗体，包括供者ABO血型抗原、血小板抗原、HLA抗原等同种异型的抗原，这些天然抗原多为IgM类。在血型相配的情况下，超急性排斥反应多由IgG类抗体介导。

2. 急性排斥反应（acute rejection） 同种异基因移植后最常见的排斥反应，一般发生在移植术后几个小时至6个月，临床上表现为发热、全身不适、移植物肿大和疼痛，同时伴有移植物功能突然减退。细胞免疫应答在急性排斥反应中发挥主要作用，机制为：①$CD4^+$ Th1细胞介导的迟发型超敏反应，是造成移植物损伤的主要原因；②CTL直接杀伤表达同种异型抗原的移植物细胞；③激活的巨噬细胞和NK细胞参与急性排斥反应的组织损伤。

3. 慢性排斥反应（chronic rejection） 多发生在术后数月或数年内，也可发生在急性排斥后。进展缓慢，往往呈隐匿性，移植物功能逐渐减退或丧失。其免疫学机制主要是对血管内皮细胞（VEC）的慢性排斥反应。

（二）移植物抗宿主反应

往往导致受者多器官功能衰竭。常见于接受骨髓移植的患者，另外也可见于有大量淋巴组织的实质性器官移植受者，如小肠移植。受者的皮肤、肠道、眼是主要的受损器官。其免疫学机制主要是骨髓移植物中成熟T细胞被宿主的异型组织相容性抗原（主要与次要）激活，增殖分化为效应T细胞，并随血液循环游走至受者全身，对宿主组织或器官发动免疫攻击。

三、延长移植物存活的措施

（一）加强组织配型

正确合理的HLA配型是延长移植物存活时间的关键措施。供者与受者的ABO血型相同也十分重要。供者和受者的组织相容性越高，移植物越易在受者体内存活。应尽可能选择与受者HLA型别相近的供者提供移植物。供、受者间的组织相容性的检测尚包括：①受者血清中预存的HLA抗体，取供者淋巴细胞和受者血清进行交叉细胞毒试验，可检出受者血清中是否含有针对供者淋巴细胞的预存抗体，以防止超急性排斥反应发生；②交叉配型，将供者与受者淋巴细胞互为反应细胞，即做两组单向混合淋巴细胞培养，若细胞增殖提示同种抗原不符，这在骨髓移植中尤为重要。

（二）免疫抑制剂的使用

免疫抑制剂可明显延长移植物在受者体内的存活时间。常用的免疫抑制剂有：①化学类，有糖皮质激素、环磷酰胺、大环内酯类药物（如环孢素A、FK-506、西罗莫司）等；②生物制剂，抗CD3、CD4、CD8单抗、抗IL-2R链单抗等通过与相应膜抗原结合，借助补体依赖的细胞毒作用，分别清除体内T细胞或胸腺细胞。除此之外，临床应用受者切除、放射照射移植物或受者淋巴结、血浆置换和淋巴细胞置换等技术防治排斥反应。

（三）诱导移植耐受

移植术后长期应用免疫抑制剂可导致严重的毒副作用，易继发肿瘤、感染等。理论上，诱导受者产生针对移植物的耐受是克服排斥反应的最佳策略。**移植耐受**（transplantation tolerance）指将供者器官、组织移植给受者后，在不使用免疫抑制药物的情况下，受者免疫系统对同种异型移植物不产生免疫排斥反应，但对其他抗原的应答保持正常。诱导受者产生移植耐受的机制十分复杂，涉及免疫清除、免疫失能、免疫抑制和免疫失调等。

（程小飞）

第十九节　免疫学检测技术

一、抗体的检测及应用抗体进行的检测

（一）抗原抗体反应的概念

抗原抗体反应指抗原与相应抗体在体内、外发生的高度特异性结合反应。可用已知的抗原来检测未知的抗体。根据体外反应的基本原理与表现主要分为凝集反应、沉淀反应、细胞溶解和补体结合各种反应。

（二）血凝抑制

当病毒的悬液中加入特异性抗体，且这种抗体的量足以抑制病毒颗粒或其血凝素时，则红细胞表面的受体就不能与病毒颗粒或血凝素直接接触，这时红细胞的凝集现象就被抑制，称为血凝抑制反应。其主要用于检测血清中血凝素中和抗体的试验，常被用于检测流感病毒感染者或流感疫苗接种者血清中流感病毒中和抗体的定量试验。

（三）凝集反应和血型的鉴定

凝集反应指凝集反应颗粒性抗原（红细胞、细菌、乳胶颗粒等）与相应抗体结合后形成肉眼可见的凝集团块的过程。

1. 直接凝集反应　指颗粒性抗原与相应抗体直接反应出现的凝集现象。

（1）玻片凝集：用于定性测定抗原，如 ABO 血型鉴定、细菌鉴定等。

（2）试管凝集：用于定量检测抗体，如诊断伤寒病的肥达凝集试验。

2. 间接凝集反应　指可溶性抗原或抗体包被在载体颗粒表面形成致敏颗粒，与相应抗体或抗原反应出现的凝集现象。以红细胞、乳胶颗粒为载体的间接凝集分别称为间接血细胞凝集、间接乳胶颗粒凝集。类风湿因子（抗 IgG 抗体）可用吸附人 IgG 的乳胶颗粒来检测。

（四）免疫荧光法

免疫荧光法是用荧光标记的抗体或抗原与样品（细胞、组织或分离的物质等）中相应的抗原或抗体结合，以适当检测荧光的技术对其进行分析的方法。常用于标记的荧光素有异硫氰酸（FITC）、罗丹明（RB200）。常用的检测方法有以下两种。

1. 直接荧光法　用荧光素直接标记抗体。但每种抗原必须有相应的荧光素标记抗体。

2. 间接荧光法　用一抗与抗原结合，再用荧光素标记的二抗进行染色。敏感度高，但是容易出现非特异性免疫荧光。

（五）放射免疫测定法

放射免疫测定法是用放射性核素标记抗原或抗体进行免疫检测的技术，是通过将放射性核素显示高灵敏性和抗原抗体反应的高特异性相结合，在体外测定超微量物质的一项技术。常用于标记的放射性核素有 125I 和 131I。

（六）酶免疫

1. ELISA 是一种集免疫学、生物化学及光学检测技术为一体的测定方法。将抗原或者抗体固定化后，加入酶标抗体或抗原，形成抗原抗体复合物，再加入酶反应的底物后，底物被酶催化成为有色产物，产物的量与标本中受检物质的量直接相关，由此进行定性或定量分析。

2. 免疫组化 应用标记的抗体与组织或细胞抗原反应，再通过酶-底物的显色反应，是对组织或细胞中的抗原进行定性、定量、定位检测的方法。

（七）免疫电镜

免疫电镜是免疫化学技术与电镜技术结合的产物，是在超微结构水平研究和观察抗原、抗体结合定位的一种方法学。它主要分为免疫凝集电镜技术和免疫电镜定位技术。免疫电镜的应用，使得抗原和抗体定位的研究进入亚细胞水平。

（八）免疫沉淀

免疫沉淀是利用抗体特异性反应纯化富集目的蛋白的一种方法。特异性抗体与细胞裂解液或表达上清中相应的蛋白结合后，再与蛋白 A/G 或二抗偶联的珠子孵育，通过离心得到珠子-蛋白 A/G 或二抗-抗体-目的蛋白复合物，沉淀经过洗涤、电泳等技术使得抗原与抗体解离，离心收集上清，上清中包括抗体、目的蛋白和少量的杂蛋白。

（九）免疫印迹法

免疫印迹法（Western blotting）是将凝胶电泳与固相免疫结合，把电泳分区的蛋白质转移至固相载体，再用酶免疫、放射免疫等技术测定。该法能分离分子大小不同的蛋白质，并确定其分子质量，常用于检测多种病毒的抗体或抗原。

二、免疫细胞的分离

1. 免疫荧光法 用直接或间接免疫荧光法检查淋巴细胞的表面标志，可以鉴定淋巴细胞的群、亚群。

2. 磁珠分离法 将已知抗细胞表面标记的抗体交联于微珠磁性颗粒上，再通过磁场将抗体已与抗原结合的相应细胞群运用直接或间接法分离出来。

3. 流式细胞术 借助荧光激活细胞分类仪（FACS）对免疫细胞及其他细胞进行快速准确鉴定和分类，该技术分离不损伤细胞活性。

三、免疫细胞的特异性、数量和功能检测

（一）流式细胞术

根据表达 CD 分子的种类、水平和多种 CD 分子表达格局，通过流式细胞术可显示待测细胞群体中表达特定 CD 分子的比例、数量、表达水平的高低。一个细胞上的多种分子也可以采用不同颜色荧光标记物标记的抗体来检测。若结合细胞因子也可以测定功能性的 CTL 或凋亡细胞的比例。

（二）T 细胞增殖试验

T 细胞受 PHA 等丝裂原非特异活化或可溶性抗原特异性活化，开始增殖，增殖过程中 DNA、RNA、蛋白质合成增加，细胞形态改变，形成淋巴母细胞并进行分裂。此试验称为淋巴细胞转化试验。

测定掺入细胞的 ^{3}H 量或记录淋巴母细胞的百分率或测定细胞氧化还原反应程度均可反映细胞增殖情况。常用方法有^{3}H-TdR 掺入法、形态学计数法和 MTT 法。

（三）细胞毒试验

CTL 对相应靶细胞有直接杀伤作用，测定靶细胞的杀伤率就可以反映 CTL 的功能状态。常用方法

有 51Cr 释放法、乳酸脱氢酶释放法、凋亡细胞检查法（TUNEL 法）。

（四）细胞凋亡检测

1. 琼脂糖凝胶电泳法　凋亡细胞中 DNA 被内源性的核酸内切酶在核小体之间切割，产生 180～200bp（核小体单位长度）及其倍数的寡核苷酸片段。在琼脂糖凝胶电泳中呈现阶梯状 DNA 区带谱，反映细胞凋亡。

2. TUNEL 法　在细胞培养物中加入末端脱氧核苷酸转移酶（TdT）和生物标记的核苷酸，在游离的 DNA 3′端缺口处 TdT 连接标记的核苷酸，借助亲和素-生物素-酶放大系统，在 DNA 断裂处显色，提示细胞凋亡。

3. FACS 法　凋亡细胞因断裂呈亚二倍体，用 FACS 分析二倍体，可反映细胞凋亡程度，另外因凋亡细胞膜受损等因素，FACS 分析也可以检测凋亡细胞的频率。

（五）芯片技术

DNA 芯片和蛋白质芯片是常用来检测生物大分子的芯片，主要是用荧光、酶显色或化学发光显示来检定结果。蛋白质芯片的主要特点是将已知抗原或抗体锚定在固定有大量蛋白质的支持介质上，制成蛋白质芯片来大规模检测抗体或抗原。

1. 分析蛋白芯片　也称捕获芯片，通常应用抗体、重组蛋白或纯化蛋白、肽等为捕获分子。该类芯片可被用于疾病状态细胞的蛋白质表达谱和表达水平，对待检血样的抗体进行筛查，也可发现疾病新的生物标志，可用于环境监测和食品监察。

2. 功能蛋白芯片　将研究体系的纯化蛋白质点或其功能区锚定在介质上制成芯片。主要研究蛋白质间、蛋白质修饰、DNA-蛋白质、RNA-蛋白质、蛋白质与脂质、蛋白质与药物、酶与底物、小分子蛋白质等的相互作用。

3. 反向蛋白芯片　反向蛋白芯片将细胞裂解物固定在支持介质上，再用特异性抗体检测靶蛋白，常用于检测细胞中蛋白质的变化或者修饰蛋白来判定其与疾病可能发生的关系。

（六）细胞因子的生物活性检测

1. 细胞增殖法或增殖抑制试验　通常以细胞因子依赖性细胞株为靶向，通过观察特定细胞因子刺激或抑制依赖性细胞株增殖来评估细胞因子的生物活性。常用的检测细胞增殖的方法有 ^{3}H-TdR 掺入法、比色法、染色法和直接计数法。而 MTT、XTT、MTS 和 NAG 等常用于测定细胞代谢酶反应细胞增殖数的比色法。

2. 细胞毒活性测定　将待测细胞因子稀释后加至指示细胞培养体系，培养细胞的死亡数作为检测指标，死亡细胞数与对指示细胞有破坏作用的细胞因子活性成正比。常用于 TNF 等测定。

3. 细胞病变抑制法　是将病毒易感细胞和干扰素或含干扰素的样品共同培养 24h 后，再加入病毒继续培养，病毒会使细胞发生病变，而干扰素抑制病变，观察抑制程度来判断干扰素抗毒活性的高低。

（程小飞）

第二十节　免疫学防治

一、免疫治疗

免疫治疗（immunotherapy）是指针对异常的免疫状态，应用免疫制剂、免疫调节药物或其他措施来调节或重建免疫功能以达到治疗的目的。

（一）分子治疗

1. 分子疫苗 合成肽疫苗、重组载体疫苗和DNA疫苗可作为肿瘤和感染的治疗性疫苗。例如，人工合成肿瘤抗原多肽可诱导特异性CTL抗瘤效应，乙肝多肽疫苗可诱导抗病毒感染的免疫效应。

2. 抗体 注射含特异性抗体的制剂，治疗或紧急预防感染，因免疫物质并非由被接种者自己产生，缺乏主动补充的来源，易被清除。治疗性抗体包括多克隆抗体和单克隆抗体。例如，多克隆抗体中抗毒素血清主要用于治疗和紧急预防细菌外毒素所致疾病；美国FDA已批准了多个治疗性单克隆抗体用于治疗肿瘤、自身免疫病、感染性疾病、心血管疾病和抗移植排斥等。

3. 细胞因子

（1）细胞因子治疗：重组细胞因子已用于肿瘤、感染、造血障碍等疾病的治疗。例如，IFN-α对治疗毛细胞白血病疗效显著，对病毒性肝炎、带状疱疹也有一定疗效。

（2）细胞因子及其受体的拮抗疗法：通过抑制细胞因子的产生、阻止细胞因子与相应受体结合或阻断结合后的信号转导，拮抗细胞因子发挥生物学作用。例如，重组sIL-1R可抑制移植排斥反应。

（二）细胞治疗

1. 细胞疫苗

（1）肿瘤细胞疫苗：给机体输注具有抗原性的瘤苗，刺激机体免疫系统产生抗肿瘤免疫效应。

（2）基因修饰的疫苗：将肿瘤疫苗用基因修饰的方法改变其遗传性状，降低致瘤性，增强免疫原性。

（3）树突状细胞疫苗：用肿瘤抗原和肿瘤抗原多肽刺激APC后制备的APC疫苗，接种机体，可有效激活特异性抗肿瘤免疫应答。

2. 过继免疫细胞治疗 取自体淋巴细胞经体外激活、增殖后回输患者，直接杀伤肿瘤或激发抗肿瘤免疫应答。例如，**细胞因子诱导的杀伤**（cytokine-induced killer，CIK）细胞是从肿瘤患者外周血分离淋巴细胞，经混合细胞因子诱导扩增，再回输给患者，有一定疗效。

3. 干细胞移植 干细胞是具有多种分化潜能、自我更新能力和高度增殖能力的细胞，在适当条件下，可被诱导分化为多种细胞组织。移植所用的干细胞来自人类白细胞抗原（HLA）型别相同的供者，可采集骨髓、外周血或脐血，也可进行自体干细胞移植。

（三）生物应答调节剂与免疫抑制剂

1. 生物应答调节剂 **生物应答调节剂**（biological response modifier，BRM）指对免疫功能低下者有促进或调节作用的制剂，通常对免疫功能正常者无影响。BRM包括治疗性疫苗、单克隆抗体、细胞因子、微生物及其产物、合成性分子及某些中药制剂等。

（1）微生物制剂：包括卡介苗、短小棒状杆菌及多糖类物质等，具有佐剂作用或免疫促进作用。例如，卡介苗具有非特异性增强巨噬细胞、NK细胞的作用。

（2）胸腺肽：从小牛或猪胸腺提取的可溶性多肽混合物，包括胸腺素、胸腺生成素等，无种属特异性及明显的副作用，可用于病毒感染、肿瘤等细胞免疫功能低下者的治疗。

2. 免疫抑制剂

（1）化学合成药物：糖皮质激素、环磷酰胺和硫唑嘌呤。例如，糖皮质激素对单核-巨噬细胞及T细胞、B细胞均有明显抑制作用，常用于治疗炎症、超敏反应性疾病和移植排斥反应。

（2）微生物制剂：环孢素、他克莫司、吗替麦考酚酯和西罗莫司。例如，环孢素可通过阻断T细胞内*IL-2*基因的转录，抑制IL-2依赖的T细胞活化，是防治移植排斥反应的首选药物。

二、免疫预防

1. 人工免疫的概念和分类

（1）**人工免疫**（artificial immunization），即免疫预防，指采用人工方法，将疫苗、类毒素或含特异性抗体和细胞的免疫制剂接种人体，以增强宿主的抗病能力。

（2）人工免疫的分类：①**人工主动免疫**（artificial active immunization），是指给机体接种抗原性物质如疫苗、类毒素等，刺激机体免疫系统产生特异性免疫力的方法；②**人工被动免疫**（artificial passive immunization），是给人体注射含特异性抗体的免疫血清或细胞因子的制剂，以治疗或紧急预防感染的措施。

2. 疫苗的种类及应用

1）疫苗的种类

（1）**灭活疫苗**（inactivated vaccine）：是选用免疫原性强的病原体经人工大量培养、用理化方法灭活制成，又称死疫苗。主要诱导特异性抗体产生，安全性好，无潜在致癌性，无回复突变，但不能通过内源性抗原提呈诱导CTL的产生，免疫效果有一定局限性。

（2）**减毒活疫苗**（live-attenuated vaccine）：是选用减毒或无毒力的病原微生物制成。活疫苗接种可诱导机体产生体液免疫和细胞免疫，免疫效果良好、持久，经自然感染途径接种还形成黏膜局部免疫。免疫缺陷者和孕妇一般不宜接种活疫苗。

（3）**类毒素**（toxoid）：是用细菌外毒素经0.3%～0.4%甲醛处理制成。其毒性消失，但仍保留免疫原性，接种后能诱导机体产生抗毒素。

（4）**亚单位疫苗**（subunit vaccine）：是去除病原体中与激发保护性免疫无关的成分，保留有效免疫原成分制作的疫苗，如乙型肝炎疫苗。

（5）**结合疫苗**（conjugate vaccine）：细菌荚膜多糖连接于其他抗原或类毒素，为细菌荚膜多糖提供了蛋白质载体，使其成为TD抗原，如脑膜炎球菌疫苗、肺炎球菌疫苗等。

（6）**DNA疫苗**（DNA vaccine）：用编码病原体有效免疫原的基因与质粒构建的重组体，经注射等途径进入机体，重组质粒可转染宿主细胞，使其表达能诱导有效保护性免疫应答的抗原，从而诱导机体产生适应性免疫。DNA疫苗在体内可持续表达，可诱导体液免疫和细胞免疫，维持时间长，是疫苗发展的方向之一。

（7）**重组载体疫苗**（recombinant vector vaccine）：将编码病原体免疫原的基因插入载体基因中，接种后随疫苗株在体内增殖、大量表达所需的抗原。目前使用最广的载体是痘苗病毒，用其表达的外源基因很多，以用于甲型和乙型肝炎、麻疹、单纯疱疹等疫苗的研究。

2）疫苗的应用

（1）抗感染和计划免疫：①抗感染仍是未来应用疫苗的首要任务。不少传染病如疟疾、结核病、呼吸道感染等仍缺乏有效疫苗，发病和死亡人数居高不下；而新发现的传染病如艾滋病、丙型肝炎、埃博拉出血热等又不断增多，传染病的控制任重而道远。②**计划免疫**（planed immunization）是根据某些特定传染病疫情的检测和人群免疫状况分析，有计划地用疫苗进行免疫接种预防相应的传染病，最终达到控制乃至消灭相应传染病的目的而采取的重要措施。我国儿童计划免疫的常用疫苗有卡介苗、骨髓灰质炎疫苗、百白破混合疫苗、麻疹活疫苗和乙型肝炎疫苗。

（2）抗肿瘤：一些病原微生物的感染与肿瘤的发生密切相关，这些微生物的疫苗可被视作肿瘤疫苗。例如，人乳头瘤病毒疫苗可预防宫颈癌。

（3）计划生育：避孕疫苗也是活跃的研究领域，人绒毛膜促性腺激素是维持早期妊娠的激素，用HCG免疫人体，产生的抗HCG可切断黄体营养而终止妊娠。

（4）防止免疫病理损伤：某些慢性感染导致的免疫病理损伤与免疫应答的类型有关，通过调整免疫功能有可能防止或减轻病理损伤。

（程小飞）

第四章　医学微生物学

第一节　微生物基本概念

一、微生物和医学微生物学的定义

1. 微生物　是广泛存在于自然界的体型微小、数量繁多、肉眼看不见，需借助光学显微镜或电子显微镜放大数百倍、上千倍甚至数万倍，才能观察到的最低等的微小生物。

2. 医学微生物学　为主要研究与医学有关的病原微生物的生物学性状、对人体的感染和致病机制、特异性诊断方法及预防和治疗感染性疾病（简称感染病）的措施，以控制甚至消灭人类感染病为宗旨的一门科学，目前还扩展研究对人类有益的微生物。

二、三大类微生物及其特点

1. 非细胞型微生物　为体型最小，以纳米（nm）为测量单位，结构最为简单，仅含有一种核酸 RNA 或 DNA，或仅为传染性蛋白因子，具有专性寄生性，仅在活的易感细胞中才能复制，且易变异的最低等生物体，包括病毒、类病毒、朊粒等。

2. 原核细胞型微生物　为单细胞微生物，大小以微米（μm）为测量单位，其细胞分化不完善，无完整细胞核、核膜及核仁，核质（或称拟核）由胞质内聚集的 DNA 和 RNA 构成，胞质内有核糖体，但缺乏内质网、线粒体等细胞器。此类微生物包括细菌、支原体、衣原体、立克次体、螺旋体和放线菌 6 类。

3. 真核细胞型微生物（真菌）　为多细胞和单细胞微生物，其细胞分化完善，有细胞核和各种细胞器，故易在体外生长繁殖。

（谢永生）

第二节　细菌的形态与结构

一、细菌的形态

细菌的测量单位为**微米**（micrometer，μm）。

细菌按其外形可分为球菌、杆菌和螺旋菌三种形态。

1. 球菌　包括球形、肾形、豆状、矛头状等多种，直径为 0.8～1.2μm，呈双球状、链状、葡萄状等多种排列方式。

2. 杆菌　种类繁多，长短粗细差异较大，有杆状、球杆状、棒状及梭状等，并有链杆状、栅栏状等多种排列形式，直径为 0.3～1.0μm，长 0.6～10μm。

3. 螺旋菌　分为：①弧菌，为弧状或逗点状，只有一个弯曲，长 2～3μm，如霍乱弧菌；②螺菌，有两个以上弯曲，长 3～6μm，如鼠咬热螺菌；③螺杆菌，呈螺旋状弯曲，长 2.5～4.0μm，如幽门螺杆菌；④弯曲菌，呈U形、S形等，长0.5～8.0μm，如空肠弯曲菌或结肠弯曲菌。

二、细菌的基本结构

细菌的结构包括基本结构和特殊结构。细胞壁、细胞膜、细胞质和核质为基本结构，是细菌所共有的结构。

（一）细菌基本结构的构成

1. 细胞壁　为包绕在细胞膜外的膜状结构，厚10～80nm，其组成较复杂，且因不同细菌而异，主要成分为肽聚糖，其主要功能为保持菌体固有形态和保护菌体抵抗低渗环境。

2. 细胞膜　为包裹细胞质的结构，厚约7.5nm，与真核细胞膜相比，不含胆固醇，具有细胞内外物质转运、分泌及呼吸功能（与细菌的代谢及致病性密切相关），参与细菌结构（如肽聚糖、鞭毛和荚膜等）的生物合成，形成中介体（参与细菌分裂繁殖）等功能。

3. 细胞质　位于菌体内部的原生质，内含核糖体、质粒、胞质颗粒等多种重要结构。

4. 核质　是由细胞质内细菌本身的遗传物质DNA和RNA聚集而成，因无核膜，不具备完整的核结构，故也称为拟核。

（二）肽聚糖的结构

肽聚糖或称作黏肽，为细胞壁的主要成分，由*N*-乙酰葡萄糖胺与*N*-乙酰胞壁酸借β-1，4-糖苷键连接为聚糖骨架，再与四肽侧链及五肽交联桥共同构成。肽聚糖为细菌所特有，在革兰氏阳性（G^+）菌与革兰氏阴性（G^-）菌中，肽聚糖的构成有所不同。

（三）革兰氏阳性菌和阴性菌的细胞壁结构和医学意义

1. 革兰氏阳性菌与革兰氏阴性菌细胞壁结构比较　见表4-1。

表4-1　革兰氏阳性菌与革兰氏阴性菌细胞壁结构比较

细胞壁结构	革兰氏阳性菌	革兰氏阴性菌
厚度/nm	20～80	10～15
强度	坚韧	疏松
肽聚糖组成	聚糖、侧链、交联桥	聚糖、侧链
交联方式	侧链间以肽桥交联	侧链间以肽键交联
交联率	75%～100%	25%以下
结构类型	三维立体结构	二维网状结构
层数	可达50层	仅1～3层
细胞壁干重比/%	50～80	5～20
糖类含量/%	约45	约15
脂类含量/%	约2	约20
磷壁酸	有	无
外膜	无	有
脂多糖（LPS）	无	有
外膜蛋白（OMP）	无	有

2. 细菌细胞壁结构差异的医学意义　细胞壁结构的不同，导致它们的染色性不同，借此将其

分为革兰氏阳性菌与革兰氏阴性菌两大类；它们的抗原性、致病性和免疫原性及对抗生素的敏感性也存在着差异。有些抗菌药物通过作用于细菌壁而发挥抗菌作用，如青霉素类抗生素（青霉素和头孢菌素）能抑制 G^+菌肽聚糖的五肽交联桥；多肽类抗生素（万古霉素和杆菌肽等）能抑制四肽侧链的连接；磷霉素能抑制聚糖骨架的合成；溶菌酶可水解聚糖骨架的 β-1,4-糖苷键。G^+菌与 G^-菌在病原学诊断方法及防治原则方面也不尽相同。

（四）细胞质内与医学有关的重要结构和意义

细胞质内与医学有关的亚结构有核质、核糖体、质粒等。

1. 核质 又称拟核，由裸露的双链 DNA 盘绕成松散的网状结构与 RNA 构成，无组蛋白包绕。它相当于细胞核的功能，决定细菌的生物学性状和遗传性状。

2. 核糖体 每个细菌可含有万余个核糖体，它由 70%的 RNA 及 30%的蛋白质构成，是细菌蛋白质合成的场所。链霉素和红霉素等抗生素可与核糖体结合起到抗菌作用。

3. 质粒 种类众多，由闭合环状双链 DNA 构成，可自我复制，是核质以外的遗传物质，能携带多种遗传性状，并通过结合转化等方式在细菌间传递质粒而使细菌获得新的生物学形状。主要的质粒有耐药性 R 质粒、编码性菌毛的 F 质粒、产生大肠菌素的 Col 质粒及产生肠毒素的 ST 质粒和 LTB 质粒等。由于质粒的结构简单，在分子生物学研究中被广泛地用作载体。

4. 胞质颗粒 为细菌储存的营养物质，如多糖、脂类及多磷酸盐等。其中异染颗粒为白喉棒状杆菌、鼠疫耶尔森菌和结核分枝杆菌等所特有的胞质颗粒，它由 RNA 和偏磷酸盐构成，经亚甲蓝染色呈紫色，此着色特点可用于病原学的鉴别诊断。

三、细菌的特殊结构

细菌的特殊结构包括荚膜、鞭毛、菌毛及芽孢（胞），为某些细菌所缺乏，而其他细菌所特有的结构。

（一）荚膜及其与细菌致病性的关系

荚膜菌在其细胞壁外有一层厚≥0.2μm 的黏稠结构，称为荚膜。其化学成分在多数菌为多糖，少数菌为多肽。荚膜具有黏附宿主细胞和抗吞噬等致病作用及抗原性，并且是鉴别细菌的指征之一。

（二）鞭毛及其与医学的关系

弧菌、螺菌、占半数的杆菌及少数球菌中由其细胞膜伸出菌体外细长的蛋白质丝状体，称为鞭毛。根据鞭毛菌上鞭毛的位置和数量，分为单毛菌、双毛菌、丛毛菌和周毛菌。鞭毛是运动器官，它使鞭毛菌趋向营养物质而逃避有害物质，且具有抗原性并与致病性有关。例如，沙门菌的鞭毛抗原即 H 抗原，具有使菌体穿透肠黏液层侵及肠黏膜上皮细胞的功能。

（三）菌毛的定义、分类及其与医学的关系

1. 菌毛的定义 许多革兰氏阴性菌及少数革兰氏阳性菌在其菌体表面有细而短、多而直的蛋白质丝状体，称为菌毛。

2. 菌毛的分类 菌毛分为普通菌毛和性菌毛两类：①普通菌毛，数量多，每菌可有数百根，短而直，直径为 3～8nm，长 0.2～2μm；②性菌毛，也称为 F 菌毛，每菌仅有 1～10 根，粗而长、中空呈管状，它由 F 质粒表达。性菌毛菌称为 F^+菌。

3. 菌毛与医学的关系 ①普通菌毛可促使细菌黏附于宿主细胞表面而致病；②F^+菌通过中空的性菌毛与 F^-菌表面相应的**受体结合**（conjugation），可将遗传信息如细菌毒力、耐药性及耐热性等传递给 F^-受体菌，使之获得新的遗传性状。此外，性菌毛也是某些噬菌体的受体，使噬菌体吸附于 F^-菌，并使后者获取致病物质，如从霍乱弧菌获取霍乱肠毒素。

（四）芽孢的定义及其与医学的关系

当厌氧芽孢杆菌或厌氧芽孢梭菌属的细菌繁殖体处于不利的外界环境中时，在菌体内形成的厚而坚韧的芽孢壁及外壳的圆形或卵圆形小体，称为芽孢。它为细菌的休眠状态，其抵抗力远远大于繁殖体，是灭菌效果的指标。芽孢可存活在自然界数年以上，一旦条件适宜又能出芽发育为繁殖体而致病。例如，炭疽、破伤风、肉毒中毒和气性坏疽等均由芽孢菌引起。

四、细菌形态及结构的检查方法

1. 革兰氏染色及其医学应用意义 由丹麦细菌学家革兰（H.C.J. Gram）于19世纪末所发明的革兰氏染色法，能将细菌分为革兰氏阳性菌与革兰氏阴性菌，至今仍被广泛应用于细菌的初步鉴别及指导选择抗生素治疗。

2. 革兰氏染色的步骤及其结果判定 革兰氏染色的步骤：细菌涂片经结晶紫初染→碘液媒染→95%乙醇脱色→复红复染。凡未被95%乙醇脱色，菌体被结晶紫和复红染成蓝紫色者为G^+菌，而经乙醇脱色后，被复红染成红色者为G^-菌。

（谢永生）

第三节 细菌的生理

一、细菌生长繁殖的条件和分类

（一）细菌生长繁殖的基本条件与方式

1. 细菌生长繁殖的基本条件 细菌具有独立完成生命活动的能力，可以从周围环境中吸收代谢所需要的营养物质，即水、无机盐、碳源、氮源、生长因子等。按细菌对营养物质的需要不同，可将细菌分为自养菌和异养菌。细菌的生长除了充足的营养物质外，还需要有适宜的温度、合适的酸碱度（pH）和必需的气体环境。

2. 细菌生长繁殖的方式 细菌以简单的二分裂方式进行无性繁殖，向不同平面分裂而形成细菌排列方式的不同。细菌的分裂周期所需时间称为代时。多数细菌的代时为 20～30min，而结核分枝杆菌的代时为 18～20h。细菌的群体生长繁殖规律即“生长曲线”，包括迟缓期、对数期（或称指数期）、稳定期和衰亡期4个时期。对数期在培养后8～18h，其细菌繁殖最快、代谢活跃，细菌形态、染色、生物活性都很典型，对外界环境因素的作用十分敏感，因此研究细菌的生物学性状以此期细菌为最好。处于稳定期的细菌形态和生理性状常有改变，芽孢、抗生素及外毒素等代谢产物多在稳定期产生。

（二）根据细菌对氧的需求进行细菌分类

根据对氧的需求，将细菌分为专性需氧菌、微需氧菌、兼性厌氧菌和专性厌氧菌。专性需氧菌的代谢方式为有氧氧化；专性厌氧菌则是无氧酵解，不能在有氧环境中生长繁殖；微需氧菌和兼性厌氧菌介于前两者之间。

二、细菌的分解与合成代谢

细菌的代谢产物包括分解代谢产物和合成代谢产物。各种细菌所具有的酶不完全相同，对营养物质的分解产物也不同。利用生物化学方法检测其分解产物，以鉴别细菌种类的试验方法，称为细菌的生化反应。常用的生化反应方法有吲哚（I）、甲基红（MR）、VP（Vi）、枸橼酸（柠檬酸）盐利用（C）4种试验（即IMViC试验），以及糖发酵试验、硫化氢试验及尿素酶分解试验等。大肠埃希菌IMViC试验结果为++−−，产气肠杆菌为−−++。

细菌通过合成代谢不断合成菌体成分，此外还合成许多在医学上有重要意义的代谢产物，如热原质、毒素（包括内毒素和外毒素）、侵袭性酶、色素、细菌素、抗生素和维生素等。前 3 种是细菌致病物质，与细菌的致病性有关。不同的细菌产生不同的色素和细菌素，可用于细菌的鉴定。抗生素和维生素则是用于临床治疗的药物。

三、细菌的人工培养

（一）培养基的概念

培养基是由人工配制、适合微生物（包括细菌和真菌）生长繁殖或代谢需要的混合营养物质。培养基根据营养成分和用途不同，分为基础培养基、增菌培养基、选择培养基、鉴别培养基和厌氧培养基。按培养基物理形态分为固体培养基、半固体培养基和液体培养基。根据不同的细菌种类和培养目的，应采用不同种类的培养基。

（二）细菌在液体培养基、半固体培养基和固体培养基中的生长现象

1. 细菌在液体培养基中的生长现象 液体培养基主要用于细菌的增菌。细菌在液体培养基中生长繁殖，表现为液体变浑浊、表面形成菌膜、培养管的底部形成沉淀物等不同现象。

2. 细菌在半固体培养基中的生长现象 半固体培养基含有 0.3%～0.5%琼脂，使用白金针接种细菌可观察细菌的动力。鞭毛菌可突破低浓度琼脂，扩散至培养基穿刺线以外，使穿刺线变浑浊，称为群游现象；无鞭毛菌只能沿穿刺线生长，穿刺线仍清晰。

3. 细菌在固体培养基中的生长现象 固体培养基含 2%～3%的琼脂，平板固体培养基用于细菌的分离，试管固体培养基用于菌种的保存。细菌菌落是单个细菌在固体培养基表面或内部生长繁殖后，形成肉眼可见的统一菌种的菌群。细菌的菌落分为三型：光滑型菌落（S 型菌落）、粗糙型菌落（R 型菌落）和黏液型菌落（M 型菌落）。

（三）细菌人工培养在医学中的应用

细菌人工培养在医学中的应用广泛：①在临床上用于细菌感染性疾病的病原学诊断，并可进一步鉴定及深入研究致病菌的生物学性状、遗传变异、耐药性及致病性等；②根据致病菌的药敏试验结果，指导选择合适的抗菌药物进行治疗；③在生物制品的制备方面，研制预防性菌（疫）苗、类毒素、抗血清等，都需要人工培养细菌；④用于基因工程技术中，将带有外源性目的基因的重组 DNA 转化给受体菌以表达干扰素、胰岛素等或特异性抗原（如基因表达乙型肝炎疫苗）等。

（谢永生）

第四节 消毒与灭菌

一、基本概念

1. 消毒（disinfection） 是指杀死物体上病原微生物，但不一定能杀死含芽孢的细菌和非病原微生物的方法。用以消毒的药品称为**消毒剂**（disinfectant）。

2. 灭菌（sterilization） 是指杀灭物体上所有微生物，包括病原微生物和非病原微生物、细菌的繁殖体和芽孢的方法。

3. 抑菌（bacteriostasis） 是指利用某些抗生素类物质抑制体内或体外细菌生长繁殖的方法。

4. 防腐（antisepsis） 是指防止或抑制微生物生长繁殖的方法，细菌一般不死亡。同一种化学药品在高浓度时为消毒剂，低浓度时为防腐剂。

5. 无菌（asepsis） 不含活菌。防止细菌进入人体或其他物品的操作技术，称为无菌操作。进行微生物学实验、外科手术、医疗操作等过程，均需要严格的无菌操作，以防止污染和感染。

消毒与灭菌的方法一般可以分为物理学方法和化学方法两种。物理灭菌法是利用热力、紫外线、电离辐射、超声波、滤过及其他物理因素进行消毒灭菌的方法，而许多化学药物或者制剂能影响病原生物的结构、组成和生理活动，根据浓度变化可分别具有防腐、消毒和杀菌的效果。

二、物理灭菌法

（一）热力灭菌法的种类和应用

热力灭菌法包括干热灭菌法和湿热灭菌法。干热灭菌主要是在高温的条件下可使菌体蛋白质变性及电解质浓缩，从而使细菌死亡；湿热灭菌可使蛋白质变性、核酸降解及损伤细菌的细胞膜，从而也能达到很好的灭菌效果，同时，因为水蒸气具有很强的穿透性及极强的热潜能，故湿热灭菌法与干热灭菌法相比具有更好的灭菌效果。

1. 干热灭菌法　主要有焚烧和烧灼、干烤法、红外线高温灭菌法。

（1）焚烧和烧灼：是一种彻底的灭菌方法。在焚烧炉内焚烧尸体及医疗废弃物，可杀灭细菌芽孢，而微生物实验操作时，接种环和试管口可通过火焰烧灼灭菌。

（2）干烤法：是利用干烤箱在 160～170℃，维持 2～3h，可杀灭一切微生物包括芽孢，其主要适用于耐高温的玻璃、陶瓷或金属器皿的灭菌。

（3）红外线高温灭菌法：是以远红外线作为热源产生高温从而达到灭菌的效果，因该方法只能照射到物体的表面，故不能使物体均匀受热，此方法多用于医疗器械或餐具的表面消毒灭菌。

2. 湿热灭菌法　包括巴氏消毒法、煮沸法和高压蒸汽灭菌法。

（1）巴氏消毒法：加温 61.1～62.8℃ 30min 或 71.7℃ 15～30s，主要是利用热力杀死液体中的病原菌或特定微生物，而仍保持物品中的不耐热成分不被破坏的消毒方法，主要用于牛奶和酒类的消毒。

（2）煮沸法：在 1 个标准大气压①下，煮沸保持 100℃ 5min，能杀死一般细菌的繁殖体，许多芽孢需经煮沸 1～2h 才死亡。如果水中加入 2%碳酸氢钠，可提高其沸点达 105℃，既可促进芽孢的杀灭，又能防止金属器皿生锈。煮沸法可用于饮水、餐具消毒和一般器械的消毒。

（3）高压蒸汽灭菌法：在专门的压力蒸汽灭菌器中进行，其要求为 103.4kPa（$1.05kg/cm^2$）蒸汽压力下，温度达到 121.3℃，维持 15～20min，可杀死包括细菌芽孢在内的所有微生物。常用于培养基、生理盐水、手术敷料等耐高温、耐湿物品的灭菌。

（二）射线灭菌法的原理和应用

1. 辐射灭菌的原理和应用　辐射灭菌是利用专用设施放射源产生的 γ 射线，通过损伤微生物的核酸和酶类，从而达到杀灭细菌的目的。这种灭菌方法具有穿透力强、灭菌可靠和不使物品升温等优点，常用于一次性塑料、乳胶医用品、生物制品及药品等不耐热医用品、精密仪器、移植组织、人工器官和节育用品等的灭菌处理。

2. 紫外线消毒的原理和应用　紫外线杀菌作用最强的有效波长为 265～266nm，这与 DNA 吸收光谱范围一致。紫外线主要作用于 DNA，使一条 DNA 链上两个相邻的胸腺嘧啶以共价键结合，形成二聚体，从而干扰 DNA 的复制与转录，导致细菌的变异或死亡。紫外线的穿透能力较弱，普通玻璃、纸张、水蒸气、尘埃等均能阻挡紫外线，故仅用于消毒物体表面及手术室、无菌实验室、传染病房等的空气消毒。也可用于不耐热物品表面消毒。

三、化学消毒灭菌法

化学消毒剂可使细菌菌体蛋白质变性凝固，或干扰细菌的酶系统和代谢，改变细菌细胞膜的通透性，达到消毒的目的。传统的某些消毒剂，经实验证明对病毒无效。

① 1 个标准大气压=$1.013\,25\times10^5$Pa

按照杀灭微生物的强度，将消毒剂分为三大类：①高效消毒剂，可杀灭包括细菌芽孢在内的所有种类微生物的消毒剂，如戊二醇、甲醛、环氧乙烷及过氧乙酸等；②中效消毒剂，可杀灭包括结核分枝杆菌在内的细菌繁殖体和大多数种类的真菌及病毒，但不能杀灭细菌芽孢的消毒剂，如碘酊、碘伏、乙醇、异丙醇等；③低效消毒剂，可杀灭多种细菌繁殖体，但不能杀灭细菌芽孢、结核分枝杆菌及大多数抵抗力较强的真菌和病毒的消毒剂，如氯已定（商品名洗必康）、苯扎溴铵（商品名新洁尔灭）、高锰酸钾溶液等。

使用消毒和灭菌方法，应首选物理灭菌法，不得不使用化学消毒法时，应注意事项有：①根据消毒对象或物品的种类和目的，选用合适的消毒剂；②注意消毒剂的正确使用浓度和作用时间；③许多消毒剂不稳定，在稀释使用时应现配现用。

常用化学消毒剂种类、应用浓度和范围举例如下。

1. 重金属盐类 0.05%～0.1%升汞或 0.1%硫柳汞，非金属器皿的消毒与沉淀、灭活酶类；1%硝酸银，1%～5%蛋白银，用于新生儿滴眼，预防淋病奈瑟菌感染。

2. 氧化剂 3%～6%过氧化氢，用于口腔黏膜消毒，冲洗伤口防止厌氧菌感染；0.2%～0.3%过氧乙酸，用于手或耐酸物品的消毒。

3. 烷基化消毒剂 10%甲醛浸泡 1h 以上，用于物体表面消毒。2%碱性戊二醛浸泡 1h，用于各种内镜、导管、口腔科医用器材及透析器械的消毒。环氧乙烷（沸点 10.8℃，易燃易爆气体，需在专用密闭容器中使用），常用剂量为 0.12%～0.8%，密闭熏蒸 6～12h，用于电子仪器及不耐高温物品如皮革、毛发、化纤织物及一次性医疗用品等的灭菌。

4. 醇类 70%～75%乙醇或异戊醇是常用的化学消毒剂，常用于皮肤消毒及体温计浸泡消毒。

5. 卤素及其化合物 10%～20%漂白粉上清液，用于地面、厕所及排泄物消毒。每升水中加入 5～10mg 漂白粉，用于浅层地表水的饮水消毒。0.2%～0.5%氯胺，用于物品表面及空气喷雾消毒。含有 0.2～0.5ppm（1ppm=1mg/L）氯溶液，用于自来水及游泳池水的消毒。

6. 酸碱类 生石灰加水配成 12.5%～25%糊状液，用于排泄物及地面的消毒。

（谢永生）

第五节 噬 菌 体

一、噬菌体的生物学性状

（一）噬菌体的基本概念

噬菌体是侵袭微生物的病毒。噬菌体具有一般病毒的一些共同特性，只有一种核酸（DNA 或 RNA），能通过滤菌器，不具有独立的代谢酶系统，必须在活的细胞内才能增殖；噬菌体具有严格的宿主寄生性和高度的特异性，也是赋予宿主菌生物学性状的遗传物质。

（二）噬菌体的形态

噬菌体具有病毒的生物学性状，即个体微小，形态简单，只含有一种核酸 DNA 或 RNA，只能在活的细胞内以复制方式进行增殖。噬菌体有蝌蚪形、球形和细杆状 3 种形态。多数噬菌体呈蝌蚪形，由头部和尾部组成。

（三）噬菌体的化学组成

噬菌体的头部衣壳和尾部的化学成分是蛋白质，具有抗原性，头部衣壳内含有遗传物质也即 DNA 或 RNA，尾部有能识别宿主菌细胞表面的特殊受体，与噬菌体吸附功能有关。

（四）噬菌体的主要应用

噬菌体结构简单，基因数少，在宿主菌内易于培养，可作为基因工程和分子生物学研究的重要工具。另外，由于噬菌体特异性寄生于易感宿主菌体内，故可用于细菌的鉴定和分型。

二、烈（毒）性噬菌体和温和噬菌体

根据噬菌体与宿主菌细胞的关系，可将噬菌体分为烈性噬菌体和温和噬菌体两种类型。

（一）烈性噬菌体的基本概念

烈性噬菌体在宿主菌体内复制增殖，产生许多子代噬菌体，并最终裂解细菌。因此，烈性噬菌体的增殖方式是复制，其增殖过程经吸附、穿入与脱壳、生物合成和成熟释放四个阶段，构成烈性噬菌体一个复制周期，称为溶菌性周期。

（二）温和噬菌体的概念及其在细菌遗传物质转移方面的作用

1. 温和噬菌体的概念　温和噬菌体或称溶原性噬菌体是指既可感染宿主菌后，将其基因整合到宿主菌基因组并随宿主基因的复制而复制，当宿主菌分裂时，噬菌体的基因也随之分配到两个子代宿主菌基因组中；又可裂解其感染的宿主菌的噬菌体。

2. 温和噬菌体可转移细菌的遗传物质　整合到细菌染色体上的噬菌体基因可随细菌基因的复制而将噬菌体基因传递给子代细菌，该过程称为噬菌体的溶原性周期。

在某些条件下，细菌的溶原状态可终止，噬菌体复制增殖进入溶菌周期，产生许多子代噬菌体，导致细菌裂解。因此，温和噬菌体可有溶原性周期和溶菌性周期。

（谢永生）

第六节　细菌的遗传与变异

一、细菌遗传变异的物质基础

细菌的遗传物质是 DNA，DNA 分子是基因的载体，携带各种遗传信息。决定细菌所有特性的遗传信息位于细菌的基因组内，包括细菌的染色体和染色体外的遗传物质。

细菌遗传物质的种类有以下几种。

1. 细菌染色体　细菌的染色体是一个环状双螺旋 DNA 长链，按一定构型反复回旋而成的松散网状结构，附着在横隔中介体或细胞膜上。

2. 质粒　细菌的质粒是细菌染色体外的遗传物质，存在于细胞质中，具有自主复制能力，是闭合环状的双链 DNA 分子。质粒不是细菌生长繁殖所必需的物质，可自行丢失或经人工方法如高温、紫外线、吖啶橙、溴化乙锭等处理后消除。质粒携带的遗传信息能赋予细菌某些生物学性状（如耐药性），有利于细菌在特定的环境条件下生存。质粒可通过接合、转化和转导在细菌间转移。比较重要的质粒有决定性菌毛的 F 因子、决定耐药性的 R 因子及决定产大肠菌素的 Col 因子等。

3. 转位因子　为细菌基因组中可以改变自身位置的独特 DNA 片段，它可在染色体、质粒及噬菌体之间转移，又可分为插入序列（IS）和转座子（Tn）。

（1）插入序列：是最简单的转位因子，长 750～1550bp，仅携带与转座功能有关的基因。

（2）转座子：结构较复杂，长 2000～25 000bp，除两端携带 IS 外，还携带多种与转座功能无关的基因，如耐药基因、肠毒素基因、糖发酵基因及重金属抗性基因等。

4. 整合子（In）　定位于细菌染色体、质粒或转座子上，是一种具有运动性、独特的 DNA 分子。它通过捕捉和整合外源性基因使细菌获得新的性状，如耐药基因在细菌间的传播。

5. 噬菌体基因组 带有温和噬菌体的溶原性细菌，其噬菌体基因组片段可整合到细菌染色体中，使细菌性状发生改变。

二、细菌遗传变异的机制

细菌的遗传现象主要有细菌的形态结构变异、菌落形态变异、毒力变异、耐药性变异及抗原性变异等。细菌变异的机制是细菌基因发生突变、转移或重组。突变是细菌基因结构发生稳定性变化，从而导致遗传性状的变异。突变是随机的，可以自然发生，其突变率为 10^{-9}～10^{-6}，当受到某些特殊理化因素的作用，可使突变率升高。细菌基因转移和重组方式包括转化、接合、转导、溶原性转换及原生质融合等。

（一）转化、接合、转导及溶原性转换的概念

1. 转化 受体菌直接摄取供体菌游离的 DNA 片段而获得供体菌的遗传性状的过程称为转化。最为典型的就是肺炎链球菌转化实验。

2. 接合 细菌通过性菌毛相互连接沟通，将遗传物质（主要是质粒）从供体菌转移给受体菌的过程称为接合。主要有 F 质粒（又称 F 因子）接合、R 质粒（又称 R 因子）接合、Col 质粒（又称 Col 因子）接合、毒力质粒（又称 Vi 质粒）接合等。

3. 转导 以温和噬菌体为媒介，将供体菌的 DNA 片段转移到受体菌内，导致受体菌获得新的遗传性状的过程称为转导。根据转导 DNA 片段的范围，可分为普遍性转导和局限性转导。

4. 溶原性转换 溶原性细菌因染色体上整合有前噬菌体而获得新的遗传性状称为溶原性转换。它是某些细菌发生毒力变异和免疫原性变异的常见方式。例如，白喉棒状杆菌被 β-棒状杆菌噬菌体感染成为溶原性细菌时，便可产生白喉外毒素。

（二）耐药质粒（R 质粒）的组成及其与耐药性的关系

1. 耐药质粒与细菌耐药性的关系 R 质粒转移是细菌产生耐药性的主要原因之一。在人体内，一种细菌可带有多种质粒，而一种细菌耐药质粒又可携带多种耐药性基因群，并可通过接合、转化、转导、转位易位及整合等多种基因转移和重组形式，在细菌之间传播并可导致出现多重耐药菌株。

2. 耐药质粒的组成及分类 根据 R 质粒有无自行转移的能力可将 R 质粒分为接合性和非接合性耐药质粒。

（1）接合性耐药质粒：有耐药性传递因子（RTF）和耐药决定因子（r 决定因子）两部分组成：①RTF 实质上是 F 因子，可编码性菌毛，并通过接合方式转移耐药基因；②r 决定因子可表达耐药基因。

（2）非接合性耐药质粒：其分子质量较小，必须借助于转化、转导等基因转移方式才能使耐药基因转入受体菌。

（谢永生）

第七节 细菌的感染与免疫

一、正常菌群与机会性致病菌

（一）正常菌群、机会致病菌、菌群失调和菌群失调症的概念

1. 正常菌群 是寄居在正常人体开放性部位的正常微生物群，正常时对人体有益无害，并与宿主保持动态平衡的生态体系。因以细菌为主，又称为正常菌群。凡与外界接触和相通的部位均有其寄居，尤以肠道、口腔、阴道和皮肤量最多，称为四大“菌库”。正常菌群在人体的分布呈现动态的平衡状态，称微生态平衡。不同年龄段人群正常菌群的分布和构成也有不同，详见表 4-2。

表 4-2　正常菌群在人体表面及腔道的分布

部位	常见的主要细菌与真菌
皮肤	葡萄球菌、链球菌、丙酸杆菌、类白喉棒状杆菌、铜绿假单胞菌、白假丝酵母菌、非致病性分枝杆菌
外耳道	葡萄球菌、类白喉棒状杆菌、铜绿假单胞菌、非致病性分枝杆菌
眼结膜	棒状杆菌、表皮葡萄球菌、结膜干燥杆菌、非致病性奈瑟球菌属
鼻咽部	葡萄球菌、链球菌、肺炎链球菌、奈瑟球菌、类杆菌
口腔	口腔链球菌、无芽孢厌氧菌、放线菌、表皮葡萄球菌、棒状杆菌、奈瑟球菌属、类杆菌、白假丝酵母菌、螺旋体
胃	相对无菌
尿道	表皮葡萄球菌、类白喉棒状杆菌、非致病性分枝杆菌
肠道	大肠埃希菌、类杆菌、优杆菌、消化球菌、双歧杆菌、链球菌、乳杆菌、韦荣氏球菌、产气荚膜梭菌、葡萄球菌
阴道	乳杆菌、类杆菌、表皮葡萄球菌、棒状杆菌、大肠埃希菌、链球菌、白假丝酵母菌、梭杆菌

正常菌群对生态平衡起重要作用，其生理作用有：①拮抗作用。②免疫作用：正常菌群作为一种抗原，刺激机体免疫系统使宿主产生免疫力，从而限制本身危害性。正常菌群释放的内毒素等物质可刺激机体免疫系统保持活跃状态，是非特异免疫功能的一个不可缺少的组成部分。③营养作用：正常菌群参与人体物质代谢、营养转化与合成。有些微生物能合成维生素，如核黄素、生物素、叶酸、吡哆醇及维生素 K 等，供人体吸收利用。④抗衰老与抑癌作用：肠道正常菌群中的双歧杆菌具有抗衰老作用。

2. 机会致病菌　正常菌群与宿主之间、正常菌群各种细菌之间的平衡在外界环境影响下，由生理性组合转变为病理性组合的状态，原来在正常时不致病的正常菌群就成了条件致病菌。

3. 菌群失调和菌群失调症　正常菌群与宿主之间、正常菌群各种细菌之间的平衡在外界环境影响下，如抗生素的乱用和滥用，宿主某些部位正常菌群中各菌种之间比例发生较大幅度变化，由生理性组合转变为病理性组合的状态称为菌群失调（也称微生态失调）。其所产生的病症称为菌群失调症。

（二）机会致病菌的致病条件

1. 异位寄生　例如，大肠埃希菌从原寄居的肠道进入泌尿道、腹腔、血液而引起相应炎症的发生。

2. 免疫功能降低　大剂量皮质激素应用、抗肿瘤药物治疗都可能导致机体免疫功能降低，从而使一些正常菌群在寄居部位穿透黏膜等物理屏障，进入组织、血液出现病症，重者可因败血症而死亡。

3. 菌群失调　机体某部位正常菌群中各菌种间的比例发生大的改变。

二、医院感染

患者在医院接受诊断治疗期间，被感染上其他感染性疾病称为医院感染，也称医院获得性感染。医院感染的对象包括患者、陪护人员及医务工作人员。

（一）医院感染的来源

1. 交叉感染或外源性感染　在医院内患者接受不洁的输血、注射或不规则的介入诊疗技术如导管、插管及内镜等，被微生物交叉感染。

2. 环境感染　环境中或被感染无生命物品的病原微生物及机会致病微生物，通过呼吸道、消化道及密切接触途径，使被暴露人群获得的附加感染。

3. 内源性感染　感染来自于自身的机会致病微生物，常常发生在应用大剂量免疫抑制剂、抗肿瘤化疗药物及放疗的患者，长期滥用广谱抗生素及 AIDS、肿瘤和慢性肝炎等晚期患者。

（二）医院感染的控制

主要包括：①合理应用消毒与灭菌措施及无菌诊断治疗操作。②采取正规隔离传染源和切断传播途径的预防措施。③合理使用抗菌药物，杜绝滥用广谱抗生素。④健全对医院感染的监测和管理机构。

三、细菌的致病性

能感染或引起宿主疾病的细菌称为病原菌或致病菌。细菌侵入宿主且生长繁殖并引起疾病的特性称为细菌的致病性或病原性。致病性相对宿主而存在，只有在感染或致病时才表现出来，致病性强弱程度以毒力表示，常用半数致死量（LD_{50}）或半数感染量（ID_{50}）表示，病原菌的致病作用与其毒力、侵入机体的数量及侵入的部位密切相关。细菌的毒力是由侵袭力和毒素决定的。

1. 侵袭力 是指细菌具有突破宿主机体的免疫防御功能，并在其体内定居、繁殖及扩散、蔓延的能力。构成侵袭力的组分有菌体的表面结构及细菌胞外酶。

（1）使细菌在体内定居的菌体表面结构，即普通菌毛（存在细菌吸附及定居作用）和脂磷壁酸（LTA）（与易感细胞表面受体结合，使细菌在体内定居）。

（2）增强抗吞噬作用的菌体表面结构，即荚膜、菌体表面蛋白（M 蛋白）、表面抗原（K 抗原、Vi 抗原）及细菌胞外酶。例如，血浆凝固酶可增强细菌抗吞噬能力，透明质酸酶、链激酶和 DNA 酶能增强细菌的扩散能力。

2. 毒素 细菌毒素按其来源、性质和作用的不同，可分为外毒素和内毒素两类，其主要区别见表 4-3。

表 4-3 外毒素和内毒素的区别

区别要点	外毒素	内毒素
来源	革兰氏阳性菌和少数革兰氏阴性菌	革兰氏阴性菌
释放方式	细菌生活状态下释放	菌体死亡裂解释放
化学成分	蛋白质	脂多糖
毒性作用	强，具有选择性特异毒性作用	较弱，引起发热、休克等全身作用
稳定性	不稳定，60～80℃，30min 被破坏	耐热，160℃，2～4h 被破坏
抗原性	强，经甲醛处理可脱毒成类毒素	弱，经甲醛处理不形成类毒素

四、宿主的非特异性免疫力

非特异性免疫又称天然免疫或固有免疫。固有免疫对各种入侵的病原微生物能快速反应，同时在非特异性免疫的启动和效应过程也起着重要作用。

（一）固有免疫的组成

固有免疫系统包括组织屏障（皮肤和黏膜系统、血脑屏障、胎盘屏障等）、固有免疫细胞（吞噬细胞、杀伤细胞、树突状细胞等）、固有免疫分子（补体、细胞因子、酶类物质等）。

1. 屏障结构 指体表的皮肤、机体的外通腔道黏膜，有机械阻挡作用和分泌多种杀菌物质的正常菌群，此外，血脑屏障和胎盘屏障等不但选择性限制物质的交换，也可部分阻挡微生物的侵入。

2. 吞噬作用 吞噬作用是非特异免疫中最有效的防御功能之一。大部分细菌被吞噬后可被消灭，也有少数几种细菌如结核杆菌、麻风杆菌、布氏杆菌和伤寒杆菌等，在无特异性免疫力机体的吞噬细胞内不被消灭而能继续繁殖，它们称为胞内寄生菌。

3. 正常组织和体液中的抗菌物质 人体正常体液（血液、淋巴液等）中有多种抗微生物的物质，包括补体、溶菌酶、乙型溶素、干扰素等数十种。溶菌酶的功能主要是裂解革兰氏阳性菌细胞壁的肽聚糖，导致细胞壁损伤裂解，而乙型溶素是存在于人类血清中对热比较稳定的碱性多肽，主要来源于血小板，可破坏革兰氏阳性菌细胞膜，导致细胞溶解，但对革兰氏阴性菌无作用，对革兰氏阳性菌的溶菌作用也不如溶菌酶彻底。

（二）吞噬细胞吞噬作用的后果

病原菌被吞噬细胞吞噬后，其后果因病原菌的种类、毒力和机体免疫状态不同而异，通常化脓菌被吞噬后 5～10min 死亡，30～60min 被消化破坏，此为完全吞噬。某些胞内寄生菌，如结核杆菌、布氏杆菌、伤寒杆菌等在免疫力缺乏或低下的机体中，虽被吞噬却不被杀灭，称不完全吞噬。

（三）胞外菌感染、胞内菌感染及外毒素致病的免疫特点

1. 胞外菌感染 大多数细菌均为胞外菌，当感染机体后，仅存在于吞噬细胞外的体液或组织中，并可引起吞噬细胞死亡和严重的临床症状，称为胞外菌感染，如化脓性球菌的感染等。

2. 胞内菌感染 是少数细菌，如结核分枝杆菌、麻风分枝杆菌、布鲁氏菌、军团菌等的感染。在临床发病后相当长的时间内，吞噬细胞处于不完全吞噬状态，其清除细菌主要依靠细胞免疫作用。

3. 外毒素致病的免疫特点 产外毒素的致病菌感染，如霍乱弧菌、白喉棒状杆菌和破伤风梭菌等感染，一般仅在黏膜或局部寄生，毒素入血而致病，不引起菌血症；而鼠疫杆菌感染，则可引起菌血症，甚至败血症。因此，在临床微生物选择检查方法时，应区别对待。胞外菌感染性疾病的恢复，主要依靠体液免疫，而毒血症主要依靠抗毒素免疫治疗。

五、感染的发生和发展

（一）细菌感染的来源

1. 外源性感染 是指宿主体外细菌的感染，包括急性或慢性患者、带菌者及病畜和带菌动物，均可向外环境排出病原菌。

（1）急性或慢性患者：是细菌显性感染机体，有明显临床症状体征者。根据病程分为急性患者或慢性患者，一般≥6 个月病程者，称为慢性患者。

（2）带菌者：细菌隐性感染者、潜伏期带菌者及病后慢性带菌者均无临床症状，却持续性或间歇性向体外排出菌，称为带菌状态。处于带菌状态的个体，称为带菌者。

（3）病畜和带菌动物：人兽共患病的病原菌，如鼠疫耶尔森菌、炭疽芽孢杆菌、布鲁氏菌、牛型结核分枝杆菌及引起食物中毒的沙门菌等，均可由动物传播给人。

2. 内源性感染 内源性感染是指来自于体内的正常菌群及少数既往感染后潜伏下来的病原微生物引起的病理过程，如结核分枝杆菌的原发后感染。内源性感染已逐步成为现今临床细菌感染中的多发病、常见病，是细菌感染的新动向，其感染有条件依赖性。当大量使用抗生素导致菌群失调及各种原因导致机体免疫防御功能下降时常引起感染，如婴幼儿、老年人、晚期癌症患者、艾滋病患者、器官移植等使用免疫抑制剂时均易发生内源性感染。内源性感染也是医院内感染的常见现象之一。

（二）菌血症、毒血症、败血症、脓毒血症及内毒素血症的概念

1. 菌血症 病原菌自局部病灶侵入血流，但未在血液中生长繁殖，只是短暂的一次性通过血循环到达体内适宜部位后再进行繁殖而致病，如伤寒沙门菌早期感染有菌血症期。

2. 毒血症 病原菌在局部生长繁殖过程中，细菌不侵入血流，但其产生的外毒素进入血流，引起特征性的中毒症状，如白喉、破伤风等。

3. 败血症 病原菌侵入血流并在其中大量繁殖，产生的毒性代谢产物包括外毒素或内毒素等毒力

因子所引起的全身严重中毒症状。革兰氏阳性菌和革兰氏阴性菌均可引起。症状主要有不规则高热，皮肤、黏膜淤血，肝、脾大，甚至肾衰竭等。

4. 脓毒血症 化脓性细菌侵入血流引起败血症时，细菌随血流扩散到机体其他组织或器官，引起新的化脓性病灶的感染类型。例如，金黄色葡萄球菌脓毒血症常引起多发性肝脓肿、皮下脓肿、肾脓肿、肺脓肿等。

5. 内毒素血症 革兰氏阴性菌侵入血流并在其中大量繁殖，崩解后释放大量内毒素引起的全身感染。也可由病灶内大量革兰氏阴性菌死亡，释放的内毒素入血所致。在严重革兰氏阴性菌感染时，常发生内毒素血症，如小儿急性中毒性菌痢。

（谢永生）

第八节 细菌感染的检查方法

一、细菌学诊断

（一）标本的采集原则

（1）早期采集细菌分离培养标本，尽量在发病早期及使用抗生素之前采集，以提高检出率。

（2）严格无菌操作采集，避免标本被其他微生物所污染。

（3）根据不同的感染病种及检验目的，确定采集不同病期患者的血液、脑脊液、咽拭子、粪便及尿液等标本。有时需采集急性期与恢复期双份血清，以检测抗体消长。

（4）标本在采集后，做好标记并尽快冷藏送检，奈瑟球菌标本为特例，需在室温下立即送检。

（二）检验程序

1. 镜检 涂片检查来自正确部位且形态染色性上具有特征的病原菌，进行直接涂片镜检后均有初步诊断价值。直接涂片镜检一般只提供初步诊断或参考，要确诊致病菌需要作进一步鉴定。但有些不易进行人工培养或培养时间较长的细菌，只能通过染色镜检并结合临床症状进行诊断。

2. 分离培养 用固体琼脂平板进行分区划线，分离出单个菌落后再进行纯培养。原则上所有标本均应进行分离培养，以获得纯培养。无菌部位的标本（如血液和脑脊液）可直接接种到液体或固体培养基中。有些部位的标本则需要接种到选择或鉴别培养基上，大多数细菌经37℃ 16～20h后可长出肉眼可见的菌落，分离培养阳性率较高，但需时较长。因此再根据分离培养及药敏试验结果进行调整。目前分离培养细菌，常采用需氧培养法、高渗培养法和厌氧培养法。

3. 生化检测 根据不同致病菌具有不同酶系统，进行分解代谢，代谢产物不尽相同。借助相应的生化反应将有助于细菌鉴别。

4. 血清学试验 应用已知的特异性免疫血清（抗体）检查未知纯种细菌，确定致病菌的种或型的方法称为血清学试验。常用的方法有玻片凝集、试管凝集等，数分钟内便可获得结果。此外，还有如免疫荧光、协同凝集、对流免疫电泳、酶联免疫吸附测定（ELISA）、间接血凝和乳胶凝集等试验可快速、高灵敏地检出标本中微量致病菌抗原，有助于病原菌的确定。

5. 动物实验 主要用于某些疑难的、新的病原菌的分离鉴定，测定菌株的毒力和科学研究。常用的实验动物有小鼠、豚鼠和家兔等。常用接种途径有皮内、皮下、腹腔、肌肉、静脉、脑内等。接种后的观察指标包括进食量、精神状态、局部变化、体重、体温和血液变化等，同时检查病变及死亡情况。

6. 药物敏感试验 该试验对指导临床用药、及时治疗和控制耐药菌感染有较大的意义。药物敏感试验方法有纸碟法、打孔法、小杯法和试管稀释法等多种，以纸碟法和试管稀释法较常用。

二、血清学诊断

用已知细菌或细菌抗原检测体液中有无相应抗体及抗体效价的动态观察，用于感染性疾病的辅助诊断。近年来，开发应用的酶免疫（EIA）、免疫荧光（IF）及放射免疫（RIA）技术等实验室病原学诊断方法，具有微量、快速、灵敏、特异等优点，被认为是血清学检测特异性抗原抗体方法的一次革命，在病毒诊断中已经替代间接血凝试验、反向被动血凝试验、补体结合试验及对流电泳等一些传统的血清学诊断方法，在细菌的病原学诊断应用中，也有此趋势。

（一）酶联免疫吸附测定（ELISA）、放射免疫试验（RIA）及免疫荧光试验（IF）

酶联免疫吸附测定（ELISA）、放射免疫试验（RIA）及免疫荧光试验（IF）均为用于检测感染者血清中特异性抗体或抗原的方法，是应用标记的抗原检测血清中特异性抗体，或应用标记的抗体检测血清中特异性抗原。例如，以 ELISA 或 RIA 检测 A 族链球菌、淋病奈瑟球菌及肺炎链球菌抗原，以 IF 检测志贺菌、霍乱弧菌感染等，均已应用于临床诊断。

（二）蛋白质印迹法

蛋白质印迹法是在 ELISA 应用原理基础上发展的一项新技术，用于检测微生物的特异性蛋白抗原或患者相对应的蛋白质抗体的实验室诊断方法。其原理和操作步骤是依据微生物蛋白质抗原分子质量的不同，可由 SDS-PAGE 电泳分开多个蛋白质条带，经转移电泳装置转移到硝酸纤维素膜上，加入第一抗体使之特异性地与其抗原决定簇结合，再加入酶标记或同位素标记的第二抗体，经与抗原抗体结合物作用后，最后加入酶底物或经胶片曝光，显示特异显色蛋白质条带，或曝光条带并判断结果。若用此试验检测患者血清特异性抗体，可用已知微生物蛋白抗原捕捉患者血清中特异性抗体，再结合酶标记抗人抗体并观察结果。蛋白质印迹法可作为 ELISA 检测结果的确证试验，在 AIDS 临床检测中最为常用。

（谢永生）

第九节　病原性球菌

球菌是细菌的一大类，病原性球菌主要引起化脓性炎症，故又称化脓性球菌。根据革兰氏染色性不同分为革兰氏阳性球菌和革兰氏阴性球菌两类，前者包括葡萄球菌属、链球菌属的链球菌和肺炎链球菌等，后者主要指奈瑟菌属，包括脑膜炎奈瑟菌、淋病奈瑟菌等。

一、葡萄球菌属

（一）生物学性状和分类

1. 形态与染色　葡萄球菌为革兰氏染色阳性球状菌，直径为 1μm。呈葡萄串状排列，无鞭毛，无芽孢和荚膜。

2. 分类　根据色素、生化反应等不同，葡萄球菌可分为金黄色葡萄球菌、表皮（白色）葡萄球菌和腐生（柠檬色）葡萄球菌三类。金黄色葡萄球菌为凝固酶阳性菌，多为致病菌，而表皮及腐生葡萄球菌为凝固酶阴性菌，多为非致病菌或机会性致病菌。

（二）致病物质的种类和所致疾病

1. 致病物质的种类

（1）溶血毒素：对人有致病作用的主要是 α 溶血素。它可引起人的红细胞溶解，而且对粒细胞、血小板和多种组织均有破坏作用。

（2）肠毒素：可溶性蛋白质，耐热，经 100℃，30min 煮沸不被破坏。直接或间接刺激呕吐中枢，引起以呕吐症状为主的食物中毒。

（3）杀白细胞素：能破坏中性粒细胞和巨噬细胞。

（4）表皮剥脱毒素：使表皮组织的棘状颗粒层裂解，使表皮与真皮脱离，引起剥脱性皮炎。

（5）血浆凝固酶：可使含抗凝剂的人和家兔血浆发生凝固。能否产生凝固酶是鉴定葡萄球菌有无致病性的重要指标。但近年来，在人工植入心瓣膜、心脏起搏器和人工关节等患者与早产儿、肿瘤等免疫力低下患者中发现有凝固酶阴性的葡萄球菌（CNS）感染，且已成为医院感染的重要机会性致病菌，应予以重视。

2. 所致疾病 有侵袭性和毒素性两种类型。

（1）侵袭性疾病：主要引起化脓性炎症。①皮肤软组织感染，如疖、痈、毛囊炎、脓疱疮、甲沟炎、麦粒肿、蜂窝组织炎、伤口化脓等。②内脏器官感染，如气管炎、肺炎、脓胸、中耳炎、脑膜炎、心包炎、心内膜炎等。③全身感染，如败血症、脓毒血症等。

（2）毒素性疾病：由外毒素引起，如肠毒素性食物中毒、毒性休克综合征、烫伤样皮肤综合征等。

现认为肠道菌群失调症后引起的假膜性结肠炎主要由艰难梭菌所致,金黄色葡萄球菌仅为伴随菌。

（三）致病性葡萄球菌的鉴别要点

致病性葡萄球菌（金黄色葡萄球菌）的特征如下。

（1）镜检符合葡萄球菌的形态和染色特征。

（2）菌落色素为金黄色，并产生透明溶血环（完全溶血或称 β 溶血）。

（3）血浆凝固酶阳性。

（4）甘露醇发酵阳性。

（5）耐热核酸酶检测阳性。

二、链球菌属

（一）生物学性状和分类

1. 形态与染色 革兰氏染色为阳性，直径为 0.6～1.0μm，呈链状排列，无鞭毛，无芽孢，幼龄菌可有透明质酸形成的荚膜。

2. 分类 链球菌分布广泛，共有 69 个种和亚种，有多种分类方法，尚未统一。

（1）根据在血琼脂平板培养基上生长繁殖后溶血现象的不同，将此菌属细菌分为三类：①甲型溶血性链球菌，于菌落周围有 1～2mm 宽的草绿色溶血环，称 α 溶血，多为机会性致病菌；②乙型溶血性链球菌，于菌落周围有 2～4mm 宽的无色透明溶血环，称 β 溶血，多为致病菌；③丙型链球菌，于菌落周围无溶血环，一般为非致病菌，常存在于乳类和肠道内。

（2）根据细胞壁多糖抗原的不同，将链球菌分为 A～H、K～V 共 20 个群。对人类致病的溶血性链球菌中，约 90%属于 A 群。

（3）根据对氧的需要，分为需氧性、兼性厌氧性和厌氧性链球菌，前两者对人多有致病性，后者为口腔、消化道及尿道中正常菌群，在特定条件下可成为机会性致病菌。

（二）致病物质的种类和所致疾病

1. 致病物质的种类　链球菌致病物质包括细胞壁成分、外毒素类和侵袭性酶。

（1）细胞壁成分：①黏附素，由脂磷壁酸（LTA）和菌毛蛋白（F 蛋白）构成，增强细菌对宿主细胞的黏附性，使之在体内定植与繁殖；②M 蛋白，含有 M 蛋白的链球菌具有抗吞噬及抵御吞噬细胞内杀菌作用的能力，并诱发机体的变态反应，与某些超敏反应性疾病有关。

（2）外毒素类：①致热外毒素（红疹毒素、猩红热毒素），是人类猩红热的主要毒性物质；②链球菌溶血素，由乙型（β 型）溶血性链球菌产生，根据对氧的稳定性，分为链球菌溶血素 O（SLO）和链球菌溶血素 S（SLS）两种。链球菌溶血素 O（SLO）和链球菌溶血素 S（SLS）为两种可溶性蛋白质，耐热，经 100℃，30min 煮沸不被破坏。直接或间接刺激呕吐中枢，引起以呕吐症状为主的食物中毒。

（3）侵袭性酶：A 群链球菌可产生胞外酶，主要有透明质酸酶、链激酶（SK）、链道酶（SD）（也称 DNA 酶）等，均具有促进细菌在组织间的扩散作用。目前，SK 和 SD 已制成酶制剂，临床应用于液化脓液。

2. 所致疾病　A 群链球菌引起的疾病约占人类链球菌感染的 90%，可分为化脓性、中毒性和变态反应性疾病三类。

（1）化脓性感染：淋巴管炎、淋巴结炎、蜂窝组织炎、痈等局部皮肤和皮下组织感染；扁桃体炎、咽炎、咽峡炎、鼻窦炎、产褥热、中耳炎等其他系统的感染。

（2）中毒性疾病：猩红热、链球菌毒素休克综合征等。

（3）变态反应性疾病：风湿热和急性肾小球肾炎。

（三）链球菌溶血素和临床检测的关系

链球菌溶血素 O（SLO）抗原性强。测定血清抗链球菌溶血素 O（SLO）（ASO 试验，简称抗 O 试验）常用于风湿热尤其是活动期的辅助诊断。当 SLO 抗体滴度为 1∶400 及以上时，有诊断意义。

三、肺炎链球菌

（一）形态与染色

菌体呈矛头状，成双排列，宽端相对，尖端向外。无鞭毛，无芽孢。在机体内能形成荚膜，经人工培养后荚膜消失。革兰氏染色阳性，陈旧培养的菌体常呈现革兰氏阴性。

（二）主要致病物质和所致疾病

1. 主要致病物质

（1）荚膜：有抗吞噬作用，是主要致病物质。有荚膜的肺炎链球菌的抵抗力强。

（2）肺炎球菌溶血素：可溶解人、马、羊和兔的红细胞，并能活化补体经典途径，引起发热、炎症及组织损伤。

（3）紫癜形成因子：将它注入兔皮内，可使其皮肤出现紫斑、出血点及内脏出血。

（4）神经氨酸酶：与肺炎链球菌在鼻咽部和支气管黏膜的定植、繁殖及扩散有关。

2. 所致疾病　主要为大叶性肺炎，其次为支气管炎和化脓性脑膜炎等。

四、脑膜炎奈瑟球菌

（一）生物学性状

呈肾形或豆形，成双排列，两菌接触面平坦或略向内陷，直径为 0.6～0.8μm。革兰氏染色阴性。无鞭毛，无芽孢，新分离菌株有荚膜。营养要求较高，常用的培养基是血琼脂（巧克力色）平板。专性需氧，初次分离培养需供给 5%～10%的 CO_2。多数菌能分解葡萄糖、麦芽糖，产酸不产气。氧化酶试验阳性。对外界抵抗力弱。

（二）主要致病物质和所致疾病

1. 主要致病物质

（1）菌毛：有吸附易感细胞作用。

（2）荚膜：有抗吞噬作用。

（3）脂寡糖（LOS）：为细菌裂解后外膜成分脂质 A 和核心寡糖构成，类似于 LPS，具有内毒素活性，可引起发热反应及低血压休克。

（4）IgA1 蛋白酶：具有破坏黏膜上分泌型特异性抗体 IgA1（SIgA1）作用，使细菌黏附于细胞表面。

2. 所致疾病 流行性脑脊髓膜炎（流脑），人是唯一宿主。

（三）标本的采集和分离鉴定

1. 标本的采集 采取患者的脑脊液、血液或皮肤出血斑内容物或带菌者的鼻咽拭子标本，立即常温下送检，因为本菌含有自溶酶，离体后或在低温下易死亡。

2. 细菌的分离与鉴定

（1）直接镜检：取脑脊液标本的离心沉淀物或淤斑渗出液进行涂片。革兰氏染色后镜检，如发现细胞内、外有革兰氏阴性双球菌，可做出初步诊断（阳性率可达 80%）。

（2）分离细菌和鉴定：血液或脑脊液标本先增菌或直接接种于巧克力色平板上进行划线分离。平板置于 35～36℃、5%～10%CO_2 的环境中孵育 24～44h。挑取可疑菌落涂片、染色、镜检做初步诊断，并做生化反应、凝集试验或血清学试验鉴定。

五、淋病奈瑟球菌

1. 形态与染色 革兰氏阴性球菌，多在中性粒细胞内，直径为 0.6～0.8μm，呈肾形成双排列，大多有菌毛，无鞭毛，不形成芽孢，无荚膜。

2. 致病物质

（1）菌毛：与细胞表面受体结合，使淋病奈瑟菌更易附着在人泌尿生殖道上皮细胞、精子、红细胞及白细胞上。

（2）脂寡糖（LOS）：由外膜脂质 A 和核心寡糖构成，类似于 LPS 的内毒素作用。

（3）IgA1 蛋白酶：破坏黏膜细胞表面的特异性 SIgA1，使细菌在黏膜上及黏膜下大量增殖，引起泌尿生殖系统感染。

（4）外膜蛋白：具有破坏宿主黏膜上皮细胞膜结构，介导细菌黏附于上皮细胞和阻抑杀菌抗体的作用。

3. 所致疾病 人是淋球菌的唯一宿主，成人淋病主要通过性接触传播。母体患有淋病性阴道炎或子宫颈炎者，胎儿经产道娩出时可被感染而患淋病性眼结膜炎。

（赵晓会 郝振华）

第十节 肠道杆菌

一、肠道杆菌的共同特征

（一）形态、染色和抗原构造

1. 形态与染色 中等大小的革兰氏阴性杆菌，直径为 0.3～1.0μm，长 2～3μm。无芽孢，多数有周鞭毛和菌毛，少数有荚膜。

2.抗原构造 复杂，重要抗原有菌体（O）抗原、鞭毛（H）抗原和荚膜（K或Vi）抗原。

（1）O抗原：即脂多糖中的O特异性多糖，具有种特异性。其结构的变异是细菌光滑型-粗糙型（S-R）变异的基础。

（2）H抗原：为细胞的鞭毛蛋白，失去鞭毛的细菌，H抗原消失，O抗原暴露，称为H-O变异。

（3）K抗原或Vi抗原：为O抗原外的多糖类抗原。

（二）生化反应的特点

肠杆菌科目前分为44个菌属，170多种细菌，其生化反应的共同特点是触酶阳性，能还原硝酸盐为亚硝酸盐，氧化酶阴性，能分解多种糖类和蛋白质，其中乳糖发酵试验可初步鉴别致病菌和非致病菌，致病菌一般不分解乳糖，而非致病菌多数能分解乳糖。

二、埃希菌属

（一）致病性大肠埃希菌的种类

埃希菌属细菌为肠道正常菌群的重要成员，大肠埃希菌为主要代表菌种。大多数大肠埃希菌为机会致病菌。凡能产生和携带肠毒素，如耐热及不耐热肠毒素（LT及ST）和志贺样毒素（SLT），定居因子（CFA-Ⅰ、CFA-Ⅱ），K抗原或类似物质及带有性菌毛和产生内毒素者，均为致病性大肠埃希菌，主要有5种，即肠产毒型大肠埃希菌（ETEC）、肠侵袭型大肠埃希菌（EIEC）、肠致病型大肠埃希菌（EPEC）、肠出血型大肠埃希菌（EHEC）、肠集聚型大肠埃希菌（EAEC）（表4-4）。

表4-4 不同大肠埃希菌的致病物质机制及主要疾病症状

菌种	作用部位	致病物质及其机制	主要疾病和症状
ETEC	小肠	分泌不耐热肠毒素（LT）和耐热肠毒素（ST），导致小肠黏膜对水分吸收功能障碍	旅行者腹泻、婴幼儿腹泻、水样便、呕吐、腹痛、低热
EIEC	大肠	由质粒介导侵袭和破坏结肠黏膜上皮细胞	水样便腹泻，继以少量血便、腹痛、发热
EPEC	小肠	由质粒介导，破坏结肠黏膜上皮细胞微绒毛刷状缘，导致微绒毛萎缩变平，即A/E组织病理损伤	婴儿腹泻、水样便腹泻、恶心、呕吐、发热
EHEC	大肠	由溶原性噬菌体编码志贺毒素[Stx-Ⅰ或（和）Stx-Ⅱ]，导致A/E损伤综合征	水样便，继以大量血样便和剧烈腹痛，可引起儿童急性肾衰及溶血性尿毒症
EAEC	小肠	由质粒介导聚集性黏附上皮细胞，阻止液体吸收	婴儿腹泻、持续性水样便腹泻、恶心、呕吐、脱水、低热

（二）肠出血型大肠埃希菌的血清型及所致疾病

EHEC O157：H7血清型引起以反复出血性腹泻和严重腹痛为特征的出血性结肠炎，表现为大量血样便腹泻。多发于5岁以下儿童，易并发溶血性尿毒综合征（HUS），表现为溶血性贫血，继而发展为急性肾衰竭。

（三）大肠埃希菌在卫生细菌学检查中的应用

大肠埃希菌为人和动物肠道寄生菌之一，它的存在表明外环境、水和食物被人或动物粪便污染，且污染程度与其数量相关；或间接提示有肠道致病菌污染的可能。大肠菌指数为1L水中含有的大肠菌群的菌数；大肠菌值为大肠菌指数的倒数，即检测到一个大肠菌群细胞所用水样的毫升数；均作为水、食物和药品的卫生检测指标。中国饮用水的卫生标准（GB5749—1985）规定，1L水的大肠菌指数不得超过3个，每100mL瓶装汽水或果汁中不得超过5个。

三、志贺菌属

1. 种类、致病物质及所致疾病 根据志贺菌菌体（O）抗原和分解甘露醇的能力，将其分为4群，即痢疾志贺菌（A群）、福氏志贺菌（B群）、鲍氏志贺菌（C群）和宋内志贺菌（D群）。该菌属的致病物质主要有菌毛、内毒素和外毒素。菌毛与其侵袭力有关。内毒素作用于肠黏膜，形成炎症和溃疡。肠毒性外毒素即志贺毒素（Stx）与EHEC产生的毒素相同，使上皮细胞损伤。在少数患者，志贺毒素可介导肾小球内皮细胞的损伤，导致溶血性尿毒综合征（HUS）。该菌属引起急性及慢性细菌性痢疾，急性中毒性痢疾多见于小儿。发病率在中国传染病中位居前五位。

2. 标本采集、分离培养与鉴定 可采集患者粪便和（或）肛拭子标本。采样后立即接种于GN增菌液中，增菌后转种于SS选择性培养基，37℃培养18～24h后，挑取无色半透明菌落，接种于鉴别培养基，符合典型反应者，再行生化试验和血清学鉴定，以确定菌群和菌型。

四、沙门菌属

（一）主要致病菌种类、致病物质、所致疾病

致病物质：包括菌毛、菌体（O）抗原、内毒素和肠毒素。菌毛和O抗原与其侵袭力有关，内毒素导致肠道局部炎症反应和全身性中毒症状，部分沙门菌可产生霍乱样肠毒素，导致严重的腹泻。

该菌属可致三类疾病：①肠热症（伤寒和副伤寒），分别由伤寒沙门菌、副伤寒沙门菌（甲型副伤寒沙门菌、肖氏沙门菌、希氏沙门菌）引起；②食物中毒，由鼠伤寒沙门菌、猪霍乱沙门菌、肠炎沙门菌等污染食物引起；③败血症，在儿童及免疫力低下的成人，沙门菌感染可引起败血症，甚至化脓性脑膜炎、胆囊炎、心内膜炎等。

部分伤寒及副伤寒沙门菌感染者或发病后，由于治疗不彻底等原因，可变为慢性带菌者并成为重要传染源，应予以重视。

（二）肠热症的标本采集及分离鉴定

根据病程选择采集标本，感染初期，粪检阳性率低，因此发病1周内应取静脉血，第1～3周取骨髓穿刺标本，第2～4周时可取粪便和尿液标本。标本应先增菌，然后接种于SS选择性培养基，经37℃培养18～24h后，挑取无色半透明的菌落，接种至双糖铁半固体培养基鉴别，再做生化反应和血清学凝集试验，进一步鉴定。

（三）肥达试验和结果判断

肥达试验的原理是直接凝集试验。用伤寒菌体（O）抗原、鞭毛（H）抗原和甲、乙副伤寒H抗原，与患者系列稀释血清进行凝集试验。正常人因隐性感染和接种伤寒三联疫苗，血清中可存在一定水平的抗体，O凝集价<1∶80，H凝集价<1∶160。若O和H效价均升高且超过上述水平，或患者恢复期抗体效价较急性期升高4倍以上，则具有诊断意义。若O效价升高而H效价不高，可能为早期感染或者为其他沙门菌交叉感染，H效价升高而O效价不高，可能是预防接种或者非特异性回忆反应。

（赵晓会　郝振华）

第十一节　弧　菌　属

一、霍乱弧菌

1. 生物学性状 典型的菌体弯曲如弧形或逗点状。革兰氏染色阴性，无芽孢和荚膜，单端一根

鞭毛，运动活泼。取患者“米泔水”样粪便作悬滴观察，可见细菌呈穿梭样或流星状运动。标本涂片染色后观察，呈“鱼群”状排列。该菌营养要求不高，生长温度为18～37℃。耐碱不耐酸，在pH 8.8～9.0的碱性琼脂平板上可形成1～2mm无色透明的光滑型菌落。该菌具有O抗原和H抗原。根据O抗原不同，霍乱弧菌可分为155个血清群。其中O1群和O139群引起霍乱，其余血清群则不引起霍乱。O1群包括古典生物型和埃尔托（El-Tor）生物型，两个生物型均可再分为三个血清型，即原型（稻叶型）、异型（小川型）和中间型（彦岛型）。

2. 致病物质及所致疾病　霍乱弧菌的致病物质有鞭毛、菌毛和霍乱肠毒素。鞭毛和菌毛与其穿过肠黏液层、黏附并定居于肠上皮细胞有关。霍乱肠毒素作用于腺苷酸环化酶，使细胞内cAMP浓度升高，肠黏膜细胞分泌增多，致水样便。其所致疾病霍乱属于甲类烈性传染病，以剧烈腹泻呕吐、严重脱水、电解质紊乱为临床特征，严重者可因肾衰竭、休克而死亡。

二、副溶血性弧菌

副溶血性弧菌是一种嗜盐性细菌，主要存在于海水、海底沉积物和海产品中，可引起食物中毒。临床主要症状为腹痛、腹泻、呕吐与发热，多为水样便，为自限性疾病。

（赵晓会　郝振华）

第十二节　厌氧性细菌

一、厌氧芽孢梭菌

厌氧芽孢梭菌只有一个属，即梭状芽孢梭菌属，引起人类疾病的主要有破伤风梭菌、产气荚膜梭菌、肉毒梭菌等。

（一）破伤风梭菌的生物学性状、致病物质、所致疾病和防治原则

1. 生物学性状　菌体细长，芽孢圆形，位于菌体的顶端，似鼓槌状，革兰氏染色阳性，有周鞭毛，无荚膜。专性厌氧，营养要求不高，在普通琼脂平板上经24～48h厌氧培养后，形成羽毛状菌落；在血液琼脂平板上可形成β-溶血环。芽孢对外环境抵抗力强，对热、干燥和消毒剂均耐受。

2. 致病物质　产生两种外毒素，即破伤风溶血毒素和破伤风痉挛毒素。

3. 所致疾病　破伤风梭菌致病的条件有：①机体深部伤口；②伴有需氧菌和兼性厌氧菌混合感染；③坏死组织较多且造成局部缺血缺氧的微环境。细菌只在局部繁殖，释放的破伤风痉挛毒素进入血流到达脊髓前角运动细胞，封闭了抑制性神经纤维释放抑制性神经介质，导致肌肉的强直性收缩，出现破伤风特有的苦笑面容和角弓反张等症状体征。

4. 防治原则

（1）正确处理伤口：清创并对伤口用过氧化氢溶液（H_2O_2）冲洗创面以消除厌氧环境。

（2）局部或全身应用抗生素：例如，大剂量使用青霉素，防止伤口局部细菌的生长繁殖。

（3）注射破伤风抗毒素（TAT）：中和游离的破伤风外毒素，对患者进行紧急预防接种和对症治疗。

（4）应用破伤风类毒素进行预防接种：中国计划免疫规程中规定使用百白破（DPT）三联疫苗对儿童进行计划免疫，另对军人和易受外伤的高危人群，可提前注射破伤风类毒素进行预防。

（二）产气荚膜梭菌的生物学性状、致病物质、所致疾病、微生物学检查和防治原则

1. 生物学性状　革兰氏阳性粗大杆菌，厌氧生长，有荚膜，无鞭毛。芽孢呈卵圆形，位于菌体中央或次极端。在血平板上菌落呈圆形，多数菌株有双层溶血环。在牛乳培养基中形成“汹涌发酵”现象。

2. 致病物质和所致疾病　产气荚膜梭菌能产生多种外毒素和侵袭性酶，有荚膜，侵袭力强，可引起气性坏疽、食物中毒和坏死性肠炎。

3. 微生物学检查　①直接涂片镜检：从伤口深部取材涂片，革兰氏染色后镜下观察，发现 G^+ 粗大杆菌，并伴有其他杂菌和少量形态不规则的白细胞，有早期初步诊断意义。②细菌分离培养：取坏死组织制成悬液，接种于血液琼脂平板或肉渣培养基作厌氧培养。取可疑菌落接种于牛乳培养基中观察"汹涌发酵"等生化反应。必要时可接种小鼠进行动物实验。

4. 防治原则　及时处理伤口，清创、扩创、局部使用 H_2O_2 冲洗，有条件的可使用多价抗毒素和高压氧舱治疗。必要时截肢以防病变扩散。对所有的器械和敷料严格灭菌。

（三）肉毒梭菌的形态、致病物质及所致疾病

1. 形态和染色　革兰氏阳性短粗杆菌，厌氧生长，有鞭毛，无荚膜。芽孢位于菌体次极端，粗于菌体，与菌体形成网球拍状。

2. 致病物质　主要是神经外毒素，即肉毒毒素，为已知最剧烈的毒素。

3. 所致疾病　主要经食物感染（少见可经创伤感染），肉毒毒素经肠道吸收，进入血流，作用于颅脑神经核、外周神经-肌肉接头处，阻碍乙酰胆碱释放，导致肌肉弛缓性麻痹。

（四）艰难梭菌的致病性

艰难梭菌是人和动物肠道的正常菌群之一。长期使用抗生素导致肠道菌群失调后，耐药的艰难梭菌能引起抗生素相关性腹泻和假（伪）膜性结肠炎。

二、无芽孢厌氧菌

无芽孢厌氧菌包括多种革兰氏阴性厌氧菌如卟啉单胞菌属、普雷沃氏菌属、梭杆菌属、放线菌属及韦荣氏菌属等细菌，以及革兰氏阳性厌氧菌如乳杆菌属、口腔链球菌属等细菌，它们大多属于人体正常菌群的重要组成部分，其致病性不强，为机会性致病菌。

1. 致病条件　①机体受机械或病理性损伤，使皮肤黏膜屏障被破坏。②机体组织局部坏死、缺血，存留异物或与需氧菌共生感染，造成局部厌氧微环境。③菌群失调。④各种因素引起机体免疫力降低。

2. 感染特征　无芽孢厌氧菌感染多为慢性感染过程，其感染特征有：①口腔、颌面部、鼻咽腔、胸腹腔、盆腔及肛门会阴部等处的慢性深部脓肿。②感染部位的分泌物或脓液呈血性、黑色或乳白色浑浊液，有恶臭，有时有气体产生。③所引起的脓肿分泌物，用直接涂片染色常可见革兰氏阴性或阳性杆菌，不能用普通培养基培养该类细菌；所致败血症、心内膜炎及脓毒性血栓性静脉炎等，常规血培养也为阴性，必须使用特殊培养基培养。④长期使用氨基糖苷类抗生素如链霉素、卡那霉素及庆大霉素等治疗无效。

3. 所致疾病种类

（1）口腔感染：无芽孢厌氧菌单一菌或混合感染，是坏死性溃疡性牙龈炎、牙周炎、坏疽性口腔炎等口腔感染的主要病因。

（2）女性生殖道及盆腔感染。

（3）腹腔感染：占半数以上的肝脓肿，由厌氧菌引起。

（4）肺部和胸膜炎症性感染。

（5）颅内感染：包括硬膜外和硬膜下脓肿、血栓性静脉炎、脑膜炎和脑脓肿等。

（6）败血症：厌氧菌败血症占败血症的 10%～20%。

（7）感染性心内膜炎。

（8）皮肤软组织慢性脓肿。

（赵晓会　郝振华）

第十三节　棒状（杆）菌属

棒状菌因其菌体的一端或两端膨大呈棒状而得名,该菌属有 73 个种,主要的致病菌为白喉棒状菌。

（一）白喉棒状菌的形态、染色、致病物质及所致疾病

1. 形态和染色　菌体细长略弯，一端膨大呈棒状，常呈栅栏状、“V”字形或“L”字形。无荚膜，无鞭毛，不形成芽孢。革兰氏染色阳性，用亚甲蓝染色后，菌体着色不均匀，两端或一端出现染色较深的颗粒。

2. 致病物质及所致疾病　白喉外毒素是主要致病物质，可使宿主细胞内延伸因子-2（EF-2）失活，阻断宿主细胞蛋白质的合成，引起组织细胞变性和坏死。白喉棒状杆菌是引起人类白喉的唯一病原体。白喉的临床表现为鼻咽部急性炎症和形成假膜，并伴有全身中毒症状。

（二）白喉棒状菌微生物学检查和防治原则

1. 微生物学检查　包括病原菌的分离和毒力鉴定。从咽部采集标本，用革兰氏染色、亚甲蓝染色或奈瑟染色后镜检，同时接种于吕氏血清斜面和亚碲酸钾鉴别培养基，后者可观察到黑色菌落。细菌分离后再进行毒力鉴定（常用琼脂 Elek 平板毒力试验），以区别产毒株和非产毒株。

2. 防治原则

（1）主动免疫预防：用白喉类毒素或百白破三联疫苗进行人工免疫预防，效果良好，中国已将白喉列入计划免疫预防疾病。

（2）紧急预防和治疗：对密切接触过白喉患者的易感儿童，应肌内注射白喉抗毒素做紧急预防，对白喉患者的治疗应早期、足量注射白喉抗毒素，注射前应做皮试。

（赵晓会　郝振华）

第十四节　分枝杆菌属

一、结核分枝杆菌

（一）形态、染色、培养特性和抵抗力

1. 形态与染色　结核分枝杆菌为细长略弯的杆菌，两端呈圆形，有时呈分枝状排列，大小为 0.4μm×（1～4）μm，无菌毛和鞭毛，不形成芽孢，现证明有荚膜。结核分枝杆菌革兰氏染色阳性，但不易着色。应用齐-尼氏抗酸染色法，可将结核分枝杆菌染成红色，其他杂菌及背景被染成蓝色。

2. 培养特性　结核分枝杆菌为专性需氧菌，营养要求较高，常用罗氏培养基（内含血清、蛋黄、甘油、马铃薯和孔雀绿等）进行培养。最适 pH 为 6.5～6.8，温度为 37～37.5℃。因结核分枝杆菌细胞壁的脂质含量较高，影响营养物质吸收，故生长繁殖缓慢，需 3～4 周后才形成肉眼可见颗粒状或菜花形乳酪色的粗糙型菌落。

3. 抵抗力　结核分枝杆菌对理化因素的抵抗力较强，对酸、碱、自然环境和干燥都有一定抵抗力，但对湿热、乙醇和紫外线敏感，对抗结核病药物易产生耐药性。

（二）结核分枝杆菌感染的免疫特点

1. 免疫性　抗结核的免疫属于**感染免疫**（infection immunity）或称带菌免疫，只有当结核分枝杆菌在体内存在时才有免疫力，一旦体内的结核分枝杆菌或其成分全部消失，免疫力也随之消失。

结核分枝杆菌免疫主要是以 T 细胞介导的细胞免疫为主。机体感染结核分枝杆菌后，虽能产生多

种抗体，但无保护作用。结核分枝杆菌侵入呼吸道后，肺泡中的巨噬细胞不能将所吞噬的结核分枝杆菌杀灭，但可提呈抗原，使周围 T 细胞致敏，释放多种细胞因子如 IL-2、IL-6、IFN-γ 等，增强巨噬细胞的吞噬作用和杀菌作用。

2. 免疫性与超敏反应 在机体对结核分枝杆菌产生特异性免疫的同时，也产生了迟发型超敏反应。研究表明免疫力和超敏反应是由不同抗原成分激活不同的 T 细胞亚群所致。

（三）结核菌素试验的原理、结果判断和应用

1. 原理与结果判断 结核菌素试验是应用结核菌素进行皮内试验来测定机体能否引起迟发型超敏反应的一种试验，以此来判断受试者对结核分枝杆菌是否有免疫力。结核菌素试剂有两种，一种是旧结核菌素（OT）；另一种是纯蛋白衍生物（PPD）。目前世界卫生组织（WHO）和国际防痨和肺病联合会推荐使用 PPD。试验方法与意义：取 PPD 0.1mL（5IU）注入受试者左侧前臂屈侧中上部 1/3 处皮内，48～72h 观察结果，如局部出现红肿硬结，测量硬结的平均直径，而不是红晕直径。超过 5mm 者为阳性，≥15mm 为强阳性。结核菌素试验阳性者表明曾感染过结核分枝杆菌或卡介苗接种成功，但不一定发病。结核菌素试验强阳性者可能有活动性结核，应进一步做其他检查。阴性反应表明未感染过结核杆菌或未接种过卡介苗，但应考虑以下情况：感染初期；反应低下的老年人；严重结核病患者或正患有其他传染病如麻疹等；继发性细胞免疫功能低下如艾滋病或肿瘤等用过免疫抑制剂者。

2. 应用 ①选择卡介苗接种对象及免疫效果的测定，若结核菌素试验阴性则应接种卡介苗；②作为婴幼儿结核病诊断的参考；③在未接种卡介苗的人群中做结核分枝杆菌感染的流行病学调查；④用于测定肿瘤患者的细胞免疫功能。

（四）微生物学检查及防治原则

1. 微生物学检查 结核病在临床上常可借助 X 线摄片诊断，但细菌学检查仍是结核病诊断的金标准。

（1）标本采集：根据结核分枝杆菌感染部位的不同，可采集不同的标本。例如，肺结核取痰，肾结核或膀胱结核取尿，肠结核取粪便，结核性脑膜炎取脑脊液等。

（2）染色镜检：标本直接涂片或集菌后涂片，用抗酸染色镜检。如果找到抗酸阳性杆菌，即可初步诊断。

（3）分离培养与鉴定：将标本接种于罗氏培养基，37℃培养，一般需 3～4 周才长成肉眼可见的菌落，然后可进一步做生化反应和动物试验。

2. 防治原则

（1）预防：接种卡介苗是预防结核病最有效的措施，已列为中国国家计划免疫。接种对象主要为新生儿和结核菌素试验阴性的儿童。接种方法常采用皮内法：皮内注射 0.1mL 含 0.5～0.75mg 的卡介苗，此法接种阳转率高，且稳定。接种后获得的免疫力可持续 3 ～ 5 年。一般在出生后 24h 内进行初种，7 岁、12 岁对结核菌素试验阴性者再进行复种。

（2）治疗：结核病的药物治疗原则是早期、规律、全程、适量、联合用药。具体治疗方案应根据患者的临床表现制订。近年来结核分枝杆菌耐药菌株较多，故对久治不愈的患者，应分离菌株，进行药物敏感试验，测定其耐药性，以指导临床合理用药。

二、麻风分枝杆菌

麻风分枝杆菌形态、染色与结核分枝杆菌相似。宽约 0.4μm，长 2 ～7μm，细长略弯，常呈束状排列。无荚膜，无芽孢，无鞭毛，抗酸染色阳性。

麻风患者是麻风的主要传染源。患者口、鼻、咽喉黏膜分泌物、皮疹渗出液、乳汁、精液与阴道分泌液中含有麻风分枝杆菌，故主要通过呼吸道、破损的黏膜和密切接触等方式传播。根据机体的免

疫状态、病理变化和临床表现可将患者分为两型（结核样型和瘤型）和两类（界线类和未定类）。人对麻风分枝杆菌的抵抗力较强，其免疫以细胞免疫为主。接种卡介苗预防麻风病也有一定的效果。

（赵晓会　郝振华）

第十五节　放线菌属与诺卡菌属

放线菌（Actinomycetes）是一类丝状、呈分枝状生长的、与细菌相似的原核细胞型微生物，大多数不致病。对人致病的放线菌可分为含分枝菌酸的放线菌（如诺卡菌属）和不含分枝菌酸的放线菌（如放线菌属）。

一、放线菌属

放线菌属（*Actinomyces*）正常寄居在人和动物口腔、上呼吸道、胃肠道和泌尿生殖道。该菌是革兰氏染色阳性，无芽孢、无荚膜、无鞭毛的非抗酸性丝状菌。菌丝细长，无隔，直径为0.5～0.8μm，有分枝，有时菌丝可断裂成链球状或链杆状，似棒状杆菌。

主要致病性放线菌为衣氏放线菌、牛型放线菌、内氏放线菌、黏液放线菌和龋齿放线菌等，当机体抵抗力降低，口腔卫生不良，拔牙或外伤时引起内源性感染，引起放线菌病，常侵犯面部、颈部、胸部、盆腔和中枢神经系统等。

在患者病灶组织和脓样物质中可找到肉眼可见的黄色小颗粒，称为“硫黄样颗粒”，是放线菌在病灶组织中形成的菌落；将颗粒置于载玻片上压平，镜检时可见菌体排列成菊花状，故名放线菌。硫黄样颗粒为放线菌病的指征。

二、诺卡菌属

诺卡菌属（*Nocardia*）是一群需氧性放线菌，广泛分布于土壤中，多为腐生菌。本菌形态与放线菌相似，在普通培养基上经1周左右培养后，可见菌落表面干燥、有褶皱或呈颗粒状，不同种类可产生不同色素。对人致病的主要有**星形诺卡菌**（*N. asteroides*）和**巴西诺卡菌**（*N. brasiliensis*）。在我国以星形诺卡菌多见。

星形诺卡菌多经呼吸道及皮肤伤口感染，主要引起原发性化脓性肺部感染，特别多见于免疫力低下的人群，如艾滋病患者、器官移植用免疫抑制剂治疗者及肿瘤患者。从肺部病灶可转移到皮下组织，形成脓肿和多发性瘘管；也可通过血液播散，引起脑膜炎与脑脓肿。

巴西诺卡菌可因外伤侵入皮下组织，引起慢性化脓性肉芽肿，很少播散，表现为肿胀、脓肿及多发性瘘管，好发于足、腿部。

（赵晓会　郝振华）

第十六节　动物源性细菌

以动物作为传染源，能引起动物和人类发生人兽共患病的病原菌称为动物源性细菌。比较重要的动物源性细菌主要有布鲁菌、鼠疫耶尔森菌和炭疽芽孢杆菌。

一、布鲁菌属

1. 形态与染色　菌体呈球杆状，大小为（0.4～0.8）μm×（0.5～1.5）μm，散在排列，革兰氏染色阴性。无芽孢，无鞭毛，一般无荚膜，光滑型菌株有微荚膜。

2. 种类 布鲁菌属共有 6 个生物种，19 个生物型，其中羊布鲁菌、牛布鲁菌、猪布鲁菌和犬布鲁菌 4 种可引起人类布鲁菌病，在我国主要流行的是羊布鲁菌。

3. 所致疾病 人类主要通过接触病畜或食用含有病菌的肉类及乳制品等引起感染。布鲁菌侵入机体后，可形成菌血症，并引起机体发热等症状。随后细菌进入肝、脾、骨髓等脏器细胞，发热也渐消退。细菌在细胞内繁殖到一定程度可再次入血，又形成菌血症而致体温升高。如此反复形成的菌血症使患者出现不规则的波浪状热型，故布鲁菌病临床上又称波浪热。患者除发热外还表现出虚弱、出汗、关节疼痛、淋巴结肿大等症状和体征，病程一般持续数周至数月。

二、鼠疫耶尔森菌

鼠疫耶尔森菌（*Yersinia pestis*）简称鼠疫杆菌，属于肠杆菌科的耶尔森菌属，是鼠疫的病原菌。鼠疫为我国法定的两种甲类传染病之一，是一种自然疫源性的烈性传染病，历史上曾发生过三次世界性大流行。

1. 形态与染色 鼠疫杆菌呈两端浓染的卵圆形短杆菌，革兰氏染色阴性。本菌有荚膜，无鞭毛，无芽孢。在陈旧培养物或含高盐（3%NaCl）的培养基中培养后菌体可呈现球形、杆形、丝状、哑铃状等多形性，也可以看到染色极浅的细菌轮廓，称菌影。

2. 致病物质 鼠疫杆菌的致病性主要与 F1 荚膜抗原、毒力质粒编码的 V/W 抗原、外膜抗原、鼠毒素及内毒素等相关。

3. 所致疾病 鼠疫是自然疫源性传染病，鼠类是鼠疫杆菌的主要储存宿主，鼠蚤是其主要传播媒介。人患鼠疫后，可通过人蚤或呼吸道等途径在人群间流行。鼠疫耶尔森菌自皮肤侵入后到达局部淋巴结，引起淋巴结的肿胀、出血和坏死，称腺鼠疫，好发于腹股沟、腋下及颈部。通过呼吸道感染可致肺鼠疫，常因缺氧、休克、心力衰竭等死亡，死前患者皮肤因高度发绀而呈紫黑色，故有“黑死病”之称。若病原菌侵入血流，可导致原发性或继发性败血症型鼠疫。

三、炭疽芽孢杆菌

炭疽芽孢杆菌（*B. anthracis*）属于需氧芽孢杆菌属，简称炭疽杆菌，是人类发现的第一个病原菌。主要引起牛、羊等草食动物炭疽病，也可传给人类和肉食动物。

1. 形态与染色 炭疽杆菌是致病菌中最大的细菌，大小为（1～3）μm×（5～10）μm，两端平切。无鞭毛，不能运动，有荚膜。经人工培养后可形成竹节状长链。在适宜环境中易形成芽孢，呈椭圆形，位于菌体中央，其宽度小于菌体，革兰氏染色阳性。

2. 抵抗力 炭疽杆菌芽孢抵抗力强，在干燥土壤或皮毛中能存活数年至 20 余年，芽孢对化学消毒剂也有很强的抵抗力，需在新配制 20%石灰乳、20%漂白粉中浸泡 48h 或在 5%苯酚中 5 天才能杀死芽孢。对碘及氧化剂较敏感，1∶2500 碘液 10min、0.5%过氧乙酸 10min 或 3%H_2O_2 1h，即可杀灭芽孢。本菌对青霉素、红霉素、氯霉素等多种抗生素均敏感。

3. 所致疾病 炭疽芽孢杆菌主要感染草食动物。人因接触患病动物或受染皮毛而引起皮肤炭疽；食入未煮熟的病畜肉类、奶或被污染食物引起肠炭疽；吸入含有大量病菌芽孢的尘埃可发生肺炭疽。各型炭疽均可并发败血症，导致急性出血性脑膜炎，死亡率极高。

4. 防治原则 预防炭疽病的重点应放在控制家畜感染和牧场的污染方面，病畜应严格隔离或处死深埋，死畜严禁剥皮或煮食，必须焚毁或深埋于 2m 以下并加大量生石灰覆盖。对从事畜牧、屠宰、兽医、皮革、毛纺等工作的有关人员可用炭疽减毒活疫苗皮上划痕接种，免疫力可持续 1 年。治疗可选用青霉素、强力霉素等抗生素。

（赵晓会 郝振华）

第十七节 其 他 细 菌

一、流感嗜血杆菌

流感嗜血杆菌（*Haemophilus influenzae*）俗称流感杆菌。1892 年，波兰细菌学家 Pfeiffer 首先从流感患者鼻咽部分离出，当时被误认为是流感的病原菌。直到 1933 年，Smith 将流感病毒分离成功，才明确流感的真正病原体，但这一名称一直沿用至今。此菌是流感继发感染常见的细菌。

1. 形态、染色与培养特性 该菌为革兰氏阴性的小杆菌，大小为（0.3～0.4）μm×（1.0～1.5）μm。可呈球杆状、长杆状和丝状等多种形态。无芽孢，无鞭毛，多数菌株有菌毛。需氧或兼性厌氧，生长需要 X 和 V 因子，在巧克力平板上生长较佳，37℃培养 24～48h 可形成灰白色光滑型菌落。若将流感嗜血杆菌与金黄色葡萄球菌在血平板上共同培养时，由于后者能合成 V 因子，故在金黄色葡萄球菌菌落周围的流感嗜血杆菌菌落较大，此称为“卫星现象”，有助于对流感嗜血杆菌的鉴定。

2. 所致疾病 流感嗜血杆菌主要通过呼吸道在人群中传播，外源性感染多见于儿童，引起脑膜炎、心包炎等急性化脓性感染；内源性感染多见于成人，在流感、麻疹、百日咳和结核病等感染后发生。

3. 防治原则 b 型流感嗜血杆菌的荚膜多糖疫苗，对 1.5～2.0 岁或以上儿童有较好的体液免疫应答，1 年内保护率达 90%以上。治疗上，可选用广谱抗生素。必要时可将特异性免疫血清与磺胺合并使用，疗效好。

二、百日咳鲍特菌

百日咳鲍特菌（*Bordetella pertussis*）俗称百日咳杆菌，是儿童常见的急性呼吸道传染病百日咳的病原菌，人是该菌的唯一宿主。

1. 形态与染色 百日咳鲍特菌为革兰氏染色阴性、短小杆菌，有毒菌株有荚膜和菌毛，无芽孢、无鞭毛。专性需氧，营养要求很高。

2. 所致疾病 百日咳鲍特菌一般不入血，致病物质包括荚膜、菌毛和毒素等，主要毒素为百日咳毒素。此菌主要经飞沫传播，通过呼吸道进入易感儿童机体后，以菌毛黏附在呼吸道上皮细胞上生长繁殖，产生活性致病物质反射性地引起剧烈的连续性咳嗽及百日咳病。该病潜伏期为 7～14 天，病程可分为卡他期、痉咳期和恢复期，由于病程较长，以咳嗽症状为主，故名百日咳。病后可获得较持久的局部免疫力，再次感染少见。

3. 防治原则 患者需早期发现，隔离期为自发病起 7 周。我国使用百白破三联疫苗（DPT）对儿童进行人工主动免疫，效果好。治疗可选用红霉素、氨苄西林等。

三、幽门螺杆菌

幽门螺杆菌（*Helicobacter pylori，Hp*）是引起慢性胃炎和消化性溃疡的病原体，与胃淋巴瘤及胃癌的发生也有关，是一级致癌因子。

1. 形态、染色与培养特点 幽门螺杆菌为革兰氏染色阴性菌，大小为（0.3～1.0）μm×（2.0～5.0）μm，菌体细长弯曲呈螺旋形、S 形或海鸥展翅状。有鞭毛，运动活泼，微需氧。最适生长温度为 35～37℃。营养要求高，培养基中需加入血液或血清，生长时还需要一定湿度。培养 3 天可见细小、针尖状、半透明的菌落。幽门螺杆菌含丰富的尿素酶，可迅速分解尿素释放氨，此为生化反应的鉴定要点。

2. 所致疾病 幽门螺杆菌感染非常普遍，感染者大多无症状，少数人出现功能性消化不良、慢性胃炎，有小部分人可发展为胃十二指肠溃疡，严重者发展为胃癌及胃淋巴瘤。至 2017 年，研究发现幽门螺杆菌感染还与血管性疾病（如冠心病）、自身免疫性疾病（如自身免疫性甲状腺炎）、皮肤病等的发生有一定的关系。

3. 防治原则 目前尚无有效的预防措施，治疗时选用抗酸分泌剂或铋剂与两种抗生素联合的三联治疗法，使用的抗生素有四环素、阿莫西林、甲硝唑、替硝唑、克拉霉素等，疗程两周。

四、军团菌属

军团菌属（*Legionella*）细菌是一类革兰氏阴性杆菌，有鞭毛和菌毛，无荚膜，无芽孢，专性需氧。

1. 传播途径 军团菌引起军团病，常于夏秋季流行。军团菌在自然界广泛存在，并可长期存活。在人工管道的水源中常见，如空调冷却水、淋浴头等，此外河水、湖水、溪水均可成为本菌储存场所。该菌主要通过呼吸道吸入带菌飞沫、气溶胶污染的尘埃而感染。中老年、吸烟者、慢性病患者及接受免疫抑制剂治疗者、细胞免疫功能低下者易感。

2. 所致疾病 军团病有流感样（轻症）型、肺炎（重症）型和肺外感染三种类型。流感型表现为发热，全身不适等，预后良好；肺炎型发病急，寒战高热、咳嗽，出现以肺部感染为主的多器官损伤；肺外感染型是继发感染，可引起菌血症，出现多器官感染症状，死亡率可达15%以上。

五、铜绿假单胞菌

铜绿假单胞菌（*Pseudomonas aeruginosa*）为假单胞菌属的代表菌，俗称绿脓杆菌。广泛分布于自然界，是一种常见的条件致病菌。

1. 形态、染色与所产色素 该菌为革兰氏染色阴性的直或微弯的小杆菌，大小为（0.5～1.0）μm×（1.5～3.0）μm，无芽孢，有荚膜，菌体一端有1～3根鞭毛，运动活泼。人体内可形成菌毛。有些菌株能产生带荧光的水溶性色素（绿脓素和青脓素），使培养基变为亮绿色。因此感染后常使脓汁或敷料也染成绿色。

2. 所致疾病 铜绿假单胞菌广泛分布于水、空气、土壤和医院环境中，在医源性感染中由本菌引起者约占10%。本菌的感染多发生于皮肤黏膜受损部位。临床上常引起手术切口、烧伤组织感染，表现为局部化脓性炎症。也可引起中耳炎、角膜炎、尿道炎、心内膜炎、脓胸、菌血症和败血症等。临床治疗过程中，器械必须灭菌，严格无菌操作，以预防医源性感染。可选用庆大霉素、多黏菌素B等进行治疗。

六、弯曲菌属

弯曲菌属广泛分布于动物界，其中有些可引起动物与人类的腹泻、胃肠炎等疾病。对人致病的弯曲菌有空肠弯曲菌和胎儿弯曲菌胎儿亚种。

1. 生物学性状 弯曲菌为革兰氏染色阴性菌，大小为（0.2～0.5）μm×（1.5～2.0）μm，形态细长，呈逗点状、弧形、S形、螺旋形；无荚膜，无芽孢，菌体一端或两端有单鞭毛，运动活泼，在陈旧培养物中易变为球形，失去动力。

微需氧，营养要求高，需在含有血液或血清的培养基上生长，经48h培养后，形成扁平和圆形两种菌落。

抵抗力不强，易被干燥及直射阳光杀死，在58℃条件时5min死亡。对氨基糖苷类抗生素、红霉素、四环素、氯霉素、磺胺药敏感，对青霉素耐药。

2. 致病性 空肠弯曲菌是禽类肠道正常寄生菌，人感染主要通过饮食或与动物直接接触。主要引起婴幼儿急性肠炎，症状有腹痛、腹泻、发热，偶有呕吐和脱水，并偶可通过肠黏膜侵入血液引起败血症或其他器官感染。

3. 防治原则 预防主要是加强人畜粪便管理，注意食品及饮水卫生。治疗可用红霉素、氯霉素、氨基糖苷类抗生素等。

（王　宝　闫雪莉）

第十八节 支 原 体

一、生物学性状

1. 概念 支原体是一类没有细胞壁，高度多形性，能通过滤菌器，以二分裂的方式进行繁殖，能在无生命培养基中生长的最小的原核细胞型微生物。

2. 培养 支原体能在无生命培养基中生长，但营养要求比一般的细菌高，只在含有10%～20%血清、酵母浸膏、核酸提取物等的培养基中才能生长。除解脲脲原体在pH6.5环境中生长外，其他支原体在pH7.8～8.0的环境下生长，pH低于7.0则死亡。支原体生长缓慢，在37℃需经1周左右培养，形成典型的中心较厚、周边为透明颗粒区的“油煎蛋”或“荷包蛋”样微小菌落，需在低倍镜或解剖镜下观察。在液体培养基中生长量较少，一般不易产生浑浊现象。

3. 支原体与细菌L型的区别 两者都缺乏细胞壁，有很多相似之处，但同时也有明显不同。具体区别要点见表4-5。

表4-5 支原体与细菌L型的异同比较

性状	支原体	细菌L型
菌体形态	多形性，直径为0.2～0.3μm	多形性，直径为0.6～1.0μm
菌落形态	油煎蛋样，菌落小	油煎蛋样，菌落大
细胞壁	缺失	缺失
遗传与回复突变	遗传学上与细菌无关，不能回复突变获得细胞壁	细菌受外界诱导变异，去除诱因后，可回复突变获得细胞壁
细胞膜成分	含有约36%的胆固醇	不含胆固醇
培养基渗透压	一般培养基	高渗培养基
对作用于细胞壁的抗生素	不敏感	敏感
来源	自然界、人或动物体内	细菌

二、主要病原性支原体

支原体广泛分布于自然界及人和动物体内，可分为4个属。与人类疾病有关的有支原体属和脲原体属，其中最为重要的是肺炎支原体和解脲脲原体两种。

1. 肺炎支原体所致疾病 肺炎支原体主要引起人的支原体肺炎，又称为原发性非典型肺炎。病理变化以间质性肺炎为主。一般为外源性感染，常发生于夏秋季。5～15岁青少年多见，通过咳嗽、飞沫经呼吸道感染。肺炎支原体感染后症状较轻，主要表现为头痛、发热、咳嗽等呼吸道症状。有时可见呼吸道外的并发症，如心血管症状、神经症状和皮疹。这可能与免疫复合物的形成及自身抗体的出现有关。

2. 解脲脲原体所致的疾病 解脲脲原体是非淋菌性尿道炎的重要病原体，现已被列为性传播性疾病的病原体。大量研究表明解脲脲原体与自然流产、先天缺陷、死胎和不孕症有关。解脲脲原体同时能引起男性的不育症。

（王 宝 闫雪莉）

第十九节 立 克 次 体

一、生物学性状

1. 概念 立克次体是一类以节肢动物为传播媒介严格细胞内寄生的原核细胞型微生物。它们的共同特点：①专性细胞内寄生，以二分裂方式繁殖；②大小介于细菌和病毒之间；③有细胞壁且呈多种形态，主要为球杆状；④多引起自然疫源性疾病；⑤对多种抗生素敏感；⑥以节肢动物为传播媒介或贮存宿主。

2. 形态与染色 立克次体具有多种形态，可呈球状、球杆状、杆状、短链状、纤维状，主要为球杆状。革兰氏染色阴性，但不易着色，常用 Gimenez 或 Giemsa 法染色，前者立克次体被染成红色，后者被染成紫色或蓝色。

3. 培养特性 立克次体为专性细胞内寄生的微生物，生长缓慢，以二分裂的方式繁殖。常用的培养方法有鸡胚卵黄囊内接种、组织培养和动物接种。

二、主要的病原性立克次体

立克次体引起的疾病统称为立克次体病，其主要的临床特征为发热、头疼、皮肤红疹和肝、脾大，可伴有神经系统和心血管系统损害等。我国发生的立克次体病主要有普氏立克次体引起的流行性斑疹伤寒、斑疹伤寒立克次体引起的地方性斑疹伤寒，以及东方体属的恙虫病东方体（恙虫病立克次体）引起的恙虫病。此外，伯氏考克斯氏体引起的 Q 热仍流行或散发于世界各地，尤其是牧区。

1. 流行性斑疹伤寒 又称虱传斑疹伤寒。病原体为普氏立克次体，患者是唯一的传染源。人虱是传播媒介，传播方式是虱-人-虱。虱叮咬患者后，由于抓痒使虱粪中的立克次体从抓破的皮肤破损处侵入人体内。该病流行于冬春季节，人被感染后，经两周左右的潜伏期，骤然发病，出现高热、头痛、肌痛，4～5 天出现皮疹，有的伴有神经系统、心血管系统及其他器官损害。

2. 地方性斑疹伤寒 又称鼠型斑疹伤寒。病原体为斑疹伤寒立克次体或莫氏立克次体。鼠是主要的天然贮存宿主。传播媒介主要是鼠蚤或鼠虱。其感染的自然周期是鼠-蚤-鼠。鼠蚤叮咬人时，可将立克次体传染给人。在人体内进入人虱内繁殖时，人虱便取代鼠虱而将病原体在人群中传播。人受感染后，其临床症状与流行性斑疹伤寒相似，但发病缓慢，病情较轻，很少累及中枢神经系统和心血管系统。

3. 恙虫病 病原体为恙虫病东方体。主要在啮齿动物间传播，属于自然疫源性疾病。恙螨是传播媒介。带有病原体的恙螨幼虫叮咬人，病原体即从叮咬处侵入皮肤，经 1～2 周的潜伏期，突然高热，叮咬处红肿、丘疹，形成水疱直至溃疡，表面为黑色痂皮，为恙虫病特征之一，释放的毒素可引起发热、皮疹、全身淋巴结肿大及内脏器官的损害。

4. Q 热 病原体为伯氏考克斯氏体。传染源主要是受染的牛、羊等家畜，可经胎盘、阴道分泌物排出病原体。蜱作为传播媒介并可经卵传代，人经接触、呼吸道或消化道等途径感染。Q 热的临床症状主要有发热、头痛、腰痛等，部分重症病例可并发心内膜炎。

（王　宝　闫雪莉）

第二十节 衣 原 体

一、生物学性状

1. 概念 衣原体是一类能通过滤菌器、严格细胞内寄生，在宿主细胞内有独特发育周期的原核细胞型微生物。其共同特点：①含有 DNA 和 RNA 两种类型的核酸；②具有肽聚糖组成的细胞壁，革兰氏染色阴性；③有独特的发育周期，以二分裂方式繁殖；④含有核糖体和较复杂的酶系统，但缺乏产生代谢作用的能量，严格细胞内寄生；⑤对多种抗生素敏感。

2. 形态与染色　普通光学显微镜观察衣原体可见两种不同的形态结构。一种小而致密，称为**原体**（elementary body，EB），呈球形或卵圆形，直径为0.2～0.4μm，有细胞壁，是发育成熟的衣原体。原体主要存在于宿主细胞外，无繁殖能力，具有高度感染性，Giemsa染色呈紫色，Macchiavello染色呈红色。另一种大而疏松，称为**始体**（initial body），也称为**网状体**（reticulate body，RB），呈圆形或不规则形，直径为0.5～1μm，无胞壁，为繁殖体，无感染性，Macchiavello染色呈蓝色。

3. 培养特性　衣原体专性细胞内寄生，能在6～8日龄鸡胚卵黄囊中生长繁殖，生长后可在卵黄囊中找到包涵体、原体和始体。在Hela-299、BHK-21等细胞株中生长良好。

二、主要的病原性衣原体

对人致病的衣原体主要有4种，分别是沙眼衣原体、肺炎嗜衣原体、鹦鹉热嗜衣原体及兽类嗜衣原体。本书着重介绍前三种衣原体及其引起的疾病。

1. 沙眼衣原体及所致疾病　沙眼衣原体可分为三个亚种，即沙眼亚种、性病淋巴肉芽肿亚种和鼠亚种，除鼠亚种不感染人体外，其余两亚种均可感染人体。

（1）沙眼亚种：沙眼亚种主要寄生于人类。其中沙眼亚种A、B、Ba和C血清型可通过眼-眼或眼-手-眼的途径进行直接或者间接接触传播，引起沙眼，严重时会影响视力或者致盲；部分沙眼亚种的血清型可通过产道传给婴儿，引起急性化脓性结膜炎，也可通过性接触、手-眼或游泳池水间接接触而感染，引起成人包涵体结膜炎（也被称为游泳池结膜炎）；此外，沙眼亚种还可通过性接触传播，引起非淋菌性泌尿生殖道感染，表现为男性尿道炎与女性子宫颈炎和子宫内膜炎。

（2）性病淋巴肉芽肿亚种：人是性病淋巴肉芽肿衣原体的自然宿主，主要通过性接触传播，引起性病淋巴肉芽肿。病原体侵犯淋巴结，男性以腹股沟淋巴结为多见，女性以会阴、肛门、直肠淋巴结多见，可引起肛门直肠狭窄。

2. 肺炎嗜衣原体及所致疾病　肺炎嗜衣原体寄生于人类，无动物贮存宿主，主要通过人与人之间的飞沫或者呼吸道分泌物传播，引起肺炎、支气管炎、咽炎和鼻窦炎等。

3. 鹦鹉热嗜衣原体及所致疾病　鹦鹉热嗜衣原体主要感染鸟或禽类，人与病鸟、病禽密切接触后，经呼吸道途径感染，主要引起肺部炎症，局部有大量单核细胞渗出。

（王　宝　闫雪莉）

第二十一节　螺　旋　体

螺旋体（Spirochete）是一群细长、柔软、弯曲呈螺旋状，运动活泼的原核细胞型微生物。螺旋体广泛存在于自然界和动物体内，种类很多，对人和动物有致病性的有3个属：钩端螺旋体属、密螺旋体属和疏螺旋体属。

一、钩端螺旋体

钩端螺旋体（简称钩体）种类多，有两种：一种为问号状钩端螺旋体，可引起人类的钩端螺旋体病；另一种为双曲钩端螺旋体，为腐生菌，对人无致病性。

1. 形态与染色　钩体细密而规则，排列整齐似弹簧样，菌体一端或两端弯曲呈钩状，常呈S或C等形状，在暗视野显微镜下观察，菌体像一串发亮的珍珠项链。无鞭毛，但运动活泼，其运动方式主要是以菌体长轴为中心做旋转运动。在电子显微镜下观察，钩体由外膜、轴丝及圆柱形菌体构成。外膜位于最外层，其内为螺旋状的肽聚糖层和细胞膜包绕的圆柱状原生质。在外膜与肽聚糖层间有两根轴丝，轴丝的伸缩使螺旋体运动活泼。革兰氏染色呈阴性，但不易着色。常用Fontana镀银染色法，菌体染成棕褐色。

2. 培养特性 需氧，营养要求较高，在**柯索夫**（Korthof）培养基中生长良好。生长缓慢，培养 1～2 周后，在培养基上可形成扁平菌落。

3. 所致疾病 钩端螺旋体主要引起人类的钩端螺旋体病（简称钩体病），它是人畜共患的自然疫源性疾病。带钩体的鼠类和猪是主要传染源。钩体随感染动物尿液排出，污染水和土壤。人接触疫水或污染的土壤，经黏膜或破损皮肤侵入人体生长繁殖，然后经淋巴或血液进入血循环引起钩体血症。临床上表现为全身中毒症状，有发热、头痛与全身酸痛、疲乏无力、眼结膜充血、局部淋巴结肿大、腓肠肌压痛等典型表现。重者可有明显的肝、肾、中枢神经系统损害，肺大出血，甚至死亡。临床类型有流感伤寒型、黄疸出血型、脑膜脑炎型、肺出血型及肾衰竭型。

4. 防治原则 钩体病的预防主要是消灭传染源，切断传播途径和增强机体免疫力。搞好防鼠、灭鼠工作，对带菌家畜加强管理。保护水源，避免或减少与疫水或疫土接触。对易感人群进行灭活的多价死疫苗接种。钩体病的治疗首选青霉素，对过敏者可用庆大霉素或强力霉素。

二、梅毒螺旋体

密螺旋体属螺旋体分为致病性和非致病性两大类。致病性密螺旋体主要有苍白密螺旋体和品他密螺旋体两个种。梅毒螺旋体也称**苍白密螺旋体**（*T. pallidum*）苍白亚种，是引起人类梅毒的病原体。梅毒是性传播疾病，人是唯一的宿主。

1. 形态与染色 梅毒螺旋体菌体细长，大小为（0.1～0.2）μm×（5～15）μm，螺旋致密而规则，有 8～14 个螺旋，菌体两端尖直，运动活泼。最外层为外膜，其内为胞质膜，二者之间为内鞭毛。普通染色不易着色，Fontana 镀银染色法可将螺旋体染成棕褐色，新鲜标本不用染色，悬滴法在暗视野显微镜下可直接观察其形态和运动方式。

2. 培养 梅毒螺旋体目前仍不能在人工培养基中进行培养。

3. 所致疾病 人是梅毒螺旋体的唯一宿主和传染源。根据传播方式分为先天性梅毒和获得性（后天性）梅毒两种，前者主要经垂直感染，后者主要经性接触感染。

（1）先天性梅毒：又称胎传梅毒，螺旋体在胎儿内脏及组织中大量繁殖，引起流产和死胎或在出生后出现锯齿形牙、鞍鼻、间质性角膜炎和神经性耳聋等症状。

（2）获得性梅毒：又称后天性梅毒或成人梅毒。临床上分为三期。

Ⅰ期（初期）梅毒：梅毒感染后 3 周左右于外生殖器产生无痛性硬性下疳，其渗出液中有大量梅毒螺旋体，传染性极强。经 1 个月左右，硬性下疳可自然愈合。

Ⅱ期梅素：硬性下疳愈合后 2～8 周后，全身皮肤黏膜出现梅毒疹，全身淋巴结肿大，有时累及骨、关节、眼及其他脏器。梅毒疹及淋巴结中有大量梅毒螺旋体，此期的损害轻，不经治疗也可在 3 周至 3 个月消退，但常反复发作。

Ⅰ期、Ⅱ期梅毒又统称为早期梅毒，传染性强而破坏性小。

Ⅲ期（晚期）梅毒：发生于感染 2 年以后。病变累及全身组织和器官。基本病理性损害为慢性肉芽肿，局部因动脉内膜炎所引起的缺血而使组织坏死。主要表现为皮肤、黏膜出现溃疡性坏死灶或内脏器官肉芽肿样病变（梅毒瘤）。严重者经 10～15 年引起心血管和中枢神经系统受损，导致动脉瘤、脊髓痨及全身麻痹。此期梅毒病灶中螺旋体少，传染性小，但病程长、破坏性大，可危及生命。

梅毒的免疫为感染性免疫。以细胞免疫为主，体液免疫发挥辅助作用。

4. 防治原则 梅毒是一种性传播疾病，应加强性卫生教育和严格社会管理。梅毒确诊后，应及早进行彻底治疗。主要用青霉素，对青霉素过敏者可改用红霉素。治疗结束后要定期复查。在治疗 3 个月至 1 年后血清学转阴者为治愈，否则需继续治疗。

三、疏螺旋体

疏螺旋体属，也称包柔螺旋体属，有几个稀疏而不规则的螺旋，呈波状。对人致病的主要有伯氏疏螺旋体和回归热螺旋体，以吸血昆虫为媒介，导致人的莱姆病和回归热。

1. 伯氏疏螺旋体

（1）形态与染色：此螺旋体菌体细长，螺旋不规则，两端直而尖，在暗视野显微镜下可见扭曲、翻转、运动活泼。革兰氏染色阴性，但不易着色，常用 Giemsa 或者 Wright 染色，呈紫红色。

（2）所致疾病：伯氏疏螺旋体是慢性游走性红斑的病原体，该病 1977 年在美国莱姆镇最先发现，故称莱姆病。莱姆病是一种自然疫源性疾病，主要传播媒介是硬蜱。感染的蜱叮咬人，螺旋体由唾液侵入皮肤，引起全身中毒症状如头痛、寒战、发热和乏力，并可使神经系统、心血管系统和关节等受损害。疾病常反复发作，最后可导致软骨或骨骼损害。

2. 回归热螺旋体　它是引起回归热的主要病原体。根据回归热的传播媒介不同，分为两种：一种以虱为传播媒介，引起流行性回归热；另一种以蜱为传播媒介，引起地方性回归热。我国主要流行的是前者。

（1）流行性回归热：主要通过体虱在人类中传播。人被虱叮咬后，因抓痒将虱压碎，螺旋体经皮肤伤口进入人体。螺旋体在血中大量繁殖，患者高热持续 3～4 天后，热退；隔 1 周左右，又高热。如此反复发作 3～10 次。

（2）地方性回归热：是一种自然疫源性疾病，主要通过软蜱传播。人被感染的蜱叮咬后，螺旋体经皮肤伤口侵入人体。症状与流行性回归热相似，只是病程短、症状轻而已。

（王　宝　闫雪莉）

第二十二节　真　菌　学

真菌（fungus）是一大类无根、茎、叶分化和不含叶绿素的真核细胞型微生物。细胞结构比较完整，有细胞壁和典型细胞核及完善的细胞器。少数为单细胞真菌，大多数为多细胞结构，由菌丝体和孢子组成。真菌在自然界分布广泛且种类繁多，绝大多数不仅对机体无害，甚至有益；致病性真菌仅有 300 余种，可引起人感染性、中毒性及超敏反应性疾病。

一、概述

1. 形态与结构及真菌的分类　真菌比细菌大几倍至几十倍。结构相对复杂，有成熟的细胞核和完整的细胞器，按形态、结构分为单细胞真菌和多细胞真菌两大类。

（1）单细胞真菌：呈圆形或卵圆形，常见的有酵母菌和类酵母菌，对人致病的有新生隐球菌和白假丝酵母菌。这类真菌以出芽的方式繁殖。芽生孢子成熟后脱落成独立个体。

（2）多细胞真菌：由**菌丝**（hypha）和**孢子**（spore）两大基本结构组成。①菌丝：孢子生出嫩芽，称为芽管。芽管逐渐延长呈丝状，称为菌丝。菌丝继续生长并向两侧分支，交织成**菌丝体**（mycelium）。菌丝体按功能可以分为基内菌丝、气生菌丝和生殖菌丝；按结构可以分为有隔菌丝和无隔菌丝，致病性真菌多形成有隔菌丝。②孢子：是真菌的生殖结构，是由生殖菌丝产生的圆形或卵圆形结构。孢子可分为有性孢子和无性孢子两种，病原性真菌大多形成无性孢子。

2. 培养特性　大多数真菌对营养要求不高，常用**萨保罗培养基**（Sabouraud's medium）培养，该培养基的成分简单，主要含有蛋白胨、葡萄糖、氯化钠和琼脂。真菌在不同的培养基上形成的菌落及菌体形态有很大差别，为了统一标准，鉴定时以萨保罗培养基上生长的真菌形态为准。适宜生长温度为 22～28℃，但某些深部寄生的真菌最适生长温度为 37℃，最适宜 pH 为 4.0～6.0。

在萨保罗培养基上，不同的真菌可形成3种类型的菌落。

（1）酵母型菌落：是单细胞真菌的菌落形式。菌落光滑、湿润、柔软、致密，显微镜下观察可见圆形或卵圆形单细胞性的芽生孢子，无菌丝，如新生隐球菌多产生此种菌落。

（2）类酵母型菌落：也称酵母样菌落，是单细胞真菌的菌落形式，外观上与酵母型菌落相似，显微镜下可以看到假菌丝伸入培养基中，如白假丝酵母菌即产生此种菌落。

（3）**丝状菌落**（filamentous type colony）：是多细胞真菌的菌落形式，菌落疏松，呈棉絮状、绒毛状或粉末状。培养物正面和背面可显示不同的颜色，常作为鉴定菌种的参考。毛霉菌和皮肤癣菌等产生此型菌落。

3. 真菌的致病性 致病性真菌可通过多种方式致病，引起的疾病主要有以下几种。

（1）致病性真菌感染：主要为浅部真菌引起的外源性感染。

（2）机会致病性真菌感染：主要为内源性真菌感染，多在机体免疫能力低下或者菌群失调的时候感染。

（3）真菌性超敏反应：当过敏者吸入或食入某些真菌的菌丝或孢子时可导致超敏反应的发生，如过敏性鼻炎、哮喘、过敏性皮炎、荨麻疹等。

（4）真菌毒素中毒：真菌毒素是由生长在农作物、食物或饲料上的真菌在其代谢过程中产生的。人类因食入含有真菌污染的食物而引起急、慢性中毒。因毒素致病机制各异，导致临床表现多样化。

（5）真菌毒素与肿瘤：随着对真菌代谢产物研究的深入，不断发现有些真菌的毒素与肿瘤的发生有关。其中黄曲霉毒素毒性甚强，小剂量即有致癌作用。其他致癌毒素还有赭曲霉产生的黄褐毒素、镰刀菌产生的T-2毒素等，也可诱发肝、胃、胰等处的肿瘤。

二、主要的病原性真菌

1. 皮肤癣真菌 皮肤癣真菌有嗜角质蛋白的特性，侵犯部位仅限于角化的皮肤、毛发和指（趾）甲，引起各种癣症。其病理变化是由真菌的增殖及其代谢产物刺激引起的。皮肤癣特别是手足癣是人类最常见的真菌病。常见的皮肤癣菌主要有毛癣菌、表皮癣菌和小孢子癣菌。

2. 白假丝酵母菌 又称白色念珠菌，为人体的正常菌群。常存在于人口腔、上呼吸道、肠道与阴道黏膜上，当菌群失调或机体免疫力下降时（如AIDS）可引起疾病，属于机会致病性真菌。

（1）生物学性状：菌体呈圆形或卵圆形，革兰氏染色阳性，着色不均匀。有芽生孢子，孢子生长成芽管，不与母体脱离，形成假菌丝。在萨保罗培养基上，在37℃条件下2～3天培养形成典型的类酵母型菌落，在1%吐温-80玉米粉琼脂培养基上可形成丰富的假菌丝，同时也产生真菌丝和厚膜孢子。

（2）致病性：白假丝酵母菌通常在菌群失调和机体免疫力下降时引起感染，可侵犯口腔黏膜、皮肤、肺、肠、肾、脑及阴道黏膜，也可侵入血液引起念珠菌败血症。常见的感染主要是皮肤黏膜的感染，如鹅口疮、口角糜烂、外阴及阴道炎等，其中以初生儿的鹅口疮最常见。若白假丝酵母菌进一步侵犯内脏组织器官，则会引起肺炎、支气管炎、肠炎、膀胱炎和肾盂肾炎等，以及中枢神经系统感染如脑膜炎、脑膜脑炎、脑脓肿等。

（3）微生物学检查：取标本涂片，革兰氏染色后镜检；镜下可见革兰氏阳性、圆形或卵圆形的菌体及芽生孢子，同时尚可观察到假菌丝。可将标本接种于萨保罗培养基中分离培养，在培养基表面形成乳白色类酵母型菌落，镜检可见假菌丝及成群的卵圆形芽生孢子。在玉米粉琼脂培养基中培养后可见菌丝顶端、侧缘或中间的厚膜孢子。假菌丝和厚膜孢子有助于白色念珠菌的鉴定。

3. 新生隐球菌 属于深部感染真菌，广泛存在于自然界，以鸽粪中最多见。正常人的口腔、皮肤、粪便中也可分离到此菌。

（1）生物学性状：菌体为圆形的酵母样细胞，菌体外周有一层肥厚的荚膜，折光性强，比菌体可大1～3倍，无菌丝，有的可见圆形芽管。用印度墨汁做负染色检查，可在黑色背景中见到圆形或卵圆形的透亮菌体。在萨保罗培养基上培养数天后可形成酵母型菌落。

（2）致病性：新生隐球菌的荚膜多糖是重要的致病物质，多引起外源性感染，也可引起内源性感染。对人类而言，它是机会致病菌，经呼吸道吸入至肺部引起轻度感染，肺部感染一般预后良好。部分患者特别是免疫功能低下者发生血行播散而累及中枢神经系统和骨、内脏器官等组织，主要引起亚急性或慢性脑膜炎，预后不良，如不治疗，常导致患者死亡。

（3）微生物学检查：痰、脓液、离心沉淀后的脑脊液沉渣标本加墨汁做负染色镜检。见到圆形或卵圆形有折光性的菌体，外周有一圈透明的肥厚荚膜即可确诊。将标本接种于萨保罗培养基上可形成酵母型菌落。镜检可见圆形或卵圆形菌体，无假菌丝。还可用胶乳凝聚试验检查患者血清和脑脊液中的新生隐球菌荚膜抗原。

4. 卡氏肺孢子菌　肺孢子菌为机会性病原体，进入健康人体后，可潜伏于气管、支气管或肺泡内，形成无症状的隐性感染或被宿主清除。当宿主的免疫力低下时，菌体则可大量繁殖，引起间质性肺炎，即肺孢子菌肺炎；严重感染者菌体可随血液播散至肺外组织器官，引起肺孢子菌肝炎、结肠炎、中耳炎等。肺孢子菌肺炎是艾滋病患者最常见的并发症和主要的死亡原因之一。

（王　宝　闫雪莉）

第二十三节　病毒的基本性状

一、病毒的形态

1. 病毒的概念　病毒（virus）是一类体积微小、结构简单、仅有一种核酸（RNA 或 DNA），必须用电子显微镜放大几万倍至几十万倍后才能观察到，专性活细胞内寄生，以复制方式进行增殖的非细胞型微生物。病毒耐冷不耐热，对抗生素不敏感，对干扰素敏感。完整的具有感染性的成熟病毒颗粒称为病毒体，是病毒在细胞外的结构形式，具有典型的形态结构，并有感染性。

2. 病毒的大小与形状　病毒体很小，绝大多数病毒体能通过细菌滤器，因此必须通过电子显微镜才能观察其具体形态和大小。测量病毒大小的单位为纳米（nm，1nm=1/1000μm），多数病毒的大小为30～300nm。病毒的性状比较多样，多数呈球形或近似球形，少数为子弹状、砖块状、杆状或丝状，细菌病毒（噬菌体）则多呈蝌蚪状。

二、病毒的结构和化学组成及功能

1. 病毒的结构　病毒体的基本结构是核心和衣壳，二者构成核衣壳。有些病毒在核衣壳外还包绕了一层包膜及刺突，称为包膜病毒；仅有核衣壳而无包膜的病毒体称为裸露病毒。

（1）核心：核心位于病毒体的中心，其化学成分为核酸（RNA 或 DNA），借此将病毒分为 RNA 病毒和 DNA 病毒两大类。

（2）衣壳：衣壳是包绕在核心外的一层蛋白质，由壳粒（蛋白质亚单位）组成。不同的病毒，其壳粒的空间排列不同，根据壳粒排列方式不同，衣壳空间构型有螺旋对称型、20 面体立体对称型和复合对称型三种形态。

（3）包膜：包膜是包膜病毒的最外层结构，是病毒增殖过程中以出芽方式释放，穿过宿主细胞膜或核膜时获得的。有些包膜上还含有病毒基因所编码的糖蛋白，称为包膜子粒或刺突，主要功能为介导病毒吸附和侵入宿主细胞内，引起感染。

2. 病毒的化学组成及功能

（1）病毒核酸：化学成分为 DNA 或 RNA，病毒核酸携带病毒全部的遗传信息，是病毒的基因组，控制病毒的遗传变异、复制增殖及病毒对细胞的感染等功能。

（2）病毒蛋白质：蛋白质是病毒的主要组成成分，由病毒基因组编码，具有病毒的特异性。病毒蛋白可分为结构蛋白和非结构蛋白。结构蛋白是指组成病毒体的蛋白质成分，主要分布于衣壳、包膜和基质中，具有保护病毒核酸、参与病毒感染过程和良好抗原性等功能。病毒的非结构蛋白是指由病毒基因组编码，但不参与病毒体构成的病毒蛋白多肽，包括病毒编码的酶类和特殊功能的蛋白质。

（3）脂类和糖类：病毒体的脂质主要存在于包膜中，有些病毒含有少量的糖类，以糖蛋白形式存在，也是包膜的表面成分之一。其主要功能是：①保护病毒；②介导病毒体吸附、穿入易感细胞；③具有免疫原性，激发机体的免疫应答；④包膜是脂质，易被脂溶剂溶解，可作为鉴定病毒的一个指标；⑤包膜脂蛋白可引起机体发热等中毒症状。

三、病毒的增殖

病毒缺乏完整的酶系统和细胞器，必须在易感的活细胞内以复制的方式增殖。病毒增殖的方式是以自身基因组为模板，在核酸多聚酶等因素的作用下，复制子代病毒核酸；并以病毒核酸为模板转录，翻译出子代病毒蛋白，再装配成子代病毒释放到细胞外。这种以病毒核酸分子为模板进行复制的方式称为自我复制。

从病毒体侵入易感细胞到子代病毒体生成并释放这一过程称为病毒的复制周期。病毒的复制周期包括 4 个主要步骤：吸附和穿入、脱壳、生物合成、组装成熟与释放。其中，病毒的生物合成阶段由于还没有完整病毒体形成，用血清学方法和电镜检查，在易感细胞内找不到完整的病毒颗粒，故其也称为“隐蔽期”。

四、理化因素对病毒的影响

1. 物理因素

（1）温度：大多数病毒耐冷不耐热，在 0℃以下温度，特别是干冰温度–70℃和液氮中–196℃时可长期保持其感染性。多数病毒在 50～60℃ 30min 可灭活。有蛋白质或 Ca^{2+}、Mg^{2+}存在时常常可提高病毒对热的抵抗力。

（2）pH：不同病毒对 pH 的耐受能力有很大不同，多数病毒在 pH5～9 比较稳定，在 pH5.0 以下或 pH9.0 以上迅速被灭活。保存病毒则以中性或稍偏碱性为宜，临床标本可用 50%的甘油缓冲盐水保存。

（3）射线和紫外线：病毒对射线敏感。电离辐射中的 X 射线和 γ 射线使核苷酸链发生断裂，而紫外线照射可使核苷酸链形成胸腺嘧啶二聚体，抑制病毒核酸的复制。但有些病毒经紫外线灭活后，会出现光复活的效应，故不宜用紫外线来制备灭活病毒疫苗。

2. 化学因素 病毒对化学因素的抵抗力一般较细菌强。

（1）脂溶剂：包膜病毒因包膜富含脂类对脂溶剂敏感，所以易被乙醚、丙酮等脂溶剂所溶解，使病毒灭活。而无包膜病毒对脂溶剂有抗性，故借此可鉴别包膜病毒和无包膜病毒。

（2）化学消毒剂：除强酸、强碱外，酚类、卤素类、醇类及氧化剂等对多数病毒也有很强的灭活作用，但对病毒的灭活效果不如细菌。甲醛能破坏病毒的感染性而保留其抗原性，常用于病毒疫苗的制备。

（3）抗生素与中草药：目前所使用的抗生素对病毒均无抑制作用，但可以抑制待检标本中的细菌，利于病毒的分离。近年来研究证明，某些中草药如大青叶、板蓝根、大黄等对某些病毒有一定的抑制作用。

（任莹利 洪 薇）

第二十四节　病毒的感染与免疫

一、病毒的传播方式

病毒的传播方式包括水平传播和垂直传播。

1. 水平传播（horizontal transmission）　是病毒在人群个体之间的传播，其导致的感染也称水平感染。此传播途径主要指通过呼吸道、消化道、皮肤、黏膜等途径传播。

2. 垂直传播（vertical transmission）　母体内的病毒通过胎盘或产道由亲代传给子代的感染方式称为垂直传播。现在已知 10 余种可经垂直传播的病毒，其中以风疹病毒、乙型肝炎病毒、巨细胞病毒及人类免疫缺陷病毒为多见，可引起流产、早产、死胎或先天畸形等。垂直传播由于病毒感染多见，没有很好的药物进行控制，所以应特别注意孕期和围产期的保健，尤其是妊娠 3 个月内应注意预防。

二、病毒的感染类型

机体感染病毒后，可因病毒的种类、毒力的强弱和机体免疫状态的不同而表现出不同的感染类型。根据临床表现可分为隐性感染和显性感染。

1. 隐性感染　病毒感染宿主细胞后可在细胞内增殖但不出现临床症状者称为隐性感染。这可能是因为入侵病毒的数量少、毒力弱及机体抵抗力强而使病毒不能在体内大量增殖。隐性感染可使宿主获得抗病毒的特异性主动免疫。隐性感染十分常见，大多数病毒感染都属于隐性感染，但因无症状，易被误诊或漏诊。有些隐性感染者病毒在体内增殖并向体外排放病毒而成为重要的传染源。

2. 显性感染　病毒侵入宿主易感细胞内大量增殖，引起细胞破坏和组织损伤，机体出现相应的临床症状者称为显性感染。根据发病缓急及病毒在体内持续的时间又可分为急性感染和持续性感染。

（1）急性感染：病毒侵入机体后潜伏期短、起病急、病情重、病程数日至数周，恢复后宿主体内往往不再有病毒，如流行性感冒、甲肝等。

（2）持续性感染：病毒可以在体内持续存在数月、数年至数十年，宿主因长期携带病毒而成为重要传染源。持续性感染是病毒感染的一种重要类型，按患病过程可分三类。①慢性感染：病毒在感染机体后可出现或不出现急性症状，此感染的原因往往是显性感染或隐性感染后，病毒未完全清除，可持续存在于血液或组织器官内，并不断排出体外，可经输血或注射而传播。病程长达数月至数年，如慢性肝炎、传染性软疣、HIV 等。②潜伏感染：急性感染或隐性感染后，病毒基因组长期存在于一定组织和细胞内不进行复制。但在一定条件下，如机体免疫功能低下、劳累、环境、内分泌、理化因素等的影响，潜伏的病毒可被激活进行复制而引起临床症状，如水痘-带状疱疹病毒、HSV-1 等。③慢发病毒感染：此类感染特点是潜伏期长，可达数月、数年甚至数十年。一旦出现症状，其病变则呈亚急性进行性加重最终导致患者死亡，如人类免疫缺陷病毒（HIV）所致的艾滋病（AIDS）。

三、病毒的致病机制

1. 病毒对宿主细胞的直接作用

（1）杀细胞效应：病毒在细胞内增殖，短时间内释放大量的子代病毒，导致细胞溶解死亡，称为杀细胞效应。多见于无包膜病毒，如腺病毒、脊髓灰质炎病毒等。杀细胞效应多见于病毒的急性感染。其杀细胞的机制有：①阻断易感细胞核酸和蛋白质合成；②病毒蛋白的毒性可使细胞固缩、死亡；③病毒感染导致细胞溶酶体破坏，释放溶酶体酶引起细胞自溶；④病毒感染对细胞核、线粒体、内质网的损伤；⑤病毒的抗原成分在宿主细胞膜上表达，引起细胞膜抗原性的改变，发生自身免疫性细胞损伤。病毒的杀细胞效应如发生在重要器官，如中枢神经系统，当达到一定程度时可引起严重后果，甚至危及生命或造成严重后遗症。

（2）包涵体形成：某些病毒感染易感细胞后，在普通光学显微镜下可见到在胞质或胞核内形成具有一定形状（圆形、椭圆形或不规则形）和特殊染色性（嗜酸性或嗜碱性）的斑块结构，称为包涵体。包涵体可以破坏宿主细胞的结构和功能，可导致宿主细胞死亡。包涵体的本质是：①有些病毒的包涵体就是病毒颗粒的聚集体；②有些是病毒增殖留下的痕迹；③或病毒感染引起的细胞反应物。

（3）稳定状态感染：有包膜的病毒在感染细胞后，子代病毒以出芽的方式从细胞中释放出来，其过程缓慢，宿主病变轻，短时间内细胞不溶解，这种感染方式称为稳定状态感染。这种感染可使宿主细胞的细胞膜上出现新的抗原及细胞融合。细胞膜新抗原的出现可诱发机体的免疫应答，引起宿主细胞损伤或破坏，细胞融合可形成多核巨细胞，具有一定的诊断价值。

（4）基因整合与细胞转化：少数DNA病毒的DNA和某些RNA病毒基因组经逆转录产生的DNA，可结合至宿主细胞染色体中，称为整合。整合后的病毒核酸可随宿主细胞的分裂而传给子代，此时细胞虽不复制出子代病毒，宿主细胞也不被破坏，但宿主细胞可被激活引起细胞的恶性增生，称为转化。病毒的转化与肿瘤的发生关系密切，但转化并不一定都引起肿瘤。

（5）细胞凋亡：病毒侵入易感细胞后，病毒本身或病毒编码的蛋白质可以激活宿主细胞的凋亡基因，引起细胞程序性的死亡，细胞的凋亡属正常的生物学现象。

2. 病毒对宿主细胞的免疫病理作用

（1）抗体介导的免疫病理作用：大多数病毒侵入宿主易感细胞后，可诱发细胞表面出现新抗原，诱发机体产生相应抗体，抗体与细胞表面新抗原特异性结合，在补体参与下，引起Ⅱ型超敏反应，导致细胞的溶解。某些病毒（如乙型肝炎病毒等）感染后，病毒可溶性抗原与相应抗体结合形成中等大小的免疫复合物，沉积于血管基底膜，引起Ⅲ型超敏反应，造成局部组织损伤，如肾小球肾炎、关节炎、荨麻疹等。

（2）细胞介导的免疫病理作用：在病毒感染的恢复过程中，细胞免疫起着重要作用，但在抗病毒的过程中，细胞毒T细胞（CTL）及致敏Th1细胞通过直接的细胞毒作用或释放多种淋巴因子，引起组织细胞损伤，产生双重效应，既清除了病毒，也造成了机体细胞的损伤。

（3）免疫抑制和免疫耐受：有些病毒在感染机体时，直接的作用细胞是免疫细胞，导致免疫细胞功能的紊乱和降低，如HIV。有些病毒则通过免疫病理损伤作用，使免疫系统功能受损，同样可造成免疫功能的降低。通过垂直感染的病毒，在胎儿体内繁殖，还可形成先天性免疫耐受状态，在胎儿出生后，体内可携带病毒而不发病，成为病毒的携带者和重要的传染源。

四、抗病毒免疫

（一）抗病毒免疫的分类

机体接触病毒后，大多数情况下通过机体的非特异性免疫系统进行清除，如果突破了机体的非特异性免疫防护，就会与机体的容纳性细胞发生相互作用，一方面导致机体感染，另一方面可诱发机体产生特异性免疫应答清除病毒，并预防同类病毒再次感染，而机体的免疫反应也可能对机体造成一定程度的病理损害。

1. 非特异性免疫 也称为固有免疫，构成天然非特异性的免疫屏障，由多个因素构成，如机体的皮肤黏膜屏障、单核-巨噬细胞、自然杀伤细胞（NK细胞）、干扰素等。

2. 适应性免疫 病毒具有良好的免疫原性，能诱发机体产生免疫应答，产生体液免疫和细胞免疫的保护作用。

（1）体液免疫：宿主感染病毒或接种疫苗后，机体可产生多种特异性抗体，包括中和抗体、血凝抑制抗体和补体结合抗体等。具有保护作用的主要是中和抗体。血凝抑制抗体是表面含有血凝素的病毒刺激机体产生抑制血凝现象的抗体。补体结合抗体由病毒内部抗原或病毒表面非中和抗原所诱发，不能中和病毒的感染性，但可通过调理作用增强巨噬细胞的吞噬作用。

（2）细胞免疫：细胞内病毒的清除主要依赖 CTL 及 $CD4^+$ Th 细胞发挥抗病毒的细胞免疫作用。杀伤性 T 细胞（Tc 或 CTL）可以与相应受病毒感染的靶细胞特异性结合，释放穿孔素及细胞毒素，使靶细胞裂解或发生凋亡。辅助性 T 细胞（Th）即 $CD4^+$T 细胞，包括 Th1 和 Th2。Th1 细胞可释放 IL-2、IFN-γ、TNF（肿瘤坏死因子）等多种细胞因子，可激活 T 细胞、巨噬细胞、NK 细胞等促进抗病毒细胞免疫应答。Th2 细胞分泌 IL-4、IL-5、IL-6、IL-10 等，可增强抗体介导的体液免疫应答。

（二）干扰素

1. 概念　干扰素（interferon，IFN）是一种调节细胞功能的细胞因子，是由病毒或干扰素诱生剂刺激人或动物细胞产生的，具有高度生物学活性及多种功能的糖蛋白。具有抗病毒、抑制细胞分裂、抗肿瘤和免疫调节的作用。干扰素具有种属特异性，据其抗原性不同，可将人 IFN 分为 α、β 和 γ 三种，其中 α、β 干扰素称为Ⅰ型干扰素；γ 干扰素称为Ⅱ型干扰素。Ⅰ型干扰素的抗病毒作用比Ⅱ型干扰素强，而Ⅱ型干扰素对免疫细胞的调节作用和抗肿瘤作用比Ⅰ型干扰素强。

2. 抗病毒机制　干扰素不直接作用于病毒，而是由病毒感染的细胞产生后释放出来，再作用于邻近正常细胞膜上的干扰素受体，干扰素与干扰素受体结合使编码抗病毒蛋白的基因活化，继而合成抗病毒蛋白（蛋白激酶、2′,5′-腺嘌呤核苷合成酶、磷酸二酯酶），抗病毒蛋白可抑制病毒 mRNA 的转录和翻译，从而抑制病毒蛋白质的合成，阻止病毒在机体内扩散，促进病毒性疾病的痊愈。

3. 干扰素的应用　在病毒感染的早期应用干扰素，能有效阻断病毒的扩散，在阻止病毒感染的发展及促进康复上具有重要的作用；此外，干扰素具有免疫调节和抗肿瘤的作用，能促进杀伤细胞对靶细胞的杀伤作用，抑制肿瘤细胞的分裂，用于肿瘤的辅助治疗。

（三）中和抗体的概念及作用机制

1. 概念　具有与病毒结合并消除病毒感染能力的抗体称为中和抗体，它们主要是病毒衣壳或包膜抗原刺激机体产生的。

2. 作用机制　这些抗体与相应病毒抗原结合，可阻止病毒吸附和穿入易感细胞，从而保护宿主细胞免受病毒感染。中和抗体不能直接灭活病毒，但可通过调理作用、激活补体等作用，限制病毒感染和阻止血液中游离的病毒在宿主体内扩散。

（任莹利　洪　薇）

第二十五节　呼吸道病毒

呼吸道病毒（viruses associated with respiratory infection）是指主要以呼吸道为传播途径，侵犯呼吸道黏膜细胞，并引起呼吸道局部感染或呼吸道外组织器官感染的一类病毒。这类病毒经飞沫传播，具有传染性强、传播快、潜伏期短、起病急、易继发细菌感染等特点。主要包括正黏病毒科的流感病毒，副黏病毒科的麻疹病毒、腮腺炎病毒、副流感病毒、呼吸道合胞病毒，小 RNA 病毒科的鼻病毒，冠状病毒科的冠状病毒及其他的病毒如腺病毒、风疹病毒等。

一、流行性感冒病毒

流行性感冒病毒（influenza virus），简称流感病毒，属于正黏病毒科，是流行性感冒的病原体。分为甲（A）、乙（B）、丙（C）3 型，甲型除引起人类流感外，还可引起禽、猪等动物感染；乙型流感病毒仅感染人且致病性较低；丙型流感病毒引起的人类感染不明显，感染婴儿可能会造成地区性的流行。

（一）生物学性状

1. 形态结构 流感病毒多呈球形或丝状，球形直径为 80～120nm，丝状有时可达 4000nm 左右，初次分离的病毒丝状较多。流感病毒有包膜，核酸为单股分节段负链 RNA。其结构由内向外可分为以下三层。

（1）核心：病毒的核心是由蛋白质盘绕着单股的 RNA 组成核衣壳，呈螺旋对称。核酸为单股分节段负链 RNA，甲型和乙型流感病毒的 RNA 分为 8 个节段，丙型由 7 个节段构成。与核酸结合的蛋白质称核蛋白。核蛋白为可溶性蛋白，抗原性稳定，变异性小，具有型特异性，而病毒的核酸由于分节段，在复制中易发生基因重组，导致新病毒株的出现。

（2）基质蛋白：位于包膜与核心之间，主要作用为保护病毒核心并维持病毒外形与结构的完整性。M 蛋白抗原结构稳定，具有型的特异性。

（3）包膜：位于基质蛋白之外的来自宿主细胞的脂质双层膜为病毒的包膜，甲型和乙型流感病毒的包膜上镶嵌有两种刺突蛋白：**血凝素**（hemagglutinin，HA）和**神经氨酸酶**（neuraminidase，NA）。HA 具有凝集动物红细胞、促进病毒的吸附和穿入、刺激机体产生抗体等生物学作用。HA 产生的抗体可中和病毒，为保护性抗体。NA 具有促进成熟病毒的释放和扩散、刺激机体产生抗体的作用。NA 产生的抗体能抑制酶对病毒的水解作用，但无中和病毒的作用。这两种表面蛋白变异性强，是流感病毒分型的主要依据，并决定了病毒的传播和流行情况。

2. 分型与变异

（1）分型：根据流感病毒核蛋白（NP）和 M 蛋白（MP）抗原的不同将其分为甲、乙、丙三型。甲型流感病毒根据其 HA 和 NA 的抗原性不同分为若干亚型。至今发现 HA 有 16 种（H1～H16）、NA 有 9 种（N1～N9）抗原，人间流行的主要有 H1～H3 和 N1、N2 等几个亚型，近几年又报道 H5N1 和 H9N2 型禽流感病毒可感染人。

（2）变异：流感病毒抗原变异有两种形式。①**抗原漂移**（antigenic drift），其变异幅度小，属量变，由基因组的点突变和人群的免疫力选择所造成，引起流感的小规模流行；②**抗原转变**（antigenic shift），变异幅度大，属质变，由基因组发生重新排列所造成，病毒表面结构发生一种或两种变异，产生新亚型，由于人群对变异株普遍缺少免疫力，可造成大流行。甲型流感病毒迄今已经历过数次大的变异和流行，见表 4-6。

表 4-6 甲型流感病毒抗原变异与流感大流行

流行年代	亚型类别	抗原结构	代表病毒株
1918～1919 年（西班牙流感）	Hsw1N1	H1N1	猪流感病毒
1946～1957 年	亚甲型（A1）	H1N1	A/FM/1/47
1957～1968 年（亚洲流感）	亚洲甲型（A2）	H2N2	A/Singapore/1/57
1968～1977 年（香港流感）	香港甲型	H3N2	A/Hongkong/1/68
1977 年至今（俄罗斯流感）	香港甲型与新甲型	H3N2、H1N1	A/USSR/90/77
2009 年至今	新甲型	H5N1、H1N1	A/California/7/2009

3. 培养特性 流感病毒可在鸡胚和培养细胞中增殖，病毒在其中增殖后不引起明显的病变，需用红细胞凝集或红细胞吸附试验及其他免疫学方法证实病毒的存在。人流感病毒可感染某些动物，以雪貂最敏感，小白鼠吸入大量病毒也可引起肺炎而死亡。

4. 抵抗力 流感病毒抵抗力较弱，不耐热，56℃ 30min 被灭活，0～4℃能存活数周，-70℃以下可长期保存；对干燥、紫外线、甲醛、乳酸等敏感。

（二）致病性

1. 传染源　患者和隐性感染者。人群普遍易感，儿童最为易感。

2. 传播途径　主要通过飞沫、气溶胶经呼吸道在人群中直接传播，也可通过手和物体间接传播。

3. 临床表现　病毒侵入易感者呼吸道黏膜上皮细胞，在细胞内增殖，引起上皮细胞的破坏、变性和脱落，黏膜充血、水肿。潜伏期1～4天，突然发病，有鼻塞、流涕、畏寒、发热、咳嗽、咽痛、头疼、肌肉疼痛、厌食等症状。体温可高达38～40℃，持续1～5天，平均3天。流感病毒多在局部增殖，很少入血形成病毒血症，全身症状与病毒感染刺激机体产生的干扰素和免疫细胞释放的细胞因子有关。婴幼儿或年老体弱者症状较重，易继发细菌感染，导致肺炎，死亡率高。

（三）免疫性

病后机体产生的呼吸道局部SIgA为抗-HA的中和抗体，可抵抗同型病毒的再感染。NA抗体可抑制新合成病毒的释放，阻止病毒扩散；血清抗-HA中和抗体可持续几十年，对同型病毒有牢固免疫力。由于甲型流感病毒易变异，机体对新出现的亚型无抵抗力，故病后免疫力不牢固。

（四）微生物学检查

1. 病毒的分离　急性患者取咽漱液或鼻咽拭子浸液经抗菌处理后，接种于鸡胚羊膜腔或尿囊腔中，孵育2～4天取羊水或鸡胚尿囊液，进行血凝试验，分离可疑病毒，然后可用已知免疫血清进行血凝抑制试验，做出鉴定。

2. 血清学检查　取急性期患者呼吸道脱落细胞做成涂片，用免疫荧光法和酶免疫测定法检查病毒抗原，可做出快速诊断。血清学检查需取患者发病5天内和病后2～4周的双份血清做抗体测定，恢复期血清抗体效价比急性期高4倍或4倍以上才具有诊断意义。

（五）防治原则

流行期间应尽量避免人群聚集，早期发现患者，早期隔离治疗；对公共场所进行消毒。免疫接种是预防流感病毒最有效的方法，但必须与当前流行株的型别基本相同。

流感目前尚无特效治疗方法。盐酸金刚烷胺多用于预防和治疗甲型流感。此外，干扰素滴鼻及中药板蓝根、大青叶等也有一定的疗效。

二、副黏病毒

副黏病毒（paramyxovirus）是一类生物学性状与正黏病毒相似的病毒，主要包括麻疹病毒、腮腺炎病毒、呼吸道合胞病毒、副流感病毒和间质性肺炎病毒等。

（一）麻疹病毒

麻疹病毒（measles virus）是麻疹的病原体。麻疹是小儿常见的一种急性呼吸道传染病。发病率几乎达到100%，常因并发症导致死亡。目前发展中国家麻疹仍是儿童死亡的一个主要原因，故在天花灭绝后，WHO已将麻疹列为计划消灭的传染病之一。

1. 生物学性状　病毒颗粒呈球形或丝形，直径为120～250nm，核心为完整的单负链RNA，不分节段。有包膜，包膜上有两种刺突，即血凝素（HA）和**溶血素**（haemolyxin，HL），HA与病毒吸附有关，HL具有溶血和促进细胞与细胞间的融合，形成多核巨细胞的作用，HA和HL均为中和抗原，可诱导机体产生中和抗体。在人胚肾、猴肾及人羊膜细胞中增殖，并产生细胞融合或形成多核巨细胞病变等，在病毒感染细胞质及胞核内可见嗜酸性包涵体。病毒只有一个血清型。麻疹病毒抵抗力较低，加热56℃ 30min和一般消毒剂均可将病毒破坏，易被紫外线、干燥灭活。

2. 致病性与免疫性

（1）传染源：急性期麻疹患者，人是麻疹的唯一宿主，儿童普遍易感。

（2）传播途径：通过飞沫传播，也可通过用品、玩具或密切接触传播。

（3）临床表现：潜伏期为 9～12 天，病毒由呼吸道或眼结膜侵入，在上皮细胞内增殖，随后进入血流形成第一次病毒血症。患者可表现为发热、咳嗽、流涕、流泪、眼结膜充血、口颊黏膜出现灰白色，周围有红晕的黏膜斑（柯氏斑），有助于临床早期诊断。血流中的病毒继而侵入全身淋巴组织内进一步增殖后，再次入血，形成第二次病毒血症，继而侵犯全身皮肤、黏膜及中枢神经系统，出现高热和出疹。发热 3～4 天开始出现皮疹。此时患者全身皮肤由颈、躯干、四肢相继出现红色斑丘疹，持续 3～5 天，此期患者症状最为严重。出疹 3～5 天后体温下降，皮疹按出疹顺序消退，皮肤留浅褐色色素斑，伴糠麸样脱屑，历时 1～2 周。麻疹患者还可并发脑炎和**亚急性硬化性全脑炎**（subacute sclerosing panencephalitis，SSPE）。脑炎的发生率为 0.1%～0.2%；极少数患儿在感染麻疹后病毒可潜伏在体内，经过 2～17 年潜伏期后，可形成 SSPE，潜伏的病毒被激活，患者大脑功能发生渐进性衰退，表现为反应迟钝、运动障碍，最后导致痉挛、昏迷而死亡。

（4）免疫性：麻疹病后可获牢固免疫力，很少发生再感染。6 个月以内的婴儿，因从母体获得 IgG 抗体，故不易感染。6 个月至 5 周岁的婴幼儿易感性高。但近年来，由于广泛接种麻疹减毒活疫苗，麻疹发病年龄有后移现象，致使成人麻疹较以往多见，其症状不典型。

3. 微生物学检查

（1）病毒的分离及检查：潜伏期和出疹期患者的眼、鼻咽分泌物经抗菌处理后接种人胚肾或羊膜细胞培养，若见到多核巨细胞的形成、受感染细胞核内及胞质内出现嗜酸性包涵体，可初步判断为阳性。用免疫学方法检测病毒抗原，可做快速诊断。

（2）血清抗体测定：取患者急性期和恢复期双份血清，进行红细胞凝集抑制试验、补体结合试验等，抗体效价增长 4 倍或 4 倍以上有诊断价值。

4. 防治原则　预防麻疹的主要措施是对儿童进行疫苗接种，提高机体免疫力。目前国内普遍实行麻疹减毒活疫苗的接种。我国自 1965 年开始接种麻疹疫苗以来，麻疹的发病率大幅度下降。我国的免疫程序是 8 月龄为初次免疫，学龄前再加强 1 次。疫苗接种后，抗体阳转率可达 90%以上，免疫力可持续 10 年左右。

对接触麻疹患者的易感儿童，可采用被动免疫进行预防，在接触后的 5 天内肌肉注射麻疹患者恢复期血清或丙种球蛋白，可防止发病或减轻症状。

（二）腮腺炎病毒

腮腺炎病毒（mumps virus）是流行性腮腺炎的病原体，是儿童多发的呼吸道传染病之一，呈世界性分布。腮腺炎病毒只有一个血清型，人是唯一宿主。

病毒颗粒为球形，直径为 100～200nm，衣壳呈螺旋对称型。有包膜，包膜刺突有血凝素、神经氨酸酶和融合因子（F）。核心为单股负链 RNA。腮腺炎病毒易在鸡胚羊膜腔和猴肾细胞培养，增殖后可形成多核巨细胞，但细胞病变不明显。

流行性腮腺炎多发于冬春季节，人是腮腺炎病毒唯一的贮存宿主，主要通过飞沫和唾液污染食具或玩具传播，也可在人与人之间通过直接接触传播。5～14 岁儿童易感，该病发病前后 1 周传染性强，潜伏期 1～3 周，病毒首先侵入呼吸道上皮细胞和面部局部淋巴结内增殖后，随淋巴液进入血流引起病毒血症，病毒随血流到达一侧或两侧腮腺组织或其他器官（如睾丸、卵巢等）。主要症状为一侧或两侧腮腺肿大、疼痛、发热等，病程 1～2 周。青春期感染者，男性易合并睾丸炎，女性易合并卵巢炎，病毒性脑炎也常见。病后可获得持久免疫力，被动免疫可从母体获得，因此 6 个月以内婴儿患腮腺炎者罕见。

临床的典型病例无需实验室检查即可做出诊断。

预防腮腺炎应及时隔离患者，防止传播。我国目前使用麻疹-腮腺炎-风疹三联疫苗进行接种，免疫保护效果较好。目前尚无有效药物治疗，中草药有一定的治疗效果。

（三）呼吸道合胞病毒

呼吸道合胞病毒（respiratory syncytial virus，RSV）是引起 6 个月以下婴儿细支气管炎和肺炎等下呼吸道感染，以及较大儿童和成人的鼻炎、感冒等上呼吸道感染的病原体。

病毒形态为球形，直径为 120～200nm，有包膜，基因组为不分节段的单负链 RNA。病毒接种在鸡胚上不能生长，但可在多种培养细胞中缓慢增殖，2～3 周出现细胞病变。病变的特点是形成多个细胞融合的多核巨细胞，胞质内有嗜酸性包涵体。病毒的抵抗力弱，对热、酸、胆汁及冻融处理敏感，因此标本最好直接接种至培养细胞中，避免冻存处理。

RSV 感染于冬春季节流行，传染性较强，主要经过飞沫传播，也能经污染的手和物体表面传播。病毒首先在鼻咽部位的上皮细胞中增殖，随后扩散至下呼吸道，但不形成病毒血症。潜伏期为 4～5 天，可持续 1～5 周释放病毒。RSV 感染仅引起轻微的呼吸道纤毛上皮细胞损伤，但在 2～6 个月的婴幼儿感染中，可引起严重呼吸道疾病，如细支气管炎和肺炎。

RSV 所致疾病在临床上与其他病毒和细菌所致类似疾病难以区别，因此需要进行病毒分离和抗体检查，但需要相当长的时间才能获得结果。快速诊断常用免疫荧光试验等直接检查咽脱落上皮细胞内的 RSV 抗原，以及 RT-PCR 检查病毒核酸等进行辅助诊断。目前尚无有效的治疗药物和预防疫苗。

三、风疹病毒

风疹病毒（rubella virus）是风疹的病原体，为披膜病毒科风疹病毒属的唯一成员。为不规则球形，有包膜，包膜刺突有血凝活性。病毒核酸为单股正链 RNA，只有一个血清型。风疹病毒能在新生地鼠肾细胞或非洲绿猴肾细胞内增殖，引起细胞脱落。病毒对热、脂溶剂和紫外线敏感。

人是风疹病毒的唯一自然宿主。儿童为主要易感者。病毒经呼吸道侵入人体，潜伏期为 2～3 周，病毒先在上呼吸道黏膜上皮细胞增殖后进入血流而扩散到全身。表现为发热、咽痛、咳嗽、耳后及枕部淋巴结肿痛。继而在面部及两耳旁先出现浅红色斑丘疹，迅速遍及全身。病程短、并发症少。成人感染后症状较重，除出疹外，还伴有关节疼痛、血小板减少、出疹后脑炎等。风疹病毒感染最严重的危害是经垂直传播导致胎儿先天性感染。未感染过风疹病毒的孕妇，怀孕 5 个月内感染风疹病毒对胎儿危害最大，引起胎儿死亡或出生后表现为先天性心脏病、耳聋、白内障、智力发育障碍等畸形，这些先天损害统称为先天性风疹综合征。风疹病毒感染后可获得牢固免疫力。

减毒活疫苗接种是预防风疹的有效措施。

四、腺病毒

腺病毒（adenovirus）属腺病毒科，有 100 余个血清型，其中能感染人类的哺乳动物腺病毒属至少有 51 个型别。

（一）生物学特性

腺病毒为双链 DNA 无包膜病毒。衣壳为 20 面体立体对称，由 252 个壳粒组成，其中 20 面体 12 个顶角的壳粒组成五邻体，五邻体上各有一条长为 10～30nm 的纤突，其末端膨大呈小球状。纤突含有病毒吸附蛋白和型特异性抗原，还具有血凝特性。其余 240 个壳粒为六邻体。

（二）致病性和免疫性

1. 传播途径 主要通过呼吸道、胃肠道和眼结膜等途径传播。

2. 临床表现 腺病毒可引起临床上多种疾病。同一血清型可以引起不同疾病，不同血清型可引起同一种疾病。

（1）呼吸道感染：主要包括急性发热性咽喉炎、咽结膜热、急性呼吸道感染和肺炎等。

（2）眼部感染：可引起滤泡性结膜炎、流行性角膜结膜炎等。
（3）胃肠道感染：可引起小儿胃肠炎、腹泻、婴儿期肠套叠等。
（4）其他感染：可引起儿童急性出血性膀胱炎、女性宫颈炎和男性尿道炎。
3. 免疫性 腺病毒感染后可产生中和抗体，获得对同型病毒的持久免疫力。

（三）微生物学检查法与防治原则

常用病毒分离法检查。取急性期患者咽拭、眼结膜分泌物，接种原代人胚胎肾细胞后传代 HeLa 细胞等上皮样细胞，根据细胞肿胀、变圆、聚集成葡萄串状等典型病变再用血凝抑制试验和中和试验鉴定型别。此外，也可采用补体结合试验、血凝抑制试验和中和试验进行血清学诊断，采集患者急性期和恢复期双份血清进行检测，若恢复期血清抗体效价比急性期增长 4 倍或以上，才具有诊断价值。对于该病毒感染的预防与治疗，目前还没有理想疫苗和有效药物。

五、冠状病毒

冠状病毒（coronavirus）属于**冠状病毒科**（Coronaviridae）**冠状病毒属**（*Coronavirus*）。冠状病毒是 Tyrell 和 Bynoe 于 1965 年首先从普通感冒患儿的鼻咽洗液中分离出来的。1967 年，Almeida 等用电镜对此病毒进行了观察，发现其外观像**日冕**（solar corona），建议定为 coronavirus，翻译为冠状病毒。人冠状病毒以往主要引起普通感冒，感染较轻。2002 年 11 月～2003 年 6 月世界流行的**严重急性呼吸道综合征**（severe acute respiratory syndrome，SARS）的病原体，属冠状病毒科的新变种，被称为 SARS 冠状病毒。

（一）生物学性状

冠状病毒呈球形，直径为 60～220nm，核酸为单正链 RNA，不分节段，衣壳螺旋对称。人冠状病毒的核酸可编码 6～8 个多肽，SARS 冠状病毒的核酸可编码 20 多种蛋白质。病毒有包膜，包膜上有刺突，刺突突起呈花瓣状。冠状病毒的抵抗力较弱，由于有包膜，对脂溶剂敏感，不耐酸碱，普通消毒剂 5min 内可灭活该病毒。

（二）致病性与免疫性

1. 传染源 患者为主要传染源。
2. 传播途径 主要通过呼吸道飞沫传播。接触病毒呼吸道分泌物可经鼻、口、眼引起传播，不排除有其他的传播途径。
3. 临床表现 冠状病毒感染主要引起普通感冒和咽喉炎，某些毒株还可引起成人腹泻或胃肠炎，多为自限性疾病。SARS 冠状病毒引起的 SARS 病情重，进展快，死亡率高。SARS 往往以发热为首发症状，体温高于 38℃，伴头痛乏力、关节痛，继而出现干咳、胸闷气短等症状。肺部 X 线检查肺部出现明显阴影。该病进展很快，48h 内肺部损伤可达 50%以上，患者出现明显呼吸困难和低氧血症，进而由于肺部渗出严重引起呼吸窘迫、休克、DIC、心率失常等，很难抢救，患者很快死亡。
4. 免疫性 普通感冒和咽喉炎后免疫力不强，可反复感染。SARS 感染后患者可产生牢固的体液免疫功能。一般在感染 10 天后血清中出现 IgM，15 天后出现 IgG。有人用恢复期患者血清治疗患者有疗效，说明此抗体为保护性抗体。同时可产生细胞免疫功能，并且造成免疫病理损伤作用。

（三）微生物学检查

普通感冒无需进行实验室检查。对 SARS 病毒的分离必须在 P3 实验室进行，不能进行常规检查。采集患者咽拭子、痰液、气管分泌物等标本进行细胞培养，出现细胞病变效应后进行病毒鉴定，可先进行电镜观察，然后测定病毒核酸和抗原。也可采用 RT-PCR 法进行病毒核酸的测定，或用免疫荧光、ELISA 等方法检测血清中的特异性抗体。

（四）防治原则

对冠状病毒和 SARS 冠状病毒均无特异性疫苗。冠状病毒引起的普通呼吸道感染以提高机体免疫力和控制并发细菌感染为主。SARS 的预防措施主要是隔离患者，切断传染源和提高机体免疫力。SARS 为法定传染病，因此对患者和疑似患者要进行及时严格隔离和治疗，同时要及时上报疫情。对人群要进行预防性教育，保持良好的个人卫生习惯，提高机体免疫功能。治疗主要以支持疗法为主。

六、鼻病毒和呼肠病毒

1. 鼻病毒（rhinovirus）　鼻病毒是小 RNA 病毒科成员之一，呈球形，单正股 RNA 病毒，核衣壳呈 20 面体立体对称，无包膜。至少有 100 个血清型。对酸敏感。

鼻病毒是普通感冒和上呼吸道感染最重要的病原体，具有自限性并不会引起严重疾病。婴幼儿和有慢性呼吸道疾病患者，常导致支气管炎和支气管肺炎。手是最主要的传播媒介，其次为飞沫传播。病后对同型病毒有免疫力，但持续时间短，故常发生再感染。

2. 呼肠病毒（reovirus）　呼肠病毒属于呼肠病毒科，核酸为双链 RNA，分 10 个片段，双层蛋白质衣壳，呈 20 面体立体对称，无包膜，有 3 个血清型。被感染的大多数人是在儿童期，且多呈亚临床症状。

（任莹利）

第二十六节　肠道病毒与急性胃肠炎病毒

一、肠道病毒

肠道病毒（enterovirus）在分类上属于小 RNA 病毒科，是 RNA 病毒中最小的一类，有 71 个血清型，与其在同一病毒科和人类致病有关的病毒还有鼻病毒和甲型肝炎病毒。人类肠道病毒主要包括**脊髓灰质炎病毒**（poliovirus）、**柯萨奇病毒**（coxsackievirus）、**埃可病毒**（echovirus）和**新型肠道病毒**（new enterovirus）68～71 型。

（一）生物学性状

1. 形态与结构　病毒体呈球形，直径为 27～30nm。核心为单股正链 RNA，核衣壳呈 20 面体立体对称，无包膜，由 4 种主要衣壳蛋白组成，分别称为 VP1～VP4。

2. 抗原性　脊髓灰质炎病毒有 3 个血清型，三型之间没有交叉反应。柯萨奇病毒、埃可病毒有多种血清型。

3. 抵抗力　肠道病毒对理化因素的抵抗力较强，在污水和粪便中可存活数月，耐酸、脂溶剂。

（二）致病性

1. 传染源　患者、无症状病毒携带者及隐性感染者是主要传染源。

2. 传播途径　主要通过粪-口途径传播。

3. 致病机制　病毒侵入人体后，先在咽部扁桃体、肠道下段上皮细胞和肠道集合淋巴结中初步增殖，病毒侵入血流，形成第一次病毒血症。当病毒随血流播散至全身的淋巴组织或其他易感的神经外组织中进一步增殖后，大量病毒再度进入血流形成第二次病毒血症，引起相应的临床症状。

4. 所致疾病

（1）脊髓灰质炎病毒：导致脊髓灰质炎，主要是由Ⅰ型脊髓灰质炎病毒引起。病毒侵害脊髓前角运动神经细胞，导致弛缓性肢体麻痹，多见于儿童，又称小儿麻痹。90%的感染为隐性感染，约5%出现流产感染（顿挫感染），患者只出现发热、头痛、乏力、咽痛和呕吐等非特异性症状，并迅速恢复；1%～2%的患者，病毒侵入中枢神经系统和脑膜，引起非麻痹性脊髓灰质炎或无菌性脑膜炎；仅0.1%～2.0%的患者产生最严重的结局，出现暂时性肢体麻痹和永久性弛缓性肢体麻痹，极少数发展为延髓麻痹而死亡。

（2）无菌性脑膜炎、脑炎和轻瘫：几乎所有的肠道病毒都与无菌性脑膜炎、脑炎和轻瘫有关。无菌性脑膜炎表现为发热、头痛和脑膜刺激等症状，除伴有脑炎或感染一岁以下的婴儿外，通常无明显危害。

（3）其他肠道病毒：病毒在肠道内增殖，通常不引起肠道疾病，不同的肠道病毒可引起相同的临床症状，同一种病毒可引起不同的临床疾病。常见的疾病有：①疱疹性咽峡炎，主要由柯萨奇病毒A组病毒的某些型别所致，患者突然发热，在软腭悬雍垂周围出现散在性水疱性溃疡为典型症状。②心肌炎和心包炎，由柯萨奇病毒B组和A组的4和14型病毒引起心肌损害。对婴儿的危害较大，散发流行多见于成人和儿童。③流行性胸痛，由柯萨奇B组病毒引起，症状为突发性发热及双侧胸部和胸骨下疼痛，胸部活动时疼痛加剧，病程大约在2周内可自愈，但偶可反复发作。④手足口病，由柯萨奇病毒A组16型和新型肠道病毒71型引起，特点为手、足、口、舌上水疱性损伤。⑤眼病，由柯萨奇病毒A24引起的急性结膜炎和肠道病毒71型引起的急性出血性结膜炎。

（三）免疫性

肠道病毒感染后，机体可获得对同型病毒的牢固免疫力。在保护性免疫中，体液免疫发挥着重要作用。

（四）微生物学检查

1. 病毒分离 发病1周内粪便标本用抗生素处理后，接种原代人或猴肾细胞，培养7～10天，观察CPE做出诊断，并用中和试验进一步鉴定型别。

2. 血清学诊断 取发病早期及恢复期双份血清进行中和试验、补体结合试验，测定抗体的种类和消长情况。只有血清抗体效价增长4倍或4倍以上，才具有诊断意义。

3. RT-PCR 直接检测病毒核酸。

（五）防治原则

脊髓灰质炎病毒可用**脊髓灰质炎灭活疫苗**（inactivated polio vaccine，IPV，Salk疫苗）和**口服活疫苗**（live oral polio vaccine，OPV，Sabin疫苗）进行特异性预防。我国自1986年卫生部颁布实行2月龄开始连续3次口服脊髓灰质炎减毒活疫苗，即三价混合糖丸疫苗，每次间隔1个月，4岁时加强一次的措施，脊髓灰质炎发病率持续下降。目前，我国已无新发病例，但因流动人口增强，应加强对流动儿童疫苗接种的监测及补充接种，是预防脊髓灰质炎的重要工作之一。

其他肠道病毒感染，除一般卫生措施外，无特效的预防和治疗方法。对感染患者应该隔离治疗。

二、急性胃肠炎病毒

（一）轮状病毒

人类**轮状病毒**（rotavirus）属于呼肠病毒科，是秋、冬季婴幼儿腹泻的主要病原体，其特点是发病率高、流行广、死亡率高。

1. 生物学性状 病毒体为球形，有双层衣壳，从内向外呈放射状排列，形同车轮的辐条，故称为轮状病毒。核心为双股RNA，由11个基因片段组成。根据内衣壳的免疫原性不同，可将其分为7个组（A～G）。人类轮状病毒的抵抗力较强，耐酸（pH3），耐干燥。轮状病毒生长要求严格，不易培养。

常用恒河猴肾细胞、非洲绿猴肾传代细胞培养，常不出现明显细胞病变，因此分离病毒成功率较低（50%）。

2. 致病性与免疫性 轮状病毒感染的传染源是患者和无症状带毒者，主要经粪-口途径传播，潜伏期为 24～48h。病毒侵入人体后在小肠黏膜绒毛细胞内增殖，造成细胞溶解、死亡及微绒毛萎缩、变短、脱落至肠腔释放大量病毒，随粪便排出。腺窝细胞增生、分泌增多，导致电解质平衡失调，大量水分进入肠腔，引起严重水样腹泻。起病突然并伴有发热、呕吐、腹痛等症状。腹泻严重者，可出现脱水、酸中毒而导致死亡。轻者病程 3～5 天，可完全恢复。

A～C 三组轮状病毒能引起人类和动物腹泻，D～G 组只引起动物腹泻。A 组轮状病毒最为常见，有 60%以上婴幼儿急性胃肠炎是由轮状病毒引起，患者以 6 个月～2 岁婴幼儿为多见；B 组病毒可在年长儿童和成人中产生暴发流行。

轮状病毒感染后机体可产生 IgM、IgA 和 IgG 抗体，但主要发挥保护作用的抗体是肠道局部 SIgA。由于抗体只对同型病毒有中和作用，且 6 个月～2 岁婴幼儿 SIgA 含量较低，故病愈后还可重复感染。

3. 微生物学检查 轮状病毒具有特殊的形态结构，直接应用电镜或免疫电镜作标本检查，特异性诊断率可达 90%以上。世界卫生组织已经将 ELISA 双抗体夹心法测定病毒抗原列为诊断轮状病毒感染的标准方法。应用聚丙烯酰胺凝胶电泳法，根据 A～C 三组轮状病毒 11 个基因片段特殊分布图形进行分析判断，此法和核酸杂交已逐渐成为轮状病毒的常规检测技术。

4. 防治原则 主要是控制传染源，切断传播途径，严格消毒可能污染的物品。重视饮用水卫生，防止医源性传播，严格做好婴儿病区及产房的婴儿室消毒。目前无特异性治疗药物，主要采用补液以纠正电解质紊乱等支持疗法，可降低婴儿死亡率。

（二）其他急性胃肠炎病毒

1. 肠道腺病毒（enteric adenovirus） 是引起婴儿腹泻的第二位病原体，主要经过粪-口途径传播，易引起 5 岁以下小儿腹泻，很少有发热或呼吸道症状。

2. 杯状病毒（calicivirus） 与人类胃肠炎有关的杯状病毒包括**小圆形结构化病毒**（small round structured virus，SRSV）和**典型杯状病毒**（classic calicivirus）。典型杯状病毒的形态特点是表面有杯状凹陷，棱高低不平。杯状病毒呈球形，无包膜，基因组为正单链 RNA。SRSV 是世界上引起非细菌性胃肠炎爆发流行最重要的病原体，粪-口途径为主要的传播途径，传染性强。通过污染的水源和食物传播，尤其是海产品是引起流行的重要原因，冬季流行。

3. 星状病毒（astrovirus） 球形，无包膜，电镜下表面结构呈星形，有 5～6 个角。呈世界性分布，通过粪-口途径传播，易感者为 5 岁以下婴幼儿，冬季为流行季节。

（任莹利）

第二十七节 肝炎病毒

肝炎病毒是指以侵害肝为主并引起病毒性肝炎的一组不同种属的病毒。目前发现并已明确的肝炎病毒有 5 种，分别是甲型肝炎病毒（HAV）、乙型肝炎病毒（HBV）、丙型肝炎病毒（HCV）、丁型肝炎病毒（HDV）及戊型肝炎病毒（HEV）。近年来还发现一些与人类肝炎相关的病毒如己型肝炎病毒（HFV），至 2016 年仍未分离成功；庚型肝炎病毒（HGV）和 TT 肝炎病毒（TTV）的基因组序列已经明确，但其作为人类肝炎病原体仍有较大争议。此外，还有巨细胞病毒、EB 病毒等也可引起肝炎，但仅属其全身感染的一部分，故不列入肝炎病毒范畴。

肝炎病毒从传播途径上可分为两大类：消化道传播和血源性传播。前者主要通过粪-口途径传播，传染性极强，包括 HAV 和 HEV，只引起急性肝炎，不转为慢性肝炎或慢性病毒携带者。HBV 和 HCV 均由输血、血制品或注射器污染而传播，除引起急性肝炎外，可致慢性肝炎或慢性病毒携带者。HDV 为一种依赖 HBV 辅助的缺陷型病毒，其传播途径与 HBV 相同。近年来，病毒性肝炎传播极广，其中危害人类健康最严重的是乙型和丙型肝炎病毒，除引起急性肝炎外，还可致慢性肝炎及肝硬化，并与肝癌相关。

一、甲型肝炎病毒

甲型肝炎病毒（hepatitis A virus，HAV）是引起甲型肝炎的病原体，属小 RNA 病毒科的新型肠道病毒 72 型。甲型肝炎呈世界性分布。主要通过粪-口途径传播，多数人感染后表现为隐性或亚临床型感染，少数则引起急性肝炎并可完全恢复，不转为慢性肝炎或慢性病毒携带者。

（一）生物学性状

1. 形态与结构　病毒体呈球形，直径为 27～30nm，无包膜，呈 20 面体立体对称结构。病毒核酸为单股正链 RNA，长约 7.5kb。病毒免疫原性稳定，只有一个血清型。

2. 培养与动物模型　黑猩猩和狨猴对 HAV 易感，经口或静脉注射可使动物发生肝炎，并在肝细胞质中检出 HAV。近年来发现 HAV 可在非洲绿猴肾细胞、肝细胞，人胚肾细胞、胚肺二倍体细胞内缓慢生长，不引起细胞病变，可用免疫荧光、免疫电镜等方法检出 HAV。

3. 抵抗力　HAV 对热、酸、碱及乙醚等均有较强的抵抗力，100℃煮沸 5min 才能使之灭活。对紫外线、乙醇、甲醛、石炭酸、漂白粉等较敏感，常用于消毒。

（二）致病性与免疫性

1. 传染源　甲型肝炎的传染源主要是患者和亚临床感染者。病毒潜伏期为 15～50 天，在潜伏期末，病毒常在患者转氨酶升高前 5～6 天就存在于患者的血液和粪便中，病毒可随粪便排出体外，并可持续 3～4 周。为危险的传染源。

2. 传播途径　主要通过粪-口途径传播，传染性极强。HAV 感染后，出现的病毒血症持续时间较短，故通过输血、注射传播方式较为少见。

3. 致病机制　HAV 经口侵入人体，在口咽部或唾液腺中早期增殖，然后在肠黏膜与局部淋巴结中大量增殖，并侵入血流，引起短暂的病毒血症，随血流进入靶器官（肝），在肝细胞内增殖而致病。HAV 在组织培养细胞内增殖缓慢，并不直接造成明显的细胞损害。由此推论甲型肝炎早期的临床表现是 HAV 的直接作用，而随后的肝组织损害是机体的免疫应答产生的免疫损伤作用。

4. 临床表现　甲型肝炎的临床表现有发热、乏力、食欲减退、腹胀、恶心、厌油，继而出现肝大、压痛、肝功能损害，部分患者出现黄疸。

5. 免疫性　HAV 感染后，机体可产生抗-HAV 的 IgM 和 IgG 抗体，前者在急性期和恢复早期出现；后者在恢复后期出现，并可在体内维持多年，对 HAV 的再次感染有免疫力。

（三）微生物学检查

甲型肝炎患者一般不进行病原学分离检查。在潜伏期后期及急性感染早期，取患者粪便、食物或水样，用免疫电镜检测 HAV 颗粒或用放射免疫法与酶免疫法检测病毒抗原。抗-HAV IgM 出现早、消失快，常作为甲型肝炎新近感染的标志。抗 IgG 的检测常用于流行病学调查。

（四）防治原则

HAV 的预防主要在于搞好饮食卫生，保护水源，加强粪便管理，做好卫生宣传工作。患者的排泄物、食具及用过的物品等，要彻底消毒处理。

对于接触 HAV 的易感者，可通过注射丙种球蛋白和胎盘球蛋白降低甲肝的发病率和减轻症状。人工主动免疫主要是甲肝疫苗的注射。我国使用的甲肝活疫苗经一次注射即可产生持久的免疫力。

二、乙型肝炎病毒

乙型肝炎病毒（hepatitis B virus，HBV）是乙型肝炎（简称乙肝）的病原体。1963 年，Blumberg 在研究人类血清蛋白多态性时，发现澳大利亚土著人血清中存在一种异常的抗原，称为澳大利亚抗原或**肝炎相关抗原**（hepatitis associated antigen，HAA），随后发现这种抗原为 HBV 的表面抗原。1970 年，Dane 证实了在患者血清中存在乙型肝炎病毒颗粒。HBV 感染是全球性的公共卫生问题，估计全世界有乙型肝炎患者及无症状 HBV 携带者达 3.5 亿人之多。HBV 感染后临床表现呈多样性，可表现为重症肝炎、急性肝炎、慢性肝炎或无症状携带者，其中部分慢性肝炎可演变成肝硬化或肝癌。

（一）生物学性状

1. 形态与结构　用电子显微镜观察乙型肝炎患者的血清标本，可看到 3 种不同形态的颗粒，即大球形颗粒、小球形颗粒和管形颗粒。

（1）大球形颗粒：为完整的乙型肝炎病毒，直径为 42nm。具有双层衣壳结构，其外衣壳相当于一般病毒的包膜，由脂质双层与蛋白质构成。HBV 的表面抗原（HBsAg）就镶嵌在脂质双层中。内衣壳是 20 面体立体对称，相当于一般病毒的核衣壳，内衣壳蛋白为 HBV 的核心抗原（HBcAg），HBcAg 经酶或去垢剂作用后，可暴露出 e 抗原（HBeAg）。内衣壳内含有病毒的 DNA 和 DNA 多聚酶。这种大球形颗粒由于是 Dane 首先发现的，故又称 Dane 颗粒。

（2）小球形颗粒：大量存在于 HBV 感染者血液中，主要由 HBsAg 组成，是 HBV 在肝细胞内组装过程中过剩的衣壳，直径为 22nm，不含 DNA 和 DNA 多聚酶，不具有传染性。

（3）管形颗粒：直径 22nm，长 100～700nm，成分与小球形颗粒相同。这种颗粒是小球形颗粒串联聚合而成，内部不含核酸，含有 HBsAg。

2. 基因结构　HBV 的 DNA 结构为不完全的环形双股结构，长链为负链（L−），约含 3200 个核苷酸；短链为正链（S+），为负链的 50%～80%。HBV 的长负股 DNA 至少含有 4 个可读框（ORF），均为重叠基因，分别称为 S、C、P 和 X 区。S 区中有 S 基因、前 S1 和前 S2 基因，分别编码 HBV 的外衣壳蛋白（HBsAg、PreS1 与 PreS2 抗原）；C 区中有 C 基因及前 C 基因，分别编码 HBcAg 及 HBeAg；P 区最长，编码 DNA 多聚酶，与病毒复制有关；X 区中的 X 基因所编码的蛋白质称为 HBxAg，可反式激活细胞内的某些癌基因及病毒基因，与肝癌的发生和发展有关。

3. HBV 的复制

（1）吸附与穿入：HBV 通过 PreS1 和 PreS2 与肝细胞表面特异性受体结合，吸附并进入肝细胞后，在胞质中脱去衣壳，病毒 DNA 进入细胞核内。

（2）复制：在 HBV 编码的 DNA 多聚酶的催化下，以负链 DNA 为模板，延长修补正链 DNA 间隙区，使形成完整的环状双链 DNA。

（3）转录与翻译：双链 DNA 继而形成超螺旋环状 DNA，在细胞 RNA 多聚酶的作用下，以负链 DNA 为模板，转录成 0.8kb、2.1kb、2.4kb 和 3.5kb 的 4 种 mRNA。这 4 种 mRNA 分别编码病毒的结构蛋白和各种非结构蛋白。

（4）包装：病毒的前基因组、蛋白引物及 DNA 多聚酶共同进入组装好的病毒核衣壳中，在病毒 DNA 多聚酶的逆转录酶活性作用下，自 DR 区开始，以前基因组 RNA 为模板，逆转录出全长的 HBV DNA 负链。在负链 DNA 合成过程中，前基因组被 RNA 酶 H 降解而消失。

（5）释放：病毒以新合成的负链 DNA 为模板，也自 DR 区开始复制互补的正链 DNA，复制中的正链 DNA 与完整的负链 DNA 结合形成子代病毒基因组，然后进入内质网中装配成完整的病毒颗粒，经芽生方式释放到细胞外。

4. 抗原组成

（1）表面抗原（HBsAg）：HBsAg 是 HBV 的外衣壳抗原。由 S 基因编码，其化学成分是糖脂蛋白，存在于 Dane 颗粒外衣壳、小球形颗粒和管形颗粒上。因 HBsAg 大量存在于感染者血中，故是检查 HBV 感染的主要指标。HBsAg 具有免疫原性，是制备疫苗的主要成分，可刺激机体产生具有特异保护性的抗-HBs 中和抗体（抗-HBs）。血清中出现抗-HBs 可视为乙型肝炎恢复的标志。

HBsAg 有不同的亚型，各亚型之间均含有共同抗原决定基 a（称为 a 抗原）。此外，还有两组互相排斥的抗原决定基 d/y 和 w/r。按不同的组合形式，构成 HBsAg 4 个基本亚型（adr、adw、ayr、ayw）。HBsAg 亚型的分布有明显的地区种族差异，我国汉族和日本以 adr 为主；我国少数民族和非洲及地中海沿岸以 ayw 多见；欧美各国多为 adw；远东以 ayr 多见。

研究证明 HBV 的外壳除 HBsAg 外，还有两种抗原存在，即前 S1（Pre-S1）与前 S2（Pre-S2）抗原。这两种蛋白质具有吸附于肝细胞表面的决定基，可使 HBV 吸附于肝细胞表面，有利于病毒侵入肝细胞内。其免疫原性比 HBsAg 更强，可刺激机体产生有中和作用的前 S1 抗体（抗-PreS1）和前 S2 抗体（抗-PreS2），能通过阻断 HBV 与肝细胞结合而起抗病毒作用。若乙型肝炎患者血清中出现此类抗体提示病情好转。

（2）核心抗原（HBcAg）：HBcAg 由 *C* 基因转录、转译编码而成。为 HBV 的内衣壳成分，存在于 Dane 颗粒核心结构的表面。HBcAg 不易在血循环中检出。HBcAg 主要成分是蛋白质，免疫原性强，可刺激机体产生抗-HBcAg 的抗体。抗-HBc IgG 在血中持续时间较长，为非保护性抗体。抗-HBc IgM 的存在常提示 HBV 正在肝细胞内复制。HBcAg 可在感染的肝细胞表面存在，是 CTL 识别和攻击的主要靶细胞。

（3）e 抗原（HBeAg）：HBeAg 是由 *PreC* 及 *C* 基因编码，整体转录及转译后加工成为 e 抗原。为可溶性蛋白质。HBeAg 存在于 Dane 颗粒核心结构的表面，隐蔽或镶嵌于 HBcAg 中，当 HBV 内衣壳裂解时释放出来，可游离存在于血清中，其消长与病毒体及 DNA 多聚酶的消长基本一致，HBeAg 在血液中出现是病毒复制的重要指标，表明该患者具有较强的传染性。HBeAg 可刺激机体产生抗-HBe，对病毒的感染有一定的保护作用，抗-HBe 能与受染肝细胞表面的 HBeAg 特异性结合，激活补体而破坏受染的肝细胞。抗-HBe 抗体的出现是患者愈后良好的征象。

5. 培养与动物模型 HBV 至今尚不能在体外细胞培养中分离及培养。黑猩猩是 HBV 的敏感动物，故常用来进行 HBV 的致病机制研究和疫苗的安全性检测。近年来常用嗜肝 DNA 病毒感染鸭、土拨鼠等建立乙型肝炎动物模型，用于研究 HBV 的致病机制、致癌特点及防治措施等。

6. 抵抗力 HBV 对外界环境抵抗力很强。对低温、干燥、紫外线及 70%乙醇有耐受性。对高压蒸汽灭菌法、加热 100℃经 10min、0.5%过氧乙酸、3%漂白粉溶液、5%次氯酸钠和环氧乙烷等抵抗力弱，可灭活 HBV，消除其传染性，但仍可保留免疫原性。

（二）致病性与免疫性

1. 传染源 主要是患者或无症状 HBsAg 携带者。乙型肝炎患者不论在潜伏期、急性期还是慢性活动初期，患者血清都有传染性。在乙型肝炎的传播方面，HBsAg 携带者不容忽视，因无症状，故不易被察觉，其作为传染源的危害性比患者更大。

2. 传播途径

（1）血液、血制品等传播：输血及血制品、输液、注射、针刺、手术、医院内污染的器械、共用剃刀和牙刷、皮肤和黏膜的微小损伤等均可传播。HBV 还可通过唾液、月经、阴道分泌物、精液等排出体外，通过密切接触（性行为和日常生活）而传播。医务人员可通过接触患者的血液等标本或被污染物品经微小伤口而致感染。

（2）母-婴传播：母亲若为 HBV 携带者，孕期可经血流感染胎儿，分娩时新生儿经过产道可被感染，哺乳也是传播 HBV 的途径。人群中 50%HBV 携带者来自母婴传播，为乙型肝炎的稳定传染源，故乙型肝炎表现为以母亲为核心的家庭聚集倾向。

（3）密切接触传播：尤其是性接触传播也是常见的传播方式。

3. 致病机制　病毒不仅存在于肝内，也存在于脾、血细胞中。HBV 在肝细胞内增殖，对肝细胞无明显的直接损伤作用，而 HBV 抗原成分诱发机体产生的免疫病理损害是导致肝细胞破坏的主要原因。HBV 引起免疫病理损害的机制主要有以下几种。

（1）病毒致机体免疫应答低下：HBV 感染后可抑制机体的免疫功能，使受染细胞（靶细胞）产生干扰素和 IL-2 能力下降，并使靶细胞表面 HLA Ⅰ类抗原的表达减少，导致 CTL 对靶细胞的杀伤作用减弱。幼龄感染 HBV 后，因免疫系统尚未发育成熟，故对 HBV 产生免疫耐受，成为 HBV 无症状携带者。免疫功能低下则不能有效清除病毒，使感染迁延不愈而导致慢性肝炎。

（2）病毒发生变异：HBV 的 *PreC* 基因可发生变异，不能正确转译出 HBeAg，使病毒逃避机体对 HBeAg 特异性免疫的识别和攻击，使感染转为慢性。近年来还发现 HBV PreC 区及 C 区的变异株可引起重症肝炎。

（3）抗体介导的免疫病理损害：①Ⅱ型超敏反应，HBV 感染肝细胞后，肝细胞膜上出现 HBV 特异性抗原（HBsAg、HBcAg、HBeAg），并可导致肝细胞膜表面自身结构的改变，暴露出肝特异性脂蛋白抗原（LSP）。两种抗原均可诱发机体产生相应抗体（HBV-Ab、LSP-Ab），这些抗体与肝细胞膜上相应的抗原发生特异性结合可激活补体、巨噬细胞、NK 细胞，从而溶解破坏被 HBV 感染的肝细胞。②Ⅲ型超敏反应，血清中小分子 HBsAg、HBeAg 可分别与相应抗体结合形成免疫复合物（IC），中等大小的 IC 可沉积于肝内或肝外小血管壁基底膜，激活补体，释放多种活性介质，造成血管炎症。慢性肝炎患者常同时伴有肾小球肾炎、关节炎、结节性多发性血管炎等症状。大量 IC 沉积于肝内，可使肝毛细血管栓塞，并诱导产生肿瘤坏死因子（TNF），导致急性重型肝炎，表现为重症肝炎。

（4）细胞介导的免疫病理损害（Ⅳ型超敏反应）：HBV 感染后，可使肝细胞膜表面存在病毒特异性抗原和 LSP 抗原，可诱发机体产生细胞免疫，通过 CTL 直接杀伤作用和 Th1 参与的迟发型超敏反应，导致肝细胞破坏。

HBV 所诱发的免疫应答，一方面为免疫保护作用，如抗-HBs 对病毒的中和作用，CTL 对受染细胞内病毒的清除作用等；另一方面可引起免疫病理损伤。免疫保护和免疫损伤是一个过程的两个方面，两者相互依赖又相互制约，引起多样化的临床经过和转归。当 HBV 感染波及的肝细胞数量不多，免疫功能正常时，特异的 CTL 可破坏靶细胞，释放至细胞外的 HBV 则可被抗体中和而清除，临床表现为隐性感染或急性肝炎；相反，若受染的肝细胞为数众多，机体免疫应答过强，短时间内导致大量受染肝细胞破坏、肝功能衰竭时，可表现为重症肝炎；当机体免疫功能低下，不能将病毒完全清除，病毒则持续存在并感染其他肝细胞，则引起慢性肝炎。慢性肝炎造成的肝病变又可促进成纤维细胞增生，引起肝硬化。HBV 与原发性肝癌关系密切。

4. 临床表现　呈多样性，表现为无症状携带者、急性肝炎、慢性肝炎、重症肝炎等。慢性肝炎又可促进肝硬化发生，少数可发展为肝癌。

5. 免疫性　对 HBV 免疫有体液和细胞免疫。抗体主要是抗-HBs，可参与病毒感染的肝细胞及中和病毒，CTL 在清除病毒感染的肝细胞中也有重要作用。

（三）微生物学检查

1. HBV 抗原、抗体检测　HBV 抗原、抗体的检测主要包括 HBsAg、抗-HBs、HBeAg、抗-HBe 及抗-HBc（俗称“两对半”“乙肝五项”），因 HBcAg 存在于病毒内衣壳上，一般不易检出。HBsAg 的检测最为重要，可发现无症状携带者，是献血员筛选的必检指标。常用 RIA（放射免疫测定法）和 ELISA（酶联免疫吸附测定）等方法检测。HBV 抗原、抗体的血清学标志与临床关系较为复杂，必须对几项指标同时分析，方能有助于临床判断，结果分析见表 4-7。

表 4-7 HBV 抗原、抗体检测结果临床意义

HBsAg	HBeAg	抗-HBs	抗-HBe	抗-HBc	结果分析
+	–	–	–	–	HBV 感染或无症状携带者
+	+	–	–	–	急性或慢性乙型肝炎，或无症状携带
+	+	–	–	+	急性或慢性乙型肝炎（传染性强，俗称“大三阳”）
+	–	–	+	+	急性感染趋向恢复（俗称“小三阳”）
–	–	+	+	+	既往感染恢复期
–	–	+	+	–	既往感染恢复期
–	–	–	–	+	既往感染或“窗口期”
–	–	+	–	–	既往感染或接种过疫苗
–	–	+	–	+	既往感染仍有免疫力，非典型性恢复型
–	+	–	+	+	急性 HBV 感染中期
–	+	–	–	+	非典型性急性感染
–	+	+	–	–	非典型性或者临床 HBV 感染
–	–	–	+	–	急慢性 HBV 感染，趋向恢复

2. 血清 HBV DNA 的检测 应用核酸杂交技术、常规的 PCR 技术或荧光定量 PCR 技术可直接检测 HBV DNA，特异性高，敏感性高。HBV DNA 是病毒存在和复制的最可靠指标，广泛用于临床诊断和药物效果评价。

3. 血清 DNA 多聚酶检测 可判断体内是否有病毒复制，但近年来已被检测 HBV DNA 所取代。

（四）防治原则

乙肝的预防原则是控制传染源，切断传播途径，加强特异性预防。加强筛选献血员，降低输血后乙肝的发生率。高危人群应采取特异性免疫预防，如注射乙肝疫苗进行主动免疫、使用含高效价抗-HBs 血清进行被动免疫。

注射乙型肝炎疫苗是最有效的预防乙型肝炎的方法。其接种对象主要包括：新生儿，可有效地阻断母婴传播；易感婴幼儿及儿童；高危人群，包括接触乙型肝炎患者的医务人员及家庭成员。使用方法是新生儿采用出生时，出生后 1 个月、6 个月（0、1、6）各注射一次，共 3 次，预防效果好。乙肝的治疗至今尚无特效方法，一般认为广谱抗病毒药物和调节机体免疫功能的药物同时治疗较好。

三、丙型肝炎病毒

丙型肝炎病毒（hepatitis C virus，HCV）过去曾被称为肠道外传播的非甲非乙型肝炎病毒，是输血后慢性肝炎及肝硬化的主要原因之一。

（一）生物学性状

HCV 直径约为 50nm，球形，有包膜，核酸为单股正链 RNA。其基因组长度约为 9.5kb，分为编码区和非编码区。编码区又可分为结构区和非结构区。结构区编码结构蛋白，包括编码核心蛋白的 C 区和编码外膜蛋白（包膜蛋白）的 E1/E2 区。非结构区编码病毒的非结构蛋白。根据 HCV 毒株基因序列的差异，将 HCV 分为 6 个基因型，即Ⅰ～Ⅵ型。我国以Ⅰ、Ⅱ的分离株多见。

HCV 对温度较敏感，于 4℃或–20℃条件下易破坏，加热 100℃, 5min 可将其灭活。20%的次氯酸钠可消除其传染性。在碱性环境中稳定。

（二）致病性与免疫性

1. 传染源 丙型肝炎患者和隐性感染者是主要传染源。

2. 传播途径 主要是通过输血及血制品、注射、手术、器官移植等，也可经性接触及母婴传播。

3. 致病特点 HCV 感染后，多为 HCV 携带者，待发病时已呈慢性过程，其症状轻重不等。病毒感染引起急性或慢性肝炎，表现为黄疸、血清谷丙转氨酶升高等。20%可发展为肝硬化，少数感染者可诱发肝癌。

4. 免疫性 HCV 感染后，诱发机体产生特异性免疫（抗体和致敏淋巴细胞）的作用不强。将 HCV 感染黑猩猩，待恢复后，再用同一毒株攻击，几乎无免疫力，提示 HCV 免疫力不牢固。

（三）微生物学检查

HCV 的细胞培养至今尚未成功，实验室常检查抗体和 RNA。用 ELISA 方法检测抗-HCV，可快速筛查献血员和诊断丙型肝炎。用 PCR 方法查 HCV RNA 阳性，表示患有丙型肝炎，体内有 HCV 复制。

（四）防治原则

丙型肝炎预防同乙型肝炎。目前，我国预防丙肝的重点在于对献血员的管理，加强消毒和隔离，防止医源性传播。由于 HCV 的毒株变异性强，疫苗的研制较为困难。对丙型肝炎尚缺乏特效药物，IFN-α 是目前最常用的抗病毒制剂。

四、丁型肝炎病毒

丁型肝炎病毒（hepatitis D virus，HDV）是一种缺陷病毒，必须在 HBV 或其他嗜肝病毒辅助下才能复制。

（一）生物学性状

病毒体呈球形，直径为 35～37nm，有包膜，核心为一单股环状 RNA。HDV RNA 可编码一种 HDV 抗原（HDAg）。HDV 核心结构外包以 HBsAg 构成的外壳，内含 HDV RNA 及与之结合的 HDAg。HBsAg 可防止 HDV RNA 水解，在 HDV 致病中起重要作用，但它不是 HDV 的基因产物，而是由同时感染宿主细胞的 HBV 提供的。黑猩猩、土拨鼠和鸭可作为 HDV 临床研究的动物模型，HDAg 耐热，100℃20min 条件下其免疫原性很少失去，而在链蛋白酶中可失去 96%。

（二）致病性与免疫性

HDV 的传染源与 HBV 相同。主要通过输血或使用血制品传播，也可通过密切接触或母婴垂直传播。HDV 为一缺陷病毒，急性丁型肝炎具有两种感染方式：一是**联合感染**（coinfection），即同时感染 HBV 和 HDV，发生急性乙型肝炎和急性丁型肝炎；二是**重叠感染**（superinfection），即已受 HBV 或其他嗜肝 DNA 病毒感染的患者再感染 HDV 感染。这两种感染方式常导致感染症状加重，使病情恶化，故在重症肝炎发生时，应注意有无 HDV 的重叠感染。HDV 的致病机制与免疫性尚不清楚。

（三）微生物学检查

应用制备的抗-HDV 对肝组织切片染色，以检测 HDVAg。

（四）防治原则

切断 HDV 的传播途径是主要预防措施之一，包括尽量避免反复输血或使用血液制品，戒除药瘾，严格注射器、针头等的消毒，认真做好患者的早期诊断和隔离、患者排泄物与用品的消毒等。

五、戊型肝炎病毒

戊型肝炎病毒（hepatitis E virus，HEV）是引起戊型肝炎的病原体。

HEV 呈球形，无包膜，平均直径为 32～34nm，表面有锯齿状缺刻和突起，形似杯状，故将其归类于杯状病毒科。核酸为单股正链 RNA，全长约 7.5kb。HEV 在细胞中培养未获成功；多种非人灵长类动物对 HEV 易感（如猕猴、食蟹猴、恒河猴等）。HEV 在 4～20℃时易被破坏，加热 100℃ 5min、紫外线照射或 20%次氯酸处理后其传染性消失，但在液氮中保存稳定。

HEV 的主要传染源是潜伏期末和急性期初的患者，因此期粪便排毒量最大，传染性最强。病毒主要经粪-口途径传播，常因患者的粪便污染水源和食物所致。有明显的季节性，常在雨季或洪水过后流行。潜伏期为 10～60 天。HEV 经胃肠道进入血液，在肝细胞内复制，经肝细胞释放到血液和胆汁中，然后经粪便排出体外，污染水源、食物和周围环境而传播。人感染后可表现为亚临床型或临床型（成人多见）。HEV 的致病机制与 HAV 相似，病毒通过对肝细胞的直接损伤和免疫病理作用，引起肝细胞的炎症或坏死，临床上表现为急性戊型肝炎（包括黄疸型和无黄疸型）、重症肝炎（死亡率高）及胆汁淤滞性肝炎。青壮年对 HEV 易感。多数患者于发病后 4～6 周内恢复并痊愈，不发展为慢性。孕妇感染 HEV 后，病死率高达 10%～20%，并发生流产或死胎。

目前，HEV 的疫苗研制还处于早期阶段。预防的主要方法是保护水源，做好粪便的管理，加强食品卫生管理等。

（任莹利）

第二十八节　黄病毒与出血热病毒

一、黄病毒

黄病毒属（*Flavivirus*）是一大群通过吸血的节肢动物（蚊、蜱等）叮咬人、家畜及野生动物而传播相应疾病的病毒。过去曾归类为虫媒病毒。在我国流行的主要黄病毒属成员有乙型脑炎病毒、登革病毒、森林脑炎病毒。

黄病毒的共同特征：①病毒呈小球形，多数直径为 40～70nm；②病毒的核酸为单股正链 RNA，衣壳为 20 面体立体对称，有包膜，其上镶嵌有糖蛋白组成的刺突；③病毒对热、脂溶剂等多种理化因素敏感；④节肢动物既是传播媒介，又是贮存宿主，人、家畜、野生动物及鸟类受其叮咬后而患病；⑤黄病毒感染后，临床表现多样、潜伏期短、致病力强、病程急。

（一）流行性乙型脑炎病毒

流行性乙型脑炎病毒（epidemic type B encephalitis virus），简称乙脑病毒，是引起流行性乙型脑炎（简称乙脑）的病原体。1935 年，日本学者首先从脑炎死亡者脑组织中分离到该病毒，故国际上称为**日本脑炎病毒**（japanese encephalitis virus）。乙脑是严重威胁人类健康的急性传染病，病毒主要侵犯中枢神经系统，临床表现轻重不一，严重者死亡率高，幸存者常留下神经系统后遗症。

1. 生物学性状　乙脑病毒呈球形，直径为 40nm，核酸为正单链 RNA。乙脑病毒的结构蛋白有 3 种：C、M 和 E。C 是衣壳蛋白，M 位于包膜内面，E 是镶嵌在病毒包膜的糖蛋白，为血凝素刺突，能凝集雏鸡、鸽、鹅的红细胞。乙脑病毒可在动物、鸡胚及组织培养细胞中增殖，最易感的动物是乳鼠，引起明显的细胞病变。乙脑病毒免疫原性稳定，只有一个血清型。此病毒抵抗力弱，对理化因素均敏感，加热 56℃ 30min 灭活。碘酊、石炭酸、来苏儿等常用消毒剂均能将其灭活。

2. 致病性与免疫性

（1）传染源：家畜、家禽、野生动物为主要传染源，幼猪是最重要的传染源和中间宿主，患者及隐性感染者也可成为传染源。

（2）传播途径：经传播媒介蚊子叮咬而感染人和动物。乙脑病毒主要由库蚊传播，在我国乙脑流行的高峰期是6～9月，主要与带病毒蚊出现的早晚和密度有关。蚊虫可携带病毒越冬，且能经卵传代，故蚊不仅是传播媒介，还可能是病毒的长期贮存宿主。

（3）致病机制：乙脑病毒侵入人体后，先在局部血管内皮细胞及局部淋巴结中增殖，随后少量病毒入血形成第一次病毒血症。病毒随血流播散到肝、脾单核-巨噬细胞内继续大量增殖，病毒再次入血流形成第二次病毒血症，引起发热等全身不适。

（4）临床表现：多数呈隐性感染。少数患者病毒可穿过血脑屏障而进入中枢神经系统，引起脑实质及脑膜病变，临床表现为高热、剧烈头痛、呕吐、颈项强直、嗜睡或昏迷等症状。死亡率高，幸存者可遗留智力减退、痴呆、偏瘫、失语等后遗症。

（5）免疫性：病后及隐性感染均可获得牢固的免疫力，主要依赖体液免疫的中和抗体。完整的血脑屏障和细胞免疫功能对防止病毒进入脑组织也很重要。

3. 微生物学检查

（1）病毒分离鉴定：发病初期取患者的血液、脑脊液，尸体可取脑组织制备悬液，标本或悬液接种敏感动物或细胞，进行病毒的分离培养。根据细胞病变效应和动物的发病情况来进行病毒的初步判定。然后取培养病毒进行免疫学的检查，如免疫荧光、中和实验等进行病毒体的鉴定。

（2）抗原、抗体检测：用免疫荧光和ELISA检测初期患者血液及脑脊液中的乙脑病毒抗原，具有早期的诊断价值，但阳性率低。一般的早期诊断是检测患者血清中的特异性IgM。

4. 防治原则　防蚊灭蚊是预防乙脑的有效措施。对于9个月至10岁儿童，接种乙脑疫苗是预防乙脑流行的重要方法。乙脑疫苗目前使用的多为减毒活疫苗，在流行前1～2个月接种。初次免疫时，皮下接种2～3次，间隔7～10天，以后每年加强注射一次，免疫力可维持半年左右，保护率达66%～90%。目前对乙脑的治疗仍以支持疗法为主，主要是退热、止惊和抗呼吸衰竭等。

（二）登革病毒

登革病毒（dengue virus）是**登革热**（dengue fever，DF）、**登革出血热/登革休克综合征**（dengue hemorrhagic fever/shock syndrome，DHF/DSS）的病原体。埃及伊蚊和白纹伊蚊是登革病毒的主要传播媒介，人类和灵长类动物是登革病毒的自然宿主。该病流行于热带、亚热带地区，特别是东南亚、西太平洋及中南美洲。我国于1978年在广东佛山首次发现本病，以后在海南岛及广西等地均有发现。

1. 生物学性状　登革病毒属于黄病毒科，形态结构与乙脑病毒相似，但体积较小，分为1～4四个血清型，同一型中不同毒株也有抗原差异。其中2型传播最广泛，各型病毒间抗原性有交叉。病毒在蚊体内及白纹伊蚊传代细胞（C6/36细胞）、猴肾、地鼠肾原代和传代细胞中能增殖，并产生明显的细胞病变。

2. 致病性

（1）传染源：患者及隐性感染者是本病的主要传染源，而丛林中的灵长类是维护病毒在自然界循环的动物宿主。

（2）传播途径：登革病毒经蚊（主要是埃及伊蚊）传播。

（3）临床表现：潜伏期为3～8天。病毒感染人后，先在毛细血管内皮细胞及单核-巨噬细胞系统中复制增殖，然后经血流扩散，引起发热、头痛、乏力，肌肉、骨骼和关节痛，约半数伴有恶心、呕吐、皮疹或淋巴结肿大。部分患者可于发热2～4天后症状突然加重，发生出血和休克。临床上根据上述症状可将登革热分为普通型和登革出血热/登革休克综合征两个类型。后者多发生于再次感染异型登革病毒后，其基本病理过程是异常的免疫反应，它涉及病毒抗原-抗体复合物、白细胞和补体系统，病情较重，死亡率高。

3. 微生物学检查 在实验诊断中，利用 C6/36 细胞分离病毒是最敏感的方法，用收获液作抗原，进行血凝抑制试验可迅速做出鉴定。取患者血清做中和、血凝抑制和补体结合试验，可提供诊断的依据。近年有的用 ELISA 捕捉法检测 IgM 抗体进行早期诊断。

4. 防治原则 目前本病尚无特异防治办法。

（三）森林脑炎病毒

森林脑炎病毒（forest encephalitis virus）是森林脑炎的病原体，由蜱传播，在春夏季节流行于俄罗斯及我国东北森林地带，故称**俄罗斯春夏脑炎病毒**（Russian spring-summer encephalitis virus）。本病主要侵犯中枢神经系统，临床上以发热、神经症状为特征，有时出现瘫痪后遗症。

1. 生物学性状 森林脑炎病毒形态结构、培养特性及抵抗力类似乙脑病毒，但嗜神经性较强。

2. 传播媒介 蜱是传播媒介，又是长期宿主，其中森林硬蜱的带病毒率最高，成为主要的媒介。本病毒的贮存宿主为蝙蝠及哺乳动物（刺猬、松鼠、野兔等）。

3. 致病性与免疫性 本病毒的致病性与乙脑病毒相同。除了被蜱叮咬感染外，喝生羊奶（羊感染时奶中有病毒或被蜱类污染）也可被传染，经 8～14 天潜伏期后发生脑炎，出现肌肉麻痹、萎缩、昏迷致死，少数痊愈者也常遗留肌肉麻痹。病愈后皆产生持久的牢固免疫力。

4. 微生物学检查 分离病毒及血清学检查方法与乙脑相同。

5. 防治原则 预防为主，防止被蜱叮咬，主要对进入森林疫区的人接种灭活疫苗。在感染早期注射大量丙种球蛋白或免疫血清可能防止发病或减轻症状。

二、出血热病毒

出血热是由不同科属的多种病毒引起，以发热、皮肤黏膜出现淤点或淤斑，以及不同脏器出血、低血压、休克等为主要临床特征的一组综合征；属于自然疫源性疾病。我国已发现的有肾综合征**出血热病毒**（hemorrhagic fever virus）、新疆出血热病毒及登革病毒等。

（一）汉坦病毒

汉坦病毒（hantaan virus）是**肾综合征出血热**（hemorrhagic fever with renal syndrome，HFRS）和**汉坦病毒肺综合征**（hantavirus pulmonary syndrome，HPS）的病原体。归类为布尼亚病毒科的一个新属，即汉坦病毒属。

1. 生物学性状 病毒呈球形、椭圆形或多形态性。核酸类型为单股负链 RNA。有包膜，其表面有血凝素刺突。易感动物有黑线姬鼠、长爪沙鼠、乳鼠等多种。从不同地区及不同动物宿主分离的汉坦病毒的基因核苷酸序列和免疫原性有差异。据此可将病毒分为 14 个不同的型别。与人类疾病关系密切的有 6 种型别，在我国流行的是Ⅰ型（姬鼠型，汉滩病毒）和Ⅱ型（家鼠型，汉城病毒）。病毒对乙醚等脂溶剂和紫外线敏感；对酸、热抵抗力弱，60℃ 1h 灭活，在室温、水和食物中 48h 仍有传染性。

2. 致病性与免疫性

（1）传播途径：黑线姬鼠和褐家鼠是主要宿主动物和传染源。该病流行的地区性和季节性与鼠类的分布与活动有关。携带病毒的动物通过唾液、尿、粪排出病毒污染环境，人或动物通过呼吸道、消化道摄入或直接接触等途径受到传染。螨类也可能是本病的传播媒介。

（2）致病性：①肾综合征出血热，潜伏期一般为两周左右，起病急，发展快。典型病例具有三大主症，即发热、出血和肾脏损害。临床经过分为发热期、低血压休克期、少尿期、多尿期和恢复期。②汉坦病毒肺综合征，以双侧肺弥漫性浸润、间质水肿并迅速发展为呼吸窘迫、衰竭为特征，病死率较高，主要在北美流行。

（3）免疫性：HFRS 病后可获持久免疫力，一般不发生再次感染发病，但隐性感染产生的免疫力多不能持久。

3. 微生物学检查及特异性预防

（1）病毒分离与鉴定：采集急性期患者血清和尸检病死者器官，经适当处理后进行细胞培养，通过免疫荧光抗体染色，检查细胞质内的病毒抗原。

（2）免疫学诊断：用感染汉坦病毒的动物组织或培养细胞制成已知抗原片段，用免疫荧光法或免疫酶染色法检测患者血清中病毒特异性抗体。

（3）特异性预防：最近我国研制成功 3 种汉坦病毒灭活疫苗，经大量人群接种观察结果显示，血清中和抗体的阳转率达 92%，保护率为 93%～97%。预防Ⅰ型和Ⅱ型病毒感染的双价汉坦病毒灭活疫苗正在研制中。

（二）新疆出血热病毒

新疆出血热病毒又叫**克里米亚-刚果出血热病毒**（Crimea-Congo hemorrhagic fever virus），我国新疆塔里木盆地为本病的疫源地。病毒呈球形或椭圆形，病毒结构、培养特性和抵抗力与汉坦病毒相似。

本病主要分布于有硬蜱活动的荒漠牧场。硬蜱是传播媒介，也是贮存宿主。野生啮齿动物及家畜是重要的传染源。人被带病毒硬蜱叮咬后，经 5～7 天的潜伏期，患者表现发热、全身疼痛、中毒症状和出血。病后机体产生多种特异性抗体，可获持久免疫力。微生物学检查方法与汉坦病毒基本相同。我国已研制成功精制的灭活乳鼠脑疫苗，该疫苗安全，但其预防效果尚待确定。

（三）埃博拉病毒

埃博拉病毒（Ebola virus）是**埃博拉出血热**（Ebola hemorrhagic fever，EBHF）的病原体，该病是一种人和灵长类动物的严重出血性疾病。1976 年，在扎伊尔埃博拉河流域暴发流行，动物或患者的血液、体液、呕吐物、排泄物等均具有高度的传染性。临床表现常以类似流感样综合征开始，并在几天内发生恶心、呕吐和腹泻，有些伴有皮肤疹，接着发生多部位出血，胃肠道出血严重，死亡率极高。

（任莹利）

第二十九节 疱疹病毒

疱疹病毒（herpesvirus）属疱疹病毒科，是一类中等大小、结构相似、有包膜的 DNA 病毒。现已发现有 100 种以上，其中与人类感染有关者主要有人类疱疹病毒 1（HHV-1）[或称单纯疱疹病毒 1 型（HSV-1）]、人类疱疹病毒 2 型（HHV-2）[或称单纯疱疹病毒 2 型（HSV-2）]、人类疱疹病毒 3 型（HHV-3）（或称水痘-带状疱疹病毒）、人类疱疹病毒 4 型（HHV-4）[或称 EB 病毒（EBV）]及人类疱疹病毒 5 型（HHV-5）[或称巨细胞病毒（CMV）]等。

疱疹病毒感染类型：①显性感染，病毒大量增殖，细胞破坏，出现临床症状机体受到外界因素影响时，病毒可从潜伏状态被激活，转为显性感染；②潜伏感染，病毒不增殖，无细胞破坏，病毒与宿主细胞处于暂时平衡的状态，病毒基因组的表达受到抑制，一旦病毒被激活，可转为显性感染；③整合感染，病毒基因的一部分整合于宿主细胞 DNA 中，导致细胞转化，可能与致癌机制有关；④先天感染，某些病毒经胎盘感染胎儿，可引起先天畸形。

一、单纯疱疹病毒 1 型及 2 型

单纯疱疹病毒（HSV）是疱疹病毒的典型代表，由于在感染急性期发生水疱性皮疹即所谓单纯疱疹而得名。患者和病毒携带者是传染源。主要通过直接密切接触和性接触（经破损皮肤和泌尿生殖道黏膜）方式传播，其次可经过接吻和飞沫传播。感染非常普遍，且形式多样。

1. 原发感染 初次感染约90%无临床症状，多为隐性感染。HSV-1原发感染常发生于1～15岁，常见的有龈口炎，是在口颊黏膜和齿龈处发生成群疱疹，破裂后，覆盖一层坏死组织。此外，可引起唇疱疹、湿疹样疱疹、疱疹性角膜炎、疱疹性脑炎等。生殖器疱疹多见于14岁以后由HSV-2引起，比较严重，局部剧痛，伴有发热、全身不适及淋巴结炎，研究发现HSV-2与宫颈癌的发生有关。

2. 潜伏感染和复发 HSV原发感染后，部分病毒可沿神经髓鞘到达三叉神经节（HSV-1）和脊神经节（HSV-2）细胞中或周围星形神经胶质细胞内，以潜伏状态持续存在，与机体处于相对平衡状态，不引起临床症状。当机体非特异性刺激后，潜伏的病毒激活增殖，沿神经纤维索下行至感觉神经末梢，至附近表皮细胞内继续增殖，引起复发性局部疱疹。其特点是每次复发病变往往发生于同一部位。最常见的是在唇鼻间皮肤与黏膜交界处出现成群的小疱疹。疱疹性角膜炎、疱疹性宫颈炎等也可反复发作。

3. 先天性感染 HSV通过胎盘感染，易发生流产，造成胎儿畸形、智力低下等先天性疾病。新生儿在通过HSV-2感染的产道时可被感染，出现新生儿疱疹。

二、水痘-带状疱疹病毒

水痘-带状疱疹病毒（VZV）在儿童初次感染引起水痘，而潜伏体内的病毒受到某些刺激后复发引起成人的带状疱疹，故叫水痘-带状疱疹病毒。基本性状与HSV相似，只有一个血清型，人是VZV唯一的自然宿主，皮肤是病毒的主要靶器官。VZV经呼吸道侵入人体，儿童初次感染引起水痘，水痘消失后不遗留瘢痕，病情一般较轻。儿童在水痘病愈后，病毒能长期潜伏于脊髓后根神经节或脑神经的感觉神经节中。中老年以后，如机体细胞免疫力下降，儿童时期潜伏的VZV病毒被激活，病毒沿感觉神经轴索到达所支配的胸、腰腹或脸部皮肤的细胞内增殖引起复发，疱疹串联，形似带状，故称带状疱疹。1～4周局部痛觉非常敏感，有剧痛。成人水痘症状较严重，常并发肺炎，死亡率较高。患水痘后机体产生特异性体液免疫和细胞免疫，终身不再感染。但对长期潜伏于神经节中的病毒不能被清除，故不能阻止病毒激活而发生带状疱疹。

三、巨细胞病毒

巨细胞病毒（CMV）是引起新生儿巨细胞包涵体的病原体，由于感染细胞肿胀明显，并具有巨大的核内包涵体，故称为巨细胞病毒。巨细胞病毒种属特异性高，人是CMV的唯一宿主。感染非常普遍，初次感染多在两岁以下，大多为隐性或潜伏感染，但在一定的条件下侵袭多个器官和系统产生严重疾病。初次感染CMV后，病毒潜伏在唾液腺、乳腺、肾、白细胞或其他腺体中，可长期或间歇地从唾液、乳汁、尿液、精液或宫颈分泌物中排出，通过口腔、生殖道、胎盘、哺乳、输血、器官和骨髓移植等多种途径传播，引起先天性感染、围生期感染、接触感染、输血感染、免疫功能低下患者感染等。

孕妇发生原发性或复发性CMV感染时，病毒可通过胎盘侵袭胎儿，导致胎儿畸形、智力低下或发育迟缓等，发生率为0.5%～2.5%。

四、EB病毒

EB病毒（EBV）是1964年Epstein和Barr从非洲儿童恶性淋巴瘤的培养细胞中发现的一种新病毒。EBV是嗜B细胞的人类疱疹病毒，EBV在B细胞中可引起增殖性感染和非增殖性感染（潜伏感染和恶性转化）两种形式的感染。

EBV在人群中非常普遍，中国3～5岁的儿童EBV抗体阳性率达90%以上，幼儿感染后多数无明显症状，或引起轻症咽炎和上呼吸道感染。青年期发生原发感染，约有50%出现传染性单核细胞增多症。EBV抗体阳性而仍排毒的健康人、隐性感染者和患者是传染源。主要通过唾液传播（如接吻等），也可经输血传染。EB病毒在口咽部上皮细胞内增殖，然后感染B淋巴细胞，这些细胞大量进入血液循环而造成全身性感染。并可长期潜伏在人体淋巴组织中，当机体免疫功能低下时，潜伏的EB病毒活化形成复发感染。

由EBV感染引起或与EBV感染有关疾病主要有4种：①传染性单核细胞增多症；②非洲儿童淋巴瘤（Burkitt淋巴瘤）；③鼻咽癌；④淋巴组织增生性疾病，如AIDS患者极易机会性感染EBV，导致弥漫性多克隆淋巴瘤等并可致死。

（任莹利 洪 薇）

第三十节 逆转录病毒

逆转录病毒归类于逆转录病毒科，是含有逆转录酶的一大类RNA病毒。逆转录病毒按其致病性分为3个属：RNA肿瘤病毒属、慢病毒属及泡沫病毒属，其中对人致病的主要是人类免疫缺陷病毒（HIV）和人类嗜T细胞病毒（HTLV）。

人类免疫缺陷病毒（HIV）是获得性免疫缺陷综合征（AIDS）即艾滋病的病原体。HIV主要有两型：HIV-Ⅰ与HIV-Ⅱ，前者流行于全球，后者只在西非呈地区性流行。HIV具有潜伏期长、传播迅速、病情凶险、死亡率高的特点，HIV感染后损伤免疫系统，引起致死性机会致病菌感染或引发恶性肿瘤。艾滋病是目前危害人类健康最严重的疾病之一。

（一）生物学性状

HIV呈球形，直径为100～120nm，核心为两条单股正链RNA，并含有逆转录酶、蛋白酶和整合酶。核酸外包绕着双层衣壳。RNA与内层衣壳蛋白（P24）形成圆锥形核心。外衣壳蛋白（P17）的外面包被有类脂成分的双层包膜，其中嵌有gp120和gp41两种病毒特异的糖蛋白。gp120构成包膜表面的刺突，gp41为跨膜蛋白。

（二）感染过程和致病机制

1. HIV的感染过程 艾滋病的传染源是HIV无症状携带者和艾滋病患者。HIV可存在于血液、精液、阴道分泌物、唾液、乳汁和脑脊液中，主要传播方式有三种：①性传播；②血液传播；③母婴传播。HIV初次感染人体后，即开始复制和扩散，临床上HIV的感染过程可分为4个时期。

（1）急性感染期：HIV感染机体后开始大量复制，引起病毒血症。患者可出现类似流感样的非特异性症状，如发热、头痛、乏力、淋巴结肿大等。一般2～3周，症状自行消失，进入无症状潜伏期。在急性感染期从血中可检测到HIV的抗原P24，但HIV抗体可能尚未转阳，通常HIV抗体在感染4～8周之后才能在血液中检出。

（2）无症状潜伏期：此期持续时间长，可达10年左右。患者一般无临床症状，或症状轻微，有无痛性淋巴结肿大。血液中HIV的数量降至较低水平，但HIV在淋巴结中持续存在，并活跃复制。感染者血中HIV抗体检测显示阳性。

（3）AIDS相关综合征期：随着HIV大量复制并造成机体免疫系统进行性损伤，各种症状开始出现，如低热、盗汗、全身倦怠、慢性腹泻及全身持续性淋巴结肿大等，症状逐渐加重。

（4）免疫缺陷期：为典型的AIDS期。此期从患者血中能稳定检出高水平的HIV。患者血中$CD4^+$T细胞明显下降，引起严重的免疫缺陷，合并各种机会致病菌感染和恶性肿瘤。未治疗患者，通常在临床症状出现后2年内死亡。

2. 致病机制 HIV初次感染人体后，感染者血循环中$CD4^+$细胞数减少和HIV量增多，感染者可不出现症状或出现发热、咽炎、淋巴结肿大、皮肤斑丘疹和黏膜溃疡等自限性症状，此即HIV的原发感染期。经数周后转入慢性感染期，感染者可处于无症状临床潜伏期（3～5年或更长），病毒以较低水平慢性增殖、持续感染状态存在，并不断少量释放进入血液循环中。随着感染时间的延长，当机体受到某种刺激时，激发 HIV 大量增殖，影响 $CD4^+$细胞的正常生物合成；病毒的出芽释放导致细胞膜损伤。病毒感染细胞可与周围未受感染的 $CD4^+$细胞融合，形成多核巨细胞而导致细胞死亡；受染细胞表达病毒抗原可被特异性 CTL 识别并杀伤；同时病毒可诱导自身免疫使 T 细胞损伤或功能障碍等，从而引起以 $CD4^+$细胞（Th 细胞为主）缺损和功能障碍为中心的严重免疫缺陷。Th 细胞大量减少，而 $CD8^+$T 细胞（CTL 或 Ts）相对增多，出现 $CD4^+$/$CD8^+$倒置，巨噬细胞和 NK 细胞功能下降，引起严重细胞免疫缺陷，并影响到 $CD4^+$细胞有关的体液免疫功能。

（三）微生物学检查

HIV 感染的实验室检查诊断方法有两大类：一类是测定抗体，为目前最常用的方法；另一类是测定病毒及其组分。

1. 检测抗体 主要的方法有 ELISA、IFA 免疫印迹实验。常用 ELISA、RIA 和 IFA 等试验进行初筛，由于诊断抗原来自裂解的 HIV 或 HIV 感染细胞的抽提物，而 HIV 的全病毒抗原与其他逆转录病毒有交叉反应，故必须再用确证实验证实才能确诊。最常用的确证试验为免疫印迹试验，可同时检测 HIVP24、gp41 和 gp120/160 蛋白的特异性抗体，其特异性强、敏感性高。

2. 病毒的分离 从患者体内直接分离出 HIV 是确诊的最直接证据，但病毒分离需严格的工作条件，且需时间长、价格昂贵，故不宜用于临床诊断。

（四）防治原则

1. 综合措施 开展广泛的卫生宣传教育，普及艾滋病预防知识，认识其传播方式及其严重危害性，杜绝吸毒和性滥交；加强管理艾滋病患者及 HIV 无症状携带者，对高危人群实行监测；对供血者进行 HIV 抗体检查，确保输血和血制品的安全性；加强国境检疫，严防传入。

2. 疫苗研制 由于 HIV 包膜糖蛋白的高度易变性，故迄今尚缺乏预防艾滋病理想的特异性疫苗。

3. 药物治疗 抗 HIV 的药物目前临床应用的有多种，分别作用于 HIV 感染的不同阶段，但还没有研制出一种能完全治愈 AIDS 的药物。现用于治疗的有 HIV 逆转录酶抑制剂叠氮脱氧胸苷（AZT）、双脱氧胞苷（ddC）、双脱氧肌苷（ddI）等，其能干扰病毒 DNA 合成而抑制 HIV 的增殖，临床使用有一定效果。

（任莹利 洪 薇）

第三十一节 其他病毒

一、狂犬病病毒

狂犬病病毒是狂犬病的病原体。病毒存在于病犬唾液中，人被病犬咬伤后感染。狂犬病的防治措施主要是伤口处理、高价免疫血清注射和接种狂犬疫苗。狂犬病病毒可引起家犬、猫和多种野生动物的自然感染，并可通过动物咬伤或密切接触等形式在动物间或动物-人类间传播而引起狂犬病。狂犬病是目前死亡率最高的传染病，一旦发病死亡率近乎 100%，至今尚无有效的治疗措施。

1. 生物学性状 病毒外形呈子弹状，大小为 75nm × 180nm。核心为单股负链 RNA，外绕螺旋对称的蛋白衣壳，有包膜，包膜上有糖蛋白刺突，与病毒的感染性和毒力相关。狂犬病病毒感染动物范围较广。在易感动物（如狼、狐狸、犬、猫等）或人的中枢神经细胞（主要是大脑海马回的锥体细胞）中增殖时在胞质内形成嗜酸性包涵体，称**内基小体**（Negri body），在诊断上很有价值。狂犬病病毒对热、紫外线、日光、干燥的抵抗力弱。病毒悬液经 56℃ 30～60min 作用后失活。但在脑组织内的病毒于室温或 4℃条件下可保持传染性 1～2 周。酸、碱、脂溶剂、肥皂水、去垢剂等有灭活病毒的作用。

2. 致病性 狂犬病病毒存在于患病的动物或带病毒动物唾液中（包括家畜和野生动物），是重要的传染源。人被患病或带病毒动物咬伤、抓伤而感染。潜伏期一般为1～3个月，但也有短至1周或长达数年才出现症状者，潜伏期长短取决于被咬伤部位与头部的远近及伤口内感染的病毒数量。进入体内的病毒先在肌纤维细胞中增殖，再由神经末梢沿神经轴索上行至中枢神经系统，在神经细胞内增殖并引起中枢神经系统损伤，然后又沿传出神经扩散至唾液腺和其他组织（包括泪腺、鼻黏膜、舌味蕾、肝、肺等）。典型的临床表现是神经兴奋性升高，患者吞咽或饮水时喉头肌肉发生痉挛，甚至闻水声或其他轻微刺激均可引起痉挛发作，故称恐水病。这种兴奋期经3～5天后，患者由兴奋转入麻痹期，最后因昏迷、呼吸、循环衰竭而死亡。病死率几乎达100%。

3. 防治原则　加强家犬管理，捕杀野犬，注射犬用疫苗，是预防狂犬病的重要措施。人被动物咬伤后应立即采取下列措施。

（1）伤口处理：立即用20%肥皂水、0.1%新洁尔灭或清水反复冲洗伤口，再用70%乙醇涂擦。

（2）人工被动免疫：用高效价抗狂犬病病毒血清浸润注射于伤口周围及底部并同时肌内注射。

（3）人工主动免疫：狂犬病的潜伏期一般较长，人被咬伤后如及早接种高效狂犬疫苗，可以预防发病。我国现使用地鼠肾原代细胞或人二倍体细胞培养制备的灭活病毒疫苗，于第1、3、7、14、28天各肌内注射1mL，免疫效果好，副作用小。

二、人乳头瘤病毒

人乳头瘤病毒（HPV）属于乳头瘤病毒科的乳头瘤病毒属。无包膜的球形病毒，核心为双链DNA，病毒的衣壳为72个壳粒组成的20面体立体对称结构。应用限制性内切酶和分子杂交方法发现，HPV有100个型别，均特异性感染人的不同部位皮肤和黏膜，导致不同程度的增生性病变，是引起皮肤、黏膜的寻常疣、扁平疣和尖锐湿疣的病原体，并与宫颈癌的发生有密切的关系。

HPV主要通过与感染者病变部位或被污染物品的直接接触传播。生殖器感染主要通过性接触传播；分娩或新生儿直接与母体的接触也可传播；通过内裤、浴巾、浴盆等生活用品传播的概率较小。近年来，我国的HPV携带者日益增多，生殖器感染已居我国性病的第二位。病毒感染只在局部增殖，不引起病毒血症。病毒感染的临床表现因部位而不同，如皮肤感染多为跖疣、寻常疣和扁平疣；生殖器感染为尖锐湿疣，可发生癌变；宫颈感染可形成宫颈肉瘤样变，严重者可发展成为宫颈癌。

（任莹利　洪　薇）

第三十二节　亚　病　毒

亚病毒为仅含有RNA或DNA，或只具有某些蛋白质组分，与病毒的生物学特征类似的最小病毒体。朊病毒（朊粒或朊蛋白）为传染性蛋白粒子的简称。其本质为正常宿主细胞基因编码的、但构象异常的**朊蛋白**（prion protein，Prp），是一类引起人和动物性海绵状脑病（TSE）病原体的总称。

（一）朊病毒的生物学性状

朊粒是一种不含核酸和脂类的疏水性蛋白结构，其主要成分是一种对蛋白酶K有抗性，不溶于去垢剂的羊瘙痒病朊粒蛋白PrP^{SC}，分子质量为27～30kDa。正常人和动物神经细胞能够表达一种与PrP^{SC}相似的朊粒蛋白PrP^{C}，对蛋白酶K敏感、溶于去垢剂。两者氨基酸序列相似，但分子构型不同。现认为PrP^{SC}是病理构型，PrP^{C}通常无害，一旦转化为PrP^{SC}，则具有致病性和传染性。朊病毒对外界有很强的抵抗力，但可被2mol/L NaOH、90%苯酚、漂白粉、乙醚、高压蒸汽（121℃ 1h）等灭活。

（二）致病性

朊粒主要经过消化道和损伤的皮肤黏膜传播。前者因食入被朊粒污染的食物而感染，后者多为医源性感染。有些朊粒性疾病有遗传倾向。人和动物感染朊粒后所致疾病的共同特征是潜伏期长，可达数年至数十年之久，一旦发病即慢性进行性发展，最终死亡。PrP^{SC} 增殖机制还不清楚。据推测，PrP^{SC} 与细胞表面 PrP^{C} 的结合，可触发后者变构形成更多的 PrP^{SC}，大量 PrP^{SC} 从细胞释放后在脑组织聚合，形成特殊的淀粉样斑块，进一步发展为海绵状脑病。

已知朊粒导致的人和动物疾病有库鲁病（震颤病）、克-雅病及其变种（vCJD）、羊瘙痒病、疯牛病或牛海绵状脑病（BSE）等。这些疾病的共同特点为：潜伏期长，病变部位只发生在中枢神经系统，而不累及其他器官；病理特征是神经元的退行性变、空泡变性、淀粉样斑块形成、星状细胞增生等，形成海绵状脑病或白质脑病；病变处无炎症反应。患者可有痴呆、共济失调、眼球震颤和癫痫等临床表现，不产生朊粒特异性的免疫应答。

（任莹利　洪　薇）

第五章 病 理 学

第一节 细胞和组织的适应、损伤与修复

细胞和由其构成的组织、器官对于内、外环境中的持续性刺激和各种有害因子而产生的非损伤性应答反应，称为**适应**（adaptation）。适应在形态学上表现为萎缩、肥大、增生和化生。

一、适应性改变

（一）萎缩

已发育正常的细胞、组织或器官的体积缩小称为**萎缩**（atrophy）。组织器官未曾发育或发育不良大多不属于萎缩范畴。

萎缩可分为生理性萎缩和病理性萎缩两类。

青春期胸腺的萎缩，以及绝经后卵巢、子宫和乳腺的萎缩等，均属于生理性萎缩。病理性萎缩按其发生原因的不同可分为以下几种。

1. 营养不良性萎缩 可分为全身和局部营养不良性萎缩两种。全身营养不良性萎缩见于长期饥饿、消化道梗阻、慢性消耗性疾病（糖尿病、结核病及恶性肿瘤）等，由于蛋白质等营养物质摄入不足或消耗过多引起全身器官萎缩，这种萎缩常按顺序发生，脂肪组织首先发生萎缩，其次是肌肉，再次是肝、脾、肾等器官，而心、脑的萎缩发生最晚。局部营养不良性萎缩常因局部慢性缺血引起，如脑动脉粥样硬化引起的脑萎缩。

2. 压迫性萎缩 器官、组织长期受压所致，由于受压组织和细胞缺血、缺氧而逐渐发生萎缩。例如，尿路梗阻时，因肾盂积水，肾实质长期受压而发生萎缩。压迫性萎缩引起压迫的力量并不需要过大，关键在于持续的时间较长。

3. 失用性萎缩 是由于长期工作负荷减少和功能代谢低下而引起的器官组织的萎缩。例如，骨折后，久卧不动的肢体因代谢减慢可逐渐发生肌肉萎缩和骨质疏松。

4. 去神经性萎缩 因运动神经元或轴突损伤后，其所支配的器官、组织可发生萎缩，如小儿麻痹症的下肢肌肉萎缩。

5. 内分泌性萎缩 内分泌腺功能低下可引起相应靶器官萎缩。例如，垂体前叶功能低下时，患者的甲状腺、肾上腺及性腺等器官因缺乏激素刺激而萎缩。

（二）肥大

细胞、组织或器官的体积增大称为**肥大**（hypertrophy）。组织、器官的肥大通常是由实质细胞的体积增大所致，而细胞肥大的基础是细胞器增多。肥大的细胞，其代谢和功能均增强。肥大可分为生理性肥大和病理性肥大。

1. 生理性肥大 如妊娠时的子宫肥大、哺乳期的乳腺肥大，这是由内分泌激素作用于靶器官，使细胞内蛋白质合成增加，引起细胞体积增大所致，又称为内分泌性肥大；运动员的肢体肌肉肥大也属

生理性肥大，称为代偿性肥大或功能性肥大。

2. 病理性肥大 由疾病引起的组织、器官体积增大称为病理性肥大，如高血压病的左心室肥大、一侧肾摘除后对侧肾的肥大、慢性肾小球肾炎晚期残存肾单位的肥大等，其发生通常是由相应器官或组织的功能负荷长期代偿性增强引起，故也可称为代偿性肥大。

肥大的细胞合成代谢增加，功能增强，通常具有代偿意义。若肥大的器官超过其代偿限度时，便会出现失代偿，导致相应器官功能衰竭。

（三）增生

器官或组织的实质细胞数量增多称为**增生**（hyperplasia），常可致相应组织、器官体积增大和功能旺盛。增生可分为生理性增生和病理性增生。

1. 生理性增生 可分为代偿性增生，如肝切除后残余肝细胞的增生；内分泌性增生，如正常女性青春期乳腺的增生及月经周期中子宫内膜的增生等。

2. 病理性增生 包括：①代偿性增生，如组织损伤时，可通过损伤周围健康细胞的再生而修复，使之在功能和结构上基本恢复正常，如皮肤手术创口处的上皮和肉芽组织增生。②内分泌性增生，内分泌异常可引起靶器官细胞增生，如雌激素过多引起子宫内膜过度增生及乳腺导管上皮增生、老年男性的前列腺增生症等，均属内分泌性增生。

（四）化生

一种分化成熟的细胞类型转化为另一种分化成熟的细胞类型的过程称为化生（metaplasia）。化生并非是由一种分化成熟的细胞直接转变为另一种成熟的细胞，而是由正常组织的干细胞或结缔组织中未分化间叶细胞通过增生转变的结果。化生通常发生在同源细胞之间，即上皮细胞之间或间叶细胞之间。

1. 鳞状上皮化生 最为常见，多发生于气管、支气管和子宫颈黏膜及其腺体。例如，慢性支气管炎时，原支气管内衬的假复层纤毛柱状上皮可转化为鳞状上皮；慢性宫颈炎时的宫颈管黏膜及腺上皮的鳞化。

2. 肠上皮化生 常见于慢性萎缩性胃炎时，部分胃黏膜上皮化生为肠黏膜上皮。也可见于胃溃疡及胃黏膜糜烂后黏膜的再生。

3. 间叶组织化生 间叶组织中幼稚的成纤维细胞在损伤后可化生为骨及软骨组织等。

化生的生物学意义有利有弊。例如，呼吸道黏膜发生鳞状上皮化生后，可强化局部抵御外界刺激的能力，但因鳞状上皮表面不具有柱状上皮的纤毛结构而减弱了黏膜的自净能力。当病因持续存在时，则可引起细胞癌变。

二、细胞和组织的损伤

当机体内、外环境刺激超过组织和细胞的适应能力时，可引起受损细胞和细胞间质发生物质代谢、组织化学、超微结构乃至光镜和肉眼可见的异常变化，称为**损伤**（injury）。较轻的损伤是可逆的，当引起损伤的原因去除后，受损细胞的代谢、功能和形态结构可逐渐恢复正常；如损伤因素很强或持续存在，则引起不可逆性损伤，即细胞死亡。

（一）可逆性损伤

由于组织细胞代谢障碍，在细胞内或细胞间质中出现异常物质或原有正常物质数量显著增多的一类形态改变，称为**变性**（degeneration）。变性有多种类型，常以显著增多或异常的沉积物来命名。

1. 细胞水肿 **细胞水肿**（cellular swelling），也称水变性，是一种最常见的、较轻的变性，好发于代谢旺盛、线粒体丰富的器官，如心、肝、肾等器官的实质细胞。

（1）肉眼观，受累的器官体积增大，包膜紧张，颜色苍白而无光泽，似沸水烫过一样。

（2）镜下见，轻者水肿的细胞体积增大，胞质内出现较多红染的细小颗粒，是线粒体和内质网肿胀所致；细胞水肿进一步发展可使细胞体积明显增大，胞质疏松淡染，称胞质疏松化；重度的细胞水肿，致整个细胞膨大如气球，胞质透明，称气球样变。

2. 脂肪变性　甘油三酯蓄积于非脂肪细胞的胞质中，称为**脂肪变性**（fatty degeneration），简称脂变。脂肪变性大多见于代谢旺盛、耗氧多的器官，如肝细胞、肾小管上皮细胞、心肌细胞等。引起脂肪变性的原因是严重感染、酗酒、中毒、慢性持续缺氧、营养不良、糖尿病及肥胖等。

（1）肝脂肪变性：肉眼观，轻度肝脂肪变性时可无明显改变；显著弥漫性的肝脂肪变性称为脂肪肝，表现为肝体积增大，边缘变钝，淡黄色，质较软，边缘圆钝，切面隆起，有油腻感。镜下见，在HE 染色的切片中，肝细胞内出现大小不等、境界清楚的空泡（脂滴在切片制作过程中被乙醇、二甲苯等脂溶剂溶解），严重时可融合成一个圆形或卵圆形的大空泡，将核挤到细胞一边，酷似脂肪细胞。在冷冻切片中，应用苏丹Ⅲ将脂肪染成橘红色，应用锇酸将脂肪染成黑色。

（2）心肌脂肪变性：心肌脂肪变性多发生在左心室的心内膜下和乳头肌部位，常由严重贫血或中毒引起。肉眼观，心内膜下，尤其是乳头肌处出现脂变的黄色条纹，与正常的红色心肌相间排列，状似虎皮的斑纹，故有“虎斑心”之称。镜下见，脂肪空泡较细小，常位于心肌细胞核附近，呈串珠状排列。

3. 玻璃样变　**玻璃样变**（hyalinization）简称玻变，又称**透明变**（hyaline degeneration），是指细胞内或间质中出现半透明状的蛋白质蓄积。

（1）纤维结缔组织玻璃样变：常见于增生的纤维结缔组织，如瘢痕组织、动脉粥样硬化的纤维斑块、纤维化的肾小球等，是胶原纤维老化的表现。

（2）细动脉壁玻璃样变：常见于缓进型高血压和糖尿病的肾、脑、脾及视网膜等的细动脉壁。其发生是由于血管壁通透性升高，血浆蛋白渗入内膜和基底膜代谢物质在内皮下凝固，形成均匀红染的无结构状物质。细动脉的玻璃样变使血管壁增厚、变硬，管腔狭窄甚至闭塞，又称细小动脉硬化，可使血液循环阻力增加并引起局部缺血。

（3）细胞内玻璃样变：如肾小球肾炎时近曲小管上皮细胞内的重吸收小滴、酒精性肝炎时的 Mallory 小体，通常为均质红染的圆形小体。

4. 淀粉样变　细胞间质内出现淀粉样蛋白质和黏多糖复合物蓄积，称为淀粉样变。局部淀粉样变发生在皮肤、黏膜、睑结膜及上呼吸道等处；也可见于阿尔茨海默病的脑组织，多发性骨髓瘤、甲状腺髓样癌等肿瘤的间质内。全身淀粉样变可发生在长期慢性炎症疾病（结核病、慢性骨髓炎、类风湿关节炎等）。

5. 黏液样变　指细胞间质内黏多糖和蛋白质聚集。其常见于间叶性肿瘤、动脉粥样硬化斑块及风湿病时的心血管壁。

6. 病理性色素沉着　**病理性色素沉着**（pathologic pigmentation）是指各种有色物质（色素）在细胞内、外的蓄积，包括机体产生的内源性色素（如含铁血黄素、胆色素、黑色素、脂褐素）和进入机体的外源性色素（如炭末及纹身的色素）。例如，病理性含铁血黄素沉着多为局部性，见于陈旧性出血或慢性淤血；萎缩的细胞（如肝细胞、心肌细胞）内可见有脂褐素。

7. 病理性钙化　在骨和牙之外的其他组织内出现固态钙盐的沉积，称为**病理性钙化**（pathologic calcification）。病理性钙化按其发生原因的不同可分为营养不良性钙化和转移性钙化两种。

（1）营养不良性钙化：营养不良性钙化是指继发于变性、坏死组织或其他异物内的钙盐沉积，如结核坏死灶、脂肪坏死灶、动脉粥样硬化斑块和血栓等的钙化。营养不良性钙化可引起器官的功能异常。因无全身性钙、磷代谢障碍，故血磷、血钙不升高。

（2）转移性钙化：较少见，由全身性钙、磷代谢障碍所致的高血钙，引起钙盐在肾小管、肺泡和胃黏膜等多处沉积所致。见于甲状旁腺功能亢进、骨肿瘤造成骨质严重破坏、维生素 D 摄入过多等。

（二）不可逆性损伤

当细胞发生致死性代谢、结构和功能障碍时便可引起细胞不可逆性损伤，称为**细胞死亡**（cell

death），包括坏死和凋亡两种类型。

1. 坏死 以酶溶性变化为特点的活体内局部组织中细胞的死亡称为**坏死**（necrosis）。坏死大多数由变性发展而来，也可由致损伤因素（如高温、强酸、严重缺血）直接作用引起。组织坏死后，不仅结构自溶、功能丧失，还可引发急性炎症反应，渗出的中性粒细胞释放的溶酶体酶可加速坏死的发生和溶解。

1）坏死的基本病变 坏死组织、细胞的形态学变化是由坏死细胞内蛋白质变性或被其自身的溶酶体酶消化引起的，这些改变在细胞死亡几小时后才能在光镜下见到。

细胞核的变化是细胞坏死的主要形态学标志，表现为：①核固缩，在 DNA 凝固酶的作用下，核脱水使染色质浓缩，核的体积缩小，嗜碱性增强；②核碎裂，在 DNA 水解酶的作用下，核膜破裂，核染色质崩解为小碎片分散在胞质中；③核溶解，核在 DNA 水解酶的作用下分解，细胞核失去对碱性染料的亲和力，染色变淡，只能见到核的轮廓甚至核完全消失。

2）坏死的类型 根据坏死的基本过程和形态表现，将其分为凝固性坏死、液化性坏死和纤维素样坏死三种类型，此外还有坏疽等一些特殊类型。

（1）凝固性坏死：当蛋白质变性、凝固，且溶酶体水解作用较弱时，坏死区呈灰黄、干燥、质实状态，称为**凝固性坏死**（coagulation necrosis）。凝固性坏死最为常见，多见于肝、脾、肾和心等实质器官的缺血性坏死。镜下见，坏死区域细胞结构消失，但组织轮廓和细胞外形仍能保存一段时间。

（2）液化性坏死：由于坏死组织中可凝固的蛋白质少，或组织富含水解酶、水分和磷脂，细胞组织坏死后则发生溶解液化，称为**液化性坏死**（liquefaction necrosis）。见于脑组织的坏死和脓肿。

（3）**纤维素样坏死**（fibrinoid necrosis）：是发生在结缔组织及小血管壁的一种坏死。主要见于变态反应性疾病，如急性风湿病、结节性动脉周围炎等，也可见于急进型高血压。镜下见，病变局部形成小条或小块状无结构物质，呈强嗜酸性，状似纤维蛋白。纤维素样坏死物是肿胀、崩解的胶原纤维，或是沉积在结缔组织中的抗原抗体复合物。

（4）**干酪样坏死**（caseous necrosis）：是结核杆菌引起的坏死，是更为彻底的凝固性坏死。肉眼观，坏死组织呈黄色（因坏死组织内含有较多脂质），状似奶酪，因而得名。镜下见，原组织轮廓消失，呈现出一片无定形红染颗粒状物。

（5）脂肪坏死：外伤引起的皮下脂肪坏死、急性胰腺炎的酶解性脂肪坏死也属液化性坏死范畴。

（6）坏疽：局部组织较大范围坏死，并继发腐败菌感染，称**坏疽**（gangrene），分为干性坏疽、湿性坏疽和气性坏疽。

A. 干性坏疽：好发于四肢末端，多见于四肢动脉粥样硬化、血栓闭塞性脉管炎或冻伤等疾病。由于动脉阻塞，而静脉回流仍通畅，加上空气干燥使体表水分蒸发，故坏死局部干燥皱缩，呈黑褐色（坏死组织经腐败菌分解产生 H_2S，与血红蛋白降解产生的 Fe^{2+}相结合，形成 FeS，使坏死组织呈黑色），与周围正常组织之间有明显的分界线。由于坏死组织比较干燥，不利于腐败菌生长繁殖，故病变发展缓慢，全身感染中毒症状一般较轻。

B. 湿性坏疽：多发生在与外界相通的内脏器官，如肺、肠、子宫、阑尾等，也可见于动脉闭塞而静脉回流又受阻的四肢。由于淤血，局部含水分较多，故病变局部明显肿胀，呈黑色或污秽绿色，与正常组织的界限不明显。由于腐败菌的大量生长繁殖，病变发展较快。坏死组织因被腐败菌分解产生吲哚等物质而有恶臭。组织坏死腐败所产生的毒性产物及细菌毒素被吸收后，可引起严重的全身中毒症状。

C. 气性坏疽：主要见于深达肌肉的开放性创伤，特别是战伤合并厌氧的产气荚膜杆菌感染时。腐败菌引起组织坏死并产生大量气体，使病变区明显肿胀，呈蜂窝状、棕黑色，按之有捻发感，有恶臭。气性坏疽发展迅速，毒素吸收多，患者常有严重的全身中毒症状，死亡率极高。

3）坏死的结局

（1）溶解吸收：组织坏死后，可被坏死组织本身或坏死灶周围浸润的中性粒细胞释放的各种水解酶溶解、液化，然后由淋巴管或血管吸收，不能吸收的碎片则由巨噬细胞吞噬消化。小范围的坏死组织可被完全溶解吸收。

（2）分离排出：发生在体表、黏膜或与自然管道（如气管、输尿管）相通的脏器的坏死，因渗出的中性粒细胞崩解后释放水解酶，将坏死边缘组织溶解、吸收，可使坏死组织与周围健康组织分离、排出，形成缺损。皮肤、黏膜的坏死物溶解排出后，局部形成糜烂或溃疡。组织坏死后形成只开口于皮肤、黏膜表面的深在性盲管，称为窦道；连接两个内脏器官或从内脏器官通向体表的通道样缺损，称为瘘管。肺、肾等内脏器官的坏死组织液化后可经自然管道排出，残留下的空腔称为空洞，一般见于结核病。

（3）机化与包裹：新生肉芽组织长入并取代坏死组织、血栓、脓液等的过程，称为**机化**（organization）。坏死灶如较大，难以溶解吸收又不能完全机化时，则有周围肉芽组织增生并逐渐形成纤维组织加以包裹。

（4）钙化：坏死物质有时可继发营养不良性钙化，如结核病的干酪样坏死继发钙化。

2. 凋亡 **凋亡**（apoptosis）是活体内局部组织中单个细胞程序性死亡。凋亡的形态学特征是凋亡小体的形成。凋亡小体呈圆形或卵圆形，有膜包绕，含有核碎片和（或）细胞器成分，可被巨噬细胞和相邻其他实质细胞吞噬、降解。凋亡不引起死亡细胞的自溶，也不引起急性炎症反应和诱发周围细胞的增生修复。

凋亡可见于许多生理过程中，为各种更替性组织中细胞衰亡更新的表现，对维持机体正常生理功能和自身稳定十分重要。但凋亡也可见于某些病理状态下，如某些病毒感染、自身免疫性疾病或抗癌药引起的瘤细胞死亡等。

三、损伤的修复

损伤造成机体部分细胞和组织丧失后，机体对所形成的缺损进行修补恢复的过程，称为**修复**（repair）。参与修复过程的主要成分包括各种细胞和细胞外基质。修复过程主要有两种不同的形式：再生和纤维性修复。

（一）再生

再生（regeneration）是指缺损周围同种细胞的修复。

1. 再生的类型 再生可分为生理性再生和病理性再生。生理性再生是指在生理过程中，机体有些细胞不断衰老死亡，由新生的同种细胞通过增生不断补充，以维持原组织的结构和功能。病理性再生是指病理状态下组织、细胞缺损后发生的再生。病理性再生又分完全再生和纤维性修复。完全再生是指再生的组织完全恢复原组织的结构及功能；纤维性修复是指由肉芽组织增生、填补，以后形成瘢痕，也称瘢痕修复或不完全再生。组织缺损后的修复是通过完全再生还是纤维性修复主要取决于受损组织的再生能力。

2. 各种组织的再生能力 全身各种组织的再生能力是不完全相同的。一般而言，平常容易遭受损伤的组织及在生理过程中经常更新的组织，再生能力较强；反之，则再生能力较弱或缺乏。按再生能力的强弱，可将人体组织细胞分为三类。

（1）不稳定细胞：又称持续分裂细胞，这类细胞在生理状态下就有很强的再生能力，总在不断增殖，以代替衰亡或破坏的细胞，如表皮细胞、呼吸道和消化道黏膜上皮细胞、生殖器官管腔的被覆上皮细胞、淋巴及造血细胞、间皮细胞等。

（2）稳定细胞：又称静止细胞，这类细胞有较强的再生能力，生理状况下处于静止期，但受到组织损伤的刺激后，表现出较强的再生能力。包括各种腺体或腺样器官的实质细胞，如肝、胰、涎腺、内分泌腺、汗腺、皮脂腺和肾小管的上皮细胞等。

（3）永久性细胞：又称非分裂细胞，神经细胞、骨骼肌细胞及心肌细胞属于这类细胞。不论中枢神经细胞还是周围神经的神经节细胞，在出生后都不能分裂增生，一旦遭到破坏则成为永久性缺失。心肌和横纹肌细胞的再生能力极弱，损伤后基本上能通过瘢痕修复。

（二）纤维性修复

各种疾病或创伤造成组织损伤时，除缺损很小且受损组织的再生能力较强能完全再生外，大多数是通过肉芽组织增生，溶解、吸收损伤局部的坏死组织或其他异物，并填补组织缺损，最终形成以胶原纤维为主的瘢痕组织，进而使损伤得以修复，这种修复过程称纤维性修复，也称瘢痕性修复。

1. 肉芽组织　肉芽组织（granulation tissue）是一种主要由新生薄壁的毛细血管及增生的成纤维细胞构成的幼稚结缔组织，常伴有各种炎细胞浸润。

（1）肉芽组织的形态结构：肉眼见，肉芽组织呈鲜红色，颗粒状，质地柔软湿润，形似鲜嫩的肉芽，触之易出血，但无痛觉。镜下见，可见大量由增生的内皮细胞形成的新生毛细血管，呈袢状弯曲与创面垂直生长。在毛细血管周围有较多增生的成纤维细胞。此外，在成纤维细胞和毛细血管之间有多少不等的巨噬细胞、中性粒细胞及淋巴细胞等炎细胞浸润。

（2）肉芽组织的功能和结局：肉芽组织在创伤愈合中的作用包括以下几种。①抗感染及保护创面；②机化坏死组织、血栓及其他异物等；③填补伤口及其他组织缺损。

在肉芽组织逐渐成熟的过程中，成纤维细胞合成并分泌前胶原蛋白，在间质中形成网状纤维及胶原纤维，成纤维细胞逐渐转变为纤维细胞；同时，毛细血管闭合、退化、消失，留下很少的小动脉及小静脉，间质中的各种炎细胞消失，肉芽组织最终转化为瘢痕组织。

2. 创伤愈合　创伤愈合（wound healing）是指机体遭受外力作用，皮肤等组织出现断离或缺损后的愈复过程，包括各种组织的再生、肉芽组织的增生和瘢痕的形成等过程。此章节仅介绍创伤愈合的类型。根据损伤程度及有无感染，皮肤伤口的愈合可分为以下两种类型。

（1）一期愈合：见于组织缺损少、创缘整齐、无感染和异物、创面对合严密的伤口，如无菌手术切口。一期愈合的时间较短，形成的瘢痕较小。

（2）二期愈合：见于组织缺损较大、创缘不整齐、哆开、无法整齐对合，或伴有明显感染、异物的伤口。二期愈合的伤口愈合时间较长，形成的瘢痕较大。

3. 骨折愈合　骨的再生能力很强。骨折愈合的好坏、所需时间的长短与骨折的部位、性质、错位的程度、年龄及骨折的原因等因素有关。单纯性外伤性骨折，经过良好的复位、固定后，几个月内便可完全愈合，恢复其结构和功能。骨折愈合过程大致可分为以下几个阶段。

（1）血肿形成：骨组织本身有丰富的血管，骨折后第 1 天，在骨折的断端及其周围可有大量出血形成血肿，数小时后血肿即可发生凝固，可暂时粘合骨折断端。与此同时常出现轻度的炎症反应。

（2）纤维性骨痂形成：骨折后的 2～3 天，血肿开始由肉芽组织取代而机化。经 2～3 周，肉芽组织逐渐纤维化变成瘢痕组织，形成纤维性骨痂，又称暂时性骨痂。纤维性骨痂使骨折断端紧密连接起来，但无负重能力。

（3）骨性骨痂形成：纤维性骨痂分化出骨母细胞，形成类骨组织，但其内无钙沉积，称骨样骨痂。骨样骨痂使骨折断端的连接更紧密，此时是在骨折后第 3～6 周；随着骨基质内钙盐的逐渐沉积，类骨组织转变为编织骨，而形成骨性骨痂。骨性骨痂使骨折断端结合牢固，并具支持负重功能，此时在骨折后第 2～3 个月。

（4）骨性骨痂改建期：编织骨内骨小梁排列紊乱，且不具备正常板层骨结构。为了适应骨活动时所受应力，编织骨进一步改建为成熟骨。改建是在成骨细胞的新生骨质形成和破骨细胞骨质吸收的协调作用下完成的。此期需几个月甚至 1～2 年才能完成。

4. 影响创伤愈合的因素

（1）严重的蛋白质缺乏：尤其是含硫氨基酸（如甲硫氨酸、胱氨酸）缺乏时，肉芽组织及胶原形成不良，伤口愈合延缓；维生素 C 缺乏时，可使前胶原蛋白合成过程中的羟化作用障碍，影响胶原纤维的形成，从而使伤口愈合延迟；微量元素锌的缺乏可使伤口愈合迟缓。

（2）影响骨折愈合的因素：骨折及时的复位、牢靠的固定是骨折愈合的重要条件，如复位不良，或因固定不牢活动后错位、骨折断端之间有软组织嵌入，可使骨折愈合延迟或形成畸形愈合。而患肢的早期活动，可改善局部血液循环，促进骨折的愈合及骨痂改建。

（常晓宾　穆延磊）

第二节　局部血液循环障碍

一、充血和淤血

（一）充血

器官或局部组织因动脉输入血量增多而发生的充血，称为**动脉性充血**（arterial hyperemia），是一主动过程，发生快，易于消退。

1. 原因及类型

（1）凡能引起细小动脉扩张的任何原因，均可引起局部组织或器官充血。

（2）类型：生理性充血、炎症性充血、减压后充血（局部器官或组织长期受压，当压力突然解除时，细动脉发生反射性扩张引起的充血）。

2. 病理变化　肉眼观，充血局部轻度肿胀，颜色淡红或鲜红，局部皮温升高。镜下见，充血的组织内小动脉和毛细血管扩张、充满血液。

（二）淤血

局部组织或器官由于静脉血液回流受阻，血液淤积在小静脉和毛细血管内，称为**淤血**（congestion）。淤血是一被动过程，可发生于局部或全身，发生缓慢，持续时间长。

1. 原因　静脉受压、静脉腔阻塞、心力衰竭。

2. 病理变化　肉眼观，发生淤血的组织、器官体积肿胀；发生于体表时，由于淤积的血液中氧合血红蛋白减少，还原血红蛋白增多，局部呈紫蓝色，称为**发绀**（cyanosis）。由于局部血液淤滞、血流缓慢，致代谢减慢，局部皮温降低。镜下见，淤血的组织内细静脉和毛细血管扩张，管腔内充满血液。

3. 后果　取决于器官或组织的性质、淤血的程度和时间的长短等因素。短时间的淤血后果轻微。长时间的淤血又称慢性淤血，导致实质细胞发生萎缩、变性、坏死。间质结缔组织增生，加上组织内网状纤维胶原化，器官逐渐变硬，出现淤血性硬化。

4. 重要器官淤血

（1）慢性肺淤血：常见于左心衰竭。肉眼观，肺体积增大，质量增加，暗红色，切面有淡红色泡沫状液体流出。镜下见，肺泡壁毛细血管高度扩张充血，肺泡腔内有水肿液，可见红细胞，形成肺水肿及淤血性出血；当肺泡腔内的红细胞被巨噬细胞吞噬后，红细胞崩解释放出棕黄色、颗粒状的含铁血黄素，这种胞质内含有含铁血黄素的巨噬细胞称为**心衰细胞**（heart failure cell）。长期慢性肺淤血，还可导致肺泡壁上的纤维组织增生及网状纤维胶原化，使肺质地变硬，肉眼观，呈深褐色，称为肺褐色硬化。

（2）慢性肝淤血：常见于慢性右心衰竭，尤其是肺源性心脏病引起的右心衰竭。肉眼观，肝体积增大，质量增加，包膜紧张；切面呈红黄相间、状似槟榔切面的花纹状外观，故称**槟榔肝**（nutmeg liver）。镜下见，肝小叶中央静脉及其附近的肝窦高度扩张淤血，肝小叶中央静脉周围的肝细胞发生萎缩甚至消失，肝小叶周边的肝细胞因慢性缺氧出现脂肪变性。长期慢性肝淤血还可导致肝内纤维组织增生及网状纤维胶原化，使肝质地变硬，称为淤血性肝硬化。

二、血栓形成

在活体的心血管内，血液发生凝固或血液的某些成分凝集形成固体质块的过程，称为**血栓形成**（thrombosis），所形成的固体质块称为**血栓**（thrombus）。

（一）血栓形成的条件

血栓形成是血液在流动状态由于血小板的活化和凝血因子被激活致血液发生凝固。血栓形成的条件包括以下几种。

1. 心血管内皮细胞的损伤 正常情况下，完整的内皮细胞主要起抑制血小板黏集和抗凝血作用，但在内皮损伤或激活时，则引起局部凝血。心血管内膜损伤是血栓形成的最重要、最常见的原因。内皮细胞损伤后，暴露出内皮下的胶原，激活血小板和凝血因子Ⅻ，启动了内源性凝血过程。同时，损伤的内皮细胞释放组织因子，激活凝血因子Ⅶ，启动外源性凝血过程，在凝血过程启动中，血小板的活化极为重要。

2. 血流状态的改变 当血流缓慢或者有涡流形成时，轴流与边流的正常关系被破坏，增加了血小板与血管内膜接触的机会。同时，血流缓慢引起内膜缺氧，导致内皮细胞变性、坏死脱落，暴露出内皮下胶原纤维，启动机体的凝血过程。此外，血流缓慢时，已激活的凝血因子不易被及时冲走，使得局部凝血因子的浓度升高，有利于血栓的形成。

3. 血液凝固性增加 主要是指凝血因子、血小板的数量增多和血小板黏性增加，或纤溶系统活性降低时，血液凝固性相对升高，易于形成全身多发性血栓。例如，严重创伤、大面积烧伤、手术后或产后；血小板的数量增多、黏性增加也见于高脂血症、吸烟、冠状动脉粥样硬化等；某些恶性肿瘤（如肺癌、胃癌、乳腺癌、前列腺癌等）晚期或胎盘早期剥离的患者由于大量组织因子被释放入血，也容易导致血栓形成。

（二）血栓形成的过程及血栓的形态

血栓依形态特点可分为以下几种类型。

1. 白色血栓（pale thrombus） 白色血栓多见于心脏和动脉内膜，静脉内的白色血栓是静脉血栓的起始部，构成静脉延续性血栓的头部。肉眼观，白色血栓呈灰白色小结节状或赘生物，表面粗糙有波纹，质硬，与管壁粘着紧密，不易脱落。镜下见，主要由血小板和少量的纤维蛋白构成。

2. 混合血栓（mixed thrombus） 混合血栓即延续性血栓的体部。肉眼观，混合血栓呈灰白色和红褐色相间的层状结构，干燥，表面粗糙，与血管壁粘连比较紧密。发生于心腔或动脉瘤内的血栓常常附着在心房（室）壁或动脉管壁上，称为附壁血栓。

镜下见，混合血栓主要由粉红色分支状的血小板小梁和小梁之间的纤维蛋白网及其中的红细胞组成，小梁周围有大量中性粒细胞附着。

3. 红色血栓（red thrombus） 即延续性血栓的尾部。肉眼观，红色血栓呈暗红色，新鲜的红色血栓湿润，有一定的弹性；陈旧的红色血栓由于水分被吸收，变得干燥，易碎，失去弹性，易于脱落进入血流成为血栓栓子，引起血栓栓塞。镜下见，由纤维蛋白构成的网眼中充满血细胞。

4. 透明血栓（hyaline thrombus） 是发生于微循环内的血栓，由于体积小，只能通过显微镜才能观察到，主要由纤维蛋白构成，故又称为微血栓，最常见于DIC。

（三）血栓的结局

（1）软化、溶解、吸收。

（2）机化与再通：血栓形成后1～2天，自血栓附着处的血管壁上开始长出肉芽组织，伸入并逐渐替代血栓，此过程称为血栓机化。在血栓机化过程中，水分被吸收，血栓干燥收缩出现裂隙，新生的内皮细胞被覆于表面，形成新的血管，并互相吻合沟通，形成狭窄迂曲的血管腔，血流能够重新通过，这一过程称为再通。

（3）钙化、钙盐沉积于血栓：发生在静脉内与动脉内，可形成静脉石与动脉石。

（四）血栓对机体的影响

1. 有利方面　防止病灶内的血管破裂出血；炎症病灶周围的小血管内血栓形成，可以防止病原体蔓延扩散。

2. 不利方面

（1）阻塞血管：发生在动脉的血栓，当管腔未被完全阻塞时，血流减少，局部组织和器官缺血，引起组织细胞变性或萎缩；若动脉管腔完全被阻塞，且未建立有效的侧支循环时，则可引起组织缺血性坏死。静脉血栓形成后，则引起局部组织淤血、水肿，严重者发生坏死。

（2）栓塞：血栓可以因软化、破碎、断裂而脱落，成为栓子，随血液流动引起血栓栓塞。如果栓子内还有细菌，细菌可随栓子运行而蔓延扩散，引起败血性梗死或栓塞性脓肿。

（3）心瓣膜变形：发生在心瓣膜上的血栓，机化后可以引起瓣膜增厚、变硬、皱缩或瓣叶粘连等，形成心瓣膜病。例如，风湿性心内膜炎反复发作可导致二尖瓣狭窄或关闭不全。

（4）广泛性出血：DIC 时微循环内广泛性微血栓形成，使凝血因子和血小板耗竭，以及继发性纤维蛋白溶解系统功能亢进，造成血液的低凝状态，引起患者全身广泛性出血甚至死亡。

三、栓塞

在循环血液中出现不溶于血液的异常物质，随血液运行阻塞血管腔的现象称为**栓塞**（embolism）。阻塞血管的异常物质称为**栓子**（embolus），栓子可以是固体、液体或气体。最常见的栓子是脱落的血栓或其节段。罕见的为脂肪滴、空气、羊水和肿瘤细胞团。

（一）栓子的运行途径

栓子的运行途径一般与血流方向一致。

1. 静脉系统和右心栓子　来自体循环静脉和右心的栓子，随血流运行，栓塞于肺动脉主干或其分支，引起肺动脉栓塞。某些体积小、富有弹性的栓子（如气体、脂肪栓子）可通过肺泡壁毛细血管回到左心，随血流进入体循环动脉系统，栓塞于某动脉分支。

2. 主动脉系统和左心栓子　来自左心和体循环动脉系统的栓子，随血流运行，栓塞于与其口径相当的动脉分支，常见于脑、脾、肾和四肢动脉等。

3. 门静脉系统栓子　来自门静脉系统的栓子，随血流进入肝内，引起肝内门静脉分支的栓塞。

4. 交叉栓塞　在有房间隔或室间隔缺损时，患者心腔内的栓子可由压力高的一侧通过缺损进入另一侧心腔，产生动、静脉系统栓子的交叉运行，形成交叉栓塞。

5. 逆行栓塞　罕见情况下，栓子可逆向运行发生逆行栓塞，在胸、腹腔内压骤然剧增时（如持续性剧烈咳嗽），下腔静脉内的栓子可逆血流方向运行，栓塞于肝、肾或髂静脉分支。

（二）栓塞类型及其对机体的影响

1. 血栓栓塞　由血栓或血栓的一部分脱落所引起的栓塞，称为**血栓栓塞**（thromboembolism）。其是各种栓塞中最常见的一种，占所有栓塞的99%以上。由于血栓栓子的来源、大小、数目和栓塞的部位不同，对机体的影响也有所不同。

（1）肺动脉血栓栓塞：引起肺动脉栓塞的血栓栓子 95%来自下肢深静脉，尤其是腘静脉、股静脉和髂静脉，其次来自盆腔静脉、卵巢、前列腺周围静脉和子宫静脉。肺动脉栓塞对机体的影响取决于栓子的大小、数目和机体的心肺功能状况。由于肺具有双重血液循环，如果栓子较小且栓塞肺动脉的个别小分支，相应的肺组织可以通过支气管动脉得到血液供应，一般不产生严重后果。但是，如果栓塞前已有严重肺淤血时，肺循环内的压力升高，与支气管动脉之间的侧支循环难以建立，则可引起肺梗死。来自下肢静脉或右心的血栓栓子往往体积较大，常栓塞于肺动脉主干或大的分支，或血栓栓子体积较小，但是数量较多，多数肺动脉分支发生栓塞，则可引起猝死。

（2）体循环动脉血栓栓塞：造成动脉系统栓塞的血栓栓子80%来自左心，常见于细菌性心内膜炎时心瓣膜上的赘生物脱落、二尖瓣狭窄时左心房附壁血栓及主动脉粥样硬化溃疡面的血栓。动脉栓塞以脾、肾、脑、心和四肢的栓塞较常见。动脉栓塞的后果也视栓子的大小、栓塞的部位及局部侧支循环建立的情况而异。仅栓塞动脉的小分支，又有足够、有效的侧支循环，不造成严重后果；若栓塞动脉的大分支，且不能建立有效的侧支循环，局部可发生缺血性坏死；栓塞发生在冠状动脉或脑动脉分支，常可发生严重后果，甚至危及生命。

2. 脂肪栓塞 常见于四肢长骨骨折或严重脂肪组织挫伤时，脂肪细胞破裂，脂滴通过破裂的静脉血管进入血流，引起肺动脉小分支的脂肪栓塞。有时脂肪滴通过肺泡壁毛细血管或肺内动-静脉短路进入动脉系统，引起体循环动脉系统的栓塞，如脑、肾、皮肤和眼结膜等处的栓塞。

脂肪栓塞的后果主要取决于进入血管中脂滴数量的多少。少量脂滴可被巨噬细胞吞噬或被血液中的脂酶分解清除，对机体无不良影响；但大量的脂滴进入肺循环，致肺部血管广泛受阻并引起反射性痉挛，可引起急性右心衰竭而致猝死。

3. 气体栓塞 大量气体迅速进入血流，或原已溶解于血液中的气体迅速游离出来，形成气泡并阻塞心、血管腔，称为**气体栓塞**（gas embolism）。

（1）空气栓塞：多见于头颈、胸壁外伤或手术损伤锁骨下静脉、颈内静脉或胸内大静脉时，因这些静脉内是负压，当其破裂时空气可迅速被吸入静脉，并随血流到达右心引起空气栓塞；空气栓塞也可见于人工气胸、人工气腹、加压静脉输血、输液时；分娩、流产时，由于子宫强烈收缩，将空气挤入破裂的子宫壁静脉窦内也可引起空气栓塞。

空气栓塞对人体的影响主要取决于进入血液中空气量的多少和速度。少量气体入血，可溶解在血液中而不致引起严重后果；若大量空气（多于100mL）迅速进入血液循环，随血流到达右心，由于心脏的搏动，空气和心腔内的血液被搅拌成大量的泡沫血，可阻碍静脉血的回流并阻塞肺动脉出口，导致严重的血液循环障碍而猝死。进入右心的部分气泡，可直接进入肺动脉，阻塞小的肺动脉分支，引起肺小动脉气体栓塞。小气泡也可经过肺动脉小分支和毛细血管到左心，致使体循环的一些器官栓塞。

（2）减压病：若从高气压环境突然进入低气压环境，如潜水员从深水中迅速上升到水面常压环境时，原来溶解在血液中的气体如氧气、二氧化碳和氮气迅速游离，氧和二氧化碳可很快再溶于体液内被吸收，而氮气在体液内溶解速度迟缓，在血液或组织内形成许多小气泡或互相融合成较大的气泡形成栓塞，故称氮气栓塞或减压病。

4. 羊水栓塞 **羊水栓塞**（amniotic fluid embolism）是分娩过程中一种罕见（发生率为1/50 000）但很严重的并发症。多见于羊膜破裂或胎盘早剥，羊水栓塞的证据是光学显微镜下在母体的肺小动脉和毛细血管内发现羊水成分。本病发病急骤，产妇在分娩中或分娩后突然出现呼吸困难、发绀和休克，虽经抢救但绝大多数（80%以上）死亡。

羊水栓塞可引起DIC（含有促凝物质）和右心衰竭，致患者猝死。

5. 其他栓塞 细菌菌落、肿瘤细胞核寄生虫进入血液循环后，也有可能导致栓塞。

四、梗死

机体器官或局部组织由于血管阻塞、血流停止导致缺氧而发生的坏死，称为**梗死**（infarction）。

（一）梗死形成的原因和条件

1. 血栓形成 是梗死最常见的原因，主要见于冠状动脉和脑动脉粥样硬化继发血栓形成引起的心肌梗死和脑梗死等。

2. 动脉栓塞 常见于血栓栓塞，也可见于空气栓塞、脂肪栓塞等。常引起肾、脾、脑和肺梗死。

3. 动脉受压闭塞 如肠扭转、肠套叠时肠系膜动脉、静脉均受压迫而引起肠梗死；卵巢囊肿蒂扭转压迫血管，导致血流中断而引起囊肿坏死。

4. 动脉痉挛 单纯动脉痉挛引起的梗死十分罕见，但在血管腔高度狭窄的基础上（如严重的冠状动脉、脑动脉粥样硬化等），情绪激动、过度劳累、强烈刺激等诱因可引起病变血管强烈而持续痉挛，致血流中断而引起相应器官和组织的梗死。

（二）影响梗死形成的因素

影响梗死形成的因素主要有两个：一是侧支循环情况；二是局部组织对缺血的敏感程度。

1. 贫血性梗死 **贫血性梗死**（anemic infarct）多发生于组织较致密、无侧支循环或侧支循环不丰富的实质器官，如肾、脾、心和脑，因梗死灶内出血少而呈灰白色，故称贫血性梗死。肉眼梗死灶的形状与脏器的血管分布有关，如脾、肾的动脉分支呈树枝状分布，故梗死灶呈锥形，尖端指向血管阻塞部位，底部靠近脏器表面。心冠状动脉分支不规则，则梗死灶呈地图形。心、肾、脾的贫血性梗死为凝固性坏死。镜下见，梗死发生 12～18h 后出现凝固性坏死的改变，早期梗死灶的组织轮廓尚存，梗死灶周围有明显的炎症反应，可见炎细胞浸润及充血、出血带。随后梗死灶的组织轮廓消失，呈均匀、红染、颗粒状，充血、出血带消失。2～3 天后，梗死灶边缘的成纤维细胞和新生的毛细血管长入，逐渐机化形成凹陷性瘢痕。

由于脑组织含磷脂及水分较多，梗死后因液化形成软化灶，故脑的贫血性梗死属液化性坏死，具有液化性坏死的形态变化特征。

2. 出血性梗死 **出血性梗死**（hemorrhagic infarct）主要发生在肺和肠等有双重血液供应或血管吻合支丰富、组织结构较疏松的器官。其特点是在梗死灶内有明显的出血现象，故称出血性梗死。

肺有肺动脉和支气管动脉双重血液供应，在正常情况下，即使肺动脉分支堵塞，另一支动脉尚可维持血液供应，一般不引起梗死。但在肺严重淤血的情况下，由于整个器官的静脉压和毛细血管内压升高，另一支动脉不能建立有效的侧支循环，可引起局部组织缺血坏死。同时，由于严重淤血、组织结构疏松及梗死后血管壁通透性增加，而导致梗死灶发生弥漫性出血现象。故严重淤血是出血性梗死的先决条件。肉眼观，肺梗死以肺下叶多见，梗死灶呈锥形，尖端朝向肺门，底部靠近胸膜面，因弥漫性出血呈暗红色。镜下见，梗死灶肺泡壁结构不清，肺泡腔充满红细胞；随后，红细胞破坏崩解，从梗死灶周边开始发生机化，最后形成瘢痕。

肠出血性梗死常见于肠扭转、肠套叠、嵌顿性肠疝。肉眼观，肠系膜动脉呈扇形、节段性分布，故梗死的肠壁呈节段性，颜色为紫红色；由于淤血水肿及出血，肠壁增厚，质脆弱，易破裂；肠腔内充满浑浊的暗红色液体，浆膜面可有纤维蛋白性渗出物。镜下见，肠壁各层组织坏死及弥漫性出血。肠梗死容易发生肠穿孔，引起弥漫性腹膜炎，进而危及生命。

3. 败血性梗死 由含有细菌的栓子阻塞血管引起。常见于急性感染性心内膜炎，含细菌的栓子从心内膜脱落，顺血流运行而引起相应组织器官动脉栓塞所致。梗死灶内可见有细菌团及大量炎细胞浸润，若有化脓性细菌感染时，可出现脓肿。

（三）梗死对机体的影响和结局

梗死对机体的影响取决于梗死发生的器官、梗死灶的大小和部位及有无细菌感染等因素。小的梗死灶可以机化，最后形成瘢痕；大的梗死灶不能完全机化时，形成纤维包裹，并可钙化；较大的脑梗死灶则液化成囊腔，周围由增生的胶质瘢痕包裹。

（崔　力）

第三节 炎 症

一、炎症概述

（一）概念

炎症（inflammation）是指具有血管系统的活体组织对各种致炎因子的损害所发生的以防御为主的局部组织反应。

炎症局部血管反应是炎症过程中的主要特征及防御的中心环节。它不仅能使血管内的液体成分及白细胞进入炎症灶，以局限、消灭致炎因子，还能消除和吸收坏死组织，最终使受损组织得以修复。

（二）炎症的原因

任何能够引起组织损伤而导致炎症反应的因素统称为致炎因子。致炎因子的种类繁多，可归纳为以下几类。

1. 生物性因子 包括细菌、病毒、立克次体、原虫、霉菌、螺旋体和寄生虫等，是引起炎症最常见的原因。由生物性因子引起的炎症又称为感染。

2. 物理性因子 如机械性损伤、高温、低温、电离辐射、紫外线等。

3. 化学性因子 包括外源性和内源性化学物质。外源性化学物质有强酸、强碱和强氧化剂等；内源性化学物质有坏死组织的分解产物和某些病理条件下堆积于体内的代谢产物（如尿素）等。

4. 超敏反应 超敏反应可造成组织损伤而引起炎症，如过敏性鼻炎、荨麻疹、免疫复合物性肾炎等。

5. 组织坏死 缺血或缺氧等原因可引起组织坏死，坏死组织是潜在的致炎因子，在新鲜梗死灶的边缘所出现的出血带便是炎症反应。

6. 异物 手术缝线、二氧化硅晶体或物质碎片等残留在机体组织内可导致炎症。

（三）炎症的基本病理变化

炎症的基本病理变化是变质、渗出、增生。一般急性炎症或炎症早期是以变质和渗出为主，炎症后期和慢性炎症则以增生为主。

1. 变质 是指炎症局部组织发生的变性和坏死。

2. 渗出 是指在炎症时血管内的液体和各种白细胞通过血管壁进入组织间隙、黏膜表面、体腔或体表的过程。因此，渗出包括液体渗出和细胞渗出，液体渗出常先于细胞渗出，而液体渗出之前，炎症局部首先会出现一系列的血管反应。

炎症过程中渗出的液体，称为渗出液。渗出液聚积于组织间隙，称为炎性水肿；渗出液聚积于胸腔、腹腔、心包腔等体腔内，称为积液。

渗出液与漏出液在发生机制、成分等方面有所不同，其鉴别要点见表 5-1。

表 5-1 渗出液与漏出液的鉴别要点

鉴别要点	渗出液	漏出液
原因	炎症	非炎症
外观	略浑浊	清亮
蛋白质	>30g/L	<30g/L
比重	>1.018	<1.018
细胞数	通常>500×10^6/L	通常<100×10^6/L
Rivalta 试验	+	–
凝固性	自凝	不凝

3. 增生　在致炎因子、组织崩解产物、炎症介质的共同作用下，炎症局部细胞的增殖，称为**增生**（proliferation）。以巨噬细胞、血管内皮细胞和成纤维细胞增生最为常见。在某些情况下也有上皮细胞和实质细胞的增生，有时伴有淋巴组织增生。

（四）炎症的局部表现与全身反应

1. 炎症的局部表现　包括红、肿、热、痛和功能障碍。炎症局部发红，是由于局部血管扩张、充血所致；局部肿胀，主要是由局部血管通透性升高，液体和细胞成分渗出所致；发热是由动脉性充血、血流加快和代谢旺盛所致；疼痛是由渗出物压迫及炎症介质作用于感觉神经末梢所致。在此基础上可进一步引起局部器官的功能障碍。

2. 炎症的全身反应　虽然炎症发生在局部，但局部和全身是一个统一的整体，局部的病变往往通过神经和体液的调节影响到全身而产生一系列的全身反应。

（1）发热：发热是炎症最重要的全身反应之一。IL-1 和 TNF 是引起发热的炎症介质，如果病变严重，体温反而较低，说明机体反应差，抵抗力低下，预后不良。

（2）白细胞增多：炎症时，末梢血白细胞计数常升高或降低，与感染病原体的类型有关，一般表现为升高，白细胞增多具有重要的防御意义。但不同类型的炎症，其增多的白细胞种类不同。一般急性化脓性炎以中性粒细胞增多为主，寄生虫感染和超敏反应性炎以嗜酸性粒细胞增多为主，肉芽肿性炎症以巨噬细胞增多为主，一些病毒感染选择性地引起淋巴细胞增多。因此，在临床上，及时检查血液中白细胞计数和分类，对炎症的诊断和病原体种类、病情及病程的判断具有重要意义。

有些病原体引起的炎症，白细胞计数表现为减少，如伤寒杆菌、流行性感冒病毒、肝炎病毒、立克次体等引起的炎症，血液中的白细胞并不增多反而减少。

（3）单核-巨噬细胞系统增生：临床上表现为肝、脾、淋巴结肿大。

（4）实质器官的病变：由于病原微生物、毒素、局部血液循环障碍、发热等因素的影响，心、肝、肾等实质细胞常发生不同程度的变性、坏死及代谢、功能障碍，如白喉患者的心肌坏死。

（五）炎症的分类

1. 依据炎症累及的器官进行分类　在病变器官后加“炎”字。

2. 依据炎症病变的程度进行分类　分为轻度、中度和重度炎症。

3. 依据炎症基本病变的性质进行分类　分为变质性炎、渗出性炎和增生性炎。

4. 依据炎症持续的时间进行分类　分为急性炎症和慢性炎症。

二、急性炎症

（一）急性炎症过程中的血管反应

1. 血流动力学改变　当致炎因子作用于局部组织后，很快发生血流动力学变化，这种改变一般按下列顺序发生：①细动脉短暂收缩；②血管扩张和血流加速；③血流速度减慢。

2. 血管通透性增加　炎症过程中含有丰富蛋白质的液体渗出至血管外，聚集在间质内或浆膜腔，形成炎性水肿或浆膜腔积液。炎症过程中因内皮细胞收缩，直接损伤内皮细胞，引起其细胞骨架重构及穿胞作用增强。白细胞介导的内皮细胞损伤和新生毛细血管壁的高通透性等因素使血管通透性增加。

（二）白细胞渗出及其作用

白细胞的渗出过程是个复杂的连续过程，包括白细胞的边集和滚动、黏附和游出、在组织中的游走等阶段。并在趋化因子的作用下到达炎症灶，在局部发挥重要的防御作用。随血流速度减慢和液体的渗出，白细胞由轴流变为边流，到达血管边缘部，与内皮细胞黏附。白细胞与内皮细胞的黏附受多种因素影响，主要是由内皮细胞和白细胞的表面黏附分子介导，主要有选择素、免疫球蛋白超家族分子和整合素分子。白细胞的游出是通过白细胞在内皮细胞连接处伸出伪足，以阿米巴运动的方式从内皮细胞缝隙处逸出。炎症不同阶段游出的白细胞种类不同，急性炎症早期以中性粒细胞为主，48h 以后以单核细胞浸润为主，过敏性炎症以嗜酸性粒细胞浸润为主，而慢性炎症病灶内主要是巨噬细胞、淋巴细胞和浆细胞浸润。

趋化作用：白细胞在组织间隙中的游走受到某些化学刺激物的影响，称为**趋化作用**（chemotaxis）；能诱导白细胞做定向游走的化学刺激物，称为趋化因子。最常见的外源性趋化因子是细菌产物。几乎所有的白细胞都不同程度地受趋化因子的影响，尤以中性粒细胞和单核细胞对趋化因子的反应最敏感。

白细胞的激活：包括吞噬作用和免疫作用。**吞噬作用**（phagocytosis）是指白细胞游走到炎症灶后，吞噬、杀灭和消化病原体或组织崩解碎片的过程。这是炎症防御反应中极其重要的一环。吞噬细胞主要有中性粒细胞和巨噬细胞两种。吞噬过程包括：①识别及附着；②吞入；③杀伤和降解。发挥免疫作用的细胞主要为单核细胞、淋巴细胞和浆细胞。

（三）炎症介质

炎症介质（inflammatory mediator）是指参与和介导炎症反应的化学因子。

炎症介质的一般特点：炎症介质来自细胞和血浆；大多数炎症介质通过与靶细胞表面的特异性受体结合发挥其生物学活性；炎症介质可刺激靶细胞释放新的炎症介质，随后释放的炎症介质与源介质作用可以相同、相似或相反；一种炎症介质可作用于一种或多种靶细胞，可产生不同的效应。炎症介质释放后存在的时间很短，很快降解或被灭活。

炎症介质可分为细胞源性和血浆源性两大类。

1. 细胞释放的炎症介质 指细胞（包括各种组织的细胞、白细胞、血小板、巨噬细胞、肥大细胞等）受到致炎因子刺激或损伤时所生成或释放的炎症介质。①**血管活性胺**（vasoactive amines），包括**组胺**（histamine）和 **5-羟色胺**（hydroxytryptamine，5-HT）；②前列腺素和白细胞三烯；③溶酶体释放的介质；④细胞因子；⑤一氧化氮。

2. 血浆中产生的炎症介质 指血浆内的三个系统——激肽、补体和凝血系统/纤维蛋白溶解系统，在致炎因子作用下，同时或先后被激活而形成的部分活化产物。主要炎症介质在炎症过程中的作用见表 5-2。

表 5-2 主要炎症介质的作用

功能	炎症介质
血管扩张	前列腺素、NO、组胺
血管通透性升高	组胺和 5-羟色胺、C3a 和 C5a、缓激肽、P 物质
趋化作用、白细胞渗出和激活	TNF、IL-1、化学趋化因子、C3a、C5a、LTB_4
发热	IL-1、TNF、前列腺素
疼痛	前列腺素、缓激肽、P 物质
组织损伤	白细胞溶酶体酶、活性氧、NO

三、急性炎症的病理学类型

任何致炎因子引起或发生在任何组织的炎症，都在一定程度上表现为变质、增生、渗出三种基本病变，但由于致炎因子和组织特性的不同，一种炎症往往以变质、渗出、增生中的某一种改变为主，据此将急性炎症分为变质性炎和渗出性炎。

（一）变质性炎

以组织、细胞变性、坏死为主，而渗出和增生比较轻微的炎症，称为**变质性炎**（alternative

inflammation)，多为急性炎症。变质性炎常见于肝、心和脑等实质器官，多由某些重症感染和中毒引起，常造成实质细胞损伤，器官功能障碍。例如，急性重型病毒性肝炎肝细胞广泛变性、坏死，而渗出和增生改变轻微，患者常表现有严重的肝功能障碍；流行性乙型脑炎则以脑神经细胞的变性和坏死为主，患者常出现相应的神经系统功能障碍。

（二）渗出性炎

渗出性炎（exudative inflammation）是指以渗出性改变为主，炎症灶内有大量渗出物形成，并伴有不同程度的细胞变性和坏死，而增生性改变较轻。多为急性炎症。根据渗出物主要成分的不同又可将渗出性炎分为浆液性炎、纤维素性炎、化脓性炎和出血性炎等类型。

1. 浆液性炎 **浆液性炎**（serous inflammation）是指以大量浆液渗出为主的炎症，渗出液以血清为主，其中含有 3%～5%的蛋白质，同时含有少量中性粒细胞和纤维蛋白。浆液性炎常发生于皮肤、黏膜、浆膜和疏松结缔组织。局部组织损伤较轻，病因消除后，浆液很容易被吸收，不留痕迹。但浆液渗出过多也有不利影响，甚至导致严重后果，如心包腔或胸腔大量积液，可影响心、肺功能；喉头水肿可引起窒息。

2. 纤维素性炎 **纤维素性炎**（fibrinous inflammation）是指以纤维蛋白原渗出为主并在病灶内形成纤维素为特征的炎症。渗出的纤维蛋白原在凝血酶的作用下，转化为交织成网的纤维蛋白，网中有数量不等的中性粒细胞及坏死组织的碎片。纤维素性炎好发于黏膜、浆膜和肺，常由细菌（如白喉杆菌、痢疾杆菌、肺炎球菌）的毒素、内外源性化学物质（如尿毒症时的尿素和汞中毒等）引起。

根据致炎因子和炎症部位的差异，病变表现的特征也不相同。①黏膜的纤维素性炎：渗出的纤维蛋白原、白细胞、脱落的上皮细胞和坏死组织等混合在一起，形成灰白色膜状物，覆盖在黏膜表面，称为假膜。因此，发生于黏膜的纤维素性炎又称为假膜性炎，见于白喉、细菌性痢疾。②心包的纤维素性炎：在心包脏、壁层表面有大量纤维蛋白渗出，渗出的纤维蛋白随着心脏收缩、牵拉，形成无数绒毛状物，附着于心包脏、壁层的表面，称为“绒毛心”。③肺的纤维素性炎：见于肺炎球菌引起的大叶性肺炎，渗出的大量纤维蛋白在肺泡腔内交织成网，常引起肺组织实变。

3. 化脓性炎 **化脓性炎**（purulent inflammation）是以大量中性粒细胞渗出为主，并伴有不同程度的组织坏死和脓液形成为特征的炎症。多由化脓菌（如葡萄球菌、链球菌、脑膜炎双球菌、大肠杆菌、绿脓杆菌等）引起。

（1）脓肿：**脓肿**（abscess）为器官或组织内的局限性化脓性炎症，其主要特征是局部组织发生坏死溶解，形成充满脓液的腔，常发生于皮下和内脏，主要由金黄色葡萄球菌引起。细菌产生的毒素引起局部组织坏死，继而大量中性粒细胞释放蛋白酶将坏死组织溶解液化，形成含有脓液的腔。同时，肉芽组织增生，在坏死组织周围形成脓肿膜（即脓肿壁）。脓肿多发生于皮肤和内脏。疖是毛囊、皮脂腺和周围组织的脓肿。痈由多个疖融合，在皮下脂肪、筋膜组织形成许多相互沟通的脓肿。

（2）蜂窝织炎：**蜂窝织炎**（phlegmonous inflammation）为发生在疏松组织的弥漫性化脓性炎。常见于皮下组织、黏膜下、肌肉和阑尾等处。蜂窝织炎主要由溶血性链球菌引起，链球菌能分泌透明质酸酶和链激酶，透明质酸酶能降解结缔组织基质中的透明质酸；链激酶能溶解纤维蛋白，故炎症不易被局限，细菌容易通过组织间隙和淋巴管扩散。表现为炎症病变组织间隙有明显水肿和大量中性粒细胞弥漫性浸润。

（3）表面化脓和积脓：**表面化脓**（surface suppuration）是指发生在浆膜或黏膜表面的化脓性炎症，病变特点是组织坏死和中性粒细胞浸润主要发生在表面，深部组织没有明显的炎症反应。例如，化脓性尿道炎、化脓性胆管炎、化脓性输卵管炎等的脓液可分别通过尿道、肠道和阴道排出体外。脓液也可在浆膜腔蓄积或因管道开口处粘连，脓液排出受阻，在相应的管腔内蓄积，称为**积脓**（empyema），如盆腔积脓、胆囊积脓和输卵管积脓等。

4. 出血性炎 炎症时，由于血管壁损伤严重，渗出物中含有大量红细胞，称为**出血性炎**

(hemorrhagic inflammation)。常见于毒性较强的病原体所致的传染病，如流行性出血热 (汉坦病毒)、鼠疫 (鼠疫杆菌)、炭疽 (炭疽杆菌)、钩端螺旋体病 (钩端螺旋体) 等。

四、急性炎症的结局

炎症的发生和发展过程，与致炎因子的性质和数量及机体抵抗力和治疗措施等因素有关，一般情况下，多数急性炎症能够痊愈，少数迁延为慢性炎症，极少数蔓延扩散到全身。

（一）痊愈

多数急性炎症能够痊愈。

（二）迁延不愈

由于机体抵抗力低下，治疗不及时或不彻底，致炎因子持续存在或反复发作，不断造成组织损伤的情况下，急性炎症转为慢性炎症。若机体抵抗力下降，则慢性炎症可呈急性发作。

（三）蔓延扩散

少数病例由于细菌毒力强、数量多或治疗不及时，病原体可不断在体内繁殖并沿组织间隙或血管、淋巴管及自然管道播散。

1. 局部蔓延 病原体沿组织间隙或自然管道向周围组织器官蔓延扩散。例如，肾结核可沿泌尿道向下扩散，引起输尿管和膀胱结核。

2. 淋巴道扩散 炎症灶内的病原体及其毒素侵入淋巴管，经淋巴道扩散到局部淋巴结，引起相应部位的淋巴管炎及淋巴结炎。

3. 血道扩散 病原体及其毒素可侵入血流引起菌血症、毒血症、败血症和脓毒败血症等。

(1) 菌血症：细菌由炎症灶侵入血流，但不生长繁殖，也无明显的全身中毒症状出现，血液中可检测出细菌，称为**菌血症** (bacteremia)。

(2) 毒血症：细菌的毒性产物或毒素被吸收入血，引起高热、寒战等一系列中毒症状，称为**毒血症** (toxemia)。其可伴有心、肝、肾等实质细胞的变性或坏死，严重时出现中毒性休克。

(3) 败血症：细菌由病灶侵入血流，大量繁殖并产生毒素，引起全身中毒症状和病理变化，称为**败血症** (septicemia)。败血症除有毒血症的临床表现外，常出现皮肤和黏膜的多发性出血点及脾、淋巴结肿大等，此时血液中常可培养出病原菌。

(4) 脓毒败血症：化脓菌引起的败血症进一步发展，引起全身多处组织器官如肺、肝、肾、脑等发生多发性的脓肿，称为**脓毒败血症** (pyemia)。这些脓肿一般较小，分布均匀，是由细菌菌落栓塞引起的，也称为**栓塞性脓肿** (embolic abscess)。

五、慢性炎症

慢性炎症是指持续数周或数年的炎症。慢性炎症多由急性炎症迁延而来，也可隐匿发生而无急性炎症过程，或者在急性炎症反复发作的期间存在。

慢性炎症按病变特征分为一般慢性炎症(又称非特异性慢性炎)和肉芽肿性炎(又称特异性慢性炎)。

（一）一般慢性炎症

1. 一般慢性炎症的主要特征 ①炎症灶内浸润的细胞主要为单核细胞、淋巴细胞和浆细胞，反映了机体对细胞的持续反应；②组织破坏，主要是由炎细胞的产物引起的；③修复反应，常有较明显的成纤维细胞和血管内皮细胞的增生，以及被覆上皮和腺上皮等实质细胞的增生，以替代和修复损伤的组织。慢性炎症的纤维结缔组织增生常伴有瘢痕形成，可造成管道性脏器的狭窄；在黏膜可形成炎性息肉，如鼻息肉和子宫颈息肉；在肺或其他脏器可形成炎性假瘤。

2. 主要的慢性炎细胞　炎症局部浸润的细胞主要是巨噬细胞、淋巴细胞、浆细胞等慢性炎细胞。

（1）单核-巨噬细胞系统的激活是慢性炎症的一个重要特征：单核-巨噬细胞系统包括血液中的单核细胞和组织中的巨噬细胞，后者弥散分布于结缔组织或器官中，如肝的巨噬细胞、肺泡的巨噬细胞、中枢神经系统的小胶质细胞等。单核细胞在血液中的生命期仅为 1 天。巨噬细胞与单核细胞相比，其体积增大、生命期长、吞噬能力增强。巨噬细胞在宿主防御和炎症反应中有如下功能：①吞噬、清除微生物和坏死组织；②启动组织修复，参与瘢痕形成和组织纤维化；③分泌 TNF、IL-1、化学趋化因子等炎症介质；④为 T 细胞呈递抗原物质，并参与 T 细胞介导的细胞免疫反应，杀伤微生物。

（2）淋巴细胞：可渗出并迁移至炎症病灶处。在组织中，B 淋巴细胞在接触到抗原后可分化为浆细胞产生抗体，也可产生针对自身抗原的自身抗体。

（3）肥大细胞：肥大细胞在结缔组织中广泛分布，肥大细胞表面存在免疫球蛋白 IgE 的 Fc 受体，其在对昆虫叮咬、食物和药物过敏反应及对寄生虫的炎症反应中起重要作用。

（4）嗜酸性粒细胞：主要见于寄生虫感染及 IgE 介导的炎症反应（尤其是过敏反应）。

（二）肉芽肿性炎

以炎症局部巨噬细胞及其衍生细胞增生形成境界较清楚的结节状病灶（即肉芽肿），称为**肉芽肿性炎**（granulomatous inflammation），是一种特殊类型的慢性炎症，形成的结节状病灶直径一般为 0.5～2.0mm。巨噬细胞的衍生细胞包括上皮样细胞和多核巨细胞。炎性肉芽肿又可分为感染性肉芽肿和异物性肉芽肿。

1. 肉芽肿性炎的常见类型　①**感染性肉芽肿**（infective granuloma）：是由病原微生物感染引起的肉芽肿性病变。最常见的病原微生物是结核杆菌，其次为麻风杆菌、梅毒螺旋体、霉菌、支原体等。②**异物性肉芽肿**（forective granuloma）：是由于异物长期刺激引起的慢性肉芽肿性炎症。常见的异物有手术缝线、滑石粉、木刺、矽尘、寄生虫及其虫卵、类脂等。③原因不明的肉芽肿：如结节病肉芽肿。

2. 肉芽肿的形成条件　异物性肉芽肿和感染性肉芽肿是由于某些病原微生物不易被消化，引起机体细胞免疫反应。由于异物刺激长期存在而形成的炎症。

3. 肉芽肿的组成成分和形态特点　肉芽肿的主要细胞成分是上皮样细胞和多核巨细胞，具有诊断意义。上皮样细胞的胞质丰富，胞质呈淡粉色，略呈颗粒状，胞质界限不清；细胞核呈圆形或长圆形，有时核膜折叠，染色浅淡，核内可有 1～2 个小核仁。因这种细胞形态与上皮细胞类似，故称上皮样细胞。

多核巨细胞的细胞数目可达几十个，甚至几百个。结核结节中的多核巨细胞又称朗汉斯（Langhans）巨细胞，由上皮样细胞融合而来，其细胞核排列于细胞周边呈马蹄形或环形，胞质丰富。

（郭　珺）

第四节　肿　　瘤

一、肿瘤的概念

肿瘤（tumor）是危害人类健康最严重的常见病、多发病。肿瘤是机体在各种致瘤因素作用下，局部组织的细胞在基因水平上失去对其生长的正常调控，导致克隆性异常增殖而形成的新生物。这种新生物常表现为局部肿块。

肿瘤性增殖一般是克隆性的，正常细胞转变为肿瘤细胞后具有异常的形态、代谢和功能。它生长旺盛，失去控制，具有相对自主性，与整个机体不协调，即使致瘤因子不存在，肿瘤细胞的生长和代谢特点仍可继续维持。非肿瘤性增殖可见于正常细胞的更新，炎症、损伤修复时的增殖，通常是符合机体需要的生物学过程，受到控制，有一定限度，基本上具有原组织的结构与功能，病因消除后，一般不再继续增殖，与肿瘤性增殖有着本质的区别。

二、肿瘤的形态

1. 肿瘤的大体形态 大体观察应注意肿瘤的数目、大小、形状、颜色和质地等。

2. 肿瘤的组织形态 肿瘤的组织分肿瘤实质和间质两部分。**肿瘤实质**（parenchyma）即瘤细胞，是肿瘤的主要成分，决定肿瘤的良、恶性及对机体的影响程度。**肿瘤间质**（stroma）一般由纤维结缔组织及血管组成，起着支持和营养肿瘤实质的作用，通常生长快的肿瘤间质血管多，反之则较少。许多肿瘤间质内含有数量不等的淋巴细胞、浆细胞、巨噬细胞等，这是机体对肿瘤的免疫反应。

三、肿瘤的生物分化与异型性

肿瘤组织在细胞形态和组织结构上，都与其起源的正常组织有不同程度的差异，这种差异称为**异型性**（atypia）。肿瘤的异型性反映了肿瘤组织的成熟程度，即分化程度。分化是指肿瘤组织在形态和功能上与某种正常组织的相似之处。异型性越小，瘤组织分化成熟程度越高，肿瘤越趋于良性；相反，异型性越大，瘤组织分化成熟程度越低，肿瘤越趋于恶性。因此，异型性是判断良、恶性肿瘤的重要形态学依据。

1. 肿瘤细胞的异型性 良性肿瘤细胞异型性小，分化程度高，在光镜下与相应的正常细胞相似。恶性肿瘤细胞分化低，具有高度的异型性和幼稚性，其特点如下。

（1）瘤细胞的**多形性**（pleomorphism）：瘤细胞形态不规则，大小不一致，可出现瘤巨细胞。分化很差的肿瘤，瘤细胞比正常细胞小，圆形，且大小较一致。

（2）瘤细胞核的改变：表现为①细胞体积增大，核与浆的比例增大。例如，上皮细胞核质比正常为（1∶4）～（1∶6），恶性肿瘤细胞接近 1∶1，有时可出现双核或奇异形核。②细胞核染色加深，染色质颗粒粗大。③核膜增厚，由核染色质堆积于核膜下而成。④核仁变大，数目也常增多（2～5 个）。⑤核分裂象多见，特别是有不对称性、双极、三极、多极性及顿挫性病理性核分裂时，对诊断恶性肿瘤具有重要意义。

（3）瘤细胞胞质的改变：由于瘤细胞的代谢加速，胞质内核蛋白增多，故胞质多呈嗜碱性，并可产生不同的分泌物，如糖原、脂质、黏液和色素等。

2. 肿瘤组织结构的异型性 肿瘤细胞形成的组织结构在空间排列方式上与相应正常组织的差异称为肿瘤的结构异型性。一般来说，良性肿瘤异型性不明显，组织结构与其发源组织相似。例如，纤维瘤细胞和正常纤维细胞很相似，只是细胞增多，排列紊乱。恶性肿瘤组织结构的异型性明显，如纤维肉瘤，瘤细胞多，异型性大，排列紊乱，与正常的组织结构相差甚远，有时甚至无法判断其组织来源。

四、肿瘤的命名原则与分类

（一）肿瘤的命名原则

人体任何部位、任何组织、任何器官几乎都可以发生肿瘤，种类繁多，命名也较复杂。一般的原则是根据组织来源和生物学行为来命名。

1. 良性肿瘤 在组织来源之后加“瘤”字。例如，来源于脂肪组织的良性肿瘤称为脂肪瘤，来源于腺上皮的肿瘤称为腺瘤等 。有时还结合肿瘤的形态特点命名，如腺瘤呈乳头状生长并有囊腔形成者称为乳头状囊腺瘤。

2. 恶性肿瘤 其命名原则有两种：①来源于上皮组织的恶性肿瘤称为**癌**（carcinoma），命名原则是组织来源之后加“癌”字。例如，来源于鳞状上皮的恶性肿瘤称为鳞状细胞癌，来源于腺上皮的恶性肿瘤称为腺癌。②来源于间叶组织（包括纤维结缔组织、脂肪、脉管、肌肉、淋巴组织、骨、软骨及滑膜组织等）的恶性肿瘤统称为肉瘤。例如，横纹肌来源的恶性肿瘤称为横纹肌肉瘤等。如果一个肿瘤既有癌的成分又有肉瘤的成分，则称为癌肉瘤。

有少数肿瘤不按上述原则命名。例如，来源于幼稚组织及神经组织的肿瘤称为母细胞瘤，恶性者如视网膜母细胞瘤、神经母细胞瘤和肾母细胞瘤，良性者如软骨母细胞瘤等。有些恶性肿瘤成分复杂，习惯在肿瘤名称前加“恶性”二字，如恶性畸胎瘤、恶性淋巴瘤、恶性黑色素瘤；有些恶性肿瘤冠以人名，如**尤文**（Ewing）瘤、**霍奇金**（Hodgkin）淋巴瘤；还有些恶性肿瘤采用习惯名称，如精原细胞瘤、白血病、蕈样霉菌病等。

（二）肿瘤的分类

肿瘤的分类主要依据肿瘤的组织类型、细胞类型和生物学行为，一般可将其分为上皮组织肿瘤、间叶组织肿瘤、淋巴造血组织肿瘤、神经组织肿瘤、脑脊膜肿瘤和其他肿瘤。

五、肿瘤的生长、扩散和转移

（一）肿瘤的生长

1. 肿瘤的生长速度 主要取决于肿瘤细胞的分化成熟程度。一般来说，良性肿瘤生长缓慢。如果良性肿瘤在短时间内生长速度突然加快，要考虑到恶性变的可能。恶性肿瘤生长速度快，短时间内即可形成肿块，由于血管及营养供应相对不足，易发生坏死、出血等继发性改变。

2. 肿瘤的生长方式

（1）膨胀性生长：这是绝大多数良性肿瘤的生长方式。由于肿瘤生长慢，不侵入正常组织，随着肿瘤体积的不断增大，将周围组织推开或挤压，致使肿瘤呈结节状，表面有完整包膜，与周围组织界限清楚。位于皮下者临床触诊可以推动，有利于外科手术切除，切除后不易复发。

（2）浸润性生长：是大多数恶性肿瘤的生长方式。瘤组织分裂增生，侵入周围组织间隙、血管、淋巴管内，像树根长入泥土一样或呈蟹足状，浸润并破坏周围组织，表面无包膜，与周围组织界限不清，触诊时肿瘤固定不活动。因此，切除这种肿瘤时，切除的范围比肉眼所见到的肿瘤范围要大，但常因不易切除干净而复发。

（3）外生性生长：常见于皮肤、黏膜及空腔器官的肿瘤等。肿瘤常向表面或管腔内生长，形成息肉状、乳头状或菜花状等。良性、恶性肿瘤均可呈外生性生长。但恶性肿瘤的基底同时伴有浸润性生长，由于其生长快，血液供应不足，易使肿瘤发生坏死、脱落，形成高低不平、边缘隆起的癌性溃疡。

（二）肿瘤的扩散和转移

具有浸润性生长的恶性肿瘤，不仅可以在局部生长，还可以通过各种途径到身体其他部位继续生长，扩散方式如下。

1. 直接蔓延（direct extension） 随着肿瘤的不断长大，瘤细胞常连续地沿着组织间隙、淋巴管、血管和神经束衣浸润，破坏邻近正常器官或组织，并继续生长，称为直接蔓延。例如，晚期乳腺癌可穿过胸肌和胸壁侵入胸膜，甚至到达肺；晚期宫颈癌可蔓延到膀胱和直肠等。

2. 转移（metastasis） 瘤细胞从原发部位侵入淋巴管、血管或体腔，迁徙到他处而继续生长，形成与原发瘤同样类型的肿瘤，这个过程称为转移。所形成的肿瘤称为转移瘤。转移途径主要有以下几种。

（1）**淋巴道转移**（lymphogenous metastasis）：癌细胞侵入淋巴管，被淋巴液首先带到局部淋巴结。

例如，乳腺癌转移到同侧腋窝淋巴结，阴茎癌转移到腹股沟淋巴结等。癌细胞到达淋巴结，先聚集在其被膜下边缘窦，继续增殖生长并累及整个淋巴结，使淋巴结增大、变硬，切面呈灰白色。首先为局部淋巴结转移，而后继续转移到远处淋巴结。临床上需要注意的是，局部淋巴结肿大并非都是癌转移，也可能是机体局部免疫反应或炎症反应的结果。

（2）**血道转移**（hematogenous metastasis）：癌细胞侵入血管可随血液到达远处器官继续生长，形成转移瘤。血道转移的运行途径与血栓栓塞过程相似。例如，肺的转移瘤多来自乳腺癌、肾癌、骨肉瘤等，故肺部X线对确定肿瘤患者有无肺转移是很有必要的。若瘤细胞侵入肺静脉，可经左心到达全身各器官，发生广泛转移。在血道转移累及的器官中，最常见的是肺，其次是肝。转移瘤常为多发，结节状，边缘整齐，多位于器官表面。

（3）**种植性转移**（implantation metastasis）：体腔内器官的肿瘤蔓延到器官表面时，瘤细胞可以脱落，并像播种一样种植在体腔各器官的表面，形成多数转移瘤，这种转移方式称为种植性转移。肿瘤转移到浆膜后可引起浆膜腔发生血性或浆液性积液，对积液进行脱落细胞学检查有助于肿瘤诊断，瘤细胞浸润可使浆膜腔粘连。少数情况下，在外科手术时，可通过手术器械等误将细胞种植于手术切缘而形成继发瘤。因此，在施行外科手术时应尽量避免发生接触种植瘤。

六、肿瘤对机体的影响

肿瘤因其良恶性的不同，对机体的影响也不同。

1. 良性肿瘤 主要表现为对局部的阻塞和压迫。但有些良性肿瘤因可产生某种激素而影响全身。例如，胰岛细胞瘤因分泌过多胰岛素而引起阵发性低血糖，肾上腺嗜铬细胞瘤分泌去甲肾上腺素而引起阵发性高血压。

2. 恶性肿瘤 除了对局部的阻塞和压迫外，恶性肿瘤还会对机体造成以下影响。

（1）影响功能：恶性肿瘤常浸润破坏正常组织和器官结构，从而影响组织和器官的功能。

（2）出血：由于恶性肿瘤细胞侵破血管而引起。

（3）发热：机体吸收肿瘤代谢产物、坏死组织分解产物或合并感染时，易引起发热。

（4）疼痛：肿瘤压迫、浸润局部神经可导致顽固性疼痛。

（5）恶病质：指恶性肿瘤晚期出现的严重消瘦、乏力、贫血和全身衰竭状态。恶病质的发生可能是由出血、进食过少、感染、发热或因肿瘤组织坏死所产生毒性物质引起机体的代谢紊乱所致。恶性肿瘤的迅速生长，可消耗体内大量营养物质，以及晚期肿瘤引起的疼痛，影响患者进食和睡眠，这也是造成恶病质的重要因素。

（6）异位内分泌综合征和副肿瘤综合征：有些非内分泌发生的肿瘤能产生或分泌激素或激素类物质，而引起内分泌紊乱出现相应的临床症状，称为异位内分泌综合征。以癌多见，如小细胞肺癌、胃癌、肝癌等，也可见于肉瘤，如纤维肉瘤、平滑肌肉瘤等。由于肿瘤的产物（包括异位激素产生）、异常免疫反应或其他不明原因，引起内分泌、神经、消化、造血、骨关节、肾及皮肤等系统发生病变，出现相应的临床表现，称为副肿瘤综合征。这些表现不是由原发瘤或转移瘤直接引起，而是通过产生某种物质间接引起的。异位内分泌综合征属于副肿瘤综合征。

恶性肿瘤除上述影响外，还可发生转移，造成更多组织器官的破坏，因而对机体的影响严重。

七、良性肿瘤与恶性肿瘤的区别

依据肿瘤的分化程度、生长方式、生物学特性等，将其分为良性肿瘤和恶性肿瘤两大类（表5-3）。正确区分良性、恶性肿瘤，对于肿瘤的治疗及预后判断都具有重要的现实意义。良性、恶性肿瘤的区别是相对的，必须综合各方面的情况，才能得出正确的结论。例如，血管瘤为良性肿瘤，但无包膜；皮肤基底细胞癌虽为恶性肿瘤，却很少发生转移。因此，必须综合分析判断。

表 5-3　良性肿瘤与恶性肿瘤的区别

区别要点	良性肿瘤	恶性肿瘤
组织分化程度	分化程度高，异型性小，与原有组织形态相似	分化程度低，异型性大，与原有组织形态差别大
核分裂	无或少见，不见病理性核分裂象	多见，常见病理性核分裂象
生长速度	缓慢	较快
生长方式	膨胀性或外生性生长，常有完整包膜，与周围组织界限清晰，活动度大	浸润性或外生性生长，无包膜，与周围组织界限不清，固定不活动
转移	无转移	常有转移
继发性改变	很少发生出血、坏死	常发生出血、坏死、囊性变、溃疡形成及感染等
复发	很少复发	容易复发
对机体影响	小，主要为局部压迫和阻塞作用	较大，除局部压迫和阻塞外，常破坏正常组织结构，引起出血合并感染

交界性肿瘤的概念：某些组织学类型的肿瘤，除了有典型的良性肿瘤（如卵巢浆液性乳头状囊腺瘤）和恶性肿瘤（卵巢浆液性乳头状囊腺癌）之分外，还存在一些组织形态和生物学行为介于两者之间的肿瘤，称交界性肿瘤，如卵巢交界性浆液性或黏液性乳头状囊腺瘤。有些交界性肿瘤有发展为恶性的倾向，有些恶性潜能至 2017 年尚难以确定，有待通过长时间的随访进一步了解其生物学行为。

八、常见肿瘤举例

（一）上皮组织肿瘤

1. 上皮组织良性肿瘤

（1）**乳头状瘤**（papilloma）：由被覆上皮发生，向表面呈外生性生长，形成许多手指样或乳头状突起。肿瘤根部形成一细蒂与正常组织相连。镜下见，每一乳头由具有血管的分支状结缔组织间质构成轴心，其表面被覆的上皮因发生部位不同而各异，可为鳞状上皮、柱状上皮或移行上皮。必须指出，发生在阴茎、外耳道、膀胱的乳头状瘤较易发生恶性变。

（2）**腺瘤**（adenoma）：由腺上皮发生，凡是有腺体的部位均可发生。黏膜腺的腺瘤多呈息肉状，腺器官内的腺瘤则多呈结节状，有完整包膜，与周围组织界限清楚。镜下见，腺瘤的腺体与其起源腺体不仅在结构上相似，也具有一定的分泌功能。不同之处仅在于大小、形态较不规则，排列较密集。

2. 上皮组织恶性肿瘤　由上皮组织发生的恶性肿瘤统称为癌。多见于 40 岁以上的中老年人，是最常见的一类恶性肿瘤。常以浸润性生长为主。癌肿质地较硬，切面呈灰白色，较干燥。癌细胞呈巢状、条索状排列，癌巢与间质分界清楚。早期多经淋巴道转移。

（1）**鳞状细胞癌**（squamous cell carcinoma）：简称鳞癌，常发生于身体被覆鳞状上皮的部位，如食管、口腔、皮肤、外阴、宫颈、阴茎等处；但也可见于子宫内膜、支气管、肾盂等处。这些部位的鳞癌多在鳞状上皮化生的基础上发生。肉眼观，高分化鳞癌在癌巢中可见层状或同心圆状排列的角化物，称角化珠（keratin pearl），还可以看到细胞间桥。低分化鳞癌的癌细胞表现为明显异型性并见较多核分裂象。

（2）**腺癌**（adenocarcinoma）：是腺上皮发生的恶性肿瘤。多发生于胃肠道、胆囊、子宫体、甲状腺及卵巢等处。镜下见，根据其形态结构和分化程度分为高分化具有腺腔结构的腺癌和低分化形成实体巢状的或弥漫分布的实体癌。分泌黏液较多的腺癌则称黏液癌或胶样癌。

（二）间叶组织肿瘤

1. 间叶组织良性肿瘤

（1）**纤维瘤**（fibroma）：由纤维组织发生。肿瘤由胶原纤维和纤维细胞组成，其间质为血管和少量疏松结缔组织。肿瘤呈结节状，灰白色，有包膜，常见于四肢及躯干皮下。

（2）**脂肪瘤**（lipoma）：是所有良性肿瘤中最常见的一种，好发于背、肩、颈及四肢近端皮下组织。肿瘤的镜下结构与正常脂肪组织的区别在于有包膜。外观呈淡黄色，分叶状，很少恶性变，手术易切除，不易复发。

（3）**平滑肌瘤**（leiomyoma）：多发生于子宫，其次为胃肠道。瘤组织由形态较一致的梭形平滑肌细胞构成。瘤细胞排列呈束状、编织状，核分裂象少见。术后不易复发，预后好。

2. 间叶组织恶性肿瘤 间叶组织恶性肿瘤统称为肉瘤。肉瘤比癌少见，多发生于青少年。肉眼观，呈结节状或分叶状。由于其发生较快，除浸润生长外，也可挤压周围组织形成假包膜。肉瘤体积常较大，质软，切面多呈灰红色，均质性，湿润，外观多呈鱼肉状，故称为肉瘤。肉瘤易发生出血、坏死、囊性变等继发性改变。镜下见，肉瘤细胞大多弥漫排列，不形成细胞巢，与间质分界不清，网状纤维染色可见肉瘤细胞间存在网状纤维。肿瘤间质的结缔组织少，但血管较丰富，故肉瘤多先由血道转移。上述各点均与癌的特点有所不同（表 5-4）。正确掌握癌与肉瘤的特点，对临床诊断和治疗均有实际意义。

表 5-4 癌与肉瘤的区别

区别要点	癌	肉瘤
组织来源	上皮组织	间叶组织
发病率	较常见，约为肉瘤的 9 倍，多见于 40 岁以上成人	较少见，大多见于青少年
大体特点	质较硬、色灰白、较干燥	质软、色灰红、湿润、鱼肉状
组织学特点	多形成癌巢，实质与间质分界清楚，纤维组织常有增生	肉瘤细胞多弥漫分布，实质与间质分界不清，间质内血管丰富，纤维组织少
网状纤维	癌细胞间多无网状纤维	肉瘤细胞间多有网状纤维
免疫组化特点	上皮细胞性标记物如角蛋白（keratin）、上皮细胞膜抗原（EMA）阳性	上皮细胞性标记物阴性，但间质性标记物如波形蛋白（vimentin）、结蛋白（desmin）阳性
转移	多经淋巴道转移	多经血道转移

常见的肉瘤有以下几种。

（1）**纤维肉瘤**（fibrosarcoma）：是肉瘤中常见的一种，其发生部位同纤维瘤。早期肿瘤与周围组织界限较清，晚期向周围组织浸润性生长。瘤细胞分化好者，异型性小，生长慢，转移和复发较少见。分化差者，异型性大，生长快，易发生转移及复发。

（2）**骨肉瘤**（osteosarcoma）：来源于骨母细胞。常见于青少年，好发于四肢长骨，尤其是股骨下端和胫骨上端。肿瘤常自干骺端开始，向周围组织浸润，破坏骨组织。瘤组织呈灰白色，质软硬不一。可见肿瘤上下两端的骨皮质和掀起的骨外膜之间形成三角形隆起，其为肿瘤性新生骨，X 线上称为 Codman 三角。由于骨膜掀起，在骨外膜和骨皮质之间可形成与骨表面垂直的放射状反应性新生骨小梁，在 X 线上表现为日光放射状阴影。上述两种特征对诊断骨肉瘤具有重要意义。镜下观察，由明显异型的多边形肉瘤细胞组成，瘤细胞可形成肿瘤性新生骨。骨肉瘤呈高度恶性，发展迅速，经血道转移至肺及全身。

（3）**恶性淋巴瘤**（malignant lymphoma）：是原发于淋巴结和淋巴结外淋巴组织的恶性肿瘤。多见于青壮年，常发生于颈部、纵隔、腹膜后等淋巴组织。根据其瘤细胞特点及组织结构可分为霍奇金淋巴瘤和非霍奇金淋巴瘤。①霍奇金淋巴瘤：又称霍奇金病（Hodgkin's disease），瘤细胞形态多样化，不规则。其中双核对称性排列的 R-S 细胞形如镜影，故称镜影细胞，为诊断此病的重要形态学标志。②非霍奇金淋巴瘤：其病变主要是淋巴组织由增生的淋巴细胞样和淋巴母细胞样的瘤细胞所代替，核分裂象常见。

（三）其他类型的肿瘤

1. 畸胎瘤（teratoma） 是具有多向分化潜能的生殖细胞发生的肿瘤，往往含有两个以上胚层的多种组织成分，排列结构错乱。本瘤常见于卵巢和睾丸、纵隔、骶尾部、腹膜后、松果体等中线部位。肿瘤可分为囊性和实性两种：①囊性畸胎瘤，大体呈囊性，囊内可见皮肤及附件、骨软骨等组织，各种组织均分化成熟于良性，预后好；②实性畸胎瘤，大体呈实性，主要由幼稚的胚胎组织构成，属恶性，常发生转移，预后差。

2. 黑色素瘤（恶性黑色素瘤） 是一种能产生黑色素的高度恶性肿瘤，最常发生于足底部、外阴及肛门，黏膜及内脏也可以发生，大多数由交界痣恶变而来。黑痣如迅速增大、溃破、发炎及出血，常是恶变的象征。瘤细胞可呈多种形态，多边形、梭形、小圆形，甚至印戒状。核大，核仁明显，胞质内大多含黑色素颗粒。此瘤预后差。

九、癌前疾病（或病变）、非典型增生和原位癌

正确地认识癌前病变与原位癌，是早期发现、早期诊断、早期治疗肿瘤的重要环节，也是防止肿瘤发生发展的关键。

（一）癌前病变

癌前病变（precancerous lesions）是指某些具有癌变潜在可能性的病变，如长期存在即有可能转变为癌。常见的癌前病变有以下几种。

1. 黏膜白斑 局部黏膜呈白色的斑块。镜下表现为鳞状上皮过度增生、过度角化，上皮细胞有一定的异型性。常发生于食管、口腔、外阴、宫颈等处黏膜。

2. 慢性子宫颈炎伴子宫颈糜烂 是妇科常见的疾病。慢性子宫颈炎时，宫颈阴道部的鳞状上皮被来自宫颈管内膜的单层柱状上皮所取代，使该处呈粉红色或红色，好像发生黏膜上皮的缺损，称为子宫颈糜烂。随后局部又可被鳞状上皮替代，称为糜烂愈复。如此病变长期反复进行，少数病例可转化为鳞状细胞癌。

3. 乳腺增生性纤维囊性病 常见于 40 岁左右的妇女，由内分泌功能紊乱引起。病变主要为乳腺导管上皮和小叶腺泡上皮增生，导管囊性扩张，若导管上皮伴有乳头状增生者易发生癌变。

4. 结肠、直肠腺瘤样息肉 较为常见，可单发，也可多发。多发性常有家族遗传倾向，更易发生癌变。

5. 慢性萎缩性胃炎及胃溃疡 患慢性萎缩性胃炎时，胃黏膜腺体可有肠上皮化生。伴有肠化的萎缩性胃炎与胃癌的发生有一定关系，久治不愈者可发生癌变；慢性胃溃疡边缘的黏膜因长期受刺激而不断增生，有可能转变为癌。

6. 慢性皮肤溃疡 经久不愈的皮肤溃疡和瘘管，由于长期慢性炎症的刺激，鳞状上皮增生，部分可发生癌变。

7. 肝硬化 由慢性病毒性肝炎所引起的肝硬化，特别是坏死后肝硬化，部分可进展为肝癌。

8. 慢性溃疡性结肠炎 溃疡边缘黏膜上皮反复增生可发展为结肠癌。

（二）非典型增生及上皮内瘤变

确切地诊断癌前病变，主要靠病理组织学观察。其基本形态学表现为**非典型增生**（atypical hyperplasia）：是指增生上皮细胞的形态呈现一定程度的异型性，但还不足以诊断为癌。表现为细胞大小不一，形态多样，核大深染，核质比增大，核分裂象增多，细胞排列紊乱。以鳞状上皮为例，非典型增生可分为Ⅲ级：Ⅰ级指异常增生的细胞占据表皮下 1/3；Ⅱ级指异常增生的细胞占据表皮下 2/3；

Ⅲ级指异常增生的细胞占据表皮下 2/3 以上，但尚未累及全层。非典型增生Ⅰ、Ⅱ级，当病因消除后可恢复正常；而Ⅲ级非典型增生则很难逆转，常可转变为癌。近年来提出**上皮内瘤变**（intraepithelial neoplasia）的概念，将轻、中、重度非典型增生分别称为上皮内瘤变的Ⅰ、Ⅱ和Ⅲ级，并将原位癌也列入上皮内瘤变Ⅲ级内。

（三）原位癌

原位癌（carcinoma *in situ*）指癌细胞仅局限于皮肤表皮层内或黏膜上皮层内，但尚未侵破基底膜向下浸润生长者，如宫颈、食管的原位癌，乳腺小叶原位癌等。原位癌是一种早期癌。做到早期发现、正确诊断、积极治疗，可防止其发展为浸润癌，从而提高治愈率。

（四）早期浸润癌

早期浸润癌指癌细胞突破基底膜向下浸润生长，但浸润的范围较浅，其浸润深度不超过 3～5mm，且无局部淋巴结转移。如能做出早期诊断，并给予正确治疗，一般能够治愈或获得较好的治疗效果。

十、肿瘤发生的分子基础

最近几十年的研究表明，肿瘤形成是一个十分复杂的过程，从本质上来说是一种基因疾病。各种环境的和遗传的致癌因素共同参与引起细胞非致死性的 DNA 损害，从而激活原癌基因或灭活肿瘤抑制基因，加上凋亡调节基因或 DNA 修复基因的改变，使细胞发生转化，导致肿瘤的发生，下面主要讨论肿瘤发生的分子机制。

（一）癌基因

1. 原癌基因、癌基因及其产物 现代分子生物学的重大成就之一是发现了**原癌基因**（proto-oncogene）和原癌基因具有转化成致癌的**癌基因**（oncogene）的能力。Bishop 和 Varmus 因为在这方面的贡献而获得 1989 年的诺贝尔生理学或医学奖。

癌基因是首先在逆转录病毒（RNA 病毒）中发现的。含有病毒癌基因的逆转录病毒能在动物体内迅速诱发肿瘤并能在体外转化细胞。后来在正常细胞的 DNA 中也发现了与病毒癌基因几乎完全相同的 DNA 序列，被称为细胞癌基因，如 *ras*、*myc* 等。由于细胞癌基因在正常细胞中以非激活的形式存在，故又称为原癌基因。原癌基因可以由于多种因素的作用使其结构发生改变，而被激活成为癌基因。

2. 原癌基因的激活 原癌基因在各种环境的或遗传的因素作用下，可发生结构改变（突变）而变为癌基因；也可以是原癌基因本身结构没有改变，而是由于调节原癌基因表达的基因发生改变使原癌基因过度表达。以上基因水平的改变可继而导致细胞生长刺激信号的过度或持续出现，使细胞发生转化。引起原癌基因突变的 DNA 结构改变包括点突变（如 90%的胰腺癌有 *ras* 基因的点突变）、染色体易位[如伯基特淋巴瘤的 t（8；14）、慢性粒细胞白血病的 Phl 染色体]、插入诱变、基因缺失和基因扩增（如神经母细胞瘤的 *N-myc* 原癌基因可复制成多达几百个拷贝，在细胞遗传学上表现为染色体出现双微小体和均染区）。癌基因编码的蛋白质（癌蛋白）与原癌基因的正常产物相似，但有质或量的不同。通过生长因子或生长因子受体增加、产生突变的信号转导蛋白与 DNA 结合的转录因子等机制，癌蛋白调节其靶细胞的代谢、促使该细胞逐步转化，成为肿瘤细胞。

（二）肿瘤抑制基因

与原癌基因编码的蛋白质促进细胞生长相反，在正常情况下存在于细胞内的另一类基因——肿瘤抑制基因的产物能抑制细胞的生长。若其功能丧失则可能促进细胞的肿瘤性转化。由此看来，肿瘤的发生可能是癌基因的激活与肿瘤抑制基因的失活共同作用的结果。目前了解最多的两种肿瘤抑制基因是 *Rb* 基因和 *p53* 基因。它们的产物都是以转录调节因子的方式控制细胞生长的核蛋白。其他肿瘤抑制基因还有神经纤维瘤病-1 基因、结肠腺瘤性息肉基因、结肠癌丢失基因和 Wilms 瘤-1 基因等。

1. *Rb* 基因 *Rb* 基因是随着对一种少见的儿童肿瘤——视网膜母细胞瘤的研究而最早发现的一种肿瘤抑制基因。*Rb* 基因的纯合子性的丢失见于所有的视网膜母细胞瘤及部分骨肉瘤、乳腺癌和小细胞肺癌等。*Rb* 基因定位于染色体 13q14，编码一种核结合蛋白质（P105-Rb）。它在细胞核中以活化的脱磷酸化和失活的磷酸化形式存在。活化的 Rb 蛋白对于细胞从 G_0/G_1 期进入 S 期有抑制作用。当细胞受到刺激开始分裂时，Rb 蛋白被磷酸化失活，使细胞进入 S 期。当细胞分裂成两个子细胞时，失活的 Rb 蛋白通过脱磷酸化再生使子细胞处于 G_1 期或 G_0 的静止状态。如果由于点突变或 13q14 的丢失而使 *Rb* 基因失活，则 Rb 蛋白的表达就会出现异常，细胞就可能持续地处于增殖期，并可能由此恶变。

2. *p53* 基因 *p53* 基因定位于 17 号染色体。正常的 p53 蛋白（野生型）存在于核内，在脱磷酸化时活化，有阻碍细胞进入细胞周期的作用。在部分结肠癌、肺癌、乳腺癌和胰腺癌等均发现有 *p53* 基因的点突变或丢失，从而引起异常的 p53 蛋白表达，而丧失其生长抑制功能，从而导致细胞增生和恶变。近来还发现某些 DNA 病毒，如 HPV 和 SV-40，其致癌作用是通过它们的癌蛋白与活化的 Rb 蛋白或 p53 蛋白结合并中和其生长抑制功能而实现的。

（三）凋亡调节基因和 DNA 修复基因

肿瘤的生长取决于细胞增殖与细胞死亡的比例。除原癌基因和肿瘤抑制基因的作用外，调节细胞凋亡的基因在某些肿瘤的发生上也起着重要作用。例如，Bcl-2 蛋白抑制凋亡，而 bax 蛋白促进细胞凋亡。在许多滤泡型恶性淋巴瘤中，*Bcl-2* 基因过度表达，可能与其发生发展有关。

许多因素可以引起 DNA 损伤，在损伤的修复过程中，出现的错误及碱基的自发改变而出现 DNA 异常并可能在肿瘤发生中起作用。例如，着色性干皮病患者不能修复 UV 导致的 DNA 损伤，其皮肤癌的发生率极高，且发病年轻。

综上所述，随着分子生物学的发展，近年来对于肿瘤的病因与发病机制的研究有了很大的进展。但是肿瘤的发生发展是异常复杂的，目前了解的只是一角，还有许多未知的领域。但以下几点是迄今比较肯定的：①肿瘤从遗传学上的角度上来说是一种基因病。②肿瘤的形成是瘤细胞单克隆性扩增的结果。③环境的和遗传的致癌因素引起的细胞遗传物质（DNA）改变的主要靶基因是原癌基因和肿瘤抑制基因。原癌基因的激活和（或）肿瘤抑制基因的失活可导致细胞的恶性转化。④肿瘤的发生不只是单个基因突变的结果，而是一个长期的、分阶段的、多种基因突变积累的过程。⑤机体的免疫监视体系在防止肿瘤发生中起重要作用，肿瘤的发生是免疫监视功能丧失的结果。

十一、环境致瘤因素

肿瘤的病因学十分复杂，有些致瘤因素比较明确，有些则尚难确定。可以导致恶性肿瘤发生的物质统称为致癌物。某些物质本身无致癌性，可以增加致癌物的致癌性，叫作促癌物。下面简单介绍一些常见致瘤因素，包括外界性和内在性两大类致瘤因素。

（一）肿瘤发生的外界因素

1. 间接作用的化学致癌物 指本身无致癌性，只有在体内，主要是肝内，通过一系列酶的代谢转化而活化，形成终末致癌物后才能起致癌作用的化学致癌物。终末致癌物能与组织细胞大分子中的亲核基因（如 DNA 分子中鸟嘌呤的 N-7、C-8，腺嘌呤的 N-1、N-3，胞嘧啶的 N-3 等）共价结合，导致 DNA 损伤，进而引起癌变。这些间接致癌物有多环芳香碳氢化合物、芳香胺、亚硝胺、真菌毒素等。

2. 直接作用的化学致癌物 较少，化学性质很活泼，在环境中维持不久，主要为烷化剂。这是强致突变剂，在体内释放出亲电子反应物，直接与细胞内 DNA 中的相应部位共价结合，造成 DNA 损伤，使细胞发生突变和癌变。

3. 助癌剂或促癌剂 如巴豆油、酚等，本身无致癌性，也不能转化为致癌物，当用致癌性弱的化学致癌物或阈下剂量的强致癌物诱癌时，可加强致癌性。

4. 物理性致癌因素 主要是引起皮肤癌和白血病。常见的物理致癌因素有电离辐射、日光及紫外线、热辐射、创伤及异物植入等。其中以电离辐射的致癌作用明显，可能是因为辐射能使染色体断裂、易位和发生点突变，因而激活癌基因或者灭活肿瘤抑制基因。

5. 生物性致癌因素 主要是病毒，还有霉菌及寄生虫等。与人类肿瘤发生关系密切的 DNA 病毒有三种：①**人乳头瘤病毒**（human papilloma virus，HPV），主要与子宫颈部和肛门生殖器区域的鳞状细胞癌有关系。在大约 85%的宫颈癌及癌前病变的病例中发现 HPV 的 16.18 型的 DNA 序列。②Epstein-Barr 病毒（EBV），是一种疱疹病毒，与人类鼻咽癌、伯基特淋巴瘤、某些霍奇金淋巴瘤有关。③**乙型肝炎病毒**（hepatitis B virus，HBV），与原发性肝癌的发生有密切关系。

多数研究者提出，幽门螺杆菌引起的慢性胃炎与胃癌及低度恶性 B 细胞性淋巴瘤的发生有关。这对肿瘤发生的细菌因素的发现无疑是一种新启发。

（二）肿瘤发生的内在性因素

1. 遗传因素 人类肿瘤是否有遗传性，遗传因素在肿瘤的发生中究竟起多大作用，这是人们普遍关注和研究的课题。据近年来对高癌家族的人群分析，认为视网膜母细胞瘤、肾母细胞瘤、肾上腺和神经母细胞瘤等有明显遗传性。绝大多数肿瘤并非特殊遗传，仅仅是一种易感肿瘤的倾向性，需与环境因素共同作用。

2. 种族因素 一些肿瘤在不同种族中发生率有相当显著的差别。例如，欧美国家乳腺癌的发生率甚高，而日本、波罗的海沿岸国家胃癌的发生率明显高于其他国家，我国广东鼻咽癌相当常见。

3. 内分泌因素 内分泌紊乱与某些肿瘤的发生有密切关系。例如，雌激素过多与乳腺癌有密切关系，而肾上腺皮质激素对某些造血系统的恶性肿瘤有抑制其生长和转移的作用。

4. 免疫因素 机体的免疫功能较强时，可杀灭、溶解瘤细胞，从而抑制肿瘤的生长与扩散；当免疫功能低下或缺陷时，肿瘤发生率明显提高，预后差。

（杜华贞 姚亚坤）

第五节 心血管系统疾病

一、动脉粥样硬化

动脉粥样硬化（atherosclerosis，AS）主要累及全身大、中型动脉，最常见于腹主动脉，其次为冠状动脉、肾动脉、胸主动脉、颈动脉和脑底动脉环（Willis 环）。其病变的发生发展过程大致分 4 个阶段。

（一）病理变化

1. 脂纹 是 AS 的早期病变。肉眼观，为点状或条纹状黄色不隆起或微隆起于内膜的病灶，常见于主动脉后壁及其分支出口处。光镜下，病灶处的内膜下有大量的泡沫细胞聚集。电镜下可将泡沫细胞分为单核细胞源性和平滑肌细胞（SMC）源性泡沫细胞。

2. 纤维斑块 肉眼观，内膜表面散在不规则隆起的斑块，初为淡黄或灰黄色，后因斑块表面胶原纤维的增多和玻璃样变而呈瓷白色，形似蜡滴状。镜下见，病灶表层为大量胶原纤维、平滑肌细胞和少量弹力纤维形成的纤维帽，胶原纤维可发生玻璃样变。纤维帽下方可见数量不等的泡沫细胞、平滑肌细胞、细胞外基质和炎细胞。

3. 粥样斑块 也称粥瘤，为动脉粥样硬化的典型病变。肉眼观，动脉内膜表面可见明显隆起的灰黄色斑块，切面见斑块的管腔面为白色质硬组织，深部为黄色、质软的粥样物质。镜下见，表面为纤维帽，纤维帽下方含有大量不定形坏死崩解产物、胆固醇结晶（呈针状或菱形空隙）和钙盐沉积，斑块底部和边缘可见肉芽组织、少量泡沫细胞和淋巴细胞。中膜平滑肌因粥样斑块压迫而发生萎缩，弹力纤维破坏、变薄。

4. 继发性病变　在粥样斑块基础上继发性的病变包括：斑块内出血；斑块破裂，形成栓子，引起栓塞；斑块破裂溃疡形成，继发血栓形成，进而引起动脉管腔阻塞，发生梗死；钙盐沉积发生钙化；动脉瘤形成和血管腔狭窄，进而发生动脉瘤破裂出血和器官缺血性病变。

（二）主要动脉的病理变化

1. 主动脉粥样硬化　主动脉粥样硬化病变好发于主动脉后壁及其分支开口处，以腹主动脉最为严重，其余依次为胸主动脉、主动脉弓、升主动脉。由于主动脉管腔大，虽有严重的粥样硬化，也不会引起明显的症状。重者可形成动脉瘤，尤见于腹主动脉，动脉瘤破裂可引起致命性大出血。

2. 冠状动脉粥样硬化及冠状动脉粥样硬化性心脏病

1）冠状动脉粥样硬化　常发部位为左冠状动脉前降支，其次为右主干、左主干或左旋支、后降支，常伴发痉挛，造成心肌缺血和相应心脏病变。

2）冠状动脉粥样硬化性心脏病　简称冠心病，是由冠状动脉狭窄、供血不足致心肌缺血所引起的心脏病，故又称缺血性心脏病。冠心病的主要临床表现如下。

（1）**心绞痛**（angina pectoris）：是由于心肌急性、暂时性缺血缺氧所引起的临床综合征。可分为稳定性心绞痛、不稳定性心绞痛、变异性心绞痛。

（2）**心肌梗死**（myocardial infarction，MI）：是由于冠状动脉供血中断，引起供血区持续性缺血所致较大范围的心肌坏死。根据 MI 的范围和深度可分为两类。

A. 心内膜下 MI：病变主要累及心室壁内层 1/3 的心肌，并波及肉柱和乳头肌。常表现为多发性、小灶状坏死，直径为 0.5～1.5cm。病变分布常不限于某支冠状动脉的供血范围，而是不规则地分布于左心室四周，严重时可融合累及整个心内膜下心肌，称环状梗死。

B. 透壁性 MI：是典型 MI 的类型，也称为区域性 MI。MI 的部位与闭塞的冠状动脉支供血区一致，病灶较大，最大直径在 2.5cm 以上，累及心室壁全层或未累及全层而深达心室壁 2/3，此型 MI 多发生在左冠状动脉前降支的供血区，其中以左心室前壁、心尖部及室间隔前 2/3 及前内乳头肌多见，约占全部 MI 的 50%。约 25%的 MI 发生于右冠状动脉供血区的左心室后壁、室间隔后 1/3 及右心室。此外，还见于左心室后壁，相当于左冠状动脉左旋支的供血区。右心室和心房发生 MI 者较少见。透壁性 MI 常有相应的一支冠状动脉病变突出，并常附加动脉痉挛或血栓形成。

病理变化：MI 属贫血性梗死。一般在梗死发生 6h 后肉眼才能辨认，梗死灶呈苍白色，8～9h 后呈土黄色，质地较硬、干燥，外形不规则。镜下见，心肌纤维早期呈凝固性坏死，可见核碎裂、核溶解，横纹消失，肌质为不规则颗粒状，间质水肿，少量中性粒细胞浸润；4 天后，梗死灶外围出现充血、出血带；7 天～2 周后边缘区开始出现肉芽组织；3 周后肉芽组织逐渐形成瘢痕组织。

并发症：心力衰竭、心脏破裂、心源性休克、心律失常、室壁瘤、附壁血栓形成。

3. 脑动脉粥样硬化　脑动脉粥样硬化最常见于基底动脉、大脑中动脉和 Willis 环。病变处常呈不同程度的管腔狭窄，脑组织因为长期供血不足可发生萎缩，严重者智力减退，甚至痴呆。病变处继发血栓形成阻塞管腔，可致脑梗死（脑软化）。脑小动脉管壁较薄，脑动脉粥样硬化处形成的动脉瘤破裂可引起致命性脑出血。

4. 肾动脉粥样硬化　肾动脉粥样硬化病变最常累及肾动脉开口处及主干近侧端，也可累及叶间动脉和弓形动脉。常因管腔狭窄引起肾组织缺血、肾实质萎缩和间质纤维组织增生。斑块合并形成血栓可致肾组织梗死，梗死灶机化后遗留较大瘢痕，较多瘢痕的形成可使肾缩小、质地变硬，称为动脉粥样硬化性固缩肾。

二、高血压病

高血压病（hypertension）是我国最常见的心血管疾病之一，多见于中、老年人，病程长，症状显隐不定，治疗效果不稳定。晚期出现左心室肥大、脑出血或肾衰竭等严重并发症。

高血压是以体循环动脉血压持续升高为主要表现的临床综合征，血压升高的判断依据是收缩压≥140mmHg 和（或）舒张压≥90mmHg，可分为**原发性高血压**（primary hypertension）和**继发性高血压**（secondary hypertension）。

（一）类型及病理变化

高血压病分为缓进型高血压和急进型高血压两种类型。

1. 良性高血压 又称**缓进型高血压**（chronic hypertension），约占高血压病的 95%，多见于中、老年人，病程长，进展缓慢，可达十余年或数十年。病变主要累及全身的细、小动脉，并可导致相应内脏器官的损害，按病变的发生发展进程可分为三期。

1）功能紊乱期 为高血压病的早期阶段。基本病变为全身细、小动脉间歇性痉挛性收缩，血压处于波动状态，血管痉挛时血压升高，痉挛缓解后血压可恢复正常水平。此期血管和内脏器官无器质性病变。

2）动脉病变期 此期血管呈现持续痉挛，导致全身细、小动脉发生器质性病变。

（1）细动脉硬化：细动脉玻璃样变是最主要的病变特征，表现为细动脉玻璃样变。最易累及肾的入球小动脉和视网膜动脉。

（2）小动脉硬化：主要累及肌型动脉如肾叶间动脉、弓状动脉及脑动脉等。内膜胶原纤维及弹性纤维增生，内弹力板分裂成层状，中膜平滑肌细胞增生、肥大，伴胶原纤维、弹性纤维增多，导致血管壁增厚、变硬、管腔狭窄甚至闭塞。

（3）大动脉硬化：最常累及主动脉及其主要分支，并发动脉粥样硬化。

3）内脏及器官病变期

（1）心脏：主要病变为左心室肥大。因血压持续升高，外周阻力增大，左心室工作负荷增加，久而久之，左心室发生代偿性肥大，严重时可发生心力衰竭，称为高血压性心脏病。肉眼观，心脏质量增加，可达 400g 以上，高度肥大者可达 900～1000g，左心室壁增厚，可达 1.5～2.0cm（正常≤1.0cm），乳头肌和肉柱增粗，但心腔不扩张，称为向心性肥大。镜下见，心肌细胞变粗、变长，核大深染。晚期肥大的心肌细胞因供血不足出现心肌收缩力减弱，左心室失代偿，心腔扩张，称为离心性肥大。

（2）肾：晚期，肾因长期缺氧导致萎缩、硬化，称为原发性颗粒性固缩肾。肉眼观，双侧肾对称性缩小，质量减小，质地变硬，表面呈细颗粒状；切面皮质变薄，皮髓质界限模糊，肾盂和肾周围脂肪组织增多。镜下见，肾入球小动脉玻璃样变和肌型小动脉硬化，部分肾小球因缺血发生纤维化和玻璃样变，所属肾小管因缺血而萎缩、消失；间质纤维组织增生和淋巴细胞浸润。病变相对较轻的肾小球代偿性肥大，所属肾小管代偿性扩张。

（3）脑：由于脑细、小动脉痉挛和硬化，患者可出现脑水肿、脑软化和脑出血等脑部病变。脑出血是高血压病最严重、最危险的并发症，常发生于基底核、内囊，其次为大脑白质、脑桥和小脑。

（4）视网膜：视网膜的病变可反映出高血压病的病程。早期，眼底检查可见血管迂曲、反光增强；视网膜中央动脉硬化时可见动、静脉交叉处出现压痕；晚期出现视乳头水肿、视网膜出血，患者视力减退。

2. 恶性高血压 又称**急进型高血压**（accelerated hypertension），占高血压病的 5%，多见于青壮年，部分可由缓进型高血压病转变而来。临床起病急，血压显著升高，常超过 230mmHg /130mmHg，病变进展迅速，可发生高血压脑病，较早出现肾衰竭，患者大多死于尿毒症、脑出血或心力衰竭。

特征性的病变是增生性小动脉硬化和坏死性细动脉炎。增生性小动脉硬化主要发生在肾叶间动脉和弓型动脉，表现为动脉内膜显著增厚，内弹力膜分裂，平滑肌细胞增生、肥大，致血管壁呈同心圆状增厚，如洋葱皮样。坏死性细动脉炎累及内膜和中膜，管壁发生纤维素样坏死，周围有单核及中性粒细胞浸润。

缓进型高血压和急进型高血压的区别见表 5-5。

表 5-5　缓进型高血压和急进型高血压的区别

区别要点	缓进型高血压	急进型高血压
发病率	较常见（占 95%）	较少见（占 5%）
年龄	主要见于中、老年人	多见于青壮年
病程	起病隐匿，病程长，达十余年或数十年	起病急，病程短，多数一年内死亡
病变特征	细动脉玻璃样变，小动脉硬化	细动脉纤维素样坏死，增生性小动脉硬化
受累器官	全身细、小动脉，主要为心、肾、脑、视网膜	全身细、小动脉，主要以肾、脑严重
后果	常死于脑出血、心力衰竭等	大多死于尿毒症、脑出血或心力衰竭

三、风湿病

风湿病（rheumatism）是一种与 A 组乙型溶血性链球菌感染有关的变态反应性疾病。病变主要累及全身结缔组织，属结缔组织病，最常侵犯心脏和关节，其次是皮下、浆膜、血管和脑。

（一）基本病理变化

1. 变质渗出期　持续 1 个月左右，是风湿病的早期改变。在心脏、浆膜、关节、皮肤等病变部位的结缔组织基质发生黏液样变性和胶原纤维的纤维素样坏死，同时伴有充血、浆液和纤维蛋白渗出，以及少量淋巴细胞、浆细胞、单核细胞浸润。

2. 增生期（肉芽肿期）　持续 2～3 个月。病变特点是在变质渗出的基础上，形成具有特征性的肉芽肿，称为风湿小体或阿少夫小体（Aschoff body），对风湿病具有诊断意义。

风湿小体主要分布于心肌间质（小动脉旁多见）、心内膜下和皮下结缔组织。镜下见，中央是纤维素样坏死，周边围绕数目不等的风湿细胞或阿少夫细胞（Aschoff cell），以及少量的成纤维细胞、淋巴细胞、浆细胞及单核细胞。风湿细胞是由增生的巨噬细胞吞噬纤维素样坏死物质转变而来，胞体大，呈圆形或多边形，胞质丰富，略呈嗜碱性；大多为单核，少数为双核或多核，核大，圆形或椭圆形，核膜清晰，染色质集中于核中央，以细丝状向核膜放射，横切面似枭眼状，纵切面呈毛虫状。

3. 纤维化期（愈合期）　持续 2～3 个月。此期风湿小体中的纤维素样坏死逐渐被溶解吸收，风湿细胞转变为成纤维细胞并产生胶原纤维，最后转化为纤维细胞，风湿小体逐渐纤维化、玻璃样变性，最终形成梭形瘢痕灶。

（二）风湿病的各器官病变

1. 风湿性心脏炎　风湿性心脏炎包括风湿性心内膜炎、风湿性心肌炎和风湿性心外膜炎，病变累及心脏全层则称为风湿性全心炎。

（1）风湿性心内膜炎：病变主要侵犯心瓣膜，其中以二尖瓣受累最常见，其次是二尖瓣和主动脉瓣同时受累，三尖瓣和肺动脉瓣极少受累。

肉眼观，在急性期，受累瓣膜肿胀、增厚。由于不断受到血流的冲击和瓣膜开关的摩擦，瓣膜表面的内皮细胞受损、脱落，胶原纤维暴露，导致大量血小板沉积、凝集于瓣膜闭锁缘上而形成**赘生物**（vegetation）。肉眼观，赘生物呈串珠状，单行排列，粟粒大小，灰白色，半透明，与瓣膜粘连牢固，不易脱落。镜下见，肿胀的瓣膜内可见黏液样变性、纤维素样坏死及少量炎细胞浸润。赘生物是由血小板和纤维蛋白构成的白色血栓，基底部有少许炎细胞浸润，有时可见成纤维细胞和呈栅栏状排列的风湿细胞。

病变后期，赘生物被机化，形成灰白色瘢痕。由于病变反复发作，引起纤维组织增生，导致瓣膜增厚、变硬、卷曲、缩短、瓣叶粘连，腱索增粗、缩短，从而导致瓣膜口狭窄和关闭不全。

（2）风湿性心肌炎：病变特征是在心肌间质的小血管周围形成风湿小体，可导致心功能不全。

（3）风湿性心外膜炎：病变主要累及心包脏层，呈浆液性或纤维蛋白性炎症，可形成绒毛心和缩窄性心包炎。

2. 风湿性关节炎 病变最常侵犯膝、踝、肩、腕、肘等大关节，具有游走性、多发性、反复发作的特点。临床上患者出现大关节游走性疼痛，伴关节红、肿及活动受限。风湿性关节炎预后良好，一般不留后遗症。

3. 皮肤病变 患急性风湿病时，皮肤出现**环形红斑**（erythema annulare）和**皮下结节**（subcutaneous nodules），临床具有诊断意义。

4. 风湿性脑病 多见于5～12岁儿童，女孩多见。病变主要累及大脑皮质、基底节、丘脑及小脑皮质，表现为脑的风湿性动脉炎和皮质下脑炎。

四、亚急性感染性心内膜炎

亚急性感染性心内膜炎（subacute infective endocarditis，SIE），又称**亚急性细菌性心内膜炎**（subacute bacterial endocarditis，SBE），病程在6周以上，可迁延数月乃至1～2年。

（一）病因

常为毒力较弱的草绿色链球菌，其次是肠球菌、革兰氏阴性菌、霉菌等。常发生在原有病变的瓣膜上，尤其是风湿性心瓣膜病，其次为先天性心脏病及手术修补后的瓣膜，以二尖瓣和主动脉瓣多见。

（二）病理变化

肉眼观，在原有病变的基础上，病变瓣膜增厚、变形，表面有赘生物形成。赘生物大小不一，单个或多个，形态不规则呈息肉状、菜花状或鸡冠状，灰黄色或灰绿色，干燥质脆，易脱落成为栓子，引起栓塞。严重者，瓣膜可有溃疡、穿孔等病变。镜下见，赘生物由血小板、纤维蛋白、坏死组织、中性粒细胞组成，其深部有菌团，溃疡底部可见肉芽组织增生及淋巴细胞、浆细胞浸润。

风湿性心内膜炎和亚急性感染性心内膜炎的区别见表5-6。

表5-6 风湿性心内膜炎和亚急性感染性心内膜炎的区别

区别要点		风湿性心内膜炎	亚急性感染性心内膜炎
病因		与A组乙型溶血性链球菌感染有关	多为草绿色链球菌直接侵袭
病变性质		超敏反应性炎症	化脓性炎症
侵犯瓣膜		正常瓣膜，多为二尖瓣和主动脉瓣	已有病变的瓣膜（如风心病、先心病等）
赘生物	肉眼	赘生物多个，灰白色，粟粒大小、单行排列，与瓣膜紧密粘连不易脱落	赘生物单个或多个，呈鸡冠状或息肉状，灰黄色、干燥质脆、容易脱落
	镜下	纤维蛋白、血小板（白色血栓）	纤维蛋白、血小板、炎细胞、细菌及坏死物
栓塞		无	有
败血症		无	有（严重贫血、脾大、血细菌培养阳性）
结局		反复发作可引起风湿性心瓣膜病变，导致心力衰竭	赘生物脱落引起栓塞及梗死，加重瓣膜变形，可因心衰、梗死、败血症而死亡

五、心瓣膜病

心瓣膜病（valvular disease）是指心瓣膜先天性发育异常或后天性疾病所造成的器质性病变，表现为瓣膜口狭窄和（或）关闭不全。

（一）二尖瓣狭窄

二尖瓣狭窄（mitral stenosis）多由风湿性心内膜炎反复发作所致，少数由感染性心内膜炎引起。瓣膜口狭窄时可缩小到 1～2cm^2，严重时可达 0.5cm^2。

血流动力学及心脏变化：早期由于二尖瓣口狭窄，心脏舒张期从左心房流入左心室的血流受阻，致使舒张末期仍有部分血液滞留于左心房，加上肺静脉回流的血液，使左心房的容量负荷增大，逐渐导致左心房代偿性肥大，以维持相对正常的血液循环；进而左心房功能代偿失调，左心房明显扩张，血液淤积，肺静脉血液回流受阻，引起慢性肺淤血。由于肺静脉压升高和严重肺淤血，可通过神经反射引起肺小动脉收缩、痉挛，使肺动脉压升高；长期肺动脉高压，可导致右心室代偿性肥大，继而失代偿，当右心室高度扩张时，三尖瓣环扩大，可出现三尖瓣相对关闭不全，引起右心房及体循环静脉淤血。

听诊，心尖区可闻及舒张期隆隆样杂音；X 线检查显示“梨形心”。患者出现呼吸困难、发绀、咳嗽和咳出粉红色泡沫痰等左心衰竭症状。当右心衰竭时，出现颈静脉怒张，肝、脾大，下肢水肿等体循环淤血的表现。

（二）二尖瓣关闭不全

二尖瓣关闭不全（mitral insufficiency）是指二尖瓣膜增厚、变硬、弹性减弱、瓣膜卷曲、缩短等，引起二尖瓣环扩张致二尖瓣口关闭不全，常与二尖瓣狭窄同时存在。多由风湿性心内膜炎和亚急性细菌性心内膜炎引起。

血流动力学及心脏变化：二尖瓣关闭不全时，心脏收缩期左心室部分血液反流到左心房内，加上接纳肺静脉的血液，左心房血容量较正常增多，久之出现左心房代偿性肥大；舒张期大量血液涌入左心室，左心室容量负荷增加，导致左心室代偿性肥大，继而发生左心代偿失调（左心衰竭），从而依次出现肺淤血、肺动脉高压、右心室代偿性肥大，最后导致右心衰竭和全身体循环淤血。

听诊，心尖区闻及收缩期吹风样杂音。X 线显示左心房、左心室均肥大，呈“球形心”。

（三）主动脉瓣狭窄

主动脉瓣狭窄（aortic stenosis）主要由风湿性或细菌性主动脉炎引起，常与风湿性二尖瓣病变合并发生。

由于主动脉瓣狭窄，左心室收缩期排血受阻，发生左心室代偿性肥大，以室壁增厚为主，心腔不扩张，即向心性肥大；后期左心室功能代偿失调，依次出现左心衰竭、肺淤血、肺动脉高压、右心室肥大、右心衰竭和体循环淤血。

听诊，主动脉瓣区可闻及粗糙、喷射性收缩期杂音，X 线显示心脏呈“靴形心”。

（四）主动脉瓣关闭不全

主动脉瓣关闭不全（aortic insufficiency）主要由风湿性主动脉瓣炎引起，也可由感染性心内膜炎、主动脉粥样硬化、梅毒性主动脉炎引起。

由于主动脉关闭不全，在左心室舒张期，主动脉内部分血液反流至左心室，使左心室血容量增加，负荷加重而代偿性肥大；随病情加重，相继发生左心衰竭、肺淤血、肺动脉高压、右心室肥大和右心衰竭。

临床上，患者可出现脉压增大和周围血管体征，如颈动脉搏动、水冲脉、股动脉枪击音等。听诊主动脉瓣区可闻及舒张期吹风样杂音。

（崔　力）

第六节 呼吸系统疾病

一、慢性阻塞性肺疾病

慢性阻塞性肺疾病（chronic obstructive pulmonary disease，COPD）是一组慢性气道阻塞性疾病的统称，其共同特点为肺实质和小气道受损，导致慢性气道阻塞、呼吸阻力增加和肺功能不全，主要包括慢性支气管炎、肺气肿、支气管哮喘和支气管扩张症等疾病。

（一）慢性支气管炎

1. 概述　慢性支气管炎（chronic bronchitis）是发生于支气管黏膜及其周围组织的慢性非特异性炎性疾病，是一种常见病、多发病。临床以反复发作的咳嗽、咳痰或伴有喘息症状为特征，且每年至少持续 3 个月，连续 2 年以上。病情持续多年者常并发肺气肿和慢性肺源性心脏病。

2. 病理变化

（1）黏膜上皮的损伤与修复：纤毛粘连、倒伏乃至脱失，上皮细胞变性、坏死、脱落，甚至发生鳞状上皮化生。

（2）腺体增生、肥大、黏液化和退变：气管、支气管黏膜下黏液腺增生、肥大，部分浆液腺泡黏液化，小气道黏膜上皮杯状细胞增多。因此，黏液分泌亢进，并潴留在支气管腔内易形成黏液栓，患者出现咳嗽、咳痰。病变后期，分泌亢进的细胞逐渐转向衰竭。此时，黏膜变薄，腺泡萎缩、消失，气道内黏液减少，甚至无黏液分泌。

（3）支气管壁的变化：支气管壁充血、水肿，淋巴细胞和浆细胞浸润。炎症反复发作，可使支气管壁平滑肌束断裂、萎缩。弹力纤维和软骨可发生变性、萎缩、纤维化、钙化或骨化。

（4）管壁周围组织的炎症：慢性支气管炎反复发作，支气管壁炎症波及周围肺组织时，可引起管壁周围组织的炎症，肺组织充血、水肿，淋巴细胞和浆细胞浸润。

3. 临床病理联系及并发症　慢性支气管炎的主要临床表现为咳嗽、咳痰，这是支气管黏膜受炎症刺激和分泌物增多的结果。痰液多呈白色泡沫状黏液痰，黏稠不易咳出，急性发作或伴有感染时，咳嗽加剧，痰量增多，变为黏液脓性或脓性痰。肺部听诊可闻及干、湿性啰音。少数患者因支气管痉挛或黏液分泌物阻塞而出现喘息症状，气急不能平卧，检查时，两肺可闻及哮鸣音。病变后期，因黏膜和腺体萎缩、分泌耗竭、气道狭窄等使痰液不能排除，患者可出现少痰或无痰的干咳。

（二）肺气肿

1. 概念　肺气肿（pulmonary emphysema）是末梢肺组织（呼吸性细支气管、肺泡管、肺泡囊和肺泡）因含气量过多伴肺泡间隔破坏，肺组织弹性减弱，导致肺体积膨大、通气功能降低的一种疾病状态，是支气管和肺疾病最常见的并发症。

2. 病因及发病机制　肺气肿常继发于其他肺阻塞性疾病，其中最常见的是慢性支气管炎。此外，吸烟、空气污染和肺尘埃沉着病（尘肺）等也是常见的发病原因。

（1）细支气管阻塞性通气障碍：慢性支气管炎和细支气管炎时，由于黏膜炎症反复发作，引起管壁增厚、管腔狭窄，炎性渗出物增多和黏液栓形成，造成细支气管不完全性阻塞，并产生“活瓣”作用。吸气时，细支气管扩张，气道阻力降低，气体尚能进入肺泡；呼气时，由于细支气管支撑组织的破坏及黏液栓阻塞，气道变窄，阻力增大，气体不能充分排出，致使肺泡残气量增多，久之导致末梢肺组织过度充气、膨胀，肺泡间隔断裂，形成肺气肿。

（2）细支气管和肺泡壁的弹性降低：正常时，细支气管壁的弹力纤维对维持细支气管的形态和管径大小起着重要的支撑作用，并通过回缩力排出末梢肺组织内的残气。当弹力纤维破坏时，一方面细支气管失去支撑而使管腔塌陷；另一方面末梢肺组织在呼吸时回缩力减弱，形成阻塞性通气障碍，导致肺气肿。

（3）α_1-抗胰蛋白酶缺乏：α_1-抗胰蛋白酶（α_1-AT）是存在于血清、组织液及巨噬细胞中的多种蛋白水解酶的抑制物，特别是能抑制炎症时中性粒细胞、巨噬细胞分泌的弹性蛋白酶。小气道炎症时，中性粒细胞、巨噬细胞可释放大量弹性蛋白酶和氧自由基。弹性蛋白酶对肺泡间隔弹性蛋白有溶解破坏作用；氧自由基能氧化 α_1-AT 活性中心的蛋氨酸使之失活，从而对弹性蛋白酶的抑制减弱，使其数量增多、活性增强，导致肺组织中弹性蛋白、胶原基质中的Ⅳ型胶原和蛋白多糖被过多降解，使肺组织中的支持组织受破坏，肺泡间隔断裂、肺泡融合而发生肺气肿。遗传性 α_1-AT 缺乏是引起原发性肺气肿的主要原因。

3. 类型　肺气肿有多种病理分类，通常根据病变部位、范围、性质的不同，可将肺气肿分为以下几个类型。

（1）腺泡中央型肺气肿：最常见，是终末细支气管因炎症引起管腔狭窄，位于肺腺泡中央区的呼吸性细支气管呈囊状扩张，而肺泡管、肺泡囊变化不明显。

（2）腺泡周围型肺气肿：此型多累及胸膜下肺组织的小叶周边部。其发生为小叶间隔受牵拉或发生炎症的结果，也称隔旁肺气肿。肺腺泡远侧端的肺泡管、肺泡囊扩张，而近侧端的呼吸性细支气管基本正常。

（3）全腺泡型肺气肿：病变均匀累及全部腺泡，呼吸性细支气管、肺泡管、肺泡囊和肺泡均发生扩张，遍布于肺小叶内。重症者，气肿囊腔可融合成直径超过 1cm 的较大囊泡，形成大泡性肺气肿。

4. 病理变化

（1）肉眼观：肺气肿时肺体积显著膨大，边缘钝圆，灰白色，肺组织柔软而缺少弹性，指压后的压痕不易消退，切面因肺气肿类型不同，所见囊腔的大小、分布及范围均有所不同。

（2）镜下见：肺泡腔显著扩张，肺泡间隔变窄、断裂，扩张的肺泡相互融合形成大小不一的充气囊腔，称肺大泡。肺毛细血管床明显减少，肺小动脉内膜呈纤维性增厚。小支气管和细支气管可见慢性炎症改变。

二、肺炎

（一）大叶性肺炎

大叶性肺炎（lobar pneumonia）是主要由肺炎球菌引起的以肺泡内弥漫纤维素渗出为主的炎症，病变通常累及肺大叶的全部或大部。本病多见于青壮年，男性较多见，常发生于冬、春季节，多为散发。

1. 病理变化

病变特点为肺泡内的纤维素性炎症。一般只累及单侧肺，多见于左肺或右肺下叶，也可先后或同时发生于两个以上肺叶。典型的发展过程大致分为以下 4 期。

（1）充血水肿期：为发病第 1～2 天的变化。肉眼观，病变肺叶肿大，质量增加，呈暗红色；切面上能挤出淡红色泡沫状液体。镜下见，肺泡壁毛细血管显著扩张、充血，肺泡腔内有较多的浆液性渗出物，混有少量红细胞、中性粒细胞和巨噬细胞。此期渗出物中可检出肺炎球菌。

（2）红色肝样变期（实变早期）：一般为发病后第 3～4 天的变化。肉眼观，病变肺叶肿大，质量增加，呈暗红色，质地实变如肝，故而得名；切面粗糙呈颗粒状，病变部位胸膜表面也可有纤维蛋白渗出物。镜下见，肺泡壁毛细血管进一步扩张、充血，肺泡腔内有大量纤维蛋白，纤维蛋白连接成网，并通过肺泡间孔与相邻肺泡中的纤维蛋白网相连，网眼中有大量的红细胞，并有一定数量的中性粒细胞和少量巨噬细胞。此期渗出物中仍可检出肺炎球菌。

（3）灰色肝样变期（实变晚期）：发病后第 5～6 天的变化。肉眼观，病变肺叶仍肿大，但充血消退，故由暗红色逐渐变为灰白色，切面干燥，颗粒状，质实如肝，故称灰色肝样变期。镜下见，肺泡壁毛细血管因受压而呈贫血状态，肺泡腔内充满致密的纤维蛋白网，并有大量中性粒细胞，红细胞则大部分溶解消失。相邻肺泡内的纤维蛋白通过肺泡间孔相互连接的情况更为明显。此期肺炎球菌大多被消灭，渗出物中不易检出。

（4）溶解消散期：发病后第 7 天左右进入此期。肉眼观，病变肺叶呈淡黄色，并逐渐恢复正常，质地变软，实变病灶消失，挤压时切面可有脓样混浊液体流出。胸膜渗出物被吸收或发生轻度粘连。镜下见，肺泡壁毛细血管由贫血状态逐渐恢复正常，肺泡腔内渗出的中性粒细胞变性、坏死崩解，纤维蛋白消失，出现均匀红染的液体，病变肺组织逐渐净化，肺泡重新充气。

2. 临床病理联系

（1）寒战、高热：患者因毒血症而骤起寒战、高热，直至溶解消散期患者体温骤降或者逐步恢复正常。

（2）咳嗽、咳痰、胸痛：在充血水肿期，因肺泡腔内有浆液性渗出物，患者咳浆液性痰或淡红色泡沫痰；肺实变早期，渗出物中红细胞被巨噬细胞吞噬，崩解后形成的含铁血黄素混入痰中，患者咳铁锈色痰；肺实变晚期，肺泡腔内红细胞逐渐消失，痰液由铁锈色变为黏液脓性；病变消散时，渗出物溶解、液化，故痰量增多，呈泡沫状、稀薄或黏液脓性痰。若病变波及胸膜时，则出现胸痛，并随呼吸或咳嗽加重。

（3）发绀、呼吸困难：实变早期，由于病变区有血流通过而无气体交换，致使静脉血氧合不足，动脉血氧饱和度降低，故患者出现发绀及呼吸困难；而实变晚期，肺泡内虽仍无气，但因肺泡壁毛细血管受压，血液不流经病变肺部，故静脉血氧含量不足的情况反而减轻，缺氧状况有所改善，所以患者的发绀和呼吸困难也随之减轻。

（4）听诊：充血水肿期因肺泡腔内有浆液性渗出物，肺部听诊可闻及湿啰音；红色肝样变期和灰色肝样变期因为肺实变，听诊呼吸音减弱，并可闻及支气管呼吸音；溶解消散期因渗出物被溶解液化，听诊可闻及湿啰音。若病变波及胸膜，听诊可闻及胸膜摩擦音。

（5）胸部 X 线检查：充血水肿期病变区呈淡薄而均匀的阴影；实变期 X 线检查呈大片均匀致密阴影；溶解消散期病变区呈现散在不均匀片状阴影，直至阴影消失。

（6）实验室检查：外周血白细胞计数升高，充血水肿期和红色肝样变期患者痰液中可检出肺炎球菌。

3. 并发症 大叶性肺炎绝大多数及时治疗均可治愈，部分患者有自愈的可能，愈合后肺组织可完全恢复其正常结构和功能。但严重者可出现以下并发症。

（1）肺肉质变：当肺泡腔内渗出的中性粒细胞过少或功能缺陷，释放的蛋白溶解酶不足，肺泡腔内渗出的纤维蛋白不能完全溶解，则由肉芽组织取代而机化，使病变肺组织呈褐色肉样纤维组织，故称**肺肉质变**（pulmonary carnification），又称机化性肺炎。

（2）肺脓肿及脓胸。

（3）败血症或脓毒败血症。

（4）中毒性休克：是大叶性肺炎的严重并发症。

（二）小叶性肺炎

小叶性肺炎（lobular pneumonia）是主要由化脓性细菌引起，以肺小叶为病变单位的急性化脓性炎症。病变起始于细支气管，并向周围或末梢肺组织扩展，形成以肺小叶为单位的肺组织炎症，故又称**支气管肺炎**（bronchopneumonia）。多见于小儿、年老体弱及久病卧床者。

1. 病理变化

（1）肉眼观：两肺表面及切面可见散在的实变病灶，以双肺下叶及背侧多见。病灶大小不一，直径多为 0.5～1cm（相当于肺小叶范围），形状不规则，色暗红或灰黄，质实。病灶中央常见受累的细支气管，挤压可见淡黄色脓性渗出物溢出。严重者病灶互相融合，形成融合性小叶性肺炎。一般不累及胸膜。

（2）镜下见：病灶内细支气管壁充血、水肿及中性粒细胞浸润，黏膜上皮坏死、脱落，黏膜表面附着黏液性渗出物。随着病变进展，细支气管管腔及其周围的肺泡腔内充满中性粒细胞、脓细胞和脱落的肺泡上皮细胞，有时可见少量红细胞和纤维蛋白。病灶周围肺组织充血，有浆液渗出并伴有不同程度的代偿性肺气肿。

2. 临床病理联系　患小叶性肺炎时，支气管黏膜受炎症和渗出物的刺激，患者可有咳嗽、咳痰，痰液常为黏液脓性或脓性。因病灶一般较小且散在分布，故除融合性小叶性肺炎外，肺实变体征一般不明显。因病变细支气管及其所属肺泡内含有渗出物，故听诊可闻及湿啰音。X线检查可见两肺散在、不规则的斑点状或片状阴影。重症患者因肺换气功能障碍，可出现呼吸困难、发绀等症状。

3. 并发症　小叶性肺炎经及时治疗，多数可以治愈。但婴幼儿、老年人和久病体弱者，并发症较大叶性肺炎多见且危险性大，预后较差。常见的并发症有心力衰竭、呼吸衰竭、肺脓肿、脓胸、脓毒血症、支气管扩张症。

三、肺硅沉着病

肺硅沉着病（silicosis）简称硅肺，是由于长期吸入大量含游离的二氧化硅的粉尘微粒沉着于肺组织而引起的一种常见职业病。患者多在接触硅尘10～15年后才发病。少数由于持续吸入高浓度、高游离二氧化硅含量的粉尘，经1～2年即可发病，称为“速发型硅肺”。在脱离接触硅尘作业若干年后诊断为硅肺，称为“晚发型硅肺”。

（一）病理变化

硅肺的基本病变是**硅结节**（silicotic nodule）形成和肺间质弥漫性纤维化。硅结节是硅肺的特征性病变。

（1）肉眼观：硅结节呈圆形或椭圆形，境界清楚，直径为2～5mm，灰白色，质硬，触之有沙砾感。随着病变的发展，硅结节可逐渐增大或互相融合成团块状，其中央因缺血发生坏死、液化，液化的坏死组织经支气管排出后形成肺空洞。

（2）镜下见：硅结节形成过程大致可分为三个阶段。①细胞性结节：由吞噬硅尘的巨噬细胞聚集而成。②纤维性结节：由细胞性结节纤维化发展而来，由成纤维细胞、纤维细胞和胶原纤维构成。③玻璃样结节，由纤维性结节玻璃样变而成。玻璃样变从结节中央开始，逐渐向周围发展。典型的硅结节是呈同心圆或旋涡状排列，由已发生玻璃样变的胶原纤维构成。结节中央有时可见内膜增厚的血管。除硅结节形成外，肺内还有不同程度的弥漫性间质纤维化，严重者纤维化范围可累及2/3以上的肺组织。此外，胸膜也因纤维组织弥漫性增生而广泛增厚，严重时胸膜的厚度可达1cm以上。肺门淋巴结肿大、变硬。

（二）分期及病变特点

根据肺内硅结节的数量、大小、分布范围和肺纤维化的程度，将硅肺分为三期。

1. Ⅰ期硅肺　硅结节主要局限在肺门淋巴结，肺组织中硅结节数量较少，体积小，直径为1～3mm，主要分布在两肺近肺门处。肺的质量、体积和硬度无明显改变。胸膜可有硅结节形成，但增厚不明显。X线检查肺门阴影增大，密度增加，肺野内可见少量的类圆形或不规则形小阴影。

2. Ⅱ期硅肺　硅结节数量增多、体积增大，散布于全肺，但仍密集在中、下肺叶靠近肺门区，病变范围不超过全肺的1/3。肺组织有明显的纤维化，肺的质量、体积和硬度均有增加，胸膜也增厚。X线检查肺门阴影增大、致密，肺野中有较多直径不超过1cm的小阴影。

3. Ⅲ期硅肺　硅结节密集融合成肿瘤样团块，病变范围往往超过全肺的2/3，肺纤维化明显，可有肺空洞形成。结节之间的肺组织常有明显的肺气肿或肺不张。肺的质量、体积和硬度明显增加。浮沉试验，全肺入水可下沉。胸膜明显增厚。X线检查，在肺野内可见团块状阴影，其长径可超过2cm，宽径不小于1cm。肺门淋巴结肿大、密度高，并见蛋壳样钙化。

（三）并发症

1. 肺结核病　硅肺易合并结核病，称为**硅肺结核病**（silicotuberculosis）。晚期重症沉着病，肺结核的频率较高。患者可因大咯血而死亡。

2. 慢性肺源性心脏病 呼吸功能障碍造成的缺氧，使肺小动脉痉挛，导致肺循环阻力增加、肺动脉高压和右心室肥大、扩张。严重者可因心力衰竭而死亡。

3. 肺气肿和自发性气胸 晚期硅肺患者常发生不同程度的阻塞性肺气肿和肺大泡形成。大泡破裂可引起自发性气胸。

4. 肺部感染 患者抵抗力下降，呼吸道防御功能减弱，易继发细菌和病毒等病原微生物的感染，甚至导致死亡。

四、呼吸系统常见肿瘤

肺癌（carcinoma of lung）是起源于支气管黏膜和肺泡上皮的恶性肿瘤，也称**支气管肺癌**（bronchogenic carcinoma）。

1. 病理变化 绝大多数肺癌起源于支气管黏膜上皮，少数起源于支气管的腺体或肺泡上皮细胞，故肺癌实为支气管源性癌。肺鳞癌主要起源于较大支气管（Ⅰ～Ⅳ级）黏膜上皮。肺腺癌来自支气管的黏膜上皮或腺体。肺泡细胞癌来源尚未最后定论，可能发生于细支气管黏膜上皮和肺泡上皮。小细胞癌来源于支气管黏膜或腺上皮的嗜银细胞，属于 APUD 瘤。

1）肉眼类型 根据肺癌的发生部位及大体形态特点，将其分为以下三种类型。

（1）中央型：最常见，占肺癌的 60%～70%，癌肿位于肺门部，主要由主支气管和叶支气管发生。癌组织常破坏支气管向周围浸润，以致在肺门或其附近逐渐形成形态不规则的灰白色巨大肿块。

（2）周围型：占肺癌总数的 30%～40%。癌肿发生于肺段或其远端支气管，故癌肿位于肺叶的周边部，接近胸膜。肿块呈结节状或球形，境界不甚清楚，无包膜，直径多为 2～8cm。

（3）弥漫型：少见，占肺癌的 2%～5%。癌组织沿肺泡管、肺泡呈弥漫性浸润性生长，侵犯肺大叶的一部分或全肺叶，肿块呈多发性结节状，大小不等，密布于多个肺叶内。

早期肺癌指癌肿直径小于 2cm，并局限在肺内的管内型和管壁浸润型肺癌。隐性肺癌是指肺内无明显包块，临床及 X 线检查均为阴性，但痰细胞学检查癌细胞阳性，手术切除标本经病理检查证实为支气管黏膜原位癌或早期浸润癌，而无淋巴结转移者。

2）组织学类型 根据 2003 年世界卫生组织（WHO）关于肺癌的分类，将肺癌分为鳞状细胞癌、小细胞癌、腺癌、大细胞癌、腺鳞癌、肉瘤样癌、类癌和唾液腺癌 8 个基本类型。

（1）鳞状细胞癌：最常见，发生率占肺癌的 40%～50%，多为中央型。好发生于中老年男性，大多有吸烟史。肿块生长较慢，转移较晚。组织学上分为高分化、中分化、低分化三型。

（2）小细胞癌：发生率占肺癌的 15%～20%。好发生于中年男性，与吸烟及职业性接触有一定关系。肿瘤生长迅速并易早期转移，是肺癌中分化最低、恶性度最高的一型。癌细胞小，呈短梭形或淋巴细胞样，胞质少，形似裸核，深染，核分裂象多见。癌细胞呈巢状，有时围绕小血管排列成假菊形团样结构。小细胞癌具有 AUPD 瘤的特性，即有神经内分泌功能，能产生 5-HT、ACTH 等，患者有副肿瘤综合征的表现。

（3）腺癌：较多见，发生率占肺癌的 15%～20%。多为周围型，女性患者较多，可能与厨房油烟及被动吸烟有关。肿块直径多在 4cm 以上，常累及胸膜，肿瘤的组织结构与其他器官的腺癌相似，也分为高分化、中分化、低分化和未分化。特殊类型还有细支气管肺泡癌、瘢痕癌和黏液癌等。

（4）大细胞癌：属于未分化癌，恶性度高，生长快，容易早期侵入血管形成广泛转移。癌细胞体积大，多边形，胞质丰富，具有高度异型性，核深染，核分裂象多见，有时可见多量瘤巨细胞或透明细胞。有的癌细胞甚至有神经内分泌功能。

2. 扩散途径

（1）直接蔓延：中央型肺癌常直接侵犯纵隔、心包及周围血管，并沿支气管向同侧甚至对侧肺组织蔓延。周围型肺癌可直接侵犯胸膜、胸壁。

（2）转移：肺癌淋巴道转移发生较早，且扩散速度较快。癌组织首先转移到支气管旁、肺门淋巴结，再扩散到纵隔、锁骨、腋窝、颈部淋巴结。血道转移常见于脑、肾上腺、骨，以及肝、肾、胰、甲状腺和皮肤等处。

3. 临床病理联系　肺癌的临床表现因其发生部位、大小、浸润扩散范围等而不同。早期症状不明显，易被忽略，中、晚期患者可出现咳嗽、痰中带血、胸痛、咯血等症状。癌组织压迫、阻塞支气管时，可引起局限性肺不张或肺气肿。合并感染时引起肺炎、肺脓肿。侵及胸膜可引起胸痛、血性胸水。侵及食管可引起支气管-食管瘘。侵及纵隔可压迫上腔静脉，引起面部浮肿、颈胸部静脉曲张。位于肺尖部的肺癌压迫、侵犯颈交感神经时，引起何纳综合征（病侧眼睑下垂、瞳孔缩小、额部皮肤无汗）。有异位内分泌作用的肺癌（如小细胞癌），可因分泌 5-HT 过多引起副肿瘤综合征。

（杨　迪）

第七节　消化系统疾病

消化系统包括消化管和消化腺。消化系统的主要功能是消化、吸收、排毒及内分泌功能。消化系统的疾病如胃炎、消化性溃疡、肝炎、肝硬化等均属于常见病、多发病；消化系统肿瘤中的食管癌、胃癌、大肠癌、肝癌在我国的发生率较高，危害严重。

一、消化性溃疡

消化性溃疡（peptic ulcer disease）是以胃或十二指肠黏膜形成慢性溃疡为特征的一种常见病，多见于成人（年龄在 20～50 岁）。其中胃溃疡占 25%，十二指肠溃疡占 70%，胃溃疡和十二指肠溃疡并存的复合性溃疡占 5%。临床上，患者常有周期性上腹部疼痛、返酸、嗳气等症状。

（一）病理变化

1. 胃溃疡　肉眼观，胃溃疡多位于胃小弯近幽门处，尤其多见于胃窦部。溃疡多为一个，呈圆形或卵圆形，直径多在 2cm 以内；溃疡边缘整齐，底部平坦、无坏死组织，通常穿越黏膜下层深达肌层，甚至浆膜层。溃疡附近的黏膜皱襞呈放射状向溃疡集中。

镜下见，溃疡底部由内向外分为 4 层：渗出层、坏死层、肉芽组织层、瘢痕组织层。瘢痕组织内的小动脉常呈增生性动脉内膜炎，使管壁增厚，管腔狭窄，常有血栓形成，因而可致局部供血不良，不利于溃疡愈合，但却可防止溃疡局部血管破裂出血。溃疡底部神经节细胞及神经纤维常发生变性和断裂等变化，有时神经纤维的断端呈球状增生（创伤性神经瘤），这是溃疡病疼痛的主要原因。

2. 十二指肠溃疡　十二指肠溃疡多发生于十二指肠球部前壁或后壁，其形态与胃溃疡相似，但溃疡一般较小而浅，直径多在 1cm 以内，易愈合。

（二）结局和并发症

1. 愈合　多数患者经适当治疗和调理，渗出物和坏死组织逐渐被吸收、排除，底部的肉芽组织增生，充填、修补溃疡，周围黏膜上皮再生，覆盖溃疡面而愈合。

2. 并发症　若治疗不及时、不彻底或病情较重，可发生以下并发症。

（1）出血：出血是溃疡病最常见的并发症，发生率为 10%～35%。若溃疡底部毛细血管破裂，则出血较少，患者大便潜血试验阳性；若溃疡底部较大的血管破裂，常引起上消化道大出血，患者可有呕血和黑便，严重时发生失血性休克。

（2）穿孔：发生率约为 5%。十二指肠溃疡肠壁较薄更易发生溃疡，胃肠内容物进入腹腔可引起腹膜炎。

（3）幽门梗阻：约占 3%。由于瘢痕收缩，可致幽门梗阻。幽门梗阻造成胃内容物潴留，继发胃扩张，患者可因胃逆蠕动而出现频繁呕吐，可引起水、电解质和酸碱平衡紊乱。

（4）癌变：经久不愈的胃溃疡可发生癌变，癌变率不超过 1%，十二指肠溃疡几乎不发生癌变。

二、病毒性肝炎

病毒性肝炎（viral hepatitis）是由一组肝炎病毒引起的以肝实质的变性、坏死为主要病变的传染病。根据肝炎病毒类型的不同，可将病毒性肝炎分为甲、乙、丙、丁、戊、庚 6 型，以甲、乙两型最为多见。病毒性肝炎的发病率较高，并呈上升趋势，流行区域广泛，各种年龄和不同性别均可罹患。此外，乙、丙、丁三型还与肝癌的发生有一定关系。

（一）基本病理变化

各型病毒性肝炎的病理变化基本相同，均属于变质性炎症，主要表现为肝细胞变性、坏死，伴有程度不等的炎细胞浸润、肝细胞再生和纤维组织增生。

1. 肝细胞变性、坏死、凋亡

（1）肝细胞变性：病变，表现为肝细胞胞质疏松化、淡染和气球样变；嗜酸性变；通常仅累及单个或数个肝细胞，散布于肝小叶内。病变肝细胞胞质水分脱失、浓缩，细胞体积变小，胞质红染（嗜酸性增强），胞核浓缩以至消失。

（2）肝细胞坏死：溶解性坏死，由严重的细胞水肿发展而来。不同类型的病毒性肝炎，此种坏死的范围和分布不同，可分为：点状坏死，常见于急性普通性肝炎；碎片状坏死，是慢性肝炎的主要病变特征；桥接坏死，常见于中、重度慢性肝炎；大片状坏死，常见于急性重型肝炎。

（3）凋亡：可形成深红色浓染的圆形小体，即嗜酸性小体（凋亡小体）。

2. 炎细胞浸润 在肝小叶内或汇管区伴有不同程度的炎细胞浸润，主要是淋巴细胞和单核细胞。

3. 间质反应性增生和肝细胞再生

（1）肝巨噬细胞增生：肝巨噬细胞可发生反应性增生，参与炎细胞浸润。

（2）间叶细胞和成纤维细胞增生：间叶细胞存在于肝间质内，具有多向分化潜能，肝炎时可分化为组织细胞参与炎症反应：成纤维细胞增生常见于慢性肝炎，可导致肝硬化。

（3）肝细胞再生：坏死肝细胞周围出现肝细胞再生，再生的肝细胞核分裂增多，可见双核，肝细胞索增厚。坏死范围小，肝小叶内网状支架完整，则可完全恢复；若坏死范围较大，原肝小叶内的网状支架塌陷，再生的肝细胞则呈团块状排列，称为结节状再生。

（4）小胆管增生：坏死较严重的慢性肝炎，在汇管区或大块坏死灶内可有小胆管的增生。

（二）临床病理类型及其病变特点

病毒性肝炎除按病原学分类外，还可根据病程、病变程度和临床表现的不同进行临床病理分类。

1. 急性（普通型）肝炎 急性肝炎是最常见的一种肝炎类型，临床上根据有无黄疸分为黄疸型和无黄疸型两种。我国以无黄疸型居多，多为乙型病毒性肝炎，部分为丙型；黄疸型肝炎肝细胞损坏严重，病程较短，多为甲型、丁型、戊型病毒性肝炎。

（1）病理变化：肉眼观，肝大，发红，如有淤胆可呈暗绿色，质量增加，质地较软，表面光滑。镜下见，以肝细胞广泛变性为主，其中以肝细胞胞质疏松化和气球样变、肝细胞嗜酸性变及嗜酸性小体形成为主，坏死病变轻。黄疸型肝炎坏死较重，毛细胆管内常有淤胆和胆栓形成。

（2）结局：本型肝炎多在 6 个月内治愈，点状坏死的肝细胞能完全再生修复。但乙型、丙型肝炎恢复较慢，并有可能转变为慢性，极少数发展为重型肝炎。

2. 慢性（普通型）肝炎 病毒性肝炎的病程持续在 6 个月以上即慢性肝炎，大多由急性转变而来，

5%～10%乙型肝炎、70%丙型肝炎可转为慢性肝炎。根据肝细胞坏死、纤维组织增生的程度不同，将慢性肝炎分为轻度、中度、重度三种。

（1）轻度慢性肝炎：以点状坏死为主，偶见轻度碎片状坏死，汇管区慢性炎细胞浸润明显，周围有少量纤维组织增生。肝小叶结构完整。

（2）中度慢性肝炎：肝细胞变性、坏死较明显，出现中度碎片状坏死及特征性的桥接坏死。汇管区及小叶内慢性炎细胞浸润明显。肝小叶内有纤维间隔形成，但小叶的结构大部分保存完整。

（3）重度慢性肝炎：可见重度碎片状坏死和大范围桥接坏死，坏死灶内肝细胞结节状再生，大量纤维间隔形成，分割、破坏肝小叶结构，逐渐形成假小叶，转变为肝硬化。

3. 急性重型肝炎　临床上称为暴发型、电击型或恶性肝炎，少见，起病急，病程短，大多为 10 天左右，病变严重，死亡率高。

（1）病理变化：肉眼观，肝体积明显缩小，以左叶为甚，包膜皱缩，质地柔软，质量减轻，可轻至 600～800g。切面呈黄色或红褐色，称为急性黄色肝萎缩或急性红色肝萎缩。镜下见：①肝细胞坏死广泛而严重，肝细胞索解离，出现弥漫性大片状坏死，仅在小叶周边残存少量肝细胞；②肝细胞再生不明显，肝巨噬细胞增生、肥大，吞噬活跃；③肝窦扩张充血、出血；④肝小叶内及汇管区大量淋巴细胞、巨噬细胞浸润。

（2）结局：急性重型肝炎患者大多在短期内死于肝衰竭（肝性脑病）、消化道大出血、肾衰竭和弥散性血管内凝血，少数迁延为亚急性重型肝炎。

4. 亚急性重型肝炎　多由急性重型肝炎迁延而来，少数由急性（普通型）肝炎恶化而来。本型病变较急性重型肝炎稍轻，病程较长，达一至数个月。

（1）病理变化：镜下见，本型肝炎既有肝细胞大片状坏死，也有肝细胞的结节状再生（因网状支架塌陷，再生的肝细胞呈不规则的结节状）；坏死区纤维组织增生，有淋巴细胞和单核细胞浸润；小叶周边小胆管增生，并有淤胆和胆栓形成。肉眼观，肝体积缩小，包膜皱缩，质量减轻，质地软硬程度不一，表面见大小不一的结节。切面坏死区呈土黄色或红褐色，称为亚急性黄色肝萎缩或亚急性红色肝萎缩；结节内胆汁淤积可呈现黄绿色。

（2）结局：治疗及时、得当，可阻止病情恶化并有治愈的可能，但多数发展为坏死后肝硬化。

二、肝硬化

肝硬化（liver cirrhosis）是由于肝细胞弥漫性变性、坏死，同时伴有不同程度的纤维组织增生和肝细胞结节状再生，这三种病变反复交错进行，导致肝变形、变硬的一种常见慢性肝病。

肝硬化一般按病因与病理形态分类。我国常采用结合病因、病变特点和临床表现的综合情况分类，分为门脉性、坏死后性、胆汁性、淤血性、寄生虫性和色素性肝硬化等。本节着重介绍门脉性。

门脉性肝硬化（portal cirrhosis）是一种最为常见的肝硬化，属于形态分类中的小结节型肝硬化，大多发生在 20～50 岁，男女发病率无明显差异，临床上患者常有不同程度的门脉高压和肝功能异常的表现。

1. 病理变化　肉眼观，肝体积正常或略增大，质量增加，质地正常或稍硬。晚期肝体积明显缩小，质量减轻，可减至 1000g 以下，质地变硬。表面和切面呈小结节状，结节大小相仿，肝被膜明显增厚。

镜下见，正常肝小叶结构破坏，被假小叶取代。假小叶是肝硬化的特征性病变。假小叶具有以下特点：①无正常肝小叶结构，肝细胞索排列紊乱；②中央静脉缺如、偏位或出现两个以上；③可见汇管区包绕其内；④肝细胞有不同程度的变性和坏死，伴肝细胞再生；⑤假小叶周围有纤维组织增生，形成宽窄较一致的纤维间隔，内有少量淋巴细胞和巨噬细胞浸润，并伴有小胆管和假胆管增生。

2. 临床病理联系

1）门脉高压症

（1）慢性淤血性脾大：70%～85%的患者出现脾大，是由脾长期慢性淤血所致。肉眼观，脾体积增大，质量增加至 400～500g，质韧。脾窦扩张，脾窦内皮细胞增生、肿大，脾小体萎缩，红髓内纤维组织增生，可见含铁结节。肿大的脾常伴有功能亢进，进而导致外周血液中红细胞、白细胞和血小板减少，引起患者贫血和出血倾向。

（2）胃肠道淤血、水肿：患者常有消化吸收功能障碍，出现食欲减退、消化不良、腹胀等症状。

（3）腹水：肝硬化晚期患者常出现腹水，量大时腹部膨隆似蛙腹。腹水为漏出液，呈淡黄色透明状。其机制是：门静脉压升高，胃肠道淤血，毛细血管内压升高，液体漏入腹腔；肝细胞受损，白蛋白的合成减少，以及胃肠消化、吸收功能障碍，从而导致低蛋白血症，使血浆胶体渗透压降低；肝功能障碍，对醛固酮和抗利尿激素灭活作用减弱，血中其水平升高而致钠水潴留，进一步促进腹水形成。

（4）侧支循环形成：门静脉压升高后，门-腔静脉吻合支开放，部分门静脉血经吻合支绕过肝直接回到右心，可起到降低门静脉压的作用，但同时也会引起一些并发症。主要的侧支循环及并发症有：①食管静脉丛曲张，最常见，门静脉压升高后，门静脉血经胃冠状静脉、食管下段静脉丛、奇静脉注入上腔静脉而回右心，致食管下段静脉明显曲张而隆起，在腹压升高或粗糙食物磨损时，极易发生破裂，引起致命性的上消化道大出血，是肝硬化患者常见的死因之一；②直肠静脉丛曲张，门静脉血经肠系膜下静脉、直肠上静脉、直肠静脉丛、直肠下静脉、髂内静脉注入下腔静脉而回右心，患者可有痔核形成，破裂时出现便血；③脐周静脉曲张，门静脉血经附脐静脉、脐周静脉网，向上经胸腹壁静脉和腹壁上静脉至上腔静脉，向下经腹壁下静脉和腹壁浅静脉至下腔静脉，曲张的脐周静脉及腹壁浅静脉形成“海蛇头”现象。

2）肝功能障碍　由于肝细胞长期反复受到损伤，导致肝功能障碍。

（1）蛋白质合成障碍：因肝细胞合成白蛋白减少，使血浆白蛋白减少，导致白/球缩小甚至倒置。

（2）出血倾向：由于肝合成凝血酶原和其他凝血因子减少，以及脾功能亢进血小板破坏增多，患者可有鼻出血、牙龈出血、皮下出血等。

（3）黄疸：肝硬化晚期肝细胞坏死、肝细胞内胆汁淤积及毛细胆管内胆栓形成等，致血中胆红素含量增多，患者可出现肝细胞性黄疸。

（4）雌激素灭活功能减弱：肝对雌激素的灭活作用减弱，体内雌激素水平升高，可表现为，①睾丸萎缩、男性乳腺发育症；②女性出现月经紊乱；③雌激素过多可使小动脉末梢扩张，出现肝掌、蜘蛛痣，蜘蛛痣多出现在面、颈、胸部等处。

（5）肝性脑病：肝性脑病是以意识障碍为主的神经精神综合征，是肝功能极度衰竭的表现。肝性脑病是肝硬化患者最严重的并发症，也是常见的死亡原因。

3. 结局与并发症　门脉性肝硬化早期，如能消除病因并积极治疗，病变可逐渐消退，肝功能得以改善。但当发展到晚期，患者则常死于肝性脑病、食道下段静脉曲张破裂引起的消化道大出血、继发感染或合并肝癌（癌变率为 2.4%）等。

四、消化系统常见肿瘤

（一）食管癌

食管癌（carcinoma of esophagus）是食管黏膜上皮或腺体发生的恶性肿瘤，为我国常见肿瘤之一，在华北和河南地区发病率较高，可能与饮食习惯、环境因素有关，发病年龄多在 40 岁以上，男性多于女性。早期症状不明显，部分患者可有食管异物感、哽噎感、烧灼样疼痛，中晚期出现进行性咽下困难。

1. 病理变化　食管癌主要发生在食管的三个生理狭窄处，以中段最多，下段次之，上段最少。

1）早期癌　肉眼观，癌变处黏膜无明显异常或仅见轻度糜烂或呈细颗粒状、微小乳头状。镜下见，常为原位癌或黏膜内癌，未侵及肌层，无淋巴结转移。

2）中晚期癌　肉眼形态分为4型。

（1）髓质型：最多见，肿瘤在食管壁内浸润性生长累及食管大部分，使食管壁均匀性增厚，管腔变小，表面常有溃疡。切面上，癌组织为灰白色，质软似脑髓，癌组织常浸润肌层或外膜层。

（2）蕈伞型：癌呈扁圆形，呈蘑菇状向食管腔内突起，表面常有表浅溃疡，边缘外翻。瘤体多侵占食管壁或腔的一部分。切面上，瘤体主要向食管腔内生长，向深层浸润较少。

（3）溃疡型：癌组织形成溃疡，深达肌层，边缘不整齐。

（4）缩窄型：少见。癌组织在食管壁内浸润，常浸润食管壁全周，同时伴有明显的纤维结缔组织增生，形成明显的环形狭窄，缩窄以上的食管腔显著扩张。

镜下见，食管癌90%以上为鳞状细胞癌，腺癌次之，其余类型均少见。

2. 扩散

（1）直接蔓延：癌组织在食管壁内呈浸润性生长，穿透管壁直接侵入邻近器官。食管上段癌可侵入喉部、气管和颈部软组织；中段癌可侵入支气管、奇静脉、胸膜、肺等；下段癌常侵入贲门、膈肌、心包等处。除导致癌肿范围扩大外，还可引起相应的并发症，如食管-支气管瘘、大出血、脓胸、肺脓肿、心包炎等。

（2）淋巴道转移：上段食管癌常转移至颈部及上纵隔淋巴结；中段癌多转移至锁骨上、气管旁、食管旁、肺门及胃左动脉淋巴结；下段癌多转移至食管旁、贲门部及腹腔上部淋巴结。

（3）血道转移：仅见于晚期患者，多转移至肝和肺。

（二）胃癌

胃癌（carcinoma of stomach）是胃黏膜上皮或腺体发生的恶性肿瘤，为消化道最常见的恶性肿瘤，居我国恶性肿瘤的第一位或第二位。好发年龄在40～60岁，男性多于女性。

1. 病理变化　胃癌好发于胃窦部，特别是胃小弯侧。根据病变进程分为早期胃癌与中晚期胃癌。

1）早期胃癌　癌组织局限于黏膜层及黏膜下层。早期胃癌中，直径＜0.5cm者称为微小癌，直径0.6～1.0cm者称为小胃癌。内镜检查时活检确诊为癌，但是手术切除标本经阶段性连续切片未发现癌，称一点癌。大体形态可分为隆起型、表浅型和凹陷型。镜下见，以原位癌和高分化管状腺癌最多见，其次为乳头状腺癌，未分化癌少见。早期癌经手术切除治疗预后良好。

2）中晚期胃癌（进展期胃癌）　癌组织浸润超过黏膜下层者称为中晚期胃癌或进展期胃癌。肉眼形态分为以下三型。

（1）息肉型或蕈伞型：癌组织向黏膜表面生长，呈息肉状或蕈状突入胃腔。

（2）溃疡型：溃疡一般较大，边缘隆起呈皿状或火山口状，底部凹凸不平，有较多坏死组织。溃疡型胃癌应注意与胃溃疡区别（表5-7）。

（3）浸润型：癌组织在胃壁内弥漫浸润，可使胃壁弥漫增厚，又称为革囊胃。

表5-7　胃溃疡与溃疡型胃癌的肉眼形态鉴别

鉴别要点	胃溃疡	溃疡型胃癌
外形	圆形或卵圆形	不整形、皿状或火山口状
大小	溃疡直径一般<2cm	溃疡直径一般>2cm
深度	较深	较浅
边缘	整齐，状如刀割	不整齐，隆起
底部	较平坦	凹凸不平，有坏死，出血明显
周围黏膜	黏膜皱襞呈放射状向溃疡集中	黏膜皱襞中断，呈结节状肥厚

镜下见，进展期胃癌组织学类型常为管状腺癌、乳头状腺癌、黏液腺癌和印戒细胞癌，少数为鳞状细胞癌或未分化癌。

2. 扩散

（1）直接蔓延：浸润到胃浆膜层的癌组织，可直接蔓延到肝、胰腺及大网膜等邻近器官或组织。

（2）淋巴道转移：为胃癌转移的主要途径。首先转移到局部淋巴结，以转移到胃冠状静脉旁淋巴结及幽门下淋巴结最为多见；可进一步转移到腹主动脉旁、肝门、胰头上方或肠系膜根部的淋巴结；晚期，可转移到锁骨上淋巴结，以左侧多见。

（3）血道转移：多见于胃癌晚期。癌细胞可从局部侵入血液，也可在发生淋巴道转移之后经胸导管入血。常转移到肝、肺、骨、脑等器官。

（4）种植性转移：当胃癌细胞浸润胃浆膜后脱落到腹腔，种植于大网膜及腹腔、盆腔器官的浆膜上，常导致腹腔、盆腔器官的广泛粘连，并可伴血性腹水，细胞学检查可查见癌细胞。若黏液癌发生种植性转移，常在双侧卵巢形成转移性黏液癌，称为克鲁根勃（Krukenberg）瘤。

（三）大肠癌

大肠癌以发生于直肠最多（占 50%），乙状结肠次之（占 20%），其他部位依次为盲肠及升结肠、横结肠、降结肠。大肠癌的肉眼形态分为以下 4 型。

1. 隆起型 又称息肉型或蕈伞型，肿瘤呈息肉状或蕈伞状突向肠腔，可伴浅表溃疡，多为高分化腺癌。右侧结肠癌常为隆起型。

2. 溃疡型 肿瘤表面形成较深的溃疡，溃疡外观状似火山口。此型最多见。

3. 浸润型 癌组织在肠壁深层弥漫浸润，常累及肠管全周，可形成环状狭窄。左侧结肠癌多为浸润型，早期即可出现肠梗阻的症状。

4. 胶样型 肿瘤外观及切面均呈半透明、胶冻状。此型较少见，预后差。

镜下见，大肠癌的组织学类型有乳头状腺癌、管状腺癌、黏液腺癌、印戒细胞癌、未分化癌、鳞状细胞癌等。

（四）原发性肝癌

原发性肝癌（primary carcinoma of liver）是指由肝细胞或肝内胆管上皮细胞发生的恶性肿瘤，通常简称肝癌。在我国，肝癌发病率较高，多在中年后发病，男多于女。肝癌发病隐匿，早期无临床症状，发现时多数已为晚期。用甲胎蛋白（AFP）、B 型超声波、核磁共振等检查，可提高早期肝癌的检出率。

1. 病理变化

1）肉眼观

（1）早期肝癌或小肝癌：指单个癌结节最大直径< 3cm 或两个癌结节合计最大直径< 3cm 的原发性肝癌。

（2）晚期肝癌可分为三型：①巨块型，肿瘤为一巨大实体肿块，圆形，多位于肝右叶；②多结节型，最常见，癌结节多个散在，呈圆形或椭圆形，大小不等；③弥漫型，少见，癌组织弥漫分布于肝内，一般形成极小或无明显的结节，常在肝硬化基础上发生。

2）镜下见 原发性肝癌分为三型。

（1）肝细胞癌：最多见，是由肝细胞发生的癌。癌细胞较大，呈多边形，境界清楚，核大而圆，大小不等，核仁明显，常见双核、巨核和畸形核。癌细胞排列呈条索状，或腺泡样。

（2）胆管细胞癌：较为少见，由肝内胆管上皮细胞发生的癌，其组织结构多为分化型腺癌，癌细胞呈立方形或柱状，似腺管状排列，可呈乳头状突入腔内，间质结缔组织丰富。

（3）混合细胞型肝癌：同时具有肝细胞癌和胆管细胞癌两种成分，最少见。

2. 扩散

（1）肝内播散：原发性肝癌首先在肝内直接浸润、蔓延，并可沿门静脉分支播散，在肝内形成多个转移瘤结节。

（2）淋巴道转移：癌细胞侵入淋巴道可转移至肝门、上腹部及腹膜后淋巴结。

（3）血道转移：癌细胞侵入门静脉分支，逆行蔓延至肝内门静脉主干形成癌栓，可堵塞管腔引起门脉高压。晚期癌细胞经肝静脉转移到肺、肾上腺、脑、肾等处。

（4）种植性转移：癌细胞浸润到肝包膜后，可脱落至腹膜、大网膜及腹腔、盆腔脏器表面，形成种植性转移。

（常晓宾　穆延磊）

第八节　泌尿系统疾病

一、肾小球肾炎

肾小球肾炎（glomerulonephritis，GN）是以肾小球损害为主的炎症性疾病，简称肾炎，是一种常见病。肾小球肾炎可分为原发性和继发性。原发性肾小球肾炎是原发于肾的独立性疾病，是一组以肾小球损害为主的反应性疾病，肾是唯一或主要受累的脏器。继发性肾小球肾炎是指全身性或系统性疾病中出现的肾小球病变，如红斑狼疮性肾炎、过敏紫癜性肾炎等引起的肾小球病变。本节仅叙述原发性肾小球肾炎。

（一）基本病理变化

肾小球肾炎的基本病理变化包括以下几种。

1. 肾小球细胞数目增多　主要是系膜细胞和内皮细胞增生，并伴有中性粒细胞、单核细胞及淋巴细胞浸润，导致肾小球体积增大。

2. 基底膜增厚　可以是基底膜本身的增厚，也可以是内皮下、上皮下或基底膜内免疫复合物沉积所致。

3. 炎性坏死和出血　患急性肾炎时，肾小球内可出现中性粒细胞等炎细胞浸润及纤维蛋白渗出，血管壁可发生纤维素样坏死。

4. 玻璃样变性　肾小球玻璃样变性，镜下为均质红染无结构的物质沉积，其沉积的成分为血浆蛋白、增厚的基底膜和增多的系膜基质。严重时毛细血管腔狭窄和闭塞，肾小球内固有细胞减少或消失，胶原纤维增加，最终导致整个肾小球的纤维化和玻璃样变。

5. 肾小管和间质的变化　肾小管上皮常发生变性、坏死。管腔内可出现蛋白质和管型。肾间质可见充血、水肿和炎细胞浸润。肾炎晚期间质可发生纤维化。

（二）临床表现

肾小球肾炎在临床上可出现不同的症状和体征，根据临床表现和化验结果，临床上把肾小球肾炎分为以下几类，这些类型与不同的病理类型有一定的对应关系。

1. 急性肾炎综合征（acute nephritic syndrome）　起病急，以少尿、血尿、水肿和高血压为主要临床表现，严重者可出现氮质血症或肾衰竭。病理类型主要为弥漫性毛细血管内增生性肾小球肾炎。此型多数预后良好。

2. 急进性肾炎综合征（rapidly progressive nephritic syndrome）　起病急骤，由蛋白尿、血尿迅速发展为少尿或无尿，伴氮质血症，引起急性肾衰竭，预后极差。病理类型主要为弥漫性新月体性肾小球肾炎。

3. 肾病综合征（nephrotic syndrome）　起病缓慢，主要表现为“三高一低”，即大量蛋白尿（尿中蛋白含量≥3.5g/天）、低蛋白血症、高度水肿和高脂血症。引起肾病综合征的病理类型较多，主要为微小病变性肾小球肾炎、局灶性节段性肾小球硬化、弥漫性膜性肾小球肾炎、弥漫性膜性增生性肾小球肾炎、弥漫性系膜增生性肾小球肾炎。

4. 无症状性血尿或蛋白尿 起病缓慢或急骤，主要表现为持续性或复发性肉眼血尿或镜下血尿，可伴有轻度蛋白尿，而无明显的其他肾炎症状。主要见于 IgA 肾病，也可见于轻度系膜增生性肾小球肾炎、轻微病变性肾小球肾炎等。这种无症状性血尿和蛋白尿可长期不变，故又称隐匿性肾小球肾炎，但也可能是某型肾炎的早期表现，随疾病进展可出现肾小球肾炎的其他临床表现。

5. 慢性肾炎综合征（chronic nephritic syndrome） 各型肾炎均可因病变持续而出现此种临床表现。主要表现为多尿、夜尿、低比重尿、贫血、高血压和氮质血症，病变进展缓慢，最终发展为慢性肾衰竭，预后较差。常见病理类型为慢性硬化性肾小球肾炎。

（三）病理类型及临床病理联系

肾小球肾炎的病理类型目前多采用世界卫生组织的分类法，以肾穿刺活检和尸检，光镜、电镜和免疫荧光表现为基础，根据肾组织病变的范围分为弥漫性肾小球肾炎（指病变累及 50%以上的肾小球者）、局灶性肾小球肾炎（指病变仅累及少数肾小球者）和微小病变性肾小球肾炎。其中弥漫性肾小球肾炎的常见类型有：①急性弥漫性增生性肾小球肾炎；②急进性（新月体性或快速进行性）肾小球肾炎；③膜性肾小球病（膜性肾病）；④膜性增生性肾小球肾炎；⑤系膜增生性肾小球肾炎；⑥慢性硬化性肾小球肾炎。

1. 急性弥漫性增生性肾小球肾炎 **急性弥漫性增生性肾小球肾炎**（acute diffuse proliferative GN）又称**弥漫性毛细血管内增生性肾小球肾炎**（diffuse endocapillary proliferative GN），为临床最常见的类型，其病变特点是以肾小球毛细血管内皮细胞和系膜细胞增生为主，伴有多少不等的渗出和变质改变。多见于 5～14 岁儿童，成人较少见。临床起病急，主要表现为急性肾炎综合征，预后良好。

1）病理变化

（1）肉眼观：两侧肾脏轻、中度对称性肿大，包膜紧张，表面光滑，充血色红，称为“大红肾”。有时肾的表面和切面可见散在粟粒大小的出血点，称为“蚤咬肾”。切面见肾皮质增厚，纹理模糊，但皮质与髓质界线清楚。

（2）镜下见：病变弥漫性累及两侧肾的绝大多数肾小球，以增生性病变为主。主要表现为肾小球毛细血管内皮细胞和系膜细胞明显增生，并有较多的中性粒细胞和单核细胞渗出，使肾小球细胞数量增多、体积增大，毛细血管管腔明显狭窄，肾小球缺血。肾小囊内也可见炎细胞、纤维蛋白渗出和红细胞漏出。严重病例肾小球毛细血管出现节段性纤维素样坏死或微血栓形成。肾近曲小管上皮细胞常见细胞水肿，管腔内可见由蛋白质、细胞等聚集而形成的各种管型，如蛋白质管型、细胞管型、颗粒管型。肾间质出现不同程度的充血、水肿及少量炎细胞浸润。

（3）电镜观察：肾小球毛细血管内皮细胞和系膜细胞增生肿胀，脏层上皮和基底膜之间可见散在的电子致密沉积物，呈驼峰状。沉积物也可位于内皮细胞下或基底膜内。

（4）免疫荧光检查：沿基底膜表面有散在的 IgG 和补体 C3 沉积，呈散在的颗粒状荧光。

2）临床病理联系

（1）尿的变化：①少尿或无尿，由于肾小球毛细血管内皮细胞和系膜细胞增生肿胀，使管腔狭窄，肾小球滤过率降低，而肾小管重吸收功能无明显变化，故引起少尿，严重者无尿。②血尿，常为最早出现的症状，血尿程度主要取决于肾小球毛细血管受损的程度，轻者为镜下血尿，严重者出现肉眼血尿。③蛋白尿，多呈轻、中度蛋白尿，少数患者出现大量蛋白尿。④管型尿，肾小管中的管型随尿液排出，可在尿液镜检时检出各种管型。

（2）水肿：80%以上患者均有水肿。水肿首先出现于组织疏松的部位如眼睑，也可伴有下肢轻度凹陷性水肿，少数严重者可波及全身。其原因主要是增生性病变使肾小球滤过率降低，而肾小管重吸收功能相对正常，引起钠水潴留所致；变态反应引起的全身毛细血管壁通透性升高，较多蛋白质从尿中丢失使血浆胶体渗透压降低则可加重水肿。

（3）高血压：80%的患者可出现一过性轻、中度高血压，其原因主要与钠水潴留引起血容量增多有关。

3）*转归* 本型肾炎绝大多数预后良好，尤其是儿童可完全治愈。少数患者可转化为新月体性肾小球肾炎或慢性硬化性肾小球肾炎。极少数（<1%）患者病情严重，可在短期内迅速出现急性肾衰竭，可因救治不当而死亡，且多为高龄患者。若持续大量蛋白尿或肾小球滤过率下降提示预后不佳。

2. 急进性肾小球肾炎 急进性肾小球肾炎又称快速进行性肾小球肾炎或新月体性肾小球肾炎。**新月体性肾小球肾炎**（crescentic GN）是指肾球囊壁层上皮细胞增生形成以新月体为特征的肾小球肾炎。较少见，多见于青年，临床上起病急，病情重，进展快，由蛋白尿、血尿等迅速发展为少尿、无尿，如不给予及时有效的治疗，可在数日或数月内发生急性肾衰竭而死亡，故又称**快速进行性肾小球肾炎**（rapidly progressive GN）。

1）*病理变化*

（1）肉眼观：双肾体积增大，表面光滑，颜色苍白，皮质表面常有点状出血。切面见肾皮质增厚，髓质淤血。

（2）镜下见：特征性病变是多数肾小球内有新月体形成。早期新月体主要由明显增生的肾球囊壁层上皮细胞和渗出的单核细胞构成，在毛细血管丛周围形成半月状结构，称为细胞性新月体。若增生的壁层上皮细胞包绕毛细血管丛，形成环状结构时，则称为环状体。以后纤维组织增多，最终新月体可完全纤维化，称为纤维性新月体。在增生的壁层上皮细胞间可见渗出的中性粒细胞、纤维蛋白和红细胞。新月体形成可使肾球囊壁增厚，脏、壁层粘连，从而使肾球囊腔狭窄，同时，新月体可压迫肾小球毛细血管丛，使毛细血管丛萎缩、纤维化、玻璃样变性。有时可见肾小球毛细血管发生纤维素样坏死和出血。此外，肾近曲小管上皮细胞可发生细胞水肿，间质淋巴细胞、巨噬细胞浸润。

（3）电镜观察：除新月体形成外，几乎所有病例均可见肾小球毛细血管基底膜不规则增厚、局灶性缺损和断裂。部分病例可见电子致密沉积物。

（4）免疫荧光检查：部分患者肾小球内有颗粒荧光或线型荧光，但部分患者很少或不见荧光阳性物，可能与不同的病因和发病机制有关。

2）*临床病理联系* 此型临床上表现为急进性肾炎综合征。

（1）血尿：由于肾小球毛细血管基底膜缺损，大量红细胞漏出，以及毛细血管纤维素样坏死、球囊内出血，可出现明显血尿。蛋白尿相对较轻。

（2）少尿、无尿、氮质血症：由于大量新月体形成，肾球囊腔狭窄甚至阻塞，血浆不能滤过，故患者迅速出现少尿、无尿，体内代谢产物不能排出而引起氮质血症。

（3）高血压：主要是由于新月体压迫肾小球毛细血管丛导致肾缺血，通过肾素-血管紧张素的作用，全身细、小动脉收缩，外周阻力增大，从而使血压升高。此外，钠水潴留也可使血压升高。

3）*转归* 病变严重程度及预后主要与新月体形成的数量有关，若有新月体形成的肾小球 > 80%，病变发展迅速，预后差，如不及时治疗，多数患者常于数周或数月内因尿毒症而死亡。有新月体形成的肾小球达 50%～80%，病程可稍长，常需透析治疗或做肾移植。

3. 肾病综合征及相关类型的肾炎

1）*膜性肾小球病*（membranous glomerulopathy） 是以肾小球毛细血管壁弥漫性增厚为主要病变特点，而肾小球内炎症改变不明显的肾小球肾炎，又称**膜性肾病**（membranous nephropathy）。多见于成年人，是引起成人肾病综合征最常见的肾炎类型，临床起病缓慢，病程较长。85%的病例是由抗肾小球抗原的自身抗体引起的慢性免疫复合物性肾炎，其余病例为全身性疾病（如系统性红斑狼疮）的一部分或与其他疾病（如乙型肝炎）有关。

（1）病理变化：①肉眼观，双肾体积增大，颜色苍白，故称“大白肾”，切面皮质增厚。②镜下见，早期肾小球正常，随着疾病的进展，肾小球毛细血管基底膜弥漫性增厚使毛细血管腔狭窄甚至闭塞，而肾小球内无明显渗出、增生等改变。肾近曲小管上皮可出现细胞水肿、脂肪变性。③电镜观察，早期肾球囊脏层上皮细胞肿胀，足突消失，上皮下可见少量不规则、小丘状的电子致密物沉积；以后基底膜外侧增生，形成许多梳齿状突起；随免疫复合物的继续沉积，基底膜增生更为明显，进而将沉积物覆盖，使基底膜高度增厚。④免疫荧光检查，免疫复合物（IgG 和补体 C3）沉积，沿基底膜呈颗粒状荧光。

（2）临床病理联系：膜性肾小球病临床起病缓慢，主要表现为肾病综合征。①蛋白尿：由于肾小球基底膜严重损伤，通透性显著增加，大量蛋白质由肾小球滤过，引起严重蛋白尿。除小分子蛋白外，大分子蛋白如球蛋白也可由肾小球滤过，因而出现大量非选择性蛋白尿。②低蛋白血症：由于血浆中大量蛋白质经尿排出，血中总蛋白减少，引起低蛋白血症。③水肿：由于血浆蛋白明显减少，使血浆胶体渗透压降低，有效滤过压增大，大量血浆渗入组织间隙，引起水肿。同时，由于组织间液增多，血容量减少，肾小球滤过率降低，醛固酮和抗利尿激素的分泌量增加，引起钠水潴留，使水肿进一步加重。因此，水肿很严重，往往是全身性的，以眼睑和身体低垂部位最明显，严重者也可出现胸水和腹水。④高脂血症：可能是由于血浆蛋白含量降低，刺激肝合成含有胆固醇的蛋白质增多。由于血脂过高及基底膜对脂蛋白的通透性升高，也可引起脂尿症。

（3）转归：膜性肾小球病病程较长，对肾上腺皮质激素不敏感，可发展为慢性肾衰竭，多数患者预后较差。少数患者病情可自行缓解或得到控制，预后较好。

2）微小病变性肾小球肾炎（minimal change GN） 是指光镜下肾小球无明显变化，而肾小管上皮细胞内有大量脂质沉积的肾小球肾炎，也称**脂性肾病**（lipoid nephrosis）。本病多发生于 2～6 岁小儿，是引起儿童肾病综合征的最常见原因，其病因和发病机制不清，可能与特异性体质（如 T 细胞功能异常）或病毒感染有关。

（1）病理变化：①肉眼观，肾大，颜色苍白，切面肾皮质因肾小管上皮细胞内有脂质沉积而出现黄白色条纹。②镜下见，肾小球基本正常，近曲小管上皮细胞内可见大量脂滴空泡和玻璃样小滴。③电镜观察，肾小球基底膜正常，无电子致密物沉积。主要病变是足细胞胞体扁平，足突消失，上皮细胞边缘呈空泡变性，细胞表面有较多微绒毛形成。④免疫荧光检查，无免疫球蛋白和补体沉积。

（2）临床病理联系及转归：临床主要表现为肾病综合征，尿中蛋白质主要是分子质量较小的白蛋白，属选择性蛋白尿。本病预后好，90%患者对皮质类固醇治疗敏感，数周后病变消失，症状得到控制或缓解。极少数患者预后较差，可发展为慢性肾衰竭。

3）系膜增生性肾小球肾炎（mesangial proliferative GN） 是指以肾小球系膜细胞弥漫增生和系膜基质增多为特征的肾小球肾炎。电镜观察，见系膜区有电子致密物沉积。免疫荧光检查最常见的是系膜区有 IgG 和 C3 沉积，部分病例仅出现 C3 沉积或免疫荧光检查阴性。

本型肾炎多见于青少年，临床表现为无症状性蛋白尿或血尿，预后较好。少数表现为肾病综合征或慢性肾炎综合征，严重者出现肾功能障碍，预后较差。

4）慢性肾小球肾炎 又称**慢性硬化性肾小球肾炎**（chronic sclerosing GN），简称慢性肾炎，病变特点是弥漫性肾小球纤维化、玻璃样变。慢性肾小球肾炎不是一个独立的疾病，而是各种肾小球肾炎发展到晚期的病理类型。多数患者有肾炎病史，但也有部分患者起病隐匿，无自觉症状，发现时已进入晚期。

（1）病理变化：①肉眼观，两肾体积对称性缩小，颜色苍白，质地变硬，表面呈弥漫性细颗粒状，称为继发性颗粒性固缩肾。切面，肾皮质明显变薄，皮质和髓质分界不清。小动脉壁增厚、变硬，切面管腔呈哆开状，肾盂周围脂肪组织增多。②镜下见，早期肾小球内可见原发肾炎的病变。晚期，大量肾小球纤维化、玻璃样变性，所属肾小管萎缩消失，纤维化、玻璃样变性的肾小球集中；间质纤维组织明显增生，并见多数淋巴细胞和浆细胞浸润；残存的相对正常的肾单位发生代偿性肥大，表现为肾小球体积增大，肾小管扩张，扩张的肾小管内可见多种管型，以蛋白管型为主。肾内细、小动脉硬化，管腔狭窄。

（2）临床病理联系：①尿的变化，由于大量肾单位被破坏，血液只能通过少数代偿肥大的肾单位，导致肾小球滤过速度加快，滤过量显著增加，原尿通过肾小管的速度也加快，而肾小管的重吸收功能有限，大量水分不能重吸收，因而出现多尿、夜尿和低比重尿（常固定在1.010左右）。由于残存的肾单位结构和功能相对正常，故蛋白尿、血尿、管型尿常不明显。②贫血，由于大量肾小球纤维化，肾单位大量破坏，促红细胞生成素形成减少。同时，长期肾功能不全造成代谢产物在体内堆积，可抑制骨髓造血，故患者常有贫血。③高血压，大量肾小球纤维化使肾组织严重缺血，肾素分泌增加，引起肾性高血压。高血压又可引起全身细、小动脉硬化，外周阻力持续增大，同时又加重肾缺血，故血压持续升高。长期高血压可引起左心室代偿性肥大，严重者出现心力衰竭或脑出血。④氮质血症，随疾病发展，丧失功能的肾单位逐渐增多，残存的相对正常的肾单位越来越少，肾泌尿功能不断降低，体内各种代谢产物大量堆积，因而出现氮质血症。同时，还可导致水、电解质代谢紊乱和酸碱平衡失调。

（3）转归：慢性肾炎起病隐匿，病程长短不一，早期如进行积极合理的治疗，可控制疾病的发展。晚期预后极差，如不能及时进行血液透析或肾移植，患者常因尿毒症或高血压引起心力衰竭、脑出血而死亡，故应注意对慢性肾炎的预防和早期治疗。

二、肾盂肾炎

肾盂肾炎（pyelonephritis）是由细菌感染引起的化脓性炎症，病变主要累及肾盂黏膜、肾间质。肾小管和肾小球可有不同程度的损伤。任何年龄均可发生，女性发病率约为男性的10倍。按病程的长短和病变特点不同，肾盂肾炎可分为急性和慢性两种。

（一）急性肾盂肾炎

急性肾盂肾炎（acute pyelonephritis）是以肾盂黏膜、肾间质为主的急性化脓性炎症。好发于小儿、妊娠妇女和老人，主要由大肠杆菌等革兰氏阴性杆菌引起。

1. 病理变化

（1）肉眼观：病变可累及一侧肾或两侧肾。肾大、充血，表面可见散在的黄白色脓肿；切面见肾盂黏膜充血、水肿，黏膜表面有脓性渗出物，髓质内有黄色条纹，并向皮质内延伸；病变严重者，多个病灶可互相融合形成大小不等的脓肿。

（2）镜下见：肾间质血管扩张充血，大量中性粒细胞浸润，有多发性散在的小脓肿形成，受累肾小管内有大量中性粒细胞和细菌，肾小管周围间隙有黄白色条纹（病灶扩散所致），肾小球很少受累。但由于感染途径不同，病变发展稍有不同。上行性感染者，病变首先累及肾盂、肾盏，然后再蔓延至肾小管及其周围组织间隙；血源性感染者，炎症首先累及肾皮质，尤其是肾小球或肾小管周围的间质，以后再蔓延至肾小管、肾盂。

2. 临床病理联系

（1）全身表现：患者常有发热、寒战、白细胞增多等全身反应。

（2）局部表现：由于肾大和炎症刺激，患者常有腰部酸痛和肾区叩击痛。

（3）尿路症状：炎症刺激尿道和膀胱黏膜，可引起尿频、尿急和尿痛等症状，称为膀胱刺激征（或尿路刺激征）。

（4）尿的变化：由于组织坏死、脓液形成并随尿排出，患者可有蛋白尿、脓尿、管型尿和血尿等。尿液细菌检查可查见致病菌（称为菌尿），尿细菌培养有助于临床确诊。

3. 转归 急性肾盂肾炎预后较好，如能及时彻底治疗，大多数（90%以上）在短期内可以痊愈。如治疗不彻底或诱因持续存在，则易反复发作，迁延不愈而转为慢性。部分病例可并发肾盂积脓、肾周围脓肿等。

（二）慢性肾盂肾炎

慢性肾盂肾炎（chronic pyelonephritis）可由急性肾盂肾炎演变而来，也可直接发病。病变特点是肾间质炎症、纤维化和瘢痕形成，常伴有肾盂、肾盏的纤维化和变形。肾盂肾炎发展为慢性过程，多与尿路长期阻塞或膀胱-输尿管尿液逆流有关，部分是由于抗药菌株的存在。慢性肾盂肾炎常为多种细菌混合感染。

1. 病理变化

（1）肉眼观：病变可累及一侧或双侧肾。肾体积缩小，质地变硬，特征性改变是肾表面有不规则凹陷性瘢痕并与肾被膜粘连。如病变为双侧性，两侧肾脏大小不等，病变分布不对称，瘢痕数量不等。切面，皮髓界线不清，肾盂黏膜粗糙、增厚，肾盂和肾盏因瘢痕收缩而变形。

（2）镜下见：病变呈不规则的片状分布，以肾间质和肾小管病变最重。病变处肾小管萎缩、纤维化，间质明显纤维组织增生和较多淋巴细胞、浆细胞浸润，部分肾小管代偿性扩张，腔内充满蛋白管型；早期肾小球常无明显改变，但间质纤维增生可引起肾球囊周围纤维化，使肾球囊壁增厚，晚期可引起肾小球纤维化及玻璃样变，相对正常的肾小球可发生代偿性肥大；肾盂黏膜大量纤维组织增生使之增厚，其内有大量淋巴细胞、浆细胞浸润。

2. 临床病理联系

（1）多尿、夜尿：由于肾小管受损，其浓缩功能下降，临床主要表现为多尿、夜尿。

（2）水、电解质代谢紊乱：由于多尿，钠、钾和碳酸氢盐丧失过多，患者可有低钠血症、低钾血症和代谢性酸中毒。

（3）高血压：晚期由于肾小球纤维化、小动脉硬化和肾间质纤维化，肾素分泌增加，可引起高血压。

（4）氮质血症和尿毒症：由于大量肾组织破坏，肾小球滤过减少，引起代谢产物潴留，患者可发生氮质血症和尿毒症。

3. 转归 慢性肾盂肾炎病程较长，常反复发作。早期如能积极治疗，消除诱发因素，可控制疾病的发展，病变部位的功能由正常的肾单位代偿，不致引起严重后果。晚期，病变可广泛累及双侧肾，引起高血压和慢性肾衰竭而危及生命。

（杜华贞　姚亚坤）

第九节　内分泌系统疾病

一、甲状腺疾病

（一）单纯性甲状腺肿

非毒性甲状腺肿（nontoxic goiter）又称单纯性甲状腺肿，是缺碘使甲状腺素分泌减少，促甲状腺激素（TSH）分泌过多，一般不伴有甲状腺功能亢进。根据流行病学可分为地方性和散发性两种，地方性甲状腺肿多见于我国远离海岸的山区或半山区，如云南、贵州、山西、陕西、宁夏等地；散发性甲状腺肿见于全国各地，女性多于男性。病理变化依据其发展过程可分为以下几期。

1. 增生期 又称**弥漫性增生性甲状腺肿**（diffuse hyperplastic goiter）。肉眼观，甲状腺弥漫性、对称性中度增大，表面光滑无结节。镜下见，甲状腺滤泡上皮增生呈立方或低柱状，伴新生的小滤泡形成，滤泡内胶质含量少，间质充血。

2. 胶质储积期 又称**弥漫性胶样甲状腺肿**（diffuse colloid goiter）。肉眼观，甲状腺弥漫性、对称性显著增大，重达200～300g，表面光滑无结节，切面棕褐色，半透明胶冻状。镜下见，部分滤泡增生，部分滤泡扩张，腔内充满大量浓稠胶质，上皮因受压而变为扁平。

3. 结节期 又称**结节性甲状腺肿**（nodular goiter）。为本病后期，由于甲状腺内不同部位滤泡上皮增生与复旧变化不一致，而形成不规则结节。肉眼观，甲状腺不对称性、结节状增大，结节大小不一，切面结节分界清楚，但无完整包膜，部分区域可继发出血、囊性变或钙化。镜下见，滤泡大小不一，部分滤泡上皮呈柱状或乳头状增生，腔内充满胶质；部分滤泡上皮萎缩；间质纤维组织增生，包绕滤泡形成大小不等的结节状病灶。

（二）甲状腺肿瘤

1. 甲状腺腺瘤　甲状腺腺瘤（thyroid adenoma）是甲状腺滤泡上皮发生的一种常见良性肿瘤。中青年女性多见。肿瘤生长缓慢，随吞咽活动而上下移动。肉眼观，多为单发，圆或类圆形，有完整的包膜，常压迫周围组织，直径一般为3～5cm，切面多为实性，色暗红或棕黄，可并发出血、囊性变、钙化和纤维化。

结节性甲状腺肿和甲状腺腺瘤的诊断及鉴别要点：①前者常为多发结节、无完整包膜；后者一般单发，有完整包膜。②前者滤泡大小不一致，一般比正常的大；后者则相反。③前者周围的甲状腺组织无压迫现象，邻近的甲状腺内与结节内有相似病变；后者周围甲状腺有压迫现象，周围和邻近处甲状腺组织均正常。

2. 甲状腺癌　甲状腺癌（thyroid carcinoma）是一种较常见的恶性肿瘤，占所有恶性肿瘤的1.3%以下，占癌症死亡病例的0.4%，约占甲状腺原发性上皮性肿瘤的1/3，男女之比约为2∶3，任何年龄均可发生，但以40～50岁多见。多数甲状腺癌患者甲状腺功能正常，仅少数引起内分泌紊乱（甲状腺功能亢进或低下）。甲状腺癌的主要组织学类型如下。

（1）**乳头状癌**（papillary carcinoma）：是甲状腺癌中最常见的类型，约占60%，青少年女性多见，约为男性的3倍，肿瘤生长慢，恶性程度较低，预后好，10年存活率达80%以上，肿瘤大小和是否有远处转移与生存率有关，而是否有局部淋巴结转移与生存率无关。但局部淋巴结转移较早。肉眼观，肿瘤一般呈圆形，直径为2～3cm，无包膜，质地硬，切面灰白，部分病例有囊形成，囊内可见乳头，故称为**乳头状囊腺癌**（papillary cystadenocarcinoma），肿瘤常伴有出血、坏死、纤维化和钙化。光镜下：乳头分支多，乳头中心有纤维血管间质，间质内常见呈同心圆状的钙化小体，即**砂粒体**（psammoma bodies），有助于诊断。乳头上皮可呈单层或多层，癌细胞可分化程度不一，核染色质少，常呈透明或毛玻璃状，无核仁。乳头状癌有时以**微小癌**（microcarcinoma）出现，癌直径小于1cm，临床又称为“**隐匿性癌**”（occult carcinoma）。多在尸检中或因其他疾病进行甲状腺切除时发现或因颈部淋巴结转移才被注意。甲状腺微小癌预后较好，远处转移也少见。

（2）**滤泡癌**（follicular carcinoma）：一般比乳头状癌恶性程度高、预后差，较常见，仅次于甲状腺乳头状癌而居第2位。多发于40岁以上女性。

（3）**髓样癌**（medullary carcinoma）：又称C细胞癌（C-cell carcinoma），是由滤泡旁细胞（即C细胞）发生的恶性肿瘤，属于APUD瘤。电镜：胞质内有大小较一致的神经内分泌颗粒。

（4）**未分化癌**（undifferentiated carcinoma）：又称**间变性癌**（anaplastic carcinoma）或**肉瘤样癌**（sarcomatoid carcinoma），较少见，多发生在50岁以上，女性较多见，生长快。早期即可发生浸润和转移，恶性程度高，预后差。

二、胰岛疾病

（一）糖尿病

糖尿病（diabetes mellitus）是一种体内胰岛素相对或绝对不足，或靶细胞对胰岛素的敏感性降低，或胰岛素本身存在结构上的缺陷而引起糖、脂肪、蛋白质代谢紊乱的一种全身性慢性代谢性疾病，以持续血糖升高和糖尿为主要特征，故称糖尿病。

1. 病因　糖尿病按其病因分为**原发性糖尿病**（primary diabetes mellitus）和**继发性糖尿病**（secondary diabetes mellitus）两大类。原发性糖尿病多见，又分为胰岛素依赖型糖尿病和非胰岛素依赖型糖尿病两种。

（1）原发性糖尿病：①胰岛素依赖型，又称Ⅰ型或幼年型，约占10%，多见于青少年，起病急，病情重，进展快。②非胰岛素依赖型，又称Ⅱ型或成年型，约占90%，多见于中老年，起病缓慢，病情较轻，进展较慢。

（2）继发性糖尿病：指由于胰腺的炎症、肿瘤等已知疾病引起胰岛破坏或某些内分泌腺疾病（如肢端肥大症、甲亢）影响胰岛的功能状态所致，此类少见。

2. 病理变化

（1）胰岛病变：Ⅰ型糖尿病早期为非特异性胰岛炎，继而胰岛B细胞颗粒脱失、空泡变性、坏死、消失，胰岛变小、数目减少，纤维组织增生、玻璃样变。Ⅱ型糖尿病早期病变不明显，后期B细胞减少，常见胰岛淀粉样变性。

（2）血管病变：从毛细血管到大、中动脉均有不同程度的病变。如毛细血管和细、小动脉的内皮细胞增生，基底膜明显增厚，致血管壁增厚、管腔狭窄，形成细、小动脉硬化，有的血管壁发生纤维素样坏死；大、中动脉粥样硬化，比非糖尿病患者出现得早且严重，可能与糖尿病伴发高胆固醇血症有关。

（3）肾病变：肾小球毛细血管壁和系膜区出现玻璃样物质沉积，进而导致肾小球硬化。此外，还可见肾小管上皮细胞内糖原沉积、肾间质水肿、淋巴细胞和浆细胞浸润、肾乳头坏死等改变。

（4）视网膜病变：早期表现为微小血管瘤形成和视网膜小静脉扩张，继而出现水肿、出血、微血栓形成等病变。视网膜病变可造成白内障或失明。

（5）神经系统病变：血管病变导致周围神经缺血性损伤，出现肢体疼痛、麻木、感觉丧失、肌肉麻痹等症状。

3. 临床病理联系 糖尿病的典型症状为"三多一少"，即多饮、多食、多尿和体重减轻。多尿是由血糖过高，超过肾糖阈值而引起糖尿，造成渗透性利尿所致；多饮是由多尿造成水分丢失过多，血浆渗透压升高，刺激下丘脑口渴中枢引起；多食则由于糖代谢障碍，引起脂肪和蛋白质分解代谢加强，以及血糖过高刺激胰岛素分泌，使患者产生饥饿感和食欲亢进所致；消瘦、体重下降、疲乏无力，是由于糖代谢障碍、ATP 生成减少和负氮平衡所致。晚期患者常因心肌梗死、肾衰竭、脑血管意外或合并感染而死亡。

（二）胰腺肿瘤

1. 胰岛细胞瘤 好发部位依次为胰尾、胰体和头部。

2. 胰腺癌的病理变化 60%～70%在胰头。

（1）导管细胞癌：最常见。

（2）腺泡细胞癌。

（3）其他：多形性腺癌和未分化小细胞癌等。

（杨 迪）

第十节 乳腺及女性生殖系统疾病

一、乳腺癌

乳腺癌（carcinoma of breast）是来自乳腺终末导管小叶单元上皮的恶性肿瘤。其居女性恶性肿瘤的第一位，好发年龄为40～60岁。乳腺癌的发生与雌激素过高、遗传等因素有关。

1. 常见组织学类型 乳腺癌是乳腺导管上皮及腺泡上皮发生的恶性肿瘤，主要发生于乳腺外上象限，其次为乳腺中央区和其他象限。肉眼观，呈灰白色，质硬，与周围组织分界不清。

乳腺癌可分为非浸润性癌和浸润性癌两大类。

1）非浸润性癌（原位癌） 分为导管内原位癌和小叶原位癌。导管内原位癌多发生于乳腺小叶的终末导管，导管明显扩张，癌细胞局限于扩张的导管内，但导管基底膜完整。根据组织学改变分为粉刺癌和非粉刺型导管内癌。

（1）粉刺癌：一半以上位于乳腺中央部位，切面可见扩张的导管内含有灰黄色软膏样坏死物质，挤压时可由导管内溢出，状如皮肤粉刺，故称为粉刺癌。镜下见，癌细胞体积较大，胞质嗜酸，分化不等，大小不一，核仁明显，伴丰富的核分裂象。癌细胞呈实性排列，中央总会查见坏死，是其特征性的改变。坏死区可见钙化。导管周围间质纤维组织增生和慢性炎细胞浸润。

（2）非粉刺型导管内癌：细胞呈不同程度的异型，但不如粉刺癌明显，细胞体积较小，形态比较规则，一般无坏死或仅有轻微坏死。癌细胞在导管内排列成实性、乳头状或筛状等多种形式。管周围间质纤维组织增生不如粉刺癌明显。

（3）小叶原位癌：发生于乳腺小叶的末梢导管上皮和腺泡上皮，约30%的小叶原位癌累及双侧乳腺，常为多中心性，因肿块小，临床上一般摸不到明显肿块。镜下见，癌细胞局限于扩张的乳腺小叶末梢导管和腺泡内，呈实体排列，大小形态较为一致，核圆形或卵圆形，核分裂象罕见，基底膜完整，乳腺小叶结构尚存。

2）*浸润性癌*　包括浸润性导管癌和浸润性小叶癌。

（1）浸润性导管癌：多由导管内癌发展而来，是最常见的乳腺癌类型，占70%左右。镜下见，导管内的癌细胞突破导管基底膜向间质浸润，成巢状、团索状，细胞大小、形态各异，核分裂象多见，常有灶状坏死，肿瘤间质有致密的纤维组织增生。

（2）浸润性小叶癌：由小叶原位癌发展而来，占乳腺癌的5%～10%。镜下见，癌细胞穿透基底膜，呈单行串珠状或细条索状浸润于纤维间质之间，或环行排列在正常导管周围。癌细胞小，大小一致，核分裂象少见。

（3）特殊类型癌：包括小管癌、Paget病、黏液癌和乳腺炎性癌等。

2. 扩散及转移途径

（1）直接蔓延：癌细胞可沿乳腺导管或导管周围间隙直接蔓延至乳腺实质、乳头、胸肌、胸壁等。

（2）淋巴道转移：是乳腺癌最常见的转移途径。首先转移至同侧腋窝淋巴结，晚期可转移至锁骨上淋巴结。位于乳腺内上象限的乳腺癌常转移至乳内动脉旁淋巴结，进一步至纵隔淋巴结。偶尔也可转移至对侧腋窝淋巴结。

（3）血道转移：晚期乳腺癌可经血道转移至肺、肝、脑、骨等组织或器官。

二、子宫颈癌

子宫颈癌（cervical carcinoma）是女性生殖系统中最常见的恶性肿瘤，国外统计仅次于乳腺癌，居第二位，而在我国为第一位，发病年龄以40～60岁居多。其病因尚无定论，人乳头状瘤病毒（HPV）感染与宫颈癌发生有关，特别是HPV16、HPV18、HPV31等三型与宫颈癌关系密切。此外，还与早婚、早育、多产、宫颈裂伤、性生活紊乱、包皮垢刺激等因素有关。

1. 病理变化　子宫颈癌常发生于子宫颈外口的鳞状上皮和子宫颈管的黏膜柱状上皮交界处。

（1）肉眼观：子宫颈癌分为4种类型。①糜烂型：病变处黏膜潮红、粗糙，呈细颗粒状，质脆，触之易出血，临床上不易与宫颈糜烂区别，需做细胞学检查或活检才能确诊，组织学上多属原位癌或早期浸润癌。②外生菜花型：癌组织主要向宫颈表面生长，形成菜花状突起，质脆易出血，表面常因感染而发生坏死并形成浅表溃疡。③内生浸润型：癌组织主要向子宫颈深部浸润生长，表面常光滑，故早期临床检查易漏诊。晚期子宫颈前后唇明显增厚变硬或呈结节状突起，肿瘤组织切面灰白色，质脆，接触性出血明显。④溃疡型：癌组织除向深部浸润外，表面同时有大块坏死脱落，形成溃疡，似火山口状。

（2）镜下见：子宫颈癌可分为子宫颈鳞状细胞癌和子宫颈腺癌。鳞状细胞癌占90%左右，依据其进展过程，分为原位癌、早期浸润癌和浸润癌，多为中分化鳞癌（约占 60%）。腺癌占 10%左右，多为子宫颈管内膜腺癌。

2. 扩散

（1）直接蔓延：癌组织向上浸润破坏整段子宫颈，但很少侵犯子宫体；向下可累及阴道穹隆及阴道壁；向两侧可侵犯宫旁及盆壁组织。晚期向前可侵及膀胱，向后可累及直肠。

（2）淋巴道转移：是子宫颈癌最常见的转移途径。癌组织首先转移至子宫颈旁淋巴结，然后可依次转移至闭孔淋巴结、髂内淋巴结、髂外淋巴结、髂总淋巴结、腹股沟淋巴结及骶前淋巴结，晚期可转移至锁骨上淋巴结。

（3）血道转移：较少见，一般见于晚期患者，常见的转移部位有肺、骨及肝等。

三、滋养层细胞疾病

（一）葡萄胎

葡萄胎（hydatidiform mole）又称水泡状胎块，是胎盘绒毛的一种良性病变。其主要特征是绒毛间质高度水肿和滋养层细胞不同程度增生，形成许多串状水泡，状如葡萄而得名。

1. 病理变化

（1）肉眼观：病变局限于宫腔内，不侵入肌层。绒毛肿大，形成大小不等的半透明水泡，水泡之间有蒂相连，形似葡萄。若所有绒毛都呈葡萄状，称为完全性葡萄胎；若部分绒毛呈葡萄状，部分绒毛正常，且伴有或不伴有胎儿及其附属器官者，称为不完全性葡萄胎。

（2）镜下见：葡萄胎有三个特点，即①绒毛间质高度水肿；②绒毛间质内血管消失；③绒毛膜滋养层上皮细胞增生。增生的滋养层细胞有两种，即细胞滋养层细胞和合体滋养层细胞。

（二）侵袭性葡萄胎

侵袭性葡萄胎（invasive mole）又称恶性葡萄胎，大多数继发于葡萄胎，也可称侵袭性葡萄胎。肉眼观，子宫肌层内有水泡状绒毛侵入。镜下见，子宫肌层中有水肿的绒毛，且常见出血坏死，滋养层细胞显著增生，异型性明显。在子宫壁肌层内找到完整的水泡状绒毛结构是病理学的诊断依据，这是与葡萄胎和绒毛膜上皮癌最为重要的区别点。

侵袭性葡萄胎以血道转移为主，肺是最常见的转移部位，部分转移至阴道壁或外阴。

（三）绒毛膜上皮癌

绒毛膜上皮癌（choriocarcinoma）简称绒癌，是滋养层细胞的高度侵袭性恶性肿瘤。绝大多数与妊娠相关，约 50%继发于葡萄胎后，25%发生于流产后，20%发生于正常分娩后，5%发生于早产和异位妊娠后，年龄以 20 岁以下和 40 岁以上女性多见，易发生血道转移。

1. 病理变化

（1）肉眼观：肿瘤呈结节状，单个或多个，暗红或紫蓝色，质较脆，颇似血肿，位于子宫的不同部位，大者可突入宫腔内，也常侵袭子宫深肌层并穿透宫壁而突出于浆膜下。

（2）镜下见：绒癌具有以下特点，①子宫肌层内可见癌组织由高度增生、异型性明显的似细胞滋养层细胞和似合体滋养层细胞构成；②无绒毛结构；③无血管和间质；④常有明显的出血和坏死。

2. 扩散与转移 绒癌侵袭破坏血管的能力很强，除在局部破坏蔓延外，早期就可经血道转移，以肺和阴道壁最常见，其次为脑、肝、肾等。

（王彩霞 崔 力）

第十一节　常见传染病及寄生虫病

一、结核病

结核病（tuberculosis）是由结核杆菌引起的一种慢性肉芽肿病。对人致病的结核分枝杆菌主要为人型、牛型。本病主要经呼吸道感染，其次是消化道感染（食入带菌食物、牛奶）引起。少数经皮肤、黏膜伤口感染。全身各脏器、组织均可受累，但以肺结核最为常见。

（一）基本病理变化

结核病是一种特殊性炎症，典型病变为结核结节形成并伴有不同程度的干酪样坏死。

1. 以渗出为主的病变　出现于结核性炎症的早期或机体的抵抗力低下，当菌量多、毒力强或变态反应较强时，表现为浆液性或浆液纤维素性炎。此病变可完全吸收，或转变为以增生或变质为主的病变。

2. 以增生为主的病变　当感染的细菌量少、毒力较低或机体免疫反应较强时，则发生以增生为主的病变，形成具有诊断价值的结核结节。

结核结节是在细胞免疫的基础上形成的，中央为干酪样坏死，周围有许多类上皮细胞和朗汉斯巨细胞，外周是一些淋巴细胞和成纤维细胞。类上皮细胞为梭形或多角形、胞质丰富、境界不清，连接成片的类上皮细胞，多个类上皮细胞互相融合形成朗汉斯巨细胞，后者为多核巨细胞，体积大，直径可达 300μm，胞质丰富，核的形态与类上皮细胞核相似，有十几到几十个核，有超过百个者，核排列在细胞质周围呈花环状、马蹄形或密集于胞体的一段。结核结节为结核病的特征性病变，单个结核结节肉眼不易看到，几个结节融合成较大结节时，肉眼才能见到，为白色、粟粒大小、境界清楚的病灶，常隆起于脏器表面。

3. 以坏死为主的病变　在结核杆菌数量多、毒力强、机体抵抗力低或变态反应强时，上述以增生为主或以渗出为主的病变均可继发干酪样坏死。肉眼观，干酪样坏死质地松软，色淡黄，均匀细腻，状似奶酪，故称干酪样坏死。镜下为红染无结构的颗粒状物，内含结核杆菌。干酪样坏死对结核病病理诊断具有一定意义。

以上三种病理改变往往同时存在，而在某一个时期以某一种变化为主，而且可以互相转化。

（二）基本病理变化的转化规律

1. 转向愈合

（1）吸收、消散：为渗出性病变的主要愈合方式，渗出物可通过淋巴管、微静脉吸收，而使病灶缩小或消散。细小的干酪样坏死及小范围的增生性病变也有吸收的可能。若发生在肺，X 线检查可见边缘模糊、密度不均的絮状阴影，随着渗出物吸收，阴影缩小以至消失。

（2）纤维化、钙化：较大的结核性肉芽肿病灶可通过成纤维细胞增生、纤维化而愈合；未被完全吸收的渗出性病变和小的干酪样坏死灶也可通过机化、纤维化而愈合；较大的干酪样坏死灶则在病灶周围发生纤维组织增生，将病灶包裹，经若干时日，中央的干酪样坏死逐渐干燥，或有钙盐沉积而发生钙化。被包裹或发生钙化的干酪样坏死灶中，尚可有少量细菌存活，当机体免疫力下降时，结核病可复发。X 线检查为边缘清楚、密度增大的阴影；钙化灶为密度极大、境界清晰的阴影，临床上称为硬结钙化期。

2. 转向恶化

（1）浸润进展：疾病恶化时，在原有病灶的周围发生渗出性病变，随之转为干酪样坏死，在此基础上周围又发生渗出和坏死，如此反复进行，病灶日渐扩大。X 线检查，原病灶周围出现絮状阴影、边缘模糊，临床上称为浸润进展期。

（2）溶解播散：病情恶化时，干酪样坏死物可液化，液化的坏死物内有大量结核杆菌，可通过自然管道排出，从而在局部留下空洞，排出物可进一步发生播散形成新的病灶。液化灶内的结核杆菌也可通过淋巴道和血道播散到全身，引起多个器官的结核病灶。X线检查，可见病灶阴影密度深浅不一，出现透亮区及大小不等的新播散病灶阴影，临床称为溶解播散期。

（三）原发性肺结核病的病理变化和结局

机体第一次感染结核杆菌所引起的肺结核病称**原发性肺结核病**（primary pulmonary tuberculosis）。多见于儿童，又称儿童型肺结核病。偶见于未感染过结核杆菌的青少年或成人。免疫功能严重受抑制的成年人由于丧失对结核杆菌的敏感性，因此可多次发生原发性肺结核。

1. 原发性肺结核病的病变特征 是原发综合征形成的。结核杆菌被吸入肺泡后，最初在通气较好的右肺上叶下部、下叶上部靠近胸膜处形成1～1.5cm大小的灰白色炎性实变灶，绝大多数病例病灶中央有干酪样坏死。结核杆菌游离或被巨噬细胞吞噬，结核杆菌很快侵入淋巴管，到达所属肺门或纵隔淋巴结，引起结核性淋巴管炎和肺门淋巴结结核，后者表现为淋巴结肿大和干酪样坏死。肺原发病灶、结核性淋巴管炎和肺门淋巴结结核称为**原发综合征**（primary complex），X线呈哑铃状阴影。

2. 病变转归 原发综合征形成后，虽然在最初几周内有细菌通过淋巴道、血道播散到全身其他器官，但由于细胞免疫的建立，95%左右的病例不再发展，病灶进行性纤维化和钙化。有时肺内病灶已愈合，肺门淋巴结病变继续发展，形成支气管淋巴结结核。少数患儿由于营养不良或同时患有其他疾病（如麻疹、百日咳、肺炎等），导致病灶扩大、干酪样坏死和空洞形成，有些甚至肺内播散形成粟粒性肺结核病和全身播散形成全身粟粒性结核病。

（四）继发性肺结核病的病理变化和结局

继发性肺结核病（secondary pulmonary tuberculosis）的病理变化和临床表现都比较复杂。根据其病变特点和临床经过可分为以下几种类型。

1. 局灶型肺结核 局灶型肺结核是继发性肺结核的早期病变，病变多位于肺尖，尤以右肺尖常见，大小为0.5～1cm，病变以增生为主，中央也可有干酪样坏死。病灶最后大多形成纤维化、纤维包裹或中心钙化。患者多无自觉症状，往往在体检时X线检查才发现，为肺尖部单个或多个结节状阴影。属非活动性结核病。

2. 浸润型肺结核 是临床上最常见的活动性、继发性肺结核。多数由局灶型肺结核恶化发展而来，X线锁骨下可见边缘模糊的絮状阴影。病变多在肺尖或锁骨下区，最初以渗出为主，肺泡腔内充满浆液、单核细胞、淋巴细胞，病灶中央有不同程度的干酪样坏死。临床多见于青壮年，常有低热、盗汗、乏力、咳嗽、食欲减退、咯血等症状，痰中可查出结核杆菌。如能及时发现并积极治疗，渗出性病变可被吸收，增生坏死性病变可通过纤维化、纤维包裹、钙化而愈合。若病变继续发展，干酪样坏死灶扩大并溶解、液化，液化的坏死物经支气管排出，形成急性空洞，洞壁薄，洞内壁附有干酪样坏死物及结核杆菌，经支气管播散，可引起干酪性肺炎。急性空洞一般较小，经过适当治疗后，洞壁肉芽组织增生，最后形成瘢痕而愈合；也可通过空洞塌陷，形成条索状瘢痕而愈合。空洞若经久不愈，可发展为慢性纤维空洞型肺结核。

3. 慢性纤维空洞型肺结核 该型病变有以下特点：①肺内有一个或多个厚壁空洞。多位于肺上叶，大小不一，不规则，壁厚可达1cm以上。镜下洞壁分三层，内层为多少不等的干酪样坏死物，内有大量的结核杆菌；中层为结核性肉芽组织；外层为纤维结缔组织。②同侧或对侧肺组织，特别是肺小叶可见由支气管播散引起的许多新旧不一、大小不等、病变不同的病灶，越往下越新鲜。③后期肺组织严重破坏，广泛纤维化、胸膜增厚并与胸膜粘连，使肺组织缩小、变形，严重影响肺功能，甚至使肺功能丧失。

病变空洞与支气管相通，成为结核病的传染源，故此型又有开放性肺结核之称。如果洞壁内有较大血管被腐蚀，可引起大出血。厚壁空洞较急性空洞难愈合，但较小的厚壁空洞经适当治疗后也可通过纤维增生、瘢痕形成而愈合。严重的慢性纤维空洞型肺结核的肺组织大量破坏，纤维组织广泛增生，导致肺动脉高压，引起肺源性心脏病。

4. 干酪样肺炎 当机体免疫力极差，浸润型肺结核很快向周围蔓延，或由急、慢性空洞内的细菌经支气管播散形成干酪样肺炎。镜下见大片的干酪样坏死灶。病变呈小叶状或大叶状分布，坏死组织液化排出，可形成多个急性空洞。患者有明显的全身中毒症状。

5. 结核球 又称**结核瘤**（tuberculoma），为纤维包裹的、孤立的、境界分明的干酪样坏死灶，直径为2～5cm，多位于肺的上叶，一般为单个。①结核球可由浸润型肺结核的干酪样坏死灶经纤维包裹形成；②结核空洞引流支气管阻塞，空洞由干酪样坏死物填充；③多个结核病灶融合。结核球由于纤维组织包绕，药物难以进入，治愈的可能性较小，可手术切除。

6. 结核性胸膜炎 可发生于原发性和继发性肺结核病的各个时期，多见于儿童或青年人。病变如以浆液或浆液纤维素性渗出为主时，称渗出性结核性胸膜炎；如以增生病变为主时，则为增生性结核性胸膜炎（表5-8）。

表5-8 原发性肺结核病与继发性肺结核病的比较

比较要点	原发性肺结核病	继发性肺结核病
结核杆菌感染	初次	再次
发病人群	儿童	成人
特异性免疫力	无	有
起始病灶	上叶下部、下叶上部靠近胸膜处	肺尖部
病变性质	以渗出和坏死为主	以肉芽肿形成和坏死为主
病理特征	肺原发综合征	病变多样，新旧病变并存，较局限，常见空洞形成
播散方式	以淋巴道、血道为主	以支气管播散为主
病程	短（急性经过）	较长（慢性经过）

（五）肺结核病血源播散所致病变

原发性和继发性肺结核病除通过上述淋巴道和支气管播散外，也可通过血道播散引起粟粒性结核和肺外结核病。由于肺内原发病灶或肺门干酪样坏死灶，以及肺外结核病灶内的结核杆菌侵入血流或经淋巴管由胸导管入血，可引起血源播散性肺结核，有以下两种类型。

1. 急性全身粟粒性结核病 结核杆菌在短时间内一次或反复多次大量侵入肺静脉分支，经左心至大循环，播散到全身各器官如肺、肝、脾、脑和脑膜等处，形成均匀密布、大小一致、灰白色粟粒状、境界清楚的结核病灶，可发生干酪样坏死。临床上病情凶险，有高热衰竭、烦躁不安等中毒症状。X线可发现两肺有散在分布、密度均匀、粟粒大小细点状阴影。多见于原发性肺结核病恶化进展及其他类型的结核病播散时。若结核杆菌在较长时期内每次以少量反复多次不规则进入血液，则形成慢性粟粒性结核病。

2. 急性肺粟粒性结核病 由于肺门、纵隔、支气管旁的淋巴结干酪样坏死破入邻近大静脉，或因含有结核杆菌的淋巴液由胸导管回流，经静脉入右心，沿肺动脉播散于两肺，而引起两肺急性粟粒性结核病。当然急性肺粟粒性结核病也可是急性全身粟粒性结核病的一部分。肉眼观，肺表面和切面可见灰黄或灰白色粟粒大小结节。若患者原发灶已痊愈，由肺外某器官的结核病灶内的结核杆菌间歇入血而致慢性肺粟粒性结核病。病程较长，病变新旧、大小不一。小的如粟粒，大者直径可达数厘米以上。病变以增生性改变为主。

（六）肺外结核的病理变化

1. 肠结核病 大多数肠结核病继发于活动性肺结核病伴有空洞形成的患者咽下大量含菌痰液所致，少数为食入含菌食物引起的原发感染。病变好发于回盲部，依病变特点的不同分为以下两型。

（1）溃疡型：此型较多见，结核杆菌侵入肠壁淋巴组织并通过淋巴管蔓延，随之结核结节形成，以后发生干酪样坏死并融合、破溃形成溃疡。由于肠壁淋巴管分布呈环形，因而溃疡长径多与肠纵轴垂直。溃疡边缘不整齐，底部附有干酪样坏死，其下为结核性肉芽组织。局部浆膜常有纤维蛋白渗出和连接成串的灰白色粟粒状结核结节（结核性淋巴管炎）。溃疡愈合后因瘢痕收缩而致肠狭窄。

（2）增生型：较少见，病变特征是回盲部大量结核性肉芽组织增生并引起肠壁纤维化，致肠壁高度增厚、肠腔狭窄。病灶处黏膜可有浅溃疡和息肉形成。临床上表现为慢性不完全低位肠梗阻。右下腹可触及肿块，故需与肠癌相鉴别。

2. 结核性腹膜炎 青少年多见。通常由肠结核、肠系膜淋巴结结核、输卵管结核直接蔓延而来，也可为全身粟粒性结核病的一部分。可分为干性、湿性和混合性，以混合性多见。它们共同的特点为腹膜上密布无数结核结节。干性结核性腹膜炎为大量纤维蛋白渗出，机化后引起腹腔脏器的粘连。湿性结核性腹膜炎有多量浆液和纤维蛋白渗出，出现草黄色的腹腔积液，也可为血性积液，肠管粘连、狭窄少见。两种病变同时存在为混合性。

3. 结核性脑膜炎 以儿童多见，成人较少。病变以脑底部最明显。在脑桥、脚间池、视神经交叉及大脑外侧裂等处的蛛网膜下腔内，有多量灰黄色、混浊而黏稠的渗出物积聚。脑室脉络丛及室管膜有时也可有结核结节的形成。

4. 泌尿生殖系统结核病

（1）肾结核病：泌尿系统结核多由肾结核开始，常为单侧性，主要由原发性肺结核病血道播散而来，其次为骨、关节、淋巴结和肠结核病血道播散的结果。病变大多起于皮质和髓质交界处或肾椎体乳头，由初期的结核性肉芽肿发展为干酪样坏死，一方面向皮质扩展，另一方面坏死物破入肾盂而形成空洞，致使肾功能损害。干酪样坏死物从尿排出，引起输尿管、膀胱结核。

（2）生殖系统结核病：男性生殖系统结核病主要发生在附睾，细菌多由泌尿系统结核直接蔓延而来。病变器官有结核结节和干酪样坏死。附睾结核是男性不育的重要原因之一。女性生殖系统结核主要发生在输卵管，多由肺结核病灶内的细菌通过血道播散而来，少数来自腹膜结核。输卵管结核为女性不孕症的常见原因之一。子宫内膜和卵巢结核则常为输卵管结核蔓延的结果。

5. 骨与关节结核病 骨、关节结核多由血道播散所致，常见于儿童和青少年。

（1）骨结核：多侵犯脊椎骨、指骨及长骨骨骺等处，早期病变发生于骨骺的松质骨，形成小的结核病灶，以后骨质破坏形成干酪样坏死及死骨，坏死液化后可在骨旁出现结核性“冷脓肿”，此脓肿因无红、痛、热而得名，若穿破皮肤，可形成经久不愈的窦道。脊椎结核是骨结核中最常见者，多发生于第十胸椎至第二腰椎，椎体常发生干酪样坏死，破坏椎间盘和邻近椎体，引起椎体塌陷造成驼背，甚至压迫脊髓引起瘫痪。

（2）关节结核：骨结核侵及附近关节软骨和滑膜时，则形成关节结核。常见于髋、膝、踝和肘关节。滑膜有结核性肉芽组织增生和浆液纤维蛋白渗出，炎症波及周围软组织可使关节明显肿胀，病变愈复后，由于关节腔内纤维组织增生，致使关节强直。

6. 淋巴结结核病 以颈部淋巴结结核（俗称瘰病）最为多见，其次是肺门、支气管旁和肠系膜的淋巴结。结核杆菌可来自肺门淋巴结的播散，也可来自口腔、咽喉的结核病灶。病变淋巴结常粘连成大块，病灶内有结核性肉芽肿和干酪样坏死形成。坏死物液化后可穿破颈部皮肤，造成经久不愈的窦道。

二、伤寒

伤寒（typhoid fever）是由伤寒杆菌引起的急性传染病。病变特征是全身单核-巨噬细胞系统增生。

以回肠末端淋巴组织的改变最为突出。

（一）病理变化

1. 基本病理变化　伤寒是全身单核-巨噬细胞系统的急性增生。病变主要累及全身单核-巨噬细胞系统，增生的巨噬细胞体积大，吞噬功能十分活跃，胞质内常吞噬有伤寒杆菌、红细胞、淋巴细胞和坏死细胞碎片，称为伤寒细胞，伤寒细胞聚集成团，称为伤寒肉芽肿。

2. 肠道病变　以回肠下段集合淋巴小结和孤立淋巴小结的病变最为显著。可分为 4 期，每期约 1 周。

（1）髓样肿胀期：肉眼观，肠壁充血水肿，淋巴组织明显增生、肿胀，突出于黏膜表面，呈圆形或椭圆形，质软，表面凹凸不平，状似脑回。镜下见，肠壁淋巴组织内伤寒细胞增生，形成伤寒肉芽肿。

（2）坏死期：多种原因致病灶局部肠黏膜坏死。

（3）溃疡期：此期由于小坏死灶互相融合、溶解、脱落而形成溃疡。溃疡的长轴与肠管长轴平行。

（4）愈合期：溃疡底部及边缘长出肉芽组织将溃疡填平，周围的肠黏膜上皮再生而愈合。由于病灶的长径与肠管纵轴相平行，故不致肠腔狭窄。

3. 其他单核-巨噬细胞系统病变　肠系膜淋巴结、肝、脾及骨髓等由于巨噬细胞增生致相应器官肿大。镜下见，病灶中有伤寒肉芽肿形成和局灶性坏死。

4. 其他脏器病变

（1）胆囊：胆汁是伤寒杆菌的良好培养基，所以伤寒杆菌由血液到达胆囊，并在其中大量繁殖，再通过胆汁不断向肠道内排出，成为传染源。

（2）心脏：心肌有广泛的变性。

（3）皮肤：皮肤出现玫瑰疹。

（二）临床病理联系

（1）临床上，由于伤寒杆菌的内毒素不断吸收入血和组织坏死，患者中毒症状明显，体温可持续在 39～40℃，多呈稽留热。

（2）相对缓脉：由于中毒性心肌炎及毒素使迷走神经兴奋性升高，患者心率不随体温升高而呈比例加快，称为相对缓脉。

（3）肥达反应阳性：第二周开始血中抗体滴度升高，致肥达反应阳性。

（4）大便细菌培养阳性：第三周病菌随脱落的坏死组织和粪便排出体外，故粪便细菌培养阳性率高。

（5）白细胞计数减少：伤寒杆菌的毒素可抑制骨髓造血，使患者末梢血白细胞计数减少。

（三）结局

伤寒如无并发症，大多数经治疗可痊愈，病愈后可获得较强的免疫力。少数可死于败血症、肠穿孔和肠出血。

三、细菌性痢疾

细菌性痢疾（bacillary dysentery）简称菌痢，是由痢疾杆菌引起的肠道传染病。其病理特点为大肠假膜性炎症。全年均可发病，但以夏秋季为多见。临床主要表现为腹痛、腹泻、里急后重、黏液脓血便等。

根据肠道炎症的特征和临床经过的不同，可分为三种类型。

1. 急性细菌性痢疾　急性细菌性痢疾大多累及左半结肠，尤以乙状结肠和直肠病变最重。病变初期为肠黏膜的急性卡他性炎，表现为黏液分泌亢进，黏膜充血、水肿，中性粒细胞浸润。随病变进一步发展成为本病的特征性的假膜性炎，肠黏膜表层坏死，与渗出的纤维蛋白、中性粒细胞及红细胞一起形成假膜。大约发病一周，假膜溶解脱落，形成大小不等、形状不一的浅表性溃疡。

临床上，由于细菌毒素的吸收，患者出现头痛、发热、乏力、食欲减退等全身中毒症状；炎症刺激肠蠕动增强，引起腹痛、腹泻，腹痛以左下腹为甚，初期由于肠黏膜的急性卡他性炎症，大便呈水样便，后因假膜溶解脱落，与其中的脓细胞、红细胞和细菌一并排出，转为黏液脓血便；由于炎症刺激直肠壁内的神经末梢及肛门括约肌，患者表现出明显的里急后重。

2. 慢性细菌性痢疾 多由急性菌痢转变而来。肠黏膜溃疡形成和组织修复交替进行。慢性溃疡较急性溃疡深，可达肌层，其边缘的黏膜常过度增生并形成息肉。由于肠壁反复损伤，修复的肉芽组织和形成的纤维瘢痕使肠壁呈不规则增厚、变硬，甚至引起肠腔狭窄。

3. 中毒性细菌性痢疾 中毒性细菌性痢疾为细菌性痢疾中最严重的一型。其特点是发病急骤，肠道病变和症状不明显，但出现严重的全身中毒症状，发病后数小时内可出现中毒性休克或呼吸衰竭。常由毒力较低的福氏痢疾杆菌或宋内氏痢疾杆菌引起，而毒力强的志贺杆菌反而少见。

四、流行性脑脊髓膜炎

流行性脑脊髓膜炎（epidemic cerebrospinal meningitis）是由脑膜炎双球菌感染引起的脑脊髓膜的急性化脓性炎症。好发于冬春季，常见于 10 岁以下儿童，借飞沫经呼吸道传播。临床上表现为高热、寒战、头痛、呕吐、颈项强直及皮肤淤点等，部分患者可出现中毒性休克。

1. 病理变化

（1）肉眼观：脑脊髓膜血管高度扩张、充血，蛛网膜下腔有脓性渗出物堆积，脑沟内尤为明显。脑沟、脑回因脓性渗出物覆盖而模糊不清。以大脑额叶、顶叶最为明显。由于渗出物阻塞，致脑脊液循环障碍，脑室扩张并有混浊液体。

（2）镜下见：脑膜血管高度扩张充血，蛛网膜下腔增宽，其内含有大量中性粒细胞、少量单核细胞、淋巴细胞和纤维蛋白。

2. 临床病理联系

（1）脑膜刺激症状：表现为颈项强直和 Kernig 征阳性。颈项强直是由于炎症累及脊髓神经根周围的蛛网膜及软脑膜，使神经根肿大，肿大的脊神经根再通过椎间孔受压，当颈部或背部肌肉运动时产生疼痛，因而颈部肌肉发生保护性痉挛而呈僵硬紧张状态，在婴幼儿常因发生腰背部肌肉保护性痉挛而呈“角弓反张”体征。Kernig 征（屈髋伸膝试验）阳性，是坐骨神经受到牵拉，引起腰神经根压痛的表现。

（2）颅内压升高症状：由于脑膜血管扩张充血、蛛网膜下腔充满脓性渗出物，以及脓性渗出阻塞蛛网膜颗粒影响脑脊液吸收，引起颅内压升高。患者出现头痛、喷射性呕吐、小儿前囟饱满等症状。

（3）脑脊液的变化：脑脊液因蛛网膜下腔有大量脓性渗出物而呈混浊或脓样，含糖量减少，涂片或细菌培养可查见病原菌。脑脊液检查结果是诊断本病的重要依据。

五、流行性乙型脑炎

流行性乙型脑炎（epidemic encephalitis B）简称乙脑，是由乙型脑炎病毒感染引起的急性传染病，病理特点是脑实质的变质性炎症。临床主要表现为高热、抽搐、嗜睡、昏迷等。儿童发病率较高，尤其以 10 岁以下儿童多见，多在夏秋季流行，传播媒介是蚊。

1. 病理变化 病变主要发生在脑、脊髓实质，可累及整个中枢神经系统，以大脑皮质、基底核、视丘最为严重，小脑皮质、脑桥及延髓次之，脊髓病变最轻。

肉眼观：软脑膜血管充血，脑实质充血、水肿；切面可见点状出血及粟粒大小的软化灶，半透明状、界限清楚、呈弥漫或灶性分布。

镜下见：以脑、脊髓的实质细胞变质性改变为主。

（1）淋巴细胞袖套状浸润：脑内血管明显扩张充血，血管周围间隙增宽，淋巴细胞围绕血管呈袖套状浸润。

（2）神经细胞变性、坏死：由于病毒在神经细胞内生长繁殖，破坏其功能及结构，表现为神经细胞肿胀，尼氏小体消失，胞质出现空泡、核偏位等，严重时神经细胞可发生核固缩、溶解、消失。在变性、坏死的神经细胞周围，常有增生的少突胶质细胞围绕，称为神经细胞卫星现象；小胶质细胞、中性粒细胞侵入神经细胞内，称为噬神经细胞现象。

（3）脑软化灶形成：局灶性神经组织坏死、液化，形成染色较浅、质地疏松、边界清楚的筛网状结构，称为筛状软化灶。

（4）胶质细胞增生：小胶质细胞增生明显，形成小胶质细胞结节，多位于小血管旁或坏死的神经细胞附近。

2. 临床病理联系　早期由于病毒血症，患者出现高热、全身不适等症状；神经细胞的广泛变性、坏死引起中枢神经系统功能障碍，患者常出现头痛、呕吐、嗜睡、抽搐甚至昏迷等症状；由于脑内血管的扩张、充血、血流停滞，血管内皮细胞受损，血管壁的通透性升高，导致脑水肿，引起颅内压升高，严重时可形成脑疝，使延髓呼吸和心血管中枢受压而引起中枢性呼吸、循环衰竭死亡。

六、血吸虫病

血吸虫病（schistosomiasis）是由血吸虫寄生于人体引起的一种地方性寄生虫病，主要病变是虫卵引起的肝与肠形成的肉芽肿。在我国主要流行的是日本血吸虫病。

人接触疫水时，血吸虫尾蚴钻入人体皮肤和黏膜内发育为童虫。童虫进入小血管，经过肺循环及体循环到达全身,其中唯有通过肠系膜毛细血管到达肠系膜静脉的童虫才能在体内发育为成虫并产卵。对人体造成伤害最严重的是虫卵。

（一）基本病理变化

血吸虫的尾蚴、童虫、成虫和虫卵等均可引起病变，但以虫卵引起的病变危害性最大。如在儿童期多次严重感染，可导致血吸虫病侏儒症。

1. 尾蚴引起的损害　尾蚴钻入皮肤后，引起入侵部位局部瘙痒的红色小丘疹，称尾蚴性皮炎，是一种速发型与迟发性变态反应。

2. 童虫引起的损害　童虫在体内移行，可引起轻度血管炎和血管周围炎，尤以肺血管病变明显。

3. 成虫引起的损害　对机体的损害作用较轻。成虫借口、腹吸盘吸附于血管壁，造成寄居部位的血管损害，引起静脉内膜炎及静脉周围炎。死亡虫体周围组织坏死，大量嗜酸性粒细胞浸润，形成嗜酸性脓肿。

4. 虫卵引起的损害　是最重要的病变。虫卵主要沉着于乙状结肠、直肠和肝，在大肠壁和肝内形成虫卵结节。

（1）急性虫卵结节：是由成熟虫卵引起的一种急性坏死、渗出性病灶。中央为成熟虫卵，周围可见坏死和大量嗜酸性粒细胞浸润，状似脓肿，故也称嗜酸性脓肿。随后虫卵周围产生肉芽组织层，以嗜酸性粒细胞为主。后期出现上皮样细胞，形成晚期急性虫卵结节。

（2）慢性虫卵结节：急性虫卵结节的毛蚴死亡、分解、钙化、变性。坏死的嗜酸性粒细胞被清除、吸收，形成有钙化的虫卵、上皮样细胞、多核巨细胞、淋巴细胞和纤维母细胞构成的类似结核结节的慢性虫卵肉芽肿，故又称为假结核结节。而后肉芽肿纤维化，转变为瘢痕期肉芽肿。瘢痕期肉芽肿可长期存留，成为诊断血吸虫病的重要病理学依据。

（二）肝、肠的病变及后果

1. 肝　虫卵随门静脉血流到达肝汇管区，形成急、慢性虫卵结节，继而纤维化，导致血吸虫性肝硬化，肝小叶结构完整不形成假小叶，这与结节性肝硬化不同。

肉眼观：肝体积缩小，变形、变硬，尤以肝左叶为甚，表面凹凸不平，有散在地图状浅沟纹，将肝划分为若干大小不等、形态不规则的微隆起区；切面见大量增生的纤维组织沿门静脉分支呈树枝状分布，构成典型的血吸虫病肝纤维化，又称为干线型肝硬化。

镜下见：汇管区有许多慢性虫卵结节，因静脉内血栓形成等，造成窦前性阻塞，故门静脉高压的发生较早且严重，临床较早出现腹水、巨脾和食管下段静脉曲张等症状。

2. 肠 主要累及结肠，因成虫多寄生于肠系膜下静脉及痔静脉，所以直肠、乙状结肠和降结肠的病变尤为明显。大量虫卵反复逆流沉着于肠道黏膜下层和固有层，导致黏膜充血、水肿，严重者坏死，溃疡形成。临床表现为腹痛、腹泻，严重者黏液便。

慢性期，由于虫卵反复沉着，肠黏膜反复发生溃疡和肠壁纤维化，导致肠壁增厚变硬、肠腔狭窄，甚至肠梗阻，使虫卵难以排入肠腔，故做虫卵粪检阴性。由于虫卵和慢性炎症刺激，肠黏膜可过度增生形成多发性息肉，甚至形成绒毛状腺瘤，其中少数可恶变为结肠腺癌，是重要的并发症之一。

（周玲生　王　伟）

第十二节　性传播性疾病

性传播性疾病（sexually transmitted disease，STD）是指通过性接触而传播的一类疾病。这些疾病不仅引起生殖器官和附属淋巴结病变，也可引起全身皮肤和重要器官的病变，甚至威胁生命。本节仅简述淋病、尖锐湿疣、梅毒和艾滋病。

一、淋病

淋病（gonorrhea）是指由淋球菌引起的急性化脓性炎，是最常见的 STD。主要病变为泌尿生殖系统的化脓性炎症。多见于 15～30 岁年龄段。临床上以尿痛、尿道口溢脓为主要表现，男女均可发病，淋球菌主要在泌尿生殖系统引起黏膜的化脓性炎症。男性感染病变开始于前尿道，蔓延至后尿道、前列腺、精囊和附睾。肉眼观，尿道口、女性外阴及阴道口充血、水肿，并有脓性渗出物流出。镜下见，黏膜充血、水肿，黏膜下有大量中性粒细胞浸润。患者有尿频、尿急、尿痛等急性尿道炎的症状，局部有疼痛及烧灼感。如未经有效治疗则病变上行蔓延至后尿道及其附属腺体、前列腺、附睾和精囊腺，或前庭大腺、子宫颈，引起相应的化脓性炎症。约 15%的女性由于经期、流产等诱因，可引起子宫内膜炎和急性输卵管炎，进一步发展为输卵管积脓、输卵管卵巢积脓、弥漫性腹膜炎及中毒性休克。1%～3%的患者可发生菌血症，表现为皮疹。此外，还可发生关节炎、脑膜炎、胸膜炎、肺炎、心内膜炎、心包炎、骨髓炎、肌炎等，严重者可发生淋球菌性败血症。感染后未经治疗或治疗不彻底，可逐渐转为慢性淋病。

二、尖锐湿疣

尖锐湿疣（condyloma acuminatum）是由人乳头状瘤病毒（HPV）感染引起的 STD，好发于潮湿温暖的黏膜和皮肤交界的部位。男性常见于阴茎冠状沟、龟头、系带、尿道口或肛门附近。女性多见于阴蒂、阴唇、会阴部及肛门。临床可有局部瘙痒、烧灼痛。

尖锐湿疣的潜伏期长短不一，从 1 个月到半年甚至以上，平均约 4 个月。

肉眼观，初起形成散在、小而尖的乳头，逐渐增大、增多，表面凸凹不平，可互相融合形成鸡冠状或菜花状团块，质较软，湿润，呈粉红色、暗红色或污灰色，顶端可因细菌感染而溃烂，根部有蒂，触之易出血。

镜下见，上皮增生呈乳头状结构，典型者为细长的尖乳头，表面覆盖鳞状上皮，呈不全角化，有时可见轻度角化过度。棘细胞明显增生，伴上皮钉突增厚延长。在棘细胞层或上部可见多少不等的空

晕细胞（koilocyte）。该细胞体积较正常细胞大，胞质空泡状，核增大居中，形状不规则，染色深，可见双核和多核，有一定的病理诊断意义。

尖锐湿疣可长得很大，称为巨大型尖锐湿疣，临床表现颇似鳞状细胞癌，具有组织破坏性，但在病理组织学上仍为良性。

三、梅毒

梅毒（syphilis）是由梅毒螺旋体感染而引起的传染病。早期病变主要累及皮肤和黏膜，晚期则累及全身各脏器，特别是心血管和中枢神经系统。临床上症状复杂，病程具有长期性、隐匿性和反复发作的特点，严重时危及生命。梅毒流行于世界各地，我国曾基本消灭，但近年来又有逐渐蔓延的趋势。

1. 基本病理变化

（1）闭塞性动脉内膜炎和小血管周围炎：闭塞性动脉内膜炎表现为小动脉内皮细胞及内膜纤维组织增生，管壁增厚，管腔狭窄闭塞。小血管周围炎是指小血管周围有大量的单核细胞、淋巴细胞和浆细胞浸润。浆细胞出现是本病的特征之一。

（2）树胶样肿：**树胶样肿**（gumma）又称梅毒瘤，是一种由细胞介导的迟发型超敏反应引起的肉芽肿。表现为大小不等的非化脓性局部坏死，小者仅在显微镜下可见，大者可达3～4cm，不规则形，边界清楚，呈均匀灰黄色、质坚韧、有弹性，似树胶状，故称树胶肿。镜下见，组织大片坏死，周围有淋巴细胞、浆细胞浸润，并有类上皮细胞及少量朗汉斯巨细胞，与结核结节十分相似。树胶肿形成时间长可被吸收、纤维化，最后形成瘢痕而使器官变形，但很少钙化。

2. 后天性梅毒　后天性梅毒按病程经过，分为三期。

（1）第一期梅毒：以形成硬下疳为主要病变，为梅毒螺旋体在侵入处发生的最初病变。从感染到出现下疳潜伏期为10～90天，平均3周。病变常见于龟头、阴唇、子宫颈和阴道后穹窿等处，约10%的病例发生于生殖器以外，如唇、舌、肛周等。病变初起时，患处出现充血质硬的水疱，水疱不久破溃，上皮坏死脱落后形成底部平坦、边缘整齐的圆形溃疡，直径为1～2cm，与周围正常组织分界明显，较硬，故称硬下疳。因下疳无痛感，病损范围小，又多位于隐蔽处，往往被忽视，但其中有大量梅毒螺旋体，传染性极强。镜下见，溃疡底部有闭塞性动脉内膜炎及血管周围炎。下疳发生1周后局部淋巴结肿大，硬而无痛，为非特异性急性或慢性炎症。

下疳经及时治疗可阻止向第二期梅毒发展，但由于患者产生的免疫反应，下疳即使不加治疗，也可于2～6周后自行愈合，肿大的局部淋巴结消退，但有相当一部分患者可发展为第二期梅毒。

（2）第二期梅毒：以全身广泛性皮肤、黏膜的玫瑰疹为特征。下疳发生7～8周后，潜伏于体内的螺旋体仍能继续繁殖，大量进入血循环，引起全身广泛性皮肤、黏膜斑疹及丘疹，称梅毒疹。常发生于会阴、肛门、腹股沟内侧、躯干、四肢等处。病变常互相融合成片，形成表面湿润、暗红色突起的平坦斑块，也叫扁平湿疣。镜下见，有淋巴细胞和浆细胞浸润构成的非特异性炎及闭塞性血管内膜炎和血管周围炎，扁平湿疣则尚有表皮增生和角化不全。口腔、鼻腔和阴道等处黏膜出现红肿，局部糜烂，形成灰白色黏膜斑，称梅毒性白斑。各处病灶中均含有梅毒螺旋体，极富传染性。此期全身淋巴结肿大。皮肤、黏膜病变均可不经治疗自然消退，而进入潜伏状态。若未经治疗，多年后约30%的患者将发展为第三期梅毒。

（3）第三期梅毒：又称晚期梅毒，以树胶肿形成为特征，常在感染后4～5年发生，病变累及内脏器官，尤其是心血管和中枢神经系统。①心血管梅毒：以梅毒性主动脉炎为主，潜伏期为15～20年，男性多于女性。开始为主动脉外膜滋养血管的闭塞性内膜炎，中层弹力纤维和平滑肌的缺血和退行性变逐渐由瘢痕取代，因弹力纤维的广泛破坏，可形成主动脉瘤，患者可因主动脉瘤破裂而猝死；主动脉瓣的瓣膜环部病变可导致主动脉瓣关闭不全，造成左心室异常肥大和扩张，患者最终死于心力衰竭。②中枢神经梅毒：神经系统梅毒的特点是病变广泛，脑脊髓膜、中枢神经血管、脑与脊髓实质均可受累，引起梅毒性脑脊髓膜炎、麻痹性痴呆、脑梗死、脊髓痨等。

3. 先天性梅毒 先天性梅毒是因孕妇患有梅毒，梅毒螺旋体经血液通过胎盘进入胎儿体内所致。受梅毒感染2～5年的孕妇，胎儿的感染率最高。胎儿感染梅毒后常引起晚期流产、死产或产后不久死亡，轻度感染可在儿童期或青年期发病。

四、艾滋病

艾滋病是**获得性免疫缺陷综合征**（acquired immunodeficiency syndrome，AIDS）的简称，是由人类免疫缺陷病毒感染引起的以全身严重免疫缺陷为主要特征的致死性传染病。

1. 病理变化 艾滋病的病变主要为全身淋巴组织的变化、机会性感染和恶性肿瘤三个方面。

（1）淋巴组织的变化：早期淋巴组织反应性增生，全身浅表淋巴结肿大。随后淋巴结皮质及副皮质区的淋巴细胞明显减少，小血管增生，生发中心零碎分割，伴浆细胞浸润。晚期的淋巴结呈现出一片荒芜，淋巴细胞消失。脾、胸腺、回肠、骨髓中淋巴组织及其细胞减少甚至空虚，仅见组织支架。

（2）继发性感染：表现为多发性机会性感染，此为本病特点之一。感染范围广泛，可累及各器官，其中以中枢神经系统、肺、消化道继发感染最常见。病原种类有病毒、细菌、霉菌、原虫等。一般常由两种以上病原体同时感染。由于严重免疫缺陷，炎症反应往往较轻而不典型，如患肺结核时很少形成结核结节，但病灶中结核杆菌却甚多。

部分病例有卡氏肺孢子虫感染，导致肺组织广泛实变，肺间质及肺泡腔内有较多巨噬细胞及浆细胞浸润。中枢神经系统继发感染主要是播散性弓形虫或隐球菌感染所致的脑炎或脑膜炎。

（3）恶性肿瘤：本病常伴有**卡泼西**（Kaposi）肉瘤，该肿瘤起源于血管内皮，广泛累及内脏，以下肢多见。肉眼观，肿瘤呈暗蓝色或紫棕色结节。镜下见，肿瘤细胞呈梭形，构成大量毛细血管样腔隙，其中有红细胞，瘤细胞具有血管内皮细胞和平滑肌细胞的特征。少数患者还可伴有霍奇金病和脑原发性淋巴瘤等。

2. 临床病理联系

（1）肺部感染：主要为卡氏肺囊虫感染导致卡氏肺囊虫肺炎，约占80%，患者有发热、咳嗽、呼吸困难、胸痛等症状，病程4～6周。卡氏肺囊虫肺炎常复发，病情严重，是艾滋病患者常见的致死原因。

（2）脑炎症状：弓形体感染引起弓形体性脑炎，病变局限或弥漫。患者有头痛、呕吐、意识障碍、抽搐等临床表现。

（3）消化系统症状：常为隐孢子虫引起的慢性肠炎，表现为腹痛、腹泻、里急后重、脓血便等。

（4）其他症状：病程后期患者持续发热、消瘦、乏力等，伴明显机会性感染及恶性肿瘤。

对于艾滋病，目前尚无确切有效的疗法，故预后极差，死亡率高达100%，因此大力开展艾滋病的预防工作至关重要。由于艾滋病主要是通过性接触、应用污染的血及血液制品和母婴传播，故预防感染的主要原则是防止与已感染HIV者的血液、精液、尿、粪便、唾液和阴道分泌物等接触。

（王 伟）

第十三节 免疫性疾病

免疫性疾病是机体在进化过程中所获得的“识别自己、排除异己”的一种重要生理功能。在正常情况下，免疫系统通过细胞和体液免疫机制以抵抗外界入侵的病原微生物、维持自身生理平衡，以及消除突变细胞，起到保护机体的作用。但免疫反应异常，无论是反应过高还是过低均能引起组织损伤，导致疾病。

一、自身免疫性疾病

自身免疫性疾病是指由机体产生的自身抗体或致敏淋巴细胞破坏、损伤自身组织和细胞成分，导致组织损伤和器官功能障碍的原发性免疫性疾病。自身抗体的存在与自身免疫性疾病并非两个等同的概念，自身抗体可存在于无自身免疫性疾病的正常人，特别是老年人，如抗甲状腺球蛋白和抗胃壁细胞、细胞核 DNA 的抗体等。此外，受损或抗原性发生变化的组织可激发自身抗体的产生，如心肌梗死后，机体能产生相应的抗心肌的自身抗体，但此抗体并无致病作用，是一种继发性自身免疫反应。因此，要确定自身免疫性疾病的存在一般需要证据：①有自身免疫反应的存在；②排除继发性免疫反应的可能；③排除其他病因的存在。

（一）发生机制

免疫耐受性的中止和破坏是自身免疫性疾病发生的根本机制，包括细胞免疫和体液免疫。

（二）类型及特点

自身免疫性疾病可分为器官或细胞特异性和系统性自身免疫性疾病两种类型。器官或细胞特异性自身免疫性疾病的病理损害和功能障碍仅限于抗体或致敏淋巴细胞所针对的某一器官或某一些细胞。系统性自身免疫性疾病的自身抗原多为器官、组织的共有成分，如细胞核、线粒体等，故能引起多器官组织的损伤。因其病变主要出现在多种器官的结缔组织或血管内，又称为胶原病或结缔组织病。以下简述几种常见的系统性疾病类型，其他参见有关章节相应内容。

1. 系统性红斑狼疮　是一种比较常见的全身性自身免疫性疾病，由抗核抗体为主的多种自身抗体引起。多见于年轻女性，男女之比接近 1∶10。临床表现复杂多样，主要有发热及皮肤、肾、关节、心、肝、浆膜等损害，病情迁延反复，预后不良。

（1）基本病变：急性坏死性细、小动脉炎。

（2）特异性改变：狼疮细胞。

（3）活动性病变：以纤维素样坏死为主。

（4）免疫荧光：真皮与表皮交界处有 IgG、IgM 及补体 C3 沉积，形成颗粒或团块状的荧光带即“狼疮带”，对本病有诊断意义。

（5）狼疮性肾炎：原发性肾小球肾炎的各种组织学类型在狼疮性肾炎时均可出现，弥漫增生型最常见，系膜增生型、局灶型、膜型均可见，晚期可发展为硬化性肾小球肾炎。

（6）约半数病例有心脏受累：以心瓣膜非细菌性疣状心内膜炎最为典型，赘生物常累及二尖瓣或三尖瓣。

（7）关节受累：是 SLE 最为常见的，约见于 95%的病例。表现为滑膜充血水肿，单核细胞、淋巴细胞浸润，近上皮处结缔组织内可见灶性纤维素样坏死。

2. 类风湿关节炎　是以多发性和对称性增生性滑膜炎为主要表现的慢性全身性自身免疫性疾病。由于炎症的加剧和缓解反复交替进行，引起关节软骨和关节囊破坏，最终导致关节强直畸形。本病发病年龄多为 25～55 岁，也可见于儿童。女性发病率比男性高 3～5 倍。绝大多数患者血浆中有类风湿因子及其免疫复合物。

（1）基本病变：类风湿关节炎最常累及的是手足小关节，其次是肘、腕、膝、踝、髋及脊柱等，多为多发性及对称性。为组织学增生性滑膜炎。

（2）累及关节软骨被破坏：发生纤维化和钙化时可引起永久性关节强直。

3. 口眼干燥综合征　临床上表现为眼干、口干等特征，是唾液腺、泪腺受免疫损伤所致。本病可单独存在，也可与其他自身免疫病同时存在，后者最常见的是类风湿关节炎和 SLE 等。

病理变化：病变主要累及唾液腺和泪腺，其他外分泌腺如鼻、咽、喉、气管、支气管及阴道腺体也可受累。腺体结构破坏可导致角膜上皮干燥、炎症及溃疡形成（干燥性角膜结膜炎）及口腔黏膜干裂和溃疡形成。

4. 炎性肌病 本病不常见，分为三种：皮肌炎、多发性肌炎及包涵体肌炎。以上三种类型可单独发生，也可与其他类型的自身免疫性疾病伴发，如系统性硬化。

（1）皮肌炎：病变主要累及皮肤和肌肉，特点是皮肤出现典型的红疹及对称性缓慢进行性肌无力。典型的病理变化是肌束的周边有少量萎缩的肌纤维，在小血管周围及周围结缔组织有炎细胞浸润。

（2）多发性肌炎：是以肌肉损伤和炎症反应为特征的自身免疫病。临床表现主要为肌肉无力，常为双侧对称。组织学上主要表现为淋巴细胞浸润及肌纤维的变性和再生。

（3）包涵体肌炎：是近来才发现的一种炎性肌病，是一种隐匿发展性疾病，患者多在50岁以上。病理特点是肌细胞内有空泡，含有淀粉样沉积物，周围有嗜碱性颗粒，血管周围的炎细胞浸润。

5. 系统性硬化 以全身多个器官间质纤维化和炎症性改变为特征，主要累及皮肤。

胃肠道、肾、心脏、肌肉及肺也常常受累。本病以30～50岁多见，男女比例1：3。临床上分为两类：①弥漫性，发病时皮肤广泛受累伴快速进展及早期内脏受累；②局限性，相对局限性的皮肤受累，如手指、前臂、面部及其他部位，内脏受累较晚，预后相对较好。

（1）皮肤：真皮水肿，真皮中胶原纤维明显增加，表皮萎缩，附属器消失。

（2）消化道：80%的患者消化道受累，表现为管壁进行性萎缩和纤维化，伴血管周围淋巴细胞浸润和小血管管壁增厚。

（3）肾：肾叶间小动脉病变最为突出。表现为内膜黏液样变性，伴内皮细胞增生及随后的管壁纤维化，引起管腔明显狭窄，部分病例伴有细动脉纤维素样坏死。约50%患者死于肾衰竭。

（4）肺：肺可出现弥漫性间质纤维化，肺泡扩张、肺泡隔断裂，形成囊样空腔。

二、免疫缺陷病

免疫缺陷病是一组由于免疫系统发育不完全或遭受损害所致的免疫功能缺陷而引发的疾病。有两种类型：①原发性免疫缺陷病，又称先天性免疫缺陷病，与遗传有关，多发生在婴幼儿；②继发性免疫缺陷病，又称获得性免疫缺陷病，可发生在任何年龄，多由严重感染，尤其是直接侵犯免疫系统的感染、恶性肿瘤、应用免疫抑制剂、放射治疗和化疗等原因引起。

（一）原发性免疫缺陷病

原发性免疫缺陷病是一组少见病，与遗传相关，常发生在婴幼儿，出现反复感染，严重威胁生命。按免疫缺陷性质不同，可分为体液免疫缺陷为主、细胞免疫缺陷为主及两者兼有的联合性免疫缺陷三大类。此外，补体缺陷、吞噬细胞功能缺陷等非特异性免疫缺陷也属于此类疾病。

（二）继发性免疫缺陷病

继发性免疫缺陷病较原发者更为常见。继发性免疫缺陷病可因机会性感染引起严重后果，因此及时的诊断和治疗十分重要。本节仅叙述发病率日增且死亡率极高的获得性免疫缺陷综合征（AIDS），即艾滋病（见本章第十二节“性传播性疾病”）。

三、器官和骨髓移植

机体的某种细胞、组织或器官因某些病变或疾病的损伤而导致不可复性结构及功能损害时，采用相应健康细胞、组织或器官植入机体的过程称为细胞、组织或器官移植，统称移植，是临床重要治疗手段之一。根据供体的来源可将移植分为：①自体移植；②同种异体移植；③异体移植。本节着重介绍移植排斥反应及其发生机制、实体器官移植及骨髓移植排斥反应的类型和病理变化。

（一）移植排斥反应及其发生机制

在同种异体细胞、组织或器官移植时，受者的免疫系统常对移植物产生移植排斥反应，这是一个十分复杂的免疫学现象，涉及细胞和抗体介导的多种机制，但皆针对移植中的人类主要组织相容性抗原 HLA。

（1）免疫损伤针对移植物中的人类主要组织相容性抗原 HLA。

（2）供者与受者 HLA 的差异程度决定了排斥反应的轻重。

（二）实体器官移植排斥反应的病理变化（以肾为例）

1. 超急性排斥反应　一般于移植后数分钟至数小时出现。其特征是广泛分布的急性小动脉炎、血栓形成和因而引起的组织缺血性坏死。

2. 急性排斥反应　比较常见，在未经治疗者，此反应可发生在移植后数天内，而经免疫抑制治疗者，可在数月或数年后突然发生。此种排斥反应可以细胞免疫为主，主要表现为间质内单核细胞浸润，也可以体液免疫为主，以血管炎为特征。

3. 慢性排斥反应　常表现为慢性进行性的移植器官损害，其突出病变是血管内膜纤维化，引起管腔严重狭窄，从而导致肾缺血，其形态表现为肾小球毛细血管袢萎缩、纤维化、玻璃样变。肾小管萎缩的间质除纤维化外，尚有单核细胞、淋巴细胞及浆细胞浸润。

（三）骨髓移植排斥反应的病理改变

骨髓移植可纠正受者造血系统及免疫系统不可逆的严重疾病，目前已应用于造血系统肿瘤、再生障碍性贫血、免疫缺陷病和某些非造血系统肿瘤等疾病。

骨髓移植所面临的两个主要问题是移植物抗体宿主病（GVHD）和移植排斥反应。GVHD 可发生于具有免疫活性细胞或其前体细胞的骨髓，植入有原发性疾病或因采用药物、放射线照射而导致免疫功能缺陷的受者体内。

GVHD 可分为急性、慢性两种。

1. 急性 GVHD　一般在移植后 3 个月内发生。胆小管破坏可导致黄疸；肠道黏膜溃疡可导致血性腹泻；皮肤损害主要表现为局部或全身性斑丘疹。

2. 慢性 GVHD　是急性 GVHD 的延续或抑制后 3 个月自然发生，其皮肤病变类似于系统性硬化。

（穆延磊）

第十四节　淋巴造血系统疾病

淋巴造血系统疾病包括良性增生性疾病，如淋巴结的各种炎症和反应性增生，更多见的疾病是恶性肿瘤，包括淋巴组织、髓系肿瘤及组织细胞和树突细胞肿瘤。这里重点讨论淋巴瘤，即霍奇金淋巴瘤和非霍奇金淋巴瘤。

一、霍奇金淋巴瘤

霍奇金淋巴瘤的发病率在我国较低，占全部淋巴瘤的 10%～20%，发病年龄有两个高峰，分别在 15～17 岁和 50 岁前后，以前者多见。多原发于淋巴结，以颈部和锁骨上淋巴结多见。大部分病例化疗较好。

霍奇金淋巴瘤表现为受累淋巴结肿大，随着病情发展，淋巴结粘连、融合成大块，直径可超过 10cm。组织学结构特点以混合性反应细胞为背景，有数量不等的、形态不一的肿瘤细胞散在其间。瘤细胞体积大，胞质丰富，略嗜酸或嗜碱性，核大、类圆形、双核或多核、核仁大而红，形成典型的 R-S 细胞（诊断性细胞）及其变异性细胞，如陷窝细胞、爆米花样细胞、霍奇金细胞、单核 R-S 细胞、多核巨细胞等。霍奇金淋巴瘤根据组织学结构特点分为经典型霍奇金淋巴瘤和结节性淋巴细胞为主型霍奇金淋巴瘤。

经典型霍奇金淋巴瘤的肿瘤细胞表达 CD30 和 CD15，不表达 B 细胞表达物（如 CD20）和 T 细胞标记物（如 CD3），分为 4 型：①淋巴细胞为主型，淋巴细胞明显增生及数量不等的组织细胞，典型 R-S 细胞难找，其他反应细胞少见；②结节硬化型，由成熟的胶原束把瘤组织分割成多个结节，瘤细胞主要是陷窝细胞，反应细胞可多可少；③混合细胞型，这一型瘤细胞呈多样性，常有较多典型的 R-S 细胞及反应性细胞；④淋巴细胞消减型，淋巴细胞数量明显减少，R-S 细胞较多，纤维组织及多形性细胞多。

结节性淋巴细胞为主型霍奇金淋巴瘤在小淋巴细胞背景上，分布有上皮样组织细胞爆米花样肿瘤细胞。肿瘤细胞表达 B 细胞标记物（如 CD20），不表达 CD15，偶表达 CD30。

二、非霍奇金淋巴瘤

非霍奇金淋巴瘤占所有淋巴瘤的 80%～90%，其中 2/3 发生在淋巴结，结外可见于消化道、呼吸道、皮肤、涎腺、甲状腺和中枢神经系统等。

（一）分型

非霍奇金淋巴瘤分类繁杂，分为 B 细胞、T 细胞/NK 细胞肿瘤，根据细胞分化程度又进一步分为前体细胞和成熟淋巴细胞瘤/白血病及不同类型的亚型，即四大类：前 B 淋巴母细胞性白血病/淋巴瘤、成熟 B 细胞肿瘤、前 T 淋巴母细胞性白血病/淋巴瘤、成熟 T 细胞及 NK 细胞肿瘤。常用的 B 细胞标记物为 CD20、CD19，常用的 T 细胞标记物为 CD3，常用的 NK 细胞标记物为 CD56。我国发生在成人多见的类型主要有弥漫性大 B 细胞淋巴瘤（DLBCL）、黏膜相关淋巴组织边缘区 B 细胞淋巴瘤（MALT 淋巴瘤）、滤泡性淋巴瘤等，T 细胞淋巴瘤以外 NK/T 细胞淋巴瘤为首位，其他如外周 T 细胞淋巴瘤、血管免疫母细胞性 T 细胞淋巴瘤、间变性大细胞淋巴瘤等。

（二）类型及特点

下面介绍几种常见类型的淋巴瘤。

1. 弥漫性大 B 细胞淋巴瘤 是一种全世界都多见的成熟 B 细胞淋巴瘤，在我国淋巴瘤上传病例分析中占到 B 细胞淋巴瘤的 50%以上。多见于中老年人，男性略多见。多见淋巴结累及，结外常见部位为胃肠道、纵隔、口咽及脑等处。镜下表现为细胞形态多样、体积较大的淋巴样细胞弥漫增生浸润，胞质丰富，核大，核分裂象多见。瘤细胞表达 B 细胞标记物，CD20 的检测非常重要，由于靶向药物抗 CD20 的抗体利妥昔单抗的应用，大大提高了患者的生存率。瘤细胞增殖活性较高。近年来的研究已经明确 DLBCL 的瘤细胞可来源于生发中心 B 细胞，且对治疗反应较好，但来源于非生发中心 B 细胞的治疗效果不是很理想。我国的 DLBCL 非生发中心来源的多于生发中心来源的，缓解和治愈率低于国外的报道，治疗方案有待进一步探讨。

2. 结外黏膜相关淋巴组合边缘区 B 细胞淋巴瘤（MALT 淋巴瘤） 本型淋巴瘤在国内上传病例中分析，所占比例较高，在 B 细胞淋巴瘤中仅次于 DLBCL，居第二位。此型淋巴瘤多发生于肠道、眼附属器、甲状腺、涎腺及肺等。肿瘤为体积较小的淋巴样细胞增生浸润，表达 B 细胞标记物，增殖活性比较低，浸润范围较广泛。发生在胃者需与慢性胃炎鉴别，如果获得遗传学异常的证据，诊断就变得较为容易了。胃 MALT 淋巴瘤与 HP 感染关系密切，在未发生染色体结构异常［如 t（11；18）（q21；q21）］时，抗 HP 治疗可获得很好的治愈效果。如有淋巴细胞性甲状腺炎时发生 MALT 淋巴瘤的机会大大增加。

3. 滤泡性淋巴瘤 是来源于淋巴瘤滤泡生发中心的 B 细胞肿瘤，占所有非霍奇金淋巴瘤的 10%～20%，多见于中老年人。镜下特点是肿瘤细胞呈滤泡样或结节状生长，结节排列紧密，或相互融合。此型淋巴瘤属惰性，预后较好，5 年生存率超过 70%。需要与反应性增生的滤泡鉴别，BCL2 的蛋白质水平或分子水平的检测都具有非常重要的价值。滤泡性淋巴瘤根据生发中心母细胞样肿瘤细胞的数量多少分为Ⅲ级，Ⅰ～Ⅱ级属于惰性淋巴瘤，但是Ⅲ级视为侵袭性淋巴瘤，所以诊断时分型要谨慎。

4. NK/T 细胞淋巴瘤　是我国成熟性 T 细胞/NK 细胞淋巴瘤中最常见的类型，属高度侵袭性。大部分发生在结外，2/3 的病例发生在中线面部，如鼻咽部，其余也可见于皮肤、肠道。主要表现为肿瘤性破坏，导致局部坏死、溃疡形成、穿孔等，故患者面容的破坏很严重。属于 EBV 高度相关性肿瘤。瘤细胞多形性，体积大，胞质淡染，核大、多形，核分裂象多见，由于多量细胞毒颗粒的出现，局部组织坏死严重。瘤细胞免疫检测为 T/NK 细胞表型，表达胞质 CD3、CD56 和相关的细胞毒颗粒如 TIA-1、粒酶 B、穿孔素等。EBV 原位杂交检测可获得多量瘤细胞核阳性表达。多数病例增生活跃，预后较差。近些年研究表明，对于肿瘤局限的患者，如临床 I 期，放疗效果较好，但是对于晚期或累及范围较广的患者，治疗方案的选择仍在探索中。

5. 外周 T 细胞淋巴瘤非特殊类型　此类型需要进一步认识。外周 T 细胞淋巴瘤属于一组异质性较高的侵袭性成熟 T 细胞淋巴瘤。多表现为淋巴结肿大，结构破坏，肿瘤细胞增生浸润，反应性增生的成分包括内皮增生的小血管、上皮样组织细胞及嗜酸性粒细胞浸润。瘤细胞多形性，胞质透明，核多形。免疫检测瘤细胞表达 T 细胞标记物，增殖活性高。在形态学及免疫表型难以确诊时，基因扩增检测到 T 细胞受体的克隆性重排有利于 T 细胞淋巴瘤的诊断。

6. 蕈样霉菌病　是原发于皮肤的一种成熟 T 细胞淋巴瘤。皮肤早期呈湿疹样病损，逐渐发展，皮肤变成增厚变硬斑块。镜下见表皮和真皮有多量体积较大的肿瘤细胞浸润，瘤细胞核大、高度扭曲，有深的切迹，呈脑回状的瘤细胞聚集似小脓肿。病变早期仅局限于皮肤，以后可扩展至淋巴结和内脏。

（杜华贞　姚亚坤）

第六章　药　理　学

第一节　药物效应动力学

一、不良反应

凡与用药目的无关，并为患者带来不适或痛苦的反应统称为药物的**不良反应**（adverse reaction）。在一般情况下，很多药物的不良反应是药物固有的效应，是可以预知的，但不一定是能够避免的。少数较严重的不良反应较难恢复，称为**药源性疾病**（drug-induced disease）。

药物的不良反应可分为以下几种。

1. 副作用（side reaction）　副作用是药物固有的作用，是指药物在治疗剂量下出现的与治疗目的无关的作用，对患者可能带来不适，一般都较轻微，多是可以恢复的功能性变化。产生副作用的药理基础是药物作用的选择性低，作用范围广，当某一效应作为治疗目的时，其他效应就成为副作用，因此，副作用是随治疗目的而改变的，药物的副作用常可以设法消除或减轻。

2. 毒性反应（toxic reaction）　绝大多数药物都有一定毒性，各药的毒性反应性质不同，但一般是药物用量过大或用药时间过长而引起的，通常可以预知，因此，企图增加剂量以增强药物疗效是有限度的。毒性反应可因过量而立即发生，也可在长期蓄积后逐渐产生，前者称为**急性毒性**（acute toxicity），后者称为**慢性毒性**（chronic toxicity）。另外，某些药物可能有致畸、致癌、致突变等作用，应注意。

3. 后遗效应（residual effect）　后遗效应指停药以后，血浆中药物浓度已降至阈浓度以下时残存的生物效应，后遗效应可长可短，如长期使用糖皮质激素停药后引起的肾上腺皮质功能减退；服用巴比妥类催眠药次晨的宿醉现象。

4. 停药反应（withdrawal reaction）　长期用药突然停药后原有疾病加剧的反应，又称反跳现象，如长期服用可乐定降血压，突然停药后血压可明显上升。

5. 变态反应（allergic reaction）　是一类免疫反应，经常见于过敏体质的患者。这种反应和药物剂量无关，如微量青霉素可引起过敏性休克等。致敏原可能是药物本身，也可能是药物在体内的代谢物，还可能是药物制剂中的杂质，与体内蛋白质结合形成全抗原，可引起变态反应。

6. 特异质反应（idiosyncratic reaction）　少数特异质患者对某些药物反应特别敏感，反应性质可能与常人不同，但与药物固有的作用基本一致，其反应程度与剂量成正比，可用拮抗剂救治。这是一类先天遗传性疾病。例如，先天性胆碱酯酶缺乏的患者，对骨骼肌松弛药琥珀胆碱可发生特异质反应。

二、药物的量效关系

在一定范围内，药物的效应随剂量或浓度的增加而增加，两者间的规律性变化称为**量效关系**（dose-effect relationship）。

由于实验所用药理效应指标不同，量效曲线可分为质反应和量反应两类。药理效应呈连续增减的变化，可用具体数量或最大反应的百分率表示者称为量反应。以药物的剂量或浓度为横坐标，以效应强度为纵坐标作图，可获得直方双曲线；如将药物浓度改用为对数值作图，则呈典型的对称 S 行曲线，这就是量反应的**量效曲线**（dose-effect curve）。而药物剂量和效应呈全或无变化规律者称为**质反应**（quantal response）。

（一）半数有效量

半数有效量（median effective dose）是指反应中引起 50%实验动物出现阳性反应的药物剂量。量反应中能引起 50%最大效应的药物剂量或浓度称为半数有效量（ED_{50}）或半数有效浓度（EC_{50}）。

（二）治疗指数

通常将药物的 LD_{50}/ED_{50} 称为**治疗指数**（therapeutic index，TI），用以表示药物的安全性。治疗指数大的药物相对治疗指数小的药物安全。但若药物的 ED 曲线和 LD 曲线有重叠，即有效剂量与致死剂量有重叠，情况就不同了。也可用 1%的致死量（LD_1）与 99%有效量（ED_{99}）的比值或 5%致死量（LD_5）与 95%有效量（ED_{95}）之间的距离来表示。

三、药物与受体

根据药物与受体结合后所产生效应的不同，习惯上将作用于受体的药物分为激动药和拮抗药（阻断药）两类。

（一）激动药

激动药（agonist）是指能与受体结合，既有内在活性又有亲和力的药物。但依其内在活性的大小又分为**完全激动药**（full agonist）和**部分激动药**（partial agonist）。完全激动药是指不但具有较强的亲和力，而且具有较强的内在活性（$\alpha=1$）；而部分激动药是指虽有较强的亲和力，但内在活性较弱（$\alpha<1$），当与完全激动药合用时还具有拮抗作用。

（二）拮抗药

拮抗药（antagonist）是指能与受体结合，具有较强的亲和力，但没有内在活性（$\alpha=0$）的药物。它们本身无药理活性，但因占据受体而具有拮抗激动药的作用。根据拮抗药与受体结合的可逆性分为**非竞争性拮抗药**（noncompetitive antagonist）和**竞争性拮抗药**（competitive antagonist）。竞争性拮抗药能与激动药竞争相同受体，可使激动药的量效曲线平行右移，其结合是可逆的，通过增加激动药的量，可增加激动药的作用，增加到一定程度，能够重新达到原来的激动效应。而非竞争性拮抗药与激动药合用时，使激动药的亲和力和内在活性均降低，不仅使激动药的量效曲线右移，同时也降低激动药的最大效能。

（贯　杰）

第二节　药物代谢动力学

一、吸收

吸收（absorption）是指药物自用药部位进入血液循环的过程。药物只有经过吸收后才能发挥全身作用。除静脉注射和静脉滴注外，其他的血管外给药途径都需要吸收。临床上不同的病情可选用不同的给药途径，不同的给药途径对药物的吸收速度各异。

首过消除（first pass elimination）也称为**首过效应**（first pass effect）或**首过代谢**（first pass metabolism）。

从胃肠道吸收入门静脉系统的药物在到达全身血液循环前需先通过肝，如果肝对其代谢能力很强，或由胆汁排泄的量大，则使进入全身血循环内的有效药物量明显减少，这种作用称为首过消除。有的药物被吸收进入肠壁细胞内而被代谢一部分也属于首过消除。胃肠道外途径给药时，在到达作用部位或靶器官前，可在肺内排泄或代谢一部分药物，这也是一种首过消除，肺也因而成为一个首过消除器官。首过消除高时，生物利用度则降低，机体可利用的有效药物量少。舌下给药可很大程度上避免首过消除，直肠给药也可在一定程度上避免。

二、分布

分布（distribution）是药物吸收入血液循环后随血液循环向组织间液和细胞内液转运的过程，多数药物在体内的分布是不均匀的，且处于动态平衡，随药物的吸收与排泄的不断变化而发生变化。影响药物分布的因素有很多，包括药物的脂溶性、毛细血管的通透性、器官和组织的血流量、与血浆蛋白和组织蛋白的结合能力、药物的 pK_a 和局部组织的 pH、药物转运载体的数量和功能状态、特殊组织膜的屏障作用等。

药物进入血液后或多或少地与血浆蛋白结合，称为**结合型药物**（bound drug），未与血浆蛋白结合的药物称为**游离型药物**（free drug）。弱酸性药物主要与白蛋白结合，弱碱性药物除了与白蛋白结合外，还与脂蛋白及 α_1-酸性糖蛋白结合。结合型药物不易穿透毛细血管壁，不能跨膜转运，不能通过血脑屏障，不被代谢和排泄，为药物在体内的一种暂时储存形式。因结合型药物不能分布到作用部位，所以活性暂时消失。但这种结合是可逆的，当血浆中游离药物的浓度随着分布、消除而降低时，结合型药物可重新游离出来。且血浆蛋白与药物结合是非特异性的，但有一定限量，达到饱和后继续增加剂量，非结合型药物浓度会迅速上升，从而产生毒性反应。另外，如同时服用另一种也能与该蛋白结合的药物，则两药将发生竞争性抑制现象，使其作用增强或引起中毒反应。

（一）血脑屏障

组织学上把血液与脑细胞、血液与脑脊液、脑脊液与脑细胞之间的三种屏障总称为**血脑屏障**（blood-brain barrier）。其中前二者对药物的通过具有重要的屏障作用。电镜证实，该处毛细血管内皮细胞间隙紧密连接，还多一层胶质细胞包围，所以许多分子质量大、极性较高的药物被排除在中枢神经之外，如药物与血浆蛋白结合后分子质量变大，就不易穿透血脑屏障。但血脑屏障并非一成不变，如炎症可以改变其通透性，脑膜炎患者的血脑屏障对青霉素的通透性升高，使青霉素在脑脊液中达到有效治疗浓度，而健康人即使注射大量青霉素也难以进入脑脊液。

（二）胎盘屏障

胎盘屏障（placental barrier）是胎盘绒毛与子宫血窦之间的屏障，生理情况下对胎儿有一定的保护作用。但事实上，胎盘对药物转运并无屏障作用，因胎盘对药物的通透性与一般的毛细血管无明显差别。药物进入胎盘后，即在胎儿体内循环，并很快在胎盘与胎儿之间达到平衡，此时，胎儿血液和组织内的药物浓度与母亲体内的血浆药物浓度相似。所以，孕妇应禁用可引起畸胎或对胎儿有毒性的药物。

（三）血眼屏障

进入血液循环的药物，在房水、玻璃体、晶状体等组织的浓度远低于血液，是由于血眼屏障的存在，**血眼屏障**（blood-eye barrier）是指血与视网膜、血与房水、血与晶状体屏障的总称。所以作用于眼的药物多以局部应用较好。

三、体内药量变化的时间过程

经任何给药途径给予一定剂量的药物后，其到达全身血液循环内的百分率称**生物利用度**

(bioavailability)，即

$$生物利用度（F）=\frac{A}{D}\times 100\%$$

式中，A是吸收进入体内的药物总量；D是给药剂量。

除了以进入全身循环药物量的多少来表示生物利用度外，生物利用度还有另外一个含义，即药物进入全身循环的速度。一般来说，应用不同剂型的药物后，在血内达到最高浓度的时间先后反映了生物利用度的速度差异。

静脉给药后全部药物进入血液循环，生物利用度为 100%，其他给药途径的生物利用度可能小于100%，主要原因是吸收不完全或达到全身血液循环前即有一部分药物在肠道内、肠壁细胞内、门静脉或肝内被代谢。另外，口服药物的生物利用度受制药工艺、剂型、食物、胃肠道运动及功能状态、首过消除的影响。

生物利用度可分为绝对生物利用度和相对生物利用度。以血管外给药（如口服）的时量曲线下面积（AUC）和静脉注射的 AUC 进行比较，则可得到该药的绝对生物利用度；如对同一血管外给药途径的某一种药物制剂（如不同剂型、不同药厂生产的相同剂型、同一药厂生产的同一品种的不同批号等）的 AUC 与相同的标准制剂进行比较，则可得到相对生物利用度。

四、药物消除动力学

（一）一级消除动力学

一级消除动力学（first-order elimination kinetics）是指体内药物在单位时间内消除的药物量与血中药物浓度成正比，血药浓度高，单位时间内消除的药量多；当血药浓度降低后，药物消除速率也按比例下降。

绝大多数药物的消除过程按一级动力学规律进行，其特点如下：①进入体内药量较少，机体代谢或排泄能力有余（未被饱和），体内药物按一定百分比（恒比）衰减。消除速度与血浆药物浓度成正比；②药物血浆半衰期（$t_{1/2}$）恒定，不因血药浓度高低而变化，也不受给药途径影响（各种途径之间）；③多次用药时，增加剂量能相应增加血药浓度，并使 AUC 按比例增加，但不能缩短达到稳态血药浓度（C_{ss}）的时间，也不能按比例延长药物消除完毕的时间；④单次给药，体内的药物约经过 5 个半衰期可以清除干净。规则的重复给药约经过 5 个半衰期基本可以达到稳态血药浓度。

（二）零级消除动力学

零级消除动力学（zero-order elimination kinetics）是血浆药物按恒定消除速度（单位时间消除的药量）进行消除，与给药量过大、超过机体最大消除能力有关，其动力学过程与酶动力学相似。

零级消除动力学的特点：①某些药物剂量过大，机体对其消除能力有限，体内药物以最大消除速率衰减，即恒量消除；②药物血浆半衰期（$t_{1/2}$）不是一个恒定数值，它随剂量增加而增加，当血药浓度降至最大消除能力以下时，则转变为一级消除动力学；③增加剂量可以超比例地升高血药浓度（理论上无 C_{ss}，时量曲线下面积与药物吸收量不成正比），消除时间大大延长，易致蓄积中毒。

（贾　杰）

第三节　胆碱受体激动药

一、乙酰胆碱

乙酰胆碱（acetylcholine，ACh）为胆碱能神经递质，其化学性质不稳定，极易被体内胆碱酯酶水解，且其作用十分广泛，选择性差，故无临床实用价值，可在研究中作为工具药使用。但由于 ACh 为内源性神经递质，分布较广，具有非常重要的生理功能，因而熟悉该递质是非常重要的。

药理作用：直接激动 M 胆碱受体和 N 胆碱受体，产生 M 样作用和 N 样作用。

1. M 样作用 静脉注射少量乙酰胆碱即能激动 M 胆碱受体，产生与胆碱能神经节后纤维兴奋相似的效应。ACh 对心血管系统主要有 5 方面的效应，表现为血管扩张、心率减慢（负性频率作用）、窦房结和浦肯野纤维传导减慢（负性传导作用）、心肌收缩性减弱（负性肌力作用）、心房不应期缩短（迷走神经作用）；另外，ACh 可明显兴奋胃肠道平滑肌，使其收缩幅度、张力、蠕动增加，ACh 还可使泌尿道平滑肌蠕动增加，膀胱逼尿肌收缩，导致膀胱排空；再者，ACh 对支气管平滑肌、瞳孔括约肌和睫状肌有收缩作用，并使腺体分泌增加。

2. N 样作用 ACh 剂量稍大时，除激动 M 胆碱受体外，也能激动 N 胆碱受体，作用于自主神经节的 N_N 胆碱受体和骨骼肌神经肌肉接头的 N_M 胆碱受体，引起交感、副交感神经节兴奋及骨骼肌收缩。

3. 中枢神经系统 由于 ACh 不易进入中枢，故尽管中枢神经系统有胆碱受体存在，但外周给药很少产生中枢作用。

二、毛果芸香碱

毛果芸香碱（pilocarpine）又名匹鲁卡品，是从毛果芸香属植物中提出的生物碱，为叔胺类化合物，其水溶液稳定。现已人工合成。

（一）药理作用

毛果芸香碱能选择性地激动 M 胆碱受体，产生 M 样作用。对眼和腺体的作用较明显。

1. 眼 滴眼后能引起缩瞳、降低眼内压和调节痉挛等作用。

（1）缩瞳：用毛果芸香碱后，可激动瞳孔括约肌的 M 胆碱受体，表现为瞳孔缩小，局部用药后作用可持续数小时至数天。

（2）降低眼内压：房水是从睫状体上皮细胞分泌及血管渗出而产生，经瞳孔流入前房，到达前房角间隙，主要经小梁网（滤帘）流入巩膜静脉窦，最后进入血流。房水可使眼球内形成一定的压力，称为眼内压。正常恒定的眼内压是由房水的产生和回流之间的动态平衡维持的。当房水回流障碍时，眼内压升高。毛果芸香碱可通过缩瞳作用使虹膜向中心拉紧，虹膜根部变薄，从而使处在虹膜周围部分的前房角间隙扩大，房水易于通过小梁网及巩膜静脉窦而进入循环，使眼内压下降。

（3）调节痉挛：使晶状体聚焦，适合于视近物的过程，称为调节。眼睛的调节主要取决于晶状体的曲度变化。晶状体囊富有弹性，使晶状体有略呈球形的倾向，但由于睫状小带（悬韧带）向外缘的牵拉，通常使晶状体维持于比较扁平的状态。睫状小带又受睫状肌控制，睫状肌由环状和辐射状两种平滑肌纤维组成，其中以胆碱能神经（动眼神经）支配的环状肌纤维为主。动眼神经兴奋时或使用毛果芸香碱后使环状肌向瞳孔中心方向收缩，使睫状小带放松，晶状体变凸，屈光度增加，此时只适合于视近物，而难以看清远物，毛果芸香碱的这种作用称为调节痉挛。

2. 腺体 较大剂量的毛果芸香碱可使汗腺和唾液腺的分泌明显增加，也可使泪腺、胃腺、胰腺、小肠腺体和呼吸道黏膜分泌增加。

（二）临床应用

本品主要用于眼科。滴眼剂用于治疗青光眼和虹膜炎。

1. 青光眼 本品主要用于眼科治疗青光眼，特别是闭角型青光眼患者由于前房角狭窄，妨碍房水回流，使眼内压升高。用毛果芸香碱后可使前房角间隙扩大，房水回流通畅，使眼内压迅速降低，从而消除或缓解各种症状。毛果芸香碱对开角型青光眼（慢性单纯性青光眼）的早期也有一定疗效，但机制未明。常用 1%～2%的溶液滴眼，用药数分钟后可见眼内压下降，并可持续 4～8h。

2. 虹膜炎 本品与扩瞳药交替应用，防止虹膜与晶状体发生粘连。

3. 其他　本药可增加唾液分泌，可口服用于颈部放疗后的口腔干燥，但汗液分泌也明显增加。还可用作抗胆碱药阿托品中毒的解救。

（贾　杰）

第四节　抗胆碱酯酶药和胆碱酯酶复活药

一、易逆性抗胆碱酯酶药

乙酰胆碱酯酶（acetylcholinesterase，AChE）也称真性胆碱酯酶，主要存在于胆碱能神经末梢突触间隙，特别是运动终板突触后膜的皱褶中聚集较多，也存在于胆碱能神经元和红细胞内。AChE 特异性较高，可在胆碱能神经末梢、效应器接头或突触间隙等部位终止 ACh 作用，使其水解为胆碱和乙酸，是水解 ACh 所必需的酶。

（一）作用机制

易逆性抗胆碱酯酶药分子结构中带正电荷的季铵基团和酯结构与 AChE 的阴离子部位结合，同时其分子中的羰基碳与 AChE 酯解部位的丝氨酸羟基形成共价键，生成药物与 AChE 的复合物。然后药物中的二甲胺基甲酰基转移到丝氨酸羟基，形成二甲胺基甲酰化 AChE，该酶中二甲胺基甲酰化丝氨酸缓慢水解，最后形成二甲胺基甲酸和复活的 AChE。由于二甲胺基甲酰化 AChE 较乙酰化 AChE 水解速度慢，故酶的活性暂时消失，但比有机磷酸酯类短，因此属于易逆性抗胆碱酯酶药。

（二）药理作用

1. 眼　可使位于虹膜边缘的瞳孔括约肌和睫状肌收缩，导致瞳孔缩小和睫状肌调节痉挛，使视力调节在近视状态。可促进房水回流，从而使眼压下降。结膜用药时可使结膜充血。

2. 胃肠道　不同药物对胃肠道平滑肌作用不同。新斯的明可促进胃肠道的收缩和胃酸分泌，拮抗阿托品所致的胃肠张力下降及增强吗啡对胃肠的兴奋作用。新斯的明对食道下段具有兴奋作用，在食道明显弛缓和扩张的患者，新斯的明可促进食道的蠕动，并使其张力增加。此外，新斯的明尚可促进小肠、大肠的活动，促进肠内容物的排出。

3. 骨骼肌神经肌肉接头　大多数强效抗胆碱酯酶药对骨骼肌的兴奋作用主要是通过抑制神经肌肉接头 AChE，但也有一定的直接兴奋作用。一般认为抗胆碱酯酶药可逆转由竞争性肌松药引起的肌肉松弛，但并不能拮抗由除极化型肌松药引起的肌肉麻痹。抗胆碱酯酶药治疗剂量时可适度增加内源性释放的 ACh 作用，导致骨骼肌收缩力增强；大剂量时，随着 AChE 抑制程度的加重，体内堆积的 ACh 导致肌纤维震颤，肌张力下降。

4. 其他　低剂量的抗胆碱酯酶药即可增敏神经冲动所致的腺体分泌作用，高剂量时可增加基础分泌率。这类药物可引起细支气管和输尿管平滑肌收缩，使后者的蠕动增加。此外，抗胆碱酯酶药也可影响心血管系统，主要表现为心率减慢、心输出量下降，大剂量尚见血压下降，与药物作用于延髓的血管运动中枢有关。抗胆碱酯酶药对中枢各部分有一定的兴奋作用，但高剂量时常引起抑制或麻痹，与血氧浓度过低密切相关。

（三）新斯的明的临床应用

1. 重症肌无力　是一种神经肌肉接头传递障碍所致慢性疾病，表现为受累骨骼肌极易疲劳。属于自身免疫性疾病，主要为机体对自身突触后终板的 N_M 受体产生免疫反应，从而导致 N_M 受体数目减少。皮下或肌内注射新斯的明后，约 15min 即可使症状减轻，作用可维持 2～4h，为治疗重症肌无力的常规用药。除紧急情况外，一般采用口服给药，但需注意切勿过量，以免终板附近堆积过多的 ACh，加重神经肌肉传递功能障碍，引起“胆碱能危象”，此时肌无力症状加重。

2. 腹气胀和尿潴留 本品可兴奋胃肠道平滑肌及膀胱逼尿肌，促进排气、排尿，可用于手术后及其他原因引起的腹气胀及尿潴留。

3. 阵发性室上性心动过速 在压迫眼球或按摩颈动脉窦兴奋迷走神经措施无效时，可以试用本品，通过拟胆碱作用使心室频率减慢。

4. 非除极化型肌松药过量中毒 用于筒箭毒碱中毒的急救，但禁用于除极化型肌松药琥珀胆碱过量的解救。

二、难逆性抗胆碱酯酶药

（一）毒理作用机制

有机磷酸酯类的磷原子具有亲电子性，与 AChE 酯解部位丝氨酸羟基上具有亲核性的氧原子以共价键结合，形成磷酰化 AChE，该磷酰化酶不能自行水解，从而使 AChE 丧失活性，造成 ACh 在体内大量堆积，引起一系列中毒症状。若不及时抢救，几分钟或几小时内，磷酰化 AChE 的磷酰化基团上的一个烷氧基断裂，可生成更为稳定的单烷氧基磷酰化 AChE。此时 AChE 复活药也难以使该酶活性恢复，必须等新的 AChE 出现，才可水解 ACh，此过程称为酶的“老化”。

（二）急性中毒症状

急性有机磷酸酯类中毒主要表现为对胆碱能神经突触、胆碱能神经肌肉接头和中枢神经系统的影响。死亡的主要原因为呼吸衰竭及继发性心血管功能障碍。

1. 胆碱能神经突触 即 M 受体兴奋所表现出来的症状，又称 M 样症状。有机磷酸酯类可经呼吸道、胃肠道、皮肤黏膜等部位吸收，不同的吸收途径，中毒症状出现的先后及严重程度也有所不同。

当人体吸入或经眼接触毒物蒸汽或雾剂后，眼和呼吸道症状可首先出现，表现为瞳孔明显缩小、眼球疼痛、结膜充血、睫状肌痉挛、视物模糊、眼眉疼痛。随着药物的吸收，由于血压下降所致的交感神经兴奋作用，缩瞳作用可能不明显，但可见泪腺、鼻腔腺体、唾液腺、支气管和胃肠道腺体分泌增加。呼吸系统症状还包括胸腔紧缩感及由于支气管平滑肌收缩、呼吸道腺体分泌增加所致的呼吸困难。当毒物由胃肠道摄入时，则胃肠道症状可首先出现，表现为厌食、恶心、呕吐、腹痛、腹泻等。当毒物经皮肤吸收中毒时，则首先可见与吸收部位最邻近区域出汗及肌束颤动。严重中毒时，可见自主神经节呈先兴奋、后抑制状态，产生复杂的自主神经综合效应，表现为口吐白沫、呼吸困难、流泪、阴茎勃起、大汗淋漓、大小便失禁、心率减慢和血压下降。

2. 胆碱能神经肌肉接头 即 N 样症状，表现为肌无力、不自主肌束颤动，并可导致明显的肌无力和麻痹，严重时可引起呼吸肌麻痹。

3. 中枢神经系统 除了脂溶性极低的毒物外，其他毒物均可透过血脑屏障而产生中枢作用，表现为先兴奋、不安，继而出现惊厥，后可转为抑制，出现意识模糊、共济失调、谵妄、反射消失、昏迷、中枢性呼吸麻痹及延髓血管运动中枢和其他中枢抑制造成血压下降。

三、胆碱酯酶复活药——碘解磷定

（一）药理作用

1. 恢复 AChE 的活性 与磷酰化胆碱酯酶结合成复合物，复合物再裂解形成磷酰化碘解磷定，使胆碱酯酶游离而复活。

2. 直接解毒作用 直接与体内游离的有机磷酸酯类结合，成为无毒的磷酰化碘解磷定，从尿中排出，从而阻止游离的毒物继续抑制 AChE 活性。

（二）临床应用

碘解磷定明显减轻 N 样症状，对骨骼肌痉挛的抑制作用最为明显，能迅速抑制肌束颤动；对中枢神经系统的中毒症状也有一定改善作用，但对 M 样症状影响较小。故应与阿托品合用，以控制症状。

（贾　杰）

第五节　M 胆碱受体阻断药

M 胆碱受体阻断药以阿托品为代表介绍如下。

（一）药理作用

阿托品（atropine）对 M 胆碱受体有较高的亲和力，但无内在活性，其作用机制为竞争性拮抗乙酰胆碱或拟胆碱药的作用，阻断 ACh 和拟胆碱药与 M 受体结合，拮抗其对 M 受体的激动作用。阿托品对 M 受体有相当高的选择性，但很大剂量或中毒剂量也有阻断神经节 N 受体的作用。阿托品的作用非常广泛，各器官对阿托品的敏感性不同。随剂量的增加可依次出现下列现象：腺体分泌减少，瞳孔扩大和调节麻痹，心率加快，胃肠道及膀胱平滑肌抑制，大剂量可出现中枢症状。

1. 腺体　阿托品因阻断 M 胆碱受体而抑制腺体分泌。唾液腺和汗腺最敏感，在用 0.5mg 阿托品时就显著受抑制，引起口干和皮肤干燥，剂量增大时，泪腺和呼吸道分泌也大为减少。较大剂量也可减少胃液分泌，但对胃酸浓度影响较小，因胃酸分泌还受体液因素如胃液素的调节。

2. 眼　阿托品阻断 M 胆碱受体，因而使瞳孔括约肌和睫状肌松弛，出现扩瞳、眼内压升高和调节麻痹。这些作用在局部滴眼和全身给药时，都可出现。

（1）扩瞳：阿托品松弛瞳孔括约肌，故使去甲肾上腺素能神经支配的瞳孔扩大肌的功能占优势，从而扩瞳。

（2）眼内压升高：由于瞳孔扩大，虹膜退向四周边缘，前房角间隙变窄，阻碍房水回流入巩膜静脉窦，造成眼内压升高。

（3）调节麻痹：阿托品能使睫状肌松弛而退向外缘，从而使悬韧带拉紧，使晶状体变为扁平，其屈光度减小，只适于看远物，而不能将近物清晰地成像于视网膜上，故看近物模糊不清，这一作用称为调节麻痹。

3. 平滑肌　阿托品对多种内脏平滑肌有松弛作用，尤其对过度活动或痉挛的内脏平滑肌作用更为显著。它可抑制胃肠道平滑肌的强烈痉挛，降低蠕动的幅度和频率，缓解胃肠绞痛。对膀胱逼尿肌也有解痉作用。对胆管、输尿管和支气管的解痉作用较弱。阿托品对子宫平滑肌的影响较小。胃肠道括约肌对阿托品的反应性主要取决于括约肌的功能状态，如当胃幽门括约肌痉挛时，阿托品具有松弛作用，但作用较弱或不恒定。

4. 心脏　较大剂量（1～2mg）阿托品阻断窦房结起搏点的 M_2 受体，解除迷走神经对心脏的抑制作用，使心率加快，加快程度取决于迷走神经张力。在迷走神经张力高的青壮年，心率加快作用显著，如肌内注射 2mg 阿托品，心率可增加 35～40 次/min；而对运动时、婴幼儿和老年人的心率影响较小。阿托品还能拮抗迷走神经过度兴奋所致的心房和房室交界区的传导阻滞，促进心房和房室传导。

5. 血管与血压　治疗量阿托品对血管与血压无显著影响，这可能与许多血管缺少胆碱能神经支配有关。大剂量阿托品可引起皮肤血管扩张，出现潮红、温热等症状，尤其当微循环的血管痉挛时，有明显的解痉作用，可改善微循环。阿托品扩血管作用的机制未明，可能是机体对阿托品所引起的体温升高（由于出汗减少）后的代偿性散热反应，也可能是阿托品直接扩血管作用。

6. 中枢神经系统　较大剂量（1～2mg）可轻度兴奋延髓和大脑，2～5mg 时兴奋加强，出现焦虑不安、多言、谵妄；中毒剂量（10mg 以上）常致幻觉、定向障碍、运动失调和惊厥等，持续的大剂量可见中枢由兴奋转入抑制，出现昏迷及呼吸麻痹，最后死于循环和呼吸衰竭。

（二）临床应用

1. 解除平滑肌痉挛 适用于各种内脏绞痛如胃肠绞痛，以及膀胱刺激症状如尿频、尿急等，疗效较好。对胆绞痛及肾绞痛的疗效较差，常需和阿片类镇痛药合用。

2. 眼科局部应用

（1）虹膜睫状体炎：0.5%～1%阿托品溶液滴眼，可松弛虹膜括约肌和睫状肌，使之充分休息，有利于炎症消退。尚可与缩瞳药交替使用，预防虹膜与晶状体的粘连。

（2）验光和检查眼底：眼内滴用阿托品可使睫状肌松弛，具有调节麻痹作用，此时由于晶状体固定，可准确地检测屈光度，也可利用其扩瞳作用来检查眼底。但阿托品扩瞳作用维持1～2周，调节麻痹作用也维持2～3天，致使视力恢复较慢。现常被合成的短效M受体阻断剂**托吡卡胺**（tropicamide）或**后马托品**（homatropine）等所替代。

3. 抑制腺体分泌 用于全身麻醉前给药，以减少呼吸道腺体和唾液腺的分泌，防止分泌物阻塞呼吸道和发生吸入性肺炎。也可用于严重的盗汗和流涎症。

4. 缓慢型心律失常 阿托品可用于治疗迷走神经过度兴奋所致的窦性心动过缓、窦房阻滞、房室传导阻滞等缓慢型心律失常及继发于窦房结功能低下而出现的异位节律。但对缺血性心脏病引起的心律失常，因其加速心率而加重心肌缺血，故应慎用或避免使用。

5. 抗休克 主要用于严重感染所致的中毒性休克（如暴发型流行性脑脊髓膜炎、中毒性细菌性痢疾、中毒性肺炎等所致）。由于大剂量阿托品解除血管痉挛，舒张外周血管，改善微循环，从而使休克好转。伴有高热和心率过快的休克患者不宜使用阿托品。因阿托品的不良反应较多，现多用山莨菪碱代之。

6. 解救有机磷酸酯类中毒 阿托品能迅速解除有机磷酸酯类中毒的M样症状，解除支气管痉挛，抑制支气管腺体分泌，防止肺水肿的发生，还可拮抗ACh大量积聚引起的延髓血管运动中枢、呼吸中枢等抑制作用（以中枢兴奋为主的患者可以选用东莨菪碱）。

（三）不良反应及中毒

阿托品具有多种药理作用，临床上应用其某一种作用时，其他的作用则成为副作用。常见不良反应有口干、视力模糊、心率加快、瞳孔扩大及皮肤潮红等。随着剂量增大，其不良反应逐渐加重，甚至出现中枢中毒症状。

阿托品中毒的解救主要为对症治疗。若是口服中毒，应立即洗胃、导泻，以促进毒物排出，并可用毒扁豆碱1～2mg缓慢注射，可迅速对抗阿托品中毒症状。

（四）禁忌证

青光眼及前列腺肥大者禁用，后者是因为阿托品可能加重排尿困难。

（贾 杰）

第六节 肾上腺素受体激动药

一、去甲肾上腺素

去甲肾上腺素（noradrenaline，NA；norepinephrine，NE）是去甲肾上腺素能神经末梢释放的主要递质，也可由肾上腺髓质少量分泌。药用的NA是人工合成的左旋体，常用的为重酒石酸盐，化学性质不稳定，见光易失效，在中性尤其是在碱性溶液中迅速氧化变为粉红色乃至棕色而失效，但在酸性溶液中较稳定，禁与碱性药物配伍。

（一）药理作用

NA 非选择性激动 α 受体，对心脏 β 受体也有较弱的激动作用，对 β 受体几乎无影响。

1. 血管 去甲肾上腺素激动血管的 α 受体，由于体内各部位血管的 α 肾上腺素受体的密度不同，小动脉及毛细血管前括约肌受体密度高，故作用强；而静脉和大动脉的受体密度低，则作用较弱。具体表现是使小动脉和小静脉收缩，以皮肤黏膜的血管收缩为最明显，其次是肾血管的收缩，脑、肝、肠系膜甚至骨骼肌的血管也收缩，结果外周血管阻力明显增加，器官血流量减少。冠状血管舒张，这主要是由心脏兴奋、心肌的代谢产物腺苷等增加，从而舒张血管所致，同时也因血压升高，提高了冠状血管的灌注压力，故冠脉血流量增加。

2. 心脏 去甲肾上腺素对心脏的作用比肾上腺素弱，其激动心脏的 β 受体，可使心肌收缩力加强，心率加快，传导加速，心搏出量增加，在整体情况下，心率可因血压升高而反射性减慢。同时外周阻力增加，使心排出量不变或下降。过大剂量的去甲肾上腺素能使心脏的自律性增加，也能引起心律失常，但较肾上腺素少见。

3. 血压 静脉滴注小剂量去甲肾上腺素时，由于心脏兴奋，收缩压升高，此时血管收缩尚不明显，故舒张压升高不多而脉压加大。较大剂量时，因血管收缩强烈，外周阻力显著增加，致使收缩压与舒张压均明显升高，脉压变小，组织的血流灌注量减少。

（二）临床应用

1. 休克 目前去甲肾上腺素类血管收缩药在休克治疗中已不占主要地位，仅限于血容量充足下的某些休克类型，如早期神经源性休克及嗜铬细胞瘤切除后或药物中毒引起的低血压等，用去甲肾上腺素静脉滴注，使收缩压维持在 12kPa（1mmHg=0.133kPa）左右，以保证心、脑等重要器官的血液供应。休克的治疗关键应是改善微循环和补充血容量，故去甲肾上腺素的应用仅是暂时措施，如长时间或大剂量应用反而加重微循环障碍。现主张去甲肾上腺素与 α 受体阻断剂酚妥拉明合用以拮抗其缩血管作用，保留其 β 效应。

2. 上消化道出血 用于食管静脉扩张破裂而引起的出血及胃出血等，取本品 1～3mg，适当稀释后口服或灌胃，在食管或胃内因局部作用收缩黏膜血管，可产生止血效果。

（三）不良反应与禁忌证

1. 不良反应

（1）局部组织缺血坏死：静脉滴注时间过长、浓度过高或药液漏出血管，可引起局部缺血坏死，如发现药液外漏或注射部位皮肤苍白、疼痛，应更换注射部位，进行热敷，并用普鲁卡因或 α 受体阻断药如酚妥拉明做局部浸润注射，以扩张血管。

（2）急性肾衰竭：静脉滴注时间过长或剂量过大，可使肾血管剧烈收缩，产生少尿、无尿和肾实质损伤，故用药期间应记录尿量，如发现尿量少于 25mL/h，应立即减量或停用，必要时用甘露醇等脱水药利尿。长时间滴注如果骤然停药，可见血压突然下降，故应逐渐降低滴速而后停药。

2. 禁忌证 高血压、动脉硬化症、器质性心脏病及无尿患者禁用。

二、肾上腺素

肾上腺素（adrenaline，epinephrine）是肾上腺髓质嗜铬细胞分泌的一种激素，药用的肾上腺素是从家畜肾上腺中提取或由人工合成的。与 NA 相似，其性质极不稳定，见光易分解，在中性尤其碱性溶液中迅速氧化变色而失效。

（一）药理作用

肾上腺素对 α 受体和 β 受体均有强大的激动作用，产生较强的 α 型和 β 型作用。一般地说，

其对 β 受体的作用略大于对 α 受体的作用。对整体的作用广泛而复杂，并且取决于机体的生理、病理情况，以及靶器官中各种肾上腺素受体亚型的分布、整体的反射作用和神经末梢突触间隙中的反馈调节等。

1. 心脏 作用于心肌、传导系统和窦房结的 β_1 受体，加强心肌收缩性，加速传导，加快心率，提高心肌的兴奋性，增加心排血量。肾上腺素又能舒张冠状血管，改善心肌的血液供应，且作用迅速，是一个强效的心脏兴奋药。其不利的一面是提高心肌代谢，使心肌耗氧量增加，加上心肌兴奋性提高，如剂量过大或静脉注射速度过快，可引起心律失常，出现期前收缩，甚至引起心室纤颤。全麻药氟烷可使心脏对肾上腺素的敏感性增加，因此氟烷麻醉过量时引起的血压下降，禁用肾上腺素抢救，以免引起肾上腺素的心脏毒性。

2. 血管 肾上腺素主要作用于小动脉及毛细血管前括约肌（肾上腺素受体密度高），对静脉和大动脉作用较弱（肾上腺素受体密度低）。此外，体内各部位血管的肾上腺素受体的种类和密度各不相同，所以肾上腺素对各部位血管的效应也不一致，皮肤黏膜血管的 α 受体占优势，收缩最强烈；内脏血管，尤其是肾血管，也显著收缩；对脑和肺血管收缩作用十分微弱，有时由于血压升高而被动地舒张；骨骼肌血管和冠状血管的 β_2 受体占优势，故呈舒张作用。

3. 血压 肾上腺素对血压的影响常因剂量和给药途径不同而异。

肾上腺素小剂量应用时，由于心脏兴奋，心排血量增加，故收缩压升高。在小剂量时，β_2 受体对肾上腺素比 α 受体更敏感，因此，骨骼肌血管舒张对血压的影响抵消或超过皮肤黏膜血管收缩作用的影响，故舒张压不变或略下降，脉压加大，此时身体各部位血液重新分配，以适应紧急状态下机体应激的需要。当较大剂量静脉注射时，除心脏强烈兴奋外，血管平滑肌 α 受体激动占优势，特别是皮肤黏膜和肾血管等显著收缩，使收缩压和舒张压均上升。当升压作用消失后，常随之出现微弱的降压效应，这可能是 β 受体激动的表现。如事先给予 α 受体阻断药酚妥拉明等，再给肾上腺素，升压不出现，相反转为降压。

4. 支气管 肾上腺素能激动支气管平滑肌的 β_2 受体，产生强大的舒张平滑肌的作用，同时它还能收缩支气管黏膜血管，降低毛细血管的通透性，从而减轻支气管黏膜水肿，有利于气道通畅。此外，肾上腺素能抑制肥大细胞释放组胺等过敏性介质，这种作用也参与缓解支气管哮喘。

5. 代谢 肾上腺素能提高机体代谢，在治疗剂量下，可使耗氧量增加 20%～30%。由于肾上腺素激动 α 受体和 β 受体，抑制胰岛素的分泌，促进胰高血糖素分泌，使肝糖原、肌糖原分解和糖原异生，降低外周组织对葡萄糖的利用，升高血糖。此外，肾上腺素还能激活三酰甘油酶，加速脂肪分解，使血液中游离脂肪酸升高。

（二）临床应用

1. 过敏性休克 患过敏性休克时，小血管扩张和毛细血管通透性增加，导致血压下降，同时支气管平滑肌痉挛，出现呼吸困难。肾上腺素激动 α 受体，收缩血管，减少血浆渗出；激动 β 受体，使靶细胞内 cAMP 增加，稳定生物膜，阻止肥大细胞释放组胺等活性物质，以及兴奋心脏，增加心排血量，升高血压，舒张支气管平滑肌，从而迅速缓解过敏性休克症状。

2. 心脏骤停 麻醉、手术过程中的意外、溺水、药物中毒、急性传染病和重度房室传导阻滞等出现的心脏骤停，在做有效的心脏按压、人工呼吸和纠正酸中毒的同时，可用肾上腺素静脉注射或心室内注射。

3. 支气管哮喘 皮下或肌内注射用于支气管哮喘急性发作治疗，效果迅速而强大，但作用维持短暂，且本品不良反应多，故仅用于急性发作者。作为常规应用现已被选择性高的 β_2 受体激动剂所取代。

4. 与局麻药配伍应用及局部止血 肾上腺素加入局麻药中，可使注射部位小血管收缩，延缓局麻药的吸收，减少吸收中毒的可能，同时可延长局麻作用时间。一般局麻药中肾上腺素的浓度为 1：250 000，一次用量不要超过 0.3mg。当鼻黏膜和齿龈出血时，可将浸有 0.1%盐酸肾上腺素溶液的纱布或棉球填塞出血处。

（三）不良反应与禁忌证

本品的不良反应主要有心悸、烦躁、头痛和血压升高等，休息后可以消失。剂量过大时，血压骤升有发生脑出血的危险，故老年人慎用。它能引起心律失常，甚至心室纤颤，故应严格控制剂量。肾上腺素禁用于高血压、脑动脉硬化、器质性心脏病、糖尿病和甲状腺功能亢进等患者。

三、多巴胺

多巴胺（dopamine，DA）是 NA 生物合成的前体，存在于外周去甲肾上腺素能神经、神经节和中枢神经系统的某些部位，也是多巴胺能神经的递质。药用的是人工合成品。

（一）药理作用

多巴胺能激动 α 受体和 β 受体及多巴胺（D）受体。

1. 心脏 多巴胺主要激动 β_1 受体，还能促进去甲肾上腺素能神经释放 NA。使心肌收缩力加强，心排血量增加。一般剂量对心率无明显影响，大剂量可加快心率。较少引起心悸和心律失常。

2. 血管与血压 能激动 α 受体和 D_1 受体。小剂量时主要激动 D_1 受体，使肾、肠系膜和冠状血管舒张。大剂量时也可激动 α 受体，使血管收缩，外周阻力增加。多巴胺一般能增加收缩压和脉压，而对舒张压无影响或稍增加，这可能是心排血量增加，而肾和肠系膜动脉阻力降低，其他血管阻力略升，使总外周阻力变化不大的结果。大剂量则使血管收缩，外周阻力增加，血压上升。

3. 肾 多巴胺激动肾血管 D_1 受体，使肾血管舒张，肾血流量、肾小球滤过率和钠的排出增加。在肾的总血流动力学上无明显改变时，钠的排出已增加，这可能是其对肾小管直接抑制钠再吸收的结果。大剂量则兴奋肾血管 α 受体，引起肾血管收缩，肾血流量减少。

（二）临床应用

多巴胺主要用于多种原因引起的休克，但必须注意补充血容量，纠正酸中毒。尤其对伴有心收缩功能低下与尿量减少而血容量已补足的休克患者疗效较好。此外，与利尿药合并应用于急性肾衰竭，可使尿量增加。

（三）不良反应

一般较轻微，偶见恶心、呕吐。但如用量过大或静脉滴注太快时，也可出现心动过速、心律失常和肾血管收缩而致肾功能下降等。由于多巴胺作用时间短，仅为 1～2min，如能及时减慢滴速或停药，上述症状即可消失，必要时可用酚妥拉明对抗。

四、异丙肾上腺素

异丙肾上腺素（isoprenaline，ISO）是人工合成品，常用其盐酸盐或硫酸盐，其盐酸盐又称喘息定。本品及其溶液在碱性环境中和日光下均易变色而失效。对 β_1 受体、β_2 受体激动作用很强，对 α 受体无作用，是经典的 β_1 受体、β_2 受体激动剂。

（一）药理作用

异丙肾上腺素是一种强大的 β 受体激动剂，能非选择性地激动 β_1 受体和 β_2 受体，但对 α 受体的亲和力很低。

1. 心脏 异丙肾上腺素具有典型的 β_1 受体激动作用，表现为正性肌力和正性频率作用，比肾上腺素作用强，缩短收缩期和舒张期，加快心率，加速传导，对正位起搏点（窦房结）有显著兴奋作用，虽也能引起心律失常，但较少产生心室颤动。

2. 血管与血压 它能激动血管的 β_2 受体，使骨骼肌和冠状血管舒张，对肾血管和肠系膜血管的舒张作用较弱。当静脉滴注每分钟 2～10μg 时，由于心脏兴奋和外周血管舒张，出现收缩压升高而舒张压略下降，脉压增大，此时冠脉血流量增加；但静脉注射较大剂量时，则引起舒张压与收缩压均降低，此时主要是静脉明显扩张，有效血容量下降，回心血量减少，使心排血量明显减少而导致血压下降，冠脉有效血流量不增加。

3. 支气管 它能激动支气管平滑肌的 β_2 受体，使之松弛，缓解支气管平滑肌痉挛，比肾上腺素作用强。它也能抑制组胺等过敏介质的释放，但对支气管黏膜的血管无收缩作用，故消除黏膜水肿的作用比肾上腺素差。

4. 其他 通过激动 β 受体，促进糖和脂肪分解，使血糖及游离脂肪酸增加，组织的耗氧量增加。

（二）临床应用

1. 支气管哮喘 舌下或喷雾给药，用于控制支气管哮喘的急性发作，疗效快而强。

2. 房室传导阻滞 可以治疗Ⅱ、Ⅲ度房室传导阻滞，采用舌下含药，而对完全传导阻滞者可以静脉滴注，并根据心率调整滴速，使心率维持在 60～70 次/min。

3. 心脏骤停 适用于心室自身节律缓慢、高度房室传导阻滞或窦房结功能衰竭而并发的心脏骤停，但由于异丙肾上腺素可引起舒张压下降，会降低冠脉灌注压，可与去甲肾上腺素或间羟胺合用，做心室内注射。

4. 休克 一般适用于血容量已补足而心排血量较低、外周阻力较高的休克患者，以增加心排血量和扩张外周血管。但近年来有人认为异丙肾上腺素主要舒张骨骼肌的血管，对心脏血管的舒张作用较弱，加之心率和心肌耗氧量明显增加，因而不主张应用。

（三）不良反应与禁忌证

异丙肾上腺素可引起心悸、低血压伴有头晕、肌颤等。对哮喘已有缺氧者，如其用量过大，可加重心肌耗氧量，易致心律失常，甚至出现室颤。其禁用于冠心病、心肌炎和甲状腺功能亢进等患者。

（贯 杰）

第七节 肾上腺素受体阻断药

肾上腺素受体阻断药（adrenoceptor blocking drug）又称**肾上腺素受体拮抗剂**（adrenoceptor antagonist），能阻断肾上腺素受体，从而拮抗去甲肾上腺素能神经递质或肾上腺素受体激动药的作用。对于整体动物，它们的作用强度取决于机体的去甲肾上腺素能神经张力。这类药物按对 α 和 β 肾上腺素受体选择性的不同，分为 α 受体阻断药、β 受体阻断药及 α、β 受体阻断药三大类。

一、α 受体阻断药

酚妥拉明（phentolamine）选择性地阻断 α 受体，拮抗肾上腺素的 α 型作用，但作用较弱。

（一）药理作用

1. 血管和血压 本类药物通过阻断 α 受体及直接舒张血管平滑肌，使血管明显舒张，结果导致外周阻力降低，血压下降，特别是肺动脉压下降。

2. 心脏 对心脏有兴奋作用，使心收缩力加强，心率加快，心排血量增加。这种兴奋作用一部分是由血管舒张、血压下降反射性兴奋交感神经引起的；另一部分是阻断神经末梢突触前膜 α_2 受体，从而促进去甲肾上腺素释放的结果。偶可致心律失常。

3. 其他 有拟胆碱作用，使胃肠平滑肌兴奋；有组胺样作用，使胃酸分泌增加。

（二）临床应用

1. 用于外周血管痉挛性疾病 如肢端动脉痉挛性疾病等。

2. 静脉滴注去甲肾上腺素发生外漏 可用本品5mg稀释于10～20mL生理盐水中,皮下浸润注射，以拮抗去甲肾上腺素的收缩血管作用，防止组织坏死。也用于肾上腺素等拟交感胺过量所致的高血压。

3. 用于肾上腺嗜铬细胞瘤的诊断和治疗 能使嗜铬细胞瘤所致的高血压下降。做诊断试验时，曾有致死的报告，故应特别慎重。

4. 用于抗休克 能使心排血量增加，血管舒张，外周阻力降低，从而改善休克状态时的内脏血液灌注，解除微循环障碍。并能降低肺循环阻力，防止肺水肿的发生，但给药前必须补足血容量。有人主张合用去甲肾上腺素，目的是对抗去甲肾上腺素的α型收缩血管的作用，保留其β型加强心肌收缩力的作用。

5. 充血性心力衰竭 由于本类药物能解除心功能不全时小动脉和小静脉的反射性收缩，降低外周阻力，减少回心血量，使心脏前、后负荷减轻，肺毛细血管压随之降低，使肺水肿减轻；可增强心肌收缩力，使心排血量增加。因此，对心力衰竭治疗有辅助作用。

（三）不良反应

本品常见的不良反应有低血压，胃肠道平滑肌兴奋所致的腹痛、腹泻、呕吐和诱发溃疡病（可能与其胆碱样和组胺样作用有关）。静脉给药时可引起严重的心率加快、心律失常、心绞痛，因此需缓慢注射或静脉滴注。胃炎、胃及十二指肠溃疡病、冠心病患者慎用。

二、β受体阻断药

β受体阻断药能与去甲肾上腺素能神经递质或肾上腺素受体激动药竞争β受体，从而拮抗其β型拟肾上腺素的作用。它们与激动药呈典型的竞争性拮抗。

（一）药理作用

1. β受体阻断作用

1）心血管系统 对心脏的作用是这一类药物的重要作用。主要由于阻断心脏β受体，可使心率减慢，心肌收缩力减弱，心排血量减少，心肌耗氧量下降，血压稍降低。β受体阻断药还能延缓心房和房室结的传导，使房室传导时间延长，降低窦性节律，延长有效不应期。具有内在拟交感活性的本类药物，对心脏的作用不明显。

2）支气管平滑肌 支气管的β_2受体激动时使支气管平滑肌松弛，β受体阻断药则使之收缩而增加呼吸道阻力。但这种作用较弱，对正常人影响较小，只有在支气管哮喘的患者，有时可诱发或加重哮喘的急性发作。选择性β_1受体阻断药的这种作用较弱。

3）代谢

（1）脂肪代谢：长期使用非选择性β受体阻断药可以增加血浆中VLDL，中度升高血浆甘油三酯，降低LDL，而LDL、HDL浓度无变化，减少游离脂肪酸自脂肪组织的释放，增加冠状动脉粥样硬化性心脏病的危险性。

（2）糖代谢：当β受体阻断药和α受体阻断药合用时，可拮抗肾上腺素升高血糖的作用。普萘洛尔能延缓用胰岛素后血糖水平的恢复，这可能是因为其抑制了低血糖引起的儿茶酚胺释放所致的糖原分解。

（3）甲状腺：甲状腺功能亢进时，β受体阻断药可抑制甲状腺素（T_4）转变为三碘甲状腺原氨酸（T_3），有效控制甲亢的症状。

（4）肾素：β受体阻断药可通过阻断肾小球旁器细胞的β_1受体而抑制肾素的释放，这可能是其降血压的机制之一。

2. 内在拟交感活性 有些β肾上腺素受体阻断药与β受体结合后，除能阻断受体外，尚对β受体具有**部分激动作用**（partial agonistic action），称**内在拟交感活性**（intrinsic sympathomimetic activity, ISA）。由于这种作用较弱，常被其β受体阻断作用所掩盖。一般认为具有内在拟交感活性的β受体阻断药可减少由于β受体阻断而致的支气管收缩、心衰和房室传导阻滞等不良反应。

3. 膜稳定作用 实验证明，有些β受体阻断药具有局部麻醉作用和奎尼丁样作用。这两种作用都由其降低细胞膜对离子的通透性所致，故称为膜稳定作用。膜稳定作用在常规剂量下并不显著，只有在过量剂量下才比较明显。而且膜稳定作用与β受体阻断作用没有平行关系，也不是β受体阻断药抗心律失常作用的原因，一些无膜稳定作用的β受体阻断药仍然对心律失常有效。

（二）临床应用

（1）本品主要用于治疗快速型心律失常，如窦性心动过速，全身麻醉药或拟肾上腺素药引起的心律失常等。

（2）用于治疗心绞痛和心肌梗死，对心绞痛有良好的疗效，长期应用于心肌梗死患者可降低其复发率和猝死率。

（3）治疗高血压时能使高血压患者的血压下降，同时伴有心率减慢。

（4）还可用于甲状腺功能亢进及甲亢危象，对控制激动不安、心动过速和心律失常等症状有效，并能降低基础代谢率。也用于嗜铬细胞瘤和肥厚性心肌病，普萘洛尔已试用于偏头痛、肌震颤、肝硬化的上消化道出血等。噻吗洛尔常局部用药治疗青光眼，降低眼内压。

（三）不良反应及注意事项

此类药的一般不良反应为消化道和中枢神经症状，如恶心、呕吐、轻度腹泻、头晕、忧郁、失眠、噩梦等，停药后可自行消失。如使用不当，也可引起如下严重的不良反应。

1. 诱发支气管哮喘 由于β受体被阻断，增加呼吸道阻力，能诱发和加重哮喘发作。因而伴有支气管哮喘的患者或近期发作过的哮喘者，应禁用非选择性β受体阻断药。即使应用选择性β_1受体阻断药及具有内在拟交感活性的药物，对支气管平滑肌β_2受体也有较弱的阻断作用，也应慎用。

2. 抑制心脏和致外周血管痉挛 β受体阻断药可阻断心脏的β_1受体，使心功能抑制，特别是心功能不全患者，容易发生急性心力衰竭、心动过缓、房室传导阻滞，甚至发生心脏停搏的严重后果。阻断血管β_2受体，相对兴奋α受体，可出现外周血管收缩和痉挛，临床表现为四肢厥冷，脉搏不能触及，皮肤苍白或发绀，间歇性跛行，甚至偶可引起脚趾皮肤溃烂和坏死，以普萘洛尔发生率较高。

3. 反跳现象 长期应用普萘洛尔等无内在拟交感活性的β受体阻断药后，突然停药，可使心绞痛患者再次发作和加剧，高血压患者血压回升，称此为反跳现象。因此，长期用药者，病情控制后应逐渐减量停药。

（四）禁忌证

严重心功能不全、窦性心动过缓、重度房室传导阻滞、外周血管痉挛性疾病和支气管哮喘等患者禁用，心肌梗死患者应慎用。

（五）代表药物

本类药物主要包括普萘洛尔、美托洛尔、阿替洛尔、吲哚洛尔和噻吗洛尔等。

（贾 杰）

第八节 局部麻醉药

一、局麻作用及作用机制

局部麻醉药（局麻药）可作用于神经，提高产生神经冲动所需要的阈电位，抑制动作电位去极化上升的速度，延长动作电位的不应期，甚至使神经细胞丧失兴奋性和传导性，局麻药对混合神经产生作用时，首先消失的是持续性钝痛（如压痛），其次是短暂性锐痛，继之依次为冷觉、温觉、触觉、压觉消失，最后发生运动麻痹。进行蛛网膜下腔麻醉时，首先阻断自主神经，继而按上述顺序发生麻醉作用。神经冲动传导的恢复则按相反的顺序进行。

作用机制：神经动作电位的产生是由于神经受刺激时引起膜通透性的改变，产生 Na^+内流和 K^+外流。局麻药的作用是阻止这种通透性的改变，使 Na^+在其作用期间不能进入细胞。局麻药作用机制的学说目前公认的是局麻药能阻断神经细胞膜上的电压门控性 Na^+ 通道，使传导阻滞，产生局麻作用。进一步研究认为，本类药物是以非解离型进入神经细胞内，以解离型作用在神经细胞膜的内表面，与 Na^+通道的一种或多种特异性结合位点结合，产生 Na^+通道阻滞作用。目前认为局麻药具有亲脂性、非解离型是透入神经的必要条件。局麻药的解离速率、解离常数（pK_a）及体液 pH 与局麻作用密切相关。局麻药的作用又具有频率和电压依赖性，因此，处于兴奋状态的神经较静息状态的神经对局麻药敏感。除阻断 Na^+通道外，局麻药还能与细胞膜蛋白结合阻断 K^+通道，产生这种作用常需高浓度，对静息膜电位无明显和持续性的影响。

二、常用局麻药

1. 普鲁卡因的临床应用　普鲁卡因是常用的局麻药之一，属短效酯类局麻药，亲脂性低，对黏膜的穿透力强。一般不用于表面麻醉，常局部注射用于浸润麻醉、传导麻醉、蛛网膜下腔麻醉和硬膜外麻醉。也可用于损伤部位的局部封闭。

2. 利多卡因的临床应用　利多卡因是目前应用最多的局麻药，具有起效快、作用强而持久、穿透力强及安全范围较大等特点，同时无扩张血管作用及对组织几乎没有刺激性。可用于多种形式的局部麻醉，有全能麻醉药之称，主要用于传导麻醉和硬膜外麻醉。

3. 丁卡因的临床应用　本药对黏膜的穿透力强，常用于表面麻醉。以 0.5%～1%溶液滴眼，无角膜损伤等不良反应。作用迅速，也可用于传导麻醉、腰麻和硬膜外麻醉。因毒性大，一般不用于浸润麻醉。

（贯　杰）

第九节　镇静催眠药

常用的镇静催眠药可分为 3 类：苯二氮䓬类、巴比妥类及其他类。前者以地西泮为代表药。

（一）地西泮的药理作用和临床应用

1. 抗焦虑作用　焦虑是多种精神病的常见症状，也是一种以焦虑为特征的神经官能症。地西泮的抗焦虑作用选择性强，小剂量即可明显改善症状，并对各种原因引起的焦虑均有显著疗效。地西泮抗焦虑的作用部位主要在调节情绪反应的边缘系统。

2. 镇静催眠作用　随着使用剂量增大，具有镇静及催眠的作用，可缩短入睡时间，延长睡眠持续时间。进一步加大剂量，并不引起全身麻醉。地西泮作为镇静催眠药有以下优点：①治疗指数高，对呼吸影响小，安全范围较大；②对快动眼睡眠（REMS）的影响较小，停药后出现反跳性 REM 睡眠延长较巴比妥类轻；③可明显缩短或取消 NREM 睡眠第 4 相，因此，可减少发生于此时期的夜惊或夜游症。基于以上这些优点，目前用于镇静、催眠的巴比妥类药物基本上已被苯二氮䓬类所取代。

3. 抗惊厥和抗癫痫作用　地西泮有很强的抗惊厥和抗癫痫作用，虽不能减少惊厥原发病灶的放电，却能限制惊厥病灶的放电向周围及皮质下扩散，终止或减轻惊厥的发作。临床上可用于破伤风、子痫、小儿高热惊厥及药物中毒性惊厥的辅助治疗。地西泮静脉注射是目前用于治疗癫痫持续状态的首选药。

4. 中枢性肌肉松弛作用 小剂量地西泮可减弱脑干网状结构对脊髓反射性易化作用。大剂量能抑制脊髓多突触反射，从而引起肌肉松弛。临床上可用于治疗脑血管意外及脊髓损伤等引起的中枢性肌强直，缓解局部关节病变、腰肌劳损及内镜检查所致的肌肉痉挛。

（二）地西泮的作用机制

地西泮及其同类药物的作用机制与脑内 $GABA_A$ 受体密切相关。放射配体结合试验证明，脑内有地西泮的高亲和力的特异性结合位点苯二氮䓬受体。其分布以皮质为最密，其次为边缘系统和中脑，再次为脑干和脊髓。这种分布状况与中枢抑制性递质 γ-氨基丁酸（GABA）的 $GABA_A$ 受体的分布基本一致。电生理实验证明，苯二氮䓬类能增强 GABA 能神经传递功能和突触抑制效应，还有增强 GABA 与 $GABA_A$ 受体相结合的作用。$GABA_A$ 受体是一个大分子复合体，为配体-门控氯离子通道，由两个 α 亚单位和两个 β 亚单位（$\alpha_2\beta_2$）构成 Cl^- 通道。β 亚单位上有 GABA 受点，当 GABA 与之结合时，Cl^- 通道开放，Cl^- 内流，使神经细胞超极化，产生抑制效应。在 α 亚单位上则有苯二氮䓬受体，苯二氮䓬与之结合时，并不能使 Cl^- 通道开放，但它通过促进 GABA 与 $GABA_A$ 受体的结合而使 Cl^- 通道开放的频率增加，从而促进更多的 Cl^- 内流。

（三）地西泮的不良反应

地西泮常见的不良反应有嗜睡、头昏、乏力等，还可影响技巧动作和驾驶安全。大剂量时偶有共济失调。地西泮静脉注射速度过快，可引起呼吸抑制和循环功能抑制，严重者可致呼吸及心跳停止，饮酒或同时应用其他中枢抑制药尤易发生，故静脉注射速度宜慢，每分钟不应超过 1mL（5mg）。老年人、心肺功能减退者慎用。偶可引起过敏反应如皮疹、白细胞减少等。

长期服用地西泮等本类药物可产生耐受性、习惯性或成瘾性。突然停药可发生戒断症状，如失眠、兴奋、焦虑、震颤，甚至惊厥，故不宜长期服用，并应避免突然停药。过量急性中毒可致昏迷和呼吸抑制，但安全范围大，极少发生严重后果。苯二氮䓬类药物的过量中毒可用**氟马西尼**（flumazenil，安易醒）进行鉴别诊断和抢救，氟马西尼能特异性地竞争拮抗苯二氮䓬类衍生物与 $GABA_A$ 受体上特异性位点结合，但对巴比妥类及其他中枢抑制药物中毒无效。

（贾 杰）

第十节 抗癫痫药和抗惊厥药

癫痫是一种由大脑神经元异常放电所引起的突发性反复发作的大脑功能短暂失调综合征。其病理基础是脑内局部癫痫灶神经元突发性异常高频放电，并向周围正常组织扩散。临床表现为突然发作、短暂运动、感觉功能异常，多伴有脑电图异常。

根据癫痫发作时的症状，主要可分为大发作（强直-阵挛性发作）、小发作（失神性发作）、精神运动性发作、局限性发作及癫痫持续状态。

临床常用的抗癫痫药物有苯妥英钠、苯巴比妥、扑米酮、卡马西平、乙琥胺和丙戊酸钠等。

一、苯妥英钠

（一）药理作用和机制

苯妥英钠的抗癫痫作用与它对细胞膜的稳定作用有关。治疗浓度（10μg/mL 以下）苯妥英钠即阻滞细胞膜 Na^+ 的通道，抑制 Na^+ 的内流，从而降低细胞膜的兴奋性。苯妥英钠的这一作用具有明显的使用依赖性。因此，对异常高频放电的神经元 Na^+通道阻滞作用明显，抑制其高频反复放电，而对正常的低频放电并无明显的影响。苯妥英钠还阻滞神经元的 L 型和 N 型 Ca^{2+}通道，抑制 Ca^{2+}内流；较高浓度时，还能抑制 K^+外流，延长动作电位时程和不应期。近来发现其与增加脑内抑制性递质 γ-氨基丁酸（GABA）也有关。

（二）临床应用

1. 抗癫痫 为治疗癫痫大发作和局限性发作的首选药。对小发作无效，有时甚至使病情恶化。静脉注射可用于癫痫持续状态，但注射速度应慢，以防引起心脏方面的急性毒性而致心搏骤停。

2. 治疗外周神经痛 如三叉神经、舌咽神经和坐骨神经等疼痛，能使疼痛明显减轻，发作次数减少，其中对三叉神经痛疗效较好。

3. 抗心律失常 详见本章第十六节。

（三）不良反应与防治

本品的不良反应与给药途径、给药持续时间和剂量有关。治疗量所达血药浓度个体差异很大（2～50μg/mL），而不良反应除胃肠道刺激外均与血药浓度相平行。一般血药浓度为 10μg/mL 时可有效抑制大发作，而血药浓度为 20μg/mL 左右时可出现毒性反应。

1. 局部刺激 对胃肠道有刺激性，口服易引起食欲减退、恶心、呕吐、腹痛等症状，宜饭后服用。静脉推注可发生静脉炎。

2. 齿龈增生 长期应用还能使牙龈增生，虽无痛苦，但易患齿龈炎和齿龈溃疡，且影响美观。约有 20%的患者发生这种反应，多见于儿童及青少年，可能与部分药物自唾液排出刺激胶原组织增生有关。要注意口腔卫生，防止齿龈炎，经常按摩牙龈可以防止或减轻症状，一般停药 3～6 个月后可恢复。

3. 神经系统反应 可见眩晕、头痛、眼球震颤、复视、共济失调等，可能为用量过大引起，调整用量或停药后可消失。此外尚有瞳孔散大、腱反射亢进、外周神经炎和精神行为异常，如多动、意识紊乱、困倦和幻觉等。长期服用苯妥英钠的患者，约有 30%发生外周神经炎，但症状不明显，不妨碍用药。

4. 造血系统反应 偶见中性粒细胞和血小板减少，长期应用可致叶酸缺乏，发生巨幼红细胞性贫血，可能与本品妨碍叶酸的吸收、代谢及抑制二氢叶酸还原酶有关，用甲酰四氢叶酸治疗有效。长期服用者，需定期检查血象。

5. 过敏反应 少数患者发生皮疹、粒细胞缺乏、血小板减少、再生障碍性贫血和肝坏死。

6. 致畸反应 妊娠早期使用偶致畸胎，故孕妇慎用。

（四）药物相互作用

苯妥英钠可与水杨酸类、保泰松、磺胺类和口服抗凝血药等药物竞争结合血浆蛋白结合部位，致其游离型血药浓度增加。本品为肝药酶诱导剂，能加速多种药物代谢如糖皮质激素、茶碱、奎尼丁、避孕药和口服抗凝药等，使其疗效下降。苯妥英钠经肝药酶代谢，故与肝药酶抑制剂如氯霉素、异烟肼等合用时，血药浓度升高，疗效增强；与肝药酶诱导剂如苯巴比妥、乙醇等合用时，可降低其血药浓度和药效。

二、卡马西平

（一）药理作用和机制

卡马西平的作用机制类似于苯妥英钠，治疗浓度时能抑制 Na^+通道，抑制癫痫灶及其周围神经元放电。已证明本品能增强 GABA 在突触后的作用。

（二）临床应用

本品为广谱抗癫痫药，对精神运动性发作疗效较好，对大发作和单纯性、局限性发作也有效，同时还有抗小发作作用。对三叉神经痛疗效比苯妥英钠好，对舌咽神经痛也有效。也可用于锂盐治疗无效的躁狂症患者，其不良反应比锂盐少而疗效较好，也可与锂盐合用治疗。

（三）不良反应

本品常见的不良反应有眩晕、视力模糊、恶心、呕吐，少数患者可出现共济失调、手指震颤和皮疹，不需中断治疗，1 周左右逐渐消退。严重少见的不良反应有骨髓抑制、肝损害等，故治疗早期应定期检查血象。

三、苯巴比妥、扑米酮

苯巴比妥对大多数惊厥动物模型有效，缺乏选择性。临床上主要用于治疗癫痫大发作及癫痫持续状态，对单纯的局限性发作及精神运动性发作也有效，均不作为首选药。对小发作和婴儿痉挛效果差。

扑米酮与苯巴比妥相比无特殊优点，且价格较贵，只用于其他药物不能控制的患者。

四、乙琥胺

乙琥胺临床上仅对癫痫小发作有效，为防治小发作的首选药。对其他癫痫无效。常见不良反应有食欲减退、恶心、呕吐及嗜睡、眩晕、呃逆等，对于有精神病史的患者可引起精神行为异常，表现为焦虑、抑郁、短暂的意识丧失等。偶见嗜酸性粒细胞增多症或粒细胞缺乏症，严重者发生再生障碍性贫血，故用药期间应勤查血象。

五、丙戊酸钠

（一）临床应用

丙戊酸钠属广谱抗癫痫药，临床上对各类型癫痫均有一定疗效，对大发作的疗效不如苯妥英钠、苯巴比妥，当后两药无效时，用本药仍有效；对小发作疗效优于乙琥胺，但因有肝毒性不作首选；对精神运动性发作疗效与卡马西平相似。对其他药物未能控制的顽固性癫痫有时可能奏效。

（二）不良反应

本品毒性较小，严重不良反应少见。常见不良反应为胃肠道反应，如厌食、恶心和呕吐等，饭后服用可以减轻以上反应。本品对肝功能有明显影响，少数患者服药后有肝炎发生，个别可因肝功能衰竭而死亡，故用药期间应定期检查肝功能。儿童耐受性较好，但对胎儿有致畸作用，故孕妇需慎用。

六、硫酸镁

（一）药理作用及临床应用

硫酸镁口服不易从胃肠道吸收，有致腹泻及利胆作用。注射给药则产生吸收作用，可引起中枢抑制和箭毒样骨骼肌松弛作用，主要是由运动神经末梢 ACh 释放减少所致。运动神经末梢 ACh 的释放过程需要 Ca^{2+}参与，而 Mg^{2+}与 Ca^{2+}化学性质相似，有相互竞争作用，可特异性地竞争 Ca^{2+}受点，拮抗 Ca^{2+}的作用，因而干扰了 ACh 的释放和骨骼肌收缩，这一作用可被 Ca^{2+}拮抗。与此同时，本品也作用于中枢神经系统，引起感觉和意识消失。主要用于各种原因所引起的惊厥，尤其是对子痫、破伤风所致惊厥有良好的疗效。

（二）不良反应与防治

注射过量，血镁过高时可引起呼吸抑制、血压剧降、心动过缓和传导阻滞等，甚至引起死亡。腱反射消失常是呼吸抑制的先兆，因此用药过程中应经常检查腱反射。中毒时应立即进行人工呼吸，并缓慢静脉推注氯化钙或葡萄糖酸钙，可立即消除 Mg^{2+}的作用。

（贾　杰）

第十一节　抗帕金森病药

帕金森病（Parkinson’s disease，PD）又称**震颤麻痹**（paralysis agitans），是一种主要表现为进行性锥体外系功能障碍的中枢神经系统退行性疾病。由英国人 J. Parkinson 于 1817 年首先描述而得名。其典型症状为**静止震颤**（resting tremor）、**肌肉强直**（muscular rigidity）、**运动迟缓**（bradykinesia）和共济失调。临床上按不同病因分为原发性、动脉硬化性、脑炎后遗症性和化学药物中毒（如 Mn^{2+}、CO、抗精神病药物中毒）4 类，它们均出现相同的主要症状，总称为**帕金森综合征**（Parkinsonism）。

一、左旋多巴

左旋多巴（L-DOPA，levodopa）是由酪氨酸形成儿茶酚胺的中间产物，即 DA 的前体。

（一）体内过程

口服后经小肠芳香族氨基酸转运体迅速吸收，血浆 $t_{1/2}$ 较短。食物中的其他氨基酸可与左旋多巴竞争同一转运载体，从而减少药物的吸收。胃排空延迟、胃酸 pH 偏低或高蛋白质饮食等，均可降低其生物利用度。口服后绝大多数在外周组织被 L-芳香族氨基酸脱羧酶脱羧成为多巴胺，仅 1%左右的 L-DOPA 能进入中枢神经系统发挥作用。若同时合用 L-芳香族氨基酸脱羧酶抑制药，可减少外周 DA 生成，使左旋多巴能更多地进入脑内，增加血和脑内 L-DOPA 达 3～4 倍，转化为 DA 而生效，并可减少不良反应。L-DOPA 生成的多巴胺一部分通过突触前的摄取机制返回多巴胺能神经末梢，另一部分被单胺氧化酶（MAO）或儿茶酚胺-*O*-甲基转移酶（COMT）代谢，经肾排泄。

（二）药理作用及临床应用

L-DOPA 是多巴胺的前体，通过血脑屏障后，补充纹状体中多巴胺的不足而发挥治疗作用。但 L-DOPA 究竟是被残存神经元利用而增加多巴胺的合成和释放，还是在细胞外被转化为多巴胺后直接“溢流”到突触间隙而激活突触后膜受体，这一点尚不清楚。多巴胺因不易通过血脑屏障，不能用于治疗 PD。

临床用于治疗各种类型的 PD 患者，不论年龄和性别差异及病程长短均适用，但对吩噻嗪类等抗精神病药所引起的帕金森综合征无效。其作用特点为：①疗效与黑质纹状体病损程度相关，轻症或较年轻患者疗效好，重症或年老体弱者疗效较差；②对肌肉僵直和运动困难的疗效好，对肌肉震颤的疗效差；③起效慢，用药 1～6 个月后疗效最强。

（三）不良反应

分为早期和长期两大类。

1. 早期反应

（1）胃肠道反应：可出现厌食、恶心、呕吐，为 L-DOPA 在外周和中枢脱羧成 DA，分别为直接刺激胃肠道和兴奋延髓催吐化学感受区 D2 受体之故。还可引起腹胀、腹痛和腹泻等。偶见溃疡出血或穿孔。

（2）心血管反应：可出现直立性低血压，其原因可能是外周形成的 DA 一方面作用于交感神经末梢，反馈性抑制交感神经末梢释放 NA；另一方面作用于血管壁的 DA 受体，舒张血管。还有些患者可出现心律不齐。

2. 长期反应

（1）运动过多症：是异常动作舞蹈症的总称，也称为运动障碍，是由于服用大量 L-DOPA 后，多巴胺受体过度兴奋，出现手足、躯体和舌的不自主运动。

（2）症状波动：服药 3～5 年后，有 40%～80%患者出现症状快速波动，重则出现**开-关反应**（on-off response）。“开”时活动正常或几近正常，而“关”时突然出现严重的 PD 症状。

（3）精神症状：有逼真的梦幻、幻想、幻视等，也有抑郁症等精神病症状，可能与 DA 作用于皮质下边缘系统有关。

二、卡比多巴

卡比多巴不能通过血脑屏障，与 L-DOPA 合用时，仅能抑制外周 AADC，此时，由于 L-DOPA 在外周的脱羧作用被抑制，进入中枢神经系统的 L-DOPA 增加，使用量可减少 75%，而使不良反应明显减少，症状波动减轻。本品与 L-DOPA 组成的复方制剂称为**心宁美**（sinemet），现有**心宁美控释剂**（sinemet CR）。

三、苯海索

可通过拮抗胆碱受体而减弱黑质-纹状体通路中 ACh 的作用，抗震颤效果好，也能改善运动障碍和肌肉强直；少数不能接受 L-DOPA 或多巴胺受体激动药的 PD 患者，可用本药治疗。

（贾 杰）

第十二节 抗精神失常药

精神失常是由多种原因引起的精神活动异常的疾病，表现为知觉、情感、思维、智力、意志和行为等方面的障碍。常见的用于治疗思维、情感、行为等精神活动障碍性疾病的药物，统称为抗精神失常药，根据其临床应用分为**抗精神分裂症药**（antischizophrenic drug）、**抗躁狂症药**（antimanic drug）、**抗抑郁症药**（antidepressive drug）和**抗焦虑症药**（antianxiety drug）。临床上常用的抗焦虑症药苯二氮䓬类已在本章第九节“镇静催眠药”中述及。

一、氯丙嗪

氯丙嗪（chlorpromazine）又名**冬眠灵**（wintermine），是传统抗精神病药物的代表，目前仍为临床常用药物之一。

（一）药理作用

氯丙嗪主要阻断脑内多巴胺 DA 受体，这是其抗精神病作用的主要机制，也能阻滞 α 肾上腺素能受体和 M 胆碱受体。因此，其药理作用广泛而复杂，也是长期应用产生不良反应的基础。

1. 中枢神经系统

（1）对行为和精神活动的影响：正常人服用治疗量的氯丙嗪可出现镇静作用，活动量减少，注意力下降，对周围环境反应淡漠，答话滞缓等，而理智正常，在安静环境下易入睡，易被唤醒，醒后神志清楚，随后又可再次入睡，加大剂量也不引起麻醉。在动物实验中，氯丙嗪能明显减少攻击行为，可使凶猛的动物驯服而易于接近。上述特殊的中枢抑制作用，称为**神经安定作用**（neuroleptic effect）。

给精神分裂症患者服用后，兴奋、躁动症状明显减轻，大剂量连续用药可在清醒状态下减少或消除患者的幻觉和妄想等症状，减轻思维障碍，理智恢复，情绪安定，生活自理，呈现良好的抗精神病作用，且长期用药不产生耐受性。

氯丙嗪抗精神病作用机制与影响中枢多巴胺能神经功能有关。氯丙嗪抗精神病作用是通过阻断中脑-边缘通路及中脑-皮质通路中的 DA 受体而实现的。但是，由于氯丙嗪对这两个通路和黑质-纹状体通路 DA 受体的亲和力几无差异，因此，在长期应用氯丙嗪的患者中，锥体外系不良反应的发生率较高。

（2）镇吐作用：小剂量氯丙嗪能阻断延髓第四脑室底部催吐化学感受器的 DA 受体，产生明显的止吐作用；大剂量则可直接抑制呕吐中枢。但不能对抗前庭神经受刺激引起的呕吐（如晕车、晕船）。对顽固性呃逆有效。

（3）对体温调节的影响：氯丙嗪抑制下丘脑体温调节中枢，干扰恒温调节功能，使机体体温随环境温度的变化而升降，在低温环境中体温显著降低，在高温环境中则使体温升高。该药不仅降低发热机体的体温，也能略降正常体温。临床上若配合物理降温，氯丙嗪可以使体温降至正常以下甚至达到 28～32℃，用于低温麻醉。如果合用某些中枢抑制药如哌替啶和异丙嗪，可使患者处于深睡状态，体温、代谢及组织耗氧量均降低，称为人工冬眠疗法。可用于严重感染、中毒性高热及甲状腺危象等病症的辅助治疗。

2. 自主神经系统　氯丙嗪通过阻断 α 受体，可翻转肾上腺素的升压效应。同时由于抑制血管运动中枢和直接扩张血管，使血压降低。但反复用药后，降压作用因产生耐受性而减弱，且不良反应较多，故不适用于原发性高血压的治疗。氯丙嗪尚有较弱的 M 受体阻断作用。在大剂量时，可出现口干、便秘、视力模糊及尿潴留等不良反应。

3. 内分泌系统　氯丙嗪由于阻断结节-漏斗通路中的 DA 受体，引起某些内分泌功能紊乱，如减少催乳素抑制因子的释放而使催乳素分泌增加，致乳腺增大及泌乳；减少促性腺释放激素的分泌，致使卵泡刺激素和黄体生成素减少，引起排卵延迟；也可抑制促肾上腺皮质激素及垂体生长激素的分泌，临床上试用于治疗巨人症。

（二）临床应用

1. 治疗精神病　主要用于治疗各型精神分裂症，为最早、最常用的药物。对Ⅰ型精神分裂症疗效较好，尤其急性患者疗效显著，但因是对症治疗，故必须长期服药以维持疗效，减少复发。对慢性患者疗效较差。对Ⅱ型精神分裂症患者无效。此外，氯丙嗪对乙醇、苯丙胺、麦角酰二乙胺引起的中毒性精神病也有效，还可用于治疗躁狂症。

2. 人工冬眠　采用物理降温配合使用氯丙嗪、异丙嗪和哌替啶的方法，可使机体进入类似变温动物“冬眠”的深睡状态，称为“人工冬眠”。此时患者器官活动减少，体温、代谢及耗氧量降低，并可减弱机体对各种病理性刺激的反应，使机体暂时处于保护性抑制状态，从而有利于机体度过危险的缺氧和缺能阶段。人工冬眠疗法主要用于严重感染、创伤、高热和高热惊厥、甲亢危象和妊娠毒血症等。

3. 止吐和抗顽固性呃逆　治疗各种疾病（如胃肠炎、肿瘤、放射病、尿毒症），以及某些药物（如四环素、吗啡、洋地黄、雌激素和抗肿瘤药等）引起的呕吐及妊娠呕吐，但对晕动病引起的呕吐无效。本品对顽固性呃逆也有效，原因可能是氯丙嗪对处于延髓催吐化学感受区附近的呃逆中枢也有抑制作用。

（三）不良反应

氯丙嗪的治疗安全范围较大，但由于其作用广泛，长期大剂量治疗精神病时，不良反应较多。

1. 一般不良反应　常见有 M 受体阻断（眼压升高、口干、便秘、视力模糊），α 受体阻断（鼻塞、心悸、直立性低血压）和中枢抑制（嗜睡、无力）等症状。

2. 锥体外系反应　是长期大量服用氯丙嗪治疗精神分裂症时最常见的不良反应，主要表现有 4

种形式：①帕金森综合征，表现为肌张力增强、面容呆板、动作迟缓、肌肉震颤、流涎等，发生率约为 30%。②不能静坐，表现为坐卧不安、反复走动或原地踏步。③肌张力障碍，表现为舌、面、颈部有怪异动作和呼吸运动障碍及吞咽困难。该反应起病较快，多在治疗 1 周后出现，尤以青少年患者多见。这三种症状被认为是与氯丙嗪阻断黑质-纹状体通路的 DA 受体，使胆碱能功能相对增强有关。可用抗胆碱药（如苯海索、东莨菪碱）缓解，也可通过减少氯丙嗪用量减轻其症状。④迟发性运动障碍，表现为口、舌、咀嚼肌不自主刻板地运动及四肢舞蹈样动作等，起病较慢，在服药后数周或数月，甚至几年后才出现，停药后仍长期不消失，甚至恶化。这种症状的发生由氯丙嗪长期阻断 DA 受体，反馈性地使 DA 合成增加或 DA 受体超敏所致。迟发性运动障碍的治疗措施除减少氯丙嗪的药量或停用外，目前尚无特殊方法。抗胆碱药也对其无效。近期报道，必要时可换用多巴胺受体阻滞剂氯氮平治疗。

3. 过敏反应 常见皮疹、皮炎，偶见粒细胞减少症，少数患者可见肝功能受损，故服药期间应定期检查血象和肝功能。

4. 急性中毒 一次大量吞服氯丙嗪可发生急性中毒，大多见于自杀，偶见于事故或误服。中毒的临床表现与其药理作用密切相关，表现为昏睡，甚至血压下降，出现严重休克、意识障碍等，应立即进行对症处理。纠正低血压时，宜用α受体激动剂如去甲肾上腺素等，而禁用肾上腺素。因为氯丙嗪阻断α受体，有可能将肾上腺素的升压作用翻转为降压效应，以致血压进一步降低。

二、碳酸锂

碳酸锂（lithium carbonate）为典型的抗躁狂症药。

（一）药理作用及临床应用

碳酸锂治疗量对正常人精神活动几乎无影响，但对躁狂症发作有显著疗效，也能控制精神分裂症的躁狂、兴奋症状。锂盐抗躁狂的机制可能是：促进脑内去甲肾上腺素和多巴胺的再摄取，抑制其释放，从而使突触部位儿茶酚胺含量减少；干扰脑内磷脂酰肌醇代谢，使肌醇含量减少，间接影响脑内某些递质的突触传递。

（二）不良反应

锂盐不良反应多，其严重程度与患者的年龄、服药剂量、血锂浓度、肾功能、服药时间及个体对锂盐的耐受程度有关。一般发生在用药后 1～2 周，初期有恶心、稀便、肢体震颤、口渴、多尿等，继续用药可自行消失。锂盐能抑制甲状腺激素的合成与分泌，引起碘代谢异常，致使甲状腺肿大，一般无需处理，重者可用甲状腺素治疗。锂盐中毒主要表现为中枢神经症状，如意识障碍、昏迷、肌张力增强、深反射亢进、共济失调、震颤及癫痫发作。静脉注射生理盐水可加速锂的排泄。为确保用药安全，对服用锂盐患者，应每日测定血锂浓度，当血锂高至 1.5～2.0mmol/L 时，应立即减量或停药。

三、米帕明

（一）药理作用

1. 中枢神经系统 治疗量米帕明（imipramine，丙咪嗪）对正常人不产生兴奋或振奋情绪的作用，反而引起困倦、思维能力下降及注意力不集中。对抑郁症患者在连续用药后，可明显消除抑郁，提高情绪，增加活动和改善睡眠。其作用机制是阻止脑内神经元对去甲肾上腺素和 5-羟色胺的再摄取，增加突触间隙递质浓度，改善突触传递功能，从而产生抗抑郁症作用，但起效慢，常需用药 2～3 周后才见效，故不能应急治疗。

2. 植物神经系统 治疗量米帕明能阻断 M 胆碱受体，引起阿托品样作用。

3. 心血管系统 米帕明能降低血压，抑制多种心血管反射，易致心律失常，这与它抑制心肌中

NA 再摄取有关。此外，还可以引起体位性低血压及心动过速。近年来证明，米帕明对心肌有奎尼丁样作用，因此心血管疾病患者慎用。

（二）临床应用

主要用于治疗各型抑郁症，对内因性、反应性及更年期抑郁症疗效较好，对精神分裂症的抑郁症状效果差。此外，也可用于治疗小儿多动症和遗尿症。

（三）不良反应

本品最常见的不良反应是丙咪嗪抗胆碱作用所引起的口干、便秘、散瞳、眼内压升高、视力模糊、心悸和尿潴留等，前列腺肥大及青光眼患者禁用。米帕明还可致失眠、癫痫样发作、诱发躁狂症状及血压下降、心律失常等，故有心血管疾病者禁用。

（贾 杰）

第十三节 镇 痛 药

疼痛是很多疾病的重要表现，其特点可作为疾病的诊断依据，故在诊断未明确之前，应慎用镇痛药，以免掩盖病情，贻误诊断和治疗。此外，因其反复应用易成瘾，故即使有用药指征，也应尽量减少用药次数和剂量。

一、吗啡

（一）药理作用及作用机制

1. 中枢神经系统

（1）镇痛、镇静：吗啡镇痛作用强、选择性高。皮下注射 5～10mg 后，在不影响其他感觉及意识时，即可明显减轻或消除各种疼痛。其中对持续性、慢性钝痛的效力大于间断性锐痛，作用时间持续 4～5h。在镇痛的同时有明显的镇静作用，可消除患者的紧张、焦虑及恐惧等情绪反应，有利于提高患者对疼痛的耐受力和加强吗啡的镇痛效果。外界环境安静时，可使患者特别是老年人进入浅而易醒的睡眠状态。随着疼痛的缓解及对情绪的影响，有些患者还会出现欣快感，表现为满足感和飘飘欲仙，这也是吗啡镇痛作用良好的重要原因，同时也是造成强迫用药的重要因素。

（2）抑制呼吸：吗啡降低呼吸中枢对血液 CO_2 张力的敏感性，并抑制呼吸调节中枢。治疗量的吗啡可抑制呼吸，使呼吸频率减慢，潮气量降低。中毒剂量时，因呼吸缓慢表浅可引起严重缺氧，出现不规则的潮式呼吸，呼吸频率减慢，可减至 3～4 次/min。呼吸抑制是吗啡急性中毒死亡的主要原因。

（3）镇咳：吗啡可抑制延脑咳嗽中枢而使咳嗽反射减轻或消失，具体机制尚不清楚。镇咳作用较强，对各种剧咳均有效，但易成瘾，临床常用可待因代替。

（4）其他中枢作用：吗啡能兴奋延脑催吐化学感受区（CTZ），引起恶心和呕吐，女性尤为敏感；吗啡可兴奋支配瞳孔的副交感神经，使瞳孔缩小。针尖样瞳孔是诊断阿片类药物中毒最早期、最可靠的依据。

2. 平滑肌 吗啡对胃肠道平滑肌有强大的兴奋作用，可提高其张力，甚至可使其达到痉挛的程度，使胃肠推进性蠕动减弱；同时可使回盲瓣及肛门括约肌张力提高，消化液分泌减少及中枢抑制而使便意迟钝，从而引起便秘。治疗量的吗啡可使胆道平滑肌痉挛，Oddi 括约肌收缩，胆道内压明显上升，引起上腹部不适。因此，胆绞痛时需与阿托品类药合用。吗啡尚可提高膀胱括约肌的张力，导致排尿困难，故尿潴留患者禁用。

3. 心血管系统 吗啡可引起组胺的释放，扩张微血管，同时还能激动孤束核阿片受体，使中枢交感神经张力降低，外周小动脉扩张，因而可致心动过缓、直立性低血压。由于吗啡抑制呼吸中枢，造成二氧化碳潴留，继发性引起脑血管扩张和脑血流量增加，导致颅内压升高。因此，颅外伤和颅内占位性病变者禁用。

（二）作用机制

现有资料证明，体内存在镇痛系统，它由脑啡肽神经元、脑啡肽及阿片受体共同组成。去极化或刺激脑啡肽神经通路可引起脑啡肽释放，并依赖于钙离子。在正常情况下有20%～30%的阿片受体与脑啡肽结合，起着疼痛感觉的调控作用，维持正常痛阈，发挥生理性止痛机能。吗啡的镇痛作用是通过激动脊髓胶质区、丘脑内侧、脑室及导水管周围灰质等部位的阿片受体，主要是μ受体，激活了脑内镇痛系统，阻断痛觉传导，产生中枢性镇痛作用。

（三）临床应用

1. 镇痛 吗啡对各种疼痛都有效，缺点是反复应用易成瘾，一般仅用于其他镇痛药无效的急性锐痛，如严重创伤、烧伤及恶性肿瘤引起的剧烈疼痛等。对血压正常的心肌梗死引起的心绞痛也可应用，吗啡不仅止痛，还可减轻患者的焦虑情绪和心脏负担。对于内脏平滑肌痉挛引起的绞痛如胆道蛔虫、急性胰腺炎发作、肾结石发作或结肠痉挛等，可有效缓解疼痛，但应在明确诊断之后，并与解痉药如阿托品合用。

2. 心源性哮喘 由于急性左心衰竭而突然发生急性肺水肿，导致肺泡换气功能障碍，二氧化碳潴留刺激呼吸中枢，引起浅而快的呼吸，称为心源性哮喘。除应用强心苷、氨茶碱及吸氧外，静脉注射小剂量的吗啡可产生良好的效果。其作用机制可能是由于吗啡抑制呼吸中枢，降低其对二氧化碳的敏感性，从而减弱了过度的反射性呼吸兴奋，使呼吸变慢；同时吗啡可扩张外周血管，降低外周阻力，减轻心脏的负荷。此外，药物的镇静作用可消除患者的焦虑、恐惧情绪，也间接地减少了心脏的工作量。但是，若患者伴有休克、昏迷、严重肺部疾患或痰液过多时，禁用吗啡。

3. 止泻 适用于急、慢性消耗性腹泻以减轻症状，常用含少量吗啡的阿片酊或复方樟脑酊，如为细菌感染，应同时口服抗菌药物。

（四）不良反应

吗啡在治疗剂量下（5～10mg）就可出现不良反应，当剂量超过一般治疗剂量时，不良反应的发生率明显升高。

1. 一般不良反应 治疗量吗啡可引起恶心、呕吐、呼吸抑制、嗜睡、眩晕、便秘、排尿困难（老年患者多见）。少数患者可出现胆绞痛、颅内压升高。偶可见直立性低血压，低血容量者更易发生。

2. 耐受性及成瘾性 连续反复多次使用治疗量的吗啡易产生耐受性和成瘾性，故应按国家颁布的《麻醉药品管理条例》限制使用，一般连续用药不得超过 1 周。长期应用停药则可出现戒断症状，表现为不安、失眠、流泪、流涕、出汗、震颤、呕吐、腹泻，甚至虚脱、意识丧失等。若给予治疗量的吗啡，则症状立即消失。因此，患者要求经常给药，常迫使成瘾者不择手段地去获得这类药物，社会危害性极大，故应对这类药物按国家规定严格管理。对于戒断症状明显者常用替代法帮助其脱瘾，如单独应用成瘾性较轻的阿片类药物美沙酮或二氢埃托啡，连续使用6～7天，可基本脱瘾。

3. 急性中毒 主要症状为昏迷、呼吸极度抑制，呼吸浅而慢（3～4次/min）或不规则，瞳孔极度缩小呈针尖样，严重缺氧时则瞳孔散大、血压降低，最后由于严重缺氧、循环衰竭而死亡。抢救措施主要为人工呼吸、吸氧、补液等，并可使用吗啡受体拮抗药纳洛酮等。

二、哌替啶

（一）药理作用

1. 中枢神经系统　主要激动中枢神经系统的阿片受体而产生镇痛、镇静作用。镇痛效力仅为吗啡的 1/10，作用持续 2～4h，短于吗啡。在用与吗啡等效镇痛剂量时，呼吸抑制程度相等。10%～20%的患者服药后出现欣快感。能兴奋延脑 CTZ 及增加前庭器官的敏感性，易引起眩晕、恶心、呕吐等症状。

2. 心血管系统　促进组胺释放及抑制血管运动中枢，引起血管扩张。治疗量可致直立性低血压。由于抑制呼吸，也能使体内 CO_2 蓄积，脑血管扩张而致脑脊液压力升高。疑有颅内占位性病变和脑外伤者均禁用。

3. 平滑肌　能中度提高胃肠道平滑肌及括约肌的张力，但作用强度弱，持续时间短，故不会引起便秘。能引起胆道括约肌痉挛，提高胆道内压力，但比吗啡弱。大剂量可使支气管平滑肌收缩。对妊娠末期子宫正常收缩无影响，不对抗缩宫素兴奋子宫的作用，故不延缓产程。

（二）临床应用

1. 镇痛　哌替啶对各种疼痛，如创伤性疼痛、手术后疼痛、内脏绞痛、晚期癌症的疼痛均有效。由于哌替啶的成瘾性较吗啡轻，产生也较慢，而且致平滑肌痉挛的作用较弱，口服有效，故几乎已取代了吗啡。对内脏绞痛如胆绞痛，仍应合用解痉药阿托品等。哌替啶用于分娩止痛时，应考虑到其对新生儿呼吸抑制作用极为敏感，故临产前 2～4h 内不宜使用。

2. 麻醉前给药及人工冬眠　哌替啶的镇静作用可消除患者术前紧张、恐惧情绪，减少麻醉药用量和缩短诱导期。与氯丙嗪、异丙嗪合用组成冬眠合剂用于人工冬眠疗法。

3. 心源性哮喘　辅助治疗效果良好，其作用及作用机制同吗啡。

（三）不良反应

用本品治疗量时，可引起眩晕、出汗、口干、恶心、呕吐、心悸及直立性低血压等，较少引起便秘和尿潴留。剂量过大可明显抑制呼吸。偶可致震颤、肌肉痉挛、反射亢进甚至惊厥。禁忌证与吗啡相同。久用也可产生耐受性和成瘾性。

三、纳洛酮

纳洛酮（naloxone）的化学结构与吗啡极相似，为阿片受体的完全阻断药，对各型阿片受体都有竞争性拮抗作用，与阿片受体的亲和力比吗啡和脑啡肽都强。口服生物利用度很低，应注射给药。本品对正常机体并无明显药理效应及毒性，但对吗啡中毒者，小剂量（0.4～0.8mg）肌内或静脉注射能迅速解除吗啡的作用，1～2min 即可消除呼吸抑制现象，增加呼吸频率，并且能使血压上升。对阿片类已成瘾者可迅速诱发戒断症状。临床主要用于阿片类镇痛药的急性中毒，以解除呼吸抑制及其他中枢抑制症状，可使昏迷患者迅速复苏。本品也是阿片受体药理学研究中的重要工具药。

（贾　杰）

第十四节　解热镇痛抗炎药

解热镇痛抗炎药（antipyretic-analgesic and anti-inflammatory drug）是一类具有解热、镇痛，且大多数还有抗炎、抗风湿作用的药物。鉴于本类药物的化学结构和作用机制与**糖皮质激素药物**（甾体抗炎药，steroidal anti-inflammatory drug）有所不同，故称为**非甾体抗炎药**（non-steroidal anti-inflammatory drug，NSAID）。阿司匹林是这类药物的代表，故该类药物也称为阿司匹林类药物。根据其化学结构的不同，通常可分为水杨酸类、苯胺类、吲哚类、芳基乙酸类、芳基丙酸类、烯醇酸类、吡唑酮类、烷酮类、异丁芬酸类等。尽管结构各异，但都具有相似的药理作用、作用机制和不良反应。它们都能抑制体内**环氧化酶**（cyclooxygenase，COX）活性而减少局部组织**前列腺素**（prostaglandin，PG）的生物合成，发挥解热、镇痛、抗炎作用。根据对 COX 作用的选择性可分为非选择性 COX 抑制药和选择性 COX-2 抑制药。

一、阿司匹林

（一）药理作用及临床应用

1. 解热、镇痛、抗炎、抗风湿 本品常与其他有类似作用的抗炎药组成复方，用于感冒引起的发热及头痛、牙痛、肌肉痛、神经痛、痛经及各种慢性钝痛等，疗效迅速可靠。大剂量时（3～5g/天）具有明显的抗炎抗风湿作用，可使急性风湿热患者用药后 24～48h 退热，关节红肿及剧痛也明显缓解，关节活动度加大。由于控制急性风湿热的疗效迅速而确实，故也可用于鉴别诊断。

2. 抑制血小板的聚集 血栓素 A_2（TXA_2）是血小板释放 ADP 及聚集的强大诱导剂，阿司匹林通过抑制 TXA_2 的生成而影响血小板的聚集，延长出血时间，防止血栓形成。阿司匹林大剂量也能抑制血管壁细胞中 PG 合成酶，减少了前列环素 I_2（PGI_2）合成。PGI_2 是 TXA_2 的生理对抗剂，它的合成减少可能促进血栓形成。因而用于预防血栓形成，以小剂量为宜。临床上常采用小剂量阿司匹林（40～50mg/天）预防血栓形成，治疗缺血性心脏病和心肌梗死，降低其病死率和再梗死率；也可用于心绞痛、脑血栓及手术后血栓形成等。

3. 儿科 用于皮肤黏膜淋巴结综合征（川崎病）的治疗。

（二）不良反应

阿司匹林用于解热镇痛因所用剂量小、时间短，故不良反应少；用于抗风湿因剂量大、时间长，故不良反应多且重。

1. 胃肠道反应 常见有恶心、呕吐、上腹不适等。较大剂量或长期服用会诱发胃炎、胃溃疡及胃出血。服用阿司匹林肠溶片或同服抗酸药并饭后服药可以减轻上述反应。阿司匹林引起的胃肠反应除了药物的直接刺激外，也与其抑制 PG 合成酶有关。内源性 PG 对胃黏膜有保护作用，如合用 PGE_2 或 PGE_2 的衍生物米索前列醇，可减少阿司匹林引起的胃黏膜损伤。严重胃炎、胃溃疡、十二指肠溃疡患者禁用。

2. 凝血障碍 由于抑制血小板聚集，一般剂量即可延长出血时间。大剂量（5g/天以上）或长期服用，还能抑制凝血酶原形成，延长凝血酶原时间，造成出血倾向，维生素 K 可以预防此疫状。本品对严重肝损害、低凝血酶原血症、维生素 K 缺乏和血友病等禁用。由于对血小板 COX 抑制为不可逆性，血小板正常聚集需依赖于新形成的血小板，故手术前 1 周应停用，以防出血。产妇产前不宜使用，以免造成产后出血。

3. 过敏反应 少数患者可出现荨麻疹、血管神经性水肿、过敏性休克。某些哮喘患者服乙酰水杨酸或其他解热镇痛药后可诱发哮喘，称为“阿司匹林哮喘”，它不是以抗原-抗体反应为基础的过敏反应，而与它们抑制 PG 生物合成有关。因 PG 合成受阻，而由花生四烯酸生成的白三烯及其他脂氧酶代谢产物增多，内源性支气管收缩物质居于优势，导致支气管痉挛，诱发哮喘。肾上腺素治疗“阿司匹林哮喘”无效。哮喘、鼻息肉及慢性荨麻疹患者禁用乙酰水杨酸。

4. 水杨酸反应 阿司匹林剂量过大（5g/天）时，表现为头痛、眩晕、恶心、呕吐、耳鸣、视力及听力减退，总称为水杨酸反应。严重者可出现过度换气、酸碱失调、高热甚至精神错乱，应立即停药，静脉滴注碳酸氢钠溶液以碱化尿液，加速水杨酸盐自尿排泄。

5. 瑞夷（Reye）综合征 国外报道，病毒性感染伴有发热的儿童或青年服用乙酰水杨酸后有发生瑞夷综合征的危险，表现为严重肝功能不良合并脑病，虽少见，但可致死，故病毒感染时应慎用。

二、对乙酰氨基酚

（一）药理作用与临床应用

对乙酰氨基酚的解热镇痛作用缓慢而持久，其解热作用强度与阿司匹林相仿而镇痛作用较弱。由于对外周 PG 合成的抑制作用很弱，故无明显抗炎、抗风湿作用。常用于对阿司匹林过敏或不能耐受的患者。

（二）不良反应

本品为非处方药，主要用于解热镇痛。治疗剂量短期应用，不良反应少，对胃肠道无刺激性，且不会引起凝血功能障碍，世界卫生组织（WHO）推荐 2 个月以上婴儿和儿童高热时首选对乙酰氨基酚。但治疗发热患者时连续用药一般不超过 3 天。用量过大时，其代谢后的羟化物能氧化血红蛋白，导致组织缺氧、发绀及溶血性贫血。部分患者长期应用治疗量也可引起慢性肝、肾功能损害，故不宜大剂量或长期服用对乙酰氨基酚。肝肾疾病、孕妇、哺乳妇禁用。

三、布洛芬

（一）药理作用

本类药物为非选择性 COX 抑制剂，有明显的抗炎、解热、镇痛作用。各药除效价存在差别外，其他药理学性质非常相似。

（二）临床应用

临床主要用于风湿性关节炎、骨关节炎、强直性关节炎、急性肌腱炎、滑液囊炎等，也用于痛经的治疗。其机制主要是通过抑制 COX，从而抑制 PG 的产生。

（贾 杰）

第十五节 钙拮抗药

一、钙拮抗药的分类和代表药

（一）选择性钙拮抗药

目前应用于临床的钙通道阻滞药主要是选择性作用于电压依赖性 L 型 Ca^{2+}通道的药物。根据其化学结构特点分为以下 3 个亚类。

1. 二氢吡啶类（dihydropyridine，DHP） **硝苯地平**（nifedipine）、**尼卡地平**（nicardipine）、**尼群地平**（nitrendipine）、**氨氯地平**（amlodipine）、**尼莫地平**（nimodipine）等。

2. 苯噻氮䓬类（benzothiazepine，BTZ） **地尔硫䓬**（diltiazem）、**克仑硫䓬**（clentiazem）、**二氯呋利**（diclofurine）等。

3. 苯烷胺类（phenylalkylamine，PAA） **维拉帕米**（verapamil）、**戈洛帕米**（gallopamil）、**噻帕米**（tiapamil）等。

（二）非选择性钙拮抗药

主要有**普尼拉明**（prenylamine）、**苄普地尔**（bepridil）、**卡罗维林**（caroverine）和**氟桂利嗪**

（flunarizine）等。

二、硝苯地平

（一）药理作用

1. 对心肌的作用

（1）负性肌力作用：钙通道阻滞药可在不影响兴奋除极的情况下，明显降低心肌收缩性，使心肌兴奋收缩脱偶联，降低心肌耗氧量。

（2）负性频率和负性传导作用：窦房结和房室结等慢反应细胞的传导速度和自律性由 Ca^{2+}内流所决定，因而钙通道阻滞药能减慢房室结的传导速度，降低窦房结的自律性，从而减慢心率。

2. 对平滑肌的作用

（1）血管平滑肌：血管平滑肌对钙通道阻滞药的作用很敏感。该类药物能明显舒张血管，主要舒张动脉，对静脉影响较小。动脉中又以冠状动脉较为敏感，能舒张大的输送血管和小的阻力血管，增加冠脉流量及侧支循环量。

脑血管也较敏感，尼莫地平舒张脑血管作用较强，能增加脑血流量。

钙通道阻滞药也舒张外周血管，解除其痉挛。

（2）其他平滑肌：钙通道阻滞药对支气管平滑肌的松弛作用较为明显，较大剂量也能松弛胃肠道、输尿管及子宫平滑肌。

3. 抗动脉粥样硬化作用

（1）减少钙内流，减轻 Ca^{2+}超载所造成的动脉壁损害。

（2）抑制平滑肌增殖和动脉基质蛋白质合成，增加血管壁的顺应性。

（3）抑制脂质过氧化，保护内皮细胞。

（4）硝苯地平有助于动脉壁脂蛋白的代谢，从而降低细胞内胆固醇的水平。

4. 对红细胞和血小板结构和功能的影响

（1）对红细胞的影响：红细胞膜的稳定性与 Ca^{2+}有密切关系，钙通道阻滞药抑制 Ca^{2+}内流，减轻 Ca^{2+}超负荷对红细胞的损伤。

（2）对血小板活化的抑制作用：实验证明，地尔硫䓬能抑制 TXA_2 的产生和由 ADP、Adr 及 5-HT 等所引起的血小板聚集。

5. 对肾功能的影响 钙通道阻滞药的舒张血管和降低血压的作用，不伴有水、钠潴留作用。还可有排钠利尿作用，而且这种作用与影响肾小管对电解质的转运有关。

（二）临床应用

1. 高血压 应用钙通道阻滞药治疗高血压已逐渐得到肯定。其中二氢吡啶类药物如硝苯地平、尼莫地平、尼卡地平等扩张外周血管作用较强，用于控制严重的高血压。维拉帕米和地尔硫䓬可用于治疗轻度和中度高血压。

2. 心绞痛 钙通道阻滞药对各型心绞痛都有不同程度的疗效。

（1）变异型心绞痛：硝苯地平疗效最佳。

（2）稳定型（劳累型）心绞痛：三种钙通道阻滞药均可使用。

（3）不稳定型心绞痛：维拉帕米和地尔硫䓬疗效较好，硝苯地平也与 β-受体阻断药合用。

3. 心律失常 钙通道阻滞药治疗室上性心动过速及其后除极触发活动所致的心律失常有良好效果。

4. 脑血管疾病 尼莫地平、氟桂利嗪等可预防由蛛网膜下腔出血引起的脑血管痉挛及脑栓塞。

5. 其他 钙通道阻滞药用于外周血管痉挛性疾病，还用于预防动脉粥样硬化的发生。此外，钙通道阻滞药还可用于支气管哮喘、偏头痛等。

三、维拉帕米

维拉帕米具有一定的负性肌力、负性频率和负性传导作用，并可引起冠脉和外周血管扩张。其主要用于治疗室上性和房室结折返引起的心律失常，疗效好，对急性心肌梗死、心肌缺血及洋地黄中毒引起的室性早搏有效。为阵发性室上性心动过速的首选药。

四、尼莫地平

尼莫地平扩张外周血管作用较强，用于控制严重的高血压，长期用药后，全身外周阻力可明显下降。此外，尼莫地平舒张脑血管作用较强，能增加脑血流量。其主要用于高血压和冠心病伴有脑血管病的患者，并可预防由蛛网膜下腔出血引起的脑血管痉挛和脑栓塞。

（贯　杰）

第十六节　抗心律失常药

心律失常（arrhythmia）是指心动频率和节律的异常。正常时，心脏协调而有规律地收缩、舒张，顺利地完成泵血功能。心律失常时，心脏泵血功能发生障碍，将影响全身器官的供血。目前心律失常的治疗方式有药物治疗和非药物治疗（起搏器、电复律、导管消融和手术等）两种。药物治疗在抗心律失常方面发挥了重要作用，但抗心律失常药都有不同程度的致心律失常作用，包括使原有的心律失常加重或恶化，或引起新的心律失常，所以要做到正确合理地应用抗心律失常药。

一、抗心律失常药的分类

Vaughan Williams 分类法根据药物的主要作用通道和电生理特点，将众多化学结构不同的药物归纳成四大类：Ⅰ类钠通道阻滞药、Ⅱ类 β 肾上腺素受体阻断药、Ⅲ类延长动作电位时程药（钾通道阻滞药）和Ⅳ类钙通道阻滞药。

（一）Ⅰ类钠通道阻滞药

从药物对通道产生阻滞作用到阻滞作用解除的时间用复活时间常数表示，它可反映钠通道阻滞药的作用强度。根据复活时间常数的长短，本类药物又可分为Ⅰa、Ⅰb、Ⅰc 三个亚类。

1. Ⅰa 类　复活时间常数为 1～10s，适度阻滞钠通道，降低动作电位 0 相上升速率，不同程度抑制心肌细胞膜 K^+、Ca^{2+}通透性，延长复极过程，且以延长 ERP 更为显著。代表药有奎尼丁、普鲁卡因胺等。

2. Ⅰb 类　复活时间常数<1s，轻度阻滞钠通道，轻度降低动作电位 0 相上升速率，降低自律性，缩短或不影响 APD。代表药有利多卡因、苯妥英钠等。

3. Ⅰc 类　复活时间常数>10s，明显阻滞钠通道，显著降低动作电位 0 相上升速率和幅度，减慢传导性的作用最为明显。代表药有普罗帕酮、氟卡尼等。

（二）Ⅱ类 β 肾上腺素受体阻断药

阻断心脏 β 受体，抑制交感神经兴奋所致的起搏电流、钠电流和 L-型钙电流增加，表现为减慢 4 相自动除极速率而降低自律性，降低动作电位 0 相上升速率而减慢传导性。代表药有普萘洛尔等。

（三）Ⅲ类延长动作电位时程药

抑制多种钾电流，延长动作电位时程（APD）和有效不应期（ERP），对动作电位幅度和除极化速率影响小。代表药有胺碘酮等。尽管目前抗心律失常药主要为延长 APD，但无论延长还是缩短 APD

均不宜过度，否则容易诱发心律失常。

（四）Ⅳ类钙通道阻滞药

抑制 L-型钙电流，降低窦房结的自律性，减慢房室结的传导性。代表药有维拉帕米和地尔硫䓬。

二、利多卡因

（一）药理作用

利多卡因具有抑制 Na^+内流、促进 K^+外流的作用，主要作用于浦肯野纤维和心室肌细胞，对其他部位的心肌组织无明显作用。它对激活和失活状态的钠通道都有阻滞作用，当通道恢复至静息态时，阻滞作用迅速解除，因此利多卡因对除极化组织（如缺血区）作用强。

1. 降低自律性　治疗浓度能减慢 4 相自动除极速率，降低浦肯野纤维的自律性，但对窦房结的自律性无明显影响，仅在其功能异常时才有抑制作用。

2. 缩短 APD 和相对延长 ERP　阻止 2 相少量 Na^+内流，从而缩短浦肯野纤维和心室肌的 APD 和 ERP，以缩短 APD 最显著，故相对延长 ERP，有利于消除折返激动。

3. 改善传导性　治疗量的利多卡因对正常心肌传导性无明显影响，但在心肌缺血时，可通过抑制 0 相 Na^+内流而明显减慢传导；对低血钾或心肌组织被牵张而部分除极时，则因为促进 3 相 K^+外流而引起膜超极化，故可加速传导，有利于消除折返激动引起的心律失常。大量高浓度利多卡因则明显抑制 0 相除极速率而减慢传导。

（二）临床应用

心脏毒性低，主要用于室性心律失常，如心脏手术、心导管术、急性心肌梗死或强心苷中毒所致的室性心动过速或心室颤动。由于心房肌细胞 APD 短，钠通道处于失活状态的时间短，利多卡因的阻滞作用也弱，因此对房性心律失常疗效差。

（三）不良反应

不良反应较少也较轻微，主要是中枢神经系统症状，如头昏、嗜睡、眩晕或激动不安、感觉异常等，剂量过大可引起心率减慢、房室传导阻滞和血压下降。超量可致惊厥、心脏骤停。

三、普萘洛尔

（一）药理作用

交感神经过度兴奋或儿茶酚胺释放增多时，心肌自律性升高，传导加快，不应期缩短，易引起快速型心律失常。**普萘洛尔**（propranolol）能竞争性阻断 β 受体，大剂量尚有膜稳定作用，抑制 Na^+内流，从而产生抗心律失常作用。

1. 降低自律性　抑制窦房结、心房、浦肯野纤维的自律性，此作用在运动及情绪激动时尤为明显，也能降低儿茶酚胺所致的迟后除极而防止触发活动。

2. 对传导速度的影响　阻断 β 受体的浓度并不影响传导速度，但当血药浓度超过 100ng/mL 时，则有膜稳定作用，可降低 0 相上升速率，明显减慢房室结及浦肯野纤维的传导。

3. ERP 和 APD 的影响　治疗浓度缩短 ERP 和 APD，高浓度时则延长之。对房室结 ERP 有明显的延长作用。

（二）临床应用

普萘洛尔主要用于室上性心律失常，尤其对于交感神经过度兴奋、甲状腺功能亢进及嗜铬细胞瘤等引起的窦性心动过速的疗效更好。与强心苷合用，可增加疗效，显著控制心房扑动、心房纤颤及阵发性室上性心动过速时的心室率过快。心肌梗死患者应用本品，可减少心律失常的发生，缩小心肌梗死范围，降低死亡率。普萘洛尔还对由运动或情绪变动所引发的室性心律失常效果良好。

（三）不良反应

可致窦性心动过缓、房室传导阻滞，并可能诱发心力衰竭、哮喘、低血压、精神压抑和记忆力减退等。长期使用后，对脂肪及糖代谢可产生不良影响，应慎用于高脂血症及糖尿病患者。突然停药可产生反跳现象。

四、胺碘酮

（一）药理作用

胺碘酮对心肌细胞多种钾通道均有阻滞作用，能明显延长 APD 及 ERP，延长 Q-T 间期和 QRS 波。它延长 APD 的作用不依赖于心率的快慢，无**翻转使用依赖性**（reverse use-dependence）。翻转使用依赖性是指心率快时，药物延长动作电位时程的作用不明显，而当心率慢时，却使动作电位时程明显延长，此作用易诱发尖端扭转型室性心动过速。胺碘酮还能阻滞钠通道和钙通道，降低窦房结、浦肯野纤维的自律性，减慢房室结的传导速度。此外，该药还可以非竞争性地阻断 α 受体和 β 受体，具有扩张冠状动脉、增加冠脉流量、降低外周血管阻力、保护缺血心肌等作用。

（二）临床应用

为广谱抗心律失常药，可用于各种室上性及室性心律失常。能使心房扑动、心房纤颤及阵发性室上性心动过速转复为窦性心律。对室性期前收缩、室性心动过速的疗效可达 80%左右，对预激综合征合并心房纤颤或室性心动过速者，其疗效可达 90%以上。

（三）不良反应

胺碘酮心脏毒性较小，常见的心血管反应如窦性心动过缓、房室传导阻滞及 Q-T 间期延长，偶见尖端扭转型室性心动过速。

长期口服后，主要引起心脏外的不良反应，如恶心、呕吐、便秘、肝功能异常、眼角膜微粒沉着，一般不影响视力，停药后可自行恢复。还可引起震颤、共济失调及面部色素沉着等。最为严重又罕见的是出现肺间质纤维化，一旦发现应立即停药，并用肾上腺皮质激素治疗。此外，少数人可发生甲状腺功能亢进或减退。故对长期应用的患者应定期测肺功能、进行胸部 X 线片检查和监测血清 T_3、T_4。

五、维拉帕米

（一）药理作用

维拉帕米对激活态和失活态的 L-型钙通道均有抑制作用，对 I_{Kr} 钾通道也有抑制作用。表现为：①降低窦房结的自律性，降低缺血时心房肌、心室肌和浦肯野纤维的异常自律性，减少后除极所引发的触发活动；②减慢房室结传导速度，此作用可消除房室结折返，还能防止心房扑动、心房纤颤引起的心室率加快；③延长窦房结、房室结的 ERP，大剂量还可延长浦肯野纤维的 ERP。

（二）临床应用

治疗房室结折返所致的阵发性室上性心动过速效果极佳，常在数分钟内停止发作转为窦性节律，可做首选药物应用。对急性心肌梗死、心肌缺血及洋地黄中毒引起的室性期前收缩也有效。还可减少心房纤颤和心房扑动者的心室率；对房性心动过速也有良好效果。

（三）不良反应

口服安全，可出现腹胀、腹泻、头痛、瘙痒等不适。静脉注射时可出现短暂而轻度的降压作用，如果注射速度过快还可引起心动过缓、房室传导阻滞及诱发心力衰竭，多见于与 β 受体阻断药合用或近期内服用过此药的患者。Ⅱ、Ⅲ度房室传导阻滞、心功能不全、心源性休克的患者禁用此药，老年人、肾功能低下者慎用。

（贾 杰）

第十七节 治疗充血性心力衰竭的药物

充血性心力衰竭（congestive heart failure，CHF）又称**慢性心力衰竭**（chronic heart failure），是指在静脉回流充分的条件下，心脏排出血量绝对或相对减少，不能满足全身组织器官代谢需要的一种临床综合征。其本质上是一种超负荷的心肌病，也是各种病因（如心肌病、设备压、瓣膜病、肺动脉高压等）所致心脏疾病终末阶段的一种病理生理状态。临床上以组织血液灌流不足及体循环和（或）肺循环淤血为主要特征，表现为呼吸困难、疲乏、外周水肿或肺水肿等。

一、治疗充血性心力衰竭药物的分类

目前治疗 CHF 的药物可分为以下几类。

1. 肾素-血管紧张素-醛固酮系统抑制药 ①血管紧张素转化酶抑制药：卡托普利等。②血管紧张素受体（AT_1）拮抗药：氯沙坦等。③醛固酮拮抗药：螺内酯。

2. 利尿药 氢氯噻嗪、呋塞米等。

3. β 受体阻断药 美托洛尔、卡维地洛等。

4. 强心苷类 地高辛、洋地黄毒苷等。

5. 扩血管药 硝普钠、硝酸异山梨酯、肼屈嗪、哌唑嗪等。

6. 非苷类正性肌力药 米力农、维司力农等。

二、β 肾上腺素受体阻断药——卡维地洛/美托洛尔

（一）药理作用及作用机制

1. 拮抗交感神经活性 患 CHF 时，交感神经系统被激活，高浓度的儿茶酚胺可直接损伤心肌细胞，同时使心肌细胞 β 受体下调。β 受体阻断药通过阻断心脏 β 受体，拮抗了过量儿茶酚胺对心脏的毒性作用，从而避免心肌细胞的坏死；增加心肌 β 受体的数量，恢复其信号转导能力，改善其对儿茶酚胺和正性肌力药物的敏感性；减慢心率，降低心肌耗氧量，延长左室充盈时间，增加冠脉血液灌注，有利于改善心功能。此外，它还能减少肾素的释放，抑制 RAAS，防止高浓度的 Ang 对心脏的损害；并能改善心肌重构。另外，在 CHF 时，心肌 α_1 受体有所上调，它除引起血管收缩外，也是介导心肌肥厚的重要因素。卡维地洛具有阻断 α_1 受体的作用，从而阻止心肌重构作用较明显。

2. 抗心律失常与抗心肌缺血作用 β 受体阻断药具有明显的抗心律失常作用，包括提高致颤阈、阻止微折返形成、减少室颤等，这也是其降低 CHF 病死率和猝死的重要机制。

（二）临床应用

β 受体阻断药可用于轻、中度 CHF 患者，对扩张型心肌病所致 CHF 者尤为适用。但应用时宜从小剂量开始，并与强心苷合用，以消除其负性肌力作用。β 受体阻断药与 ACE 抑制药合用尚能进一步增加疗效。

（三）注意事项

（1）需要长期应用β受体阻断药治疗CHF，因为一般心功能改善的平均奏效时间为3个月，且心功能改善与治疗时间呈正相关。

（2）应从小剂量开始，逐渐增加至患者既能够耐受又不加重病情的剂量。

（3）应合并使用其他抗CHF药。临床经验表明，治疗CHF时应合并使用利尿药、ACE抑制药和地高辛，以此作为基础治疗措施。如应用β受体阻断药时撤除原有的治疗用药，或这些治疗力度不够，均可导致β受体阻断药的治疗失败。

（4）要正确选择适应证，对扩张型心肌病所致的CHF者疗效最好。对严重心动过缓、严重左室功能减退、明显房室传导阻滞、低血压及支气管哮喘者应慎用或禁用。

三、血管紧张素转化酶抑制药

抗心衰的作用机制如下。

1. 降低心脏前、后负荷 血管紧张素转化酶抑制药（ACEI）的基本作用是抑制血液循环和局部组织中的AngⅠ向AngⅡ转化，使血液及组织中AngⅡ含量降低，从而减弱了AngⅡ收缩血管的作用；同时ACEI还能抑制缓激肽的降解，使血中缓激肽含量增加，继而NO和PGI_2的生成也增多，引起血管扩张，降低心脏的后负荷。AngⅡ的含量降低还可使醛固酮释放减少，从而减轻钠水潴留，降低心脏的前负荷。

2. 抑制心肌及血管重构 AngⅡ和醛固酮都有促进心肌细胞和血管平滑肌细胞增生肥大、胶原含量增加、心肌纤维化的作用，是导致心肌与血管重构的主要因素。用不影响血压的小量ACEI即可减少AngⅡ和醛固酮的生成，因此能防止和逆转心肌与血管重构，改善心脏的功能。

3. 降低交感神经活性 AngⅡ可作用于交感神经突触前膜AT_1受体促进去甲肾上腺素释放，并可促进交感神经节的神经传递功能；也可作用于中枢神经系统的AT_1受体，促进中枢交感神经的冲动传递，进一步加重心肌损伤及心脏负荷。ACE抑制药通过减少AngⅡ的生成降低交感神经的活性，改善心脏的功能。此外，ACE抑制药还能恢复下调的β受体的数量，并增强腺苷酸环化酶的活性，直接或间接降低血中儿茶酚胺和精氨酸加压素的含量来降低交感神经的活性。

4. 对血流动力学的影响 ACEI能降低外周血管阻力，使心输出量增加，心率略减；还能降低左室充盈压及心室壁张力，改善心脏的舒张功能。此外，它还能降低肾血管阻力，增加肾血流量和肾小球的滤过率，改善肾功能。

四、利尿药

利尿药是治疗CHF的重要辅助用药，其重要性与心衰时的肾功能密切相关，因心衰时肾功能受损，会使患者体内水钠潴留，细胞外液增多。利尿药则能针对性地促进Na^+、水的排泄，减少血容量，降低心脏前负荷，改善心脏的功能；静脉压降低有利于消除或缓解静脉淤血及其所引发的肺水肿和外周水肿。

对轻度CHF，单独应用噻嗪类利尿药效果良好，对伴有水肿或有明显淤血者尤为适用。但对无症状或无静脉淤血征象者，应用利尿药则无意义，反因激活神经体液系统而产生不利影响。对中度CHF，可口服高效能利尿药或与噻嗪类和保钾利尿药合用。对严重CHF、慢性CHF急性发作、急性肺水肿或全身浮肿者，噻嗪类利尿药常无效，应连续静脉注射大剂量呋塞米。

长期应用噻嗪类利尿药应注意低钾血症，因低血钾容易引起强心苷中毒，故应补充钾盐或合用保钾利尿药。此外，大剂量利尿药可减少有效循环血量，进而降低心排血量，加重心力衰竭；也可因减少血容量而导致反射性交感神经兴奋，使肾血流量减少，从而加重组织器官灌流不足，加重肝肾功能障碍，导致心力衰竭恶化。因此，目前推荐的利尿药使用方法为小剂量给药，同时合用小剂量地高辛、ACE抑制药及β受体阻断药。

五、强心苷

（一）药理作用

1. 对心脏的作用

（1）**正性肌力作用**（positive inotropic action），即加强心肌收缩力。强心苷对心脏具有高度的选择性，能显著增强心肌缩短的程度和速度，使心肌收缩敏捷而有力，舒张期相对延长。这样，在前、后负荷不变的情况下，心脏搏出量增加。虽然强心苷对正常人和CHF患者的心脏都有正性肌力作用，但它只增加CHF患者的心输出量而不增加正常人的心输出量。因为强心苷对正常人还有收缩血管、提高外周阻力的作用，所以限制了心输出量的增加。此外，强心苷对心肌耗氧量的影响也随心功能状态而异。对正常心脏，因加强心肌收缩力而使耗氧量增加；对衰竭心脏，在加强心肌收缩力、增加心输出量的同时，并不增加心肌耗氧量，甚至使心肌耗氧量有所降低。

（2）**负性频率作用**（negative chronotropic action），即减慢窦性心率。治疗量的强心苷对正常心率的影响小，但对心率加快及伴有房颤的CHF患者则可显著减慢心率。患CHF时，由于心输出量减少反射性升高交感神经活性，使心率加快。应用强心苷后，一方面，它能增加心输出量，反射性兴奋迷走神经，降低窦房结的自律性；另一方面，它能增加心肌对迷走神经的敏感性，从而引起心率减慢。心率减慢对CHF患者是有利的，它能使舒张期延长，静脉回心血量增多，保证心输出量提高；也有利于心脏休息；同时冠状动脉血液灌注增加，有助于心肌的营养供应，改善心脏的功能。

（3）对心肌电生理特性的影响：强心苷对心肌电生理特性的影响比较复杂，既有直接对心肌细胞的作用，也有间接通过迷走神经的作用，还随不同心肌组织、不同剂量、病程而有所不同。

治疗剂量下，强心苷主要通过增加迷走神经的活性而降低窦房结的自律性。迷走神经的活性增加，促进K^+外流，使最大舒张电位增大（负值增大），与阈电位间距加大，自律性降低，心率减慢。这也是强心苷过量引起窦性心动过缓的主要原因。

大剂量的强心苷则可增加浦肯野纤维的自律性。心室迷走神经纤维分布极少，因此浦肯野纤维受迷走神经的影响也很小。大剂量的强心苷通过直接抑制心肌细胞膜上的Na^+-K^+-ATP酶，使浦肯野纤维细胞内失钾，最大舒张电位减小（负值减小），与阈电位间距缩短，自律性提高。这也是强心苷中毒时引起室性心律失常的原因之一。

强心苷减慢房室结的传导速度，主要是兴奋迷走神经、减慢Ca^{2+}内流的结果。Ca^{2+}内流减慢使房室结细胞0期除极速率减慢，故也传导减慢。这是强心苷降低心房纤颤时心室率的重要电生理学基础。另外，现在认为强心苷的直接作用也可能参与其中。

强心苷还能缩短心房的有效不应期，该作用也是由迷走神经兴奋、促进K^+外流所介导。缩短心房的有效不应期是强心苷治疗房扑时将其转为房颤的重要依据。

（4）对心电图的影响：强心苷对心电图的影响是其对心肌电生理特性影响的反映，治疗量强心苷引起的心电图改变有：①T波幅度减小、波形压低，甚至倒置，ST段降低呈鱼钩状；②P-R间期延长，反映房室传导减慢；③Q-T间期缩短，反映浦肯野纤维和心室肌的有效不应期缩短；④P-P间期延长，反映窦性心率减慢。中毒量强心苷引起各种心律失常，心电图也会出现相应的变化，以室性期前收缩出现最早。

2. 对神经和内分泌系统的影响 治疗量的强心苷能抑制窦弓及心内压力感受器细胞的Na^+-K^+-ATP酶，从而恢复压力感受器的敏感性，乃使过高的交感神经活性降低。但中毒剂量的强心苷则可兴奋交感神经中枢，明显增加交感神经冲动的发放，从而引起快速型心律失常；还可兴奋延髓极后区催吐化学感受区而引起呕吐。

强心苷能增加迷走神经的活性，是作用于多个部位的综合效果：①敏化传入通路窦弓压力感受器；②兴奋迷走神经中枢；③增进结状神经节的传递功能；④提高传出神经纤维的兴奋性；⑤敏化窦房结对乙酰胆碱的反应性。

强心苷尚能降低 CHF 患者血浆肾素的活性，进而减少血浆中 Ang 和醛固酮水平，对 CHF 时过度激活的 RAAS 产生抑制作用。

3. 利尿作用 强心苷对 CHF 患者有明显的利尿作用，主要是心功能改善后增加了肾血流量和肾小球的滤过率。此外，强心苷还能直接抑制肾小管细胞膜 Na^+-K^+-ATP 酶，减少肾小管对 Na^+和水的重吸收，产生排钠利尿作用。

4. 对血管的作用 强心苷对动脉和静脉均有直接收缩作用，该作用不受 α 受体阻断药的影响，但可为钙通道阻滞药所消除。因强心苷增加迷走神经的活性和降低交感神经活性的作用超过其直接收缩血管的效应，所以 CHF 患者用药后，外周阻力下降，心排血量及组织灌流增加，平均动脉压不变或略升高。

（二）正性肌力作用机制

心肌收缩过程受三个方面因素的影响，分别是收缩蛋白及其调节蛋白；物质代谢与能量供应；兴奋-收缩偶联的关键物质 Ca^{2+}。已证实强心苷对前两方面因素无直接影响，却能升高心肌细胞内游离 Ca^{2+}的含量，这是强心苷产生正性肌力作用的基本机制。

目前认为，强心苷与心肌细胞膜上的强心苷受体即 Na^+-K^+-ATP 酶结合后，抑制了 Na^+-K^+-ATP 酶的活性，使细胞内 Na^+量增多，K^+量减少，而细胞内 Na^+量增多后又通过 Na^+-Ca^{2+}双向交换机制，使 Na^+内流减少、Ca^{2+}外流减少，或使 Na^+外流增加、Ca^{2+}内流增加，结果导致心肌细胞内 Ca^{2+}含量增加，心肌收缩力加强。

中毒量的强心苷则可严重抑制 Na^+-K^+-ATP 酶，使细胞内 Na^+、Ca^{2+}大量增加的同时，也使细胞内 K^+量明显减少，后者导致心肌细胞自律性升高，传导减慢，容易引起心律失常。

（三）临床应用

1. 治疗充血性心力衰竭 随着对 CHF 病理生理机制认识的不断加深及对 ACEI、β 受体阻断药临床疗效的肯定，强心苷目前多用于以收缩功能障碍为主的 CHF 患者，或是对利尿药、ACEI、β 受体阻断药疗效欠佳者。

强心苷对不同原因引起的 CHF 疗效有一定的差异：对伴有心房纤颤和心室率快的 CHF 疗效最好；对瓣膜病、高血压、先天性心脏病等所引起的 CHF 患者疗效较好；对贫血、甲状腺功能亢进及维生素 B_1 缺乏所致能量生成障碍的 CHF 患者疗效较差；对肺源性心脏病、严重心肌损伤或活动性心肌炎（如风湿活动期）的 CHF 患者，因心肌缺氧和能量生成障碍，疗效也较差；对严重二尖瓣狭窄及缩窄性心包炎所引起的 CHF 患者疗效更差甚至无效。

2. 治疗某些心律失常

（1）心房纤颤：心房纤颤是指心房肌发生快速而不规则纤维性颤动，每分钟达 400～600 次。此时，心房过多的冲动可下传到心室，引起心室频率过快，妨碍心脏排血，导致严重循环障碍。强心苷主要是通过兴奋迷走神经或对房室结的直接作用减慢房室传导，使较多的冲动不能通过房室结下传到心室而隐匿在房室结中，减慢心室率、增加心输血量，改善 CHF 症状，但对多数患者并不能终止心房纤颤。

（2）心房扑动：与心房纤颤相比，心房扑动的冲动较强且规则，更容易传入心室，使心室率过快而难于控制。强心苷是治疗心房扑动最常用的药物，它能不均一地缩短心房的有效不应期，引起折返激动，使扑动变为颤动，继而减慢心室率，同时有部分病例在转变为心房纤颤后停用强心苷可恢复窦性节律。因为停用强心苷后，相当于取消了其缩短心房不应期的作用，也就是相应延长了不应期，使折返冲动落入不应期而消除折返激动，恢复窦性节律。

（3）阵发性室上性心动过速：强心苷可增强迷走神经的活性，降低心房的兴奋性而终止阵发性室上性心动过速的发作。

（四）不良反应及防治

强心苷治疗安全范围小，一般治疗量已接近中毒剂量的 60%，而且生物利用度个体差异较大，故易发生不同程度的毒性反应。特别是当低血钾、高血钙、低血镁、心肌缺氧、酸碱平衡失调、发烧、高龄及合并用药等因素存在时更易发生。

1. 胃肠道反应 为最常见的早期中毒症状，主要表现为厌食、恶心、呕吐、腹泻等，但非特异性表现。在强心苷用量不足、心衰未得到有效控制、胃肠道淤血时，也可出现这些症状，应注意鉴别。剧烈呕吐可导致失钾而加重强心苷中毒，所以应注意补钾或考虑停药。

2. 中枢神经系统反应 主要表现为眩晕、头痛、疲倦、失眠和谵妄等症状，还可出现黄视症、绿视症及视物模糊等视觉障碍。视觉异常通常是强心苷中毒的先兆，可作为停药的指征。

3. 心脏反应 是强心苷最严重、最危险的不良反应，可出现各种心律失常。

（1）快速型心律失常：强心苷中毒最常见和最多见的是室性期前收缩，约占心脏反应的 33%，也可以发生二联律、三联律及心动过速，甚至发生室颤。

发现强心苷中毒后，轻者可口服氯化钾，重者宜静脉滴注氯化钾，K^+能与强心苷竞争心肌细胞膜上的 Na^+-K^+-ATP 酶，减少强心苷与酶的结合，从而减轻或阻止毒性的发生和发展。补钾时应注意不可过量，同时还要注意患者的肾功能情况，以防止高血钾的发生。

对心律失常严重者还应使用苯妥英钠。苯妥英钠不仅有抗心律失常的作用，还能与强心苷竞争 Na^+-K^+-ATP 酶，恢复该酶的活性。利多卡因也可用于解救室性心动过速和室颤。

（2）窦性心动过缓：强心苷可降低窦房结的自律性而发生窦性心动过缓，当发现心率降至每分钟 60 次以下时，应立即停药。

（3）房室传导阻滞：强心苷引起的房室传导阻滞与提高迷走神经的兴奋性有关，此外还与高度抑制 Na^+-K^+-ATP 酶有关。对强心苷中毒所引起的心动过缓和房室传导阻滞等缓慢型心律失常，不能补钾盐，否则可致心脏停搏，要用 M 受体阻断药阿托品治疗。

对危及生命的强心苷中毒可用地高辛抗体 Fab 片段做静脉注射。它对强心苷有高度选择性和强大亲和力，能使强心苷从 Na^+-K^+-ATP 酶的结合中解离出来，对严重中毒有明显效果。地高辛抗体 Fab 片段每 80mg 能拮抗 1mg 地高辛，静脉注射后约 20min 开始见效，80min 效应达高峰。

（贾 杰）

第十八节 抗心绞痛药

心绞痛（angina pectoris）是因冠状动脉供血不足引起的心肌急剧的、暂时性的缺血与缺氧综合征，是冠状动脉粥样硬化性心脏病（简称冠心病）的临床表现之一。其典型临床表现为阵发性的胸骨后压榨性疼痛并向左上肢放射。心绞痛持续发作得不到及时缓解则可能发展为急性心肌梗死，故应采取有效的治疗措施及时缓解心绞痛。根据世界卫生组织《缺血性心脏病的命名及诊断标准》，目前将心绞痛分为三种类型：①**劳累性心绞痛**（angina of effort），由劳累、情绪激动或其他增加心肌耗氧量的因素所诱发，休息或舌下含服硝酸甘油后症状可迅速消失。此类心绞痛又可分为稳定型、初发型和恶化型心绞痛；②**自发性心绞痛**（angina pectoris at rest），其发作与心肌耗氧量无明显关系，而与冠脉血流贮备量的减少有关，多发生于安静状态，且不易被硝酸甘油缓解，包括卧位型、变异型和梗死后心绞痛及急性冠状动脉功能不全；③**混合性心绞痛**（mixed pattern of angina），其特点是可发生于心肌耗氧量增加或无明显变化时，可为冠脉狭窄所致。临床上常将初发型、恶化型和自发性心绞痛称为不稳定型心绞痛。

一、硝酸甘油

（一）药理作用

硝酸甘油的基本作用是松弛平滑肌，但对不同组织器官的选择性有差别，以对血管平滑肌的作用最为显著。由于硝酸甘油扩张了体循环血管及冠状血管，因而具有如下作用。

1. 降低心肌耗氧量

（1）舒张静脉，降低前负荷：最小有效量的硝酸甘油即可明显舒张静脉血管，特别是较大的静脉血管，从而减少回心血量，降低心脏的前负荷，使心室容积缩小，心室内压减小，心室壁张力降低，射血时间缩短，心肌耗氧量减少。由于重力影响，在立位或坐位时回心血量减少更多，缓解心绞痛的效果也比卧位更好。

（2）舒张动脉，降低后负荷：稍大剂量的硝酸甘油还能舒张动脉血管，特别是较大的动脉血管，从而降低了心脏的射血阻力即心脏的后负荷，使心室内压和心室壁张力降低，心肌耗氧量减少。

2. 扩张冠状动脉，增加缺血区血液灌注　硝酸甘油选择性扩张心外膜较大的输送血管、侧支血管，尤其在冠状动脉痉挛时更为明显，使缺血区血流量增大；而它对阻力血管的舒张作用较弱。当冠状动脉发生粥样硬化或痉挛而狭窄时，缺血区的阻力血管因缺氧、代谢产物堆积而处于高度舒张状态，但由于硝酸甘油对非缺血区小阻力血管的舒张作用较弱，因而造成非缺血区阻力比缺血区大，用药后血液将顺着压力差从输送血管经侧支血管流向缺血区，从而增加缺血区的血液灌注。

3. 降低左室充盈压，增加心内膜供血，改善左室顺应性　冠状动脉从心外膜呈直角分支贯穿于心室壁并呈网状分布于心内膜下，这种解剖特点使心内膜下血流易受心室壁张力和心室内压的影响。当心绞痛发作时，因缺血缺氧、左室舒张末压升高，降低了心外膜血流与心内膜血流的压力差，使心内膜下区域缺血最为严重。硝酸甘油通过舒张静脉血管，减少回心血量，降低左室充盈压；舒张动脉血管，降低心室壁张力，从而减少对贯穿心室壁血管的压迫，也提高了其有效灌注压，有利于血液从心外膜流向心内膜缺血区。

4. 保护缺血的心肌细胞，减轻缺血损伤　硝酸甘油释放 NO，促进内源性的 PGI_2、**降钙素基因相关肽**（calcitonin gene-related peptide，CGRP）等物质的生成与释放，这些物质对心肌细胞均具有直接保护作用。硝酸甘油不仅能保护心肌，减轻缺血损伤，缩小心肌梗死范围，改善左室重构，还能增强人及动物缺血心肌的电稳定性，提高室颤阈，消除折返，改善房室传导等，减少心肌缺血并发症。

（二）作用机制

硝酸甘油作为**一氧化氮**（nitric oxide，NO）供体，在平滑肌细胞内经谷胱甘肽转移酶的催化释放出 NO。NO 的受体是可溶性鸟苷酸环化酶活性中心的 Fe^{2+}，二者结合后可激活**鸟苷酸环化酶**（guanylate cyclase，GC），使细胞内第二信使 cGMP 的含量增加，进而激活 cGMP **依赖性蛋白激酶**（cGMP dependent protein kinase），减少细胞内 Ca^{2+}释放和外钙内流，细胞内 Ca^{2+}减少使肌球蛋白轻链去磷酸化而松弛血管平滑肌。硝酸甘油通过与内源性**血管内皮舒张因子**（endothelium derived relaxing factor，EDRF），即 NO 相同的作用机制松弛平滑肌而又不依赖于血管内皮细胞，因此在内皮有病变的血管仍可发挥作用。还有 PGI_2 和细胞膜超极化的机制也参与了其扩血管作用。研究证明，硝酸甘油舒张离体血管、降低在体动物血压及患者使用后出现的搏动性头痛都与它能促进降钙素基因相关肽的合成和释放有关。降钙素基因相关肽是一种广泛分布于心血管系统的重要神经递质，它能激活血管平滑肌细胞上的 ATP 敏感型钾通道，使平滑肌细胞膜超极化，从而产生强烈的舒张血管效应。此外，硝酸甘油还通过产生的 NO 抑制血小板聚集、黏附，有利于冠状动脉粥样硬化性心脏病的治疗。

（三）临床应用

硝酸甘油适用于各种类型心绞痛的治疗。既能迅速缓解急性发作的症状，也可预防发作。对急性心肌梗死者，多静脉给药，不仅能降低心肌的耗氧量，增加缺血区血液灌注，还可抑制血小板聚集和黏附，缩小梗死范围。但在反复连续应用时应注意用量，以免血压过度降低引起心、脑等重要器官灌流不足，加重缺血。此外，由于硝酸甘油能舒张静脉和动脉血管，降低心脏的前、后负荷，也可用于心力衰竭的治疗。还因能舒张肺血管，降低肺血管阻力，改善肺通气，用于急性呼吸衰竭及肺动脉高压的患者。

（四）不良反应

硝酸甘油的不良反应是由其血管舒张作用所引起的。以颜面潮红和搏动性头痛最常见，后者与扩张脑血管有关，故颅脑外伤、颅内出血者禁用。硝酸甘油还可扩张眼内血管，升高眼内压，故青光眼患者慎用。剂量过大使血压过度下降，冠状动脉灌注压过低，并可反射性兴奋交感神经、加快心率、加强心肌收缩性，使耗氧量增加，诱发或加重心绞痛发作。超剂量时还会引起高铁血红蛋白血症，表现为呕吐、发绀等。

硝酸甘油连续应用 2 周左右可出现耐受性，疗效降低，且与其他硝酸酯类药物有交叉耐受性。出现耐受性后，轻者必须增加用量，但会加重不良反应，重者即使增加用量也无法达到满意疗效。用药剂量、频度、给药途径、药物剂型等都可影响耐受性的产生，若用药剂量大或反复应用过频就易出现耐受性，但停药 1～2 周后耐受性可消失。目前对硝酸甘油产生耐受性的机制还不十分清楚。

二、β 受体阻断药

（一）药理作用及机制

1. 降低心肌耗氧量 心绞痛发作时，交感神经活性增强，心肌局部和血中儿茶酚胺含量显著增加，激动 β 受体，使心肌收缩力加强、心率加快、血管收缩，左心室后负荷增加，心肌耗氧量增加。同时因为心率加快，心室舒张时间相对缩短，使冠脉血流量减少，因而加重心肌缺氧。β 受体阻断药通过拮抗心脏上的 β_1 受体使心率减慢、心肌收缩力减弱、心肌纤维收缩速度减慢，从而心室舒张期延长，血压下降，可明显降低心肌耗氧量。但是由于它能抑制心肌收缩力，故而心室射血时间延长，左室舒张末期容积增大，室壁张力增加，升高了心肌耗氧量，但综合作用仍是降低心肌耗氧量。临床观察表明，用普萘洛尔后，对心率减慢和收缩力减弱明显的患者疗效最好。

2. 改善心肌缺血区供血 冠状血管 β 受体被阻断后，非缺血区血管阻力增加，而缺血区血管因缺氧、代谢产物堆积而处于扩张状态，这样，非缺血区与缺血区血管压力差增大，促使血液流向缺血区血管，从而增加缺血区供血。其次，β 受体阻断药能减慢心率，使心室舒张期延长，故有利于血液从心外膜血管流向易缺血的心内膜区。此外，也可通过增加缺血区侧支循环，增加缺血区血液的灌注量。

3. 其他 β 受体阻断药能抑制脂肪分解，减少心肌游离脂肪酸的含量，并能改善缺血区心肌对葡萄糖的摄取和利用，改善糖代谢，减少心肌耗氧量。它还促进氧合血红蛋白的解离，增加组织供氧。

（二）临床应用

治疗稳定型和不稳定型心绞痛，尤其是用于对硝酸酯类不敏感或疗效差的稳定型心绞痛，可使发作次数减少，程度减轻，提高运动耐量，改善生活质量，对伴有心律失常及高血压者尤为适用。长期使用 β 受体阻断药能缩短仅有缺血心电改变而无症状的心绞痛患者的缺血时间。对冠状动脉痉挛诱发的变异型心绞痛不宜应用，因 β 受体被阻断，α 受体相对占优势，易致冠状动脉收缩。对心肌梗死也有效，能缩小梗死区范围，但因抑制心肌收缩力，故应慎用。

β 受体阻断药和硝酸酯类合用可以互相取长补短，减少不良反应的发生。两药能协同降低心肌耗氧量，同时 β 受体阻断药能对抗硝酸酯类所引起的反射性心率加快和心肌收缩力增强，硝酸酯类可缩小 β 受体阻断药所致的心室容积增大和心室射血时间延长。临床上宜选用作用时间相近的药物，通常以普萘洛尔与硝酸异山梨酯合用。但由于两类药都可降压，如果血压下降过多，冠脉血流量减少，对心绞痛是不利的。一般宜口服给药，因剂量的个体差异较大，应从小剂量开始，逐渐增加剂量。久用停药时，应逐渐减量，否则会导致心绞痛加剧或诱发心肌梗死。对心功能不全、支气管哮喘、哮喘既往史及心动过缓者不宜应用。长期使用后对血脂也有影响，本类药物禁用于血脂异常的患者。

三、钙拮抗药

（一）抗心绞痛作用及机制

1. 降低心肌耗氧量　钙通道阻滞药通过阻滞 Ca^{2+}通道，抑制 Ca^{2+}内流，使心肌收缩力减弱，心率减慢；血管平滑肌松弛，小动脉扩张，心脏后负荷减轻，从而降低心肌耗氧量。

2. 增加缺血区供血　钙通道阻滞药能扩张冠状动脉中较大的输送血管和小的阻力血管，特别是对处于痉挛状态的血管作用更为明显，从而增加缺血区的血液灌注。此外，还增加侧支循环，改善缺血区的供血和供氧。

3. 保护缺血心肌细胞　心肌缺血时，可增加细胞膜对 Ca^{2+}的通透性，增加外钙内流或干扰细胞内 Ca^{2+}向细胞外转运，使胞内 Ca^{2+}积聚，特别是线粒体内 Ca^{2+}超负荷，从而失去氧化磷酸化的能力，促使细胞死亡。钙通道阻滞药通过抑制外钙内流，减轻缺血心肌细胞的 Ca^{2+}超负荷而保护心肌细胞，对急性心肌梗死者，能缩小梗死范围。

4. 抑制血小板聚集　不稳定型心绞痛与血小板黏附和聚集、冠状动脉血流减少有关，大多数急性心肌梗死也是由动脉粥样硬化斑块破裂，局部形成血栓突然阻塞冠状动脉所致。钙通道阻滞药阻滞 Ca^{2+}内流，降低血小板内 Ca^{2+}浓度，抑制血小板聚集。

有报道，钙通道阻滞药还有促进血管内皮细胞产生及释放内源性NO的作用。

（二）临床应用

钙通道阻滞药治疗心绞痛有如下优点：钙通道阻滞药更适合心肌缺血伴支气管哮喘患者；变异型心绞痛是最佳适应证；较少诱发心衰；心肌缺血伴外周血管痉挛性疾病患者，钙通道阻滞药因扩张外周血管恰好适用于此类患者的治疗。

由于钙通道阻滞药有明显解除冠状动脉痉挛的作用，因此对变异型心绞痛疗效显著，对稳定型心绞痛及急性心肌梗死也有效。

（贯　杰）

第十九节　抗动脉粥样硬化药

动脉粥样硬化（atherosclerosis）是心脑血管病的主要病理学基础，防治动脉粥样硬化是防治心脑血管病的重要措施。用于防治动脉粥样硬化的药物称为**调血脂药**（lipidemic-modulating drug）或**抗动脉粥样硬化药**（antiatherosclerotic drug）。

一、HMG-CoA 还原酶抑制药

（一）药理作用

1. 调血脂作用及作用机制　在治疗剂量下，对 LDL-C 的降低作用最强，TC 次之，降 TG 的作用最弱。

他汀类与 HMG-CoA 的化学结构相似，且和 HMG-CoA 还原酶的亲和力高出 HMG-CoA 数千倍，对该酶产生竞争性抑制作用，使 Ch 合成受阻。

2. 非调血脂作用 ①改善血管内皮功能，提高血管内皮对扩血管物质的反应性。②抑制血管平滑肌细胞（VSMC）的增殖和迁移，促进 VSMC 凋亡。③减少动脉壁巨噬细胞及泡沫细胞的形成，使动脉粥样硬化斑块稳定和缩小。④降低血浆 C 反应蛋白，减轻动脉粥样硬化过程的炎性反应。⑤抑制单核-巨噬细胞的黏附和分泌功能。⑥抑制血小板聚集和提高纤溶活性等。

这些作用也有助于抗动脉粥样硬化。

（二）临床应用

主要用于杂合子家族性和非家族性 a、b 型高脂血症，也可用于Ⅱ型糖尿病和肾病综合征引起的高胆固醇血症，还可用于肾病综合征、血管成形术后再狭窄、心脑血管急性事件的预防及器官移植后的排异反应和骨质疏松症等。

（三）不良反应

他汀类不良反应较少而轻，大剂量应用时患者偶可出现胃肠道反应、肌痛、皮肤潮红、头痛等暂时性反应；偶有横纹肌溶解症。动物实验发现超大剂量引起犬的白内障。

（四）代表药物

临床常用药物有普伐他汀、洛伐他汀和阿托伐他汀。

二、贝特类

（一）药理作用

贝特类能降低 TC 和 LDL-C，其强度与剂量有关，Apo B 也相应降低，但 HDL 几无改变，对 TG 和 VLDL 的影响较小。

（二）调血脂机制

考来烯胺在肠道通过离子交换与胆汁酸结合，被结合的胆汁酸失去活性，减少食物中脂类的吸收。同时阻滞胆汁酸在肠道的重吸收。由于胆汁酸大量丢失，肝内 Ch 经 7-α 羟化酶的作用转化为胆汁酸；由于肝细胞中 Ch 减少，导致肝细胞表面 LDL 受体增加或活性增强；LDL-C 经受体进入肝细胞，使血浆 TC 和 LDL-C 水平降低。

（贾 杰）

第二十节 抗高血压药

高血压是最常见的心脑血管疾病之一，它严重危害人类的健康，是脑卒中、冠心病的主要危险因素。正常人血压应低于 140mmHg/90mmHg。高于上述标准，即为高血压。绝大部分（90%以上）高血压病因不明，称为原发性高血压或高血压病；少数高血压有因可查，称为继发性高血压或症状性高血压，常继发于嗜铬细胞瘤、肾动脉狭窄、肾实质病变、妊娠等疾病。原发性高血压的直接并发症有脑血管意外、肾衰竭、心力衰竭等，且这些并发症大多可致死或致残。总体而言，高血压人群如不经合理治疗，平均寿命较正常人群缩短 15～20 年。

原发性高血压的发病机制虽不十分清楚，但目前已知机体内有许多系统与血压的调节有着密切的关系，其中重要的有交感神经-肾上腺素系统及**肾素-血管紧张素系统**（renin-angiotensin system，RAS）。

此外，血管舒缓肽-激肽-前列腺素系统、血管内皮松弛因子-收缩因子系统等也都参与了血压的调节。影响血压调节系统中的任何一个部位或环节都可以使血压降低，抗高血压药就是通过影响血压调节系统而发挥降压作用的。

一、抗高血压药物的分类

凡能降低血压而用于高血压治疗的药物均称为抗高血压药。形成动脉血压的基本因素是心输出量和外周血管阻力。前者受心脏功能、回心血量和血容量的影响，后者主要受小动脉紧张度的影响。交感神经系统和 RAS 调节着上述因素，从而使血压维持在一定范围内。

根据各种药物的作用和作用部位可将抗高血压药物分为以下几类。

1. 利尿药　如氢氯噻嗪等。

2. 交感神经抑制药

（1）中枢性降压药：如可乐定、利美尼定等。

（2）神经节阻断药：如樟磺咪芬等。

（3）去甲肾上腺素能神经末梢阻滞药：如利血平、胍乙啶等。

（4）肾上腺素受体阻断药：如普萘洛尔、哌唑嗪等。

3. 肾素-血管紧张素系统抑制药

（1）血管紧张素转化酶（ACE）抑制药：如卡托普利等。

（2）血管紧张素Ⅱ受体拮抗药：如氯沙坦等。

（3）肾素抑制药：如雷米克林等。

4. 钙通道阻滞药　如硝苯地平等。

5. 血管扩张药　如肼屈嗪、硝普钠等。

目前，国内外应用广泛或称为第一线抗高血压药物的是利尿药、钙通道阻滞药、β 受体阻断药和血管紧张素转化酶抑制药四大类药物。

二、利尿药

（一）药理作用

各类利尿药单用即有降压作用，并可增强其他降压药的作用。

（二）作用机制

用药初期，利尿药通过排钠利尿造成体内钠、水负平衡，从而减少细胞外液容量及心输出量，血压下降。长期给药后，心输出量逐渐恢复至给药前水平而降压作用仍能维持，可能是由于久用利尿药，体内仍轻度失钠，细胞外液容量也有轻度减少，小动脉平滑肌细胞内低钠，通过 Na^+-Ca^{2+}交换机制使细胞内 Ca^{2+}含量减少，血管平滑肌对去甲肾上腺素等缩血管物质的反应性降低，从而扩张血管，降低外周阻力，维持降压作用。

（三）临床应用

噻嗪类利尿药是利尿降压药中最常用的一类，详见本章第二十一节。

三、钙拮抗药

（一）药理作用

血管平滑肌细胞的收缩有赖于细胞内游离钙，若抑制了钙离子的跨膜转运，则可使细胞内游离钙浓度下降。钙拮抗药通过减少细胞内钙离子含量而松弛血管平滑肌，进而降低血压。

（二）不良反应

钙通道阻滞药相对比较安全，但由于这类药物的作用广泛，选择性相对较低，不良反应与该通道阻滞、血管扩张及心肌抑制等作用有关。其一般不良反应有颜面潮红、头痛、头晕、恶心、便秘等。此外，有些药物尚可见低血压与心功能抑制等。

四、血管紧张素转化酶抑制药

（一）药理作用及作用机制

血管紧张素转化酶抑制药（ACEI）的应用是抗高血压药物治疗学上的一大进步，该类药物能抑制ACE活性，使血管紧张素（Ang）的生成减少及缓激肽的降解减少，扩张血管，降低血压。

（二）临床应用

该类药物不仅具有良好的降压效果，对高血压患者的并发症及一些伴发疾病也具有良好影响。该类药物也为伴有糖尿病、左心室肥厚、左心功能障碍及急性心肌梗死的高血压患者的首选药物。因阻断醛固酮，可以增强利尿药的作用。

（三）不良反应

有轻度潴留 K^+作用，这对有高钾血症倾向的患者尤应注意。血管神经性水肿是该类药物少见而严重的不良反应。服药后患者发生顽固性咳嗽往往是停药的原因之一。

（四）代表药物

临床常用药物有卡托普利、依那普利、贝那普利和雷米普利等。

五、β受体阻断药

（一）药理作用及机制

不同的β受体阻断药在许多方面如脂溶性、对 β_1 受体的选择性、内在拟交感活性及膜稳定性等方面有所不同，但均有降压作用，广泛用于各型高血压的治疗。这类药物的降压机制十分复杂，至今尚未完全阐明，可能与下列因素有关：①阻断心脏 β_1 受体，减少心排出量；②阻断肾小球旁器β受体，抑制肾素分泌和释放；③阻断中枢β受体，降低外周交感神经活性；④阻断去甲肾上腺素能神经突触前膜 β_2 受体，减少去甲肾上腺素的释放；⑤促进前列环素（PGI_2）的合成。

（二）临床应用

用于各种程度的高血压。可作为抗高血压的首选药物单独应用，也可与其他抗高血压药合用。对心输出量及肾素活性偏高者疗效较好，高血压伴有心绞痛、偏头痛、焦虑症等患者选用β受体阻断药较为合适。

六、血管紧张素受体阻断药

血管紧张素Ⅱ受体分为两型，即 AT_1 受体和 AT_2 受体。AT_1 受体主要分布在人体的血管、心脏、肾脏、脑、肺和肾上腺皮质，作用是收缩平滑肌，释放醛固酮、儿茶酚胺及加压素，调节体液容量和促进细胞增殖。AT_2 受体主要分布在人胚胎组织中，也有一些分布在成年人的脑、肾上腺髓质、子宫和卵巢，其作用目前尚不清楚。目前发现的血管紧张素Ⅱ受体拮抗药主要为 AT_1 受体拮抗药，这类药能与 AT_1 受体选择性结合，抑制 AngⅡ收缩血管和刺激肾上腺释放醛固酮等作用，从而导致血压下降。与 ACEI 相比，AT_1 受体拮抗药在受体水平阻断 RAS，降压作用更专一；对 AT_1 受体有高度选择性，亲和力强，降压作用更持久；不抑制 ACE，降压时不产生由缓激肽等引起的干咳、血管神经性水肿等不良反应。故临床上不能耐受 ACEI 的高血压患者可选用 AT_1 受体拮抗药。

近年来，AT_1 受体拮抗药发展极为迅速，是继 ACEI 之后的新一类抗高血压药物，已有近 10 种药物上市。它们均为口服的非肽类药物，如**氯沙坦**（losartan）、**缬沙坦**（valsartan）、**厄贝沙坦**（irbesartan）、**坎替沙坦**（candesartan）和**替米沙坦**（telmisartan）等。其中坎替沙坦作用强大、应用剂量小、维持时间长、谷峰比值高（>80%），是目前这类药物的最优者。

（贾　杰）

第二十一节　利尿药与脱水药

一、袢利尿药

（一）药理作用

袢利尿药能使肾小管对 Na^+的重吸收由原来的 99.4%下降到 70%～80%。

利尿作用的分子机制是特异性地抑制分布在髓袢升支粗段管腔膜侧的 Na^+-K^+-$2Cl^-$共转运子，因而抑制 NaCl 的重吸收，降低肾的稀释和浓缩功能，排出大量接近于等渗的尿液。同时，K^+重吸收减少，K^+的再循环导致的管腔正电位降低，减小了 Ca^{2+}、Mg^{2+}重吸收的驱动力，使它们的排泄也增加。

综上所述，袢利尿药可以使尿中 Na^+、K^+、Cl^-、Ca^{2+}、Mg^{2+}排出增多，大剂量呋塞米也可以抑制近曲小管的碳酸酐酶活性，使 HCO_3^-排出增加。

袢利尿药通过对血管床的直接扩张作用影响血流动力学。对心力衰竭患者，呋塞米和依他尼酸能迅速增加全身静脉血容量，降低左室充盈压，减轻肺淤血。呋塞米还能增加肾血流量，改变肾皮质内血流分布。

（二）临床应用

袢利尿药主要用于肺水肿和其他严重水肿及急性高血钙等。

1. 急性肺水肿和脑水肿　静脉注射呋塞米是急性肺水肿迅速有效的治疗手段之一。利尿作用使血液浓缩，血浆渗透压升高，有利于消除脑水肿，对脑水肿合并心衰者尤为适用。

2. 其他严重水肿　可治疗心、肝、肾性水肿等各类水肿。主要用于其他利尿药无效的严重水肿患者。

3. 急慢性肾衰竭　袢利尿药可增加尿量和 K^+的排出，冲洗肾小管，减少肾小管的萎缩和坏死，但不延缓肾衰的进程。大剂量呋塞米可治疗慢性肾衰，增加尿量。

4. 高钙血症　本类药可抑制 Ca^{2+}的重吸收，降低血钙。对迅速控制高钙血症有一定的临床意义。

5. 加速某些毒物的排泄　应用本类药物，结合输液，可使尿量增加，主要用于某些经肾排泄的药物中毒的抢救。

（三）不良反应

1. 水和电解质紊乱　常为过度利尿所引起，表现为低血容量、低血钾、低血钠、低氯性碱血症，长期应用还可引起低血镁。

2. 耳毒性　表现为耳鸣、听力减退或暂时性耳聋，呈剂量依赖性。耳毒性的发生机制可能与药物引起内耳淋巴液的电解质成分改变有关。

3. 高尿酸血症　袢利尿药可能造成的高尿酸血症与利尿后血容量降低，细胞外液容积减少，导致尿酸经近曲小管的重吸收增加有关。

4. 其他 可引起高血糖；升高 LDL 胆固醇和甘油三酯，降低 HDL 胆固醇。少数患者可发生白细胞、血小板减少。也可发生过敏反应。由于有磺胺结构，对磺胺过敏的人可发生交叉过敏反应。

二、噻嗪类

（一）药理作用

1. 利尿作用 噻嗪类如氢氯噻嗪增强 NaCl 和水的排出，产生温和持久的利尿作用。其作用机制是抑制远曲小管近端 Na^+-Cl^-共转运子，抑制 NaCl 的重吸收。尿中除 Na^+、Cl^-排泄量增加外，K^+的排泄也增多，HCO_3^-的排泄略增加。

与袢利尿药相反，本类药物还促进远曲小管由 PTH 调节的 Ca^{2+}重吸收过程，而减少尿 Ca^{2+}含量，减少 Ca^{2+}在管腔中的沉积。

2. 抗利尿作用 氢氯噻嗪能明显减少尿崩症患者的尿量及口渴症状，主要因排 Na^+使血浆晶体渗透压降低而减轻口渴感。

3. 降压作用 氢氯噻嗪是常见的降压药，用药早期通过利尿、血容量减少而降压，长期用药则通过扩张外周血管而产生降压作用。

（二）临床应用

1. 水肿 氢氯噻嗪可用于各种原因引起的水肿。对轻、中度心源性水肿疗效较好。

2. 高血压病 本类药物是治疗高血压的基础药物之一，多与其他降压药合用。

3. 其他 可用于肾性尿崩症及加压素无效的垂体性尿崩症。也可用于高尿钙伴有肾结石者，以抑制高尿钙引起的肾结石的形成。

（三）不良反应

1. 电解质紊乱 如低血容量、低血钾、低血钠、低血镁、低氯性碱血症等，合用保钾利尿药可防治。

2. 高尿酸血症 痛风者慎用。

3. 代谢变化 可导致高血糖、高血脂。可能是因其抑制了胰岛素的分泌及减少组织利用葡萄糖的量。可使血清胆固醇增加 5%～15%，并增加低密度脂蛋白。

4. 过敏反应 与磺胺类有交叉过敏反应。可见皮疹、皮炎等，偶见严重过敏反应。

三、保钾利尿药——螺内酯

（一）药理作用

螺内酯的利尿作用弱，起效缓慢而持久，其利尿作用与体内醛固酮的浓度有关，仅在体内有醛固酮存在的情况下才能发挥作用。对切除肾上腺的动物则无利尿作用。

螺内酯是醛固酮的竞争性拮抗剂。醛固酮从肾上腺皮质释放后，进入远曲小管细胞，调控 Na^+、K^+转运。螺内酯及其代谢产物坎利酮结构与醛固酮相似，结合到胞质中的盐皮质激素受体，阻止醛固酮-受体复合物的核转位，从而产生拮抗醛固酮的作用。

（二）临床应用

1. 治疗醛固酮升高有关的顽固性水肿 对肝硬化和肾病综合征水肿患者较为有效。

2. 充血性心力衰竭 螺内酯用于心衰的治疗不仅限于通过排 Na^+、利尿消除水肿，还通过抑制心肌纤维化等多方面的作用，改善患者的症状。

（三）不良反应

其不良反应较轻，少数患者可引起头痛、困倦与精神紊乱等。久用可引起高血钾。此外，还有性激素样副作用。

四、碳酸酐酶抑制药——乙酰唑胺

（一）药理作用

乙酰唑胺通过抑制碳酸酐酶的活性而抑制 HCO_3^- 的重吸收，治疗量时乙酰唑胺抑制近曲小管约85%的 HCO_3^- 重吸收。碳酸酐酶抑制药主要造成尿中 HCO_3^-、K^+ 和水的排出增多。碳酸酐酶还参与集合管酸的分泌，因此集合管也是这类药物利尿作用的另一个次要部分。乙酰唑胺还抑制肾脏以外部位碳酸酐酶依赖的 HCO_3^- 的转运。

（二）临床应用

本类药物现在很少作为利尿药使用，但它们仍有几种特殊用途。

1. 治疗青光眼　减少房水的生成，降低眼压，对多种类型的青光眼有效，是乙酰唑胺应用最广的适应证。

2. 急性高山病　乙酰唑胺可减少脑脊液的生成和降低脑脊液及脑组织的 pH，改善机体功能。在开始攀登前 24h 口服乙酰唑胺可起到预防的作用。

3. 碱化尿液　通过采用乙酰唑胺碱化尿液可促进尿酸、胱氨酸和弱酸性物质的排泄，但只在使用初期有效。

4. 纠正代谢性碱中毒　当心衰的患者在使用过多利尿剂造成代谢性碱中毒时，由于补盐可能会增加心脏的充盈压，因而可使用乙酰唑胺。此外，乙酰唑胺在纠正碱中毒的同时，微弱的利尿作用也对心衰有益。乙酰唑胺还可用于迅速纠正呼吸性酸中毒继发的代谢性碱中毒。

5. 其他　乙酰唑胺可用于癫痫的辅助治疗；伴有低钾血症的周期性瘫痪；严重高磷酸盐血症，也增加磷酸盐的尿排泄。

（三）不良反应

严重不良反应少见。

1. 过敏反应　作为磺胺的衍生物，可能会造成骨髓抑制、皮肤毒性、磺胺样肾损害，对磺胺过敏的患者产生过敏反应。

2. 代谢性酸中毒　长时间用药后，体内储存的 HCO_3^- 减少可导致高氯性酸中毒。因此，乙酰唑胺在使用一段时间后，其利尿作用会显著降低。

3. 尿结石　其减少 HCO_3^- 的作用会导致磷酸盐尿和高钙尿症。长期用药易形成尿结石。

4. 失钾　同时给予 KCl 补充可以纠正。

5. 其他毒性　较大剂量可引起嗜睡和感觉异常；肾衰竭患者使用该类药物可引起蓄积，造成中枢神经系统毒性。

五、渗透性利尿药——甘露醇

（一）药理作用

1. 脱水作用　静脉注射后，能迅速提高血浆渗透压，使组织间液向血浆转移而产生组织脱水作用。口服用药则造成渗透性腹泻，可用于从胃肠道消除毒性物质。

甘露醇是治疗脑水肿、降低颅内压安全而有效的首选药物，也可用于青光眼急性发作和患者术前应用以降低眼压。

2. 利尿作用 静脉注射甘露醇，通过稀释血液而增加循环血容量及肾小球滤过率。该药在肾小球滤过后不易被肾小管重吸收，使水在髓袢升支粗段和近曲小管的重吸收减少，从而产生利尿作用。

（二）临床应用

可用于预防急性肾衰竭。在少尿时，通过脱水作用，可减少肾间质水肿，同时渗透性利尿作用可维持足够的尿量，稀释肾小管内的有害物质。对肾衰竭伴有低血压者效果较好。

（贾 杰）

第二十二节 作用于血液及造血器官的药物

一、肝素

（一）药理作用

肝素在体内、外均有强大的抗凝作用。静脉注射后，抗凝作用立即发生，可使多种凝血因子失活。静脉注射后 10min 内血液凝固时间及部分凝血酶时间均明显延长，对凝血酶原时间影响弱。肝素的抗凝作用主要依赖于**抗凝血酶Ⅲ**（antithrombinⅢ，AT-Ⅲ）。AT-Ⅲ是凝血酶及因子Ⅻa、Ⅺa、Ⅸa、Ⅹa 等含丝氨酸残基蛋白酶的抑制剂。它与凝血酶通过精氨酸-丝氨酸肽键相结合，形成 AT-Ⅲ-凝血酶复合物而使酶失活。肝素可加速此反应达千倍以上。在肝素存在时，肝素分子与 AT-Ⅲ结合后，使 AT-Ⅲ构型改变，活性部位充分暴露并迅速与因子Ⅱa、Ⅺa、Ⅸa、Ⅹa、Ka、纤溶酶等结合，并抑制这些因子。肝素通过 AT-Ⅲ灭活因子Ⅱa、Ⅺa、Ⅸa、Ⅹa 时，必须同时与 AT-Ⅲ和这些因子结合。一旦肝素-AT-Ⅲ-凝血酶复合物形成，肝素则从复合物上解离，而与另一分子 AT-Ⅲ结合而反复利用。AT-Ⅲ-凝血酶复合物则被单核-巨噬细胞系统所吞噬。

除抗凝血作用外，肝素还具有以下作用：使血管内皮细胞释放脂蛋白酯酶，水解水中乳糜微粒和 VLDL 发挥调血脂作用；抑制炎症介质活性和炎症细胞活动，呈现抗炎作用；抑制血管平滑肌增殖，抗血管内膜增生；抑制血小板聚集等。

（二）临床应用

1. 血栓栓塞性疾病 主要用于防治血栓形成和栓塞，防止血栓的形成和扩大。

2. 弥散性血管内凝血 用于各种原因引起的弥散性血管内凝血（DIC），是肝素的主要适应证。早期应用可防止因纤维蛋白和凝血因子的消耗而引起的继发性出血。

3. 防止心肌梗死、脑梗死、心血管手术及外周静脉术后血栓形成 心肌梗死后用肝素可预防高危患者发生静脉血栓栓塞性疾病，并预防大块前壁心肌梗死患者发生动脉栓塞。

4. 体外抗凝 如心导管检查、体外循环及血液透析等。

（三）不良反应

1. 出血 是肝素的主要不良反应，表现为各种黏膜出血、关节腔积血和伤口出血等。应仔细观察患者症状，控制剂量及监测凝血时间。肝素常致老年妇女和肾衰竭患者出血。肝素轻度过量，停药即可。如严重出血，可缓慢静脉注射硫酸鱼精蛋白解救。

2. 血小板减少症 一般是肝素引起的一过性血小板聚集作用所致，多数发生在用药 7～10 天，与免疫反应有关。可能因肝素促进血小板因子 4（PF4）释放并与之结合，形成肝素-PF4 复合物，后者再与特异性抗体形成 PF4-肝素-IgG 复合物，引起病理反应所致。停药后约 4 天可恢复。

3. 其他　偶有过敏反应。长期使用可致骨质疏松和骨折。孕妇应用可致早产和死胎。

（四）禁忌证

对肝素过敏、有出血倾向、血友病、血小板功能不全和血小板减少症、紫癜、严重高血压、细菌性心内膜炎、肝肾功能不全、溃疡病、颅内出血、活动性肺结核、孕妇、先兆流产、产后、内脏肿瘤、外伤及术后等禁用。

二、香豆素类抗凝血药

（一）药理作用及机制

香豆素类是维生素 K 拮抗剂，抑制维生素 K 在肝由环氧化物向氢醌型转化，从而阻止维生素 K 的反复利用。维生素 K 是 γ-羧化酶的辅酶，其循环受阻则影响含有谷氨酸残基的凝血因子Ⅱ、Ⅶ、Ⅸ、Ⅹ的前体，抗凝血蛋白 C 和抗凝血蛋白 S 的 γ-羧化作用，使这些因子停留于无凝血活性的前体阶段，从而影响凝血过程。对已经 γ-羧化的上述因子无抑制作用。因此，香豆素类体外无效，在体内也需在原有的凝血因子Ⅱ、Ⅶ、Ⅸ、Ⅹ，抗凝血蛋白 C 和 S 耗竭后才发挥抗凝作用。

（二）临床应用

主要口服用于防治血栓栓塞性疾病。本类药物作用时间较长，但显效慢，作用过于持久，不易控制。防治静脉血栓和肺栓塞一般采用先用肝素后用香豆素类维持治疗的序贯疗法。与抗血小板药合用，可减少外科大手术、风湿性心脏病、人工瓣膜置换术后的静脉血栓发生。

（三）不良反应

应用过量易致自发性出血，最严重者为颅内出血，应密切观察。通过胎盘屏障，可引起出血性疾病，而且华法林可影响胎儿骨骼和血液蛋白质的 γ-羧化作用，影响胎儿骨骼正常发育，孕妇禁用。应用这类药物期间必须测定凝血酶原时间，一般控制在 18～24s（正常为 12s）较好，并据此调整剂量。如用量过大引起出血时，应立即停药并缓慢静脉注射大量维生素 K 或输新鲜血。罕见“华法林诱导的皮肤坏死”，通常发生在用药后 3～7 天。

（四）药物相互作用

阿司匹林、保泰松等使血浆中游离香豆素类浓度升高，抗凝作用增强。降低维生素 K 生物利用度的药物或各种病理状态导致胆汁减少均可增强香豆素类的作用。广谱抗生素抑制肠道产生维生素 K 的菌群，减少维生素 K 的生成，增强香豆素类的作用。患肝病时，因凝血因子合成减少也可增强其作用。肝药酶诱导剂苯巴比妥、苯妥英钠、利福平等能加速香豆素类药物代谢，降低其作用。

三、抗血小板药

（一）阿司匹林的作用、作用机制及临床应用

低剂量（40～80mg/天）阿司匹林即可抑制血小板聚集。阿司匹林不可逆地抑制 COX-1 的活性，从而抑制血小板和血管内膜 TXA_2 的合成。阿司匹林在较大剂量时也能抑制血管内皮 PGI_2 活性而减少 PGI_2 的合成。阿司匹林对胶原、ADP、抗原抗体复合物及某些病毒和细菌引起的血小板聚集都有明显的抑制作用，可防止血栓形成。阿司匹林能部分拮抗纤维蛋白原溶解导致的血小板激活，还可以抑制 t-PAr 的释放。因此，每日给予小剂量阿司匹林可防治冠状动脉性疾病、心肌梗死、脑梗死、深静脉血栓形成和肺梗死等。能减少缺血性心脏病发作和复发的危险，也可使一过性脑缺血发作患者的卒中发生率和死亡率降低。

（二）双嘧嘧达莫

双嘧嘧达莫（dipyridamole）又称潘生丁，对血小板聚集有抑制作用，在体内、外均有抗血栓作用。其作用机制有：抑制磷酸二酯酶活性，增加细胞内 cAMP 含量；增强 PGI_2 活性；使 cAMP 增多；使 TXA_2 合成减少；促进血管内皮细胞 PGI_2 的生成。主要用于血栓栓塞性疾病、人工心脏瓣膜置换术后、防止血小板血栓形成，还可阻抑动脉粥样硬化早期的病变过程。

四、纤维蛋白溶解药——链激酶

（一）药理作用及作用机制

链激酶是从 C 族 β-溶血性链球菌培养液中提取的一种蛋白质，现用基因工程技术制备**重组链激酶**（recombinant streptokinase，rSK）。其溶解血栓的机制是与内源性纤维蛋白溶酶原结合成复合物，并促使纤维蛋白溶酶原转变为纤溶酶，纤溶酶迅速水解血栓中的纤维蛋白，导致血栓溶解。由于链激酶可水解栓子中纤维蛋白、降解纤维蛋白溶酶原和因子Ⅴ及因子Ⅶ，因此链激酶不应与抗凝血药或抑制血小板聚集药合用。

（二）临床应用

主要用于血栓栓塞性疾病。静脉注射治疗动静脉内新鲜血栓形成和栓塞，如急性肺栓塞和深部静脉血栓。冠脉注射可使阻塞冠脉再通，恢复血流灌注，用于心肌梗死的早期治疗。

（三）不良反应

易引起出血，注射局部可出现血肿。严重出血可注射对羧基苄胺对抗。

（四）禁忌证

禁用于出血性疾病、新近创伤、消化道溃疡、伤口愈合中及严重高血压患者。也可见皮疹、药热等过敏反应，静脉注射过快可致低血压。

五、促凝血药——维生素 K

（一）药理作用

维生素 K 是 γ-羧化酶的辅酶，主要作用是参与肝合成凝血因子Ⅱ、Ⅶ、Ⅸ、Ⅹ，抗凝血蛋白 C 和 S 等的活化过程，促进这些凝血因子前体蛋白分子氨基端第 10 个谷氨酸残基的 γ-羧化作用，使这些因子具有活性，与 Ca^{2+} 结合，再与带有大量负电荷的血小板磷脂结合，使血液凝固正常进行。缺乏维生素 K 时，肝脏仅能合成无凝血活性的凝血因子Ⅱ、Ⅶ、Ⅸ、Ⅹ，抗凝血蛋白 C 和 S，导致凝血障碍，凝血酶原时间延长而致出血。维生素 K_3 微量脑室注射有明显镇痛作用，此作用可被纳洛酮拮抗，且维生素 K_3 和吗啡镇痛作用有交叉耐受现象。

（二）临床应用

主要用于梗阻性黄疸、胆瘘、慢性腹泻、早产儿、新生儿出血等患者及香豆素类、水杨酸类药物或其他原因导致凝血酶原过低而致的出血，也可用于预防长期应用广谱抗生素继发的维生素 K 缺乏。

（三）不良反应

维生素 K 毒性低，静脉注射维生素 K_1 速度过快时，可产生面部潮红、出汗、血压下降，甚至发生虚脱。一般以肌肉注射为宜。维生素 K_3 和维生素 K_4 常致胃肠道反应，引起恶心、呕吐等，较大剂量可致新生儿、早产儿溶血性贫血、高胆红素血症及黄疸，对红细胞缺乏葡萄糖-6-磷酸脱氢酶（G-6-PD）的特异质者也可诱发急性溶血性贫血。肝功能不良者慎用。

六、抗贫血药

（一）铁剂

1. 药理作用　铁是红细胞成熟阶段合成血红素必不可少的物质。吸收到骨髓的铁，吸附在有核红细胞上并进入细胞内的线粒体，与原卟啉结合，形成血红素。后者再与珠蛋白结合，形成血红蛋白。

2. 临床应用　治疗失血过多或需铁增加所致的缺铁性贫血，疗效极佳。对慢性失血（如月经过多、痔疮出血和子宫肌瘤等）、营养不良、妊娠、儿童生长发育所引起的贫血，用药后一般症状及食欲迅速改善，网织红细胞数于治疗后 10～14 天达到高峰，4～8 周接近正常。为使体内铁贮存正常，待血红蛋白正常后尚需减半量继续服药 2～3 个月。

3. 不良反应　铁制剂刺激胃肠道引起恶心、呕吐、上腹部不适、腹泻等。此外，也可引起便秘，这可能是因为 Fe^{2+}与肠蠕动生理刺激物硫化氢结合后，减弱了肠蠕动所致。小儿误服 1g 以上铁剂可引起急性中毒，表现为坏死性胃肠炎症状，可有呕吐、腹痛、血性腹泻，甚至休克、呼吸困难、死亡。急救措施以磷酸盐或碳酸盐溶液洗胃，并以特殊解毒剂**去铁胺**（deferoxamine）注入胃内以结合残存的铁。

（二）叶酸

1. 药理作用　食物中叶酸和叶酸制剂进入体内转变为四氢叶酸，后者能与多种一碳单位结合成四氢叶酸类辅酶，传递一碳单位，参与体内多种生化代谢，包括：嘌呤核苷酸的从头合成；从尿嘧啶脱氧核苷酸（dUMP）合成胸腺嘧啶脱氧核苷酸（dTMP）；促进某些氨基酸的互变。当叶酸缺乏时，上述代谢障碍，导致 DNA 合成障碍，细胞有丝分裂减少。由于 RNA 和蛋白质合成影响较小，血细胞 RNA/DNA 升高，出现巨幼红细胞性贫血，消化道上皮增殖受抑制，出现舌炎、腹泻。

2. 临床应用　用于治疗各种巨幼红细胞性贫血。由于营养不良或婴儿期、妊娠期对叶酸的需求量增加所致的营养性巨幼红细胞性贫血，治疗时，以叶酸为主，辅以维生素 B_{12} 效果良好。叶酸对抗药甲氨蝶呤、乙胺嘧啶等所致的巨幼红细胞性贫血，因二氢叶酸还原酶受抑制，四氢叶酸生成障碍，故需用甲酰四氢叶酸钙治疗。此外，对缺乏维生素 B_{12} 所致的“恶性贫血”，叶酸仅能纠正异常血象，而不能改善神经损伤症状。故治疗时应以维生素 B_{12} 为主，叶酸为辅。对缺铁性贫血无效。

（三）维生素 B_{12}

1. 药理作用　维生素 B_{12} 为细胞分裂和维持神经组织髓鞘完整所必需的。体内维生素 B_{12} 主要参与下列两种代谢过程。

（1）维生素 B_{12} 是 5-甲基四氢叶酸同型半胱氨酸甲基转移酶，是促使同型半胱氨酸转为甲硫氨酸和 5-甲基四氢叶酸转为四氢叶酸的反应中所必需的。当维生素 B_{12} 缺乏时，叶酸代谢循环受阻，导致叶酸缺乏症。

（2）甲基丙二酰辅酶 A 变位酶可促使甲基丙二酰辅酶 A 转变为琥珀酰辅酶 A，后者可进入三羧酸循环。当维生素 B_{12} 缺乏时，甲基丙二酰辅酶 A 蓄积合成了异常脂肪酸，并进入中枢神经系统，这可能是维生素 B_{12} 缺乏引起神经损害症状的原因。

2. 临床应用　主要用于治疗恶性贫血，也与叶酸合用治疗各种巨幼红细胞性贫血。还可作为神经系统疾病（如神经炎、神经萎缩等）、肝脏疾病（肝炎、肝硬化）等的辅助治疗药。

3. 不良反应　可致过敏反应，甚至过敏性休克，不易滥用；不可静脉给药。

七、血容量扩充剂——右旋糖酐

（一）药理作用

右旋糖酐的分子质量较大，能提高血浆胶体渗透压，从而扩充血容量，维持血压。作用强度与维持时间依中、低、小分子质量而逐渐降低。低、小分子质量的右旋糖酐能降低血液黏滞性，并对凝血因子Ⅱ有抑制作用，从而改善微循环。右旋糖酐具有渗透性利尿作用。

（二）临床应用

临床主要用于低血容量性休克，包括急性失血、创伤和烧伤性休克。低分子和小分子质量的右旋糖酐改善微循环作用较佳，用于中毒性、外伤性及失血性休克，可防止休克后期 DIC。也可用于防治心肌梗死、心绞痛、脑血栓形成、血管闭塞性脉管炎和视网膜动静脉血栓等。

（贾 杰）

第二十三节 组胺受体阻断药

一、H_1 受体阻断药

组胺为乙基伯胺，而 H_1 受体阻断药则具有与组胺分子类似的乙基叔胺结构，这是与组胺竞争结合受体的必需结构。常用的第一代药物如**苯海拉明**（diphenhydramine，苯那君）、**异丙嗪**（promethazine，非那根）、**曲吡那敏**（pyribenzamine，扑敏宁）、**氯苯那敏**（chlorpheniramine，扑尔敏）、**多塞平**（doxepin）等，因对中枢活性强、受体特异性差，故致明显的镇静和抗胆碱作用，表现出“因（倦）、耐（药）、（作用时间）短、（口鼻眼）干”的缺点。为克服这些不足，开发出的第二代药物，如**西替利嗪**（cetirizine，仙特敏）、**美喹他嗪**（mequitazine，甲喹酚嗪）、**氯雷他定**（loratadin，息斯敏）、**阿伐斯汀**（acrivastine，新敏乐）、**左卡巴斯汀**（levocabastin，立复汀）及**咪唑斯汀**（mizolastine）等，大多长效，无嗜睡作用，对喷嚏、清涕和鼻痒效果好，而对鼻塞效果较差。第一、第二两代 H_1 受体阻断药药理作用和临床应用基本相似。

（一）氯苯那敏的药理作用、临床应用及不良反应

1. 抗 H_1 受体作用 可完全对抗组胺引起的支气管、胃肠道平滑肌的收缩作用。小剂量的组胺即可使豚鼠因呼吸抑制而死亡，如事先给予 H_1 受体阻断药，可使豚鼠耐受数倍甚至千倍以上致死剂量的组胺。对豚鼠以支气管痉挛为主要症状的过敏性休克也具有保护作用，但对人的过敏性休克无保护作用，可能与人过敏性休克的发病有其他多种介质参与有关。对组胺直接引起的局部毛细血管扩张和通透性增加（水肿）有很强的抑制作用，但对血管扩张和血压降低等全身作用仅有部分对抗作用。对后者，需同时应用 H_1 和 H_2 受体两种阻断药才能完全对抗。

2. 中枢抑制作用 此类药物多数可以通过血脑屏障，可有不同程度的中枢抑制作用，表现为镇静、嗜睡。中枢抑制作用产生的原因，可能是中枢 H_1 受体被阻断，拮抗了脑内源性组胺介导的觉醒反应。

3. 其他作用 具有阿托品样抗胆碱作用，止吐和防晕作用较强。

（二）氯雷他定的药理作用、临床应用及不良反应

氯雷他定为阿扎他定的衍生物，是一种没有中枢镇静作用和抗胆碱作用的第二代 H_1 受体阻断药。它可选择性地阻断外周 H_1 受体，起效快，作用强大而持久，此外，还减少 IgE 介导的组胺释放，一次给药作用可持续 24h。

用于过敏性鼻炎、慢性荨麻疹和其他过敏性皮肤病。

罕见乏力、嗜睡、头痛和口干，偶见肝功能异常，哺乳期妇女慎用。

二、H_2受体阻断药

（一）药理作用

阻断H_2受体，对H_1受体几无影响。其主要作用是减少胃酸分泌，不仅能抑制基础胃酸分泌，也能显著抑制组胺、五肽胃液素、乙酰胆碱及进食所致的胃酸分泌，使胃酸分泌量及氢离子浓度和胃蛋白酶量均下降。因此，本类药物对以基础胃酸分泌为主的夜间胃酸分泌有良好的抑制作用，成为治疗十二指肠溃疡的首选。

（二）临床应用

用于十二指肠溃疡、胃溃疡，应用4～8周，愈合率较高，延长用药可减少复发。此外，也可用于无并发症的胃食管反流综合征和预防应激性溃疡的发生。本类药物常用的还有西咪替丁、雷尼替丁、法莫替丁和尼扎替丁。

（三）不良反应

本类药物长期服用耐受性好。偶有便秘、腹泻、腹胀、头晕、头痛、皮疹、瘙痒等。静脉滴注速度过快，可使心率减慢，心收缩力减弱。长期服用西咪替丁的男性青年，可引起勃起障碍、性欲消失及乳房发育。可能与其抑制二氢睾丸素和雄激素受体结合及抑制肝药酶水解雌二醇、增加雌二醇浓度有关。老年人和肾功能不良者应用大剂量西咪替丁，可出现中枢神经系统症状，如精神错乱、言语含糊、谵妄、幻觉，甚至昏迷。西咪替丁偶见粒细胞减少、血小板减少，以及肝、肾毒性。西咪替丁可抑制肝药酶活性，抑制华法林、苯妥英钠、茶碱、苯巴比妥、地西泮、普萘洛尔等代谢。合用时，应调整这些药物剂量。雷尼替丁这一作用很弱，法莫替丁、尼扎替丁则无此影响。

（贾　杰）

第二十四节　作用于呼吸系统的药物

支气管哮喘（asthma）、**慢性阻塞性肺疾病**（chronic obstructive pulmonary disease，COPD）是呼吸系统常见疾病，常伴有咳嗽、咳痰、喘息的症状。

支气管哮喘常发生于幼儿和青少年，是一种慢性变态反应性炎性疾病，临床表现为反复发作的呼吸短促、胸部紧缩感、喘息并伴有咳嗽的症状，病理特征为广泛并可逆的支气管狭窄和气道高反应性，支气管黏膜的嗜酸性粒细胞、淋巴细胞等炎症细胞的浸润和气道重塑。其发病机制复杂，涉及炎症、变态反应、神经调节失衡、遗传、药物、环境、精神心理等诸多因素。

慢性喘息性支气管炎或COPD伴有喘息常发生于中、老年，是由于感染或非感染因素（吸烟和理化刺激等）引起支气管黏膜及其周围组织的慢性非特异性炎症。其病理特点是支气管腺体增生、黏液分泌增多。临床出现有连续两年以上，每年持续3个月以上的咳嗽、咳痰或气喘等症状，疾病进展又可并发阻塞性肺气肿、肺源性心脏病。

临床常用的平喘药按作用方式分为抗炎平喘药、支气管扩张药和抗过敏平喘药。糖皮质激素具有抗炎平喘作用，用于防治慢性支气管炎症，最终消除哮喘症状。支气管扩张药（β_2肾上腺素受体激动药、茶碱类、抗胆碱药等）可缓解支气管平滑肌痉挛，缓解哮喘症状。色甘酸钠等具有抑制过敏介质释放的作用，用于预防哮喘发作。

一、抗炎平喘药——糖皮质激素

（一）药理作用

糖皮质激素是目前治疗哮喘最有效的药物，可以通过抑制哮喘时炎症反应的多个环节发挥平喘作用。

1. 抑制多种参与哮喘发病的炎性细胞和免疫细胞功能 抑制循环中嗜酸性粒细胞、T 淋巴细胞、巨噬细胞、中性粒细胞功能；减少支气管树突状细胞数目，抑制肺嗜酸性粒细胞、巨噬细胞和肥大细胞浸润及释放炎症介质和 IgE 的产生，并加速肺炎症细胞的死亡。

2. 抑制细胞因子和炎症介质的产生 哮喘中细胞因子主要包括 TNF-α、IL-1、IL-5、IL-6、IL-8、IL-13 等；糖皮质激素诱导脂皮素-1 的生成而抑制磷脂酶 A_2 活性，从而影响花生四烯酸炎性代谢物的产生；抑制诱导型 NO 合成酶和 COX-2，阻断炎性介质生成，发挥抗炎作用；抑制黏附分子表达而减少炎症细胞与血管内皮细胞的相互作用，降低微血管的通透性；抑制免疫功能和抗过敏作用而减少组胺、5-羟色胺、缓激肽等过敏介质释放。

3. 抑制气道高反应性 抑制炎症和免疫反应而降低哮喘患者吸入抗原、胆碱受体激动剂、冷空气及运动后的支气管收缩反应。

4. 增强支气管及血管平滑肌对儿茶酚胺的敏感性 有利于缓解支气管痉挛和黏膜肿胀。

（二）临床应用

临床用于支气管扩张药不能有效控制病情的慢性哮喘患者。气雾吸入糖皮质激素已逐步代替口服激素。对于哮喘持续状态，因不能吸入足够的气雾量，往往不能发挥其作用，故不宜应用。

（三）不良反应

吸入常用剂量的糖皮质激素一般不产生不良反应。但糖皮质激素在吸入后有 80%～90%药物沉积在咽部并吞咽到胃肠道，产生咽部或全身不良反应。

长期用药时，药物在咽部和呼吸道存留可引起声音嘶哑、声带萎缩变形、诱发口咽部念珠菌感染等，故吸入后需立即漱口。局部大剂量应用可抑制下丘脑-垂体-肾上腺皮质轴的功能，但远比口服制剂轻微。

二、支气管扩张药

（一）沙丁胺醇、特布他林的药理作用和临床应用

沙丁胺醇对 β_2 受体的作用强于 β_1 受体，对 α 受体无作用。本药对支气管扩张作用强而持久，对心血管系统影响很小，是目前较为安全的常用平喘药。主要用于各型哮喘及伴有支气管痉挛的各种支气管肺疾病。

特布他林主要激动 β_2 受体，使细胞内 cAMP 升高，支气管平滑肌舒张。此外，尚能抑制抗原攻击后引起的内源性介质释放，能增强支气管上皮细胞纤毛运动，促进支气管腺体分泌，使黏液稀释，有助于痰液咳出。特布他林对 β_2 受体选择性强，故对心脏兴奋作用较小。主要用于各型哮喘及伴有支气管痉挛的肺部疾病。

（二）茶碱的药理作用和临床应用

1. 药理作用

（1）抑制磷酸二酯酶：茶碱为非选择性 PDE 抑制剂，使细胞内 cAMP 水平升高而舒张支气管平滑肌。然而茶碱在体内有效浓度低，对酶活性的抑制作用不明显，因此茶碱的扩张支气管作用可能有其他的作用机制。

（2）阻断腺苷受体：茶碱在治疗浓度时阻断腺苷受体，减轻内源性腺苷所致的气道收缩作用。

（3）增加内源性儿茶酚胺的释放：治疗浓度的茶碱可使肾上腺髓质释放儿茶酚胺，间接舒张支气管。

（4）免疫调节与抗炎作用：茶碱在低浓度时即可抑制肥大细胞、嗜酸性粒细胞、巨噬细胞、T 淋巴细胞等的功能，减少炎症介质释放，降低血管通透性而减少气道炎症反应。

（5）增加膈肌收缩力并促进支气管纤毛运动：增加膈肌收缩有利于慢性阻塞性肺疾病的治疗，促进纤毛运动而加速纤毛清除痰液，有助于哮喘治疗。

2. 临床应用

（1）支气管哮喘：茶碱扩张支气管的作用不及 β_2 受体激动药强，起效慢，一般情况下不宜采用。对于 β_2 受体激动药不能控制的急性哮喘，可用静脉注射氨茶碱；慢性哮喘患者口服氨茶碱以防止急性发作。

（2）慢性阻塞性肺疾病：对于 COPD 伴有喘息、COPD 伴有右心功能不全的心源性哮喘患者有明显疗效，这是由于茶碱具有扩张肺动脉及降低肺动脉压、强心和利尿的作用。

（3）中枢型睡眠呼吸暂停综合征：茶碱具有中枢兴奋作用，对于脑部疾病或原发性呼吸中枢病变导致通气不足患者，明显增强通气功能，改善症状。

3. 不良反应

茶碱的治疗窗较窄，不良反应的发生率与其血药浓度密切相关，血药浓度超过 20mg/L 时，易发生不良反应。主要不良反应有以下几种。

（1）胃肠道不良反应：上腹部疼痛、恶心、呕吐、胃食管反流、食欲减退等。

（2）中枢兴奋：主要有失眠、震颤、激动等症状，可用镇静药治疗。

（3）急性中毒：常见于静脉注射过快或剂量过大，出现心动过速、心律失常、血压骤降、谵妄、惊厥和昏迷等，严重的可导致呼吸、心搏骤停。静脉注射时要充分稀释并缓慢注射。另外，偶见横纹肌溶解所致的急性肾衰竭，也可致死。

三、抗过敏平喘药——色甘酸钠

（一）药理作用

1. 稳定肥大细胞膜，阻止肥大细胞释放过敏介质 目前认为可能是在肥大细胞膜外侧的 Ca^{2+} 通道部位与 Ca^{2+} 结合形成复合物，加速 Ca^{2+} 通道的关闭，使细胞外 Ca^{2+} 内流受到抑制，从而阻止肥大细胞脱颗粒，释放过敏介质。

2. 抑制非特异性支气管高反应性 哮喘患者的气道对物理或化学刺激的反应性较正常人敏感，微弱刺激即能引起气道痉挛性收缩。色甘酸钠应用后，能防止二氧化硫、冷空气等刺激引起的支气管痉挛，并能抑制运动性哮喘发作。

（二）临床应用

主要用于哮喘的预防性治疗，能防止变态反应或运动引起的速发型和迟发性哮喘反应。能降低气道的高反应性。也可用于轻、中度哮喘治疗，过敏性鼻炎、溃疡性结肠炎及其他胃肠道过敏性疾病也可应用。

（三）不良反应

不良反应少见，但少数患者吸入后咽喉部及气管有刺痛感，甚至诱发支气管痉挛。与少量异丙肾上腺素合用可以预防。长期应用无蓄积作用，对主要脏器也无不良影响。

（贯 杰）

第二十五节 作用于消化系统的药物

本节主要介绍抗消化性溃疡药。

一、抗酸药

药理作用及临床应用：抗酸药为弱碱性物质，口服后在胃内直接中和胃酸，升高胃内容物的 pH。降低胃蛋白酶活性，具有缓解溃疡病的疼痛等作用。有些抗酸药如氢氧化铝、三硅酸镁等还能形成胶状保护膜，覆盖于溃疡面和胃黏膜，起保护溃疡面和胃黏膜的作用。由于抗酸药仅仅是直接中和已经分泌的胃酸，而不能调节胃酸的分泌，有些甚至可能造成反跳性的胃酸分泌增加，因此抗酸药不是治疗消化性溃疡的首选药或是单独使用的药物。大多数制成复方制剂，以增强治疗效果，减少不良反应。

二、抑制胃酸分泌药

1. H_2 受体阻断药 通过阻断胃壁细胞基底膜上的 H_2 受体，抑制基础胃酸和夜间胃酸的分泌而起作用，其对胃液素及 M 受体激动引起的胃酸分泌也有抑制作用。临床证明，每晚临睡前服用一次 H_2 受体阻断药，可使十二指肠溃疡愈合，因此此类药物成为治疗消化性溃疡的常用药物之一。但在突然停药时，会导致胃酸分泌反跳性增加。

2. M 受体阻断药 主要有哌仑西平、替仑西平等，其阻断胃壁细胞上 M 受体，抑制胃酸分泌；也阻断乙酰胆碱对胃黏膜中的嗜铬细胞、G 细胞上的 M 受体的激动作用，减少组胺和胃泌素等物质的释放，间接减少胃酸的分泌。此外，这类药物还具有解痉作用。但由于其抑制胃酸分泌的作用较弱，不良反应也较多，目前已较少用于溃疡的治疗。

3. 胃液素受体阻断药 主要有**丙谷胺**（proglumide）。其化学结构与胃液素相似，可竞争性地阻断胃液素受体，减少胃酸分泌。同时也促进胃黏膜黏液合成，增强胃黏膜的黏液-HCO_3^-盐保护屏障，从而发挥抗溃疡的作用。

4. H^+-K^+-ATP 酶抑制剂（质子泵抑制剂） 以奥美拉唑为例进行介绍。

（一）药理作用

奥美拉唑（omeprazole）为第一代的质子泵抑制剂，其具有强大持久的抑制胃酸分泌的作用。抑制胃酸作用持久，连续服用的效果优于单次服用。由于胃内 pH 升高，反馈性地使血中胃液素水平升高。但由于本药对组胺、五肽胃液素等刺激引起的胃酸分泌也有明显抑制作用，因此并不影响其抑制胃酸分泌作用。动物实验表明其对胃黏膜损伤有预防保护作用。体外实验证明有抗幽门螺杆菌作用。

（二）临床应用

主要用于胃及十二指肠溃疡的治疗。

（三）不良反应

不良反应发生率较低，症状有头晕、头痛、失眠、外周神经炎等神经系统症状；在消化系统方面可见口干、恶心、呕吐、腹胀；其他可见男性乳腺发育、皮疹、溶血性贫血等。

（四）注意事项

①本品与华法林、苯妥英钠、地西泮等合用，可使上述药物体内代谢过程减慢；②慢性肝病或肝功能减退者，用药剂量宜酌减；③长期服用者，应定期检查胃黏膜有无肿瘤样增生。

三、增强胃黏膜屏障功能的药物

增强胃黏膜屏障功能的药物又称为黏膜保护药，通过增强胃黏膜的细胞屏障、黏液-HCO_3^-盐保护屏障来发挥抗消化性溃疡作用。常用药物有米索前列醇、硫糖铝等。

四、抗幽门螺杆菌药

幽门螺杆菌为革兰氏阴性厌氧菌，在胃、十二指肠的上皮表面生长，可产生多种酶及细胞毒素，使黏膜损伤，是慢性胃炎、消化性溃疡和胃腺癌等胃部疾病发生、发展中的一个重要致病因子。临床上应用单一抗菌药治疗幽门螺杆菌感染效果差，且容易产生耐药，常以2～3种药联合应用，如抗胃酸分泌药、铋盐、硝基咪唑类、广谱抗生素等。一般连续10～14天给药优于短期治疗，根治率可达90%。

（贾　杰）

第二十六节　肾上腺皮质激素类药物

肾上腺皮质激素（adrenocortical hormone）是肾上腺皮质分泌的一类激素的总称，属甾体类化合物。其包括：①**盐皮质激素**（mineralocorticoid），由肾上腺皮质最外层的球状带合成和分泌，有**醛固酮**（aldosterone）和**去氧皮质酮**（desoxycorticosterone）等，主要影响水盐代谢。②**糖皮质激素**（glucocorticoid），由肾上腺皮质中层的束状带合成和分泌，有**氢化可的松**（hydrocortisone）和少量**可的松**（cortisone）等，主要影响糖、蛋白质和脂肪的代谢。此外，肾上腺皮质内层的网状带还分泌微量的**性激素**（sex hormone）。通常所指的肾上腺皮质激素不包括性激素。临床上常用的皮质激素主要是指糖皮质激素。

糖皮质激素的作用广泛而复杂，且随剂量不同而变化。在生理情况下所分泌的糖皮质激素主要影响物质代谢过程，缺乏时，将引起代谢失调以致死亡。此外，它还调控许多器官的发育和功能；参与机体的应激反应，维持机体内稳定。超生理剂量（药理剂量）时，糖皮质激素还具有抗炎、抗过敏、抗休克和抑制免疫反应等多种药理作用。

按药物起效的快慢和维持时间的长短，将常用的糖皮质激素药物分为：①短效类，主要有氢化可的松、可的松、泼尼松和泼尼松龙等；②中效类，主要有**曲安西龙**（triamcinolone，又称去炎松）等；③长效类，主要有地塞米松、**倍他米松**（betamethasone）等。它们的临床应用非常广泛，但是不适当使用或长期大剂量使用可导致多种不良反应和并发症，甚至危及生命。

（一）生理效应

主要是对代谢的作用。

1. 糖代谢　糖皮质激素是调节机体糖代谢的重要激素之一，在维持血糖的正常水平及肝和肌肉中糖原的含量方面起着重要的作用。它能增加肝糖原、肌糖原含量并升高血糖，机制为：①促进糖原异生，特别是利用肌肉蛋白质代谢中的一些氨基酸及其中间代谢产物作为原料合成糖原；②减慢葡萄糖分解为CO_2的氧化过程，有利于中间代谢产物如丙酮酸和乳酸等在肝和肾中再合成葡萄糖；③减少外周组织对葡萄糖的摄取和利用。

2. 蛋白质代谢　糖皮质激素能促进胸腺、肌肉、骨等许多肝外组织中的蛋白质分解代谢，使血清中氨基酸含量和尿中氮的排泄量增加，造成负氮平衡；大剂量时还能抑制蛋白质的合成。因此，长期用药后可引起皮肤变薄、肌肉消瘦、骨质疏松、伤口愈合迟缓和儿童生长发育减慢等。

3. 脂肪代谢　糖皮质激素短期应用对脂肪代谢无明显影响，但长期大剂量使用时，由于它能升高血中胆固醇含量，并激活四肢皮下的脂酶，促使皮下脂肪分解，重新分布于面部、上胸部、颈背部、腹部及臀部，因此形成“满月脸，水牛背”样的向心性肥胖，表现为面圆、背厚、躯干部发胖而四肢消瘦的特殊体形。

4. 核酸代谢 糖皮质激素对各种代谢的影响主要是通过影响敏感组织中的核酸代谢来实现的。有实验发现，氢化可的松可诱导合成某种特殊的 mRNA，表达出一种抑制细胞膜转运功能的蛋白质，从而抑制细胞对葡萄糖、氨基酸等的摄取，导致细胞合成代谢受到抑制，而分解代谢加强。但是它又能促进肝细胞中多种 RNA 及某些酶蛋白的合成，进而影响多种物质代谢。

5. 水和电解质代谢 糖皮质激素也有一定的保钠排钾作用，但较盐皮质激素弱，如果长期大剂量应用也可引起水钠潴留，导致高血压和水肿。它还能增加肾小球滤过率和拮抗抗利尿激素的作用，故有利尿作用。此外，糖皮质激素能减少肠道对钙的吸收，并促进肾脏排泄钙、磷，以致血磷、血钙降低，长期用药将造成骨质脱钙。

（二）药理作用及作用机制

1. 抗炎作用 糖皮质激素有强大的抗炎作用，能抑制多种原因（如物理性、化学性、免疫性及病原生物性等）引起的炎症反应。在炎症早期，它能抑制局部血管的扩张，降低毛细血管的通透性；同时能抑制白细胞浸润及吞噬反应，减少各种炎症因子的释放，从而减轻渗出、水肿，缓解红、肿、热、痛等症状。在炎症后期，它能抑制毛细血管和纤维母细胞的增生，延缓肉芽组织形成，防止组织粘连及瘢痕形成，从而减轻后遗症。但必须注意的是炎症反应是机体的一种防御性反应，炎症后期的反应更是组织修复的重要过程。因此，糖皮质激素在抑制炎症、减轻症状的同时，也降低了机体的防御功能，若使用不当可致感染扩散、创面愈合延迟。

糖皮质激素抗炎作用的基本机制是基因转录调控效应。目前认为糖皮质激素作为一种脂溶性分子，易于通过细胞膜进入细胞，与胞质内的**糖皮质激素受体**（glucocorticoid receptor，GR）结合。GR 是一条由约 800 个氨基酸残基组成的多肽链，广泛分布于肝、脑、肺、骨、淋巴组织及胸腺等细胞内。体内存在 GR α 和 GR β 两种亚型，它们的主要区别在于羧基端激素结合域不同。GR α 活化后产生经典的激素效应，而 GR β 不具备与激素结合的能力，作为 GR α 的拮抗体而起作用。未活化的 GR α 在胞质内与**热休克蛋白 90**（heat shock protein 90，HSP_{90}）等结合成一种大的复合体。这种复合体一旦与激素结合，构型就会发生变化，HSP_{90} 等成分与 GR α 分离，随之糖皮质激素-受体复合物进入胞核，与特异性 DNA 位点即靶基因的启动子序列的**糖皮质激素反应元件**（glucocorticoid response element，GRE）或**负性糖皮质激素反应元件**（negative glucocorticoid response element，nGRE）相结合，从而诱导基因转录或抑制基因转录，改变介质相关蛋白质的水平，进而对炎症细胞和分子产生影响而发挥抗炎作用。①通过诱导**脂皮素** 1（lipocortin 1）的生成，继而抑制磷脂酶 A_2，影响花生四烯酸代谢的连锁反应，使炎性介质 PGE_2、PGI_2 和白三烯类（LTA_4、LTB_4、LTC_4、LTD_4）等的释放减少，从而产生抗炎作用；②通过抑制诱导型一氧化氮合酶和环氧化酶 2（COX-2）等的表达，阻断相关介质的产生，从而发挥抗炎作用；③通过抑制表达细胞黏附因子和有关细胞因子基因的转录，抑制中性粒细胞和巨噬细胞渗出血管向炎症部位聚集，抑制这些细胞的活动，减少它们在炎症区域血管内皮细胞上的黏附和聚集，从而减轻炎症反应；④诱导炎症细胞发生凋亡，首先由 GR 介导基因转录变化，最终激活胱天蛋白酶和特异性核酸内切酶而导致细胞凋亡，此过程可被 GR 拮抗剂 RU38486 所阻断。

2. 免疫抑制与抗过敏作用

（1）对免疫系统的抑制作用：糖皮质激素对免疫过程中的多个环节都有抑制作用，包括：①抑制巨噬细胞对抗原的吞噬和处理；②破坏淋巴细胞，并可使人体淋巴细胞移行至血液以外的组织，使血液中淋巴细胞减少；③干扰淋巴组织在抗原作用下的分裂和增殖，阻断致敏 T 淋巴细胞所诱发的单核细胞和巨噬细胞聚集，从而抑制组织器官的移植排异反应和皮肤迟发性过敏反应；④动物实验指出，小剂量主要抑制细胞免疫，大剂量则能抑制 B 细胞转化成浆细胞，使抗体生成减少，干扰体液免疫，但在人体尚未证实治疗剂量的糖皮质激素可抑制抗体产生。

（2）抗过敏作用：在免疫过程中，由于抗原-抗体反应引起肥大细胞脱颗粒而释放组胺、5-羟色胺、过敏性慢反应物质、缓激肽等，从而引起一系列过敏反应症状。有学者认为糖皮质激素能减少上述过敏介质的产生，故可减轻过敏性症状。

3. 抗休克作用　大剂量的糖皮质激素常用于各种严重休克，特别是感染中毒性休克的治疗。其抗休克的作用机制可能是：兴奋心脏，加强心脏收缩力，使心输出量增加；同时降低血管对缩血管物质的敏感性，使痉挛收缩的血管扩张，改善微循环；炎性因子的产生，减轻全身炎症反应综合征及组织损伤，使微循环血流动力学恢复正常，改善休克状态；稳定溶酶体膜，减少**心肌抑制因子**（myocardial depressant factor，MDF）的形成，从而防止 MDF 引起心肌收缩力减弱和内脏血管收缩；提高机体对细菌内毒素的耐受力，但其对外毒素无对抗作用。

4. 允许作用（permissive action）　糖皮质激素对有些组织细胞虽无直接活性，但可给其他激素发挥作用创造有利条件，称为允许作用。例如，糖皮质激素可增强胰高血糖素的血糖升高作用和儿茶酚胺的血管收缩作用等。

5. 其他作用

（1）退热作用：对严重的中毒性感染，常具有迅速而良好的退热作用。可能与其能抑制体温中枢对致热原的反应、稳定溶酶体膜、减少内源性致热原的释放有关。但在发热原因诊断未明之前，不可滥用，以免掩盖症状延误诊断。

（2）血液与造血系统：糖皮质激素能刺激骨髓造血机能，使血液中红细胞和血红蛋白含量增加，大剂量可使血小板增多并提高纤维蛋白原浓度，缩短凝血时间；刺激骨髓中的中性粒细胞释放入血，使血中中性粒细胞数量增加，但其游走、吞噬、消化及糖酵解等功能却降低了，因而糖皮质激素减弱了中性粒细胞对炎症区的浸润与吞噬活动。同时，它还可使血液中淋巴细胞减少，但存在着明显的种属差异。其中小鼠、大鼠、家兔等动物较敏感，血中的淋巴细胞因溶解破坏而减少；而豚鼠、猴和人的敏感性较差，其血中淋巴细胞的减少不是被溶解，而是移行至血液以外的组织了。临床上发现，肾上腺皮质功能减退者的淋巴组织增生，淋巴细胞增多；而在肾上腺皮质功能亢进者，淋巴细胞减少，淋巴组织萎缩。

（3）中枢神经系统：能提高中枢神经系统的兴奋性，出现情绪高涨、激动、失眠等，偶可诱发精神失常；还能降低大脑的电兴奋阈，促使癫痫发作，故精神病患者和癫痫患者应慎用。

（4）骨骼：长期大量应用糖皮质激素可出现骨质疏松，特别是脊椎骨，故可有腰背痛，甚至发生压缩性骨折、鱼骨样及楔形畸形。其原因可能是糖皮质激素抑制成骨细胞的活力，减少骨中胶原的合成，促进胶原和骨基质的分解，使骨盐不易沉着，骨质形成发生障碍。

（5）消化系统：糖皮质激素能使胃酸和胃蛋白酶分泌增多，提高食欲，促进消化，但大剂量应用可诱发或加重溃疡病。

（三）临床应用

1. 严重感染或炎症

（1）严重急性感染：主要用于严重感染伴有明显毒血症状者，如中毒性细菌性痢疾、暴发型流行性脑膜炎、中毒性肺炎、重症伤寒、急性粟粒性肺结核、猩红热及败血症等，在应用有效抗菌药物治疗感染的同时，可用糖皮质激素作为辅助治疗。因为其能增加机体对有害刺激的耐受性，减轻中毒反应，有利于争取时间进行抢救。因目前缺乏有效的抗病毒药物，糖皮质激素应用后可降低机体的防御能力，故病毒性感染一般不用激素。但对严重传染性肝炎、流行性腮腺炎、麻疹和乙型脑炎等，为了迅速缓解症状，也可考虑应用。

（2）抗炎治疗及防止某些炎症的后遗症：如果人体的重要器官发生炎症如结核性脑膜炎、脑炎、心包炎，或由于炎症损害或恢复时该器官产生粘连和瘢痕，都将出现严重的功能障碍，如风湿性心瓣膜炎、损伤性关节炎、睾丸炎及烧伤后瘢痕挛缩等，此时应早期应用糖皮质激素以迅速减轻炎症渗出，消退积液，减少愈合过程中发生纤维组织增生和粘连，防止后遗症发生。对虹膜炎、角膜炎、视网膜炎和视神经炎等非特异性眼炎，应用糖皮质激素后也可迅速消炎止痛、防止角膜混浊和瘢痕粘连的发生。有角膜溃疡者禁用。

2. 自身免疫性疾病、器官移植排斥反应和过敏性疾病

（1）自身免疫性疾病：如风湿热、风湿性心肌炎、风湿性或类风湿性关节炎、系统性红斑狼疮、自身免疫性贫血和肾病综合征等，应用糖皮质激素后可缓解症状，但不能根治，且停药后易复发，故一般采用综合疗法。对多发性皮肌炎，糖皮质激素为首选药。

（2）器官移植排斥反应：异体器官移植手术后出现的免疫性排斥反应，也可用糖皮质激素预防和治疗。一般手术前 1～2 天开始口服泼尼松，每日 100mg。手术后第一周改为每日 60mg，以后逐渐减量。若已发生排斥反应，可静脉滴注大剂量氢化可的松，待排斥反应控制后再逐渐减量至最小维持量，并改为口服。若与环孢素 A 等免疫抑制剂合用，疗效更佳，并可减少两药的用量。

（3）过敏性疾病：此类疾病如荨麻疹、血管神经性水肿、支气管哮喘和过敏性休克等发作快，消失也快，治疗以抗组胺药和肾上腺素受体激动药为主，一般不用糖皮质激素。对严重病例或其他药物无效时，也可应用糖皮质激素作辅助治疗，目的是抑制抗原-抗体反应所引起的组织损害和炎症过程。

3. 抗休克治疗 对感染中毒性休克，在足量有效的抗菌药及其他抗休克药治疗的同时，应及早、短时间突击使用大剂量糖皮质激素，待微循环改善、脱离休克状态时停用，且尽可能在抗菌药物之后使用，停药则在撤去抗菌药物之前。对过敏性休克，可与首选药肾上腺素合用；对低血容量性休克，在补液、补电解质或输血后效果不佳者，也可合用超大剂量的糖皮质激素。

4. 血液病 可用于急性淋巴细胞性白血病、再生障碍性贫血、粒细胞减少症、血小板减少症和过敏性紫癜等的治疗，但疗效不一，且停药后易复发。

5. 局部应用 对接触性皮炎、湿疹、肛门瘙痒、牛皮癣等都有疗效，宜选用氢化可的松、泼尼松龙或氟轻松的软膏、霜剂或洗剂局部用药。当肌肉韧带或关节劳损时，可将醋酸氢化可的松或醋酸泼尼松龙混悬液加入 1%普鲁卡因注射液，肌内注射，也可注入韧带压痛点或关节腔内以消炎止痛。

6. 替代疗法 用于脑垂体前叶功能减退，急、慢性肾上腺皮质功能不全者及肾上腺次全切除术后。

（四）不良反应

1. 长期大剂量应用引起的不良反应

（1）医源性肾上腺皮质功能亢进：又称为类肾上腺皮质功能亢进综合征，它是由于长期应用超生理剂量的糖皮质激素所引起的脂质代谢和水盐代谢紊乱。表现为满月脸、水牛背、皮肤变薄、痤疮、多毛、水肿、低血钾、高血压、糖尿病等，停药后可自行消退，采用低盐、低糖、高蛋白饮食及适量补钾，可减轻症状。必要时可加用抗高血压药、抗糖尿病药治疗。

（2）诱发或加重感染：因糖皮质激素能降低机体的防御功能，长期应用可诱发感染或使体内潜在病灶扩散，特别是在原有疾病已使抵抗力降低的患者如白血病、肾病综合征、再生障碍性贫血等更易发生。故在治疗严重感染性疾病时必须给予足量、有效、敏感的抗菌药物。

（3）消化系统并发症：糖皮质激素能使胃酸、胃蛋白酶分泌增多，胃黏液分泌减少，降低胃肠黏膜的抵抗力，故可诱发或加剧胃、十二指肠溃疡，甚至造成消化道出血或穿孔。对少数患者可诱发胰腺炎或脂肪肝。

（4）心血管系统并发症：长期应用，由于水钠潴留和血脂升高可引起高血压和动脉粥样硬化。

（5）骨质疏松、肌肉萎缩、伤口愈合迟缓等：与糖皮质激素促进蛋白质分解、抑制其合成及增加钙、磷排泄有关。骨质疏松多见于儿童、老人和绝经妇女，严重者可有自发性骨折。因为糖皮质激素能抑制生长激素的分泌和造成负氮平衡，还可影响生长发育，故孕妇应用偶可引起畸胎。

（6）糖尿病：糖皮质激素有促进糖原异生、减少组织对葡萄糖的摄取和利用的作用，故长期应用超生理剂量的糖皮质激素者，会引起糖代谢紊乱，约 50%的患者出现糖耐量受损或类固醇性糖尿病。这类患者对降糖药物不敏感，所以在控制原发病的基础上，应尽量减少糖皮质激素的用量，最好停药。

（7）其他：糖皮质激素可兴奋中枢神经系统，引起激动、失眠等，偶可致精神失常或诱发癫痫发作。

2. 停药反应

（1）医源性肾上腺皮质功能不全：长期应用糖皮质激素尤其是连日给药的患者，如果减量过快或突然停药，特别是当遇到感染、创伤、手术等严重应激情况时，可出现恶心、呕吐、乏力、低血糖、低血压和休克等肾上腺皮质功能不全的症状，严重时可危及生命。这是由于长期大剂量使用糖皮质激素可反馈性抑制垂体-肾上腺皮质轴，使肾上腺皮质萎缩和功能不全。防治方法：停药必须经缓慢的减量过程，不可突然停药；停用糖皮质激素后连续应用 ACTH 7 天左右；在停药 1 年内若遇到应激情况，应及时给予足量的糖皮质激素。

肾上腺皮质功能恢复的时间与剂量、用药时间长短和个体差异等有关。停用激素后，垂体分泌 ACTH 的功能一般需要 3～5 个月才恢复；肾上腺皮质对 ACTH 起反应的恢复时间需 6～9 个月或更久。

（2）反跳现象：可能因为患者对激素产生了依赖性或病情尚未完全控制时，突然停药或减量过快，使原有疾病复发或恶化。常需加大剂量再行治疗，待症状控制后再缓慢减量、停药。

（五）禁忌证

严重的精神病和癫痫、活动性消化性溃疡病、新近胃肠吻合术、骨折、创伤修复期、角膜溃疡、肾上腺皮质功能亢进症、严重高血压、糖尿病、孕妇、抗菌药不能控制的感染患者禁用。

（贾　杰）

第二十七节　甲状腺激素和抗甲状腺药物

一、甲状腺激素

甲状腺是人体内最大的内分泌器官，主要由甲状腺腺泡构成。腺泡是生成和分泌**甲状腺激素**（thyroid hormone）的场所，腺泡腔中充满胶状的**甲状腺球蛋白**（thyroglobulin，TG），由其水解产生甲状腺激素。

甲状腺激素为碘化酪氨酸的衍生物，包括**四碘甲状腺原氨酸**[tetraiodothyronine，即**甲状腺素**，（thyroxine，T_4）]和**三碘甲状腺原氨酸**（triiodothyronine，T_3），是维持机体正常代谢、促进生长发育所必需的激素。T_3是甲状腺激素的主要生理活性物质，其活性约为 T_4的 4 倍，但甲状腺分泌 T_4的量较 T_3多。正常人每日释放 T_4与 T_3量分别为 70～90μg 及 15～30μg。

体内甲状腺激素分泌过多或过少均可引起疾病。分泌过多引起**甲状腺功能亢进症**（hyperthyroidism，简称甲亢），它是多种病因导致的一种代谢紊乱综合征，可用手术治疗，也可用抗甲状腺药来暂时或长期消除甲亢症状。分泌过少则引起甲状腺功能低下（hypothyroidism），需要补充甲状腺激素。

二、抗甲状腺药物

（一）硫脲类

硫脲类（thiourea）是最常用的抗甲状腺药，可分为两类：硫氧嘧啶类，包括**甲硫氧嘧啶**（methylthiouracil，MTU）和**丙硫氧嘧啶**（propylthiouracil，PTU）；咪唑类，包括**甲巯咪唑**（thiamazole，又称他巴唑）和**卡比马唑**（carbimazole，又称甲亢平）。

1. 药理作用和作用机制

（1）抑制甲状腺激素的合成：硫脲类的基本作用是抑制甲状腺过氧化物酶，进而抑制酪氨酸碘化及偶联，减少甲状腺激素的生物合成。它对甲状腺过氧化物酶并没有直接抑制作用，而是作为过氧化物酶的底物本身被氧化，从而影响酪氨酸碘化和偶联。硫脲类药物对已合成的甲状腺激素无效，必须等到体内已合成的激素被消耗到一定程度后才能生效。一般用药 2～3 周后甲亢症状开始改善，1～2 个月后基础代谢率恢复正常。

（2）抑制外周组织的 T_4 转化为 T_3：丙硫氧嘧啶阻碍 T_4 在外周组织脱碘转化为 T_3，能迅速控制血清中生物活性较强的 T_3 水平，其作用产生较快，用药后数小时即可发挥作用。故在重症甲亢、甲状腺危象时，该药列为首选。

（3）免疫抑制作用：目前认为甲亢的发病与自身免疫机制异常，即产生**甲状腺刺激性免疫球蛋白**（thyroid stimulating immunoglobulin，TSI）有关。硫脲类药物不仅能控制高代谢症状，还能降低血液中的 TSI 水平，故对甲亢病因有一定治疗作用。

2. 临床应用 主要用于甲状腺功能亢进。

（1）甲亢的内科治疗：适用于轻症和不宜手术或不宜采用放射性 ^{131}I 治疗者，如儿童、青少年、术后复发、中重度患者且年老体弱或兼有心、肝、肾、出血性疾病等患者。开始治疗时给予大剂量以对甲状腺激素的合成产生最大抑制作用。如果剂量适当，经 1～2 个月后症状可得到控制，当基础代谢率接近正常时，药量可递减至维持量，疗程 1～2 年。治疗过程中还应该以 T_3 抑制试验或 TRH 兴奋试验来监测疗效，结果正常后即可停药，则复发率较低。此内科治疗可使 40%～70%患者不再复发。

（2）甲状腺手术前准备：使用甲状腺次全切除术治疗甲亢时，为降低术后并发症及甲状腺危象的发生，术前应该先服用硫脲类药物，使甲状腺功能恢复或接近正常。但由于使用硫脲类药物后 TSH 分泌增多，会使腺体增生，组织脆而充血，不利于手术的进行，故须在手术前两周左右加服大剂量碘剂，使腺体缩小、变硬，以减少术中出血。

（3）甲状腺危象的治疗：某些诱因如感染、外伤、手术、情绪激动等可致大量甲状腺激素突然释放入血，使患者发生高热、虚脱、心力衰竭、肺水肿、水和电解质紊乱等症状，甚至引起死亡，称为**甲状腺危象**（thyroid crisis）。此时，除消除诱因、对症治疗外，还应该给予大剂量碘剂以抑制甲状腺激素的释放，并立即应用硫脲类（常选用丙硫氧嘧啶）阻止甲状腺素的合成，使用剂量约为治疗量的 2 倍，疗程一般不超过 1 周。

3. 不良反应与注意事项 有 3%～12%用药者发生不良反应，丙硫氧嘧啶和甲巯咪唑发生率较低，甲硫氧嘧啶发生率较高。

（1）过敏反应：最常见，出现皮肤瘙痒、药疹，少数患者还伴有发热，应密切观察，一般不停药也可消失。少数人可发生剥脱性皮炎等严重反应，此时应立即停药，必要时给予糖皮质激素治疗。

（2）消化道反应：有恶心、呕吐、厌食、腹痛、腹泻等症状，严重者可见黄疸或中毒性肝炎。

（3）粒细胞缺乏症：是最严重的不良反应。一般发生在治疗后的 2～3 个月，老年人较易发生，故应定期检查血象。注意与甲亢本身引起的白细胞数偏低相区别，如果用药后发生咽痛、发热、感染、虚弱等反应时，应立即停药，可恢复正常。丙硫氧嘧啶、甲巯咪唑的发生率分别为 0.44%和 0.2%。罕见血小板减少症。

（4）甲状腺肿及甲状腺功能减退：长期用药后，可使血清中甲状腺激素水平显著降低，并反馈性增加 TSH 分泌而引起腺体代偿性增生肥大、充血，甲状腺功能减退，及时发现并停药常可恢复。结节性甲状腺肿合并甲亢、甲状腺癌患者禁用。

此外，硫脲类药物易进入乳汁和通过胎盘，妊娠期妇女应慎用或不用，哺乳期妇女应禁用。

（二）碘及碘化物

1. 药理作用 不同剂量的碘化物对甲状腺功能可产生不同的作用。

小剂量的碘是合成甲状腺激素的原料，可预防单纯性甲状腺肿。当环境中缺碘，致使机体摄取碘不足，甲状腺不能合成足够的 T_4、T_3，血液中 T_4 减少，通过负反馈机制使 TSH 分泌增加，促使甲状腺组织代偿性增生肥大，产生单纯性甲状腺肿。在缺碘地区的食盐中按（1∶100 000）～（1∶10 000）加入碘化钾或碘化钠，或在 10 万 L 饮用水中加碘 1g，对早期患者疗效显著；如果腺体太大已有压迫症状者，应考虑手术治疗。

大剂量的碘有抗甲状腺作用。其作用快而强，用药 1～2 天起效，10～15 天达最大效应。它主要是抑制甲状腺激素的释放，还能拮抗 TSH 促进激素释放作用。因为在 TG 水解时，需要足够的还原型谷胱甘肽还原酶（GSH）使 TG 中的二硫键还原，大剂量碘剂能抑制谷胱甘肽还原酶。故认为抑制甲状腺激素释放的机制主要与其减少 GSH，从而使 TG 对蛋白水解酶不敏感有关。此外，大剂量碘还能短暂地抑制甲状腺过氧化物酶，影响酪氨酸碘化和偶联，减少甲状腺激素的合成。

2. 临床应用

（1）甲亢的手术前准备：一般在手术前 2 周给予复方碘溶液，因为大剂量的碘能抑制 TSH 促进腺体增生的作用，使腺体缩小变硬、血管减少，有利于手术进行及减少出血。

（2）甲状腺危象：可将碘化物加到 10%葡萄糖溶液中静脉滴注，也可服用复方碘溶液，并在 2 周内逐渐停服，需同时配合服用硫脲类药物。

应注意的是，大剂量碘剂虽起效快，然而持续使用时，当腺泡细胞内碘离子浓度达到一定程度后，细胞摄取碘的能力降低，使胞内碘浓度下降，从而失去抑制甲状腺激素合成的效应，导致甲亢复发甚至加剧。这就是碘化物不能单独用于甲亢内科治疗的原因。

3. 不良反应

（1）一般反应：有咽喉不适、口内金属味、呼吸道刺激、鼻窦炎和眼结膜炎症状及唾液分泌增多、唾液腺肿大等，停药后可消退。

（2）过敏反应：于用药后立即或几小时内发生，主要表现为发热、皮疹、皮炎，也可有血管神经性水肿，如上呼吸道黏膜充血，严重者有喉头水肿，可致窒息。一般停药后可消退，给予食盐和增加饮水量可促进碘排出。

（3）诱发甲状腺功能紊乱：长期或过量服用碘化物可诱发甲状腺功能紊乱；已用硫脲类控制症状的甲亢患者，也可因服用大剂量碘剂而复发。此外，碘还能通过胎盘和进入乳汁，引起新生儿和婴儿甲状腺功能异常或甲状腺肿，严重者可压迫气管引起死亡，故孕妇及哺乳期妇女慎用。

（三）放射性碘

1. 药理作用 利用甲状腺高度聚碘的能力，^{131}I 可迅速被甲状腺所摄取。^{131}I 的 β 射线（占 99%）在组织内射程仅约 2mm，因此其辐射损伤只限于甲状腺实质细胞；又因增生的甲状腺细胞对射线较敏感，故很少损伤周围其他组织，可以起到类似手术切除部分甲状腺的作用。^{131}I 还能产生 1%的 γ 射线，可在体外测得，用于测定甲状腺摄碘功能。

2. 临床应用

（1）甲亢的治疗：^{131}I 适用于不宜手术或手术后复发及硫脲类无效或过敏者，^{131}I 能使腺泡上皮破坏、萎缩，减少分泌，同时降低腺泡内淋巴细胞而减少抗体产生。^{131}I 作用缓慢，一般用药后 1 个月见效，3～4 个月后甲状腺功能恢复正常。因个体对射线作用的敏感性有差异，故使用剂量通常按甲状腺质量和最高摄碘率估计值计算。由于儿童甲状腺组织处于生长期，对辐射效应较敏感；卵巢也可浓集放射性碘，可能对遗传产生影响。因此我国药典规定，20 岁以下、妊娠或哺乳的妇女及肾功能不良者不宜使用。

（2）甲状腺功能检查：小量 ^{131}I 可用于检查甲状腺功能。口服 ^{131}I 后分别于 1h、3h、24h 测定甲状腺放射性，计算摄碘率。甲状腺功能亢进时，3h 摄碘率超过 30%～50%，24h 超过 45%～50%，摄碘高峰时间前移；而甲状腺功能低下时，摄碘率低，摄碘高峰时间后延。

3. 不良反应 剂量过大易致甲状腺功能低下，故应严格掌握剂量和密切观察有无不良反应，一旦发生甲状腺功能低下立即补充甲状腺激素对抗之。^{131}I 是否有致癌和诱发白血病作用尚待确定。

（四）β 受体阻断药

β 受体阻断药是甲亢及甲状腺危象的辅助治疗药。通过阻断 β 受体有效减轻甲亢伴有的心悸、多汗、烦躁、震颤等症状，也能适当减少甲状腺激素的分泌，且不干扰硫脲类对甲状腺的作用。普萘洛尔与氧烯洛尔还能抑制5′-脱碘酶,减少外周T_3生成;而阿替洛尔和美托洛尔则同时抑制5-脱碘酶和5′-脱碘酶，使T_3和rT_3生成都减少。

β受体阻断药适用于不宜用抗甲状腺药、手术及^{131}I治疗的甲亢患者；甲状腺危象时，静脉注射能帮助患者度过危险期。应用大剂量β受体阻断药做甲状腺术前准备，不会引起腺体增大变脆，故该药常与硫脲类合用做术前准备。普萘洛尔用药剂量个体差异很大，年轻甲亢患者、甲状腺危象需要采用大剂量。

（贾 杰）

第二十八节 胰岛素及口服降糖药

一、胰岛素

胰岛素（insulin）是胰腺的胰岛B细胞合成和分泌的激素，是一种由两条多肽链组成的酸性蛋白质，A链含21个氨基酸残基，B链含30个氨基酸残基，A、B两链通过两个二硫键共价相连。正常人每天分泌约2mg。药用胰岛素多由猪、牛胰腺提取得到。目前可通过DNA重组技术人工合成胰岛素，还可改变猪胰岛素的结构（将猪胰岛素B链第30位的丙氨酸用苏氨酸替代）获得人胰岛素。

胰岛素作为一种蛋白质，普通制剂易为消化酶所破坏，因此，口服无效，必须注射给药。根据药物效应产生的快慢和维持时间的长短，常用的胰岛素制剂可分为短效、中效、长效和单组分4类。为了克服短效胰岛素作用维持时间短的缺点，用碱性蛋白（如精蛋白）与之结合，使等电点提高至7.3，接近体液pH，再加入微量锌使之稳定，制成长效制剂。这类长效制剂皮下注射后，可在注射部位形成沉淀，然后缓慢溶解、吸收，从而延长作用时间，但它们起效较慢。为获得适当的起效和维持时间，可将短效的普通胰岛素和长效胰岛素按一定比例混合后使用。

（一）药理作用

胰岛素是控制细胞内营养物质利用和贮存的主要激素，对糖、蛋白质及脂肪代谢有着广泛的影响。

1. 对糖代谢的影响 加速葡萄糖的氧化和酵解，促进糖原的合成和储存，并促进糖转变为脂肪，同时它还能抑制糖原分解和异生而使血糖降低。

2. 对脂肪代谢的影响 胰岛素能促进脂肪合成和储存，减少脂肪酸和酮体的生成；游离脂肪酸的降低，又间接促进了细胞膜对葡萄糖的转运，使其利用率增加。

3. 对蛋白质代谢的影响 胰岛素能增加氨基酸的转运及核酸、蛋白质的合成，抑制蛋白质的分解。

4. 对心脏的影响 加快心率，增强心肌的收缩力和减少肾血流，因此，在伴有相应疾病时应充分注意。

5. 促进K^+进入细胞 故有降血钾的作用。

（二）作用机制

①主要与胰岛素膜受体有关。经研究发现，**胰岛素受体**（insulin receptor，Ins R）是由两个α-亚单位及两个β-亚单位组成的大分子蛋白复合物。α-亚单位在胞外，含胰岛素结合部位，β-亚单位为跨膜蛋白，其胞内部分含酪氨酸蛋白激酶。胰岛素与胰岛素受体的α-亚单位结合后，引起β-亚基的自身磷酸化，进而激活酪氨酸蛋白激酶，导致细胞内其他活性蛋白的级联磷酸化，从而通过第二信使产生降血糖等生物效应。②使葡萄糖载体蛋白从胞内重新分布到胞膜，从而加速葡萄糖转运至细胞内。

（三）临床应用

1. 胰岛素注射剂 普通胰岛素制剂仍是治疗Ⅰ型糖尿病最重要的药物，对胰岛素缺乏的各型糖尿病均有效。主要用于：①胰岛素依赖型糖尿病（IDDM）。②非胰岛素依赖型糖尿病（NIDDM）经饮食控制及口服降糖药无效的。③发生各种急性或严重并发症的糖尿病，如酮症酸中毒及高渗性非酮症性昏迷。酮症酸中毒的治疗原则是立即给予足够的胰岛素，纠正水、电解质紊乱和消除诱因。高渗性非酮症性昏迷的治疗原则是纠正高血糖、高渗状态及酸中毒，但不宜使用大剂量的胰岛素，以免血糖下降过快，细胞外液水分向高渗的细胞内转移，导致或加重脑水肿。④合并重症感染、消耗性疾病、妊娠、分娩、手术等应激情况的各型糖尿病。⑤细胞内缺钾者，胰岛素与葡萄糖合用可促进钾离子内流。临床上常将葡萄糖、胰岛素及氯化钾制成合剂（GIK）静脉滴注，用以纠正细胞内缺钾，可防治心肌梗死时或其他心脏疾病时的心律失常。

2. 胰岛素吸入剂　胰岛素吸入剂是将重组胰岛素与适宜辅料制备的溶液经喷雾干燥后得到，患者使用专用的吸入器，将雾化的胰岛素经口腔吸入送达肺部，达到给药目的。这将极大地缓解长期反复注射胰岛素给患者带来的痛苦和不便，提高患者用药的依从性和生活质量。

（四）不良反应

1. 低血糖症　是胰岛素治疗过程中最重要也是最常见的不良反应。一般为胰岛素过量所致。多见于消瘦和病情严重的患者，早期表现为饥饿感、头晕、疲乏、心动过速、出汗、震颤等，严重者可引起惊厥、昏迷，甚至产生胰岛素性休克，如不及时处理可导致死亡。一旦发生应及时进食或饮用糖水，严重者应立即静脉注射 50%葡萄糖。因此，为了防止低血糖反应的严重后果，应教会患者熟知反应症状。

2. 过敏反应　一般反应轻微，偶见有过敏性休克。过敏反应可能是由于动物与人胰岛素结构差异或胰岛素制剂纯度较低。可换用其他种属动物的胰岛素、高纯度制剂或人胰岛素。

3. 胰岛素抵抗　是指糖尿病患者在无酮症酸中毒及其他内分泌疾病引起继发性糖尿病时，胰岛素用量超过 200U。按发生的快、慢分为以下两种。

（1）急性型：常由感染、创伤、手术或情绪激动等诱因所致，应对应治疗或暂时加大胰岛素剂量。

（2）慢性型：在没有并发症的情况下，每天胰岛素需要量超过 200U 以上，历时 48h 以上，其原因较复杂，至少有三：①受体前异常，主要因胰岛素抗体与胰岛素结合后妨碍胰岛素向靶部位转运所致。②受体水平的改变，高胰岛素血症时靶细胞上胰岛素受体数目减少；老年、肥胖、肢端肥大症及尿毒症时胰岛素受体数目也减少；酸中毒时受体与胰岛素的亲和力降低。③受体后异常，靶细胞膜上葡萄糖转运系统及某些酶系统失常等都可能妨碍胰岛素的正常作用而表现为胰岛素抵抗性。对受体前异常引起的抵抗，通过更换制剂或换用口服降血糖药，常可有效。对后两种情况，目前尚无满意的处理方法。

4. 脂肪萎缩　见于注射部位，女性多于男性。应用高纯度胰岛素制剂后已较少见。

二、口服降糖药

胰岛素虽是治疗糖尿病的有效药物，但因糖尿病患者需长期用药，每天注射十分不便，因此，人工合成了一些口服降糖药。目前，常用的口服降糖药有磺酰脲类、双胍类、胰岛素增敏药、α-葡糖苷酶抑制药及餐时血糖调节剂等。

（一）磺酰脲类药物

常用的有第一代，代表药有**甲苯磺丁脲**（tolbutamide，D_{860}，甲糖宁）、**氯磺丙脲**（chlorpropamide）；第二代，代表药有**格列本脲** [glyburide，优降糖（glibenclamide）]、**格列吡嗪**（glipizide，吡磺环已脲）、**格列齐特**（gliclazide，达美康），作用可增加数十至上百倍。其中，格列齐特是在磺酰脲的尿素部分加一个二环杂环，不仅具有降血糖作用，还能改变血小板功能，对糖尿病患者容易凝血和有血管栓塞倾向者可能有益。

1. 药理作用

（1）降血糖作用：该类药物降低正常人血糖，对胰岛功能尚存的患者也有效，但对 I 型糖尿病患者及切除胰腺的动物则无作用。其机制有：①直接刺激胰岛B细胞释放胰岛素。该类药物与胰岛B细胞膜上磺酰脲受体结合后，可阻滞与受体相偶联的ATP敏感钾通道而阻止钾外流，致使细胞膜去极化，增强电压依赖性钙通道开放，促进胞外钙内流。胞内游离钙浓度增加后，触发胰岛素的释放。②降低血清糖原水平。③长期用药后，血胰岛素降至给药前水平，而降糖作用仍然存在，研究表明这可能与其增加靶细胞膜上胰岛素受体的数目和亲和力有关。

（2）对水排泄的影响：氯磺丙脲、格列本脲有抗利尿作用，但不能降低肾小球滤过率，这是促进抗利尿激素分泌和增强其作用的结果，可用于尿崩症。

（3）对凝血功能的影响：这是第三代磺酰脲类的特点，能使血小板黏附力减弱，刺激纤溶酶原的合成。可用于防治糖尿病并发的微血管病变（如栓塞等）。

2. 临床应用

（1）用于胰岛功能尚存的Ⅱ型糖尿病且单用饮食控制无效者。

（2）尿崩症：只用氯磺丙脲0.125～0.5g/天，可使患者尿量明显减少。

3. 不良反应与注意事项 主要不良反应为低血糖。常见不良反应有胃肠不适、皮肤过敏、恶心、腹泻、腹痛等。大剂量氯磺丙脲可引起眩晕、嗜睡、共济失调、精神错乱等中枢神经系统症状，长期应用可引起粒细胞减少和肝损害，因此需定期检查肝功能和血象。严重时可致持久性低血糖症，常因药物过量所致。新型的磺酰脲类降糖药较少引起低血糖。

此类药物的降血糖作用易受其他药物的影响。例如，保泰松、水杨酸钠、吲哚美辛、青霉素、双香豆素等药物在蛋白质结合部位与此类药物发生竞争置换，使游离药物浓度上升而增强降糖效果，所以合用时要注意调整剂量，以免引起低血糖。消耗性患者血浆蛋白含量低，黄疸患者血浆胆红素水平高，也能竞争血浆蛋白结合部位，更易发生低血糖。乙醇抑制糖原异生和肝葡萄糖输出，故患者饮酒会导致低血糖。而大剂量的肾上腺皮质激素、甲状腺激素、口服避孕药或噻嗪类利尿药能拮抗本类药物的降糖作用，应予注意。

（二）双胍类药物

国内常用的有**二甲双胍**（metformin，甲福明）和**苯乙双胍**（phenformin，苯乙福明，降糖灵）。

1. 药理作用和临床应用 双胍类的降糖作用不依赖于胰岛功能的完整性，对胰岛功能完全丧失的糖尿病仍有降血糖作用，但对正常人无降血糖作用，而且对胰岛的B细胞无刺激作用，其降糖作用途径可能有：①促进脂肪组织摄取葡萄糖，使肌肉组织无氧酵解增强，促进组织对葡萄糖的利用；②抑制肠道对葡萄糖的吸收，抑制胰高血糖素的释放；③增强胰岛素的作用，使血糖降低。

此类药物主要用于轻症非胰岛素依赖性糖尿病患者，尤其适用于肥胖及单用饮食控制无效者。对产生胰岛素耐受、磺酰脲类治疗失败者也可应用。常与胰岛素或磺酰脲类合用，以提高疗效。

2. 不良反应与注意事项 该类药有乳酸性酸血症、酮血症等严重不良反应，应严格控制其应用。其他常见的不良反应有厌食、恶心、腹部不适和腹泻，发生率较磺酰脲类为高。

（三）胰岛素增敏药

胰岛素抵抗和胰岛的B细胞功能受损是目前临床糖尿病治疗的两大难题，改善患者的胰岛素抵抗状态对糖尿病的治疗具有重要意义。**罗格列酮**（rosiglitazone）、**吡格列酮**（pioglitazone）、**环格列酮**（ciglitazone）和**恩格列酮**（englitazone）等是一类新型的胰岛素增敏药，能改善B细胞的功能，显著改善胰岛素抵抗及相关代谢紊乱，对非胰岛素依赖性糖尿病及其心血管并发症均有明显疗效。其中罗格列酮、吡格列酮等在临床上常用。

1. 药理作用

（1）改善胰岛素抵抗、降低高血糖：罗格列酮可降低NIDDM患者骨骼肌、脂肪组织和肝脏的胰岛素抵抗。与磺酰脲类或二甲双胍合用也可显著降低胰岛素抵抗，并可改善胰岛B细胞功能，较单用罗格列酮疗效更好。

罗格列酮可使患者空腹血糖、餐后血糖、血浆胰岛素及游离脂肪酸水平明显降低。在已用磺酰脲类药物的基础上加用罗格列酮可进一步降低糖化血红蛋白。对使用最大剂量的二甲双胍后血糖仍控制较差的患者，加用罗格列酮或吡格列酮能显著改善血糖水平。在使用口服降糖药无效后改用胰岛素疗效也欠佳的患者，使用罗格列酮可明显减少每日胰岛素的用量。应指出的是，低血糖的发生率也明显降低。

（2）改善脂肪代谢的紊乱：罗格列酮能显著降低 NIDDM 患者的甘油三酯水平、增加总胆固醇和 HDL-C 的水平。

（3）对 NIDDM 血管并发症的防治作用：可抑制血小板聚集、炎症反应和内皮细胞的增生，抗动脉粥样硬化。还可延缓蛋白尿的发生，显著减轻肾小球的病理改变。

（4）改善胰岛 B 细胞的功能：罗格列酮可增加胰腺胰岛的面积、密度和胰岛素的含量，但对胰岛素的分泌无影响，通过减少细胞死亡来阻止胰岛 B 细胞的衰退。另外，罗格列酮可降低高胰岛素血症和游离脂肪酸水平，从而降低因游离脂肪酸水平过高对胰腺产生的毒性，保护胰岛 B 细胞的功能。

罗格列酮改善胰岛素抵抗及降糖机制与选择性激动**过氧化物酶增殖体受体** γ（peroxisomal proliferator activated receptor γ，PPARγ），活化胰岛素反应性基因，从而调节糖和脂肪代谢有关。PPARγ 激活后可通过多种途径改善胰岛素抵抗。

2. 临床应用　本类药物主要用于治疗胰岛素抵抗及 NIDDM。

3. 不良反应　本类药物有良好的安全性和耐受性，低血糖发生率低。主要不良反应有嗜睡、头痛、肌肉和骨骼痛、消化道症状等。需引起注意的是，曲格列酮对极少数高敏人群有明显的肝毒性，可引起肝功能衰竭而死亡。应用此类药物应该定期做肝功能监测。

（四）阿卡波糖

阿卡波糖（acarbose）为**α-葡糖苷酶抑制药**（α-glucosidase inhibitor），是一类新型口服降糖药，其降血糖机制是：在小肠上皮刷状缘与糖类竞争**糖苷水解酶**（glycoside-hydrolase），从而减慢糖类水解及产生葡萄糖的速度并延缓葡萄糖的吸收。单独应用或与其他降糖药合用可降低患者的餐后血糖。主要的不良反应为胃肠道反应。服药期间应增加饮食中碳水化合物的比例，限制单糖的摄入，以提高药物的疗效。

1998 年，**瑞格列奈**（repaglinide）作为"第一个餐时血糖调节药"上市。它是一种促胰岛素分泌药，最大的优点是促进糖尿病患者胰岛素生理性分泌曲线的恢复。主要适用于 NIDDM 患者，老年糖尿病患者也可服用，且适用于糖尿病肾病患者。因其结构中不含硫，故对磺酰脲类药物过敏者仍可使用。

（贯　杰）

第二十九节　β-内酰胺类抗生素

β-内酰胺类抗生素（β-lactam antibiotic）是指化学结构中具有 β-内酰胺环的一大类抗生素，包括青霉素及其衍生物、头孢菌素、非典型 β-内酰胺类、β-内酰胺酶抑制剂等。该类抗生素临床使用时抗菌活性强、抗菌范围广、毒性低、疗效高、适应证广，且品种多，故颇受重视。

β-内酰胺类抗生素的抗菌作用机制主要是作用于细菌菌体内**青霉素结合蛋白**（penicillin-binding protein，PBP），抑制细菌细胞壁合成，菌体失去渗透屏障而膨胀、裂解，同时借助细菌的**自溶酶**（autolysin）溶解而产生抗菌作用。

一、青霉素类

临床上常用的青霉素类药物有青霉素 G 和各种半合成的青霉素。

（一）青霉素G

1. 抗菌作用 青霉素 G 抗菌作用很强，在细菌繁殖期低浓度抑菌，高浓度杀菌。对病原菌具有高度抗菌活性：①大多数 G^+球菌。②G^-杆菌。③G^-球菌。④少数 G^+杆菌，如流感杆菌、百日咳鲍特菌等；螺旋体、放线杆菌。⑤对大多数 G^-杆菌作用较弱，对肠球菌不敏感，对真菌、原虫、立克次体、病毒等无作用。

2. 临床应用 本药肌内注射或静脉滴注为治疗敏感的 G^+球菌和杆菌、G^-球菌及螺旋体所致感染的首选药。

（1）溶血性链球菌引起的蜂窝织炎、丹毒、猩红热、咽炎、扁桃体炎、心内膜炎等；肺炎球菌引起的大叶性肺炎、脓胸、支气管肺炎等；草绿色链球菌引起的心内膜炎的治疗。

（2）淋病奈瑟菌所致的生殖道淋病：敏感的金黄色葡萄球菌引起的疖、痈、败血症等；脑膜炎奈瑟菌引起的流行性脑脊髓膜炎；也可用于放线杆菌病、钩端螺旋体病、梅毒、回归热的治疗。

（3）白喉、破伤风、气性坏疽和流产后产气荚膜梭菌所致的败血症的治疗。但因青霉素 G 对它们产生的外毒素无效，应同时加用抗毒素。

3. 不良反应 青霉素 G 几乎无毒性，主要不良反应如下。

（1）变态反应：为青霉素类药物最常见的不良反应，在各种药物中居首位，发生率为 3%～10%，以皮肤过敏（荨麻疹、药疹等）和血清病样反应多见。最严重的是过敏性休克，其发生率为 0.004%～0.015%。临床症状表现为：①烦躁不安、面色苍白、畏寒、冷汗、脉搏微弱、血压下降等，由微血管广泛扩张、循环衰竭所致；②因喉头水肿、支气管痉挛、肺水肿等引起呼吸衰竭症状，表现为胸闷、心悸、喉头阻塞感、呼吸窘迫等；③中枢抑制症状，为脑组织缺血、缺氧所致，表现为意识丧失、昏迷、抽搐、大小便失禁等，不及时抢救可在短时间内死亡。

预防措施：①用药前仔细询问过敏史，青霉素过敏者禁用，且不得做皮试；②中途用药间隔 3 天以上或药物更换批号应重做皮试；③避免在患者饥饿时用药，第一次注射青霉素后必须观察 30min；④在具有抢救条件的情况下，才能进行青霉素皮试及注射青霉素类抗生素；⑤青霉素注射液需新鲜配制；⑥避免滥用和局部用药。

过敏性休克抢救原则：①争分夺秒地就地抢救，患者取头低仰卧位；②立即于上臂皮下或肌内注射肾上腺素溶液 0.5～1.0mg，必要时可重复应用；③迅速准备好静脉输液，必要时静脉注射或滴注氢化可的松和抗组胺药；④有呼吸困难者，也可静脉给予氨茶碱等；⑤出现血管性喉头水肿者，需行气管切开；⑥保温，注意维护呼吸、循环功能。

（2）**赫氏反应**（Herxheimer reaction）：青霉素 G 治疗梅毒、钩端螺旋体病、雅司、炭疽或鼠咬热时可有症状加剧现象，表现为寒战、发热、咽痛、心动过速、局部病变加重等，这是由大量病原体被杀死释放的非内毒素致热原或形成免疫复合物所致，常发生于给药后 6～8h，可于 12～24h 后缓解或消失。

（3）其他不良反应：青霉素鞘内注射或大剂量全身用药可引起反射性肌肉痉挛、抽搐、昏迷等神经系统症状，称为青霉素脑病。肌内注射局部可发生周围神经炎，可产生局部疼痛、红肿或硬结；严重感染宜静脉滴注给药，大剂量静脉注射应监测血清电解质浓度，以防发生高钠血症、高钾血症。

（二）氨苄西林、阿莫西林

此类药物耐酸，可口服，但不耐酶，对革兰氏阳性菌和革兰氏阴性菌都有杀灭作用，故称为广谱青霉素。其抗菌活性同青霉素 G，但对产酶的耐药金黄色葡萄球菌无效。

1. 氨苄西林（ampicillin，氨苄青霉素）

（1）抗菌作用：对革兰氏阴性杆菌有较强的作用，如对伤寒沙门菌、副伤寒沙门菌、百日咳鲍特菌、大肠埃希菌、痢疾志贺菌等均有较强的抗菌作用。对铜绿假单胞菌无效，对粪链球菌作用优于青霉素 G。

（2）临床应用：用于治疗敏感菌所致的呼吸道感染、伤寒、副伤寒、尿路感染、胃肠道感染、软组织感染、脑膜炎、败血症、心内膜炎等。

2. 阿莫西林（amoxicillin，羟氨苄青霉素）

（1）抗菌作用：抗菌谱及抗菌活性与氨苄西林相似，但对肺炎球菌、肠球菌、沙门菌属、幽门螺杆菌的杀菌作用比氨苄西林强。与氨苄西林有完全交叉耐药性。

（2）临床应用：主要用于敏感菌引起的呼吸系统、胆道、泌尿生殖系统、皮肤软组织感染，伤寒杆菌和其他沙门菌属感染。也可联合其他药物治疗慢性活动性胃炎、十二指肠溃疡。

不良反应以胃肠道反应较多，皮疹发生率约为 2%，也有溶血性贫血、血小板减少、嗜酸性粒细胞增多、白细胞降低的报道。少数患者可出现血清转氨酶升高，由念珠菌引起的二重感染也可发生。与青霉素有交叉过敏，用药前须作皮肤过敏试验。对青霉素过敏者禁用，过敏体质者、对头孢菌素类药物过敏者、孕妇、严重肾功能不全者慎用。

二、头孢菌素类

第一代头孢菌素对 G^+菌抗菌作用较二、三代强，但对 G^-菌的作用弱。可被细菌产生的 β-内酰胺酶所破坏。常用药物有头孢噻吩、头孢唑林及头孢氨苄等。

第二代头孢菌素对 G^+菌作用略逊于第一代，对 G^-菌有明显作用，对厌氧菌有一定作用，但对铜绿假单胞菌无效。对多种 β-内酰胺酶比较稳定。常用药物包括头孢孟多及头孢呋辛（西力欣）等。

第三代头孢菌素对 G^+菌的作用不及第一、二代，对 G^-菌包括肠杆菌类、铜绿假单胞菌及厌氧菌有较强的作用。对 β-内酰胺酶有较高的稳定性。常用药物有头孢克肟头孢曲松（头孢三嗪、菌必治）、头孢他啶（复达欣）、头孢哌酮（先锋必）等。其中较好的品种有头孢他啶、头孢曲松等。

因价格昂贵，一般感染不应首选第三代头孢菌素：主要用于多种组织器官发生的重症革兰氏阴性菌感染，如危及生命的败血症、肺炎、骨髓炎、腹腔感染、脑膜炎及尿路感染等；也包括中性粒细胞减少、免疫功能低下患者的重症感染；还适用于治疗新生儿脑膜炎和肠杆菌科细菌所致的成人脑膜炎；根据病原体选择药物，如病原体是铜绿假单胞菌，应选头孢他啶或头孢哌酮；病原菌尚未查明的严重感染、耐药菌感染、医院内感染，以及以革兰氏阴性菌为主要致病菌兼有厌氧菌或革兰氏阳性菌的混合感染，第三代头孢菌素也有治疗作用。

第四代头孢菌素对 G^+菌、G^-菌均有高效，对 β-内酰胺酶高度稳定。对某些第三代头孢菌素耐药菌仍有抗菌活性，对多数厌氧菌有抗菌活性，抗菌谱更为广泛。可用于治疗对第三代头孢菌素耐药的细菌感染，或是由敏感菌引起的用其他抗菌药物难以控制的严重感染。常用药物有头孢匹罗、头孢吡肟等。

三、非典型 β-内酰胺类抗生素

（一）头霉素类

头霉素类是从链霉菌获得的 β-内酰胺类抗生素，有 A、B、C 三型，其中以头霉素 C 的抗菌作用最强。本类药物的抗菌谱、抗菌活性与头孢菌素相似，但对厌氧菌尤其对脆弱类杆菌的抗菌活性较头孢菌素强。临床常用药物有头孢西丁、头孢美唑、头孢替坦、头孢拉宗及头孢米诺等。

（二）碳青霉烯类

碳青霉烯类抗生素是抗菌谱最广、抗菌活性最强的非典型 β-内酰胺抗生素，因其具有对 β-内酰胺酶稳定及毒性低等特点，已经成为治疗严重细菌感染最主要的抗菌药物之一。其结构与青霉素类的青霉环相似，不同之处在于噻唑环上的硫原子为碳所替代，且 C_2 与 C_3 之间存在不饱和双键。研究证明，该类化合物与通常青霉烯的顺式构象显著不同，具有超广谱的、极强的抗菌活性，以及对 β-内酰胺酶高度的稳定性。国内使用的品种有亚胺培南、美罗培南、帕尼培南等。对大多数革兰氏阳性、阴性需氧菌、厌氧菌及多重耐药菌均有较强的抗菌活性，但耐甲氧西林葡萄球菌、屎肠球菌、嗜麦芽寡养单胞菌等对本品耐药。

（三）单环 β-内酰胺类

氨曲南（aztreonam）是第一个成功用于临床的单环 β-内酰胺类抗生素，对需氧革兰氏阴性菌具有强大杀菌作用，并具有耐酶、低毒、对青霉素等无交叉过敏等优点，可用于青霉素过敏患者，并常作为氨基糖苷类的替代品使用。

（四）氧头孢烯类

氧头孢烯类是 7-氨基头孢烷酸（7-ACA）上的 S 被 O 取代的一类抗菌药物，代表药是**拉氧头孢**（latamoxef）和**氟氧头孢**（flomoxef）。

拉氧头孢是第一个用于临床的氧头孢烯类抗生素，它的抗菌谱和抗菌活性与第三代头孢菌素相似，对多种 β-内酰胺酶稳定。$t_{1/2}$ 为 2.3～2.8h，脑脊液和痰液中浓度高。可用于尿路、呼吸道、妇科、胆道感染及脑膜炎、败血症等的治疗。不良反应发生率为 2%～3%，以皮疹多见，还有药热、嗜酸性粒细胞增多、肝药酶活性升高等。

（马丽娟）

第三十节 大环内酯类及其他抗生素

根据药物的稳定性、抗菌谱及不良反应将大环内酯类抗生素分为三代。第一代大环内酯类抗生素可口服，体内分布广，对革兰氏阳性菌、某些革兰氏阴性菌和厌氧菌均有效，可用于对 β-内酰胺类过敏或耐药患者的治疗，如红霉素。但第一代为抑菌剂，其弱点是抗菌谱窄、不耐酸、胃肠道反应和肝损害多见。第二代半合成大环内酯具有抗菌谱广、生物利用度高、半衰期长、对酸稳定、不良反应少、抗菌后效应明显等优点，如阿奇霉素、罗红霉素、克拉霉素等。第三代大环内酯类抗生素被称为酮内酯类抗生素，这类抗生素抗菌活性强，较少产生耐药性，如泰利霉素、喹红霉素。

大环内酯类抗生素主要是抑制细菌蛋白质合成。其机制为不可逆地结合到细菌核糖体 50S 亚基的靶位上，十四元环大环内酯类（如红霉素、罗红霉素等）阻断肽酰基 t-RNA 移位，而十六元环大环内酯类（如麦迪霉素、螺旋霉素、乙酰螺旋霉素等）抑制肽酰基的转移反应，选择性抑制细菌蛋白质合成。林可霉素、克林霉素在细菌核糖体 50S 亚基上的结合位点与大环内酯类相同或相近，故合用时可能发生拮抗作用，也易使细菌产生耐药。由于细菌核糖体为 70S，由 50S 和 30S 亚基构成，而哺乳动物核糖体为 80S，由 60S 和 40S 亚基构成，因此对哺乳类核糖体几乎无影响。

目前，临床上常用的大环内酯类抗生素药物有红霉素、乙酰螺旋霉素、交沙霉素、吉他霉素、麦迪霉素、罗红霉素、阿奇霉素等。其共同特点为：①抗菌谱窄，但较青霉素略广，主要用于治疗革兰氏阳性菌、革兰氏阴性球菌、厌氧菌及军团菌、胎儿空肠弯曲菌、支原体和衣原体等感染；②口服易被破坏，酯化物可增加口服吸收；③组织中浓度较高，痰、皮下组织及胆汁中浓度明显超过血药浓度；④在碱性环境中抗菌作用增强，治疗尿路感染时常需碱化尿液；⑤不易透过血脑屏障，主要经胆汁排泄，部分进行肝肠循环被重吸收；⑥细菌对此类药物各药间有不完全交叉耐药性；⑦毒性较低；⑧细菌对大环内酯类抗生素耐药的方式主要有产生灭活酶、摄入减少、靶位结构改变及外排增多。

一、红霉素

1. 抗菌作用 对革兰氏阳性菌的金黄色葡萄球菌（包括耐药菌）、表皮葡萄球菌、链球菌等抗菌作用强，对部分革兰氏阴性菌如脑膜炎奈瑟菌、淋病奈瑟菌、流感杆菌、百日咳鲍特菌、布鲁斯菌、军团菌等高度敏感。对某些螺旋体、肺炎支原体、立克次体和螺杆菌也有抗菌作用。

2. 临床应用　红霉素的抗菌效力不及青霉素，常用于治疗耐青霉素的金黄色葡萄球菌感染和对青霉素过敏者。还用于上述敏感菌所致的各种感染，也能用于厌氧菌引起的口腔感染和肺炎衣原体、肺炎支原体、溶脲脲原体等非典型病原体所致的呼吸系统、泌尿生殖系统感染，是军团病的首选药。

红霉素的不良反应主要为胃肠道反应，少数患者可发生肝损害，个别患者可有过敏性药疹、药热、耳鸣、暂时性耳聋等。

二、林可霉素类

此类抗生素包括**林可霉素**（lincomycin，洁霉素）和**克林霉素**（clindamycin，氯洁霉素）等。

1. 抗菌作用　此类药物的抗菌谱与红霉素类似，克林霉素的抗菌活性比林可霉素强 4～8 倍。最主要的特点是对各类厌氧菌有强大抗菌作用。对需氧 G^+菌有显著活性，对部分需氧 G^-球菌、人型支原体和沙眼衣原体也有抑制作用，但肠球菌、G^-杆菌、耐甲氧西林表皮葡萄球菌（MRSA）、肺炎支原体对本类药物不敏感。

2. 临床应用　主要用于厌氧菌，包括脆弱类杆菌、产气荚膜梭菌及放线杆菌等所致口腔、腹腔及妇科感染，以及需氧 G^+球菌引起的呼吸道、骨及软组织、胆道感染及败血症、心内膜炎等。治疗金黄色葡萄球菌引起的骨髓炎为首选药。

不良反应以胃肠道反应多见，一般较轻微，表现为胃纳差、恶心、呕吐、胃部不适和腹泻，但也有出现二重感染、严重的伪膜性肠炎者，多见于林可霉素。偶尔引起一过性中性粒细胞减少和血小板减少。

（马丽娟）

第三十一节　氨基糖苷类抗生素

氨基糖苷类抗生素因其化学结构中含有氨基醇环和氨基糖分子，并由配糖键连接成苷而得名。其包括两大类：一类为天然来源，由链霉菌和小单胞菌产生，如链霉素、卡那霉素、妥布霉素、巴龙霉素、大观霉素、核糖霉素、新霉素、庆大霉素、小诺霉素、西索米星、阿司米星等；另一类为半合成品，如奈替米星、依替米星、异帕米星、卡那霉素 B、阿米卡星、地贝卡星、阿贝卡星等。

一、氨基糖苷类抗生素的共性

（一）抗菌作用及作用机制

1. 抗菌作用　氨基糖苷类抗生素对各种需氧革兰氏阴性杆菌，如大肠埃希菌、铜绿假单胞菌、变形杆菌、克雷伯菌属、肠杆菌属、志贺菌属和枸橼酸杆菌具有强大抗菌活性；对沙雷菌属、沙门菌属、产碱杆菌属和嗜血杆菌属也有一定抗菌作用；对淋病奈瑟菌、脑膜炎奈瑟菌等革兰氏阴性球菌作用较差；对耐甲氧西林金黄色葡萄球菌（MESA）和耐甲氧西林表皮葡萄球菌（MRSE）也有较好的抗菌活性，对各组链球菌作用微弱，对肠球菌和厌氧菌不敏感。

氨基糖苷类抗生素抗菌特点是：①快速杀菌药，对静止期细菌有较强作用，抗菌活性与浓度呈正相关；②抗菌后效应明显；③仅对需氧菌有效，对厌氧菌无效；④细菌首次接触氨基糖苷类抗生素时，能被迅速杀死，即具有**初次接触效应**（first exposure effect，FEE）；⑤其在碱性环境中抗菌作用增强，故治疗泌尿系统感染需碱化尿液。

2. 抗菌机制　主要是抑制细菌蛋白质的合成，还能破坏细菌胞质膜的完整性。

氨基糖苷类抗生素对蛋白质合成的起始、延伸、终止三个阶段均有作用，可造成细菌体内核糖体耗竭及蛋白质合成受阻。其作用环节为：①起始阶段，抑制 70S 始动复合物的形成；②延伸阶段，选择性地与30S亚基上的靶蛋白（如P10）结合，使A位扭曲变形，从而造成mRNA上密码出现错误，将错误的氨基酸掺入肽链，导致合成无功能的蛋白质；③终止阶段，阻碍终止因子（R）与核蛋白体A位结合，使已合成的肽链不能释放并阻止70S核蛋白体的解离，最终造成菌体内核蛋白体的耗竭。

此外，氨基糖苷类通过离子吸附作用附着于菌体表面，造成胞膜缺损，致使胞膜通透性增加，细胞内钾离子、腺嘌呤核苷酸、酶等重要物质外漏，从而导致细菌死亡。

（二）不良反应

此类药物均能引起可逆或不可逆的前庭、耳蜗及肾的毒性损害。这些毒性反应在很大程度上限制了此类抗生素的临床应用。

1. 耳毒性 包括前庭神经和耳蜗听神经损伤。

（1）前庭神经损害：表现为眩晕、恶心、呕吐、眼球震颤、视力减退、共济失调。其发生率依次为：新霉素（已少用）>卡那霉素>链霉素>西索米星>阿米卡星≥庆大霉素≥妥布霉素>奈替米星。

（2）耳蜗听神经损害：表现为耳鸣、听力减退和永久性耳聋。其发生率依次为：新霉素>卡那霉素>阿米卡星>西索米星>庆大霉素>妥布霉素>奈替米星>链霉素。

为预防和减少耳毒性，临床治疗中应注意观察耳鸣、眩晕等早期症状，有些患者自觉症状不明显，应定期做听力检查，除非必要，应避免与高效能利尿药或其他耳毒性药物合用。

2. 肾毒性 直接原因是药物与肾近曲小管细胞有很高的亲和力，通过细胞膜吞饮的方式使药物在肾皮质内蓄积，导致肾小管、尤其是近曲小管上皮细胞溶酶体破裂，线粒体损伤，钙调节转运受阻，从而引起肾小管肿胀，甚至产生急性坏死。表现为蛋白尿，管型尿，血尿中红细胞、肾小球过滤减少，严重者可发生氮质血症及无尿等。其发生率依次为：新霉素>卡那霉素>庆大霉素>妥布霉素>阿米卡星>奈替米星>链霉素。

3. 神经肌肉麻痹 各种氨基糖苷类抗生素均可引起神经肌肉麻痹作用，该作用与给药剂量和给药途径有关。最常见于大剂量胸膜内和腹膜内应用后、静脉滴注速度过快或同时应用肌肉松弛剂与全身麻醉药者。重症肌无力者容易发生，可引起心肌抑制、血压下降、肢体瘫痪，严重者可发生呼吸停止。可能是因为此类药物能与突触前膜上的"钙结合位点"结合，阻止乙酰胆碱释放。一旦出现，可用钙通道阻滞药或新斯的明治疗。

4. 过敏反应 此类药物也会引起过敏反应，如嗜酸性粒细胞增多、各种皮疹、发热、血管神经性水肿、口周发麻等，严重者甚至可引起过敏性休克。尤其是链霉素引起的过敏休克发生率仅次于青霉素G，应引起警惕。

二、常用氨基糖苷类抗生素

（一）庆大霉素

庆大霉素是治疗各种革兰氏阴性杆菌感染的主要抗菌药。对沙雷菌属作用最强，是氨基糖苷类药物中的首选药。对革兰氏阳性菌如金黄色葡萄球菌、表皮葡萄球菌也高度敏感。

临床广泛用于治疗敏感菌所致的以下感染：①严重革兰氏阴性杆菌感染，如败血症、骨髓炎、腹膜炎、脑膜炎等，庆大霉素为首选药；②与青霉素或羧苄西林联合常用于肠球菌及革兰氏阴性杆菌所致心内膜炎的治疗，也可用于铜绿假单胞菌感染，但两药不可同时混合滴注；③革兰氏阴性杆菌所致的混合感染，常需与β-内酰胺类药物联合应用，以提高疗效；④庆大霉素口服吸收很少，因此口服可用于治疗肠道感染或肠道术前准备；⑤还可局部用于皮肤、黏膜表面感染和眼、耳、鼻部感染。

不良反应中前庭功能损害较链霉素少见，但肾毒性则较多见，偶可发生过敏反应。

（二）阿米卡星（丁胺卡那霉素）

抗菌谱为氨基糖苷类中最广的，对庆大霉素耐药的铜绿假单胞菌、大肠杆菌、肺炎杆菌仍有较强的杀菌作用。对其他氨基糖苷类有耐药性的菌株，用本品仍有效。对金黄色葡萄球菌也有较强作用，但较庆大霉素弱。该药的优点是：对肠道革兰氏阴性杆菌和铜绿假单胞菌所产生的多种氨基糖苷类灭活酶稳定，所以该药对一些氨基糖苷类耐药菌株感染，常可作为首选药。与β-内酰胺类药物联合应用可获得协同作用。不良反应中耳毒性大于庆大霉素，肾毒性低于庆大霉素。

（三）妥布霉素

妥布霉素对铜绿假单胞菌的作用是庆大霉素的2～5倍，且对耐庆大霉素菌株仍有效，适合治疗铜绿假单胞菌所致的各种感染，通常应与能抗铜绿假单胞菌的青霉素类或头孢菌素类药物合用。

（马丽娟）

第三十二节　四环素类及氯霉素

一、四环素类

（一）四环素、多西环素、米诺环素的抗菌作用及临床应用

1. 四环素　抗菌谱广，为快速抑菌药，高浓度也能杀菌。对革兰氏阳性菌如肺炎球菌、溶血性链球菌、草绿色链球菌、破伤风杆菌和炭疽杆菌等，以及革兰氏阴性菌如脑膜炎球菌、痢疾杆菌、大肠杆菌、流感杆菌等均具有较好的抑制作用。此外，对支原体、立克次体、螺旋体、放线菌等也有抑制作用；还能间接抑制阿米巴原虫。但对铜绿假单胞菌、病毒与真菌无效，对革兰氏阳性细菌抗菌活性不如青霉素和头孢菌素；对革兰氏阴性菌作用不如氨基糖苷类和氯霉素。

四环素类药物是治疗立克次体感染、支原体感染、衣原体感染及某些螺旋体感染的首选药。该类药物曾以抗菌谱广、口服方便而被临床广泛应用，但由于此类药物耐药菌株日益增多和药物的不良反应，四环素一般不作首选药。使用本类药物时首选多西环素。

2. 多西环素　是四环素类药物中的首选药。其抗菌活性比四环素强2～10倍，具有速效、强效和长效的特点；抗菌谱与四环素相同，对土霉素或四环素耐药的金黄色葡萄球菌对本药仍敏感。临床上特别适合肾外感染伴肾衰竭者及胆道系统感染。也用于酒糟鼻、痤疮、前列腺炎和呼吸道感染如慢性气管炎、肺炎。

3. 米诺环素　米诺环素的抗菌谱与四环素相似，抗菌作用是此类药物中最强的，对耐四环素、青霉素的金黄色葡萄球菌、链球菌、大肠杆菌仍有效。对肺炎支原体、沙眼衣原体和立克次体也有较强作用，故可作为首选药物。临床用于治疗沙眼衣原体所致的非淋菌性尿道炎、痤疮和酒糟鼻等。

（二）不良反应

1. 局部刺激作用　口服可引起恶心、呕吐、腹泻等症状，小量多次服用，或与食物同服，可减少或缓解此类症状。静脉滴注可引起静脉炎。

2. 二重感染　长期应用四环素类等广谱抗菌药，敏感菌株受到抑制，而不敏感菌株及真菌等则大量繁殖，由原来的劣势菌群变为优势菌群，引起新的感染，称为二重感染或菌群交替症。老人、婴幼儿及体弱者，尤其在并用肾上腺皮质激素、抗肿瘤药等，造成免疫功能低下时更易发生。常见的二重感染有：真菌感染；以白色念珠菌多见，如鹅口疮、阴道炎、肠炎等，可采用抗真菌药物治疗；难辨梭菌引起的伪膜性肠炎，一旦发生应立即停用四环素类并及时对症处理，可用半合成青霉素、头孢菌素或万古霉素及甲硝唑治疗。

3. 对骨骼发育和牙齿生长的影响　四环素类药物能与新形成的骨骼和牙齿中沉积的钙离子结合，造成恒齿永久性棕色色素沉着（俗称牙齿黄染），牙釉质发育不全，还可抑制胎儿、婴幼儿骨骼发育。

禁用于孕妇、哺乳期妇女及8岁以下儿童。

4. 其他 长期大剂量使用可引起肝毒性或加重原有的肾脏损伤。偶见有皮疹、药热等过敏反应。也可引起光敏反应和前庭反应等。

二、氯霉素

（一）抗菌作用及临床应用

1. 抗菌作用 属于抑菌剂，对革兰氏阳性菌的作用不如四环素和青霉素，对革兰氏阴性菌的作用强于阳性菌，对流感嗜血杆菌、脑膜炎奈瑟菌、肺炎链球菌具有杀灭作用；对结核分枝杆菌、真菌、病毒、原虫无作用。

2. 临床应用 氯霉素可能对造血系统产生致命的毒性作用（抑制骨髓），一般不作首选药物。主要用于：①耐药菌引起的严重感染；②伤寒；③立克次体感染；④与其他抗菌药联合使用，治疗腹腔或盆腔的厌氧菌感染，也可作为眼科的局部用药，是治疗敏感菌引起的外眼感染、眼内感染、全眼感染及沙眼的有效药物。

（二）不良反应

1. 血液系统毒性 可逆性骨髓抑制：与剂量和疗程相关，表现为不同程度的贫血、白细胞和血小板减少，停药可恢复；再生障碍性贫血。此反应与药物的剂量及疗程无关，是一种特异质反应，可能是药物变态反应所致或遗传缺陷引起，潜伏期数周至数月，不易早期发现。表现有淤点、淤斑、鼻出血等出血倾向及高热、咽痛等感染症状。

2. 灰婴综合征 早产儿、新生儿的肝脏葡萄糖醛酸转移酶活性不足及肾排泄能力低下，对氯霉素解毒能力差，药物剂量过大可致中毒。表现为循环衰竭、呼吸困难、进行性血压下降、皮肤苍白和发绀，故称灰婴综合征。孕妇、哺乳期妇女、早产儿、新生儿禁用。

3. 其他 口服用药时出现恶心、呕吐、腹泻等症状；少数患者有皮疹、药热等过敏反应；应用氯霉素时间较长可引起视神经炎、溶血性贫血、共济失调、维生素缺乏、二重感染等。

（马丽娟）

第三十三节 人工合成的抗菌药

人工合成的抗菌药包括喹诺酮类抗菌药、磺胺类抗菌药、甲氧苄啶和硝基咪唑类等。

一、喹诺酮类抗菌药

喹诺酮类抗菌药是人工合成的含有4-喹诺酮结构的一类抗菌药。1962年合成的第一代喹诺酮类抗菌药萘啶酸因易引起耐药性及毒性较大，目前临床已不用。1973年，合成的第二代药物吡哌酸抗菌活性强于萘啶酸，不良反应较萘啶酸少，但因血药浓度低，仅用于尿路感染和肠道感染。1979年，合成了诺氟沙星，随后又合成了一系列含氟的新喹诺酮类药，统称为**氟喹诺酮类**（fluoroquinolone），常用的包括**诺氟沙星**（norfloxacin）、**环丙沙星**（ciprofloxacin）、**氧氟沙星**（ofloxacin）、**左氧氟沙星**（levofloxacin）、**洛美沙星**（lomefloxacin）、**氟罗沙星**（fleroxacin）、**司帕沙星**（sparfloxacin）等，也称第三代喹诺酮类药物。20世纪90年代后期新研制的氟喹诺酮类**莫西沙星**（moxifloxacin）、**加替沙星**（gatifloxacin）、**加雷沙星**（garenoxacin）等，前两种药物已正式用于临床。因第三代喹诺酮类是目前临床广泛应用的药物，故以下主要介绍本代药物的抗菌作用、临床应用和不良反应。

（一）抗菌作用

第三代喹诺酮类药物属于广谱杀菌药，除对革兰氏阴性菌的良好抗菌活性外，对革兰氏阳性菌、结核分枝杆菌、军团菌、支原体及衣原体均有杀灭作用；特别是对厌氧菌如脆弱类杆菌、梭杆菌属、消化链球菌属和厌氧芽孢梭菌属等的抗菌活性强，并显示出良好的临床效果。对于铜绿假单胞菌以环丙沙星的杀灭作用最强。

（二）作用机制

1. DNA 回旋酶　是喹诺酮类抗革兰氏阴性菌的重要靶点。一般认为，DNA 回旋酶的 A 亚基是喹诺酮类的作用靶点，通过形成 DNA 回旋酶-DNA-喹诺酮三元复合物，抑制酶的切口活性和封口活性，阻碍细菌 DNA 复制而达到杀菌作用。

2. 拓扑异构酶Ⅳ　是喹诺酮类药物抗革兰氏阳性菌的重要靶点。喹诺酮类通过对拓扑异构酶Ⅳ的抑制作用，干扰细菌 DNA 复制。

（三）临床应用

氟喹诺酮类具有抗菌谱广、抗菌活性强、口服吸收良好、与其他类别的抗菌药之间无交叉耐药等特点。但是临床存在滥用的倾向。

1. 泌尿生殖道感染　环丙沙星、氧氟沙星与 β-内酰胺类同为首选药。环丙沙星是铜绿假单胞菌性尿道炎的首选药。氟喹诺酮类对敏感菌所致的急、慢性前列腺炎及复杂性前列腺炎均有较好效果。

2. 呼吸系统感染　左氧氟沙星、莫西沙星与万古霉素合用，是治疗青霉素高度耐药的肺炎链球菌感染的首选。氟喹诺酮类（除诺氟沙星外）可替代大环内酯类用于支原体肺炎、衣原体肺炎、嗜肺军团菌引起的军团病。

3. 肠道感染与伤寒　首选用于治疗志贺菌引起的急、慢性菌痢和中毒性菌痢，以及鼠伤寒沙门菌、猪霍乱沙门菌、肠炎沙门菌引起的胃肠炎（食物中毒）。对沙门菌引起的伤寒或副伤寒，应首选氟喹诺酮类或头孢曲松。本类药也可用于旅行性腹泻。

4. 氟喹诺酮类对脑膜炎奈瑟菌具有强大的杀菌作用　其在鼻咽分泌物中浓度高，可用于鼻咽部带菌者的根除治疗。对其他抗菌药物无效的儿童重症感染可选用氟喹诺酮类；囊性纤维化患儿感染铜绿假单胞菌时，应选用环丙沙星。

（四）不良反应

1. 消化道反应　可出现恶心、腹部不适等，一般不严重，患者可耐受。

2. 中枢神经系统毒性　轻症者表现失眠、头晕、头痛，重症者可出现精神异常、抽搐、惊厥等。发生机制与药物抑制 GABA 和 $GABA_A$ 受体结合，激动 NMDA 受体，导致中枢神经兴奋有关。有精神病或癫痫病史者、合用茶碱或 NSAID 者易出现中枢毒性，有癫痫病史者慎用。

3. 光敏反应（光毒性）　在紫外线的激发下，药物氧化生成活性氧，激活皮肤的成纤维细胞中的蛋白激酶 C 和酪氨酸激酶，引起皮肤炎症。表现为光照部位皮肤出现瘙痒性红斑，严重者出现皮肤糜烂、脱落。

4. 心脏毒性　罕见但后果严重。可见 Q-T 间期延长、尖端扭转型室性心动过速、室颤等。

5. 软骨损害　在软骨组织中，药物与 Mg^{2+} 形成络合物，并沉积于关节软骨，造成局部 Mg^{2+} 缺乏而至软骨损伤，故不宜用于孕妇、哺乳期妇女和婴幼儿。

6. 其他　此类药物偶可引起过敏反应、胆汁淤积性黄疸、溶血性贫血、肾毒性等。对此类药物过敏者和肝、肾功能减退者慎用或禁用。可诱发跟腱炎和跟腱撕裂，老年人和运动员慎用。

二、磺胺类抗菌药

（一）抗菌作用

磺胺类抗菌药对许多革兰氏阳性菌和一些革兰氏阴性菌有良好的抗菌活性，其中最敏感的是A群链球菌、肺炎链球菌、脑膜炎奈瑟菌、淋病奈瑟菌、鼠疫耶氏菌和诺卡菌属；也对沙眼衣原体、疟原虫、卡氏肺孢子虫和弓形虫滋养体有抑制作用。但是对支原体、立克次体和螺旋体无效，甚至可促进立克次体生长。磺胺米隆和磺胺嘧啶银尚对铜绿假单胞菌有效。

（二）作用机制

对磺胺敏感的细菌，在生长繁殖过程中不能直接利用其生长环境中现成的叶酸，而是利用环境中的对氨苯甲酸（PABA）和二氢蝶啶、谷氨酸在菌体内的二氢叶酸合成酶催化下合成二氢叶酸。二氢叶酸在二氢叶酸还原酶的作用下形成四氢叶酸，四氢叶酸作为一碳单位转移酶的辅酶，参与核酸前体物（嘌呤、嘧啶）的合成。磺胺药的化学结构与PABA类似，能与PABA竞争二氢叶酸合成酶，影响了二氢叶酸的合成，因而使细菌生长和繁殖受到抑制。由于磺胺药只能抑菌而无杀菌作用，因此消除体内病原菌最终需依靠机体的防御能力。

（三）临床应用

本类药物可用于敏感菌如溶血性链球菌、肺炎链球菌、葡萄球菌、大肠埃希菌、产气肠杆菌、奇异变形杆菌等引起的呼吸道感染、单纯性尿路感染、流感嗜血杆菌所致的中耳炎，也可用于沙眼、包涵体结膜炎、奴卡菌病等的治疗。由于脑膜炎奈瑟菌对磺胺类药物较敏感，且脑脊液药物浓度高，故可作为普通型流行性脑脊髓膜炎的首选治疗药物，也可作为易感者的预防用药，还可用于预防链球菌感染与风湿热复发。

1. 全身应用

（1）磺胺嘧啶（SD）：易通过血脑屏障，是治疗流行性脑膜炎的首选药，也适用于治疗尿路感染。

（2）磺胺甲噁唑（SMZ）：临床上主要用于治疗尿路感染。

2. 局部外用

（1）磺胺嘧啶银（SD-Ag）：对铜绿假单胞菌抑制作用强大，尚有收敛作用，能促进创面愈合，适用于治疗二度或三度烧伤。

（2）磺胺醋酰（SA）：局部应用无刺激性，穿透力强，用于治疗沙眼、结膜炎和角膜炎等。

三、其他类

（一）甲氧苄啶

甲氧苄啶（trimethoprim，TMP）是细菌二氢叶酸还原酶抑制剂，抗菌谱与SMZ相似，属抑菌药。临床上将SMZ和TMP按5∶1比例制成复方制剂，广泛用于大肠埃希菌、变形杆菌和克雷伯菌引起的泌尿道感染；肺炎链球菌、流感嗜血杆菌及大肠埃希菌引起的上呼吸道感染或支气管炎；腹股沟肉芽肿；霍乱弧菌引起的霍乱；伤寒沙门菌引起的伤寒；志贺菌属引起的肠道感染；卡氏肺孢子虫肺炎；诺卡菌属引起的诺卡菌病。

（二）甲硝唑

甲硝唑（灭滴灵）属于硝基咪唑类药物，其分子中的硝基在细胞内无氧环境中被还原成氨基，从而抑制病原体DNA合成，发挥抗厌氧菌作用，对革兰氏阳性和革兰氏阴性厌氧菌均有良好的抗菌作用，对脆弱类杆菌尤为敏感。对滴虫、阿米巴滋养体及破伤风梭菌具有很强的杀灭作用。但是，甲硝唑对需氧菌或兼性需氧菌无效。口服吸收良好，体内分布广泛，可进入感染病灶和脑脊液。临床主要用于治疗厌氧菌引起的口腔、腹腔、女性生殖器、下呼吸道、骨和关节等部位的感染。对幽门螺杆菌的消化性溃疡及四环素耐药艰难梭菌所致的假膜性肠炎有特殊疗效。也是治疗阿米巴病、滴虫病和破伤风的首选药物。

同类药物还有替硝唑和奥硝唑。

（马丽娟）

第三十四节　抗真菌药和抗病毒药

一、抗真菌药——氟康唑

氟康唑（fluconazole）是广谱抗真菌药，对隐球菌属、念珠菌属和球孢子菌属等均有作用。其作用机制主要为高度选择性干扰真菌的细胞色素 P450 的活性，从而抑制真菌细胞膜上麦角固醇的生物合成。是治疗艾滋病患者隐球菌性脑膜炎的首选药，与氟胞嘧啶合用疗效增强。

二、抗病毒药——利巴韦林

利巴韦林（ribavirin，三氮唑核苷，病毒唑）为人工合成的鸟苷类衍生物，具有广谱抗病毒性能。其机制为竞争性抑制肌苷单磷酸脱氢酶，使肌苷酸不能转变为鸟苷酸，鸟苷三磷酸盐生成减少，从而阻止病毒 RNA、DNA 合成；本品也能抑制病毒 mRNA 的合成和特异性抑制流感病毒蛋白的合成。对多种 RNA 和 DNA 病毒均有抑制作用，包括甲型肝炎病毒和丙型肝炎病毒。也有抗腺病毒、疱疹病毒和呼吸道合胞病毒的作用。对急性甲型和丙型肝炎有一定疗效，治疗呼吸道合胞病毒肺炎和支气管炎效果最佳。

（马丽娟）

第三十五节　抗结核病药

结核病（tuberculosis）是由于结核分枝杆菌感染所致的慢性传染性疾病，可导致多脏器受损，如肺结核、结核性脑膜炎、肠结核、肾结核、骨结核等，而以肺结核最常见。结核杆菌和麻风杆菌均属于分枝杆菌属，常生活在巨噬细胞内或结核纤维化（或干酪样或厚壁空洞）病灶内，药物不易接近，且其本身生长缓慢，甚至可处于休眠状态，故对药物不敏感。另外，分枝杆菌的细胞壁富含脂质，很多药物不易穿透。因此，分枝杆菌感染对药物的治疗反应缓慢，需要长期治疗。抗结核病药物品种较多，其中抗结核疗效高、不良反应较少，患者较易耐受的异烟肼、利福平、乙胺丁醇、吡嗪酰胺、链霉素等列为一线抗结核药；而将毒性大、疗效差，主要用于一线抗结核病药产生耐药性或用于与其他抗结核病药配伍使用的称为第二线抗结核病药，包括对氨基水杨酸、氨硫脲、卡那霉素、乙硫异烟胺、卷曲霉素、环丝氨酸等。此外，近几年又开发出一些疗效较好、毒副作用相对较小的新一代抗结核病药，如利福喷丁、利福定和司帕沙星等。

抗结核病药也可按作用机制的不同分为：阻碍细菌细胞壁合成的药物，如乙硫异烟胺、环丝氨酸；干扰结核杆菌代谢的药物，如对氨基水杨酸钠；抑制 RNA 合成的药物，如利福平；抑制结核杆菌蛋白合成的药物，如链霉素、卷曲霉素和紫霉素；另外一些药物的作用机制还不是很明确，可能是多种作用机制共存的药物，如异烟肼、乙胺丁醇。

一、异烟肼

（一）临床应用

异烟肼是最好的第一线抗结核病药，对各种类型的结核病患者均为首选药物。对早期轻症肺结核或预防用药时可单独使用，规范化治疗时必须联合使用其他抗结核病药，以防止或延缓耐药性的产生。对粟粒性结核和结核性脑膜炎应加大剂量，延长疗程，必要时注射给药。

（二）不良反应

1. 神经系统 周围神经炎最常见，多见于剂量大、维生素 B_6 缺乏者及慢乙酰化型患者。表现为四肢麻木、反应迟钝、共济失调、腱反射消失、肌肉萎缩等。其发生的机制是异烟肼与结构相似的维生素 B_6 能竞争同一酶系或两者相结合形成腙随尿排出体外，导致维生素 B_6 缺乏所致。预防性给予维生素 B_6 不仅可以防止此种反应，还可以大大减少其他神经系统不良反应如兴奋、中毒性脑病、中毒性精神病或惊厥等的发生。但大量维生素 B_6 能降低异烟肼的抗菌活性，故应把两药分开服用。

2. 肝脏毒性 异烟肼可损伤肝细胞，使转氨酶升高，少数患者可出现黄疸，严重时也可出现肝小叶坏死，甚至死亡。肝脏毒性以老人及快代谢型（国内此型多见）患者多见。用药期间定期检查肝功能，有严重肝病者禁用。

3. 其他 可发生各种皮疹、发烧、胃肠道反应、粒细胞减少、血小板减少和溶血性贫血，用药期间也可产生脉管炎及关节综合征。

二、利福平

（一）临床应用

利福平与其他抗结核病药联合应用可治疗各种类型的结核病，包括初治和复治病例均有良好效果。也可治疗麻风病和耐药金黄色葡萄球菌及其他敏感菌所致感染和重症胆道感染。此外，利福平局部用药可用于沙眼、急性结膜炎和病毒性角膜炎等眼科疾病的治疗。

（二）不良反应及药物的相互作用

1. 不良反应 不良反应较多，但发生率不高，很少因之中断治疗。

（1）胃肠道反应：较常见，如恶心、呕吐、腹痛、腹泻等胃肠道刺激症状。

（2）肝脏毒性：大量长期使用利福平可出现黄疸、肝大、肝功能减退等症状，严重时可致死亡。老人、幼儿、酗酒者、有肝炎病史者与异烟肼合用时较易发生。

（3）“流感综合征”：常见于大剂量间歇给药法（每周 2 次以下），可诱发发热、寒战、头痛、肌肉酸痛等类似感冒的症状，故应避免此种给药方式。

（4）其他：个别患者出现皮疹、药热等重症反应。偶见疲乏、嗜睡、头晕和运动失调等。

2. 药物的相互作用 利福平属于肝药酶的诱导剂，可加速自身及许多药物的代谢，如洋地黄毒苷、奎尼丁、口服抗凝血药及磺酰脲类口服降血糖药、口服避孕药；还有糖皮质激素和茶碱等。利福平与这些药物合用应注意调整剂量。

三、乙胺丁醇

（一）药理作用

乙胺丁醇对繁殖期结核杆菌有较强的抑制作用。其作用机制为与二价离子如 Mg^{2+} 络合，干扰细菌 RNA 的合成，起到抑制结核杆菌的作用。对其他细菌无效。

（二）临床应用

用于治疗各型肺结核及肺外结核病。与异烟肼和利福平合用治疗初治患者，与利福平和卷曲霉素治疗复治患者。特别适用于经链霉素和异烟肼治疗无效的患者。

四、吡嗪酰胺

（一）药理作用

口服易吸收，$t_{1/2}$为6h。体内分布广泛，细胞内和脑脊液中浓度较高。大部分在肝水解成吡嗪酸，并羟化成为5-羟吡嗪酸，少部分原形药通过肾小球滤过由尿排出。吡嗪酰胺在酸性环境下对结核杆菌有较强的抑制和杀灭作用。

（二）临床应用

吡嗪酰胺单独使用易产生耐药性，与其他抗结核病药无交叉耐药性，与异烟肼和利福平合用有协同作用，是联合用药的重要成分。

（马丽娟）

第三十六节 抗 疟 药

一、主要用于控制症状的抗疟药

（一）氯喹

1. 抗疟作用 对各种疟原虫（包括间日疟、三日疟原虫及敏感的恶性疟原虫）的红细胞内期裂殖体均有较强的杀灭作用，能迅速有效地控制疟疾的临床发作，但对子孢子、休眠子和配子体无效，不能用于病因预防及控制远期复发和传播。氯喹具有在红细胞内尤其是被疟原虫入侵的红细胞内浓集的特点。有利于杀灭疟原虫，具有起效快、疗效高的特点。

氯喹的抗疟作用主要是通过抑制疟原虫对血红蛋白的消化，作用于血红素，减少了疟原虫生存必需氨基酸的供应。也能抑制血红素聚合酶活性，使有毒的血红素转化为疟色素受阻，从而减少对人体的伤害。

2. 抗肠道外阿米巴病作用 可杀灭阿米巴滋养体，由于其在肝中的浓度高，可用于阿米巴肝脓肿的治疗。

3. 免疫抑制作用 大剂量氯喹能抑制免疫反应，偶尔用于类风湿性关节炎、系统性红斑狼疮等免疫功能紊乱性疾病的治疗。

（二）青蒿素

青蒿素（artemisinin）是我国科学家首先从菊科植物黄花蒿及其变种大头黄花蒿中提取的一种高效、速效、低毒的抗疟药。

青蒿素对各种疟原虫红细胞内期裂殖体有快速的杀灭作用，对红细胞外期的疟原虫无效。青蒿素抗疟的作用机制可能是血红素或Fe^{2+}催化青蒿素形成自由基破坏疟原虫表膜和线粒体结构，导致疟原虫死亡。

主要用于治疗对耐氯喹或多药耐药的恶性疟。因可透过血脑屏障，对脑性疟的抢救有较好效果。

二、主要用于控制远期复发和传播的抗疟药——伯氨喹

伯氨喹对间日疟和卵形疟肝脏中的休眠子有较强杀灭作用，是防治疟疾远期复发的主要药物。与红细胞内期抗疟药合用，能根治良性疟，减少耐药性的产生。能杀灭各种疟原虫的配子体，阻止疟疾传播。对红细胞内期的疟原虫无效。

治疗剂量的伯氨喹不良反应较少，可引起剂量依赖性的胃肠道反应。大剂量时，可致高铁血红蛋白血症，伴有发绀。红细胞内缺乏葡萄糖-6-磷酸脱氢酶的个体可发生急性溶血。

三、主要用于病因性预防的抗疟药——乙胺嘧啶

乙胺嘧啶为二氢叶酸还原酶抑制药，阻止二氢叶酸转变为四氢叶酸，阻碍核酸的合成，从而抑制疟原虫的增殖，对已发育成熟的裂殖体则无效，故控制临床症状起效缓慢，常用于病因性预防。

（马丽娟）

第三十七节 抗恶性肿瘤药

恶性肿瘤常称**癌症**（cancer），是严重威胁人类健康的常见病、多发病。我国肿瘤的年患病人数超过 200 万，年死亡数约 150 万，居各类疾病病死率的第二位，因此，大力加强肿瘤防治工作已成为我国卫生工作的战略重点之一。由于其病因、发病机制等尚未阐明，目前主要采取化学治疗（简称化疗）、手术治疗、放射治疗、免疫治疗和基因治疗等相结合综合治疗。应用抗肿瘤药或抗癌药进行化疗在肿瘤的综合治疗中仍占有极其重要的地位，虽然传统细胞毒抗肿瘤药在目前的肿瘤化疗中仍起主导作用，部分恶性肿瘤如绒毛膜上皮癌、恶性淋巴瘤等有可能通过化疗得到治愈，然而对占肿瘤 90%以上的实体瘤的治疗目前仍未达到满意的疗效。肿瘤化疗存在两大主要障碍，包括药物的毒性反应和耐药性的产生。与药物对肿瘤选择性差、不良反应多且严重、肿瘤细胞产生耐药性等因素密切相关。

近年来，随着分子生物学、细胞动力学、免疫学等研究的进展，抗肿瘤药也由传统的细胞毒类药向针对机制的多环节作用发展，如肿瘤细胞诱导分化剂、肿瘤细胞凋亡诱导剂、肿瘤耐药性逆转剂、单克隆抗体、新生血管生成抑制剂、抗肿瘤侵袭及转移药，以及肿瘤的免疫治疗、基因治疗等。以分子靶向药物为代表的新型抗肿瘤药物治疗手段已取得突破性进展，其重要性不断上升。

一、抗肿瘤药的分类

（一）干扰核酸的合成

影响核酸生物合成的药物又称抗代谢药，可以通过特异性干扰核酸的代谢，阻止细胞的分裂和繁殖。此类药物主要作用于 S 期细胞，属细胞周期特异性药物。根据药物主要干扰的生化步骤或所抑制的靶酶的不同，可进一步分为以下几种。

1. 二氢叶酸还原酶抑制药 如甲氨蝶呤等。

2. 胸苷酸合成酶抑制药 氟尿嘧啶等。

3. 嘌呤核苷酸互变抑制药 巯嘌呤等。

4. 核苷酸还原酶抑制药 羟基脲等。

5. DNA 多聚酶抑制药 阿糖胞苷等。

（二）破坏 DNA 的结构与功能

药物分别通过破坏 DNA 的结构或抑制拓扑异构酶的活性来影响 DNA 的结构和功能。包括以下几种。

1. DNA 交联剂 如氮芥、环磷酰胺和噻替派等烷化剂。

2. 破坏 DNA 的铂类配合物　如顺铂。

3. 破坏 DNA 的抗生素　如丝裂霉素和博来霉素。

4. 拓扑异构酶抑制剂　如喜树碱类和鬼臼毒素衍生物。

（三）嵌入 DNA 及干扰转录 RNA

药物可嵌入 DNA 碱基对之间，干扰转录过程，抑制 mRNA 的合成，属于 DNA 嵌入剂，如放线菌素 D（更生霉素，DACT）、多柔比星、柔红霉素。

（四）干扰蛋白质的合成

药物可干扰微管蛋白聚合功能、干扰核糖体的功能或影响氨基酸供应，从而抑制蛋白质的合成与功能。包括以下几种。

1. 微管蛋白活性抑制剂　如长春碱类、紫杉醇类等。

2. 干扰核糖体功能的药物　如三尖杉生物碱类。

3. 影响氨基酸供应的药物　如 L-天冬酰胺酶。

二、常用药物

甲氨蝶呤（MTX）、巯嘌呤（6-MP）、羟基脲（HU）、环磷酰胺（CTX）、氟尿嘧啶（5-FU）、阿霉素（ADM）的临床应用如下。

1. 甲氨蝶呤　临床上主要用于治疗儿童急性白血病和绒毛膜上皮癌。鞘内注射可用于中枢神经系统白血病的预防和缓解症状，疗效显著。甲酰四氢叶酸能拮抗 MTX 治疗中的毒性反应，现主张先用大剂量，再用甲酰四氢叶酸作为救援剂，以保护骨髓正常细胞，对成骨肉瘤等有良效。

2. 巯嘌呤　6-MP 起效慢，主要用于急性淋巴细胞白血病的维持治疗，大剂量对绒毛膜上皮癌也有较好疗效。

3. 羟基脲　对治疗慢性粒细胞白血病有显著疗效，对黑色素瘤有暂时缓解作用。可使肿瘤细胞集中于 G_1 期，对 S 期细胞有选择性杀伤作用，故可用作同步化药物，增加化疗或放疗的敏感性。

4. 环磷酰胺　抗瘤谱广，是目前广泛应用的烷化剂。对恶性淋巴瘤疗效显著，对多发性骨髓瘤、急性淋巴细胞白血病、肺癌、卵巢癌、乳腺癌、神经母细胞瘤和睾丸肿瘤等均有一定的疗效。

5. 氟尿嘧啶　对消化系统癌（食管癌、胃癌、肠癌、胰腺癌、肝癌）和乳腺癌疗效较好，对宫颈癌、卵巢癌、绒毛膜上皮癌、膀胱癌、头颈部肿瘤等也有效。

6. 阿霉素　又名**多柔比星**（doxorubicin，ADM），为蒽环类抗生素，能嵌入 DNA 碱基对之间，并紧密结合到 DNA 上，组织 RNA 转录过程，抑制 RNA 合成，也能阻止 DNA 复制。属细胞周期非特异性药物，S 期细胞对它更敏感。抗瘤谱广，疗效高，临床主要用于治疗对常见抗恶性肿瘤药耐药的急性淋巴细胞白血病或粒细胞白血病、恶性淋巴肉瘤、乳腺癌、卵巢癌、小细胞肺癌、胃癌、肝癌、膀胱癌等。

（马丽娟）

主要参考文献

安云庆. 2013. 医学免疫学应试习题集. 北京: 北京大学医学出版社
安云庆, 姚智. 2013. 医学免疫学. 3 版. 北京: 北京大学医学出版社
曹雪涛. 2013. 免疫学. 8 版. 北京: 人民卫生出版社
龚非力. 2014. 医学免疫学. 4 版. 北京: 科学出版社
管又飞. 2014. 医学生理学应试习题集. 北京: 北京大学医学出版社
管又飞, 刘传勇. 2013. 医学生理学. 3 版. 北京: 北京大学医学出版社
李凡, 徐志凯. 2013. 医学微生物学. 8 版. 北京: 人民卫生出版社
李刚. 2014. 生物化学应试习题集. 北京: 北京大学医学出版社
李刚, 马文丽. 2013. 生物化学. 3 版. 北京: 北京大学医学出版社
李玉林. 2013. 病理学. 8 版. 北京: 人民卫生出版社
钱民章, 陈建业. 2013. 生物化学. 北京: 科学出版社
乔国芬. 2014. 药理学应试习题集. 北京: 北京大学医学出版社
乔国芬, 娄建石, 陶亮. 2013. 药理学. 3 版. 北京: 北京大学医学出版社
孙保存. 2013. 病理学. 2 版. 北京: 北京大学医学出版社
孙保存. 2014. 病理学应试习题集. 北京: 北京大学医学出版社
杨宝峰. 2013. 药理学. 8 版. 北京: 人民卫生出版社
叶波. 2016. 2017-临床执业医师-国家医师资格考试医学综合考前必做 700 题. 北京: 人民卫生出版社
医师资格考试指导用书专家编写组. 2016. 国家医师资格考试: 临床执业医师医学综合指导用书(上下册)附考试大纲. 北京: 人民卫生出版社
查锡良, 药立波. 2013. 生物化学与分子生物学 . 8 版. 北京: 人民卫生出版社
张凤民, 肖纯凌. 2013. 医学微生物学. 3 版. 北京: 北京大学医学出版社
朱大年, 王庭槐. 2013. 生理学. 8 版. 北京: 人民卫生出版社
朱依谆, 殷明. 2016. 药理学. 8 版. 北京: 人民卫生出版社
http: //www. icourses. cn/home/
http: //www. jingpinke. com/
http: //jpkc. open. ha. cn/www/hnsgxjpzygxk/index. html
http: //www. sqmc. edu. cn/